KB145996

알타이
ON ALTAI CIVILIZATION
문명론

김채수

고려대학교 문과대학 졸업(영어영문학과)

일본 쓰쿠바(筑波)대학 문예언어연구과 문예이론 전공(석·박사과정 졸업, 문학박사)

하버드대학 동아시아 언어문명학과 포스트닥터 수료

중문대학 비교문학연구소 스페셜스칼러

북경대학 비교문학연구소 연구교수

현재 고려대학교 문과대학 교수(일어일문학과)

저서

『川端康成文學作品における<死>の內在樣式』(敎育出版センター, 1984),『가와바타 야스나리 연구』(1989),『영향과 내발』(1994),『동아시아문학의 기본구도 I · II』(1995),『일본 사회주의운동과 사회주의문학』(1997),『글로벌 시대 일본문학 어떻게 연구할 것인가』(2001),『가와바타 야스나리 <설국> 연구』(2004),『문화비평과 과정학』(2005),『일본의 내셔널리즘과 글로벌리즘』(2005),『日本右翼의 활동과 사상 연구』(2008),『글로벌 문화이론 과정학』(2009),『학문과 예술의 이론적 탐구』(2010)

알타이 문명론

초판 발행 2013년 10월 28일

3쇄 발행 2017년 9월 20일

지은이 김채수 ▎ 펴낸이 박찬익 ▎ 편집장 김려생 ▎ 책임편집 김지은

펴낸곳 도서출판 **박이정** ▎ 주소 서울시 동대문구 용두동 129-162

전화 02) 922-1192~3 ▎ 팩스 02) 928-4683

홈페이지 www.pjbook.com ▎ 이메일 pijbook@naver.com

등록 1991년 3월 12일 제1-1182호

ISBN 978-89-6292-456-5 (93000)

* 책값은 뒤표지에 있습니다.

알타이 문명론

도서
출판 박이정

저자 서문

일반적으로 알타이문명이란 유라시아대륙 중앙의 동편에 인접해 있는 알타이지역에서 기원전 3000년경부터 형성된 청동기문명을 가리킨다.

알타이지역이란 아시아대륙 중앙에 위치해 있는 지역, 즉 그 서편의 발카쉬호와 동편의 몽골고원과의 사이에 위치해 있는 알타이산맥과 그것을 수원으로 해서 북극해로 흘러가는 이르티쉬·오브·예니세이 등과 같은 강들의 상류지역을 가리킨다. 이 지역에서 청동기문명이 형성되어 꽃피어 나온 것은 기원전 3000년에서 2000년 사이였다. 소위 아파나세보·안드로노보·카라콜 등과 같은 청동기 문화들이 바로 그 대표적인 것들이라 할 수 있다.

이 알타이지역에서 형성되어 나온 이들 청동기 문화는 기원전 3500년경에 서아시아의 메소포타미아지역에서 발생한 청동기문명이 그 북부지역을 거쳐 동진(東進)해 이루어진 것이다. 또 그것은 동아시아의 요하지역으로 전파되어 기원전 2500년경을 전후하여 요하문명을 형성시켰다. 본 연구는 이러한 알타이지역과 요하지역에서의 청동기문명 형성의 경위에 주목하고자 한다. 우리가 전 지구적 시각에서 이러한 문제들에 접근해볼 때 알타이청동기문명의 동진에 의해 요하문명이 형성되어 나왔고, 또 그 요하문명의 남진과 서아시아의 남부 메소포타미아로부터 메소포타미아문명의 동진으로 인해 황하문명이 형성되어 나왔다는 입장을 취할 수 있다. 이 경우 우리 한민족(韓民族)은 요하문명의 성립과정에서, 중국의 한민족(漢民族)은 황하문명의 성립과정에서, 일본민족의 경우는 요하문명과 황하문명이 한반도를 거쳐 동으로 전파되어 나가는 과정에서 각각 형성되어 나왔다는 입장도 취할 수 있는 것이다.

현재 우리에게 알려진 고대문명이란 소위 4대강 유역의 어느 지역들을 막론하고 청동기문명의 출현을 기반으로 성립되어, 철기문명의 출현을 계기로 발전해 나온 문명이다. 어느 지역에서나 청동기문명의 출현을 기반으로, 고대왕조국가들이 형성되어 나왔고, 또 상형문자 단계의 문자가 출현했으며, 현재 우리에게 알려진 단군신화와 같은 개국신화 내지 세계창조신화가 출현했다. 이러한 점에서 동아시아 지역에서의 요하문명이나 황하문명의 출현에 절대적 영향을 끼진 중앙아시아의 알타이문명에 대한 고찰은 사실상 고조선의 출현이나 하왕조의 출현을 이해하는 데 필수불가분한 작업이 아닐 수 없다.

현재 소위 강단역사학의 주류들은 우리의 한민족 선조가 요하지역에서 청동기문명을 접한 시점을 상말·주초의 12세기 전후로 파악하고 있다. 그러나 비주류로 일컬어지는 재야사학자들의 경우는 요하문명의 형성시점을 기원전 26세기 전후로 파악하고 있다. 우리가 전자의 입장을 취한다면 기원전 2300년 경에 고조선을 건설했다는 단군왕검을 씨족장이나 부족장 정도로 볼 수 있다. 그러나 후자의 입장을 취할 때에는 단군왕검을 왕조국가를 건설한 국왕으로까지도 볼 수 있는 것이다. 이와 같이 요하문명을 출현시킨 알타이청동기문명에 대한 논의는 단군왕검의 위상이 씨족장 내지 부족장에서 국왕으로 달라질 정도로 중요한 것이다.

이상과 같은 점들을 고려해볼 때, 우리가 우리의 한민족과 한민족 문화의 기원과 그 형성경위, 그리고 그것의 중국 및 일본의 경우와의 관련성, 한 발더 나아가 고대 동아시아문명과 서아시아문명의 관련성 문제 등에 대한 고찰은 사실상 알타이문명에 대한 고찰을 주축으로 행해져야 한다는 입장이 취해지는 것이다.

근래까지 우리는 우리 한국민족의 시각으로만 그러한 문제들을 접할 수밖에 없었다. 그로 인해 지금까지 '고조선'의 문제가 제대로 파악되지 못했고, 고대 한국과 일본과의 문제도 제대로 정리되지 못했으며, 고대 동아시아와 서구와의 관련성이 전혀 논의되지 못해온 실정이었다. 그러나 어떤 한 민족 차원의 시각에서는 말할 것도 없고, 동아시아지역이나 혹은 유럽지역 등과 같은 동일문화권지역들의 시각에서 파악된 문화적 현상까지도 이제는 글로벌 시대의 도래로 인해 그 보편성이 더 이상 인정될 수 없는 시대를 맞이하게 되었다. 다시 말해서 전 지구적 시각, 즉 글로벌적 시각을 통해 그러한 문화적 현상들이 논의될 경우에만 비로소 그 논의의 내용이 보편성을 확보할 수 있는 시점에 놓인 것이다.

우리가 글로벌적 시각을 취하게 되면, 그동안 우리의 지적 시야의 너머에서 오직 신화적 세계로만 존재했던 세계가 현실세계의 일부로 인식되어 나온다. 또 그럼으로써 요하문명과 알타이문명과의 관계, 알타이문명과 메소포타미아 문명과의 관계 등에 대한 고찰이 사실상 불가피해진다. 이렇게 보았을 때, 알타이문명에 대한 논의는 사실상 글로벌적 시각을 취했을 때만 가능하다는 것을 알 수 있다. 다시 말해 이제 우리가 이 글로벌적 시각에서 그동안 지구상에서 일어난 모든 문화적 현상들을 파악하지 않을 수 없게 된 이상, 알타이문명에 대한 논의도 이제는 한층 더 체계적이고 본격적인 논의가 불가피해지게 된 것이다. 이제 우리는 알타이문명에 대한 논의를 통해 지금까지 우리 한국인들이 인식하지 못한 많은 것들을 노정해낼 수 있다.

앞에서 언급한 바와 같이, 본서에서 행해질 '알타이문명'에 대한 논의는 우선 첫 번째로 고대 동아시아의 황하문명과 그것의 출현을 가능케 했던 요하문명이 고대 서아시아의 메소포타미아문명과 어떻게 관련되어 있었는가를 말해준다. 두 번째로 그것은 '고조선'이 어떻게 성립되어 나왔으며, 또 그 '고조선'의 문화적 기초를 제시한 요하문명이 어떻게 형성되어 나왔는가를 명료하게 설명해 준다. 세 번째로 요하문명을 기초로 출현한 '고조선'이 일본열도에서 출현한 최초의 고대국가로 알려져 있는 야마토국(大和国)과는 어떻게 관련되어 있는가, 또 고대 한국민족과 고대 일본민족과는 어떻게 관련되어 있었는가를 명료하게 말해준다. 그뿐만 아니라 중국대륙의 중원지역에서 발생한 고대 황하문명을 배경으로 나온 중국의 한족(漢族)과 북방의 요하문명 출신의 한족(韓族)과의 관련성도 말해줄 수 있다.

현재 유라시아 동단의 우리는 글로벌시대로 접어든 지 20년 이상에 되었는데도 불구하고 동아시아 한·중·일 삼국은 구시대적 이념인 내셔널리즘 사상에 묶여 유라시아 서단의 EU의 경우처럼 글로벌리즘은커녕 리저널리즘의 입장도 취하지 못하고 있는 실정이다. 그 일차적 원인은 우선 일본에 있다. 일본은 동아시아의 근대화 과정에서 대륙침략을 자행했다. 그랬음에도 불구하고 일본은 과거 자신들의 그러한 역사적 과오에 대한 반성에 이상하리만치 소극적이다. 우리는 이 시점에서 동아시아의 근대화 과정에서 일제가 그토록 무지막지하게 대륙침략을 자행했던 이유가 과연 어디에 있었으며 또 어째서 그들은 자신들의 그러한 역사적 과오에 대한 반성에 이토록 소극적인 것인지 그 원인을 규명할 필요가 있다. 본 '알타이문명'에 대한 논의는 바로 그러한 원인 규명 일환의 작업이기도 한 것이다.

본서의 알타이문명에 대한 논의는 전체 다섯 부분으로 나뉜다. 본 연구의 서론에 해당되는 서장 「알타이문명론」, 본론에 해당되는 제1부, 제2부, 제3부, 그리고 결론에 해당되는 종장 「단군조선과 일본고대국가」가 그것들이다.

서장 「알타이문명론」에서는 현재 우리 한국인들에 있어 알타이문명론의 필요성과 알타이문명의 연구사에 대한 논의가 행해진다. 특히 알타이문명의 실체에 대한 규명과 그 실체 규명을 통해, 현대 한국인들 스스로가 문명의식에 대한 새로운 각성이 필요하다는 점이 논의된다. 본론의 제1부는 서아시아의 고대 메소포타미아문명, 중앙아시아의 알타이지역에서 형성된 알타이문명, 그리고 동아시아의 요하문명 등의 관련성의 문제와 더불어 여러 문화적 현상들에 대한 논의가 이루어진다. 제2부에서는 알타이문명과 요하문명과 관련되어 일어난 여러 문화적 현상들이 논의된다. 제3부는 요하문명과 황하문명이 고금에 걸쳐 한·중·일 삼국에 어떻게 관련되어 있는지의 문제가 고찰된다. 특히 근대 이후 일본인들의 대륙에 대한 관심의 근거가 과연 무엇이었는지에 대한 문제가 고찰된다.

종장은 본 연구의 결론에 해당되는 논의이다. 여기에서는 단군조선의 실체, 단군조선의 후예가 한반도를 통해 일본열도에 건너가 고대 일본국을 건설하는 과정 등에 대한 규명을 중심으로 행해진 논의이다.

이 책의 각 장들을 이루는 글의 대부분은 관련 학회에서 발표를 거쳐 완성된 것들이다. 그것들 하나하나는 처음부터 본서 「알타이문명론」의 일부로 구상된 것들로, 필자는 본서를 엮어내면서 글들의 원명을 일부 또는 전부 바꾸거나 또 글의 내용의 일부를 개작하기도 했다. 필자는 이 서문을 통해 이러한 사실을 밝혀두는 바이다.

2013년 10월
김채수

목 차

후 기

서장　알타이문명론

글로벌시대와 알타이문명론

알타이문명에 대한 이 학술적 논의는 알타이문명의 실체 파악, 그간 그 실체 규명작업의 부진 요인 고찰, 알타이문명의 개발과 그 문명의식의 계발 방안 등의 고찰을 통해, 글로벌시대 한국인을 비롯한 동아시아인들이 동아시아 공동체사회와 글로벌문화를 구축해 갈 수 있는 보편적 사고체계의 확립을 위한 이론적 정비를 목적으로 한다.

현재 전 인류는 지구촌이라고 하는 하나의 거대한 통일된 세계를 건설해 나가고 있다. 그것은 전 지구적 차원의 질서들에 의해 통일되는 세계임과 동시에 EU나 미주 등과 같은 지역적 특성들을 기반으로 해서 형성되는 세계이기도 하다. 따라서 우리 한국인들에게 그것은 바로 EU와 같은 동아시아 공동체의 건설을 기초로 해서 이루어진다는 것을 의미한다. 그러나 현재 우리 동아시아인들에게서의 EU와 같은 동아시아 공동체의 건설은 실로 요원한 일처럼 느껴진다. 왜냐하면 동아시아 지역의 중추를 이루는 한 · 중 · 일 삼국은 사실상 지구촌 시대로 일컬어지고 있는 21세기로 접어들어 가일층 내셔널리즘 쪽으로 빠져들어 가고 있기 때문이다.

현재 중국은 중화사상을 세계화시켜 간다는 입장을 취해 가고 있고, 일본은 중국의 그러한 입장에 대립해 자신을 주축으로 해서 세계화를 추진해 가고 있는 미국을 끌어내서 패전 전의 그들의 황국사관(皇国史観)에 입각한 일본자신 중심의 아시아화를 추진해가고 있다. 중국과 일본 사이에 위치해 있는 한국은 근래 일본과는 독도문제, 야스쿠니진자 문제 등으로, 중국과는 동북공정 문제 등으로 그들과의 원만한 관계를 만들어 가고 있지 못하고 있는 실정에 처해있다.

글로벌시대로 들어선 시점에서의 이러한 동아시아의 삼국관계는 어떠한 형태로든지 간에 동아시아인들의 글로벌적 사고를 통해서만이 극복될 수 있다. 그런데 문제는 이상과 같이 현재 동아시아인들에게는 어떤 글로벌적 사고들이 절실히 요구되지만, 아직 그들에게는 그러한 사고체계가 전혀 확립되어 있지 않다고 하는 것이다. 다시 말해, 우선 무엇보다도 우리 동아시아인들에게는 금후 글로벌문화의 구축을 위한 어떤 보편적 사고체계의 확립이 절실히 요구되는데, 그러한 사고체계의 확립을 위한 이렇다할 어떤 기틀이나 이론이 세워져 있지 않다고 하는 것이다. 따라서 본인은 본 연구를 통해 동아시아 공동체의 건설과 그 기반을 이룰 글로벌문화를 구축해 갈 수 있는 보편적 사고체계의 확립방안의 일환으로 '알타이문명론'을 제기하게 된 것이다.

보다 구체적으로 말해, 본인이 알타이문명론을 제기하는 주된 이유는 세 가지로 압축될 수 있다. 우선 첫 번째로 한국인들에게는 특수성을 강조하는 문화의식은 있어도 보편성을 문제시하는 문명의식이 희박하다고 하는 것이다. 그렇기 때문에 한국인들은 주관적으로 사물을 처리해 버리는 경향이 있다. 따라서 한국인들이 보편적 사고체계를 확립해 가려면 우선 무엇보다도 자신의 존재를 객관화 시켜 갈 수 있는 문명의식을 가지고 있어야 한다는 것이다. 둘째는 한국인들이 하루빨리 황하문명 중심의 역사관으로부터 탈피해 나와야 한다는 것이고, 그러기 위해서 황하문명의 성립에 지대한 영향을 끼친 알타이문명의 입장에서 동아시아 삼국관계를 인식해 가야 한다는 것이다. 그러한 경우에서만이 우선 한국과 일본이 같은 알타이 민족으로서의 어떤 공통점을 찾아가게 됨으로써 한국과 일본 양자 간의 대립이 해소되고, 북방의 알타이족과 남방의 한족 양자가 다 같이 성립, 발전시켜온 나라가 바로 중국이라는 인식이 확립됨으로써 한중관계와 중일관계가 새로운 차원에서 정립될 수 있다는 것이다.

셋째, 인간들은 역사적 사실에 입각해 자신들의 존재를 실현시켜 나갈 때만이 보편적 사고를 행해 갈 수 있는데, 한국인들은 불행히도 중국의 황하문명을 성립시키고, 발전시켜 나왔던 알타이문명의 실체를 인식해 오지 못해온 탓으로 한국인들의 사고에 주관적 요소가 강하게 내재되어 있다. 따라서 그 극복방안으로 알타이문명의 실체를 규명해 내서 그것을 주축으로 우리의 민족성을 정립시켜 나갈 필요가 있다고 하는 것이다.

■ 알타이문명 연구사에 대해

알타이문명이라 명명될 수 있는 그 실체의 존재여부, 그 문명 실체의 존재양태, 그것의 성립과 발전양상, 그것이 인류에 끼친 영향, 그것을 일으킨 민족, 그것과 여타 문명들과의 관련양상, 한민족 등과 같은 어떤 특정민족과의 관련성 등에 대한 체계적 논의를 우리가 알타이문명론으로 정의해 본다고 한다면, 한국에서의 알타이문명론에 대한 본격적 담론이 아직 일지 않았다고 말할 수 있다.

한국에서의 알타이문명이란 용어가 쓰이기 시작된 것은 1995년 국립중앙박물관이 '광복 50주년 기념 특별전'으로 '알타이문명전'을 개최하고 나서부터이다. 그 알타이문명전은 국립중앙박물관이 러시아 과학아카데미 시베리아분소 내의 고고민속학연구소가 소장하고 있던 유물들, 즉 알타이지역과 남부시베리아지역에서 출토된 석기·청동기·철기 등과 같은 유물들 중의 일부를 한국에 가져와서 그것들을 전시하는 형태로 이루어졌었다.

이 알타이문명이란 용어는 서구의 러시아 고고인류학자들 등의 사이에서 더러 쓰여 왔던 용어였다. 그런데 당시 '우리의 뿌리를 찾아'보려는 국립중앙박물관 관계자들이 중앙아시아의 알타이지역에서 출토된 유물들을 전시하면서 그들로부터 그 용어를 취해와 알타이문명전이란 이름을 붙였던 것이다. 그 후 한국에서의 알타이문명에 대한 관심은 우리 민족의 시원을 찾아보려는 고고학자들과 역사학자들 등에 의해 이어져 왔다. 사실상 그러한 분위기는 그 전시로부터 10년 전인 1985년에 창립되어 있었던 '한국알타이학회'를 통해 한층 더 고조되어졌음에 틀림없다. 그런데 불행히도 아직까지도 한국사회가 정치적 이데올로기로부터 완전히 자유롭지 못한 탓인지, 한국알타이학회가 알타이어를 연구해 가는 언어학자들이 중심이 되어 있는 학회이다 보니, 사실상 알타이문명에 대한 다양한 담론들을 일으켜오지 못해왔다. 그러나 오래지 않아 '알타이'에 관심을 갖고 있는 여러 방면의 많은 학자들이 한국알타이학회에 모여 들어 알타이문명에 대한 다양한 담론들을 일으켜 갈 것으로 예상된다.

한국에서의 알타이문명에 대한 논의는 주로 '우리 뿌리를 찾는다'는 목적으로 문화인류학자 박시인의 경우처럼 신화연구의 입장이라든가, 고고학자 김병모, 고고미술사학자 최몽룡, 고고학자 강인욱 등의 경우처럼 고고학적 입장이라든가, 고구려역사학자 서길수, 국제정치학자 김운회 등의 경우처럼 역사적 입장 등에서 단편적으로 행해졌다. 그러나 그것이 문명론적 측면에서의 논의까지는 이루어지지 않았다.

외국의 경우는 어떠한가? 우선 일본과 중국의 경우 알타이문명에 해당되는 'アルタイ文明', '阿尔泰文明'이란 용어는 거의 사용되고 있지 않다. 그러나 일본의 경우 한국의 한국알타이학회에 해당되는 학회로 '日本アルタイ学会'가 있다. 1964년에 발족되어 매년 1회 모임을 가져 올해로 43회 모임이 이어지고 있다. 학문영역의 면에서는 현재 알타이어 연구 중심의 한국알타이학회와는 달리, 그것은 알타이어 연구 중심으로부터 탈피해 나와 그 연구 중심을 역사학, 문헌학, 고고학, 인류학 등으로 전환시켜 나가고 있다. 그러나 그 학회는 매회의 발표자가 10여 명 안팎의 소규모인 탓인지 알타이문명에 대한 담론까지는 행해가고 있지 못하고 있다. 또 일본에는 알타이학과 관련해 그 학회뿐만 아니라 東亞アルタイ学会(동아알타이학회, EAAC)가 있다. 그것은 일본알타이학회의 회원들이 그 학회의 보완책의 하나로 1976년에 발족시킨 것으로서, 일본, 대만, 한국 등에서 개최해 가고 있으나, 그 규모는 역시 소규모 집단의 형태를 벗어나고 있지 못하고 있는 실정이다.

상기의 학회들은 구미의 상설국제알타이학회(Permanent International Altaistic Conference)에 열렬히 참가해 갔던 알타이어학자, 이케가미 지로(池上二郎), 무라야마 시치로(村山七郎, 1908~1995), 핫토리 시로(服部四郎, 1908~1995)

등과 몽골사학자 하기와라 준페이(萩原淳平) 등에 의해 발족되어, 근년에 와서는 중앙아시아·이슬람세계를 연구하는 우메하라 단(梅原坦), 기타가와 세이이치(北川誠一), 호리카와 도오루(堀川徹) 등과 같은 역사학자들이 주축이 되어 운영되어 나가고 있다.

구미 쪽에서는 그것이 중앙유라시아학(Central Eurasian Studies), 알타이학(Altaic Studies) 등의 형태를 취해 동아시아의 경우보다는 더 활발히 행해지고 있다. 구미에서의 알타이문명에 대한 논의는 1957년에 창립된 상설국제알타이학회에 의해 행해져 왔다. 본부를 미국 인디아나 대학에 두고 있는 PIAC는 매년 1회 세계 각국에서 개최되어 왔는데, 그 학회가 접근해 온 알타이문명론이란 알타이지역의 문화를 연구해가는 여러 독립된 학문들의 집합체라고 하는 인상을 주는 알타이학(Altaic Studies)의 입장에서 행해져 온 것으로서, 예컨대, 제5회 때의 주제 '알타이문명의 제상(Aspects of Altaic Civilization)'이 그 한 예가 될 것이다.

이렇게 봤을 때, PIAC는 20세기 중반 이후 학제적 입장을 취해 중앙유라시아 지역의 문화를 연구해오면서 일본·한국·중국 등을 중심으로 한 동아시아지역에서의 알타이문명 연구에 절대적 영향을 끼쳐온 연구집단이라 볼 수 있다. 필자에게 알타이문명론은 기본적으로 그러한 PIAC 연구방향과 그 업적들이 적극 참조되었다. PIAC는 그동안 학회에서 발표된 논문들을 엮어 단행본으로 출판해 왔다. 1997년에 와서는 1960~1990년 사이의 연구물들을 『우랄학과 알타이학 시리즈 (1~150권)』URALIC AND ALTAIC SERIES (Curzon Press Ltd)으로 엮어 출판했다. 그러한 일련의 작업은 미국 인디아나 대학에서 1962년 이후 '우랄·알타이학', '중앙유라시아학' 등의 강좌를 맡아왔던 데니스 사이너(Denis Sinor, 1916~2011)의 희생에 의해 이루어졌다. 그는 1961년까지만 해도 영국의 캠브리지대학 동양학부 교수였다. 그러나 인디아나 대학이 미국 교육부와의 모종의 계약을 통해 국방에 필요한 알타이학 교육센터를 학내에 설치할 목적으로 그를 초빙하게 됨에 따라 그가 인디아나 대학으로 옮겨가게 되었고, 그때 이후 그는 미국 교육

부가 대학에 지원하는 알타이 연구비로 PIAC를 운영할 수 있게 되어 PIAC
의 활동이 활성화되었던 것이다.

알타이문명의 학술적 논의 방법에 대해

이상과 같이 고찰해 볼 때, 필자가 행하려는 알타이문명에 대한 논의는
PIAC의 활동에 의해 정립된 알타이학을 통해 행해졌다고 말할 수 있다. 네니
스 사이너를 비롯한 그간의 PIAC의 임원들은 그것이 발족됐을 당시 알타이지
역이 '철의 장막'이라 불리던 소련 내에 있었고, 소련 해체 이후에도 민족적으
로 대단히 민감한 지역이었기 때문에 이념이나 민족적 감정으로부터 벗어나
오직 학문적 입장에서만 학회를 운영해 가려고 노력했던 것이 사실이다.[1] 그러
나 PIAC가 미국의 국방교육비에 의해 운영되어 왔다는 사실은 그것이 미국을
주축으로 한 서방의 세계전략정책의 수립을 위한 정보제공 역할로부터 결코
자유로울 수 없었다는 것도 사실이다. 이러한 사실들을 감안해 볼 때, PIAC에
의해 선도되어 온 그간의 동·서의 알타이 연구는 바로 그러한 목적 하에서
행해진 것이라 해도 결코 과언이 아닐 것이다.

이 학술적 논의는 첫째로 우선 어떤 이데올로기나 어떤 국가 또는 민족
내지 문화권 중심의 시각으로부터 벗어나 전 지구적 차원의 시각을 취해서
행한다. 둘째, 알타이문명의 존재와 그 역사적 사실들을 드러내서 이 지구상의
모든 인간들에게 알타이문명의 존재를 명확히 인식시킨다는 입장에서 행해진
다. 셋째, PIAC가 내놓은 업적들을 비판적 입장을 취해 적극 참조해가고, 또
그것이 정립시킨 알타이학의 입장을 취해, 인류학·고고학·역사학·언어학
등과 같은 개별적 학문영역들로부터 탈피해 나와 학제적 차원의 시각을 취해
행해진다. 넷째 본 연구의 주된 논의 대상인 알타이문명을 일으켜온 알타이족
의 시각에서 알타이문명을 논한다는 입장을 배제하고 알타이족을 포함한 이
지구상의 모든 민족들의 시각에서 그것을 논한다는 입장을 취한다.

이 학술적 논의는 다음과 같은 사항들에 대한 고찰을 주축으로 한다. 우선 현재 우리가 처해 있는 동아시아 사회의 역사적 문화적 상황들과 문제점들을 점검한다. 다음으로 그것들의 극복방안의 하나로 그간 무시되어 왔던 알타이 문명의 실체를 파악하고, 그것이 그간 무시되어 왔던 원인을 규명해낸다. 끝으로 금후 알타이문명을 일으켰던 주체들로 하여금 그것을 계승·발전시켜 나가게 하고, 또 그 후예들로 하여금 근대 서구문명이나 황하문명에 대한 의식으로부터 벗어나 알타이 문명의식을 계발해 나가게 할 수 있는 방안을 제시한다.

1. 알타이문명론의 제기 배경

1) 현대인들에게서의 문화의식과 문명의식

현재 지구상에 존재하는 대다수의 인간들은 어떤 한 민족이라고 하는 문화적 집단이나 국가라고 하는 정치적 집단에 소속해 있다. 그들은 자신들의 그러한 소속집단을 통해 자신들의 삶을 실현시켜 나가고 있다. 그 뿐만이 아니라, 그들은 그러한 집단을 단위로 하여 그들에게 적합한 어떤 정치적 사회적 제도들이나 그것들에 적합한 어떤 행동방식들, 생활수단이나 도구, 사상이나 종교 등을 창출해내서 그것들을 통해 자신들의 삶을 실현시켜 나가고 있는 것이다.

민족이나 국가란 자신들이 처해 있는 자연환경뿐만 아니라, 타 인간집단들과의 바람직한 관계를 만들어 가기 위해 취해가는 행동양식들 등으로 묶여진 인간집단을 의미한다. 현재 그들은 크고 작은 도시 속에서 혹은 도시화되어 가는 공간 속에서, TV, 냉장고, 전화, 자동차, 컴퓨터, 인터넷, 핸드폰 등과 같은 최첨단 생활도구들을 이용해 자신들의 삶을 살아가고 있다.

원래 그러한 생활도구들은 현대 한국인들이나 일본인들 혹은 중국인들 등과 같은 동아시아인들에 의해 창안되어 나온 것이 아니다. 서구인들에 의해 만들어진 것이다. 자신들이 처해 있는 자연환경을 인간중심으로, 인간세계를 자기네 중심으로 개조해야한다고 하는 관념에 빠져있는 서구인들이 그들의 그러한 생활철학을 세계화시켜 나가는 과정에서 그것들이 만들어졌던 것이다. 다시 말해, 인간이 처해 있는 자연의 세계나 인간의 세계 등과 같은 인간의 외적 환경을 인간중심의 차원으로 변화시켜 보려는 삶의 태도에 의해 창출되어 나온 것들인 것이다.

현대 동아시아인들은 서구인들이 창안해낸 그러한 생활도구들을 받아들여 자신들의 삶을 실현시켜 나가고 있다. 현재 우리 동아시아인들은 동아시아지역 이라고 하는 특수한 자연과 사회적 환경 속에서 자신들의 삶을 실현시켜가면서 만들어낸 삶의 방식들 뿐만 아니라 서구인들의 그것들까지 이용해 가면서 살아가고 있다는 것이다. 그러한 과정에서 우리들에게 동양문화·서구문명이라든가, 정신문화·물질문명 등과 같은 말들이 생기게 되었다. 또 현재 우리가 쓰고 있는 문화·문명의 의미는 서구가 근대화되어 가는 과정에서 형성되어 나온 것들이다. 서구에서의 근대화는 산업혁명, 시민혁명 등을 통해 출발해 국민국가라고 하는 정치적 체제라든가, 자본주의와 사회주의라고 하는 경제적 체제 등의 형성과 발전을 통해 전개되어 나갔다. 그러한 과정에서, 특히 영국은 시민혁명과 산업혁명 등과 같은 물질적 세계의 혁명을 일으켰던 청교도주의, 자본주의, 합리주의 등과 같은 이념들을 통해 형성시킨 문명의식을 바탕으로 국민정신을 확립시켜 나갔다. 그에 반해 그러한 혁명들이 뒤늦게 일어났던 독일의 경우는 자신들이 과거 서구세계를 지배해 갔던 신성로마제국을 계승해 갔던 국가라고 하는 의식이 있어 서구인들의 정신적 혁명을 강조해 갔다. 그들의 그러한 입장들에 대해 프랑스는 영국인들의 물질문명의식과 독일인들의 정신문화의식을 동시에 계발해 간다는 입장을 취했던 것으로 고찰된다.

이와 같이 문명의식은 서구에서 제일 먼저 시민혁명과 산업혁명을 일으켜 갔던 영국인들이 시간의식을 주축으로 한 세계인식을 통해 형성된 기존의 종적 질서체계에 반기를 들고, 그것에 대립되는 공간의식을 주축으로 한 세계인식에 입각해 형성된 횡적 질서체계를 기초로 해서 형성되어 나왔다. 그에 반해 문화의식은 기존의 전통의식에 입각한 종적 질서체계를 통해서 형성되어 나온 것이라 할 수 있다. 그 후 서구에서 영국으로부터 출발된 그러한 문명의식은 영국으로부터 독립해 나와 서구적 전통으로부터 자유로웠던 미국인들에 의해 계승되어 나왔고, 20세기로 들어와서 물질이 인간의 정신을 지배해 간다는 레닌의 공산주의 사상에 의해 계발되어 나왔다.

그 결과 영국, 미국, 러시아 등과 같은 나라들이라든가 러시아로부터 공산주의 사상을 받아들여 사회주의 국가로 전환해 나왔던 중국, 몽골 등에서 '문명'이라는 말이 적극적으로 쓰이고 있다. 반면, '문화'란 말은 전통이나 정신을 통해 현안들을 타개해 가려는 입장을 취했던 독일을 비롯하여 독일과 정치적 결탁을 맺어 민족적 문제들을 풀어가려 했던 일본, 이탈리아 등을 통해 일반화되어 나와, 현재 자신들의 찬란했던 역사를 강조해 가면서 자신들의 민족적 정체성을 확립시켜 가려는 인도, 터키, 한국 등에 의해 계승되어 나가고 있는 실정이라 할 수 있다.

이와 같이 문화의식은 시간을 주축으로 한 세계인식을 바탕으로 하고 있는데 반해, 문명의식은 공간을 주축으로 한 세계인식에 기초해 형성되어 나온 것이라 할 수 있다. 문화의식이 과거나 역사적 깊이를 통해 나온 것이라면 문명의식은 현재나 지리적 거리 내지 공간적 넓이를 통해 나온 의식이라 할 수 있고, 문화의식이 인간의 정신세계에 대한 인식을 바탕으로 하고 있다면, 문명의식은 인간의 물질적 세계에 대한 인식을 기초로 해서 형성된 것이라 할 수 있다. 전자가 인간의 상상력이나 감정 같은 것에 의해 만들어지는 주관적 세계를 통해 나오는 것이라면, 후자는 인간의 시각이나 과학적 사고와 같은 것에 의해 만들어지는 객관적 세계를 통해 나온 것이라 할 수 있다. 전자가 구체적이고 개인적이고 부분적인 것들에 대한 인식을 기초로 해서 형성된 것이라면, 후자는 전체적인 것을 통해서 나온 것이라 할 수 있다.

이와 같이 문화란 어떤 특정한 인간집단과 그 인간집단이 처해 있는 자연환경 내지 사회적 환경과의 종적 질서체계라고 한다면, 문명이란 그러한 종적 질서체계들로 묶인 인간집단들의 횡적 질서체계를 가리킨다. 그런데, 본인이 여기에서 강조하고자 하는 것은 문화라고 하는 종적 질서체계들이 끊임없이 파장이 다른 종적 질서체계들과 충돌해 가게 되는데 그러한 충돌과정에서 새로운 문명이 탄생하게 된다고 하는 것이다. 그러한 문명의 탄생은 서로 다른 횡적 질서체계들이 충돌을 통해 찾아진 공통점을 기반으로 하여 이루어지는 것이다. 문화란 바로 그렇게 해서 탄생된 횡적 질서체계라고 하는 문명이 새로운 종적 질서를 구축해 나가는 과정에서 형성되어 나오는 것이다.

현대인들은 이렇게 서로 상반된 인식들에 기초해 형성된 문화의식과 문명의식을 가지고 자신들의 일상생활들을 실현시켜 나가고 있는 것이다.

2) 한국인의 문화의식과 문명의식

현재 대다수 국가의 국민들은 그 나름의 문화의식과 문명의식을 가지고 자신들의 삶을 실현시켜 나가고 있다. 그러나 본인이 여기에서 논하고자 하는 것은 영국, 미국, 중국, 몽골 등과 같은 국가들의 국민들은 문명의식을 주축으로 해서 자신들의 삶을 실현시켜 나가고 있는 반면, 독일, 일본, 인도, 터키 등과 같은 나라들은 문화의식을 주축으로 해서 그것을 실현시켜 나가고 있다고 볼 수 있는데, 한국인들의 경우는 후자에 해당한다고 하는 것이다. 이렇게 봤을 때 현대 한국인들의 문화의식은 문명의식이 행해가야 할 역할까지 독차지해 가고 있다는 말을 해 볼 수 있다. 앞에서도 언급했듯이 문화의식은 정신적 세계의 계발을 통해 현안들을 해결해 보려할 때, 또 인식대상의 특수성을 끌어내서 당면문제를 해결해 나가려 할 때 사용되는 의식이다. 이러한 문화의식은 인류와 같은 어떤 전체의 보편적 정신을 문제시하는 의식이 아니라 그러한 전체 속의 일부를 이루는 어떠한「민족정신」과 같은 것을 문제시하는 의식이다.

한국인들에게 문명의식 보다는 문화의식이 강하게 작용하고 있는 것은 우선 일차적으로 일본으로부터의 영향 때문이라 할 수 있다. 일본은 근대 이후 서구의 열강들과 대결해가는 과정에서 천황제라고 하는 정치적 형태를 취해

국민들의 정신적 무장을 강조해 갔다. 천황제란 천황가의 전통성과 일본정신 (大和)을 기반으로 해서 형성된 정치체제이다. 일본은 '일본'을 구성하는 것들의 특수성을 극대화시켜 그것들을 통해 어떤 보편성을 확보하는 입장을 취해 근대화과정에서의 난국을 타개해 갔다. 한국은 근대화의 과정에서 그러한 입장을 취했던 나라의 속국으로 전락해 버렸다. 해방 이후 한국은 일제의 그러한 체제하에서 성공적 삶을 살았던 인간들, 좋게 말해 그러한 체계에 길들여졌던 인간들에 의해 주도되어 왔던 나라이다. 따라서 일제의 잔재라 할 수 있는 분단 상태를 극복해 내지 못한 한국인들은 그러한 삶의 실현형태로부터 벗어나지 못한 상태에 처해 있는 것이다. 현재도 우리는 우리의 민족적·문화적 특성에 대한 강조만을 통해 분단의 문제와 강대국들과의 국제적 관계를 해결해 가려는 입장을 취해 가고 있다는 것이다.

한국인에게 문명의식보다 문화의식이 더 강하게 작용하는 두 번째 이유는 현재 중·러·일·미의 강대국들에 둘러싸여 있는 한국으로서는 그들과 대결 시 야기되는 문제를 극복해 갈 수 있는 유일한 방법들이라고 하는 것이 강한 정신력이나 격앙된 감정적 표현을 통한 것일 수밖에 없었기 때문이 아닌가 한다. 문화적인 것이 문명적인 것에 비해 더 정신적이기는 하지만, 그것은 이성적이기 보다는 더 감성적이고 감각적이기 때문이다. 세 번째는 한국인들이 역사적 인식에 의해 발로된 민족의식을 통해 문제를 해결해 보려는 입장을 취하기 때문이다.

보다 구체적으로 말해, 그러한 문화의식의 특징은 다음과 같이 이야기 될 수 있다. 자신들이 직접 경험하지 않은 것들, 예컨대 고대나 중세에 있었던 어떤 역사적 사실들에 대한 인식을 통해 취해진 현대인들의 의식들이란 그들이 직접 경험한 것들 혹은 경험해 볼 수 있는 것들에 대한 인식을 통해 취해진 것들 보다 더 관념적인 것일 수밖에 없고, 더 형식적일 수밖에 없다. 다시 말해 과거의 역사적 사실들에 대한 간접적 체험을 통해서 불러일으켜진 한국인의 문화의식은 우선 첫째로 관념적이고 형식적인 것으로 특징 지워질 수 있다는 것이다. 민족적 차원에서 고찰될 수 있는 우리들의 주된 역사적 체험은 근대 이후에는 일본과의 관계를 통해 근대 이전에는 중국을 통해서 이루어졌다. 과거 한국민족의 그들과의 관계는 종속적 관계 내지 상하관계라 말할 수 있다. 우리민족의 역사적 체험은 바로 그러한 것이었다. 따라서 과거 우리의 역사를 통해 불러 일으켜지는 우리의 문화의식은 종속되어 있을 때 느껴지는 감정, 혹은 아랫사람이 윗사람을 섬길 때 느껴지는 감정으로 특징 지워질 수 있다. 이것이 한국인들의 문화의식의 두 번째 특징이다.

현대 한국인들에게 느껴지는 '문냉'에 대한 이감은 우리의 생활감정들과는 유리되어 있는 것처럼 받아들여진다. 영국인들이나 미국인들이 느끼는 그것에 대한 어감은 결코 그렇지 않을 것이다. 그것은 우리가 느끼는 '문화'에 대한 어감과도 같은 것임에 틀림없다. 그들에게 있어서의 문화란 문명의식이 구축해 낸 문화, 보다 구체적으로 말해 그들 자신들이 처해 있는 물리적 세계나 생물학적 세계 등에 대한 경험들을 통해 구축해 낸 과학적·합리적 사고체계라든가, 혹은 인간들이 모여 사는 도회지 등에 대한 경험들이 구축해 낸 삶의 방식 등을 말한다. 그들의 일상생활은 그러한 사고체계와 생활양식들을 바탕으로 해서 이루어져 왔다. 또 그들은 그러한 것들을 이용해서 자신들의 당면 문제들을 해결해 간다는 입장을 취해간다. 이렇게 볼 때, 영국인들이나 미국인들에게의 문화의식은 바로 '문명 문화'란 말로 이름 붙여 볼 수 있는 것이라 할 수 있다. 『문명의 충돌』의 저자, 새뮤얼 헌팅턴은 제1장 「문명들의 세계」에서 "문명은 독일을 제외하고는 문화적 실체로 파악된다"라는 말을 하고 있는데, 그 말은 바로 이러한 차원에서 행한 것이라 할 수 있다.[2]

본인이 여기에서 강조하고자 하는 것은 현대 한국인들에게는 영국인이나 미국인들이 가지고 있는 그러한 '문명 문화' 의식 같은 것이 아직 형성되어 있지 않다고 하는 것이다. 그 이유는 무엇인가? 영국이나 미국이 산업혁명과 시민혁명을 통해 형성시킨 문명의식을 통해 그들의 삶의 양식을 구축해 가기 시작했던 것은 200~300여 년 전부터라 할 수 있다. 그래서 그들이 산업혁명, 시민혁명을 일으켜 오면서 형성시킨 합리적·과학적 사고는 그들의 일상생활 저변에까지 침투되고 내면화되어, 소위 「과학문명」이라고 하는 문화를 창출해

내게 되었던 것이다. 그러나 한국이 서구의 경우처럼 산업혁명과 시민혁명을 통해 근대화를 시작한 것은 20세기 이후의 일로, 불과 100여 년 밖에 되지 않았다. 그것도 서구의 경우처럼 국민적 합의에 의한 내발적 차원에서 행해진 것이 아니라, 외부로부터의 강압에 의해 행해졌던 것이다. 따라서 한국인들에게서의 그러한 근대화란 부정적인 이미지로 각인되지 않을 수 없었다. 다시 말해, 한국의 근대화는 한국을 자신의 식민지로 만들려는 목적을 가지고 접근했던 일본을 통해 행해졌고, 동양을 자기들의 식민지로 만들려는 근대 서구열강들의 강압에 의해 행해졌던 것이다. 따라서 현대 한국인들에게 공업화나 도시화 등과 같은 근대화에 대한 태도는 부정적일 수밖에 없었던 것이다. 그러한 이유로 인해 한국인들에게서의 근대 서구문명이나 그것을 형성시켰던 과학이나 합리적 사고에 대해서는 부정적일 수밖에 없었던 것이다.

이러한 이유로 인해 현대 한국인들에게서의 근대 서구문명에 대한 이미지가 부정적일 수밖에 없다고 한다면, 한국인들에게서의 근대 이전 그들에게 삶의 방식을 제공해 주었다고 생각되는 황하문명에 대한 의식은 어떠한가? 근대 이전 한국인들에게서의 황하문명에 대한 의식은 그야말로 절대적인 것이었다. 그런데 근대 이후 근대 서구문명이 한국인들에게 알려짐에 따라 황하문명에 대한 의식은 상대화되어 나왔다. 그러다가 그것은 한국인들에게 결국 부정적 이미지를 취해가게 되었다. 이러한 이유들로 인해 현대 한국인들에게는 문화의식은 있지만 문명의식이 없다고 하는 말이 받아들여 질 수 있는 것이다.

일본은 21세기로 접어들어 그 이전 10여 년 동안의 장기불황으로부터 빠져나오기 위한 한 방안으로 일본의 특수성만을 강조하는 '일본문화'라고 하는 말 보다는 '일본문명'이라는 말을 써보려는 입장을 취해 가고 있다. 일본문화 보다는 일본문명이라는 말을 일반화시켜 보려는 자들 중에는 현재 국제일본문화센터의 교수 가와카쓰 헤이타(川勝平太)라는 학자 등이 대표적이라 할 수 있다. 그는 영국 옥스퍼드 대학에서 경제학을 전공하고『일본문명과 근대서양 -「쇄국」재고』(1991) 등을 저술한 후 그것을 기초로 해서『문명의 해양사관』

(文明の海洋史観, 1997)을 펴내 알려지게 된 학자이다. 그의『문명의 해양사관』은 일본문명과 서구문명과의 평행현상을 기술한『문명의 생태사관』(文明の生態史観, 1967)의 저자 우메사오 다다오(梅棹忠夫)의 역사관에 입각해 저술된 것이다.[3]

　　우메사오 다다오는『문명의 해양사관』이 출판된 직후 가와카쓰 헤이타와의 대담에서 "일본인은 잘못 생각하고 있는 것입니다. '특수일본'을 아무리 팔려고 해도 팔리지 않습니다. '보편일본'을 팔아야 합니다. 그러기 위해서는 보편화되지 않으면 안됩니다"라는 말을 하고 있다.[4] 여기에서의 특수일본이란 일본문화를 가리키고 보편일본은 일본문명을 가리키는 말이다. 그들은 17세기 이후 일본이 중국의 화이사관(華夷史観)으로부터 벗어나 일본 중심의 아시아관을 구축해 나와 일본문명을 발전시켜 나갔다는 입장을 공유하고 있는 자들로서 일본인들이 앞으로 일본문화보다는 일본문명에 대해 더 관심을 가져가야 한다는 입장을 갖은 자들이다. 그들이 제시하는 일본문명은 대륙아시아를 토대로 해서가 아니라, 근대 서구세력들이 들어왔던 동남아시아와 서남아시아가 포함된 해양아시아를 토대로 해서 나왔다고 말하고 있다. 가와카쓰 헤이타는 '일본문명은 인재도 풍부하고 돈도 기술도 있으니까 서태평양 도서국가연합을 만들어 환경에 부담을 주지 않을 수 있는 기술을 가르쳐 가야'한다는 사상을 갖고 있다.[5]

　　그들의 그러한 일본문명에 대한 관심은 1990년대 이후 급격히 부상한 글로벌화 현상이라고 하는 세계적 추세와 맞물려 더욱 일반화 되어 나가고 있고, 현재 일본은 2001년부터 문부과학성(文部科学省) 산하에 있는 국제일본문화센터에 문명연구프로젝트실을 두어 비교문명연구팀과 일본문명연구팀을 가동시켜 그들로 하여금 일본문명의식의 이론적 기반을 구축케 하고 있다. 그러한 상황에서 일본문명을 고대 중국문명이나 근대 서구문명으로부터 독립시켜 독자적으로 다룬 새뮤얼 헌팅턴(Samuel P. Huntington)의『문명의 충돌』*The Clash of Civilizations and the Remarking World Order*(1996)이 출판되어 나오자, 그것이 화제작으로 다루어지게 되어「일본문명」이라는 말이 한층 더 일반화되어 나왔던 것이다. 따라서 현재 일본 출판계에서는 그러한 상황 속에서 일본문명이라고 하는 존재가 인정될 수 있는 지적 분위기가 조성되어 가고 있다.[6]

3) 한국민족과 알타이문명

'강력한 사회는 보편화하며 허약한 사회는 특수화 한다'는 말이 있다.[7] 그렇다면 한국인들은 어떤 식으로 문명의식을 고쳐시켜 나갈 수 있을 것인가.

일본의 지식인들은 어떤 형태로든지 간에 일본문명의 존재를 주장해 가기 위해 여러 이론들을 세워 나왔다. 그 대표적 사례의 하나가 가와카쓰의『문명의 해양사관』이 제시하고 있는 '일본문명론'이다. 그것은 중국의 황하문명이 중국을 중심으로 펼쳐져 있는 대륙아시아로부터 나왔다고 한다면, 근대 이후 아시아지역에 대단한 영향을 끼쳐왔던 일본문명이 일본을 중심으로 펼쳐져 있는 해양아시아로부터 나왔다고 하는 논리를 기반으로 해서 성립된 것이라 할 수 있다.[8] 보다 구체적으로 말해, 과거 황하문명이 아시아 대륙에서의 북방의 유목문화와 남방의 농경문화와의 충돌을 통해 형성되어 나왔다면 근대 일본문명은 근세 이후 일본이 과거에 구축된 황하문명권으로부터 벗어나와, 동진해 온 근대 서구문명과 아시아의 해양에서 충돌해 가는 과정에서 형성되어 나왔다고 하는 논리이다. 그렇다면 한국은 일본인들이 제시한 그러한 일본문명에 대해 어떠한 입장을 취해야 하는가?

우리는 그것에 대해 다음과 같은 입장을 취할 수 있다. 그것은 우선 논리적으로 받아들여지지 않는다. 왜냐하면 세계의 모든 지리학자들이 일본을 아시아의 일부로 기술해 가고 있는데 그들만이 '일본은 아시아가 아니다'라고 하는 입장을 취해서 세운 논리이기 때문이다. 또 그것은 일본이 근세이후 중국의 황하문명 중심으로 구축된 아시아세계로부터 벗어나 근대로 넘어오는 과정에서 독자적으로 일본문명을 구축해 그것을 가지고 한반도를 침략해 식민지로 만들었다는 논리가 될 수 있다. 그렇다면, 한국의 근대화의 태반이 일제강점기에 행해졌고, 또 그것이 한국의 현대화의 기초가 되었다고 하는 것이 부정될 수 없는 사실인데, 우리가 그 입장에 찬동한다면 한국의 근현대 문명은 일본문명을 기초로 해서 이루어졌으며 현재도 그것이 일본문명권 내에 존재해 있다는 시각이 성립된다. 그러나 우리는 그러한 시각을 받아들이지 않고 있다. 그 이유는 전근대 일본의 문화가 한국으로부터 들어간 것을 바탕으로 해서 형성된 것이었는데도 불구하고 일본인들은 어떠한 식으로든지 그 사실 자체를 부정해보려는 입장을 취해 왔다. 그 주된 이유는 한마디로 일본에 전래된 한국 문화가 한국의 것이 아니고 중국의 것이기 때문이라는 것이다. 그렇다고 한다면, 우리는 그것과 마찬가지 이론을 취해 근대 이후 일본으로부터 들어온 근대 문명이 일본문명이 아니라 서구문명이기 때문이라는 입장을 취할 수 있는 것이다.

이렇게 봤을 때, 우리는 그동안 그럭저럭 써왔던 황하문명, 근대 서구문명, 일본문명 등과 같은 것들에 대한 의식들로서는 결코 '강력한 사회'를 만들어 갈 수 없다는 결론에 이르게 된다. 그렇다면, 우리는 어떠한 식으로 문명에 대한 의식을 고쳐 나갈 수 있을 것인가.

현재 한국은 한국인들 스스로가 믿기지 않을 정도로 세계 최강의 전자산업 국들 중의 하나로 부상해 있다. 조선 산업의 면에서는 10여 년 전부터 세계 1위에 올라와 있다. 한국은 중국, 미국, 러시아, 일본 등의 경우처럼 인구가 많은 나라도 아니고, 자원이 풍부한 나라도 아니고 국토가 넓은 나라도 아니다. 산업화의 면에서도 가장 늦게 출발한 나라이다. 그렇다면, 그러한 산업들을 세계 정상급으로 끌어 올린 저력은 과연 어디로부터 나온 것일까? 그것들뿐만 아니라, 16세기 말에는 세계 최초로 거북선과 같은 철갑선을 만들었고, 15세기 중반에는 이탈리아 보다 200여 년 빨리 철로 된 측우기를 만들었다. 금속활자 역시 르네상스기에 이탈리아에서 만들어진 것 보다 무려 2세기 전인 13세기 초반 한국에서 최초로 발명되었다. 이러한 것들을 고려해 보면, 변한(弁韓, 1~3세기)이 당시 세계 최대의 철 생산지였다는 말도 의심해 볼 여지가 없는 것 같다.

이와 같은 사실들은 이미 2000여 년 전부터 한국인들이 세계 정상급에 오를 수 있는 어떤 저력을 가지고 있었고, 그때부터 간헐적으로 그러한 저력을 발휘해 왔다는 것을 말해주고 있다. 그런데 그러한 사실들을 좀 더 면밀히 고찰해 보면, 한국인들의 그러한 저력 발휘가 우선 첫 번째로 철기산업을 통해서 행해 졌다는 것이고, 두 번째로 문자언어와도 깊게 관련되어 있음을 알 수 있다. 두 번째의 문자언어와 관련해서 앨 고어 전(前) 미국 부통령도 "한국의 디지털 혁명은 역사적으로 보면 두 번째로 획기적이고 혁신적인 기술발전에 기여하게 되는 사례가 될 것"이고, 그 디지털혁명으로 "전 세계가 한국으로부터 인쇄술에 이어 두 번째로 큰 혜택을 보게 될 것"이라고 말한 바가 있다.[9] 앨 고어의 그러한 지적대로 한국인들은 금속활자를 발명해 문자언어표현의 혁명을 주도 했었고, 또 전자언어 표현혁명을 주도해 또 한 번 문자언어표현의 혁명을 일으켜 인류문명에 공헌해 가고 있다.

그렇다면 세계사적 측면에서의 한국 민족과 철기 및 문자언어는 어떻게 관련되어 있는 것인가? 지금까지 한국인들은 사실상 근대 이전까지의 한국역사와 한국민족의 성립과 발전을 중국의 황하문명의 성립과 발전을 통해서 생각해 왔다. 그러한 이유로 인해, 한국민족이 일으켜 온 예의 철기문화나 문자언어 등에 관한 것들도 중국의 황하문명과 관련시켜 생각하지 않을 수 없었다. 그러나 그러한 시각에서 그간 한국민족이 일으켜온 그러한 철기문화의 발달과 문자언어혁명의 발기 원인 등을 파악하려 한다면, 그 원인이 결코 규명되지 않는다고 하는 것이다. 다시 말해서, 그것은 황하문명과 관련시켜서는 그 원인이 밝혀지지 않는다는 것을 의미한다. 그렇다면 그것이 어떤 식으로 이해되어 질 수 있을 것인가. 근래에 와서 우리의 민족정신과 그 뿌리 찾기 운동이 일어났고, 그 과정에서 고구려 역사 연구가 활발히 행해져 왔다. 그 이유는 한국 민족의 뿌리가 고구려, 그것과 관련성이 깊은 부여·예맥 등과 연결되어 있다는 입장이 공론화되어 나왔기 때문이다.

근래에 들어 한국 민족의 뿌리가 부여·예맥 등과 깊게 관련되어 있다는 사실은 인정되었지만, 그러한 입장은 공론화되지 못했고, 황하 쪽의 요하(遼河)와 대동강 유역에 위치해 있던 고조선과 연결시켜 한국 민족의 뿌리를 찾으려는 입장만이 일반화되어 있었다. 한국 민족의 기원을 고구려의 모체라 할 수 있는 부여나 혹은 예맥 등에서 찾아야 한다는 입장을 취해 볼 때, 한국 민족은 중앙아시아의 알타이지역으로부터 출발한 알타이족이라고 할 수 있다. 알타이족은 중국의 황하문명의 성립에 절대적 영향을 끼쳤던 알타이문명을 일으킨 민족으로 특징 지워질 수 있는 민족이다. 이러한 점들을 감안해 볼 때 한국민족이 일으켜 온 금속기문화와 문자문화의 눈부신 발전의 원동력이 우리민족의 선조로 파악해 볼 수 있는 고대 알타이족이 일으켰던 알타이문명을 통해서 규명해 볼 수 있다는 입장이 성립되어 나온다. 그렇다면 알타이문명의 실체는 어떠했으며 그것은 어떤 형태로 전개되어 나왔던 것인가?

2. 알타이문명의 실체와 그 존재 양상

1) 알타이문명의 실체

황하문명에서의 황하가 황하강 또는 그 강에 인접해 있는 지역을 가리키는 말이듯이, 알타이문명에서의 알타이도 알타이산맥 또 그것에 인접해 있는 지역을 가리키는 말이다. 보다 구체적으로 말해 약 $49°N86°E$에서 $46°N96°E$에 이르는 2000여 km 길이의 알타이산맥(최고봉은 알타이산맥 북단에 위치한 4506m의 벨루하 산), 그 북쪽에 인접해 있는 평지 알타이, 산지 알타이 등과 같은 지역을 가리키는 말로서 '황금(黃金)'을 의미하는 몽골어로부터 유래한 말이다. 알타이문명의 발원지로서의 알타이지역은 주로 구석기, 신석기, 청동기, 철기 등의 유물들이 많이 발굴되는, 현재 러시아연방공화국 내의 알타이공화국의 영토를 이루는 산지 알타이, 즉 고르노알타이를 중심으로 하는 지역과 그 인접지역, 구체적으로 고르노알타이 지역의 서쪽에 인접해 있는 평지 알타이지역과 동쪽에 인접해 있는 투바공화국지역 등을 가리킨다.

고르노알타이는 북극해로 흐르는 중앙아시아의 이르티시강, 오브강, 에니세이강 등의 상류지역인 알타이산맥 북쪽 산간지역을 말한다. 알타이지역의 중심은 평지 알타이와 산지 알타이지역의 사이에 위치해 있는 현재 알타이공화국의 수도인 고르노알타이시(市)라 불리는 지역으로서 알타이산맥의 북쪽 끝부분에 위치해 있는 지역이다. 현재 알타이지역은 카자흐스탄의 동쪽지역, 중국의 서북쪽지역, 몽골의 동쪽지역, 중앙러시아의 남쪽지역 등이 만나는 지점이기도 한데, 고대 메소포타미아문명이 그 지역의 북동방면에 위치해 있는 카스피해, 아랄해, 발카쉬호 등으로 퍼져 나가 중앙아시아로 진입해 들어가는 길목에 있는 지역이기도 하다. 따라서 이 알타이지역은 서쪽의 고대 메소포타미아문명 등이 아시아로 진입해 들어오는 문턱에 위치해 있는 지역이라 할 수 있다. 보다 구체적으로 보면, 그 알타이지역은 작게는 서남아시아 내지 서아시아지역의 문화와 중앙아시아지역의 문화가, 크게는 아프리카 · 유럽지역의 문화와 아시아지역의 문화가 서로 충돌해 하나의 보편문화가 탄생해 나온 지역으로서 현재 고고학에서의 그 알타이지역은 '아시아지역에서 가장 오래된 초기 구석기 시대의 유적지들'이 발견된 지역으로 지목되고 있다.[10]

필자가 여기에서 강조하고자 하는 것은 바로 그 지역에서 알타이문명이라 이름 붙여진 문명이 발생해 나왔다고 하는 것이다. 이 지역에서 발생된 알타이문명은 한마디로 청동기문화, 목축문화, 매장문화, 암각(岩刻)문화 등으로 특징지어질 수 있다.

금속기문화는 청동기 문화를 출발로 해서 성립되어 나온 것으로서 고르노알타이 지역에서의 청동기문화는 기원전 3천 년경에서 2천 년경 사이에 '카스피해 북쪽의 볼가강에서 서북쪽의 우랄지방으로 펼쳐진 삼림과 초원의 혼합지역에 존재했었던 아파나세보(Afanasevo)문화'를 기초로 하여 형성되어 나왔던 것으로 고찰되고 있다.[11] 기원전 3~2천년 사이에 서부시베리아로부터 시작된 아파나세보문화가 동쪽의 중앙시베리아지역, 즉 미누신스크, 알타이, 투바, 몽골 등으로 퍼져나가고 있었는데, 그 과정에서 기원전 2천에서 1천7백 년 사이에 고르노알타이 지역에서는 카라콜(Karakol)문화가 형성되어 나왔다. 아파나세보문화의 주체는 유럽인종이었는데 반해, 카라콜문화의 주체는 '유럽

인종의 피가 섞인 몽골인종'이었던 것으로 알려져 있다.[12] 그런데 바로 이 카라콜문화의 특징이 청동무기, 마구(馬具), 분묘(墳墓), 암각화(岩刻畵) 등으로 규정지어지고 있는 것이다. 사실상 남부 우랄지방으로부터 동남부 시베리아의 알타이지방으로 퍼져나갔던 아파나세보문화는 '금속의 사용', '말(馬)의 사용', '고분의 등장'으로 특징지어졌었던 문화였다.[13] 바로 이런 영향에서 형성되어 나온 것이 알타이문명의 기초를 이루는 청동무기, 마구, 분묘, 암석화였던 것이다.

기원전 2500년경부터는 서부시베리아에서는 아파나세보문화가 급격히 쇠퇴하자, 기원전 2000여년에 와서 안드로노보문화가 형성되어 나와, 서쪽의 동우랄지역부터 남부시베리아, 바이칼지역, 중국북방지역까지 퍼져나갔다. 그러자 남부 시베리아에 위치해 있는 알타이지역의 문화도 기원전 17세기경부터 안드로노보문화의 영향을 받아 카라수크(Karasuk)문화로 전환되어 나왔다. 안드로노보문화는 말을 이용한 전차(戰車)의 사용으로 특징지어졌던 탓으로, 그것으로부터 영향을 받아 형성되었던 카라수크문화는 마차문화를 주축으로 해서 형성된 유목문화로 특징지어졌다. 그 카라수크문화는 중국의 중원지방으로 퍼져나가 황하문명의 형성에 절대적 영향을 끼치게 된다.

후기 청동기시대로 불리어지는 이 카라수크문화는 기원전 13세기에서 기원전 9세기까지 존속해 가다가, 기원전 8세기경을 전후해 흑해연안에서 알타이지역을 경유해 바이칼지역에 이르는 유라시아 초원지역에 새로운 금속인 철기의 야금술이 전래됨에 따라 소멸되고 만다. 그러한 철기야금술의 전래는 8~7세기에 들어서면서 한층 더 마구와 무기를 발달시켜 유라시아지역의 농경·유목병행의 생활양식을 유목중심의 생활양식 쪽으로 전환시킨다. 그러한 과정에서 스키토-시베리아유형의 문화가 형성되어 나오는데, 기원전 8~6세기에 이르러 알타이지역에서는 많은 고분유적지를 남긴 파지릭(Pazyryk)문화가 형성된다. 초기 스키토-시베리아 유형의 문화를 대표하는 유적으로는 투바에 있는 아르촨 고분이라 할 수 있다.[14]

알타이지역으로의 철기야금술의 전래는 초기 스키토-시베리아 청동문화와 함께 유입해 들어가 투바의 아르쾬(Arzhan) 고분과 같은 대형 고분유적을 남겼던 것이다. 보다 구체적으로 말해, 그 철기의 야금술이 기원전 6세기경 중국 중원지방으로 유입해 들어가 농업혁명을 일으켰고 기원전 4세기경부터는 철기문화를 일으켜 전국통일과 문자통일을 이룩했으며, 진시황릉의 병마용, 일본의 오진능과 닌토쿠능과 같은 고분을 남겼다고 하는 것이다.

이상과 같이 고찰해 볼 때 알타이문명의 실체는 청동무기, 마구(馬具), 분묘, 암각화 등을 기본요소로 해서 형성되어 나왔던 것으로 파악된다. 우리는 그러한 것들을 통해서 알타이문명의 실체를 파악할 수 있는 것이다.

알타이지역에서의 청동기는 기원전 3000년대부터 사용하기 시작하였고, 유럽인종의 피가 섞인 아시아인에 의해서는 기원전 2000년경부터였다. 이에 비해 중국의 중원지방에서의 청동기 사용은 기원전 1600~1400년대부터로 이야기되고 있다.[15] 청동기가 이처럼 황하지역보다 알타이지역에서 먼저 사용되기 시작되었고, 또 알타이지역에서 황하지역보다 더 빨리 말이 교통수단으로 이용되기 시작되어, 유목민들에 의해 마구(馬具)와 무기가 황하지역보다 더 빨리 청동으로 만들어지게 되었다. 그것들이 청동으로 만들어짐에 따라 목축사회 전체가 한 용맹한 기사에 의해 다스려지게 되고, 또 그러한 사회적 분위기 속에서 그 용맹한 기사의 권위가 요구되는 과정에서, 결국 분묘문화가 발전해 나왔다고 볼 수 있다. 또 그러한 유목기마병 사회에서는 용사의 말 한마디보다는 그의 말없는 행동 하나가 그의 지배하에 있었던 유목민들에게는 더 감동적이었기 때문에 설명의 수단으로서의 말보다는 실행의 수단으로서의 행위가 더 요구되어졌던 것이다. 알타이지역에서 황하지역의 갑골문자의 전단계라 할 수 있는 암각화라고 하는 그림문자가 황하지역보다 더 일찍 발생했었다. 그랬는데도 불구하고 그것이 문자단계로 발전해 나오지 않았던 것은 유목사회에서는 문자를 통한 표현보다는 행동을 통한 표현이 더 평가되었다는 의미이기도 하다. 그러한 의미에서 알타이문명의 실체를 규정짓는 또 하나의 요소가 바로 암각화였던 것이다.

암각화에 대해 보다 구체적으로 논해 보면, 암각화는 알타이지역에서 구석기·신석기시대에서부터 시작되었으나, 그것이 가장 성행했던 것은 기원전 2000~1500년경의 카라콜문화를 통해서였다. 현재 중국의 갑골문 연구자들의 대부분은 중국의 갑골문자가 암각화를 기초로 해서 성립되어 나왔다는 입장을 제시하고 있다.[16] 암각화는 종교와 관련된 그림문자의 일종으로 파악될 수 있다. 그러한 의미에서 암각화는 종교와 관련성이 있는 갑골문의 전신으로 받아들여질 수 있는 것이다. 인간들이 어떤 의미를 전달하기 위해 바위에 그리던 그림을 거북이의 뼈와 같은 짐승들의 뼈에 좀 더 상징화시켜 새겨 넣게 되었는데, 그것이 다름 아닌 바로 갑골문이라고 하는 것이다. 중국에서의 갑골문은 은대 말(殷代末)인 기원전 14~11세기에 이루어진 것으로서, 중국에서 기원전 1600년대부터 청동기가 사용되기 시작되어 그것이 일반화되어 나가는 과정에서 형성되어 나온 것으로 이야기되고 있다. 다시 말해 중국인들이 석기 대신에 청동기를 사용해 가는 과정에서 그 이전의 암각화, 토기문자 등이 갑골 문자라고 하는 완전한 문자 형태로 전환해 나오게 됐던 것이다.

이와 같이 알타이지역에서의 암각화가 청동기의 일반화가 행해지는 과정에서 성행해 나왔다고 하는 것을 감안해 보면, 알타이지역에서의 암각화가 중국의 중원지방에서의 갑골문자에 해당되는 것이라 파악해 볼 수 있다. 그러한 의미에서 알타이문명은 청동무기, 마구, 분묘 등과 함께 암각화라고 하는 그림 문자의 사용을 기초로 해서 형성되어 나왔다는 입장이 제시될 수 있는 것이다.

이상과 같이 파악해 볼 때, 알타이문명은 아프리카대륙에 인접해 있는 유라시아대륙의 서남지역에서 형성되었던 이집트·메소포타미아의 문명이 아시아대륙으로 전파되어 나가는 과정에서 알타이산맥을 중심으로 하는 중앙아시아지역 문화와의 접촉을 통해 형성되어 나온 문명이라 할 수 있다. 이집트·메소포타미아의 문명이 아프리카대륙과 유라시아대륙과의 문화적 충돌로 인해 발생한 혼돈이 극복되는 과정에서 발생한 문명이라 한다면, 알타이문명은 그러한 지역에서 발생된 이집트·메소포타미아문명이 유라시아대륙의 중앙으로 전파되어 나가는 과정에서 그 대륙의 중앙에 위치해 있는 알타이지역에서 발생된 문명이라 할 수 있다. 인도의 갠지스문명은 이집트·메소포타미아문명이 동남부의 지역으로 전파되어 나가는 과정에서 인도지역에서 발생된 것이고, 중국의 황하문명은 중앙아시아에서 발생한 알타이문명이 동진해 중국의 동북지방에 이른 후 그곳에서 다시 남진하고 동시에 인도의 갠지스문명이 동진해 중국의 동남방지역에 이르러 다시 북진해 우선 일차적으로 그것들이 황하 중원지역에서 만나게 되었다. 그 다음 이차적으로 서남의 이집트·메소포타미아문명이 동진해 중국서부의 신장지역으로 진입해 황하상류지역을 통해 중원지역에 이르게 됨에 따라, 그곳에 먼저 도착해 있던 남·북방문화와 충돌이 일어나게 된다. 결국 그곳에서 이중 삼중의 문화적 혼돈이 야기되었고 그러한 혼돈들이 극복되는 과정에서 황하문명이 발생되어 나오게 된 것이다. 이 경우, 서방의 이집트·메소포타미아문명은 우선 구석기·신석기시대부터 있었던 북방의 스텝로와 남방의 해로(海路)를 통해 중국의 동북지역과 동남지역을 거쳐 기원전 3~2천 년경부터 중원지역으로 들어갔었는데, 그것이 신장지역의 오아시스로를 타고 중원지역에 진입하게 된 것은 중앙아시아지역에 말이 교통수단으로 이용되기 시작된 기원전 2천여 년 이후인 하대(夏代, 2205~1766, BC)·은대(殷, 1766~1122, BC)부터인 것으로 고찰된다.

이렇게 봤을 때, 알타이문명은 아시아인이 알타이지역에서 서남방 내지 서방의 문화를 받아들여 아시아에서 일으킨 최초의 문명이라 할 수 있다. 이에 대해 황하문명은 중국의 중원지역의 아시아인이 북방의 알타이문명, 남방의 인도문명, 서방의 메소포타미아문명 등이 충돌해 빚어내진 문명으로서 알타이문명보다 뒤늦게 형성된 것이라 할 수 있다. 이러한 관점에서 볼 때, 아시아인이 비아시아인의 문화를 받아들여 산출해 낸 알타이문명은 아시아인이 아시아문화를 받아들여 산출한 황하문명보다 더 보편성을 지닌 것이라 할 수 있고, 또 그것은 황하문명의 형성에 절대적 영향을 끼쳤던 것이라 할 수 있다.

이상의 논의에서 황하문명이 아시아의 남방·북방·서방의 문화적 특성의 전체를 포괄 할 수 있는 것이라고 한다면, 알타이문명은 황하문명의 성립에 기초를 제공한 문명으로서 아시아와 유럽의 문화적 특성의 전체를 포괄 할 수 있는 것으로 이해될 수 있다.

2) 알타이문명의 주체

앞에서 살펴본 알타이문명을 일으킨 주체는 누구인가? 우선 그것은 한마디로 알타이족(the Altaic peoples), 즉 알타이 산악지대와 그 인접지역을 기원으로 하는 민족들이라 할 수 있다. 형질적으로는 검은 직모(直毛)에 앞 또는 옆으로 광대뼈가 튀어 나오고 코가 낮으며 얼굴이 평평하다고 하는 특징을 갖는 민족이다. 우리는 현재 알타이어계의 언어들을 사용하고 있는 민족들을 그들의 후예들이라 파악해 볼 수 있다.[17]

알타이어계의 언어란 인도·유럽어계의 언어가 '주어+동사+목적어'라고 하는 문형을 취하는데 반해, '주어+목적어+동사'라고 하는 문형을 취하는 언어를 말한다. 그러한 문형을 취하는 알타이어계의 언어들은 서아시아지역의 투르크계, 중앙아시아지역의 몽골계, 동아시아지역의 퉁구스계로 대별되고, 투르크계에는 터키어, 아젤바이잔어, 투르크멘어, 우즈베키어, 카자흐어, 키르키즈어, 위그르어, 타타르어, 칼타이어, 투바어, 야쿠트어 등이, 몽골계에는 몽골어, 오이라트어, 부랴트어 등이, 퉁구스어계에는 만주어, 에벤어, 한국어, 일본어 등이 있다.

이렇게 볼 때 현재 알타이문명을 일으켰던 주체들의 후예들은 지중해 동북지방의 터키와 흑해지역에서 시작해 카스피해, 카자흐스탄, 알타이지역, 투바, 부랴트, 몽골, 바이칼, 아무르강 유역의 동북삼성, 한국, 일본 등으로 이어지는 지역 일대에서 거주해가고 있다고 할 수 있다. 따라서 상기의 알타이어계의 언어들을 사용해 가고 있는 민족들의 선조가 바로 알타이문명을 일으켰다는 말이 된다.

이와 같이 현재 알타이어계의 언어를 사용하는 알타이 민족들(the Altaic peoples)을 알타이족(the Altaic race)이라 한다면, 알타이문명은 바로 그 알타이족에 의해 일으켜졌고, 또 그들에 의해 전개되어졌다고 말할 수 있다. 다시 말해, 알타이지역출신 민족의 선조들에 의해 청동무기와 암각화 등이 개발되어 나옴으로써 알타이문명이 성립되어 나오게 되었다고 하는 것이다. 그런데,

그 문명이 알타이지역의 신석기 문화를 기반으로 해서 이루어졌다는 점을 고려해 보면, 그것은 알타이지역의 신석기인들이 서방으로부터 청동기의 야금술을 받아들여 성립시켰다는 말이 성립된다.

알타이지역은 아시아지역에서 구석기시대가 제일 일찍 도래된 곳으로 알려져 있다.[18] 고르노알타이 지역 안에 위치해 있는 울라링카(Ulalinka)유적이 그 구체적 증거라 할 수 있는 것으로서 가열발광측정법에 의하면 150만~45만 년 전의 것으로 추정되고 있다. 160만여 년 전에 아프리카에서 처음 출현한 호모 에렉투스(Homo erectus, 곧바로 선 사람)단계의 인류가 동아시아와 동남아시아에 도착해 살기 시작한 것은 약 100만여 년 전의 일이다.[19] 그들은 돌, 불, 말 등을 사용했다는 흔적을 남기고 있다. 중기구석기시대는 20만 년경 전에 이르러 아프리카에서 슬기인간(Homo Sapiens, 네안데르탈인)의 탄생을 계기로 도래했는데, 그들은 예술적 감각을 가졌고 매장문화를 지녔던 흔적을 남겼다. 후기구석기시대는 아프리카와 유라시아대륙에서 3만 5천~1만 년 전에 슬기슬기인(Homo Sapiens sapiens, 크로마뇽인)이 탄생해 그들이 동굴벽화를 그렸고, 세석기(細石器)토기 등을 사용하게 됨으로써 도래된 시대이다.

중앙아시아의 알타이지역 역시 메소포타미아지역이나 중국의 중원지역의 경우처럼 이상과 같은 구석기시대의 초기, 중기, 후기를 거치게 되는데, 여기서 강조하고자 하는 것은 바로 그러한 시기들이 중국의 중원지역보다 알타이지역이 더 빨리 도래 했었다고 하는 것이다. 그것은 아프리카의 구석기문화, 서남아시아의 메소포타미아의 신석기와 토기문화 등이 북방의 스텝로, 남방의 해로, 중앙의 오아시스로 등을 통해 동아시아의 황하지역에 도달했는데, 그중 알타이지역을 통과하는 북방의 스텝로가 제일 먼저 뚫렸었기 때문이다.[20] 우리는 알타이의 카라콜 유적, 아누이(Anuy) 유적 등을 통해서 알타이지역에서 80~60만여 년 전의 것들로 추정되는 인간들의 유물과 흔적들을 확인해 볼 수 있다.

알타이지역에서의 구석기시대의 도래는 150만 년~80만 년 사이에 이루어 졌었던 것으로 추정된다. 앞에서 언급했던바와 같이 아프리카에서 처음 등장한 호모 에렉투스가 이집트지역을 통해 유라시아 대륙으로 건너와 메소포타미아 지역에 이르러 그곳에서 북동쪽과 남동쪽으로 전진해 아시아대륙으로 진입하게 되는데 북동쪽으로 전진했던 인류는 북방의 알타이지역을 통해 남동쪽으로 전진했던 인류는 남방의 인도를 통해 동아시아의 중국에 도착했던 것이다. 이렇게 볼 때 전지구상에 구석기시대를 도래하게 한 주체라 할 수 있는 호모 에렉투스 단계의 인류가 알타이지역에 출현한 것은 중국의 황하지역 보다 훨씬 빨랐던 것은 자명한 사실이다.

인류가 한 지역에 정착해 목축과 경작생활을 하게 된 신석기시대도 메소포타미아지역으로부터 시작되었던 것으로 고찰되는데, 고고학자들은 그 시기를 1만 2천 년 전에서 1만 년 사이로 잡고 있다.[21] 이에 대하여 중국의 중원지역의 경우는 기원전 7천년까지 소급될 수 있지만 신석기 문화를 대표하는 앙소(仰韶) 문화는 기원전 5천~2천5백 년 사이의 것으로 보고 있고[22], 시베리아지역에 신석기시대가 도래한 것은 기원전 8천 년 전으로 고찰되고 있다.[23] 고르노알타이 지역의 카라콜강의 계곡에 있는 카민나야(Caminnaya) 동굴의 유적은 신석기시대의 무덤으로서 그 조성연대가 기원전 6~5천 년 이전 것으로 추정되고 있다.[24]

이상의 내용을 통해 청동무기, 마구(馬具), 분묘, 암각화 등의 제작을 통해 알타이문명을 일으켰던 주역은 중국의 황하문명이 발생했던 중원지방 보다도 훨씬 더 빨리 구석기시대와 신석기시대를 맞이했던 중앙아시아의 알타이지역에서 생존해 왔던 인간들임을 알 수 있다. 그들은 서방으로부터 철기문화를 접한 기원전 1천 년 이후부터는 청동기시대를 통해 그동안 그들이 사용해왔던 청동무기, 마구, 분묘, 암각화 등을 기초로 해서 철제무기, 전차(戰車), 대형적석분묘(大型積石墳墓) 등을 발전시키고 샤머니즘 등을 일으켜 알타이문명의 기초를 확립시켰던 것이다. 그들이 일으킨 그러한 문명의 이기들은 그들의 유목생활을 통해 서로는 터키지방, 흑해연안의 스키타이, 동으로는 북부 중국, 한반도, 일본열도에 까지 퍼져나갔다.

알타이지역에서 출현한 부족들은 동서로 퍼져나가는 과정에서 부족연맹체를 형성해 나가다가 철제무기 사용이 일반화되는 과정에서 기원전 4세기말 경에 이르러 중국의 북방 유라시아지역을 중심으로 해서 흉노제국을 세웠다. 그 제국의 중심은 역사적 기록들과 고고학적 발굴들에 의하면 현재의 몽골지역과 자바이칼지역(바이칼호의 동쪽지역, 동부리야트지역)이었던 것으로 추정된다.25 그 판도는 북쪽은 바이칼, 남은 고비사막, 동은 흥안산맥, 서는 천산산맥에 이르는 그야말로 세계적 대제국으로서 그 제국은 기원전 1세기까지 지속된다. 그것은 중원지방의 황하문명을 배경으로 출현한 한(漢)나라를 위협해 가다가, 결국 한나라로부터 위협을 받아 기원전 1세기 중반에 남흉노와 북흉노로 분열되었다.

흉노족(匈奴族)이란 황하문명을 배경으로 해서 나온 한족(漢族)이 '유사 이래 중국 북방 초원지대'에서 살아온 '여러 유목민족과 부족들을 망라'해 불렀던 이름으로서, 한마디로 '하나의 포괄적인 유목민 총체(집합체)라 말할 수 있다.'26 그런데, 그 흉노족을 북방유목민들 중에서도 알타이어계의 투르크어를 사용했던 투르크족(돌궐족)으로 보려는 입장도 있다.27 우리가 흉노족을 북방의 '유목민 총체'로 보려는 입장을 취하는 한 흉노족을 투르크족으로 보려는 것은 타당치 않다.

흉노제국은 북방에서 유목생활을 행해 갔던 여러 부족들의 연합체 형태를 취해 성립된 세계적 대제국이라 할 수 있다. 따라서 흉노족을 투르크족으로 봐야할 것이냐 아니냐의 문제는 흉노제국의 지배권력을 장악했던 부족이 투르크족이었느냐 아니었느냐의 문제로 좁혀져야 할 문제이다. 투르크족이 서방으로 진출했던 알타이어족의 한 분파였고, 또 한민족(韓民族)의 뿌리가 동방으로 진출해 나온 알타이어족의 한 분파였던 부여(夫餘), 예맥(濊貊) 등과 깊게 연결되어 있고, 또 흉노제국의 일원이었다가 그것이 남·북흉노로 분열되고 북흉노가 후한에 의해 정벌되는 바람에 새로운 흉노지배자로 부상했었던 선비(鮮卑)가 부여나 예맥 등과 같이 동아시아의 북방지역에서 살고 있던 유목민족이었다고 하는 사실 등을 감안해 본다면, 흉노제국이야말로 진시황이 황하유역의 농경민이었던 한족(漢族)을 기반으로 해서 세운 진(秦, 221~206, BC)과 그것을 계승해 유방(劉邦)이 세운 서한(西漢, BC 206~AD 8) 등에 대항해 가기 위해 알타이족들이 연맹해 세운 국가였다는 것으로 해석될 수 있다.

분열 이후 북흉노는 1세기 말까지 동아시아와 중앙아시아 지역에서 활동하다가 서쪽으로 이동해 4세기 초에 이르러 카스피해 인근에 '훈(the Hun)'이라고 하는 유목기마민족으로 출현한다. 훈족은 그곳에서 4세기 후반에 동유럽으로 진출해 헝가리지방을 거점으로 정복활동을 개시해 422년에 훈제국을 건립한다. 훈제국은 유럽의 대부분지역을 공략해 남으로는 흑해의 서쪽인 발칸반도와 흑해의 동쪽인 카프카스, 북쪽으로는 발트해안, 동으로는 우랄산맥, 서로는 알프스산에 이르는 대제국이었다. 훈제국은 그러한 영토를 차지해 가는 과정에서 게르만 민족의 대이동이라고 하는 역사적 사건을 일으켰다. 그 후 동로마제국을 지속적으로 위협하다가 결국 468년 격파되어 멸망하고 만다.

한편, 흉노족은 투르크족과 몽골족의 혼혈족이라는 설이 있다. 투르크란 터키국을 세운 종족을 일컫는 말이다. 원래 투르크족은 우랄산맥·알타이산맥·카스피해 사이에서 출현해 기원전 2천 년경에 중앙아시아의 알타이·사얀산맥의 남서지방으로 이동해 그곳에서 정착해 살다가 그 일부가 기원전 4세기경 중앙아시아의 동쪽으로 이동해 흉노족이 되었고, 또 그 일부는 기원전 3세기에서 AD 11세기까지 서남지역의 카스피해 쪽으로 이동해 11세기에 현재 터키공화국이 위치해 있는 아나톨반도에 정착해 살면서 현재의 터키민족으로 알려지게 되었다.

그런데, 투르크족은 인류학적으로 인도유럽계통으로 보고 있지 않고 몽골로이드 계통으로 보고 있다. 이것은 원래 투르크족이 우랄산맥·알타이산맥·카스피해의 사이에서 출현했다고는 하지만 그 세 지역 중에서도 알타이산맥과 근접해 있는 지역에서 출현했을 가능성이 큰 것으로 고찰된다. 5세기 후반 훈제국이 동로마제국에 격파된 지 반세기만인 535년, 투르크족의 부민(Bumin)이 우랄산맥의 남쪽 카자흐스탄지역을 거점으로 중앙아시아 전 지역에 걸쳐 돌궐제국을 건설한다. 이 제국이 745년 멸망한 후에도 위그르제국에 후속되어 13세기 몽고족이 중앙아시아의 새 지배자로 등장할 때까지 그 위상을 떨치게 된다. 한편, 중앙아시아에서 아나토리아반도로 이동해 온 투르크족의 일파였던 오우족(터키족이라고도 함)이 카스피해의 서쪽에 위치한 투르키스탄에서 지중해에 이르는 지역에 셀쥬크제국을 설립한다. 그 제국은 14세기에 와서 몽골제국과 충돌해 여러 공국(公國)들로 분열되는데 그중의 한 공국이 1453년에 비잔틴제국을 멸망시키고 오스만제국으로 전환해 나와 1923년 터키 공화국의 발족까지 지속된다.

이상과 같이 중앙아시아의 알타이지역에서 출현한 알타이족이 흉노제국의 멸망 이후 서아시아지역에서 훈제국, 돌궐제국, 위그르제국, 셀쥬크제국, 오스만제국 등을 건설할 때, 동아시아에서는 흉노제국 분열 후 그 구성원들이었던 알타이계의 부족들이 현재 중국의 동북지방을 거점으로 고구려(BC 37~AD 668), 발해(698~926), 요(遼, 916~1125), 거란족, 금(金, 1115건설, 여진족=말갈족), 청(淸, 1616~1912, 만주족=말갈족) 등을 건설했다. 한편, 흉노제국의 분열(48년) 이전에 동아시아의 북방지역과 한반도로 이동해 와서 알타이어족계의 부족들이 있었다. 그들은 고구려, 신라, 백제 등과 같은 고대국가들을 세운 후 7세기 후반에 가서 통일국가를 수립했는데, 그 국가가 현재의 대한민국으로 발전해 왔고, BC 3세기 말부터 한반도에서 일본열도로 건너갔던 알타이어족계의 경우는 한반도에서 통일국가가 수립되는 시점에 일본열도에서 청동기·철기의 전래를 계기로 부족연맹국의 일종으로 출발했던 야마토국(大和國)이 일본국(日本國)으로 전환되게 되었다.

알타이 민족과 관련하여 동아시아의 한·중·일 삼국을 논해 볼 때, 우선 한민족은 기원전 9~8세기경 중국의 동북지방의 대흥안령의 서쪽과 동쪽을 통해 한반도에 들어왔던 알타이 민족으로서 그 시초는 요하(遼河)·대동강(大同江) 유역에서 청동기 사용을 계기로 출현한 부족연맹국가인 고조선을 통해 형성되어 나왔다. 그 후 그것은 기원전 3세기 말 황하유역에서 중국을 통일시킨 진(秦)·한(漢) 이후 중원의 농경문화가 산출해 낸 유교문화와의 접촉을 통해 반농경문화인(半農耕文化人)으로 전환되어 나온 민족이다. 중국의 한민족(漢民族)은 한대 이후 남방 및 중원지역의 농경문화를 주축으로 해서 형성되어 나온 민족이다. 일본의 경우는 알타이족이 중국 동북지방의 대흥안령산맥 동쪽을 통해 한반도에 들어와 BC 3세기~AD 5세기에 걸쳐 한국 남쪽에서 일본 규슈지역으로 건너갔던 종족이라 할 수 있다.

그렇다면, 중앙아시아지역에서의 알타이어족계의 인간들은 어떠했는가? 중앙아시아에서 생존해 가던 알타이어족계열의 인간들은 반(半)유목기마민족들이라 할 수 있는 서아시아나 동아시아의 그들과는 달리 어떠한 이유로 완전한 유목기마민족이 되었던가?

13세기 초 알타이·사얀산맥의 동쪽지역에 위치해 있는 현재 몽골의 수도 울란바토르 근방에서 유목기마민족들을 하나로 통일시켜 몽골제국을 건설한 자가 있었다. 본명은 테무진이었는데, 그는 1206년 캐롤린강가에서 개최된 전몽고의 씨족·부족장들 회의에서 '우주의 지배자'란 의미의 칭기즈칸(成吉思汗)이란 칭호를 받는다. 그 후, 그가 사망한 1227년 이전까지 중앙아시아 전 지역을 점령해 유라시아제국의 기초를 닦는다. 그의 정실(正室)의 네 아들들에 의해 현재의 울란바토르 지역이 거점이 되어 유라시아 전 지역이 점령되어 대몽골제국이 건설되고, 칭기즈칸의 가장 유능한 손자 쿠빌라이칸에 의해 남송이 정복되어, 1279년 원(元)이 건설된다. 그러나 근세로 들어와서 중앙아시아를 거점으로 해서 출발했던 몽골제국은 쇠퇴되고 대신 동아시아의 동북지역에서 출발한 세력이 부상해 중앙아시아와 동아시아를 지배하게 되었던 것이다. 그런데 근대로 들어와서는 동아시아의 동단 일본열도를 거점으로 일본이 부상하면서 동아시아의 세계를 주도해 나가게 됐다. 21세기로 들어와서는 동아시아지역에서 한족(漢族) 중심의 중국이 부상하는 가운데, 서아시아, 중앙아시아, 동아시아지역을 망라한 전아시아지역에서 동단의 일본이 알타이어족계 중에서 가장 눈부신 활약을 펼치고 있다.

3) 알타이문명의 존재양태

앞에서 언급한 바와 같이 원래 알타이문명은 알타이지역 출신의 인간들이 서방으로부터 전래한, 예컨대 석기·토기·금속기 등과 같은 도구들의 제조술 등을 습득해 그러한 도구들을 만들어 일상생활 속에서 사용해 가는 과정에서 성립시킨 삶의 실현방식 및 지혜를 말한다.

이미 언급한대로 알타이문명의 기초가 형성된 것은 인류가 수렵, 어로, 채집 중심의 이동생활을 청산하고 재배나 목축중심의 정착생활을 하게 되는 신석기 시대부터였다. 신석기시대 알타이지역의 인간들은 그 전시대의 생활방식인 수렵, 어로, 채집 등을 유지해 가면서 목축 중심의 생활을 정착시켜 나갔다.

알타이지역에서의 그러한 목축 중심의 생활방식이 정착되어 나온 것은 고르노알타이 지방에서부터였다. 그 지방은 고르노알타이 지역이 북극해로 흐르는 이르티시강, 오브강, 에니세이강 등 상류지역이다. 알타이산맥의 북쪽 계곡들을 흐르는 강들이 그 강들의 상류들을 이루고 있는데, 그 강들의 상류지역들은 강들, 그것들에 인접해 있는 초원들, 산자락들 등으로 이루어져 있다. 구석기시대에는 인간들이 그곳의 초원과 산자락과의 사이에 있는 동굴 속 생활을 하면서 강의 어류나 산으로부터 초원에 내려온 동물들을 잡아먹으며 생활해 가기에 적합한 곳이었고, 신석기시대 이후부터는 산자락 아래의 초원에 움집을 짓고 초원에서 목축을 하고 그 옆의 강에서 어로를 하며 생활해 가기에 적합한 곳이었기 때문이었다. 인류가 신석기시대로 들어와서 정착생활을 영위하게 되었는데, 그것은 지역에 따라 식물재배 중심의 생활방식과 목축 중심의 생활양식이라고 하는 두 타입의 생활양식이 형성되어 나왔었다. 알타이지역의 경우는 목축 중심의 생활양식이 형성되어 나왔던 것이다.

그 후 이 두 타입은 금속기시대로 들어서는 유목생활과 농경생활로 전환되어 나오게 된다. 알타이지역에서 목축 중심의 생활이 유목생활로 전환해 나온 것은 말(馬)이 식용으로 뿐만 아니라 교통수단으로 쓰이게 되면서이다. 말이 본격적으로 교통수단으로 쓰이게 된 것은 말의 발굽에 쇠 편자가 붙여지고, 말이 마차를 끌게 되면서였다. 유목생활은 주거지역의 이동, 가축들의 관리, 광활한 초원의 확보, 그러한 초원의 확보와 가축들의 보호과정에서의 적들과의 투쟁 등이 필수적이었다. 초기 목축사회에서의 교통수단으로서의 말의 등장은 많은 유목사회 연구자들이 언급하고 있듯이 두 가지의 주된 사회적 변형을 초래했다. 하나는 수렵·어로·채집으로부터 가축 위주로서의 경제적 기초의 변형이고 다른 하나는 모계질서에서 부계질서로의 사회적 변형이었다. 그 후 그러한 사회적 변형은 '한 위대한 남성지도자와 그에게는 필수불가분한 말에 의존해 중앙집권화 되고 군사화 된' 사회를 형성시켜 나갔다. BC 8세기의 투바에 있는 아르촨(Arzhan)의 유물들이 그러한 사실들을 역력히 말해주고 있다.[28]

이러한 유목생활이 영위되기 위해서는 마구(馬具)와 무기가 청동이나 철과 같은 금속으로 만들어져야 했다. 알타이문명은 유목민들이 그러한 것들을 금속으로 만들어 유목문명을 일으켜 나가는 과정에서 성립되었던 것이다. 그러한 유목문명이 일으킨 유목사회는 합리적 사고나 언어를 기초로 해서 영위되는 사회가 아니다. 감각이나 경험을 근거로 하는 행동들을 기초로 하여 영위되는 사회였다. 유목사회에서의 언어는 행위 그 자체이다. 다시 말해, 유목민들에 있어서는 행위가 바로 최고의 언어였던 것이다. 유목문명은 인간들의 사유를 통해 발달해 온 것이 아니다. 그것은 인간들의 행위를 통해 발달해 나왔다. 사유는 과거와 미래에 대한 의식을 통해 성립된다. 따라서 사유는 시간을 주축으로 구축된 세계관을 형성시켜 나왔다. 이에 대해 인간의 행동에는 과거나 미래가 존재하지 않는다. 오직 현재만이 존재할 뿐이다. 칭기즈칸이 유라시아 대륙을 정복해 갔던 '그 동기도 매우 단순한 것이었다고 한다. 인간의 최고의 기쁨은 승리에 있다. 자기의 적을 정복하고 추적하며, 그들의 소유물을 빼앗고 적이 사랑하는 사람들을 울부짖게 만들고, 그들의 처와 딸들을 말에 태워 포옹하는 것이라는 말을 하였다고 한다.'[29] 요는 현재 자신들이 처해 있는 공간 확장이나 공간 이동을 통해서만이 존재의 의미가 창출된다는 것이다. 따라서 인간의 행동은 끊임없이 횡적 질서를 문제시하며, 공간을 주축으로 한 세계관을 형성시킨다.

논자가 여기에서 말하고자 하는 것은 알타이문명이 그러한 유목문명을 산출해 내 그것을 통해 발전해 나왔다고 하는 것이다. 유목민들에게서의 문명의 발전이란 인간에게서의 어떤 행위들의 발달을 통해 이루어진다는 것으로 생각되어왔다. 문명이란 기술적 발전 내지 기술적 발전과정을 의미한다고 말해볼 때, 유목민들에게서의 문명의 발전이란 인간의 어떤 행위들의 기술적 발전을 의미한다.

알타이 민족들이 유라시아 대륙을 석권했던 흉노제국, 훈제국, 돌궐제국, 몽골제국 등을 건설 할 수 있었던 것은 문명의 발전을 어떤 행위의 달성을 위한 기술적 발달로 파악했었기 때문이었다. 이렇게 봤을 때 유목민들에게서의 기술적 발전이란 행동을 통해서 실현되는 전술적 발달을 의미했다고 볼 수 있는데, 그것은 결국 전쟁을 통해 제국을 건설하고 그것을 확장시켜 나가기 위한 기동력(機動力)과 조직력, 상호간의 협동능력 등을 의미하는 것이었다. 유목민들이 그러한 제국들을 건설하고 또 그것들을 통해 세계를 제패할 수 있었던 것도 그러한 기술적 능력들의 증진을 통해서였다고 할 수 있다.

유목사회를 구성하는 인간들에게서의 행동은 이동의 행위로 특징지어진다. 유목민들의 이동행위는 애초에는 먹이를 찾아 움직이는 동물들의 이동과 맞물려 있었다. 그러나 그 후 그것은 적들로부터의 유목민 자신들의 안전, 그들로부터의 동물들의 보호, 생활해 가기에 보다 적합한 장소 찾기, 적들의 공멸 등을 위한 이동 행위들로 발전되어 나왔다. 유목민들의 그러한 끊임없는 이동은 조직력과 협동능력 등의 배양을 통한 다양한 기동술(機動術)을 창출해 냈고, 또 그것은 '흉노족의 궁술(弓術)' 등과 같은 것들로 구체화되어 결국은 오늘날 미사일로까지 발전되어 나왔다고 말할 수 있다.

유목민들에게서의 이동행위는 가족을 최소 단위로 하여 씨족, 부족, 부족연맹, 제국(帝國) 등과 같은 단위들을 통해 행해진다. 알타이 유목민들에게 가족은 그들이 소속된 다양한 조직들의 최소단위로서 특별한 의미를 지닌다. 자신들이 소속해 있는 다양한 집단들의 최소단위로서의 가족 구성원들의 결속력이야말로 그들이 소속해 있는 모든 집단들의 결속력을 결정한다는 의미에서 특별한 의미를 지닌다는 것이다. 알타이 유목사회에서의 가족의 결속력은 자식의 부모에 대한 사랑을 주축으로 한다. 그것은 중국의 농경사회에서의 자식의 부모에 대한 효도와는 차이가 있다. 유교사회에서의 효도는 어느 정도 의식(儀式)적이고 정서적인데 반해, 몽골의 유목사회에서의 경우는 결착과 복종으로부터 나오는 사랑이라 할 수 있다. 그러한 사랑은 혈연적 관계를 중시하고 선조를 받들어가고, 높은 산을 신성시하며 하늘을 영원한 신으로 받드는 자세로부터 나오는 사랑이다.[30] 알타이 유목민 사회에서 자식들의 부모에 대한 사랑은 하늘처럼 깊고 넓으며 영원한 것으로 인식되어 왔다. 유목인들의 일상생활은 항상 영원한 신으로 인식되는 하늘에 통째로 드러나 있다. 하늘은 자연계를 구성하는 하나의 요소에 불과한 것이지만, 유목민들에게는 그것이 영원한 신으로 인식되었던 것이다. 영원한 신으로 인식되는 하늘과 같은 자연물을 통해 자신의 존재를 인식해 보려는 태도, 이것이 다름 아닌 바로 유목민들이 믿는 샤머니즘이 성립되어 나온 사상적 배경이기도 하다.

중앙아시아의 일개 유목민에 불과 했던 테무진이 칭기즈칸으로 등장해 유라시아제국을 건설할 수 있었던 것은 유목민들 속에 잠재되어 있던 그러한 능력과 힘을 개발하여 전쟁에서 그것들을 무기로 이용했었기 때문이었다. 동아시아의 동북지역의 흑룡강 중・하류에서 출현한 퉁구스계통의 여진족이 동아시아 전지역을 점령해 청(淸)나라를 건설할 수 있었던 것도 바로 여진족으로 출발했던 만주족이 유목민이 지닌 그러한 기동력・조직력・협동능력 등을 이용해, 처음에는 부족조직으로부터 출발해 관료조직으로 발전해 나왔던 8기(八旗)를 군대의 조직으로 전환할 수 있었기 때문이었다.

일본에서 도쿠가와 바쿠후(德川幕府)가 바쿠한(幕藩)체제, 산킨코타이(参勤交代)제도 등을 취해 270여 년간 평화롭게 전국을 다스려 갈 수 있었던 것도 알타이 민족인 기마유목민족(騎馬遊牧民族)으로서의 일본 민족들 속에 내재된 잠재력 즉, 기동력・조직력・협동능력은 물론, 자식의 부모에 대한 남다른 사랑까지도 백분 이용했기 때문이라고 할 수 있다.[31]

이렇게 봤을 때, 기원전 2천 년을 전후해 알타이지역에서 청동무기의 제작 등을 통해 발생했던 알타이문명은 철기의 야금술의 도입을 계기로 유목문명의 형태를 취해 발전했고, 또 그것은 정보력의 기초가 되는 기동력·조직력·협동능력을 발달시켜왔다고 말할 수 있다.

3. 알타이문명의 실체 규명의 부진요인과 알타이 문명의식의 계발방안

1) 알타이문명의 실체규명 부진요인

현재, 한국의 학자들은 말할 것도 없고, 일본, 중국 등의 동아시아 국가들이나 미국, 영국 등의 서구지역의 국가들의 학자들, 심지어는 고르노알타이 지역을 점유하고 있는 러시아 등의 학자들까지도 알타이문명의 실체를 규명해 내려는 것에 대해서 대단히 소극적 입장을 취해 가고 있다. 그 주된 이유들은 다음과 같이 설명될 수 있다.

우선, 첫째는 종교적 이유 때문이라 할 수 있다. 18세기 이후, 3세기 동안 전세계의 국가들은 17·18세기 영국에서 형성된 프로테스탄트 정신에 입각해 일어난 시민혁명, 산업혁명 등을 통해 민주화, 공업화 등을 추진해 왔다.

프로테스탄트가 크리스트교의 신교도라는 사실을 감안해 볼 때, 지난 3세기 간의 민주화와 공업화란 어떻게 보면 크리스트교 정신과 크리스트교 문화의 세계화를 의미하는 것으로도 파악해 볼 수 있다. 사실상, 지난 3세기는 크리스트교 문화를 배경으로 해서 출현한 서구 세력들이 전세계를 주도해 왔다. 그러한 상황에서 불교나 이슬람교나 샤머니즘 등과 같은 여타 종교들을 기반으로 하는 문화들이 꽃피어 나올 수가 없었던 것은 지극히 당연한 일이라 할 수 있다.

서아시아지역의 투르크족은 11세기 이후 이슬람교를 받아들여 셀주크 투르크제국과 오스만 투르크제국을 건설해 서아시아지역을 지배해 왔었다. 그러나 투르크제국은 17세기 초 이후 크리스트교 세력들이 발칸반도로 밀려오기 시작함에 따라 쇠퇴일로를 걷게 되어, 결국 20세기로 들어서 그리스민족 등이 독립해 나가고, 오스만제국은 터키공화국으로 전환해 나와 현재의 소아시아 반도에 머무르게 되었다.

샤머니즘을 믿어오던 중앙아시아의 알타이족들은 20세기 이후 소비에트 연방 공화국의 일원으로, 공화국의 미신타파정책으로 인해 극심한 종교적 박해를 받아가게 된다. 도교, 불교, 샤머니즘, 또는 도교와 샤머니즘의 혼합 형태를 취한 신도 등을 믿어갔던 동아시아지역의 한국과 일본도 19세기 이후 서구의 크리스트교 문물의 도래로 인해 종교적 차원에서의 많은 타격을 받게 되었다.

특히, 알타이족들의 종교는 그 기초를 천신(天神), 지신(地神), 인신(人神) 등과 같은 자연신(自然神)에 두고 있다. 그 구체적 실례가 바로 샤머니즘, 신도 등과 같은 것들이다. 그러나 청교도운동으로 시발된 근대 이후의 민주화와 공업화 등의 과정에서의 그러한 종교들은 그 빛을 발하지 못하고 있다. 특히, 현재 알타이지역 출신 민족들의 종교가 샤머니즘으로 알려져 있고, 또 그것이 유일신 사상을 기초로 해서 성립된 크리스트교의 신자들에 의해 미신(迷信)으로 여겨지고 있다. 그래서 근대화를 추진해 오던 인간들에 의해서는 알타이문 명이 샤머니즘과 같은 미신을 믿는 인간들에 의해 일으켜진 것으로 알려져 그것이 과학적 차원에서 접근될 가치가 없는 것으로 인식되어왔던 것이다.

그 실체규명 부진의 또 하나의 요인은 정치적 차원에서 찾아질 수 있다. 첫째로 알타이문명에 대한 실체 규명의 일차적 작업은 알타이문명에 대한 고고학적 접근이다. 그런데, 알타이문명은 현재의 고르노알타이 지역을 중심 으로 해서 발생해 서쪽으로는 평지 알타이, 카자흐스탄지역 쪽으로 펴져 나갔 고, 동으로는 사얀산맥 북쪽, 바이칼지역, 우란우데, 내몽고 지역, 중원지역과 흑룡강 유역 등으로 펴져 나갔다. 따라서 알타이문명의 실체는 우선 고고학자 들이 그 지역을 탐방해야 규명되어질 수 있는데, 고고학이 발달되기 시작했던 20세기 이후 고르노알타이 지역과 그 인근지역이 소련 영내에 위치해 있었기 때문에 1980년대까지는 소련학자들과 일부의 공산주의국가의 학자들만이 접 근될 수 있었던 것이다.

1960년대 이후에 생긴 인디아나 대학교에 본부를 둔 상설국제알타이학회를 통한 구미 학자들의 알타이문명에 대한 연구도 사실은 서방의 동부권 공산주의 국가출신학자들에 의해 알타이지역에 대한 자료들이 입수되어 행해졌던 터였기 때문에 자유민주주의 진영의 한국이나 일본학자들의 알타이지역 접근은 완전 불가능했었던 것이다.

　그렇다면 소련학자들의 알타이문명에 대한 연구는 어떠했는가? 고르노알타이 지역은 소비에트 연방공화국의 일원이었던 알타이공화국에 위치해 있었고, 현재도 알타이공화국은 러시아 연방공화국에 소속되어 있다. 따라서 고르노알타이 지역을 중심으로 해서 발생했던 알타이문명은 소련시대의 러시아학자들이나 소련해체 이후의 러시아 학자들에 의해 얼마든지 연구될 수 있었다. 사실상 알타이문명에 대한 러시아 측의 연구는 중앙시베리아의 노보시비리스크 시에 있는 러시아 아카데미 시베리아분소 내의 고고민속학연구소에 의해 행해져 왔다. 그런데, 그들의 그러한 연구는 러시아 내의 알타이인들에 의해 주도된 것이 아니고 러시아인들에 의해 주도되었다고 하는 것이다. 소련해체 이전이나 이후에도 국가적 차원에서나 러시아인들의 차원에서의 알타이문명 연구는 대단히 소극적일 수밖에 없었다. 그 주된 이유는 17세기 중반 이후 러시아 세력이 중앙아시아로 동진해 와서 알타이 민족들이 살고 있던 지역을 점령해 그곳들을 자신들의 땅으로 만들었기 때문이었다. 당시 러시아세력들이 중앙아시아로 동진해 와서 그곳을 자신들의 소유로 만들고 바이칼호 주변의 부리야트 몽골족이 소유했던 땅들을 러시아제국에 병합시켜 가는 과정에서 비참한 민족적 투쟁들이 있었고, 그 후에도 자주 민족들 간의 분쟁이 일어났기 때문이었다. 따라서 러시아인들이 알타이문명의 실체 규명작업이란 다름이 아니고 시베리아지역이나 중앙아시아지역이 알타이 민족들의 땅이라는 사실을 밝혀내는 것과 직결된 작업이고, 또 알타이문명을 일으킨 알타이 민족들의 위대함을 백일하에 드러내는 작업이기도 했다. 따라서 그러한 사실들이 밝혀지면, 또 다시 그 지역에서 민족적 분쟁이 야기될 소지가 있다고 판단되었기 때문이었다.

그러한 점에서 중국의 경우도 마찬가지이다. 중국은 근대화과정에서 중화인민공화국 설립 이전까지만 해도 고고학적 차원에서 알타이지역을 접근해볼 수 있는 여유가 없었다. 공화국 설립 이후에도 알타이문명에 대한 연구는 전무에 가까웠다. 그 주된 이유는 현재 중화인민공화국의 한족(漢族)이 알타이 민족의 일파인 만주족이 세운 청을 무너트리고 건설한 나라이다. 한족이 1911년 청을 무너뜨리고 중화민국을 건립하자, 원(元)의 멸망 이후 고비사막 쪽으로 쫓겨나 북원(北元)으로 남았다가 청대로 들어와 청 왕조의 속국으로 전락해 있었던 몽골족이 독립을 선언한다. 독립선언 후 몽골족은 통합을 시도해 갔는데 러시아와 중국의 간섭으로 결국은 실패하고 외몽고만 독립을 쟁취하고 내몽골은 1915년 중화민국의 자치구로 전락한다. 한족에 의해 건설된 중화민국이 몽골족의 통합을 반대하는 것은 한족들에게는 만리장성 이북의 중국북방지역이 몽골족을 비롯한 만주족 등의 알타이 민족들의 것이라는 의식이 있기 때문이다. 즉, 중국의 북방지역을 알타이 민족들에게 넘기고 싶지 않기 때문인 것이다. 중국이 중화인민공화국 이후 황하문명의 발생과 발전에 절대적 영향을 끼쳤던 알타이문명을 연구하지 않은 것도 바로 그러한 이유 때문에서라 할 수 있다. 다시 말해서, 한족들은 알타이문명을 일으켰던 알타이 민족의 우수성이 밝혀지고, 또 중국의 북방지역이 알타이 민족들의 것이라는 사실이 규명되는 것을 원치 않기 때문이다.

일본의 알타이문명에 대한 연구는 전전(戰前)과 전후로 나누어 논해 질 수 있다. 메이지유신 이후에서 전전까지의 알타이문명에 관한 연구는 그야말로 대단했었다. 그러한 연구는 일본이 청일전쟁 이후부터 일본과 관련된 조선, 몽골, 터키 등에 관한 기후, 지리, 역사, 민속, 언어 등에 대한 연구로 구체화되어 행해졌었다. 일본인들의 조선어와 조선의 향가에 대한 연구도 일본, 조선, 몽고, 터키 등의 생태적·민족적·언어적 관련성을 규명해 보려는 과정에서 행해졌었던 것이다. 그러나 그것은 고르노알타이지역에 대한 고고학적 접근에까지는 이르지 못했다. 전전 일본학자들의 알타이문명에 관한 연구는 그 주된 목적이 중국을 북중국과 남중국으로 양분해서 조선반도에

이어, 북중국을 자신들의 식민지로 만들려는 것에 있었다. 다시 말해서 그것은 터키, 청, 북원, 조선, 일본 등과 같은 알타이 민족들에 의해 건설된 나라들을 하나로 묶어 크리스트교문화를 배경으로 해서 나온 서구 열강들과 대결해 간다고 한다든가, 혹은 한족에 의한 중화민국 건설 이후, 터키, 몽골, 한국, 일본 등의 알타이 민족들에 의해 세워진 나라들을 하나로 묶어, 한족이 건설한 중화민국이나 소련에 대항해 간다는 목표 하에서 행해진 것이 결코 아니었다. 일본이 중국과 러시아에 유린되어 가는 알타이 민족들의 국가들을 자신의 식민지로 만들어 그것들을 자원으로 삼아 대일본제국을 건설한다는 목적 하에 행해졌던 것이다.

전후 일본의 알타이문명 연구는 전전에 비해 대단히 소극적 입장에서 행해져 왔다. 현재 일본인들에게는 전전 자신들이 대륙을 침략해 한국을 식민지로 만들고 현재의 내몽고지역에 만주국을 건설했다는 부끄러운 일을 저질렀다는 기억들이 있다. 따라서 그들은 한국인과 몽골인들이 자신들의 알타이문명에 대한 연구를 또 다른 대륙침략을 위한 준비로 생각하지나 않을까 하는 의식들에 사로잡혀 있다. 그러한 이유로 인해 일본에서는 현재 알타이문명에 대한 연구가 활발히 진행되고 있지 못하는 것이 아닌가 한다.

2) 과학문명과 알타이문명

과학문명이란 17~18세기 프로테스탄트가 일으킨 시민혁명과 산업혁명을 통해서 형성된 문명을 가리킨다. 프로테스탄트들은 자신들의 영적 체험을 가지고 인간들이 처해 있는 물리적·생물학적 세계, 도덕·윤리적 세계, 정신적·의식적 세계 등을 이해하려는 태도를 버린 후, 자신들에 처해 있는 그러한 현실 세계들에 대한 경험들을 가지고 그러한 세계들을 이해하려는 태도를 취해가게 되었다. 그들의 그러한 태도는 그러한 세계들을 일관하는 질서를 파악하여 그것들을 가지고 자신들이 처해 있는 세계들을 이해해간다는 쪽으로 전환해 나왔다. 우리는 그들이 처해 있는 세계들, 즉 물리적·생물학적 세계라든가 인간들의 여러 행위들로 엮어진 인간사회 등과 같은 여러 세계들 속에 내재된 어떤 법칙들이나 규칙들을 기초로 해서 성립된 생활양식을 과학문명이라 말할 수 있다. 따라서 엄격한 의미에서의 과학문명은 인간들이 처해 있는 물질세계라든가 인간사회 혹은 자신들의 정신세계 등에 대한 수치화되지 않은 체험들을 바탕으로 해서 이루어진 생활양식과는 엄연히 구별된다.

과학문명은 인간이 처해있는 자연계의 법칙이라든가 인간들로 구성된 사회의 규범이나 규칙이라든가 자연계와 인간사회에 대한 인간의 경험들로 구성된 인간의 의식세계를 일관하는 어떤 법칙들 등을 바탕으로 해서 이루어진 생활양식을 가리킨다. 그런데 본인이 논하고자 하는 것은 그것이 어떤 물체들이나 생명체들로 구성된 자연계나 인간들로 구성된 사회에 대한 인간의 경험들로부터 취해진 어떤 관념들로 이루어진 의식세계를 바탕으로 이루어진 것과는 다르다고 하는 것이다.

특히, 근대 과학문명은 인간들이 처해 있는 자연계의 법칙들과 인간들로 이루어진 사회의 규범 내지 규칙과의 사이에는 어떠한 연관성도 존재하지 않으며, 또 자연계와 인간사회의 법칙들과 인간의 의식세계를 지배하는 어떤 법칙들과의 사이에도 여하한 연관성이 존재하지 않는다는 입장을 바탕으로 해서 나온 것이다. 다시 말해 그것은 자연계의 법칙과 사회적 법칙, 또는 의식세계를 지배해 가는 어떤 법칙 등이 서로 유기적 관계로 맺어져 있다는 입장을 바탕으로 나온 것이 아니라는 것이다. 근대 과학문명은 독자적 차원에서 자연계의 법칙과 인간사회의 법칙을 찾아내 그것들을 기초로 해서 인간의 생활방식을 변형시켜 나왔다. 이와 같이 근대과학문명은 인간의 주된 인식대상인 자연계로부터 인간들에게 유용한 어떤 물리적 생물학적 법칙들을 끌어내서 그것들을 가지고 인간의 생활방식을 구축해 왔던 것이다. 그런데, 그러한 생활방식들의 구축은 자연계에 대한 인간의 다양한 경험들을 문자들로 기록해 냄으로써만이 가능했다.

인간들이 문자로 자연계에 대한 자신들의 경험들을 기록하는 행위는 자연계에 대한 자신들의 경험들을 후세에 알리고, 또 동시대를 살아가는 다른 지역의 인간들에게도 알리는 작업이다. 인간들은 그러한 작업을 통해 자신들의 삶을 과거와 미래에 연결시키고 다른 지역의 인간들에게도 연결시켜 자신들의 삶들을 보편화시켜 나왔던 것이다.

근대 과학문명을 일으킨 서유럽에서 인간들의 문자를 통한 기록이 일반화 되어 나왔던 것은 단테가 속어로 『신곡』을 쓴 14세기 전반 경부터라 할 수 있고, 그 후 그것은 15세기 구텐베르크의 금속인쇄물 간행을 계기로 한 단계 더 일반화되어 나왔다. 이렇게 14세기로 들어와 서유럽의 로마지역을 중심으로 고대 그리스·로마문명을 일으키자는 르네상스운동이 일어났고, 그 운동에 이어 15세기 말에 행해진 신대륙의 발견 등을 계기로 서유럽의 대서양 인접 지역으로부터 새로운 세계로 진출해 나가려는 운동 등을 타고 그것이 더욱 일반화되어 나왔던 것이다. 서유럽에서의 근대 과학문명은 바로 그러한 기록 문화의 일반화 현상을 타고 발생되어 나왔던 것이다. 서유럽에서의 바로 그러한 과학문명의 발생은 중앙아시아에서 알타이족에 의해 구축되어 나왔던 행위 중심문화의 쇠퇴를 가져왔다. 한족에 의한 명(明)의 건설(1368년)로 인한 원(元)의 멸망이 바로 그것을 말해주고 있다는 것이다.

그러나 문자문화가 일으킨 근대 과학문명은 20세기 후반으로 들어와 서구의 구조주의자들에 의해 그 한계성이 지적되기 시작되었다. 근대과학문명의 한계성은 그것을 일으킨 문자문화의 한계성으로부터 비롯된 것임에 틀림없다. 보다 구체적으로 말해, 문자문화의 한계성은 그 의미전달에서의 일언일의(一言一意)의 원칙을 기초로 하는 문자기록의 폐쇄성으로부터 비롯된 것이라 말할 수 있다.

알타이족이 서방으로부터 전래된 청동기문화를 접한 후 알타이문명을 일으켜 가는 과정에서 암각화와 같은 그림문자문화를 일으켰다. 그 후 그것이 문자문화로 발전되어 나가지 않았던 것은 아마도 그때 이미 알타이족에게 문자문화의 한계성에 대한 시각이 있었기 때문일 것이다. 그러한 이유 때문에서였는지 그들은 그림문자문화를 문자문화로 전환시켜 나가는 대신 그것을 행위문화로 전환시켜 나갔었는데, 그들에서의 그러한 행위문화란 유목문화를 통해서 형성되어 나온 것이긴 하지만 그림문자언어의 행위언어로의 전환이 결국에는 그림문화언어의 문자언어로의 발전을 저해시켰다는 근거가 될 수도 있다.

행위언어란 행위가 의사전달의 최고의 수단이라는 언어관에 입각한 언어이다. 그러한 언어관은 문자나 말로 이루어진 언어의 한계성을 극복해 보려는 과정에서 형성된 것이라 할 수 있다. 또 그러한 언어관은 인간이 신(神)이나 정령(精靈)과 직접 교신(交信)할 수 있다는 사상인 샤머니즘적 사고가 창출해 낸 인간의 언어에 영력(靈力)이 있다는 언령신앙(言靈信仰)과도 깊게 관련되어 있다. 언어는 영력을 갖은 존재이기 때문에 그 영력으로부터 화(禍)를 모면하기 위해서는 문자보다는 말이 낫다는 입장이 취해져 온 것이다. 말도 인간의 신체 일부가 움직여 이루어지는 것이기 때문에 행위의 일종으로 간주될 수 있다. 따라서 알타이인들에게는 의사전달의 수단으로서 문자보다는 말이 더 중요시 여겨져 왔던 것이다.[32]

근대 천황제의 성립과정에서의 그 사상적 기저를 이루었던 것이 근세 국학자 모토오리 노리나가(本居宣長, 1730~1801)에 의해 확립된 국학(国学) 사상이었다. 우리가 에가미 나미오(江上波夫)에 의해 체계화 된 '기마민족설(騎馬民族說, 1948)'을 받아들일 경우, 모토오리 노리나가가 『칡넝쿨 꽃』(葛花, 1780)에서 언령(言靈)언어관에 입각해, 일본에는 "중고(中古)까지 문자라고 하는 영악한 것이 존재하지 않아 기묘한 언령의 전달 덕택으로" 사람의 마음도 순박해 평화로운 통치가 가능했다고 주장하고 있는데 그의 그러한 주장은 충분히 받아들여 질 수 있는 것이다.

근대 과학은 문자문화의 한계성이 극복될 때만이 그 한계성이 극복될 수 있다. 본인이 여기에서 말하고자 하는 요점은 문자문화가 알타이문명의 암각화문화 등과 같은 그림문자문화가 지닌 개방성을 적극적으로 도입해 가고, 또 그것을 기초로 해서 성립되어 나온 기마유목민족의 언령언어관을 활용해 감으로써 과학문명의 한계성이 극복될 수 있다고 하는 것이다. 그러한 의미에서 알타이문명의 한 실체를 이루는 암각화문화에 대한 연구야말로 과학문명의 한계성을 극복해 갈 수 있는 지름길이 될 것이다.

3) 알타이문명의 개발과 알타이문명의식의 계발 방안

우리는 어떤 식으로 근대 서구문명, 황하문명 등에 묻혀버린 알타이문명을 개발해 갈 수 있을 것인가? 또 우리는 황하문명의 발생에 절대적 영향을 끼쳤고, 우리의 선조였던 고대 알타이인들이 일으켰던 알타이문명에 대한 의식을 어떤 식으로 계발해 나갈 수 있을 것인가?

알타이문명의 개발은 우선 첫째로 알타이문명의 실체를 드러내 올리는 일부터 시작하는 것이다. 본인이 본고를 통해서 규명해 보려했던 알타이문명의 실체는 물위에 드러난 고래등 정도에도 못 미치는 것이라 할 수 있다. 금후 우리는 몸통 전체를 드러내 보이는 작업에 임하게 될 것이다. 그러기 위해서는 터키, 카자흐스탄, 알타이지방의 알타이공화국, 사얀산맥 근방의 투바공화국, 바이칼호 인근의 부리야트공화국, 몽골, 한국, 일본 등의 학자들이 연대하여 종합적 측면에서 접근해 가야 할 것이다.

우선 우리는 러시아연방공화국내의 알타이 제민족의 알타이 연구자들의 연대를 구축해가야 하고, 구소련연방공화국으로부터 탈퇴해 나온 서아시아지역의 카자흐스탄 등과 같은 나라들의 알타이 연구자들과의 제휴도 강화시켜, 범알타이 민족국가들의 알타이회를 창립해야 한다. 일본, 한국 등의 알타이학회들이 연합해서 알타이 민족국가들의 알타이 연구자들이 주체가 되는 국제알타이학회를 창립시켜야 한다. 그 다음 알타이 민족국가들이 주최가 된 그 학회에 인디아나 대학에 본부를 두고 있는 상설국제알타이학회도 참여시켜야 한다. 알타이 민족국가들은 알타이 민족 중심의 국제알타이학회의 창립과 발전에 정치적·경제적 측면에서 적극적으로 지원해 주어야 한다. 그 학회의 목적은 알타이 민족의 정체성을 확립시키고 알타이 민족의 특성을 발휘하여 알타이 민족국가 간의 유대를 증진시켜 서로 협력해 나가고, 때로는 연대하여 세계 평화와 인류의 행복 증진에 기여해 가야 한다는 것으로 해야 한다. 한마디로 말하면, 알타이 민족이 그러한 학회활동을 통해서 알타이문명의 실체를 규명해내고, 알타이문명의 특성을 개발해내서 근대 과학문명의 한계성을 극복해

21세기 글로벌 문명의 창조를 선도해 가야한다는 것이다.

알타이 제민족들 간의 연대에서의 가장 큰 걸림돌은 일본이다. 일본은 알타이 제민족이 서구의 근대 과학문명을 받아들여 그것을 기초로 하여 새로운 생활방식을 만들어 가는 과정에서 그것을 제일 먼저 받아들였던 나라이다. 바로 그 나라가 같은 알타이 민족들인 한국, 몽골 등을 침략해 자신의 식민지 국가들로 만들었던 것이다. 일본은 서구열강들로부터의 민족적 안전과 그들과의 평등을 도모해 보려는 방안의 일환으로 그러한 침략을 자행했다든가, 혹은 알타이 제민족들을 연합시켜 가기위한 한 방안으로 그러한 침략을 행했을 수 있다. 일본의 그러한 행위는 다른 알타이족의 희생을 통해서 자신들의 생존이나 삶의 행복을 추구한다는 입장에서 나온 것이다. 따라서 금후 알타이 제민족 간의 어떤 연대는 과거 일본의 그러한 침략적 행위에 대한 확실한 반성과 조건 없는 보상을 전제로 한다. 현재 일본은 그러한 침략을 통해서 축적한 자산을 가지고 알타이 제민족들 중에서 최고의 부강국으로 부상해 있다. 이러한 점을 감안해 볼 때, 일본이 과거 자신들의 그러한 침략행위에 대해 조건 없는 응분의 보상을 행해야 한다는 것은 지극히 당연한 일이다. 일본의 그러한 반성과 보상만이 전 알타이 민족의 연대를 가능케 할 것이고, 그러한 연대를 통해 일본도 금후의 세계 평화와 번영에 공헌해 가게 될 것이 분명하다.

알타이 민족들의 알타이문명 의식에 대한 계발은 우선 무엇보다도 알타이 제민족의 알타이 연구자들이 주축이 되고 중국, 러시아, 서구 등의 알타이 학자들도 참여하는 다양한 공동연구들을 통해 알타이문명의 실체를 파악하여 그 위대성을 자각해야 한다. 현재 일본과 몽골을 제외한 알타이 제민족들은 자국민들의 특수성을 강조해 가기 위해서 자국민족들의 문화를 연구해 가고 있고, 그러한 과정에서 자국민들의 문화에 대한 의식 속으로 깊숙이 몰입해 들어가고 있다.

앞에서 언급한 바와 같이 일본은 해양문명권, 비교문명론 등에 대한 담론들을 불러 일으켜 일본문화 의식을 문명의식 혹은 일본문명의식으로 전환시켜 나가고 있고, 몽골의 경우는 자신들의 유목생활방식을 '유목문화'라 부르지 않고 '유목문명'으로 불러감으로써 문화의식을 문명의식으로 전환시켜 나가고 있다. 그러나 한국을 비롯한 여타의 알타이 민족국가들은 자신들이 지니고 있는 문화적 특성만을 강조해 가고 있는 나머지 자신들의 문화적 보편성에 대한 강조를 통해 취해지게 되는 문명의식에 대해서는 지극히 소극적 입장을 취해가고 있다. 따라서 우리가 알타이 문명의식을 계발해 나가기 위해서는 우선 무엇보다도 알타이문명이 지니는 보편성을 파악해 내야 한다. 그러한 보편성은 한민족(韓民族)의 차원에서가 아니라 전 알타이 민족의 차원에서 알타이문명이 접근되었을 때만이 파악되어 질 수 있는 것이다.

끝으로 한국을 비롯한 알타이제국(諸國)은 근대 서구문명 의식으로부터 벗어나야 하고, 고대 중국의 황하문명의식으로부터 벗어나야 한다. 그러기 위해서는 근대 서구문명이나 고대 중국의 황하문명이 어떻게 발생되어 나왔는지, 또 알타이문명이 그들의 발생에 어떠한 영향을 끼쳤었는지에 대한 체계적 지식들이 요구된다. 그러한 지식들은 일본의 경우처럼 문명사 연구와 비교문명론에 대한 활발한 담론들을 통해서 가능할 것이다.

이 학술적 논의는 전 인류가 금후 글로벌문화를 구축해 가기 위한 기초 작업의 일환으로 동아시아지역에서의 한국인들이 남북통일을 앞당기고 한·중·일 삼국의 국민들이 EU 등에 대응해 갈 수 있는 어떤 연대·연합 체제를 구축해 갈 수 있는 보편적 사고체계를 확립을 위한 이론적 정비를 목적으로 한다.

현재 동아시아지역에서는 한국 민족, 일본 민족, 중국 민족, 러시아의 백인종 등이 존재해 있다. 현재 이 지역에서 가장 시급히 해결되어야 할 문제는 한국인들의 민족적 통일이다. 한국인이 남북통일을 앞당기고 동아시아 삼국이 연대·연합을 실현시켜 갈 수 있는 방안은 우선 동아시아지역에서의 민족적 문제들의 갈등해소와 서로간의 상보적 관계 정립을 통해서라 할 수 있다. 남북이 통일되려면 우선 무엇보다도 양분된 한국인들 사이에 어떠한 식으로든지 하루빨리 통일을 실현시키려는 확고한 의지가 있어야 한다. 그 다음으로 한국의 인접 민족들, 예컨대 같은 알타이 민족인 일본 민족과 몽골 민족이 나서서 한국 민족의 통일을 적극적으로 도와주어야 한다. 한국 민족의 분단에 대한 책임은 우선 일차적으로 한국인 자신들에게 있지만 이차적으로는 일본 민족에게도 있다고 말할 수 있다. 그러한 의미에서도 일본이 나서서 적극적으로 도와주어야 한다. 일본이 도와만 준다면 한국의 분단문제는 쉽게 해결될 수 있다. 사실상 지금까지 인접국들 중에서 통일을 가장 저지시켜왔던 나라가 다름 아닌 바로 민족적으로 가장 가까운 일본이었다고 말하고 있지 않은가.

동아시아연대·연합에서의 가장 큰 장애물은 한국 민족의 분단이다. 이것이 해결 되어야 동아시아연대·연합문제가 방향을 잡게 된다. 동아시아 연대·연합의 문제는 우선 한반도 통일이 이루어지고, 그 다음으로 같은 알타이족들인 몽골족, 한민족, 일본 민족 간의 문화적·인종적 연대가 형성되고, 세 번째로 3국의 알타이족과 중국내의 알타이족인 만주족 및 몽골족이 서로 연대하고, 네 번째로 동아시아지역의 알타이족과 한족(漢族)과의 관계가 중국내의 알타이족인 만주족·몽고족을 통해 맺어짐으로써 해결될 수 있다. 이와 같이 우리는 그러한 알타이 민족들 간의 연대를 주축으로 하여 동아시아 연대·연합을 구축해 갈 수 있는 것이다. 또 동아시아지역에서의 한·중·일·몽 4개국과 러시아와의 문화적 연대도 동부러시아내의 알타이족인 부리야트족, 야쿠트족, 우리치족 등을 통해서 구축될 수 있다. 같은 알타이족들의 연대를 주축으로 한 동아시아의 연대는 같은 이미지체계를 주축으로 한 문화적·인종적 연대를 의미한다. 그러한 점에서의 같은 알타이족들의 연대를 주축으로 한 동아시아 연대는 그 실현가능성이 대단히 높을 뿐만 아니라 그 지속성 또한 높지 않을 수 없다.

그런데 그러한 연대를 주축으로 한 동아시아 연대가 실현되어지려면, 우선 무엇보다도 동아시아 삼국의 국민들이 자국문화에 대한 의식을 문명의식으로 전환시켜야 한다. 각국 국민들의 자국민과 자국문화에 대한 의식은 자국민의 특수성을 자극해 가지만, 자국의 문명에 대한 의식은 자국민과 자국문화의 보편성을 자극해 가기 때문이다.

알타이 민족을 주축으로 한 동아시아 연대가 실현되려면, 알타이 민족들이 알타이문명에 대한 의식을 통해 알타이 민족문화의 보편성을 끌어내서 그것을 확립시켜 나가야 한다. 우리들의 알타이문화의 보편성 확립은 알타이문명의 실체 규명과 그 주체 확립을 통해서만이 가능한 일이다. 그런데, 이제까지의 그 실체 규명과 그 주체 확립 작업은, 알타이 민족들의 의식이 근대 서구문명에 대한 의식, 고대 중국의 황하문명에 대한 의식 등에 싸여 거의 이루어지지 못해 왔다. 그러한 작업이 행해지려면 우선 무엇보다도 알타이 민족들 출신의 알타이 연구자들이 주축이 되어 알타이문명의 실체를 규명해내서 그것을 주축으로 해서 알타이 민족들의 연대가 이루어져야 한다.

알타이문명의 실체는 첫째로 알타이문명이 아시아지역에서 제일 일찍 발생해 나와 중국의 황하문명의 발생에 절대적 영향을 끼쳤던 청동기·철기 등의 금속기문명으로 파악될 수 있다. 둘째 그것은 청동기문명에서 유목문명으로 전환되어 나가 행위언어의 창출 등을 통한 행위문화의 절정으로 간주되는 협동력·조직력·기동력으로 파악된다. 청동기·철기문명에서 유목문명으로 전환해 나왔던 알타이문명은 청동기·철기문명에서 농경문화로 전개되어 나왔던 황하문명이나, 또는 도시문명으로 전환해 나갔던 근대 서구과학문명 등이 그간 추구해 내지 못한 것들을 추구해 냄으로써 농경문화이나 도시문명의 한계성을 극복해 갈 수 있는 여지를 지닌 문명이라 할 수 있다. 우리가 기존의 근대 서구문명이나 황하문명에 대한 의식으로부터 탈피해 나와 알타이문명의 차원에서 우리의 삶을 실현시켜 나가려면 우리 「금강산」이나 「백두산」 혹은 중국의 태산을 통해 우리와 세계를 의식할 것이 아니라 우선 무엇보다도 중앙아시아의 알타이산맥의 최고봉 「벨루하산」을 통해 그것들을 인식해 간다는 자세를 갖아야 할 것이다.

논자가 본 연구를 통해 알타이족들 간의 인종적 연대의 필요성을 강조하는 것은 아시아지역에서의 알타이족과 한족(漢族) 또는 알타이족과 러시아 백인 간의 인종적 대립을 야기시키려는 목적은 추호도 없다. 논자는 아시아지역에 이미 구축되어 있는 그러한 인종적 대립을 극복해 가기 위한 한 방안으로 어떠한 형태로든지 간에 이인종(異人種)들 간의 문화적·인종적 차이를 양성화시켜 그 차이들의 가치를 서로 향유해 가자는 것에 본 연구의 목적을 두고 있기 때문이다.

제1부 메소포타미아문명과 알타이문명

제1장
실크로드와 고원(高原)

이 학술적 논의는 실크로드가 유라시아 대륙에 산재해 있는 고원(高原)들을 디딤돌로 해서 형성되어 나왔다는 것을 규명해내고, 그것을 기초로 해서 잊혀진 실크로드를 발견해 내서, 그것을 근거로 해서 지금까지 수수께끼 상태로 남아있는 연구대상들의 고고학적, 역사적 배경을 규명해내는 것을 목적으로 한다.

우리는 글로벌시대로 들어와서 전 지구적 시각으로 지상에서 일어나는 현상들을 파악하지 않을 수 없게 되었다. 우리는 어떠한 민족이나 문화권적 차원의 시각을 버리고 전 지구적 규모의 시각, 즉 글로벌적 시각을 취해 지구상에서 일어난 일들을 고찰한다는 입장을 취하지 않을 수 없게 된 것이다. 우리의 그러한 입장은 우리로 하여금 대상들을 공간적으로나 시간적으로 더 멀리 고찰해 갈 수 있게 만든다. 사실상 우리가 어떤 사물을 시공간적으로 더 멀리 바라 볼 수 있다는 것은 우리가 그것을 보다 많은 다른 것들과의 비교를 가능케한다는 면에서 그것의 특수성과 보편성을 보다 명확히 파악해낼 수 있는 것을 의미한다.

이러한 점을 감안해볼 때, 우리가 그 동안 양분시켜 고찰해오던 동서의 문화적 특징과 그 동서 문화의 교류를 가능케 한 교통로들에 대한 재검토는 이 시점에서 마땅히 행해야 할 작업이라 생각하지 않을 수 없다. 동과 서의 문화적 특수성과 보편성에 대한 새로운 인식은 그것들의 교류를 가능케 했던 동서의 교통로에 대한 새로운 차원에서의 고찰을 통해 가능하다는 것이다.

지금까지의 동서의 교통로에 대한 연구는 실크로드학(Silkroadology)의 형태를 취해 행해져 나왔다. 실크로드에 대한 연구가 학문적 차원에서 행해지기 시작한 것은 20세기로 들어와서였다.[1] 당시 그것은 『중국과 시리아 간의 고대

실크로드』(Die alten Seidenstrassen zwischen China and Syrien, 1910)의 저자인 독일의 동양학자 알베르트 헤르만(Albert Hermann) 등과 같은 서양학자들에 의해 시작되었다.[2] 그런데 그들의 실크로드에 대한 연구는 정치적 측면에서의 중앙아시아에 대한 관심에서 비롯되었다고 말할 수 있다. 동아시아에서의 실크로드에 대한 관심은『서역문명사개론』(1931) 등의 저자 하네다 도오루(羽田亨, 1882~1955) 등과 같은 일본의 중앙아시아 전문가들에 의해 일제의 만주침략(1931) 이후에 출발되었다.

그 후 그것은 20세기 중반으로 들어와 동서 문화의 교류에 대해 관심이 깊었던『동서 문화의 교류』(1951)의 저자인 몽골연구자 고바야시 다카시로(小林高四郎, 1905~1987) 등에 의해 행해져 나왔다. 그러다가 1960년대로 들어와『실크로드를 가다』(1960)의 히라노 이치로(平野一郎) 등에 의해 실크로드에 대한 본격적 연구가 행해지게 되었다. 현재 일본에서 실크로드 연구의 권위자로 알려진 나가사와 가즈토시(長沢和俊)가 실크로드 연구를 시작한 것은 1960년대 후반『실크로드 답사기』(1967)에서부터였다. 한국에서의 실크로드 연구는 1990년대 초의 글로벌 시대로 들어와서부터 시작되었다고 말할 수 있는데, 보다 구체적으로 말해본다면, 국립경주박물관이『경주와 실크로드』를 출판하고, 나가사와 가즈토시의 제자 민병훈이 나가사와의 저서『동서문화의 교류, 신 실크로드론』(1979)을 번역·출판한 1991년부터였다고 할 수 있다.

중국의 경우는 1986년 사천성(四川省)의 성도(成都)인근에서 '삼성퇴유적지(三星堆遺跡地)'가 발굴되어 그곳에서 나온 유물들의 주인을 탐구해나가는 과정에서 실크로드에 대한 관심이 높아져, 1990년대로 들어와 신강인민출판사(新疆人民出版社)의 기획에 의해『실크로드 연구총서』간행이 행해지는 분위기속에서 실크로드에 대한 연구가 본격화되어 나왔다. 그러한 상황에서 '서남실크로드(西南丝绸之路)'에 대한 고찰이 활발히 논의되기 시작했던 것이다.

기존의 유럽, 일본, 한국의 실크로드 연구자들은 실크로드를 동과 서의 문화적 교류의 통로라 규정하고 그 간선(幹線)을 세 개로 파악하였다. 우선 하나는 북방 유라시아의 초원(스텝)지대를 동서로 횡단하는 초원로이다. 다른 하나는

중앙아시아의 파미르고원을 동서로 가로지르는 오아시스로이다. 나머지 하나
는 인도해를 동서로 통과하는 해로(海路)이다. 중국의 실크로드 연구자들은
이 세 간선 이외에 사천성(四川省) 성도(成都)에서 운남성(云南省) 곤명(昆明)
과 미얀마를 경유해 인도에 이르는 서남실크로드의 존재를 제창하고 있다.

이에 대해 논자는 첫째로 본 연구를 통해 그들 세 간선들 이외에 또 다른
간선 고원로(高原路)의 존재를 주창하고자 한다. 논자가 주창하고자 하는 실크
로드 간선으로서의 고원로는 세 종류이다. 우선 하나는 중앙아시아 파미르고
원과 티베트고원을 동서로 관통하는 동서 고원로이다. 보다 구체적으로 말하
자면, 파미르고원으로부터 아랍선고원과 오르도스고원을 통해 황토고원으로
이어지는 길이고, 또 파미르고원으로부터 아리고원, 티베트고원(청장고원), 천
서고원, 운귀고원 등으로 이어지는 길이다. 다른 하나는 중앙 아시아를 남북으
로 관통하는 중아시아 남북고원로이다. 알타이산맥 서쪽의 카자흐고원으로부
터 남쪽의 파미르고원과 남쪽의 이란고원을 경유해 아라비아해 또는 인더스강
유역에 이르는 길이다. 나머지 하나는 동아시아를 남북으로 관통하는 동아시
아 남북고원로이다. 몽골고원, 황토고원, 천서고원, 운귀고원을 남북으로 통과
하는 길을 말한다.

두 번째로 이 학술적 논의는 유라시아대륙의 중앙을 관통하는 실크로드의
간선 오아시스로가 사실은 고원로를 기초로 해서 형성되어 나왔다는 것을
주장하고자 하는 바이다. 세 번째로 위에서 제시한 고원로들의 존재를 근거로
해서 지금까지 불가사의한 상태로 남아있는 성도(成都)의 삼성퇴(三星堆) 유물
들의 고고학적, 역사적 배경을 규명해내고, 그것과 더불어 앙소(仰韶) 신석기
문화 유적지에서 출토된 채색토기의 서방전래설의 문제, 서남실크로드의 존재
여부의 문제, 사천성(四川省)·원남성(云南省) 등의 서남지역에 생존해 있는
소수민족의 기원의 문제 등에 대한 논자의 입장을 제시해보고자 한다.

1. 기존의 실크로드의 세 간선의 지리적 위치와 그 형성 경위

지금까지의 동서의 실크로드 연구자들이 주장하는 실크로드는 유라시아 북방의 초원(스텝, Steppe)로, 중앙의 오아시스로, 남방의 해로라고 하는 세 간선들로 되어 있다.

실크로드의 원래의 의미는 중국의 비단이 중국의 한·당 등의 수도, 장안(長安)으로부터 중앙아시아의 파미르고원 지역을 가로질러 로마에 전달되는 길을 가리켰다. 그런데 서방의 크리스트교 문화권과 동아시아의 유교 문화권과의 문화적 교류가 그 길을 통해 행해졌다는 의미에서 실크로드는 동서 문화의 교통로라는 의미로 사용되어 나오게 되었다. 실크로드가 이러한 의미로 쓰이게 되자, 그것이 동방 문화와 서방 문화와의 교류들을 가능케 한 길들의 전체를 가리키게 되었다.

그렇다면 서방이란 어디에서 어디까지를 가리키고, 또 동방이란 어디에서 어디까지를 가리키는 것인가? 서방이란 말은 오리엔트(Orient)지방의 번역어인 동방(東方)이란 말의 대립어이다. 그런데 오리엔트 지방이란 로마인들이 이탈리아반도에서 바라다봤을 때 해가 뜨는 지역을 가리키는 말이었다. 한편 로마시대이전의 고대 그리스인의 경우는 로마인들보다 빨리 자신들이 처해있는 발칸반도에서 바라다봤을 때 해가 뜨는 지역을 아시아(Asia)라 했다. 이렇게 고대 그리스와 로마인이 말했던 '아시아'나 '동방'이라는 말들은, 서구문명의 기초를 구축했던 고대그리스와 로마지역으로 봤을 때 '해가 뜨는' 지역, 즉 에게해나 지중해의 동쪽에 위치해 있는 지역을 가리켰다. 보다 구체적으로 말하면, 그것들은 에게해의 동쪽에 위치해 있는 아나톨리아지방 이동과 지중해 동안의 이동을 뜻했다. 이렇게 고대 그리스, 로마시대 이후 서구인들에게서의 서방이란 우랄산맥, 흑해, 에게해, 지중해의 이서지방, 즉 지금의 유럽에 해당되는 지역을 가리켜왔고, 동방이란 그들 지역을 경계로 그 이동지역을 동방으로 받아들여 왔던 것이다. 근래에 많이 사용되고 있는 '유라시아 대륙'이라는 말에서의 유럽지역에 해당되는 것이 다름 아닌 바로 서방이고 아시아

지역에 해당되는 것이 동방이라는 것이다.

'동서 문화의 교류'라는 점에서의 '동서'의 의미는 이상의 의미를 기초로 해서 형성되어 나왔다. 그렇기는 하지만, 초기의 실크로드 연구자들에게서의 '동서'의 의미는 그런 것이 아니었다. 그들에게서의 그것은 유라시아에서의 유럽지역을 제외한 아시아지역 내에서의 '동서'를 의미하는 것이었다. 아시아 지역을 동서로 양분했을 때, 그것은 아시아 중앙의 파미르고원을 경계로 그 동쪽을 동아시아로, 서쪽을 서아시아로 양분되어오다가, 최근에는 유라시아의 북부와 남부를 제외한 아시아의 중부를 서아시아 · 중앙아시아 · 동아시아로 3등분해 이해하고 있다. 서아시아란 서남아시아라고도 하는데, 아나톨리아 · 메소포타미아 · 지중해 동안 · 이란 · 아프가니스탄 · 파키스탄 · 아라비아반 도 등의 지역을 가리킨다. 중앙아시아란 작게는 파미르고원을 중심으로 동(東) 투르키스탄이라 불리는 신장웨이우얼자치구(新疆维吾尔自治區)와 서(西)투르 키스탄으로 불리는 투르크메니스탄 · 우즈베키스탄 · 타지키스탄 · 키르기르 스탄 및 카자흐스탄의 남부를 합친 지역을 가리킨다. 사실상 실크로드 연구는 이들 세 지역, 즉 서아시아 · 중앙아시아 · 동아시아의 지역들을 연결하는 교통 로에 대한 관심으로부터 시작해, 동서를 잇는 교통로에 대한 관심으로까지 확장되어 나갔던 것이다. 그런데 이들 세 지역 간의 문화적 교류는 그곳의 지형적 · 문화적 등의 특징들로 인해 한무제(漢武帝, 141~87, BC) 이전까지만 해도 원활히 이루어져오지 못했었다.

보다 구체적으로 말해 실크로드의 개념은 서아시아의 끝에 위치한 동로마 제국의 수도 비잔티움으로부터 중앙아시아를 경유해 중앙아시아 · 동아시아 세계를 지배해가던 중국의 수도 장안에 이르는 길, 즉 아시아대륙 차원에서의 동서 문화의 교통로라고 하는 의미로 시작되어 유라시아대륙 차원의 동서 문화의 교통로의 의미를 확대해서 나왔던 것이다.

현재 실크로드는 선고대 이래 유라시아대륙과 아프리카대륙의 전체 차원의 문화적 교류가 행해진 통로라는 의미로 개념화되어 있다. 그것은 우선 시간적 으로 '고대의 로마시대부터'라는 입장을 폐기하고 '선고대부터'라는 입장을 취하고 있는 것이다. 그 다음 그것은 공간적으로 유라시아대륙의 중부지역만을 한정시켜 생각했던 관점을 버리고, 유라시아 대륙 남부와 북부까지를 포함시켜 파악한다는 입장을 취했을 뿐 아니라, 유라시아대륙 남부의 교통로까지를 포함시켜 파악한다는 입장을 취하게 된 것이다. 우리가 이러한 입장을 취해 유라시아 대륙의 교통로를 고찰해 볼 때, 당연 구석기시대·신석기시대에 행해졌던 동서의 문화적 교류까지가 고려되어 북방의 초원로와 남방의 해로가 실크로드의 간선들로 파악되기에 이르게 된 것이다.

북방의 초원로의 존재는 다음과 같은 유적들의 발견을 통해 확인된다. 인류가 기후의 변화 등으로 인해 장거리 이동을 시작했던 시기는 후기 구석기시대(35000년~12000년 전)이었는데, 그 때의 것으로 추정되는 비너스상 등이 유럽의 서단 프랑스지역으로부터 아시아의 북부 바이칼 호 근방까지 동서로 산재되어있다. 또 그것은 중국 북방의 대표적 신석기 문화로 꼽히는 홍산문화(紅山文化, BC 3500년)의 유적, 일본의 북부지역 등에서도 출토된 바 있다.[3] 즐문토기(빗살무늬토기)도 그 초원길의 존재를 증명해주고 있고, 또한 기원전 5~4세기의 것으로 알려진 알타이 산맥의 북쪽 기슭에 위치해있는 파지리크 고분으로부터의 출토품들인 유럽풍의 기마상(騎馬像)이 그려진 벽걸이, 스키타이문양이 있는 말의 재갈, 진(秦)나라 형식의 거울 등도 그 존재를 말해주고 있다. 이처럼 초원로는 구석기시대에서는 구석기인들의 장거리 이동로였고, 신석기시대에는 유목민들의 이동로였으며, 금속기시대로 들어와서는 유목기마민족의 교통로였다. 그런데 이 경우의 초원이란 원래는 시베리아에서 중앙아시아 지역에 걸쳐 펼쳐져있는 단초(短草)로 덮인 스텝(the steppes)지대를 말한다. 이곳은 관목(灌木)이외의 수목이 자라지 않으며, 주로 유목이 가능한 지역이다. 이 북방의 초원로가 관목으로 덮인 벌판에 생긴 길이었다고 한다면, 중앙의 오아시스로는 사막의 오아시스를 징검다리로 해서 생긴 길이라 할 수 있다.

그런데 우리가 이 오아시스길의 지리적 위치를 보다 높은 시야에서 조명해 볼 것 같으면 이것이 유라시아대륙의 각 지역에 산재해있는 고원들을 징검다리로 해서 형성되어 있음을 알 수 있다. 고원이란 일반적으로 2000미터 이상의 해발고도에 수평지층으로 구성되어 연속적으로 평탄한 지형을 가리킨다. 이 오아시스를 형성하는 고원들은 대개 티베트·몽골·파미르·이란고원 등과 같이 대산맥들로 둘러싸인 산간고원들이다. 끝으로 유라시아대륙의 남해로는 짧게는 페르시아 만이나 지중해로부터 홍해를 거쳐 아라비아해, 뱅갈만, 남중 국해, 동중국해를 거쳐 한국, 일본에 이르는 길을 말한다.

나가사와 가즈토시(長沢和俊)는 그의 저서『신 실크로드론·동서문화의 교류』(新에 Silk Road論·東西文化의 交流)에서 초원로는 고대에, 오아시스로는 고대 후기부터 중세에 걸쳐, 남해로는 근세 이후에 동서 문화의 교류에 적극 이용되었을 뿐만 아니라 또 그것들은 고대 이전에도 동서 문화의 교류에 적극 이용되었다는 입장을 취하고 있다.[4] 그는 예컨대 스텝로는 고대 초기에 금(金)과 동을 전달하였고, 오아시스로는 채문토기, 옥(玉) 등을 서방에서 동방으로 전래시켰다고 말하고 있다.

인류학자들에 의하면, 현생인류의 직접적인 조상인 신인(新人), 즉 호모 사피엔스(Homo sapiens)는 15~25만 년 전에 아프리카에서 출현해 4~5만 년 전에 와서 전지구상에 퍼지게 되었다는 입장을 취하고 있다. 이 경우 논자가 주장하고자 하는 것은 아프리카대륙에서 출현한 호모사피엔스가 유라시아대륙으로 퍼져나갔을 때도 그들은 상기의 세 간선을 통해 유라시아대륙의 서방에서 동방으로 퍼져나갔다는 입장을 취할 수 있다는 것이다.

그러나 2009년도 말 아시아 10개국의 인간게놈연구회는 「사이언스(SCI-ENCE)」지를 통해 선사시대 동아시아지역으로의 인구 유입이 남해로(the southern coastal route)를 통해 이루어졌다는 입장을 제시한 바 있다.[5] 그들의 이러한 연구는 5만 년 전 경에 인류가 아시아의 북방·중앙·남방이라고 하는 세 루트를 통해서 동아시아에 들어왔다는 기존의 입장을 반박했다는 점에서 의미가 부여될 수 있다. 그러나 그들의 그러한 주장이 어떤 확실한 객관성을 확보하려면, 우선 무엇보다도 중국의 동아시아지역뿐만이 아니라 서아시아, 중앙아시아, 북부아시아 지역의 인간들까지를 자료로 해서 그 결과를 분석해 내야한다는 입장이 제시될 수 있는 것이다.

2. 오아시스로의 기반과 고원(高原)

오아시스로는 로마를 출발지로 봤을 때와 이집트의 알렉산드리아를 출발지로 봤을 때의 루트가 있다고 말할 수 있는데, 그 종착지는 두 루트 다 장안(長安)이다. 전자는 로마로부터 출발해 비잔티움, 아나톨리아, 이란 북단의 타브리츠, 테헤란, 파미르고원의 발흐, 소륵, 돈황을 통해 장안에 이르는 길이다. 후자는 알렉산드리아에서 출발해 지중해 동안지역, 바그다드, 파시르고원의 발흐, 소륵, 돈황을 통해 장안에 이르는 길이다. 전자의 출발지는 지중해 북안(北岸)이고 후자의 경우는 지중해 남안(南岸)이라는 점에서는 서로 다르다. 그렇지만 두 노선은 중앙아시아의 중심에 위치해 있는 파미르고원의 발흐에 와서 서로 겹치게 된다. 그런데 이들 오아시스로는 앞에서도 간단히 언급한 바와 같이 고원지대들을 기반으로 해서 형성되어 나온 것으로 고찰된다. 전자의 경우는 흑해 남안의 아나톨리아 고원, 흑해 동남 해안의 아래쪽에 위치한 카프카스산맥 서남단의 카프카스고원과 동남단의 아르메니아고원, 중앙아시아의 파미르고원, 천산산맥 동쪽의 아랍선(阿拉善)고원, 오르도스고원, 황토(黃土)고원 등으로 이어지는 고원지대를 기반으로 해서 이루어졌다. 후자의 경우는 알렉산드리아에서 바그다드로 이어진 길은 이란고원을 디딤돌로 해서 파미르고원의 발흐로 이어져, 중앙아시아의 동편으로 이어지는 것이다.

이와 같이 유라시아 중앙을 가로지르는 오아시스로는 각 곳에 산재해있는 고원들을 기반으로 해서 형성되어 나왔다. 우리가 이러한 입장을 취해 생각해볼 때, 오아시스로가 형성되어 나왔다고 하는 고대 후기의 이전인 신석기시대에는 어떤 한 고원지대에서 거주해가던 인류가 인접해 있는 고원지대로 이동해 간다든가 혹은 인근 고원지역의 인간들과 물물교환을 행해가게 될 경우가 있는데, 그러한 과정에서 형성된 교통로가 존재했었음을 생각해보지 않을 수 없다. 고원은 그 지대를 형성하는 어느 한쪽 혹은 양쪽이 거대한 산맥으로 이루어져 있다. 예컨대 티베트지역의 티베트고원이나 아리고원의 남측은 히말라야산맥으로 되어 있고, 아르메니아고원의 북측은 자그로스산맥으로, 아랍선

고원의 북측과 몽골고원의 서쪽은 알타이산맥으로, 카프카스고원의 북측은 카프카스산맥으로 각각 이루어졌다. 그래서 고원지대의 거주자들은 산맥과 고원 사이의 강이나 평지 혹은 산길 등을 따라 이웃 고원으로 이동해가는 것이다. 이 경우 우리는 고원과 고원을 잇는 길을 고원 로라고 이름 붙여 볼 수 있는 것이다.

오아시스로가 동서간의 무역이 행해지기 시작되었던 고대 후기 이후, 보다 구체적으로 말해 철기시대 이후 무역상들에 의해 만들어지기 시작된 길이라고 한다면, 그 이전의 고원로는 메소포타미아의 인근지역으로부터 형성된 청동기 문화가 동서로 전파되어 나가는 과정에서 형성되어 나온 것으로서, 인류나 어떤 민족 집단의 이동로로 파악되어질 수 있는 길이라 할 수 있다. 그렇다면 고원로와 오아시스로는 어떤 식으로 관련되어 있는 것인가? 앞에서 지적한 바와 같이, 고원지대의 남북 쪽이 거대한 산맥들로 이루어져 있음에 반해 그것의 동서는 사막들로 이루어져 있는 것이다. 이렇게 봤을 때 우리는 신석기시대에서 청동기시대까지는 고원들을 디딤돌들로 해서 교통로가 형성되어 나왔고, 철기시대로 들어와서는 오아시스를 디딤돌로 해서 교통로가 형성되어 나왔다는 입장을 취해볼 수 있는 것이다.

선사시대 유라시아대륙에서의 어떤 인류나 혹은 어떤 민족 집단의 이동은 다음과 같은 두 가지 측면에서 생각해볼 수 있다.우선 하나는 기본적으로 태양이 지는 서쪽에서 태양이 뜨는 방향으로 행해졌었다. 그러한 현상은 우선은 지구가 서쪽에서 동쪽으로 회전 이동함에 따라 지구상에서 일어나는 여러 차원의 자연 현상들과의 관련 속에서 행해진 것으로 파악해볼 수 있다. 다른 하나는 대륙이동설 내지 진화론적 차원에서 생각해볼 수 있다. 지질학자들은 지구가 그러한 회전이동을 해가는 과정에서 남극 쪽에 위치해 있던 아프리카 대륙이 유라시아 대륙 쪽으로 이동해 올라와 그 서남쪽과 충돌해 있는 상태라고 말하고 있다.

아프리카대륙이 남극의 한대지방에서 열대지방으로 이동해 올라오자, 대륙 내의 온도에 변화가 생기게 된 것은 두 말할 나위가 없다. 그러자 대륙내의 동물들로서는 자신들에게 적합한 기후를 찾아 집단이동을 하지 않을 수 없었다. 그 과정에서 동물들의 두뇌가 발달해서 원류(猿類)동물에서 원인류(猿人類)라고 하는 영장류가 출현하게 되었다. 이렇게 해서 아프리카대륙에서 출현한 영장류가 아프리카대륙과 연결된 유라시아대륙의 서남단을 통해 유라시아대륙으로 올라와 그곳에서 동쪽으로 퍼져나간 것으로 파악되고 있는 것이다. 그러한 인류 집단은 돌을 도구로 사용해 생존해가던 시대의 전반기, 즉 구석기시대에서는 어떤 한 곳에 정착해서 농경과 목축 등을 통해 생활해갔던 것이 아니라 이곳저곳을 이동해 다니면서 수렵과 채취 등을 통해 생활해갔다. 이 경우 그 인류 집단의 이동은 지구의 자전 운동, 초원, 산, 바다 등과 같은 자연환경, 기후의 변화 등과 같은 자연현상 등에 의해 그 속도와 방향 등이 결정되었다. 이 경우, 인류 집단이 수렵과 채취 등을 통해 이동생활을 행해 가는데 초원이나 사막 속의 오아시스 등은 적합한 환경이 아니었다 할 수 있다. 인류가 수렵과 채취 활동을 통해 이동생활을 하기에 최적의 자연환경은 해안(海岸)지대나 산악지대였음에 틀림없었다. 그러한 곳에는 물속에서 잡아먹을 수 있고, 나무 숲 속에서 따먹을 수 있는 먹거리들을 쉽게 발견될 수 있기 때문이다.

석기시대의 후반기로 들어와 인류는 어떠한 지역에 정착해 농경과 목축을 통해 생활해 가게 되었는데, 지금까지의 고고인류학자들은 그러한 지역을 강어귀나 해변 등으로 파악해왔다. 그러나 앞에서 논자는 그러한 지역들뿐만 아니라 고원지대(高原地帶)도 인류 집단이 정착해 농경과 목축을 행해가기에 적합한 지대라는 입장을 제시하는 바이다. 앞에서도 언급했듯이 고원지대는 가장자리가 산들로 이루어졌고, 그 중앙은 호수로 되어있으며, 그 호수와 산 사이에는 초원이 있다. 또 고원지대의 기후는 건조해 보리, 밀 등과 같은 곡식의 재배로 적합한 지역이다. 따라서 이 고원지대는 인류 집단이 수렵과 채취 등을 통해 이동생활을 해가기에 적합한 지대이기도 하고 정착생활이 가능한 지역이기도 했던 것이다. 이러한 생각을 기초로 해봤을 때 논자는 고대 후기 이후에 형성되어 나온 오아시스로는 고원지대와 고원지대를 연결하는 고원로를 기반으로 해서 형성되어 나왔다는 입장을 취하지 않을 수 없는 것이다.

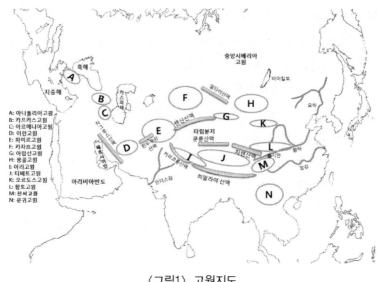

〈그림1〉 고원지도

위쪽에 제시된 <고원지도>가 말해주고 있듯이, 우리가 오아시스로를 주축으로 하는 실크로드가 고원과 고원을 연결하는 고원로를 기반으로 해서 형성되어 나왔다고 한다면, 우리는 우리에게 상정되는 고원로의 존재를 자료로 해서 우리에게 잊혀진 새로운 실크로드를 찾아낼 수가 있다는 입장이 취해진다. 이러한 입장을 취해 생각해 볼 때, 우리는 새로운 세 종류의 실크로드의 간선이 상정된다. 우선 하나는 파미르고원에서 아랍선고원과 오르도스고원을 통해 황토고원으로 이어지는 길이고, 또는 파미르고원으로부터 히말라야산맥의 서쪽 상단의 아리(阿里)고원, 티베트고원(청장고원), 천서(川西)고원을 경유해 운귀(云貴)고원에 이르는 길이다.

다른 하나는 유라시아 북방의 동쪽에 위치한 중앙시베리아고원에서 몽골고원, 오르도스고원, 황토고원, 천서고원을 경유해 운귀고원에 이르는 동아시아의 남북 고원로이다. 나머지 하나는 알타이산맥 서쪽의 카자흐고원에서 아래의 파미르고원을 경유해 이란고원에 이르는 중앙아시아의 남북 고원로이다. 우리는 지금까지 발굴된 여러 유물들을 근거로 해서 이들 세 종류의 고원로를

통해 구석기시대의 인류 집단과 민족이동이 있었다는 입장을 세우지 않을
수 없는 것이다.

3. 고원로와 삼성퇴(三星堆) 유물

우리가 이상과 같은 세 종류의 고원로가 존재했었음을 인정해본다면, 우리
는 그것을 기반으로 해서 새로운 시각에서 지금까지 미해결 상태로 남아 있는
역사적 유물들의 존립 배경을 파악해볼 수 있다.

1986년 사천성(四川省)의 성도(成都)근방의 광한시(广汉市)에서 삼성퇴유
적지가 발견되고 그곳으로부터 기원전 2000년경 것으로 추정되는 다량의 옥
석(玉石)과 청동기 유물들이 발굴되었다. 그런데 그 유적지는 고대 촉국(古代
蜀國)의 도성(都城)의 하나로서 그 유적지의 인근으로부터 1929년부터 1990년
대까지 70여 년간에 걸쳐 수많은 유물들이 인근으로부터 발굴되어 나왔다.
그 삼성퇴 유적지에서 발굴된 유물들 중에는 청동인상(靑銅人像)들을 비롯하
여 청동으로 만들어진 것들이 많은데 현재 고고학자들은 그 청동기문명의
기원에 대한 확실한 입장을 취하지 못하고 있다. 우선 그들은 그것의 기원이
황하지역과 연결되어 있는지, 장강(長江)유역에서 유래된 것인지, 서남실크로
드를 통해 인도로 연결되어 있는지, 아니면 그 이외의 어떤 지역의 어떤 문명
으로부터 유래된 것인지에 대한 확실한 입장을 취하고 있지 못하고 있는 것이
다. 그렇다면 삼성퇴로부터 출토된 유물들의 연구자들은 어째서 그 청동기문
명의 기원이 인접해있는 고대 인도문명이나 고대 황하문명과 연결되어있다는
입장을 취하지 못하는 것인가? 그것은 한마디로 말해 그 유물들이 그 인접
문명권과 관련되어있다는 그렇다할 어떠한 단서도 발견되지 않았기 때문인
것이다.

그렇다면 우리가 이 문제에 대한 하나의 입장을 갖기 위한 하나의 방법으로
앞에서 논자가 제시한 고원로, 보다 구체적으로 말해 고대 인도문명과 고대

메소포타미아 문명과 연결되어있는 파미르고원으로부터 아리고원, 청장고원, 천서고원을 경유해 사천(四川)의 성도(成都)에 이르는 실크로드의 존재를 상정해볼 수 있다. 파미르고원으로부터 아리고원, 청장고원, 천서고원을 경유해 사천의 성도에 이르는 동서 고원로의 존재에 대한 상정은 다음과 같은 고고학적 유적들과 역사적 사실들이 그 근거들로 될 수 있다.

이들 티베트 서쪽의 아리고원, 중앙의 청장고원, 동쪽의 천서고원 등은 티베트고원(西藏高原)을 형성하고 있는데, 이것에 대한 지질학적 연대는 대략 4000만 년으로 추정된다. 그것은 당시 인도대륙과 아시아대륙과의 맹렬한 충돌에 의해 생겨났던 것으로 추정되고 있다. 이 고원지역에 인류가 활동하기 시작된 것은 구석기시대 말기의 1만 년 전으로 고찰된다. 이 티베트의 남부, 북부, 동부, 모든 지역으로부터 구석기시대에서 구석기시대말기의 석기가 발견되고 있다. 신석기시대의 창두카뤄(昌都卡若)유적지, 라사취궁(拉萨曲贡)유적지, 등 50여 곳에서 발견되고 있는데, 이 신석기시대의 문화는 장북세석기(藏北细石器)문화로 특징지어진다. 이 신석기 문화를 일으킨 민족은 이 지역에서 출현한 장족(藏族)이었던 것으로 파악되고 있다[6].

장족은 일명 토번족(吐蕃族)이라고 한다. 이 토번족(吐蕃族)에서의 '토'(吐)는 장족어로 '고원'(高原)의 음역(音譯)이고, '번'(蕃)은 장족인이 자기 지방을 가리키는 말이다. 이렇게 봤을 때, 토번족이란 고원지방인이란 뜻이다. 신석기시대부터 최초로 티베트 고원을 통일시킨 토번왕조(633~864)의 성립까지는 장구한 시간의 역사가 있었다. 그동안 고원의 원주민들의 문명은 다음과 같은 역사적 단계들을 밟아 변천해 나왔다. 카뤄(卡若)문화(the Karub Culture)는 기원전 3000~2500년 전의 것이다. 그것은 서남과 서북지방과의 교류 흔적을 보여주고 카뤄인이 농경과 수렵을 하며 생존해 갔다는 것을 말해주고 있다[7].

라사(Lhrsa) 근처의 신석기시대의 유적 취궁유적(the Qugong Ruins)은 야룽(雅砻, Yarlung)족이 그들의 근거지를 나사로 옮기기 이전인 기원전 2000년경으로 고찰된다. 현재 고고학자들은 티베트고원지역으로부터 발견된 최고(最古)의 무덤은 기원전 2000년경의 것이라고 말하고 있다[8].

티베트 인들은 고지대에서의 유목과 숲이 있는 저지대 계곡에서의 농경이라고 하는 형태를 취해 생활해 왔다. 티베트의 문명은 티베트 서북지방의 아리(阿里)고원 위쪽에 위치한 장중(象雄, Zhangzhung)과 티베트 남동에 위치한 야룽강 계곡(the Yarlung River Valley)을 중심으로 해서 성립되어 나온 것으로 고찰되고 있다. 티베트인의 토착종교인 번교(蕃敎)는 전자를 중심으로 해서 형성되어 나와 티베트고원의 전 지역으로 퍼져나갔고, 그 과정에서 티베트인의 언어와 민족이 통일되어 나왔다.

장중지역은 티베트 지역에서 가장 먼저 문명이 성립되어 나온 것으로 그 본거지는 히말라야산맥 서단 북부의 아리고원(阿里高原)으로 알려져 있다. 장중지역에 장중왕국이 세워진 것은 기원전 4세기 전후였고, 그 무렵에 티베트 중부지역에는 쑤피 여국(苏毗女国)이, 그 동부에는 야룽 방국(雅砻邦国) 등이 성립되었다.

학계에서는 장중왕국이 토착문화를 배경으로 해서 성립된 것이 아니고, 유목민족에 의해 세워졌고 또 서쪽으로부터 유입된 문화를 배경으로 해서 성립되었다는 학설이 제기되었다. 장중 왕족은 독특한 문자를 갖고 있었고, 장기간 쑤피 여국(苏毗女国)으로 통치해 간다. 그러나 7세기에 와서 티베트고원에서 출현한 토번왕국에 의해 8세기경에 정복되었다. 학계에서는 토착문화를 배경으로 해서 성립된 것이 아니고, 또 서쪽으로부터 유입된 문화를 배경으로 해서 성립되었다는 그 학설이 제기되었다.[9] 티베트 중부의 쑤피 여국(苏毗女国)은 옛 강(羌)계 민족의 일파로 모권(母權)국가였던 것으로 알려져 있다. 동부의 야룽 방국(雅砻邦国)은 야룽강 계곡(雅砻河谷)을 배경으로 해서 "천신의 아들" 네츠짠푸(聂墀赞普 Nyatri Tsampo)에 의해 건국된 것으로 알려져 있다. 633년 쑹짠간부(松赞干布)는 야룽 방국(雅砻邦国)을 기초로 해서 티베트고원의 전체를 통일시키고 토번왕조(吐蕃王朝)를 세웠던 것이다.

이와 같이 티베트의 서북단 파미르고원으로부터 아리고원, 티베트고원, 천서고원이 이르는 고원로(高原路)가 통과하는 지역은 구석기시대 이래 인류가 생존해 있었던 것이다. 그렇다면 삼성퇴에서 출토된 청동기 유물들의 제작자들이 이 고원로를 따라서 서역으로부터 티베트 지역에 들어왔다고 말할 수 있을 것인가?

현재 삼성퇴문화는 기원전 2800년경에 성립되어 나와 사천분지(四川盆地)에서 촉(蜀)이 성립되어 나온 기원전 850년경까지 번성했던 것으로 파악되고 있다. 이렇게 봤을 때 삼성퇴문화는 고촉국(古蜀国)문화로 볼 수 있다. 기원전 3000년을 전후해 사천분지는 양대의 민족이 잡거하고 있었다. 하나는 동남부의 묘(苗)족과 다른 하나는 서북부의 강(羌)족이었다. 강족의 전설에 의하면, 그들의 선조는 서북의 고원 출신으로 되어있다. 그들은 서로 투쟁해가다가 어느 시점에 이르러, 찬충(蚕丛)이라 부르는 강인의 수령을 왕으로 받들어 가게 되었다. 강인은 그 때부터 대량의 청동종목면(青銅纵目面)을 주조(鑄造)해 갔던 것이다.(『华阳国志蜀志』) 그런데 대표적 삼성퇴 유물은 기원전 2000년경의 것으로 고찰되는 청동기들이고, 또 그 청동기 유물의 특징은 청동인상(青銅人像)이며, 그 청동인상의 가장 두드러진 특징은 종목면(纵目面)이라고 하는 것이다.

현재 중국 서남지역에 거주하는 소수민족들 중에는 이족(彝族)이 있는데, 이 이족은 한때 서남지역에서 최고의 문명을 가지고 있었던 것으로 고찰되고 있다. 그런데 바로 이 이족의 선조가 티베트의 서북쪽으로 유입해 들어와 강들을 타고 서남지역으로 내려왔던 강족이었다고 하는 것이다[10].

이문전적(彝文典籍), 예컨대 『창세사시(創世史詩)』, 『독모의 전설(篤慕的傳说)』, 『매갈(梅葛)』 등에 의하면 이족의 선조에 해당하는 족속들 중에 종목인(纵目人)들이 있었다는 기록들이 보인다고 한다. 운남지역의 소수민족 중에는 티베트어계의 일파인 이어(彝语)로부터 분파해 나온 언어를 사용하는 나씨족(納西族)이 있다. 이 분야의 연구자들은 나씨족도 고대 강인(羌人)의 후예로 파악하고 있다. 이 나씨족 연구자들은 그 나씨족이 일으킨 문화를 동파문화(東巴文化)라 말하고 있는데 그 문화는 갑골문자 보다 한층 더 원시단계의 상형문자로 파악되는 동파 문자를 기초로 해서 성립되어 나온 것으로 고찰된다. 그런데 동파문화연구의 대가인 거아간(戈阿干)은 그의 저서『실크로드문명과 동파문화』에서 동파문자와 이집트의 상형문자의 영향 관계를 언급하고 있다.[11] 또 그는 동서에서 사천성(四川省) 광한시의 삼서퇴 유적지로부터 출토된 유물들의 특징을 남아시아, 서아시아, 중앙아시아, 고대 이집트의 유물들의 특징과 관련시켜 논하면서, 사천(四川)에서 운남(云南), 버마, 인도를 경유해서 아시아를 나가는 서남실크로의 존재를 제시하고 있다.[12]

그러나 이 분야의 역사학자 양푸취엔(杨福泉)은 그의 저서『나씨족과 장족 역사관계 연구(纳西族与藏族历史关系研究)』(民族出版社, 2005)에서 나씨족의 선조가 거주하는 지역에 장족(藏族)의 조상으로 알려진 북방의 강인(羌人)이 일으킨 석관장(石棺葬)문화가 분포되어 있다 것을 근거로 해서 나씨족과 장족과의 관계가 긴밀했었다는 입장을 제시하고 있다.

이렇게 봤을 때, 우리는 서남실크로드만으로 섬성퇴 유적지로부터 출토된 유물들이 어떤 인간집단들에 의해 제작 만들어 되었는지에 대해 확실한 입장을 취할 수 있다. 현재 우리는 중국 측 학자들의 연구 성과를 근거로 해서 삼성퇴 유물과 서남실크로드와의 관계를 고찰해 봤을 때 티베트 고원지역의 장족이 중국의 서남지역인 사천(四川)과 운남(云南)지역으로 이주해가서 그곳에서 서남실크로드를 통해 고대 이집트, 서아시아, 인도문명을 받아들여 삼성퇴 유물을 만들어 냈다는 입장을 취해 볼 수 있다.

그러나 논자가 여기에서 삼성퇴 유물과 관련해 제시하고자 하는 것은 그러한 입장이 아니다. 우리가 여기에서 파미르고원으로부터 티베트지역의 여러 고원 들을 경유해 중국의 사천(四川)지역과 천서(川西)와 운남(云南)지역의 운귀(云貴)고원에 이르는 고원로, 몽골고원에서 황토고원, 천서고원을 경유해 운귀고원에 이르는 티베트 동부의 남북실크로드, 카자흐고원으로부터 파미르고원을 경유해 인도에 이르는 고원로들 등의 존재를 인정한다면, 문제는 더 간단히 풀어질 수 있다는 것이다. 우리는 티베트지역의 장족의 선조였던 강인의 후예들이 상기의 고원로들을 통해 서아시아, 인도, 중앙아시아 지역 등의 문명들을 받아들여 삼성퇴 유물들과 같은 것들을 산출해 낼수 있었다는 입장을 취할 수 있다.

성도(成都)의 삼성퇴 유적지는 현재 장강(長江)문화의 발원지로 파악되고 있는데, 그 삼성퇴 유적지를 중심으로 해서 번성한 문화가 최고조에 달했던 것은 상대(商代, 1766~1122, BC)와 서주대(西周代, 1122~770, BC)였다. 그런데 앞에서도 언급한 바와 같이, 당시 사천(四川)의 성도(成都)지역은 고촉국(古蜀國)이 지배했던 것으로 되어 있다. 고촉국이란 기원전 4세기 말까지 지금의 사천(四川)지역인 촉(蜀)에 파(巴)와 공존해 있다가 진(秦)에 의해 멸망한 나라를 가리킨다. 촉국(蜀国)이란 삼국시대의 한 국가로서 한나라시대의 한제국을 계승해 보려는 의도 하에서 명명된 한(漢, 221~263)을 가리킨다. 사실상 유방(劉邦)에 의해 206년 한 제국이 성립되었는데, 그것의 기초가 확립될 수 있었던 것은 진의 전국 통일과정에서 멸망했던 사천(四川)지역의 고촉국과 파국(巴國)이 중국화의 길을 걷기 시작함으로써였다 할 수 있다.

촉(蜀)의 이름이 역사 서적에 처음으로 나타나는 것은 『상서(尚書)』의 「목서(牧誓)」편이다. 그 나라는 중원지역과는 다른 문화를 지녔는데, 주(周)의 무(武)왕의 요구에 따라 은(殷)을 공격했던 이민족(異民族)이었다. 그러나 그 후 춘추시대를 통해서 중원지역과는 거의 관계를 갖지 않았던 것으로 알려져 있다. 그런데 파촉지역에는 구석기시대부터 토착민들이 생존해 와서 상·주대에 와서는 토착민들에 의해 파(巴)나 촉(蜀) 등과 같은 나라들이 세워지게 되었던 것으로 고찰되고 있다. 전국시대(403~221, BC)의 말기에 와서는 중원지방과의 교류가 행해짐에 따라 비로소 그 지역에서 파촉씨라는 성(姓)들이 생겨나게 되었던 것이다.

그렇다면 파촉국을 세운 파와 촉씨는 어떤 족들인가? 파촉씨는 현재 우리에게 서역 오랑캐로 알려진 저강(氐羌)의 후예들이며, 또 그들은 찬충씨(蚕丛氏)를 왕으로 받들던 민족으로 고찰되고 있다. 우리는 여기에서 찬충씨를 이족(彝族)으로 볼 수 있다는 입장이 취해진다. 중국 서남지역에는 파촉씨 이외에 이족과 나씨족(納西族)이 살고 있다. 사천(四川)지역을 중심으로 해서 살고 있는 이족은 자기의 언어와 문자를 지니고 있고, 중국서부로부터 출현한 고대

저강씨와 깊게 관련되어 있는 것으로 고찰된다. 그들은 서북의 고대 강인(羌人)이 서남으로 남하해 서남의 토착인과 융합해 형성된 민족으로 알려져 있다. 그들은 자연과 조상신을 자신들의 신앙적 대상으로 삼아가고 있다. 또 현재 운남성(云南省)의 려강시(麗江市)에서 주거하는 나씨족도 서북 하황(河湟)지역으로부터 남진한 강인(羌人)이 토착민과 융합해 형성된 민족으로 고찰되고 있다. 그들은 자연숭배를 중핵으로 해서 형성된 동파교(东巴敎)를 신봉하며, 동파상형문자를 가지고 있다.

이상과 같이 고찰해 봤을 때 성도(成都)지역의 삼성퇴 유물을 제작했던 고촉인(古蜀人)은 티베트의 서북지역으로부터 남하한 강족의 후예들이었고, 또 고촉인과 동일한 선조로부터 출현한 이족과 나씨족 등의 선조였다는 입장이 취해진다. 그런데 이 강족은 중원지역의 농경민족에 대한 서융목양인(西戎牧羊人)의 유목민족을 지칭하는 말이다. 강족은 곤륜(昆侖)산맥 동쪽, 서안(西安)지역 남쪽에 위치한 기련(祁連)산맥의 남쪽, 바옌카라(巴顏喀拉)산맥의 북동쪽의 사이에 위치해 있는 청해(靑海)지역을 중심으로 생존해온 장족(티베트족)계 유목민으로 알려져 있다.

그렇다면 이 장족계 유목민은 파미르고원 동북쪽에 있는 천산(天山)산맥을 타고 동쪽으로 이동해 타클라마칸 사막의 북변을 통해 청해지역으로 내려온 것인가? 아니면 파미르고원 남동쪽의 카라코룸 산맥을 타고 티베트고원으로 들어와 청해(靑海)지역으로 들어가 그곳에 정착하게 된 것인가? 이 질문은 장족계의 유목민이 중앙아시아의 오아시스로 또는 그 구도(舊道)를 타고 동아시아의 청해(靑海)지방에 들어 왔는가, 아니면 티베트의 고원로를 타고 그 지역에 들어가 정착하게 된 것인가의 질문과 동일한 문제이다. 논자는 위에서 언급한 것들에 의거해 고대 후기 말 오아시스로가 형성되어 나오기 이전에는 서아시아 지역으로부터 청동기문화를 취한 서아시아의 유목민이 티베트의 고원로를 통해 청해(靑海)지방에 들어왔다는 입장을 취한다. 그러나 고대 말 이후 오아시스로가 형성되어 나오면서 티베트지역의 동서 고원로가 사라져버리게 되었다는 입장도 취해진다. 그러나 문제는 그것으로 끝나지 않았다고 말할 수 있다. 타클라마칸 사막의 북쪽으로 오아시스로가 성립됨에 따라 그것을 통해 서의 문화가 동아시아로 전파되어 그것이 그 전에 형성되어 있던 동아시아의 남북 고원로를 통해 서남의 사천(四川)지역으로 남하하게 되었다고 하는 것이다. 그렇다면 강족은 어느 시점에서 서아시아에서 중앙아시아의 파미르고원과 티베트고원을 경유해 중원지역까지 진출했던 것인가?

중국의 한(漢)민족국가의 성립과 관련된 신화는 삼황오제(三皇五帝)를 주축으로 하고 있다. 이 경우 삼황은『상서(尙書)』의「대전(大傳)」에 의하면 수인씨(燧人氏)・복희씨(伏羲氏)・신농씨(神農氏)로 되어 있고,『사기(史記)』의「오제본기(五帝本紀)」에 의하면 황제(黃帝)・전욱(顓頊)・제곡(帝嚳)・요(堯)・순(舜)으로 되어 있다. 수인씨는 불 만드는 기술을, 복희씨는 사냥기술을, 신농씨는 농경술을 각각 창안한 자들로 되어 있다. 오제(五帝) 중에서 최초의 인물 황제(黃帝)는 무력으로 중국을 최초로 통일 시키고 문자, 역법, 궁실, 의상, 화폐, 수레 등의 물문제도를 창안해낸 최초의 군주로 받아들여지고 있다.[13] 그렇다면 '황제(黃帝)'란 말은 어디로부터 유래된 것인가? 우선 그것은 '황천상제(皇天上帝)'의 줄인 말 '황제(皇帝)' 또는 '천제(天帝)'를 기초로 해서 성립된 말이다. 오행(五行)사상에 의하면 중국은 곤륜(昆侖)산을 중심으로 해서 동・서・남・북을 각각 청제(靑帝)・백제(白帝)・적제(赤帝)・흑제(黑帝)가 다스리고 중앙을 황제(黃帝)가 다스렸다는 것이다.

이렇게 볼 때 우리는 이러한 사상이 일반화되어 나오는 과정에서 황제(皇帝) 또는 천제(天帝)가 황제(黃帝)로 전환되어 나왔다는 입장이 취해진다. 그런데 곤륜산 근방의 지역을 다스리던 황제(黃帝)는 기원전 2700년경 이전에 동쪽으로 진출하여 황하중상류 지역에 정착해 기원전 2700년경에는 당시 황하 중하류지에 정착해 있던 신농씨 염제를 물리치고, 구려족(九黎族)의 우두머리였던 치우(蚩尤)와 싸워 이긴 뒤 신농씨 염제를 대신해 연맹의 우두머리가 되었다는 내용이 사기(史記)의「오제본기(五帝本紀)」에 기록되어 있다. 중원지역에서의 염제(炎帝)는 강성부락(羌姓部落)의 수령이었고, 황제(黃帝)는 희성부락(姬姓部落)의 수령이었다. 그러나 염제와 황제와의 전쟁 이후 황제가 중원지역의 주도권을 장악해 가기는 했지만, 그 전쟁을 계기로, 염제로부터 '화(華)' 자가 취해지고 황제로부터 '하(夏)' 자가 취해져 염황합족(炎黃合族) 정책에 근거해 화하족(華夏族)이라는 개념이 성립되어 나왔던 것이다.

1940년대 초에 중국의 저명한 인문사학자 런나이창(任乃强) 교수는 화하(華夏)고인류는 티베트고원을 기원으로 하고 있다고 말하고 있고, 또 그도 중국인의 선조가 서방의 오랑케 족을 가리키는 저강족(氐羌族)이라는 입장을 제시했다. 이 경우 강 '羌'과 '姜'은 같은 뿌리에서 나왔다고 볼 수 있는데, 그 차이가 있다면 '羌'은 부계 중심사회 출신의 강을 가리키고, '姜'은 모계 중심사회 출신의 강을 가리킨다고 말할 수 있다. 그런데 황제(黃帝)는 모계중심사회를 부계중심사회로 전환시킨 인물로 알려져 있고, 또 그는 쿠룬산맥 일대의 티베트고원 지역을 치정해가다가 그곳에서 황하 상중류로 진출해나갔던 자로 이야기되고 있다. 이러한 점을 고려해 볼 때, 우리는 삼성퇴의 유물 제작의 주역이 인도로부터 서남실크로드를 타고 운남(云南)을 경유해 사천분지로 들어온 민족이 아니라 중앙아시아의 파미르고원에서 티베트고원 길을 타고 사천분지로 들어온 유목민의 후예들이었다고 말할 수 있는 것이다.

그렇다면 고원로는 신석기문화·청동기 문화와는 어떻게 관련되어 있는가? 신석기문화는 어떤 일정한 지역에서의 농경과 목축을 주축으로 해서 형성되어 나왔고, 청동기 문화란 신석기 문화를 기초를 해서 성립되어 나왔다. 앞에서 언급한 바와 같이 이동생활을 해가던 인류가 한곳에 정착해 농경과 목축을 행하게 되는 지역은 강 유역 뿐만은 아니었다. 강 유역의 경우처럼 식물재배에 적합한 물이 저수되어 있는 호수가 있고 가축방목에 필요한 초원이 있는 고원 지역도 인류가 정착해 살기에 적합했던 지역이었던 것이다. 현재 학자들은 청동기의 기원을 '동과 주석연료가 풍부한 아르메니아와 코카서스 및 이란고원을 연결하는 산악지대'로 파악하고 있다.[14] 그 지역은 청동기문명이 제일 빠른 지역으로 파악되는 메소포타미아 지역과 연결되어 있다.

현재 메소포타미아 지역에서의 청동기 야금술의 발명은 기원전 4000~3500 년경에 이루어 졌다. 그것이 고대 이집트 지역으로는 기원전 3500년경에, 고대

인도 쪽으로는 기원전 3250~2750경에 각각 전파되어 나갔다. 또 그것은 메소
포타미아의 서북쪽 소아시아지역 동북쪽의 알타이지역(아파나세보 문화), 동
남쪽 이란과 중앙아시아 지역으로는 기원전 3000년경에 각각 전파되어 나갔
던 것으로 파악된다. 특히 중국 동북지방과 중원지역으로는 청동기 문화의
전파는 아르메니아고원(기원전 4000년경)을 기점으로 해서, 중앙아시아의 파
미르고원(기원전 3000년경), 카자흐고원(기원전 2500년경), 아랍선(阿拉善)고
원(기원전 2300년경), 오르도스고원(기원전 2100~1400년경), 황토고원(기원
전 2000년경)등을 통해 전파되어 나왔던 것으로 고찰된다. 그러나 장강문명의
발원지로 고찰되는 청두의 삼성퇴 청동기 문화의 경우는 중앙아시아의 파미르
고원(기원전 3000년경)으로부터 시작해 티베트고원(기원전 2500년경), 천서
고원(기원전 2000년경)을 통해 기원전 2000년경에 청두에 전파되어 나온 것으
로 추정되고 있다. 서남 실크로드를 타고 버마 쪽으로부터 중국의 서남지역으
로 들어오는 입구에 위치한 윈난지역의 경우 그 지역에서 가장 오래된 청동기
유적지로 알려진 젠촨 하이먼커우(劍川海门口)는 기원전 1000년경으로 알려
져 있다. 이러한 점들을 고려해 봤을 때, 성도(成都)지역의 청동기 문화는 북방
의 오르도스고원으로부터 동아시아의 고원로를 타고 황토고원 · 천서고원을
경유해 성도분지로 전파되어 내려왔다든가, 혹은 운남(云南)지역으로부터 서
남실크로를 타고 성도(成都)지역으로 전파되어 올라갔던 것이 아니고, 티베트
고원으로부터 고원로를 타고 천서고원을 경유해 성도분지로 전파되어 들어갔
다고 말할 수 있는 것이다.

4. 고원로와 고대중국의 문화와 민족의 형성

우리가 실크로드의 한 간선으로서의 고원로의 존재를 인정할 경우는 우리
는 유라시아 대륙에서의 동서문화의 교류, 중국대륙에서의 한민족의 형성 등
과 같은 문제들에 대해 지금까지 보다는 한층 더 명확한 입장을 취할 수 있다.

그러면 우선 고원로의 존재 인정의 입장을 취해 지금까지 미해결 상태로 남아 있는 중국 채도문화의 서방전래설의 문제부터 검토해 보겠다.

이렇게 우리가 여기에서 중앙아시아의 파미르 고원에서 티베트고원을 경유해 사천(四川)의 성도(成都)에 이르는 동서 고원로와 몽골고원에서 운남(云南)의 운귀고원에 이르는 동아시아 남북고원로의 존재를 인정할 경우 채도문화의 서방전래설의 문제는 다음과 같이 정리될 수 있다. 채도문화의 연구자들은 예컨대 북이라크의 자모르문화로부터 발굴된 것이 기원전 7000년까지 거슬러 올라가고, 이라크의 우바이드 채도의 제작연대가 기원전 4250경까지 거슬러 올라감에 따라[15] 채도문화의 기원을 서남아시아로 보고 있고, 그 채도문화의 연대를 기원전의 7000~2500년으로 보고 있다. 그들은 그 채도문화가 중아아시아를 통해 중국의 중원지방에 전래된 것으로 생각해왔고, 중국의 채도연대를 기원전의 3500~500년까지로 보고 있다. 또 그들은 채문토기가 1921년 스웨덴의 고고학자 앤더슨(J.G Andersen)에 의해 하남성(河南省)의 앙소촌(仰韶村)에서 발견된 신석기시대의 유물들의 유적지로부터 최초로 발견됨에 따라 앙소(仰韶)지역의 문화를 채도문화라고도 말하고 있다. 그런데 근래에 중국의 서방문화로 간주되어 왔던 감숙성(甘肅省)유적지들로부터 채문토기들이 발굴되었는데, 그 발굴된 채도들의 제작연대가 중원지역에서 출토된 것들 보다 대체로 빠른 것으로 판명되었다. 그래서 중국의 채도문화 연구자들은 채도문화의 서방전래설을 부정하고 채도문화가 중국에서 서아시아로 전파되어 나갔을 가능성을 제기하게 되었던 것이다.[16] 이 채도의 전파설에 관련해 정수일은 "우선 편년상에서 중국의 채도문화는 서아시아의 채도문화보다 약 2000~3000년 후 나타난 것으로 보아 그것이 서아시아에서 중국으로 전파되었다"는 입장을 취하고 있고, 또 그는 "채도는 서아시아로부터 타림분지에 파급된 후 오아시스를 따라 감숙(甘肅) · 하남(河南)지대에 전해졌다는 것이 일본의 마스다 세이이치(增田精一)를 비롯한 '중국 채도 서아시아 전래설' 주장자들의 주장이라는 견해"라는 입장을 제시하고 있다.[17] 이러한 입장들에 대해서 논자는 중국의 중원지역에서 발굴된 채도가 간쑤성을 통해서 유입된 것이 아니고 동서의 티베트

의 고원로를 통해서 일찌감치 중국으로 들어와 중원지역으로 전파되어 나왔다
는 입장을 취한다고 한다면 이 문제가 간단히 풀릴 수 있다고 하는 것이다.

다음으로 서남실크로의 존재에 관한 문제를 검토해보겠다. 1990년대로 들
어와 성도(成都)의 삼성퇴 유물들의 제작자 규명 작업의 일환으로 중국의 실크
로드 연구자들은 사천성(四川省)의 성도(成都)로부터 운남(云南)·버마를 경
유해 인도에 이르는 서남실크로드의 존재를 제기하고 나섰다. 그들에 의해
확인될 수 있는 서남실크로드의 개통은 기원전 4세기 말이다. 진이 지금의
사천(四川)지방에 강족계(羌族係)의 일파에 의해 건립되어 있었던 고촉국을
무너트리자 그 고촉국의 잔여세력들이 사천(四川)지역의 동남지역인 운남(云
南)의 동북부에 위치하는 보다오(僰道)지방으로 도망쳐 남하해 갔다. 그들의
그러한 집단적 이주과정에서 사천(四川)의 성도(成都)로부터 운남(云南)의 곤
명(昆明)까지의 서남실크로드의 개통이 이루어지게 되었고, 또 그들에 의해
현재의 운남(云南)동북부 내지 월남의 북부지역 보다 구체적으로 말하자면
곤명(昆明)지역에 문랑국(文郎國)이 세워졌다. 우리는 그 문랑국(文郎國)을 건
립한 인간들을 북족(僰族: '僰'은 '백(白)'과 음이 동일. '僰'은 이족(夷族) 중에
서 '文明', '進步' 등을 뜻하는 '仁'을 가장 숭상하는 족속이라 하여 취해진
것이라 한다.)이라 부르고 또 그들이 사천(四川)으로부터 남하하여 월남의 북
부에서 취집(聚集)하게 된 지역 내지 그곳에 이르는 길을 보다오(僰道)라고
부르고 있는데, 그 길의 폭이 오척(五尺)이라 해서 그 길을 오척도(五尺道)라고
도 부르고 있다. 기원전 2세기에 와서 한무제가 서북실크로드를 개통시킨 장
건을 파견해 그로 하여금 성도(成都)로부터 버마를 경유해 인도에 이르는 서남
실크로드를 개통시켜 보도록 명했으나 결국은 뜻을 이루지 못했다. 그러나
중국·동남아시아·인도를 연결시키는 그 길은 이미 무명의 그 각 지역들의
상인들에 의해 상도(商道)로 개통되어 있었고, 한무제 이후 한 제국의 황제들
과 삼국시대의 촉한국(蜀漢國)이 줄곧 그 길의 정비를 위해 노력했던 것이다.

그들 중의 한 사람 거아간(戈阿干, 창아건)은 삼성퇴 유물들이 인도 등의
남아시아, 이집트·아나톨리아·메소포타미아 등과 같은 서아시아지역과의

문화적 교류의 결과로 형성되어 나왔다는 입장을 취하고 있는데, 그의 그러한 주장은 그러한 문화적 교류가 어떤 형태로든지 간에 유사 이래 존재해 왔었다고 추정되는 서남실크로드를 통해 이루어졌다는 입장에 의거한 것이다. 이 경우 그는 그 사천지역의 삼성퇴 유물들의 모양들과 그것들 속에 새겨진 문양들, 혹은 사천(四川)지역의 아래쪽에 위치해 있는 운남(云南)지역의 고대무덤 등에서 발굴된 유물들의 그러한 것들이 남아시아나 혹은 서아시아의 그것들과 유사하다는 점들을 근거로 해서 그것들과의 영향 관계를 주장하고 있는 것이다.

그런데 이러한 입장들과 관련해서 논자가 주장하고자 하는 것은 남아시아나 서아시아 등과의 문화적 교류를 통해 삼성퇴 유물 등이 형성되어 나왔다는 것은 인정하지만, 사천(四川)이나 운남(云南)지역에서 발굴된 유물들이 성도(成都)에서 운남(云南) · 버마를 통해 인도에 이르는 서남실크로드를 통해서만 서역으로부터 영향을 받았다는 그들의 그러한 입장은 받아들이기 힘들다. 물론 그들이 말하는 그러한 서남실크로드를 통해서 그것들이 서역의 것들로부터의 영향을 통해 이루어졌다는 입장을 부정할 수는 없다. 그렇지만 그것들이 그 길만을 통해 서역으로부터 영향을 받았다고는 것은 논자로서는 좀처럼 받아들이기 힘들다고 하는 것이다. 논자는 그 서남실크로드 보다는 오히려 논자가 앞에서 제시한 중앙아시아의 파미르고원과 티베트고원 지역을 연결하는 고원로를 통해 서남지역에 유입된 서역문화로부터의 영향 하에서 이루어진 것이라고 하는 것이다.

거아간(戈阿干)은 서남실크로드의 존재와 관련해서 중국내에서의 서남실크로드가 사천(四川)의 성도(成都)에서 남쪽으로는 운남(云南)의 곤명(昆明)에 이르고, 또 서쪽으로는 나사에 이르며, 북쪽으로는 서안에 이르는 길, 즉 진정한 의미의 차마고도(茶馬古道)라고도 할 수 있는 길이라고 말하고 있다. 그런데 논자가 앞에서 제시한 동서의 고원로는 두 개가 있다. 하나는 중앙아시아의 파미르고원으로부터 동쪽의 카라콜룸산맥을 통해 티베트고원으로 들어가 그 북쪽의 쿨룬산맥을 통해 청해성(青海省) · 감숙성(甘肅省)을 경유해서 동아시아의 남북 고원로에 이르는 동서 북로가 있고, 그 남쪽의 히말라야산맥을 통해 나사를 경유해 성도(成都)에 이르는 동서 남로가 있다. 이렇게 봤을 때 성도(成都)에서 나사에 이르는 차마고도는 남북고원로의 남로의 일부에 해당되고, 운남(云南)에서 성도(成都)를 통해 서안에 이르는 차마고도는 운남(云南)에서 몽골지역에 이르는 동아시아의 남북고원로의 일부에 해당된다고 볼 수 있다. 또 여기에서 논자는 성도(成都)에서 나사를 통해 히말라야산맥을 가로질러 네팔로 들어가 인도에 이르는 길이 있다는 것도 말해두고 싶다. 중국의 서남실크로드 연구자들은 이 길을 서남실크로드에는 포함시키고 있지 않고 있다.

한무제는 건원년간(建元年間, 140~135, BC)에 흉노 토벌 건으로 장건을 중앙아시아의 대월지국(大月氏國)에 파견한다. 장건은 그 나라를 비롯하여 그 인접국인 대하국(大夏國) 등을 방문하게 되었는데, 그는 대하국에서 사천(四川)지역의 대나무지팡이와 옷감 등이 시장에서 팔리는 것을 발견하게 된다. 그래서 그는 그 장사꾼에게 그것들을 어디에서 구했느냐고 물었더니, 자기 마을 사람들이 인도에 가서 사가지고 왔다는 이야기를 듣는다. 그는 그 말을 듣고 대하국의 동남쪽에 위치해 있는 인도가 중국 서남의 사천(四川)지역과 멀리 떨어져 있는 곳이 아니라는 것을 알게 된다. 그는 한나라로 돌아와 무제에게 이렇게 말한다. "지금 우리가 대하로 사신을 보낸다면 그는 강족의 영토를 지나가야 하는데 강족이 싫어할 것이고 또 지세도 험합니다. 그렇다고 해서 조금 북쪽으로 가면 흉노에게 잡히게 될 것입니다 그러나 서남지역의 촉에서 가게 되면 길도 가깝고 도둑도 없을 것입니다."[18] 무제는 대하국이 한나라와 산업이 비슷하고 진귀한 물건들이 많다는 것을 알고 장건으로 하여금 중국의 서남지방의 촉으로 내려가 대하로 가는 길을 찾도록 했다. 그래서 그는 촉지방에 내려가 인도로 가는 길을 개척하려 했으나 한나라와 문화교류가 없는 각국들에 막혀 결국 인도로 가는 길을 개척해내지 못했다. 그 결과 한무제 때 서남실크로드가 존재하였더라도 사실상 문화교류의 통로로서는 그렇다할 역할을 다하지 못했다고 말할 수 있다. 당시 중국의 서남지역과 인도와의 문화교류가 행해졌다고 한다면, 아마도 그것은 동서 고원로의 남로의 한 지류라 할 수 있는 길, 즉 성도(成都)로부터 라사를 경유해 히말라야산맥을 가로질러 네팔을 거쳐 인도로 들어가는 길을 통해 행해졌을 가능성이 컸을 것으로 판단된다.

끝으로 서남지역의 소수민족의 기원의 문제를 검토해보기로 한다. 사천(四川)·운남(云南)을 중심으로 한 서남지역에 장족(藏族), 이족(彝族), 나씨족(納西族), 바이족(白族) 등과 같은 적지 않은 소수민족들이 살고 있다. 우리는 이들의 소수민족들의 민족적 기원을 규명해내는데 있어서 다음과 같은 입장들을 제시할 수 있다. 우선 하나는 이들의 소수민족들이 한족에 동화되지 않고 끝까지 자신들의 정체성을 지켜나가고 있는 이유는 무엇인가의 문제이다. 다른 하나는 어째서 그 소수민족들의 거주지가 서남지역에 군집되어 있는 것인가의 문제이다. 논자는 이 두 문제에 대한 입장 제시를 통해 그들의 민족적 기원의 문제를 규명해보고자 한다.

서남지역의 소수민족들은 설혹 자신들의 언어문화나 복장문화 등이 서로 다르다 하더라도 같은 형제민족으로 생각하고 있다. 그 주된 이유는 그들의 선조들이 같은 고강족(古羌族)이었다는 것이고, 그들의 언어가 구문론적 측면에서 서로 동일하다고 하는 것이다. 즉, 한족의 언어가 SVO의 형태를 취하고 있는데 반해 그들의 언어는 SOV의 형태를 취하고 있다고 하는 것이다. 그들이 한족에 동화되지 않고 끝까지 자신들의 정체성을 취해가는 이유는 우선 그들의 언어구조가 한족과 다르고 또 자신들의 문화 수준이 한족 보다 더 높다는 생각을 해왔었고, 또 자신들의 선조가 중국에서 가장 오래된 민족이었다고 생각해왔었기 때문이었다. 그들의 거주지는 우선 티베트 고원의 남부를 가로지르는 고원 남로와 그 고원의 북부를 가로지르는 고원 북로가 만나는 지점이다. 그 뿐만이 아니다. 그 지점은 동서의 고원로와 남북의 고원로의 교차 지점이기도 하다. 그 지점은 서방으로부터 동방으로 이동해 온 민족들의 마지막 정착지이기도 하고, 또 북방족이 남북의 고원로를 타고 남하해 정착 할 수 있는 지역이기도 하다.

전국시대(戰國時代, 403~221, BC)에 진(秦)이 위치해 있던 곳은 티베트고원의 북로와 남로가 만나는 지역이었다. 진은 기원전 전국을 통일하게 되는데,

진이 전국을 통일할 수 있었던 것은 진이 위치해 있던 지역이 서역으로부터 새로운 문물이 들어오는 관문이었기 때문이었다고 말할 수 있다. (그런데 한무제 이후 장건이 고원북로에 위치한 돈황으로부터 하미, 투르판, 천산산맥 등을 통해 파미르고원에 이르는 길을 열게 됨으로써 파미르고원에서 출발해 티베트고원을 경유해 주원지역에 이르는 길은 거의 이용되지 않게 되고 말았던 것이다.) 그런데 논자가 여기에서 말하고자 하는 것은 진시황제가 전국을 통일시킨 후 북쪽으로부터의 흉노족의 침입을 막기 위해서 장성을 구축하자, 북방 지역에서 거주하고 있던 흉노족, 동이족, 강족 등이 당시 진의 국경을 이루었던 남북 고원로를 따라 남하해 서남지역에 정착하게 되었던 것이다.

중국대륙에서 동일한 언어와 동일한 종교를 주축으로 한 동일한 문화집단이 형성되어 나온 것은 기원전 7000년경부터 시작된 것으로 추정되는 신석기 시대 이후로 추정된다. 그 구체적인 근거가 기원전 5000~2500년경에 하남성(河南省)에 위치해 있는 앙소촌(仰韶村)의 채도문화 등을 주축으로 형성되었던 양사오문화이다. 이 신석기 문화를 일으킨 양사오인의 유골은 남중국인계통의 것들과 상당히 유사한 것으로 고찰되고 있다[9]. 이것은 장건 이후에 뚫린 중앙 실크로드를 통해서라든가 혹은 초원로를 통해 들어온 서방 인종들과의 관계를 통해 형성된 화북인의 그것과 상당히 다르다는 것을 의미하는 말이기도 하다. 그렇다면 만일 양사오인들의 선조가 어떠한 형태로든지 간에 서역과 연결되어 있었다고 한다면, 그것은 분명히 동서 고원로를 통해 이루어졌음을 방증해주는 것이기도 하다.

물론 신화 상의 것이기는 하지만, 중국에서 최초의 국가라 할 수 있는 하(夏)왕조가 설립된 것은 『상서(尙書)』 등의 기록에 의하면, 기원전 2050~1550년경으로 파악되고, 그 판도는 산서성(山西省)남부, 하남성(河南省)과 섬서성(陝西省)의 서변 일대, 즉 중원지방으로 추정되고 있다. 그런데 중국의 고대사에서의 하왕조 이전은 개국신화의 일종이라 할 수 있는 삼황오제(三皇五帝)의 신화 전설시대로 기술되어 있다. 앞에서 서술한 바와 같이 삼황 중의 수인씨(燧人氏)는 불 만드는 기술을, 복희씨(伏羲氏)는 사냥기술을, 신농씨(神農氏)는 농경술을 각각 창안한 자들로 되어 있다.

이 경우 불과 사냥 등의 기술적 창안은 구석기 시대에 행해진 것들이고, 농경술의 창안은 신석기시대로 들어와 행해진 것이다. 이러한 점을 감안해 봤을 때, 우리는 중국에서의 삼황시대는 구석기시대와 신석기시대의 초기에 해당되는 시대로 받아들여 질 수 있다. 보다 구체적으로 말하자면, 삼황 중의 수인씨와 복희씨의 시대는 구석기시대이고 신농씨의 시대는 청동기가 사용되기 이전의 신석기시대이다. 그런데 중국에서의 신석기시대를 대표하는 문화는 앙소 문화(仰韶文化, 5000~2500, BC)와 용산 문화(龍山文化, 2300~1800, BC)는 신농씨 시대에 형성되어 나온 문화로 파악된다. 그런데 앙소 문화는 황하의 상중류지역에서 출현했고, 용산 문화는 그것의 중하류지역에서 형성된 것이다. 이 두 종류의 신석기문화의 관계에 대해 여러 설들이 제시되고 있으나, 논자의 기본적 입장은 앙소 문화는 동서의 고원로를 통한 문화적 교류를 통해 룽산 문화의 경우는 동아시아의 남북고원로를 통한 문화적 교류를 통해 형성되어 나왔다는 하는 것이다.

앞에서도 언급했듯이, 오제(五帝) 중의 최초의 인물 황제(黃帝)는 무력으로 중국을 최초로 통일 시키고 문자, 역법 등의 물문제도를 창안해낸 최초의 군주로 알려져 있다. 이러한 점을 감안해 볼 때, 그는 중국에서 청동기가 최초로 사용되기 시작된 시점의 인물이었을 것으로 추정된다. 청동기문화가 중앙아시아의 파미르 고원에서 동서 고원로를 통해 티베트고원으로 전파된 것은 기원전 2500년경으로 되어 있고, 그것이 하왕조가 출현한 중원지역으로 전파되어 나갔던 것은 아마도 하왕조의 건립 시점(기원전 2050년경) 전후로 볼 수 있다. 이렇게 봤을 때, 오제의 첫 번째 황제(皇帝)인 황제(黃帝)가 곤룬산맥을 주축으로 한 티베트고원의 인근 지역을 다스려가다가 삼황의 마지막 제황(帝皇)인 신농씨 염제가 점유하고 있던 중원지역으로 나가서 신농씨 염제를 제압한 다음 그와 부족연맹의 형태를 취해 그들과 그들의 후계자들이 중원지역을 지배해가게 되는데, 우리에게서의 그 시기는 황제가 곤룬산맥지역에서 황하중상류지역으로 진출한 시점에서부터 하왕조의 설립시점이전으로 파악된다. 삼황오제(三皇五帝)시대란 삼황과 오제에 의해 정치가 행해지던 시대를 가리키는데, 이 경우 삼황에 의해 정치가 행해지던 기간이 수천 년간이었다는 점을 감안해본다면 '삼황오제시대'란 말은 '삼황'과 '오제시대를 중심으로 한 시대'를 가리키는 말로 해석될 수 있다. 하왕조의 건립은 황제(黃帝) 이후의 네 황제들, 전욱(顓頊)·제곡(帝嚳) 등을 비롯한 요(堯)·순(舜)의 치정기 이후의 일이었는데, 그 건립기반은 염제의 강씨부락과 황제의 희씨부락 출시의 화하족(華夏族)이었던 것이다.

하왕조의 설립은 순으로부터 왕위를 물려받은 우(禹)가 그 왕위를 다른 현자(賢者)에게 물려주지 않고 자기의 아들 계(啓)에게 물려줌으로써 이루어지게 된 것으로 알려져 있다. 하왕조는 그 후 1550년까지 470여 년간 지속되어 갔었는데, 기원전 1766년경에 황제보다 먼저 티베트고원에서 중원지역으로 진출해, 하왕조가 건립되어 있던 지점보다 아래 지역인 하남성(河南省)지역을 발판으로 해서 신농씨 계열의 민족이 상왕조(商王朝, 1766~1122, BC)를 건립하여 결국 기원전 1550년에 가서는 하왕조를 무너뜨리고 만다. 그러나 상왕조도 기원전 1122년에 와서는 티베트고원의 북로의 관문에 위치해 있는 섬서성(陝西省)지역에서 출현한 서주(西周, 1122~770, BC)에 의해 멸망하였다. 서주의 건립자는 후직(后稷)인데, 성은 황제(黃帝)와 동일한 희(姬)이다. 이렇게 봤을 때, 서남의 소수민족들의 조상은 중원지방에서 형성되어 나온 화하족의 후손들이 아니고 화하족이 형성되어 나오기 이전 염제 화족를 지칭하는 강씨로부터 분파되어 나온 족속들을 조상으로 하고 있는 자들로 파악된다. 현재 중국민족의 중핵을 이루는 한족(漢族)은 하(夏)·상(商)·주(周)의 지배계층을 주축으로 해서 형성되어 나온 민족이다. 그렇다면, 중국어의 기본적 구문인 SVO형은 어떻게 형성되어 나온 것인가?

희씨(姬氏)부락의 수령이었던 황제(黃帝)가 중원지역에 진출하기 이전 그가 치정했던 곳은 곤륜산맥을 중심으로 한 티베트 고원지대였었다. 그런데 티베트지역은 SOV형의 문법구조를 취하는 장족어(藏族語)가 사용되는 지역이었다. 현재 서남지역의 소수민족들의 선조들도 티베트고원에서 중원으로 진출해 나갔던 강족(古羌族)의 선조들이었다는 점을 감안해본다면 그들도 SOV형의 문법구조를 취하는 언어를 구사했었다는 입장이 취해질 수 있다. 그렇다면 중원지역에서의 강족 부락의 수령이었던 신농씨 염제도 강족 SOV형의 문법구조의 언어를 구사했을 것으로 추정된다. 그렇다면 하왕조의 건립에 주도권을 장악하고 있었던 희씨성(姬氏姓) 부락의 수령이었던 황제(黃帝)의 후손들, 예컨대, 우(禹)·순(舜)·요(堯) 등도 SVO의 문법구조를 취하는 언어를 구사했을 가능성이 큰 것으로 파악된다. 그렇다면 그 희씨성의 인간 집단은 어디로부터 티베트고원에 출현한 것인가? 이것은 기원전 2000년대에 서아시아에서의 SVO의 문법구조를 취하는 언어를 구사하게 된 종족의 출현과 관련시켜 논해야 할 문제라 생각된다.

이상과 같이 논자는 우선 실크로드의 세 간선의 성립시기와 그 지리적 위치를 점검했다. 기존의 실크로드 학자들은 중앙의 오아시스로의 성립시기를 고대의 말기로 보고, 북방의 초원로와 남방의 해로의 성립시기를 구석기시대로 파악했다. 그러나 논자는 오아시스로도 북방과 남방의 그것들과 같은 시기에 성립되어 나온 것이라는 입장을 제시 했다. 논자는 실크로드의 기초를 이루는 중앙의 오아시스로의 지리적 위치를 파악했다. 그 결과 논자는 그 길이 고대 말 이전의 청동기시대와 철기시대에는 각 지역의 고원들을 잇는 길들을 기초로 해서 성립되었다는 입장을 제시했다. 이 경우 중앙 오아시스로를 연결시켰던 것들은 아나톨리아고원, 카프카스 고원, 아르메니아고원, 이란고원, 파미르고원, 카자흐고원, 아랍선고원, 몽골고원, 오르도스고원, 황토고원 등이었다. 그런데 우리는 이 고원들 외에도 중국대륙에는 아리고원, 티베트고원, 천서고원, 운귀고원 등이 있음을 알 수 있다. 그렇다면, 우리는 서아시아와 동아시아 사이에 어느 시점까지는 중앙아시아의 파미르고원으로부터 티베트고원을 경유해 중원의 황토고원 혹은 서남의 운귀고원 지역에 이르는 고원로가 있었을 가능성이 있다는 입장을 제기할 수 있다. 또 우리는 사실상 중국 대륙에서 정치적 무대의 중심지를 중원지역으로 해서 성립된 진(秦)·한(漢) 제국이 성립되어 나옴에 따라 중앙아시아의 파미르고원으로부터 타크라마칸 사막의 북변에 위치해 있는 천산산맥을 통해 중원지역으로 이어진 중앙의 실크로드가 비로소 성립되어 나왔다는 입장을 취할 수 있다. 이러한 점을 고려해 볼 때, 동아시아의 중국대륙에서 진(秦)·한(漢) 제국의 성립되기 이전 정치적 중심지가 분산되어 있었을 당시에는 서아시아인과 그들의 문물이 파미르고원으로부터 티베트고원의 북로 또는 남로를 경유해 중원지역 또는 사천 지역으로 전파되어 나갔었다는 입장이 취해진다.

이렇게 중앙실크로드가 형성되어 나오기 이전에 서아시아의 아나톨리아고원으로부터 중앙아시아의 파미르고원과 티베트고원을 경유해 중원의 황토고원이나 혹은 서남의 천서고원에 이르는 동서고원로가 있었고, 또 중아시아지역에서는 카자흐고원에서 파미르고원과 이란고원을 경유해 아라비아해에 이르는 중앙아시아 남북고원로가 있었을 뿐만 아니라 동아시아지역에서는 몽골고원에서 오르도스고원 · 황토고원 · 천서고원을 경유해 운귀고원에 이르는 동아시아 남북고원로도 있어, 그것들을 통해 동아시아에서의 동서문화의 교류와 남북간의 교류가 행해졌었다. 그렇다고 한다면, 우리는 그 시각을 가지고 지금까지 논란거리로 남아 있는 역사적 연구대상들을 재검토해 볼 수 있다는 입장이 취해지는 것이다.

우선 논자는 동서의 고원로과 관련시켜, 20여 년 이상 논란의 대상이 되어온, 사천성(四川省) 성도(成都) 부근의 삼성퇴로부터 출토된 청동기 유물들이 어떤 집단들에 의해 제작되었는지를 고찰했다. 그 결과 우리는 그것들이 동서고원로를 통해 서남지역에 전래된 서아시아의 청동기문화를 배경으로 해서 출현된 것들이라는 입장을 취했다. 또 논자는 고원로와 관련시켜 고대중국의 민족과 문화가 어떻게 형성되어 나왔는지의 문제를 고찰했다. 고대중국의 민족과 문화는 서아시아인과 그들의 문화가 중앙아시아의 파미르고원으로부터 티베트고원의 북로 또는 남로를 통해 중원지역과 사천지역에 유입해 들어가는 과정에서 티베트, 중원, 사천(四川) 등의 지역의 토착인과 그 지역의 토착문화와 융합해 형성되어 나온 것으로 고찰된다.

이 경우 서아시아에서 파미르고원을 통해 티베트고원의 북로를 타고 곤륜산맥 자락으로 들어가 그곳에서 정착해 살다가 중원지역으로 나간 민족들이 있었다. 우리는 그들을 화하족(華夏族)이라 말하고 있고, 그들이 중국민족의 중핵을 이룬다는 입장을 취한다. 화하족이란 말은 기원전 20세기경에 중원지역에서의 하(夏)의 민족적 성립기반을 말해주는 말이라 할 수 있다. 하(夏)가 강씨(羌氏)성(姓)의 염제(炎帝)를 수령으로 했던 부락과 희씨성(姬氏姓)의 황제(黃帝)를 수령으로 했던 부락을 기반으로 해서 성립되었다는 사실을 말해주고 있는 것이다. 화하족의 대립되는 용어는 이족(夷族)이었다. 화하족과 같이 동아시아지역의 중원에 살지만 화하족이 아닌 민족을 동이족(東夷族)이라 했던 것이다. 현재 중국의 민족은 한족(漢族)을 주축으로 형성된 민족이고, 그 한족은 하(夏)·상(商)·주(周)·진(秦)의 지배층을 주축으로 해서 형성되었던 것이다.

중국의 민족과 문화의 기초를 형성시킨 중국인의 언어와 관련하여 논자는 다음과 같은 입장을 제시한다. 현재 한족에 대립되는 '소수민족'의 대다수는 SOV형의 언어를 쓰고 있고, 한족의 경우는 SVO형의 언어를 쓰고 있다. 이 점을 감안해 볼 때, 화하족과 이족의 구별은 서아시아로부터의 SVO형의 언어를 구사하는 민족이 SOV형의 언어가 구사되는 티베트지역에 도착해 중원지역으로 진출해 나가게 됨으로써 행해지게 된 것이라는 입장도 취해지게 되는 것이다.

제 2 장

서역과 고대 동아시아 삼국과의 관련양상

이 학술적 논의는 동아시아민족들이 사용하는 언어들의 통사구조, 그것들의 성립경위와 전파양상 등에 대한 고찰을 통해 고대 동아시아와 서역과의 관련양상과 그것을 바탕으로 한 고대 동아시아 삼국간의 문화적 교류의 양상 등을 규명해 내는 것을 목적으로 한다.

현재 우리는 글로벌 시대를 살아가고 있다. 글로벌 시대란 우리가 처해 있는 전 지구를 하나의 통일체로 인식하여 그러한 인식을 바탕으로 하여 우리의 삶을 실현시켜 나가는 시대를 말한다. 우리가 지구상의 전 공간을 하나의 통일된 공간으로 인식해 볼 때, 유럽연합, 동아시아공동체 등과 같은 지역 블록화가 추진되어나가는 이 시점에서 우리는 우선 무엇보다도 선 고대에 동아시아가 서아시아, 인도, 유럽 등의 세계와는 어떻게 관련되어 있었으며, 그러한 세계들이 동아시아의 세계 형성에 어떻게 관련되어 있었는지에 대한 확실한 입장 정리가 요구된다. 논자는 그러한 입장 정리를 위해서는 우선 무엇보다도 연구대상의 구체화와 그 연구대상에 대한 접근방법을 구체화시킬 필요성이 있다고 생각한다. 따라서 우리는 다음과 같은 시각과 논리적 수순을 취해 연구의 목적을 성취시켜 나가기로 한다.

첫째로 우리는 동양과 서양 그리고 현대와 고대를 한눈으로 내려다 볼 수 있는 시각을 취해 연구대상을 고찰한다. 인간에게서의 이러한 시각은 인간이 지구에서 우주로 나가 우주의 공간을 이동해가는 지구를 한눈에 내려다볼 때 형성되어 나오는 시각으로서 우리는 이러한 시각을 글로벌적 시각(the global perspective)이 라고 한다.

둘째, 민족·언어·문화라고 하는 차원이 다른 세 영역의 대상들을 하나로 묶고, 그것들을 일관하는 어떤 질서를 탐구한다고 하는 입장에서 행한다.

셋째, 우선 동아시아에서 사용되는 언어들의 통사구조의 특징들을 파악하고, 그 다음으로 그것들의 형성과정과 그것들의 전파양상 등에 대한 고찰을 통해, 고대 동아시아의 서역과의 관련양상과 동아시아 삼국간의 내적 관계를 고찰하기로 한다.

1. 동아시아국가와 언어의 통사구조

1) 언어학에서의 통사구조

언어학에서의 통사론(統辭論), 또는 통어론(統語論)이란 신텍스(syntax) 즉 구문론(構文論)이라고도 하는데, 언어학에서 형태론(形態論, morphology)과 함께 문법의 2대 범주를 이룬다. 형태론이 말의 굴절(屈折)이라든가 파생(派生) 등과 같은 형태적 특징을 다루는 분야라면 통사론은 말과 말과의 관계를 논하는 문법의 분야이다. 보다 구체적으로 말하자면, 통사론이란 말과 말이 결합하여 문장을 이루는데 그 경우에서의 결합의 원리를 문제시하는 학문분야를 가리킨다.

그런데 언어에서의 통사구조는 그 언어를 사용하는 인간들의 의식구조가 산출해낸 것이다. 우리가 이러한 점을 감안해 볼 때, 언어에서의 통사구조야말로 동일한 언어가 어떤 동일한 언어를 사용하는 인간집단들을 하나의 민족집단으로 묶어낼 수 있는 이론적 근거라 할 수 있다. 그러한 의미에서 논자는 언어의 통사구조의 차이들을 근거로 해서 동아시아민족들의 기원과 타민족들 간의 관계를 규명한다는 입장을 취한다.

대부분의 언어들이 취하는 통사구조는 VSO형(S=주어, O=목적, V=동사), SOV형 그리고 SVO형의 세 종류로 대별된다. 히브리어, 아라비아어 등과 같은 셈어족의 언어들은 VSO형을, 현재 한국어, 일본어, 터키어 등과 같은 알타이어족의 언어들은 SOV형을, 북방계의 인구어(印歐語)족(the Centum Group)이나 중국어 등과 같은 언어들은 SVO형을 각각 취한다.

VSO형을 취하는 히브리어와 아라비아어의 공통어는 셈어였던 것으로 파악되고 있다. 그런데 공통셈어의 초창기에는 술부-주부로 이루어진 명사문이 압도적으로 우세했던 것으로 파악된다. 그러나 중기 이후에 와서 주부-술부의 동사문도 발생하게 되었다. 히브리어와 아라비아어와 같은 셈어족의 언어들의 기본적 어순은 VSO형으로 파악된다. 그런데 "VSO는 발생론적으로 언어의 기원 이후 최고 선대어(先代語)의 어순일 것으로 판단된다. SOV형을 취하는 수메르어의 어순이 공통셈어의 동사문에 교착체계가 첨부되어 형성된 것이라면, 셈어족의 일파인 고대 이집트어의 어순은 자연언어 가운데 최고의 어순이 아닐 수 없으며, 히브리어의 어순이 이를 반영한다."[1] 가장 오래된 어족들 중의 하나인 셈어의 일파인 히브리어의 경우 그 어순이 동사문의 경우 VSO형의 형태를 취했는데 어떤 단계에 와서 SVO형의 형태를 취하는 문장도 출현하게 되었던 것이다. 이러한 점들을 고려해 볼 때, 각 언어들이 취하는 어순은 공통셈어가 취한 VSO형, 알타이어가 취하는 SOV형, 인구어와 중국어가 취하는 SVO형의 순으로 발전되어 나왔다는 입장이 취해진다.

2) 동아시아와 그 인접지역 국가들의 언어 구조

현재 동아시아 국가들에서 사용되는 언어들의 통사구조는 SOV형과 SVO형로 대별된다. 한국어, 일본어, 아이누어, 몽골어, 만주어, 티베트어, 버마어 등이 전자의 SOV형을 취하고 중국어, 베트남, 라오스, 타이, 캄보디아, 말레이·폴리네시아, 인도네시아 등이 후자의 SVO형을 취한다.

셈어족의 언어들을 사용하는 국가들을 제외하고는 서아시아, 서남아시아, 남아시아 중앙아시아 등의 국가들이 사용하는 모든 언어들이 SOV형의 통사구조를 취한다. 셈족의 언어들을 사용하는 국가들을 제외하고는 서아시아, 서남아시아, 남아시아 등의 모든 국가들의 언어는 터키어 등과 같은 알타이어, 이란어 등과 같은 남방계 인구어, 산스크리트어·아라비아어·이란어·터키어 등이 혼합되어 이루어진 힌두스타니어(현재 인도인의 공통어) 등의 3종으로 대별된다. 그런데 이 3종류의 언어들도 전부 SOV형의 통사구조를 취한다고 하는 것이다.

그렇다면 셈어족의 언어들을 사용하는 국가들을 제외하면 전 아시아대륙의 국가들에서 사용되는 언어들이 취한 통사구조는 SOV형과 SVO형의 두 종류라 할 수 있다. 그런데 우리가 동남아시아와 폴리네시아 열도에서 사용되는 SVO형의 언어들이 중국대륙으로부터 남하한 인간들에 의해 사용된 언어들의 영향 하에서 형성되어 나온 것들이라는 입장을 취해본다면, 우리는 전아시아대륙의 언어를 SVO형의 형태를 취하는 중국어와 SOV형의 비중국어로 양분시켜 고찰해볼 수 있다.

3) 중국어 통사구조의 성립경위

중국어의 통사구조는 어떻게 성립되어 나왔는가? 중국어의 통사구조는 SVO형이다. 앞에서 언급한 바와 같이, 이 SVO형의 통사구조는 진화적 측면에서 파악해볼 때 SOV형을 기초로 해서 형성되어 나온 것이고, 또 SOV형의 통사구조는 VSO형을 기초로 해서 이루어졌다고 볼 수 있다. 그렇다면 동아시아에서 중국어의 통사구조 SVO란 알타이어의 통사구조 SOV를 기초로 해서 성립해 나왔다는 입장이 취해질 수 있는 데 과연 그러했었던가? 이 문제에 대해 미국의 워싱턴대 아시아언어문학과 교수 제리 노만(Jerry Norman, 1936~2012)은 다음과 같은 입장을 제시했다.[2]

어순은 유형분류의 중요한 기준으로 고려되어 왔다. 주어(S)・동사(V)・목적어(O)의 상관적 위치는 모든 언어의 일차적 특징이다. 예컨대 동아시아에서 그 일차적 특징은 깔끔하게 목적어가 동사의 앞에 나오는 타입과 목적어가 동사 뒤에 나오는 타입의 두 형으로 나뉜다. 알타이어와 대부분의 티베트・버마어는 SOV의 어순이고, 중국어, 타이, 먀오・야오, 베트・무옹, 몽・크메르어의 모두는 SVO의 어순이다. 지리학적 차원에서 중국의 북쪽, 서쪽, 서남쪽의 언어들은 거의 모두 SOV 언어인데 반해, 남쪽과 남동쪽의 언어들은 사실상 모두 SVO 언어들이다. 유전학적으로 티베트・버마 어군의 SOV 언어와 관련된 중국어는 선사시대에 어떤 SVO 언어의 영향 하에서 현재의 어순을 확립시켰다고 하는 입장제시가 시도되고 있다.

그렇다면 중국어의 SVO 통사구조는 선사시대에 어떤 SVO 언어의 영향 하에서 형성되어 나온 것인가? 이 물음에 대해 프랑스 태생의 영국 동양학자

엘버트 테리안 드 라쿠페리 (Albert Terrien de Lacouperie, 1845~1894)는 그의 저서『초기중국문명의 서구기원』(1894)을 통해 다음과 같은 입장을 제시했다.[3]

그들이 차츰 그 나라를 침입한 것은 중국의 서북지역을 통해서였는데, 그 결과 그들의 현재의 위대함은 40세기 전에 아주 작은 시작들로부터 출발했다. 이 하나만의 사실로도 충분할 것이다. 그러나 더 멀리 떨어져 있는 서쪽에서는 같은 사실을 가리키는 몇몇의 전통들이 있다. 중국에 도착한 바크족의 첫 지도자였던 나쿤테(현대:黃帝)가 그의 백성들을 데리고 중국 영토의 투르키스탄(중앙아시아의 광활한 지역)으로 이끌고 갔다. 그래서 카슈가르 강이나 혹은 타림 강을 따라가서 그 후 곤룬산맥의 동쪽, '화토'(花土)에 도착했다. 그 '화토'란 이름은 미래 중국이 될 땅이 대단히 비옥하다는 장점이 있었기 때문이었다.

이상과 같이 그는 메소포타미아지역의 최남단인 유프라테스와 티그리스 강의 하류에 위치한 칼데아(Chaldea)와 엘람(Elam) 지역에서 거주하고 있었던 바크족(the Bak tribles)이 기원전 2300년경을 전후해[4], 당시의 메소포타미아의 문명을 가지고 중앙아시아, 중국의 서북지역, 티베트북부의 곤룬산맥 지역 등을 통해 중국의 중원지역으로 들어가 고대중국문명의 기초를 구축했다는 입장을 제시했던 것이다.

사실상 메소포타미아의 두 강 하류 지역에는 수메르인이 기원전3800년경에 그곳에 들어가 살게 되었고, 기원전 3200년경에는 셈족계의 아카드인도 그곳에 도착해 거주해 갔었다.[5] 수메르인의 도시국가들은 그 지역의 남쪽에 위치해 있었고, 그 북쪽에는 아카드인의 도시국가들이 위치해 있어, 그들은 기원전 2500년경까지 서로 끊임없는 분쟁을 지속해갔었다. 그러다가 아카드의 사라곤 왕(Saragon, 2411~2355년경, BC)이 아카드왕조를 열어 메소포타미아지역을 통일하였다. 사라곤 왕은 양강 유역, 북서쪽의 시리아, 동남쪽의 엘람까지를 정복해 바빌로니아 제국을 건설하였던 것이다. 그러나 그 제국은 185년간 지속되어가다가 끝내 붕괴되었고, 그 대신 우르의 수메르족이 그 제국을 계승하였다. 그런데 메소포타미아지역에서는 사라곤 왕이 전까지만 해도 국정기록을 단음절어의 수메르어로 행해왔었다. 그러나 셈족출신의 사라곤 왕이 정권을 잡은 이후부터는 3음절을 기본으로 하는 셈어를 행정언어로 채택해 국정문서를 기록해갔다.[6] 우리가 드 라쿠페리의 견해를 받아들여 본다면, 바크족은 이러한 정치적 문화적 전환기에 메소포타미아지역을 떠나 중앙아시아 쪽으로 이동했다고 봐야할 것이다.

드 라쿠페리는 바빌로니아제국 하에 있었던 바크족이 수메르·아카드인으로부터 설형문자를 배워 그 지식을 가지고 그의 수령 황제(黃帝)의 영도 하에 중국으로 들어갔다고 주장하고 있다.[7] 그의 그러한 주장의 근거들은 기원전 2000년대 후반기에 바빌로니아지역에서 사용되었던 여러 물문들, 예컨대 1년을 12달과 4계절로 나눈다든가, 7일을 하나의 시간단위로 한다든가, 음양의 이원론, 음악의 12율려, 행성들의 이름, 색깔들의 상징 등과 같은 것이 고대 중국의 것들과 동일하다는 것이다.[8] 중국에서의 한자와 한문도 그러한 메소포타미아문명을 습득하고 있었던 바크족의 중국도래가 계기가 되어 형성되어 나왔다고 하는 것이다.

그런데 우리가 여기에서 짚고 넘어가야할 것은 수메르문자가 한자의 경우처럼 그림문자로부터 상형문자로 발전해 나온 단음절 표의문자라고 하는 것이고, 또 수메르어가 SOV형의 통사구조를 취한다고 하는 것이다. 또 아카드어(사라곤 왕이 아카드라고 하는 도시국가를 세웠는데 그 도시국가의 이름으로부터 취해진 이름)는 셈어족의 일파였지만 그것이 수메르어로부터의 영향 하에서 수메르어와 같은 통사구조를 갖게 되었다고 하는 것이다. 그러나 공통셈어의 경우는 SOV(명사문) 또는 VSO(동사문)의 통사구조를 취한다. 이 경우 명사문이 압도적으로 우세했었는데, 어떤 단계에 와서 명사문이 동사문으로 전환해 나와 공통셈어는 동사문의 우세 쪽으로 역전되었다.[9] 이렇게 봤을 때, 메소포타미아로부터 중앙아시아를 통해 중국으로 이동한 인간집단은 셈어를 사용했던 부족은 아니었다는 입장이 취해진다. 이러한 점을 고려해 볼 때, 고대 메소포타미아의 문명이 고대 중국문명의 성립에 지대한 영향을 끼쳤다고 하는 드 라쿠페리의 입장을 받아들일 수 있지만, 우리가 그의 그러한 입장에 근거해 메소포타미아지역으로부터의 아카드어를 사용하는 바크족의 중국이주로 인해 바크족의 언어와 문자가 중국어의 형성에 절대적 영향을 끼쳤을 가능성이 농후하다는 입장까지는 결코 수용할 수 없다고 하는 것이다. 그렇지 않으면, 바크족이 사용했던 언어가 아카드어가 아니었다고 하는 것이다.

그렇다면 중국어의 SVO형의 통사구조는 어떤 언어와의 접촉을 통해 취해 진 것인가? 셈족이 아라비아사막으로부터 메소포타미아지역에 출현한 것은 기원전 3200년경으로 추정되고 있다. 그 후인 기원전 2000년대 중반에 카스피해의 북안으로부터 SVO형의 언어인 북방계 인구어(서인구어, 슬라브어, 발트어)가 출현한다.[10] 그런데 그 계열의 언어가 동아시아로 전파되어 나갔던 것은 흑해와 카스피해 북안의 초원으로부터의 동남 방향에 위치한 메소포타미아, 이란, 중앙아시아 지역 등으로의 민족이동을 통해서였다. 현재 우리가 말하는 인구어는 그러한 민족이동과정에서 북방계의 우랄어와 남방계의 인도·이란어가 서로 융합해서 형성되어 나왔다는 입장이 성립된다. 스페인 언어학자 프란체스코 R. 아드라도스(Francisco R. Adrados, 1922)는 그의 저서 『고대 히타이트어의 구조』[11]에서 북방계 인구어를 사용했던 토카리트인이 그러한 민족이동과정에서 중앙아시아의 천산(天山)산맥을 너머 신장(新疆)지역으로 침입해 들어가 그곳에서 거주하게 됐다고 말하고 있다. 그렇다면 우리는 여기에서 드 라쿠페리가 말하는 바크족이 R. 아드라도스가 말하는 토카리아인 일수도 있다는 입장이 성립되고, 또 중국어의 SVO형의 통사구조가 그러한 민족이동을 행했던 토카리아인의 언어를 통해 형성되어 나왔다는 입장을 취해 볼 수 있다.

이렇게 봤을 때, 단음절 표의문자로서의 한자는 수메르의 설형문자의 표기 방법에 의거해 형성되었다는 입장이 취해지고, 중국어의 SVO형의 통사구조 는 인구어 북계의 통사구조를 기초로 해서 형성된 것이라 입장도 취해질 수 있다.

2. 중국어와 중국민족의 형성과정

1) 갑골문의 통사구조와 중국민족의 기저

갑골문의 출현은 은왕조(1766경~1122, BC)의 중기 기원전 1500년경 전후로 추정되고 있다. 은왕조는 고고학적으로 그 실재가 인정된 최초의 왕조이다. 그런데 은왕조의 발상지로 알려져 있는 은허(殷墟: 河南省 安陽)에서 갑골문들이 출토됐는데, 그것들의 기본적 통사구조는 SVO형이다. 이러한 사실은 은왕조가 화하족(華夏族)의 대립개념으로 파악되어온, 알타이어를 쓰는 동이족(東夷族)에 의해 설립된 왕조라는 설을 부정할 수 있는 근거가 된다. 중국의 고대사는 은족(殷族)의 시조를 계(契)로 기록하고 있다. 그의 탄생설화에 의하면, 그는 삼황오제 중 오제의 한사람인 제곡(帝嚳)의 둘째 부인이 목욕 중 검은 새의 알을 먹고 잉태해 출산한 자였다고 한다. 그런데 그는 순(舜)으로부터 제위를 물려받은 우(禹)를 도와 치수사업에 공을 세웠고, 순의 명으로 백성들의 교육을 담당해갔던 자였기도 했다. 우는 자기와 아무런 혈연관계가 없는 순으로부터 제위를 물려받았는데, 그는 제위를 자기의 아들 계(啓)에게 물려줌에 따라 제위의 부자상속이 이루어지게 되어, 결국 기원전 2050년에 하왕조(夏王朝)가 열리게 되었다. 그러나 하의 걸(桀)이 폭정을 행해가자, 계의 14대손인 탕(湯)이 주의의 약소국들을 규합해 하의 걸을 멸망시키고 은(殷)왕조를 열게 되었다고 하는 것이다. 이렇게 중국의 역사에는 하와 은이 같은 화하족을 기반으로 해서 성립된 왕조들로 기록되어 있다.

기원전 1122년 은왕조를 무너뜨린 주왕조(周王朝)도 그 사실 관계야 어떻든 간에 하·은의 경우처럼 화하족의 후손에 의해 건설된 왕조로 중국역사에 기술되어 있다. 『사기(史記)』에 의하면, 주왕조의 시조(始祖) 후직(后稷)은 삼황오제의 오제의 한사람 제곡(帝嚳)의 왕비 강원(姜嫄)이 들에서 거인의 발자국을 밟고 잉태해 출산한 자로 기술되어 있다. 그는 요와 순 시대에 농사(農師)로서 큰 공을 세워 희(姬)과 후직(后稷)이라고 하는 성(姓)을 하사 받게 되었다고 한다.[12]

이렇게 봤을 때, 우선 하·은·주 왕조는 화하족의 후손들에 의해 건립된 왕조라 할 수 있고 화하족의 언어는 SVO의 통사구조를 취하는 중국어의 기초를 제시한 언어라 할 수 있다. 이렇게 봤을 때, 현재 중국민족의 시조로 받아들여지고 있는 황제가 사용했던 언어야말로 현재의 중국어의 모어(母語)로 파악될 수 있고, 또 그것은 중국어와 동일한 통사구조를 갖는 북방 인구어를 사용했던 토카리아인의 언어와 직결되어 있다는 입장이 취해지는 것이다.

2) 화하족(華夏族)의 염제(炎帝)와 앙소(仰韶)문화

현재 SVO형의 통사구조를 취하는 중국어를 구사하는 한족(漢族)은 화하족(華夏族)을 주축으로 하여 형성되어 나왔다는 것은 자명한 사실이다. 화하족의 '화(華)'는 황제의 희씨 보다 중원지역에 먼저 출현한 염제(炎帝)의 강씨(羌氏)로부터 취해진 글자이고, '하(夏)'는 황제의 희씨(姬氏)로부터 취해진 것이다. 그렇다면 우리는 삼황오제에서의 '삼황' 중의 세 번째 황제(皇帝)인 염제와 '오제' 중의 첫 번째 황제(皇帝)인 황제(黃帝)와의 관계는 어떻게 파악될 수 있을 것인가? 고고학자들은 중국의 대표적 신석기시대의 문화가 기원전 5000년~기원전 2500년경에 중원지역에서 형성된 앙소(仰韶)문화와 기원전 2300년~기원전 1800년경에 형성된 용산(龍山)문화라는 입장을 취하고 있다. 그런데 그들은 양사오촌에서 출토된 유물들 중에 서역에 기원을 두는 채도(彩陶)들이 내포되어 있다고 하여 양사오문화를 채도문화(彩陶文化: the red pottery)라고도 부르고 있다. 그렇다면 바크족의 수령 황제(黃帝)가 메소포타미아 지역으로부터 중아아시아의 파미르고원을 지나 타림분지와 곤륜산맥의 사이를 통과해 중원지역으로 들어갔었다고 하는 기원전 2300년경 이전부터 서아시아지역으로부터 중앙아시아를 경유해 동아시아의 중원지역으로의 문화전파가 있어 왔다는 입장이 취해질 수 있다.

그런데 중국신화에서의 염제 신농씨는 농경술의 창안자로 되어 있다. 이렇게 봤을 때 염제는 앙소 신석기문화를 일으킨 인물이라 할 수 있다. 이 지구상에서 신석기시대가 제일 일찍 도래한 것은 메소포타미아지역으로 알려져 있다. 이 점을 감안해볼 때 농경 술의 전파는 메소포타미아지역으로부터 황하지역으로 전파되어 나갔을 가능성이 있다. 중국의 신화에서 신농씨가 농경술을 창안했다고 하는 표현은 그가 메소포타미아지역에서 중국으로 농경술을 가지고 들어갔다는 의미일 수도 있다. 그러한 표현은 드 라쿠페리가 그의 저서에서 말하고 있듯이, 황제(黃帝)가 메소포타미아로부터 설형문자를 중국에 가지고 들어간 것을 중국인들은 자신들의 신화를 통해 창힐이 진흙에 그려진 새의 발자국을 보고 문자를 발명했다는 식으로 표현해가고 있다고 하는 것과도 같다고 말 할 수 있다[13] 그렇다면 염제는 신석기시대에 어떻게 서아시아의 메소포타미아지역에서 동아시아의 중원지역으로 이동해갔던 것인가?

3) 아라비아반도의 사막화와 서역인의 중국유입

이 문제는 SVO형의 언어를 사용하고 있었던 토카리아인이 메소포타미아지역으로 남하해 그들이 그곳에서 어떻게 중앙아시아 쪽으로 이동했는지의 문제와 관련되어 있다. 셈족이 메소포타미아지역에 출현해 수메르인의 우르 제1왕조를 무너트리고 아카드왕조를 세운 것은 기원전 2350년의 일이다. 그렇다면 셈족은 어디로부터 그곳에 출현한 민족인가? 인류학자들에 의하면 셈족의 원향은 아라비아반도라는 입장을 제시하고 있다. 현재 이집트에 살고 있는 셈계의 민족은 아라비아반도를 원향으로 한다는 입장이 정설로 받아들여지고 있다. 그렇다면 그들이 어떻게 아라비아반도에서 이집트로 이동했던 것인가? 고고학자들에 의하면 아라비아반도도 사하라사막의 경우처럼 원래는 삼림으로 덮인 초원지대였다고 한다. 그런데 그곳이 사하라 사막의 경우처럼 건조해져서 사막화되어 나가자 그곳에 살고 있던 셈족이 아바아반도의 북서지역에 위치해 있는 나일강 하류 지역, 북쪽의 요르단강 지역, 북동지역의 유프라테스·티그리스 강 하류 지역 등의 물이 있는 지역으로 대규모로 이동해 나갔다는 것이다.[14]

그런데 문제는 기후의 건조로 인한 초원지대의 사막화는 아라비아반도에서 끝난 것이 아니었다. 그러한 사막화는 이미 기원전 5000년경부터 아프리카의 북단 사하라지역으로부터 급격히 시작되었다.[15] 그 동쪽 지역의 아라비아반도, 그 동쪽의 이란지역의 카비르사막과 투트사막, 그 동북쪽의 투르크메니스탄의 카라쿰사막, 그 동쪽의 파미르고원 너머의 타클라마칸 사막, 그 동쪽의 고비사막으로 이어져 나갔던 것이다. 지금도 고비사막의 동쪽에서는 일 년에 10km 정도의 속도로 사막화가 진행되고 있다는 기사가 있다. 사막화의 주된 원인은 기후의 건조화 현상에 의한 것으로 고찰되고 있다. 기후의 건조화로 인한 사막화는 남북 양반구의 위도 30도 부근에서 이루어진다. 그 이유는 그 부근지역의 지구를 띠 모양으로 둘러싸고 있는 기압이 다른 곳의 기압보다 더 높아 그 지역이 연중 하강기류가 형성되어 다른 지역보다 습도가 낮고 날씨가 맑기 때문이다. 우리는 그 사막화를 진행시켜가는 기압대를 아열대고기압대라고 한다.

드 라쿠페리에 의하면, 황제(黃帝)가 중원지역에 도달한 길은 메소포타미아지역으로부터 투르크메니스탄의 카라쿰사막과 파미르고원 동쪽의 타클라마칸 사막을 통한 길이었다고 한다. 이렇게 봤을 때, 이러한 서방으로부터의 사막화는 서방의 민족을 동방으로 이동시켜왔다는 입장이 성립된다. 따라서 이러한 입장을 취해 생각해볼 때, 중국의 중원지역에서 앙소 신석기문화 등을 일으켰던 염제나 그 후의 금석병용기문화를 일으켰던 황제와 같은 인물들은 서남아시아 내지 중앙아시아 지역으로부터 이동해온 자들이었을 가능성이 있다는 입장이 취해진다.

기후사(氣候史) 연구자 H.H.램은 그의 저서에서 기원전 2500년경부터 번성하기 시작했던 하라파 등과 같은 인도의 고대 도시들이 기원전 1900년경부터 파괴되기 시작되었고, 기원전 2500년경부터 중앙아시아의 투르크메니스탄, 이란 동부, 아프가니스탄 남부 등의 지역에서는 인간의 거주가 중단되었는데, 그 주된 이유가 다름 아닌 바로 기후의 건조화였다는 입장을 제시하고 있다.[16] 또 그는 기후의 건조화로 인해 중아아시아에서의 인간거주가 중단되었던 시기에 동아시아의 습윤 지대는 신석기시대의 초기단계에서 청동기시대로 갑자기 전환해 나왔는데, 중앙아시아 지역의 건조화로 인해 중앙아시아의 건조지대로부터 동아시아의 습윤 지대로의 인간집단의 이동이 그 주된 이유일 수 있다는 입장을 제시하고 있다.[17]

중국민족의 기원을 연구하는 중국의 학자들도 드 라쿠페리가 제시하는 중국민족의 서방기원설을 전적으로 받아들이는 입장은 아니지만, 그렇다고 그것을 부정하는 입장을 취하고 있지도 않다. 전계주(田繼周)는 한족(漢族)의 주축을 이루었던 하·상·주(夏商周)조의 지배층이 같은 화하족(華夏族)이고, 또 그 화하족이 서방민족의 총칭인 서융(西戎), 또는 서융의 일파인 저강(氐羌) 출신들이었다고 하는 입장이다.[18] 예컨대, 주(周)란 상대(商代)에 상조(商朝)의 지배하에 있었던 주(周)라고 하는 지역에서 거주하던, 서방 계열의 한 인간집단이었다는 것이다. 그러나 그 인간집단 주가 상조를 무너트리고 그동안 상조가 다스려왔던 중원지역을 지배해가기 위해서는 그 서방계열의 주(周)도 화하족으로 전환해 나오지 않을 수 없었던 것이다. 그러한 경위로 인해 서방민족출신의 황제(黃帝), 하(夏) 그리고 상(商)족 모두 다 화하족으로 전환해 나왔던 것이다.

3. 동아시아삼국의 서역과의 관련 양상

1) 신석기시대 이후 서역과 동아시아와의 관련양상

동아시아와 서역과의 관련 양상은 우선 시대적 차원에서는 신석기시대, 청동기시대, 철기시대로 삼분해 고찰할 수 있고, 지리적 차원에서는 아시아의 북방, 중앙, 남방으로 삼분해 파악 될 수 있다.

서역의 메소포타미아지역 등에서의 신석기 시대는 기원전 1만 년 전~기원전 8000년경으로 고찰되고 있고, 동아시아 지역의 경우도 최근의 1980년대 이후의 동북공정을 통한 연구결과에 의하면 요하지역 등에서 메소포타미아 지역과의 거의 동 시기인 기원전 7000년~6000년경 도래했던 것으로 고찰된다.[19]

각 지역의 인류는 구석기시대의 이동생활로부터 벗어나서 한 곳에서의 농경과 목축을 위주로 한 정착생활 양식을 취하게 됨으로써 각 지역에 신석기 시대가 도래하였다. 각 지역, 예컨대 서아시아의 메소포타미아 지역이나 동아시아의 황하지역 등에서의 그러한 신석기 시대의 도래들은 시기적으로 어느 정도의 차이를 보이고 있다. 각 지역의 그것들이 빠른 지역의 것으로부터의 영향 하에서 행해졌다고만은 결코 말할 수 없다. 즉 각 지역에서의 신석기 시대의 도래는 구석기 시대의 그것과 마찬가지로 독자적으로 행해졌을 가능성을 결코 배제할 수 없다.

그렇다고는 하더라도 각 지역에서의 인류의 그러한 정착 생활 방식들은 서로간의 영향을 통해 발전되어 나갔다는 것 또한 사실이 아닐 수 없다. 예컨대, 다음과 같은 경우를 생각해 볼 수 있다. 인류가 메소포타미아지역에서 농경과 목축 등을 통해 정착생활을 시작한 것은 기원전 1만~8000년경의 일이다. 그들은 그곳에서의 정착생활을 확립시켜나가는 과정에서 기원전 7000년 경에 채도(彩陶)문화를 일으켰다. 그러나 황하지역에서의 인류는 기원전 5000년경에 앙소문화와 같은 신석기시대의 한 생활양식을 창출해냈고 그것을 발전시켜나가는 과정에서 기원전 4000년경에 서역으로부터 채도문화를 받아들였던 것이다. 이러한 사실은 메소포타미아의 신석기 문화와 그 일부를 구성하는 채도문화가 중앙아시아를 통해 동아시아의 중원지역으로 전파되어 나가 중원지역의 신석기문화를 발전시켰다고 하는 것이다. 그렇다면 이상과 같이 동아시아지역에서 신석기 문화가 서아시아의 신석기문화로부터의 영향 하에 발전해 나왔다고 한다고 한다면, 그렇다면 서아시아의 신석기문화는 어떤 지리적 경로를 통해 동아시아지역에서의 신석기문화의 발전에 영향을 주었던 것인가?

서아시아의 신석기 문화는 3루트를 통해 전파되어 나갔을 가능성이 있다. 우선 하나는 메소포타미아지역의 북서쪽과 북동쪽의 흑해와 카스피해, 카스피해 동쪽의 아랄해, 또 그 동쪽의 발하시(Balkhash)호 등으로 이어지는 대 호수들의 북쪽에 펼쳐진 초원, 그 동쪽의 알타이산맥, 한가인(Hangayn)산맥, 따싱안링(大興安嶺)산맥, 요하강 유역 등으로 이어지는 북방로이다. 다른 하나는 메소포타미아지역, 이란의 북부, 아프가니스탄, 중앙아시아의 파미르 고원, 천산산맥과 곤룬산맥·기련(祁連)산맥의 사이를 통해 황하 유역으로 이어지는 중앙로이다. 나머지 하나는 이집트의 나일강 유역, 메소포타미아의 양강 하구, 페르시아만, 이란의 남부, 파키스탄, 인도의 인더스강 유역, 카라코룸산맥, 곤룬산맥과 히말라야 산맥과 사이의 티베트 고원, 장강유역으로 이어지는 길이다.

이렇게 봤을 때 동아시아의 요하지역의 신석기 문화는 서아시아로부터의 북방 초원로를 통해서 요하지방으로 전파된 서아시아의 신석기 문화로부터의 자극 하에서 발전되어 나왔을 가능성이 있다는 입장이 취해진다.

〈그림1〉 동아시아 삼국의 서역과의 관련양상

중원지역의 그것은 메소포타미아지역으로부터 중앙 오아시스로를 타고 중원지역으로 전파된 서아시아의 신석기문화를 통해서였고, 장강유역의 신석기문화는 카라콜룸산맥·곤륜산맥과 히말라야산맥 사이의 티베트 고원을 통해 장강 유역에 전파된 서역의 신석기 문화를 통해서 발전해 나왔을 가능성이 있다는 입장이 취해진다.

요하지역에 신석기 문화가 급격히 발전되어 나온 것은 기원전 7000년~6000년경으로 밝혀졌고, 기원전 4000년경에 정착되어 나온 홍산문화(紅山文化)가 그 대표적인 것이라 할 수 있다. 한국의 신석기문화는 홍산문화와 관련되어 기원전 4000년~3000년경에 원저무문토기(圓低無文土器)가 출토된 함경북도의 웅기(雄基), 즐문(櫛文) 토기가 출토된 평남 대동의 청호리(淸湖里) 등에서 형성되어 나왔다. 황하지역에서의 그것은 양사오문화와 홍산문화가 말해주고 있듯이, 기원전 5000년경 이후에 일어났던 것으로 파악되고, 또 장강유역의 대표적 신석기문화인 하모도(河姆渡)문화도 기원전 5000년경의 것으로 파악되고 있다. 이렇게 봤을 때, 서아시아의 신석기 문화는 북방 초원로를 통해 제일 먼저 동아시아에 전파해 나왔다고 말 할 수 있다.

2) 청동기시대 이후의 서역과 동아시아와의 관계

그렇다면 청동기시대 동아시아의 서역과의 관계는 어떠했는가? 서아시아지역에서의 청동기 문화는 북 이라크의 알 우바이드 문화, 우루크 문화 등이 말해주고 있듯이, 신석기 문화를 기초로 해서 기원전 4000년경에 성립되어 나온 것으로 추정된다. 또 그것은 기원전 3000년대에는 메소프타미아, 이집트, 이란 지역 등에, 기원전 2000년대에는 시베리아, 중앙아시아, 인도의 인더스강 유역 등에서 성립되어 나왔던 것으로 고찰된다. 기원전 1000년대가 되면 동아시아지역에서도 청동기문화가 성립되어 나왔는데, 그것이 제일 빨랐던 지역은 인도의 갠지스강 상류지역, 티베트 고원, 남시베리아의 미누신스크지방 등과 연결된 지역들로서 기원전 2000년대 말 경으로 추정된다.

서아시아에 철기시대가 도래한 것은 기원전 1200년경이다. 서아시아의 히타이트족은 아나톨리아의 철기의 야금술을 개발해 2세기 간 독점 보유해 갔었다. 그러다가 기원전 1190년 지중해로부터 갑자기 출현한 해민(海民)족에 의해 히타이트제국이 멸망함에 따라 서아시아 지역에 철기시대가 성립되어 나왔고, 그 후 히타이트 제국의 동쪽의 북부 메소포타미아지역에서 아시리아(Assyria)가 출현했는데, 그 아시리아가 중왕국 시대(1380~1078, BC)로 들어와 동쪽의 여러 소수 민족들을 토벌하고 기원전 12세기에서 바빌론까지도 복속시켰다. 그래서 아시리아의 중왕국은 아 다드 · 니라리(1909~889, BC)에 와서 신 왕국 시대(909~612, BC)로 전환해 나와 아시리아 제국을 건설하게 되었다.

그런데 논자가 여기에서 말하고자 하는 것은 바로 다음과 같은 것이었다. 이상과 같이 아시리아의 중왕국은 아시리아 민족들을 제압해 강력한 민족국가로서의 기초를 확립한 후 그것을 기초로 해서 대제국을 건설해 갔다. 그 왕국은 그 과정에서 메소포타미아 지역의 동쪽의 자그로스 산중의 구티움, 쿠무히, 나김티, 투르크 등의 여러 부족들을 복속시켰고, 다른 부족들은 왕국의 공격을 피해 중앙아시아 쪽으로 이동해 나갔다. 그러나 중앙아시아의 민족들은 서로부터 이주해 온 민족들을 피해 동아시아 쪽으로 이주해 나가게 되어, 그러한 서로부터 동으로의 민족적 이동이라는 분위기 속에서 중앙아시아로부터 동아시아로 들어가는 관문지역에서 거주해 오던 민족 집단에 의해 기원전 1122년에 주(周)가 건설되어 나왔다는 것이다.

동아시아지역에서의 주(周)는 서아시아에서의 아시리아 왕국의 번영과 연동되어 강대해져 나갔다. 그러다가 북 메소포타미아지역의 니네베를 수도로 했던 아시리아 제국이 612년에 가서 남 메소포타미아지역의 카르데아 · 메디아의 연합군에 의해 멸망되자, 동아사이에서의 주(周)도 종주국으로서의 주도권을 상실해 버리고 만다.

한편, 아시리아 멸망 후 서아시아에서는 인도유럽어족의 페르시아(Persia)가 아시리아제국을 무너트린 신바빌로니아를 기원전 538년 점령하고 이집트까지를 정복하여 결국 아나톨리아지역으로부터 인더스강 유역까지에 이르는 아케메네스 페르시아제국(538~331, BC)을 건설하였다. 그 결과 서아시아의 정치적, 군사적 중심지가 서아시아 북부로부터 서아시아의 남부로 이동함에 따라 동아시아의 정치적, 군사적 중심도 황하유역으로부터 초(楚)가 위치해 있는 장강지역으로 이동해 갔다. 그 후 페르시아제국은 알렉산더 대왕의 동방 원정에 의해 기원전 331년에 멸망되고, 또 페르시아제국의 영토를 차지했던 알렉산드로스 제국도 기원전301년에 분열되어 알렉산더 대왕의 후계자들에 의해 지배되어 나갔다.

그 과정에서 서부지중해에서 행해진 제1~2차 포에니전쟁(264~201, BC)에서 로마제국이 승리하고, 이란지역의 동북에서 파르티아왕국(Parthia, 安息, BC 247~AD 226)이 출현하게 됨으로써 서역에서의 정치적, 군사적 중심이 남부에 서 다시 북부로 이동해 갔다. 그러자 동아시아에서의 정치적, 군사적 중심도 다시 남부의 장강유역에서 북부의 황하유역으로 이동해, 중국의 서북부에 위치 해 있던 진(秦)이 기원전 221년에 동아시아지역을 통일하고, 이어서 한(漢, BC 206~AD 220)이 출현해 진을 이어받아 중국의 기초를 세웠던 것이다.

전국시대(戰國時代, 403~221, BC)의 7강국의 하나였던 진(秦)이 전국을 통 일한 것은 기원전 221년이다. 진은 전국시대 중기부터 인접국들을 압박하기 시작했다. 그 과정에서 기원전 300년대 말에 장강유역에서는 티베트족 계열의 촉(蜀)과 파(巴)가 멸망했고, 초(楚)가 기원전 334년 월(越)을 멸망시키고 진이 기원전 223년 초를 무너트렸다. 진의 전국통일 이후 진시황제의 폭정 등으로 인해 사천(四川)지역의 촉과 파족의 일부는 쓰촨에서 운남(云南) 지역으로 남 하해 살게 되었고, 그 일부는 연안(沿岸)지역으로 나와 연안무역에 종사하게 되었다. 그러다가 그들은 북상(北上)해 일본의 규슈(九州)지역으로 이동했다.[20] 일본은 그들의 일본 도래를 기점으로 해서 조몬시대(繩文時代)에서 야요이시 대(弥生時代, BC 200~AD 200)로 전환해 나왔다. 한편, 진(221~206, BC)의 전국통일, 그 후의 폭정, 한(漢, BC 206~AD 220)의 건설, 한무제의 위만조선 멸망(BC 108) 등의 정치적 사건 등이 계기가 되어 인간들의 집단적 이동이 황하유역으로부터 요하유역, 한반도, 일본규슈 등으로 행해지게 되었던 것이다. 그 결과 일본의 야요이 시대가 전기에서 후기로 전환해 나갔던 것이다.

이상과 같이 고찰해 볼 때, 고대 한국의 서역과의 관계는 메소포타미아의 북부의 초원지대, 알타이산맥, 요하유역 등을 통해서 이루어졌다. 중국의 서역과의 관계는 메소포타미아의 남부, 천산산맥과 곤룬산맥 사이의 분지, 황하강 유역 등을 주축으로 이루어졌다. 고대 일본의 서역과의 관계는 이란, 인도의 인더스강 유역, 곤룬산맥과 히말라야산맥 사이의 티베트고원, 장강유역 등을 기초로 해서 이루어졌다고 볼 수 있는데, 보다 구체적으로 말하자면 조몬(縄文)시대의 일본은 북방의 요하지역 내지 흑룡강 유역과 연결되어 있었고, 야요이(弥生, BC 300~AD 200)시대는 장강유역과 연결되어 있었으며, 고분시대(200~710)는 황하유역 내지 한반도와 연결되어 있었던 것이다.

우리는 본고를 통해 고대동아시아 삼국의 서역과의 관련양상 파악의 일환으로 우선 각 국어들의 통사구조의 특징을 고찰하고 그것들을 통해 중국의 한족을 비롯한 동아시아 삼국의 민족들이 인접지역의 민족들과 어떻게 관련되어 있었는지를 고찰해보았다. 그 결과 우리는 고대동아시아 삼국과 서역과의 관련양상을 다음과 같이 정리해볼 수 있다.

동아시아국가들의 언어구조는 알타이어의 SOV형과 중국어의 SVO형로 양분되어 있다. 중국의 서북쪽의 티베트어, 북쪽의 몽골어, 북동쪽의 만주어, 동쪽의 한국어·일본어, 남쪽의 버마어 등이 SOV형에 속하고, 남쪽의 월남·타이·말레이시아어 등이 중국어와 동일한 SVO에 속한다. 우리가 여기에서 중국인들이 남하해서 월남·타이·말레이시아인들이 되었고, 또 알타이어의 SOV형이 중국어의 SVO형보다 먼저 출현했다는 점 등을 감안해본다면, 우리는 SVO형을 취하는 중국어가 동아시아의 외지로부터 동아시아에 유입해들어왔다는 입장을 취하지 않을 수 없다. 그렇다면 그러한 통사구조를 취하는 중국어는 과연 어디로부터 중국에 유입된 것인가?

최근까지의 중국어의 기원을 밝히려는 많은 학자들이 중국인들의 선조가 동남아의 해변을 따라 황하유역까지 들어왔다는 입장을 취하고 있다. 그러한 입장은 말레이·폴리네시아 어족이 중국어와 같은 통사구조를 취하고 있다는 것에 의거한 것이다. 그렇다면 말레이·폴리네시아어족은 과연 어디로부터 SVO형의 통사구조를 취한 것인가? 문제는 바로 여기에 있다.

인도북서쪽의 인도이란어, 인도지역에서의 인도이란어의 기층어로 받아들여지고 있는 드라비다어 등의 통사구조는 모두가 다 SOV형이다. 기원전 3000년경부터 현재까지 서남아시아의 이란지역과 남아시아의 인도지역에서는

SOV형의 언어밖에는 구사되어 오지 않았다. 이렇게 볼 때 우리는 중국민족의 기원을 중앙아시아지역과 연결시켜 탐구하지 않을 수 없다는 입장이 취해진다.

그렇다면 우선 우리는 VSO형을 취하는 셈어나 혹은 그 어족 계열의 언어인 아카드어 등을 구사했던 어떤 민족과 관련시켜 중국어의 기원을 탐구해볼 수 있다. 중국어와 같은 통사구조를 취하는 켄툼 어군의 인구어가 출현한 것은 기원전 2500년~2000년경 흑해와 카스피해의 북안으로 파악되고 있다. 그 당시 그 지역은 북방의 우랄어와 남방의 셈어와의 접촉이 행해졌던 곳이었다. 따라서 우선 첫 번째로 VSO형의 셈어족이 당시 알타이어와 동일한 통사구조를 취했던 우랄어와 접합해 SVO형의 북방인구어가 출현했다는 입장을 취해본다면 우리는 중앙아시아에서도 셈어족과 알타이어가 접합되어 SVO형의 중국어가 출현했을 가능성이 있다는 입장을 취해볼 수 있는 것이다. 두 번째로 우리는 중국어의 기원을 SVO형의 통사구조를 취하는 인구어족 중의 켄툼 어군(Centum 語群: 북방어족)을 구사하던 민족들, 예컨대 기원전 2000년대 이전에 중앙아시아에 출현해 기원전 7세기경까지 그곳에서 존속해 있었던 토카리아인 등과 관련시켜 생각해볼 수 있다. 이상과 같이 우리는 VSO형의 셈어족이나 혹은 SVO형 북방인구어를 구사하는 민족들의 일부가 아라비아반도, 메소포타미아, 혹은 흑해 북안 등으로부터 중앙아시아를 통해 중국의 중원지역에 유입된 부족 집단으로부터 중국민족과 중국어의 기원을 찾을 수밖에 없다는 입장을 취해볼 수 있는 것이다.

이와 같이 중국민족의 기원이 서역의 셈족이나 혹은 북방인구어를 구사하는 민족과 관련되어 있다면, 한국민족과 일본민족의 기원은 동아시아에서의 중국어의 기층어라 할 수 있는 언어, 예컨대 SOV형의 북방아시아의 알타이어나 서남아시아의 드라비다어·인도아리아어 등을 구사했던 민족들로부터 찾아지지 않을 수 없다. 중국이 중앙아시아의 천산산맥과 곤륜산맥을 통해 서역문화를 받아들여 황하유역에서 그것을 중국화 시켜갔다고 한다면, 한국의 경우는 북방의 알타이산맥·한가인산맥을 통해 받아들인 서역문화를 요하·흑룡강 유역에서 토착화시켜 그것을 자신들의 것으로 사용해갔고, 일본의 경우는 이집트·아라비아·이란·인도 등의 남방의 서역문화가 곤륜산맥과 히말라야산맥 사이를 통해 동아시아로 들어와 장강유역에서 토착화된 것을 받아들였다고 말할 수 있다. 한국의 경우는 선고대에는 요하를 통해 서역과 관련되어 있었지만 고대에는 황하유역을 통해 서역과 관련되어 있었고, 일본의 경우는 선고대, 즉 기원전 3세기 이전의 조문(繩文)시대에는 요하·흑룡강 유역을 통해, 기원전 3세기에서 기원후 3세기 사이의 야요이(弥生)시대에는 장강유역을 통해 서역과의 연결고리를 가져갔었다. 그러나 4세기 이후의 고분시대로 들어와서는 황하유역과의 관계가 두터워져 가던 한반도를 통해 서역과의 그것을 가져나가게 되었던 것이다. 또 고대 동아시아에서의 한중일 삼국의 서역과의 이러한 관련양상은 서역에서의 정치적 무대의 중심이 북에서 남으로 이동해 갔다가, 다시 남에서 북으로 이동해갔던 것과 관련되어 있었다고 말할 수 있다.

제 3 장

알타이어의 성립과 전개양상:
인구어·중국어의 통사구조의 형성경위

어떤 한 문화권의 문화적 특징은 그 문화권의 인간들의 언어적 특징에 의해 규정된다. 보다 구체적으로 말하면, 인간의 언어 구조가 인간의 인식 구조를 형성시키고, 그렇게 형성된 인간의 인식 구조가 인간의 문화적 구조를 창출해 낸다는 것이다. 이러한 입장은 20세기 후반에 서유럽에서 출현한 구조주의자들이 학문과 언어에 대해 취했던 기본적 입장이다.

필자는 본 학술적 논의를 통해 구조주의자들의 이러한 견해에 입각해 동서양의 대표적 언어들인 알타이어·인구어·중국어 등의 통사구조가 어떻게 형성되어 나왔으며 또 그것들이 어떻게 관련되어 있는지에 대한 고찰을 통해 동서 문화권들을 비롯한 각 문화권들 간의 내적 관련성을 파악해서 그것을 기반으로 해서 글로벌 문화의 기층 구축에 필요한 이론을 정립하고자 한다.

지난 20세기말 이래 우리는 지구상의 모든 문화권들의 인간들이 보편적으로 받아들여 갈 수 있는 글로벌 문화를 구축해가고 있다. 그런데 이 구축 과정에서의 가장 큰 난관은 첫째는 산업화, 과학화, 사상화 등을 주도해온 서구인들의 인간중심주의적 가치관과 그것들을 수용해 온 동양인들의 자연중심주의적 가치관과의 대립 해소이고, 두 번째는 이슬람 문화권과 기독교 문화권 간의 갈등처럼 특정 종교들을 주축으로 해서 형성된 문화권들의 간의 대립 해소 작업이라 할 수 있다. 그렇다면, 이러한 문화들 간의 대립들은 어떻게 해소될 수 있을 것인가? 그것은 우선 무엇보다도 그러한 동서양의 문화는 어떻게 형성되어 나왔으며, 또 그러한 종교문화권들은 어떻게 형성되어 나왔는지에 대한 근본적 이해를 전제로 한다.

문화권은 어떤 동일한 세계관과 그것에 기초한 생활양식을 취하는 한 인간집단을 통해 이루어진다. 그런데 어떤 특정한 인간 집단이 취해가는 어떤 동일한 세계관과 생활양식은 그 인간집단이 사용하는 동일한 언어를 통해 형성된 것이다. 이러한 점을 감안해볼 때, 어떤 한 문화권의 형성과정은 그 문화권의 인간들이 사용하는 언어의 형성과정을 통해 파악될 수 있다는 입장이 취해진다. 동서의 분리는 유럽어군의 출현을 기반으로 이루어졌고, 각 종교문화권의 형성도 각 언어 군을 기반으로 해서 형성되어 나왔다. 따라서 일차적으로 각 문화권 내의 인간들이 사용하는 언어의 형성 과정과 그것의 특성에 대한 고찰을 통해, 각 언어 군들을 주축으로 형성된 서로 다른 문화권들 간의 대립과 갈등의 해소 방안의 추구와 글로벌문화의 기층 구축이론을 정립시킬 수 있다는 입장을 취할 수 있다.

그러나 현재 우리는 글로벌 문화의 기층 구축을 위한 이렇다 할 이론을 갖고 있지 못한 실정이다. 따라서 우리는 현재 우리가 접하고 있는 근대 서구 문명이나 특정 종교들을 주축으로 구축된 문화권들을 형성시킨 언어들, 구체적으로 말하자면 알타이어 · 인구어 · 중국어의 관련양상에 대한 근본적 이해를 기초로 해서 글로벌 문화의 기반구축을 위한 논거 확립의 필요성이 요구되고 있다.

최근까지의 알타이어, 인구어, 중국어 등과 같은 서로 다른 어족들 간의 관련성에 대한 연구는 크게 다음과 같은 세 가지 차원에서 행해져 왔다. 우선 하나는 18세기 후반 이후 행해진 역사비교언어학(Historical Comparative Linguistics)을 통해서였다. 이 역사비교언어학의 출발은 인도 캘커타 주재 영국인 최고 판사이자 산스크리트어 학자였던 윌리엄 존스 경(Sir William Jones, 1746~94)이 산스크리트어를 인구어로 파악하고 1784년 아시아학회를 설립함으로써 시작되었다. 그 후 그것은 친족관계를 형성하는 인구어들 간의 비교를 통해 인구어 공통조어(共通祖語)를 추구해나가는 쪽으로 전환해나갔다. 다른 하나는 인류학(Anthropology)과 고고학(Archaeology)을 통해서였다. 그것은 19세기 후반 다윈의 진화론의 출현을 계기로 해서 인종(人種)이나 민족(民族)에 대한 관심이 고조되어, 학문분야의 하나로 인류학이 성립되어 나왔고, 또 인간들의 선사(先史)시대에 대한 관심으로부터 고고학이 성립되어 나왔는데, 진화론적 측면에서의 그것들을 통해 언어의 발달 과정을 추구하는 방향으로 전개되어 나갔다. 인류학의 경우 폴란드의 브레스라우(Breslau, 독일어 명) 대학의 교수였던 하인리히 빈크렐르(Heinrich Winkler, 1848~1930) 등의 경우가 그 첫 사례들 중의 하나라 할 수 있는데, 다름 아닌 바로 그가 우랄 민족의 인류학적 접근을 통해 우랄어족을 연구해갔던 학자였다. 그의 그러한 입장은 그의 방대한 저서『우랄알타이 민족과 언어』(1884) 등을 통해 실현되었다. 이 책은 제1편과 제2편으로 나뉘어져 있는데, 전자는 인류학적 입장에서, 후자는 언어학적 입장에서 우랄지역과 알타이지역인의 인간들의 삶의 방식을 서술했다. 그의 그러한 저술 등을 통해 인류학적 측면에서의 언어 연구의 기초가 이루어졌던 것이다. 그런데 이렇게 언어의 친족관계, 언어의 발달과정을 규명해내는 것을 목표로 하는 역사비교언어학은 주로 언어의 음운론과 형태론을 통해서 행해져 나왔다.

나머지 하나는 언어의 통사구조(Syntax)를 통한 언어들 간의 관련성 규명이다. 18세기 후반 비교언어학에서의 각 어족들 간의 관련성 파악을 위한 어족들 간의 비교는 앞에서 언급한 바와 같이 주로 어휘론, 음운론, 형태론 등의 측면에서의 행해졌다. 물론 통사론적 차원에서의 비교도 고려되어졌었다. 그렇지만 비교언어학적 측면에서 어족들 간의 관계 파악이 행해졌을 당시에는 어휘론, 음운론, 형태론 등으로부터의 접근을 통해 파악된 어족들 간의 동일성이 각 어족간의 통사구조의 동일성 내지 유사성보다 더 확실한 증거일 수 있다는 입장이 지배적이었다. 그러한 이유로 인해 통사론적 접근만을 통한 어족간의 관련성 파악은 행해지지 않았던 것이다. 그러나 20세기 후반에 와서는 통사구조의 비교를 통해서 어족 간의 관련성을 규명하려는 입장이 성립되어 나왔다. 그러한 입장의 기틀을 마련한 자가 다름 아닌 바로 20세기 후반『통사구조(Syntactic Structure)』(1957)와『통사이론의 제양상(Aspects of Theory of Syntax)』(1965)을 지은 노암 촘스키(N. Chomsky, 1928~)였다.

이 책들에 의하면, 인간은 인간 특유의 언어능력을 가지고 태어나기 때문에 어떤 의미를 나타내는 소리의 연쇄적 문장을 생성해 낼 수 있고 또 만들어

낸 문장을 이해하고 해석할 수 있다는 것이다.[1] 그런데 촘스키에 의하면 인간의 그러한 언어능력이란 인간이 그러한 언어 능력을 발휘할 수 있는 정신구조를 가지고 태어남으로써 가질 수 있게 되었다는 것이다. 언어능력을 발휘할 수 있는 인간의 정신 구조란 주어, 술어, 목적어 등과 같은 통사상의 범주들의 관련양상의 산물이라는 것이다. 따라서 인간 특유의 언어능력의 규명을 목표로 하는 언어 연구는 통사론으로부터 출발해야 하는 것이다. 그의 이러한 언어 연구의 입장은 20세기 후반 기존의 언어학자들에게 언어 연구의 새로운 방향을 제시하였다. 그가 그런 언어연구를 통해 궁극적으로 추구해 갔던 것은 『최소주의자의 프로그램(Minimalist Program)』(1995) 등에 의하면 결국은 작게는 각 언어에서의 생성문법(Generative Grammar)을 총괄하면서 크게는 세계의 여러 언어들 속에 작용하는 언어법칙의 총체로 개념 지워질 수 있는 「보편문법(Universal Grammar)」이었다고 말할 할 수 있다.

필자가 여기에서 말하고자 하는 것은 촘스키와 같은 생성문법주의자들의 그러한 보편문법을 탐구하려는 입장에 의거해서 20세기 후반 새로운 차원에서 행해졌던 알타이어족, 인구어족, 중국어 등과 같은 여러 언어들 간의 관련성의 탐구 작업이 두 어족들 이상의 공통조어(共通祖語)의 탐구의 형태로 구체화되어 나왔다고 하는 것이다. 예컨대 1980년대 이후 일본에서는 오노 스스무(大野晋, 1919~2008) 등과 같은 언어학자들에 의해 인구어 이전의 드라비다어족(Dravidian)의 일파인 타미르어(Tamil)와 일본어의 관계를 연구해 그것들의 공통조어의 존재를 예측해냈다. 그러한 성과들은 현재 알타이어족, 인구어족, 중국어 등이 형성되기 이전에 그것들의 공통조어가 존재했었다는 학설을 제기하고 있다. 구도 스스무(工藤進, 1940~)와 같은 이 방면의 연구자들은 그 공통조어를 '유라시아어'로 명명하고 있다.[2] 이 공통조어의 존재에 대한 인정은 알타이어족, 인구어족, 중국어 등이 형성되기 이전에 유라시아에는 하나의 공통된 언어문화권이 형성되어 있었다는 것에 대한 인정이기도 하다.

이 학술적 논의는 알타이어, 인구어, 중국어 등의 관련성을 규명함에 있어 지질학, 인류학, 언어학, 철학, 심리학 등과 같은 학문분야의 연구 성과들과 방법들의 활용을 통해 행해지지 않을 수 없다. 또 이 학술적 논의는 이 분야의 연구 성과에 의거해 알타이어, 인구어, 중국어 등의 공통조어문화권으로서 유라시아언어문화권의 존재를 인정하는 입장을 취해 행해진다. 그러나 선행연구가 제시한 알타이어, 인구어, 중국어 등의 공통조어로서의 유라시아어의 존재는 아직 가설단계의 것에 불과하다. 따라서 이 학술적 논의는 인류학의 문화권설, 언어학분야의 문자학 및 통어론과 언어사, 철학의 인식론 등의 총체적 차원에서의 접근을 통해 그러한 어족들의 공통조어로서의 유라시아어의 존재를 입증시킨다는 작업의 일환이라는 차원에서 행해진다.

언어의 통사구조의 특징은 인간의 정신구조의 특징을 규정짓는다. 어떤 한 시대나 어떤 한 민족의 문화적 특징은 그 시대 그 민족의 정신구조의 특징에 의해 규정된다. 그런데 어떤 한 시대의 인간이나 어떤 한 민족이 사용하는 언어의 통사구조의 특징이란 인간과 인간이 처한 환경과의 관계 속에서 이루어지는 것이다. 필자는 이러한 사실들을 근거로 하여 인류의 자연환경에 대한 적응방식의 변화과정을 주축으로 언어의 통사구조의 형성과정을 파악한다는 입장을 취했다.

언어의 통사구조는 가) 술어(명사내지 명사구)로 시작해 나) 주어+술어(혹은 술어+주어) 다) 주어+목적어+술어(혹은 주어+술어+목적어)로 전개되어 나갔다. 이러한 통사구조의 형성과 전개과정은 인간의 사물에 대한 인식능력의 발달 과정을 기반으로 해서 이루어진다. 첫 번째 단계는 인간이 자신의 인식대상만을 인식하고 인식의 주체인 자기 자신에 대한 인식까지는 인식하지 않는 단계에서 행해지는 언어형태이다. 두 번째 단계는 인간이 자기 자신을 인식하게 된 이후에 행해지는 언어형태이다. 세 번째 단계는 인간이 자기 자신의 존재는 물론 자기 자신이 행하고 있는 일이 어떠한 것인지를 확실히 인식하고 있는 단계의 언어형태이다. 한편, 인류학에서 인간의 자연환경에 대한 적응방식은 구석기시대, 신석기시대, 금속기시대 등의 생활방식이라는 형태로 전개되어 나왔다. 그렇다면 각 시대의 인간들은 어떠한 형태의 언어를 사용했던 것인가? 또 각 지역의 인간들은 어느 시대에 어느 지역의 문화를 받아들여 현재와 같은 언어문화를 확립하게 되었던 것인가? 이상과 같은 물음들에 대한 해결을 통해 각 언어 군들의 관련성을 규명한다는 입장을 취한다.

필자는 다음과 같은 논리전개의 수순을 취한다. 우선, 가) 이 지구상에서의 구석기시대의 문화와 구석기인의 언어 형태, 신석기시대의 도래경위와 신석기인의 언어형태, 금속기시대의 도래와 금속기인의 언어형태 등을 논한다. 다음으로 나) 구석기·중석기문화와 유라시아대륙의 '유라시아어'를 논한다. 다) 신석기문화와 셈어족(명사문 내지 동사문), 라) 금속기문화와 알타이어와 인구어족 및 중국어, 라)알타이어·인구어·중국어 등의 관련양상을 고찰한 다음, 끝으로 마) 그것들의 관련양상에 대한 지식들을 기반으로 글로벌 문화의 기반구축에 소용되는 이론을 제시한다.

1. 구석기시대의 문화와 구석기인의 언어 형태

1) 현생 인류의 언어기원과 구석기시대의 인류

지질학에 화석인류(化石人類)라는 말이 있다. 이 말은 지질시대의 제4기 홍적세(洪積世)에 살았던 인류가 화석화되어 현재 우리에게 발견된 인류를 일컫은 말이다. 여기에서 홍적세란 말은 지질학적으로 현재 우리에게 보이는 대부분의 산맥들이 형성되어 나왔던 신생대(新生代, 6500만 년 전~현재)의 제4기 전반기로 약 450만 년 전에서 1만 년 전까지의 기간을 가리킨다. 문화 인류학자들에 의하면, 바로 이 시기에 이 지구상에 인류가 출현했다는 것이다. 그들은 그 증거로 그 당시의 인류에 의해 제작되었던 것으로 측정되는 석기, 예컨대 날이 인공적으로 다듬어진 돌들을 제시하고 있다. 그들은 홍적세에 인류에 의에 제작된 그러한 석기가 그 시기의 대표적 도구였다는 판단 하에 이 기간을 구석기시대라 말하고 있다. 이 시기는 적어도 4차례 이상 빙하기가 주기적으로 도래해 그때마다 빙하가 지구를 뒤덮고 있었고, 공룡 등의 포유류가 번성했던 시기였던 것으로 고찰된다.

인류의 출현은 침팬지 등과 같은 영장류(靈長類)라 불리는 동물부터였던 것으로 고찰되고 있다. 우리가 홍적세의 화석인류를 인골 형태의 측면으로 분류해보면, 그것들은 원인(Australopithecus, 猿人), 원인(Homo erectus, 原人), 구인(Neanderthal man, 旧人), 신인(Homo sapiens, 新人)이라고 하는 4종으로 이루어져 있다. 이들의 골형의 특징을 분석해보면, 그것들은 영장류동물로부터 현대인으로의 진화 양상을 여실히 보여주고 있는데, 그러한 진화는 빙하기의 주기적 도래 등에 인한 기후변화가 그 원인이었던 것으로 이야기되고 있다.[3] 그런데, 논자가 여기에서 말하고자 하는 것은 구석기시대의 문화가 바로이 4종의 인류들에 의해 일으켜졌던 것이었다고 하는 것이다.

인류학자들의 연구결과에 의하면, 구석기시대의 초기에 출현한 원인(猿人)은 구석기시대 초기인 450만 년 전에 아프리카 동부의 에티오피아 아파르(Afar)지역이라든가, 270만 년 전 탄자니아 올두바이(Olduvai) 협곡과 같은 지역 등에서 출현하였다.[4] 그들은 조약돌과 같은 돌들의 한쪽에 날을 세워 그것들을 도구로 사용했고, 또 돌들로 돌망치 등과 같은 것들도 만들어 사용했다. 그 다음 180만 년 이후에 출현한 원인(原人)도 역시 아프리카에서 출현했다. 원인(猿人)의 문화를 이어 받은 그들은 70만 년 전에서 40만 년 전에는 와서는 돌도끼와 불 등을 사용했다. 아프리카로부터 출현한 그 인류는 대략 150만 년 전에서 70만 년 전 사이에 와서는 아라비아반도, 지브롤터(Gibraltar) 해협 등을 건너 아시아, 유럽으로 건너왔다. 그들이 일으킨 그러한 문화는 현재 중동, 유럽, 인도, 동남아시아, 동아시아에까지 퍼져나갔다. 예컨대, 호모 에렉투스가 아프리카에서 최초로 사용했던 돌도끼의 일종이 1978년 경기도 연천군의 전곡리에서 발굴되고 있는 것이다.

구인의 첫 출현도 구석기시대 중기 초인 30만 년 이전에 역시 아프리카지역으로부터라고 추정되고 있다. 그러니까 구인은 홍적세, 즉 마지막 빙하기의 전반기 이전에 출현한 것으로 판단되고 있다는 것이다. 독일 서남부의 네안데르 계곡에서 발견된 네안데르탈인으로 불리는 화석인골이 그 대표적 근거로 제시되고 있다. 그들은 고도의 지능을 갖고 있었으며 그들에 의해 제작된 대표적 석기는 양측에 날이 있고 끝이 날카로운 거북자형의 석기이다. 그들은 구덩이를 파서 죽은 자를 매장했는데, 이 때 타원형으로 구덩이를 파고 그곳에 시체를 매장한 다음 그 위에 둥근 돌을 배치했던 예도 발견되고 있다. 네안데르탈인은 2만 8천 년 전까지 이 지구상에 존재해 왔다. 그러다가 그것은 4만 년 전에 출현한 호모 사피언스의 아종(亞種)으로 판단되는 호모 사피엔스 사피엔스(Homo sapiens sapiens)에 의해 교체되었던 것으로 파악되고 있다. 현재 그들은 유럽 각지, 아프리카, 서아시아, 중앙아시아, 동아시아, 동남아시아 등으로 퍼져나간 흔적도 발견되고 있다.

신인(新人)은 구석기시대 후기라 할 수 있는 20만 년 전에서 1만 년 전 사이, 그러니까 마지막 빙하기의 후기에 출현한 인류이다. 그들의 첫 출현도 20만~14만 년 전 아프리카로부터였던 것으로 고찰되고 있다. 그들이 아프리카를 벗어나 유라시아 대륙으로 이동한 것은 10만 년 전이고 5만년 경에는 지구상의 각 곳에 퍼져나갔던 것으로 추정되고 있다. 프랑스 남부에서 발견된 크로마뇽인이 그 전형이라 할 수 있다. 그런데 문화인류학자들은 그들이 구인을 직접적 선조로 해 출현한 인류로 파악해 왔었다. 그러다가 1980년대 후반 유전자인류학의 등장으로 인해 여러 네안데르탈인들의 유골에서 미토콘도라아 DNA가 추출되어 현생인류의 직접적 조상인 호모 사피엔스가 유전학적으로 구인 네안데르탈인과는 별종이라는 사실이 판명되었다.

인류학자들은 현생인류인 호모 사피엔스 사피엔스를 호모 사피엔스의 아종(亞種)인으로 보고, 그들의 첫 출현을 구석기시대 후기인 4만 년 전 아프리카대륙의 북동부지역인 에티오피아지역 근방으로 보고 있다. 그들이 제작한 대표적 석기는 긴 원추형의 돌칼이다. 그들은 여인소상(女人小像. 비너스 상)이라 불리는 상아로 된 조각품, 골각제(骨角制) 장식품, 동굴벽화 등을 남겼다. 그들도 아프리카에서 유럽, 서아시아, 인도, 러시아, 중국, 일본, 아메리카대륙 등의 지역으로 퍼져나간 것으로 고찰되고 있다.

인류학자들 사이에는 호모 사피엔스의 출현에 대해 아프리카 기원설과 다지역 기원설로 양분되어 있다. 전자의 경우는 15만년 이전의 화석이 아프리카에서 밖에는 출현되지 않는 것에 근거한 것이고, 후자의 경우는 호모 사피엔스가 200만 년 전에 아프리카에서 출현해 지구의 각 지역에 흩어져 있던 호모 에렉투스의 아종으로 볼 수 있다는 입장에 의거한 것이다. 그런데 우리가 호모 사피엔스의 경우와 마찬가지로 호모 사피에스 사피엔스가 호모 사피엔스의 아종이라는 입장을 받아들인다면 우리는 그것이 호모 사피에스로부터 아프리카의 북동지역에서 최초로 출현해 그 후 유라시아대륙으로 나와서 각 지역으로 흩어졌다 것을 우선 일차적으로 인정해야겠지만, 그것 외에도, 유리시아에 흩어져 있는 호모 사피엔스들로부터도 호모 사피엔스 사피엔스가 출현했을 가능성이 얼마든지 있다는 것을 인정해야 하는 것이다.[5] 현생인류인 호모 사피엔스 사피엔스가 구석기시대 후기인 4만 년 전에 호모 사피엔스로부터 그러한 식으로 출현했다고 한다면, 현생인류 호모 사피엔스 사피엔스의 언어를 논할 때 다원설을 취하지 않을 수 없는 것이다.

2) 현생인류의 공통조어와 구석기인의 언어형태

이상과 같이 구석기시대의 인류와 문화 형태를 고찰해 볼 때, 우리에게는 구석기인의 언어형태의 파악과 관련하여 다음과 같은 논의가 가능해진다.

첫째 상기와 같이 현재 문화인류학자들은 현생인류의 최고의 조상을 침팬지와 같은 영장류 동물로부터 진화해 나온 원인(猿人)이나, 그것을 배경으로 해서 출현한 호모 에렉투스(原人)나 혹은 구인(旧人) 네안데르탈인으로 보고 있지 않다. 그들은 그것을 호모 사피엔스(新人)로 보고 있는 것이다. 그 주된 이유는 호모 사피엔스 단계에 와서야 비로소 인류가 언어를 사용할 수 있게 되었기 때문이라는 것이다. 이처럼 문화인류 학자들에게서의 언어는 인간과 동물을 구분 짓는 잣대로 인식되어 나왔다. 그렇다면 인간에게서의 언어란 과연 어떠한 것인가?

인류가 동물로부터 진화해 나왔다고 하는 구체적 증거는 동물들이 자기들의 삶을 실현해나가는데 있어 그렇다할 어떠한 도구도 사용하지 않고 있지만 인류는 어떤 도구들을 사용한다고 하는 것이다. 우리가 초기단계의 인류인 원인(猿人)을 동물과 구별해냈던 것은 그들이 동물들과는 달리 돌과 같은 도구를 사용해 자신들의 삶을 실현해 나갔다는 점에서였던 것이다. 현대인들에게서의 최고의 삶의 실현수단이란 아마도 가장 대표적 의사전달 수단인 언어임에 틀림없다. 인류는 언어를 자기의 삶의 실현수단들 중의 하나로 초기의 원인단계에서부터 꾸준히 언어를 개발해 나왔다.

우리는 구석기 시대의 인간들이 어떤 언어를 사용했는지는 결코 알 길이 없다. 그러나 우리가 그것과 관련해 확실히 말할 수 있는 것은 구석기인들에게도 의사전달의 수단이 있었다고 하는 것이다. 그 이유는 인류 전단계의 어떠한 동물들까지도 그것들 나름의 의사소통 수단을 지니고 있기 때문이라는 것이다. 모든 종류의 동물들은 타자들에 대한 자기표현들을 통해 집합생활을 행해 간다. 동물들에게서의 자기표현은 정신적 긴장을 풀어주는 안전밸브의 역할을 할뿐만 아니라 동료들에게 자기 기분을 전달하는 구실을 한다.[6] 동물들이 지니는 의사전달의 수단의 대표적 예는 울음소리와 몸짓이다. 새의 노래 소리를 연구하는 생물학자들은 노랑멧새의 노래 소리에서 어떤 소절을 빼버린 상태에서 그것을 수컷에게 들려 준 결과 그 수컷이 이상한 반응을 보이는 것을 확인했고, 또 휘파람새에게 노래 소리의 녹음을 거꾸로 들려주었더니 아무런 반응을 보이지 않는다는 것을 확인하고 그 새들에게서는 그 노래 소리들이 의사소통수단이라는 입장을 취하고 있다.[7] 구석기인들도 원숭이와 같은 동물과 마찬가지로 음성과 몸짓으로 의사소통을 해갔다는 점에서는 동물과 별다른 차이가 없었던 존재였다. 그러나 구석기인들의 의사소통의 수단으로서의 음성이나 몸짓은 동물들의 커뮤니케이션의 수단으로서의 울음소리나 몸짓과 어느 정도 달랐을 것이다. 그렇다면 그것들은 어떻게 달랐을 것인가? 예컨대 동물들의 울음소리의 경우를 생각해보자. 그것들은 자음들로만 이루어졌고, 또 높낮이가 격하다. 또 그것들은 그것들의 대부분이 단음절들로 이루어지며, 그 음절들의 배열에는 이렇다 할 음운상의 법칙이나 구성상의 원리가 발견되지 않는다.

그러나 인간들의 말은 우선 자음과 모음으로 이루어졌다. 또 그것을 이루는 각 음절들은 음운, 형태, 구성상의 법칙내지 원리에 입각해 배열된다.

그렇다면 원인(猿人)의 말은 어떤 형태의 것이었는가? 동물들의 소리와는 분명히 달랐겠지만, 그러나 그것은 동물들의 소리와 아주 유사한 형태의 것이었다 할 수 있다. 새, 개, 말, 소 등과 같은 동물들의 소리에는 분명 그것들의 몸짓들이 동반된다. 그들에서의 소리들은 몸짓이 행해지는 과정에서 행해진다. 그래서 동물들이 내는 소리는 그것들이 행하는 몸짓과 분리해 생각할 수 없다고 하는 것이다. 원인의 말도 원인의 어떤 몸짓과 함께 행해진 것들이라 할 수 있다. 이 경우 원인에 의해 행해지는 말들의 형태는 동물들의 울음소리들처럼 대부분이 단음절의 형태를 띠고 있으며 원인에 의해 발화된 단음이 그의 몸짓과 결합되어 상대방에게 어떤 의미를 전달했을 것이다. 이 경우 단음으로 이루어진 말은 중국어의 경우처럼 몸짓과 결합해 하나의 명사로 된 주어나, 혹은 하나의 동사나 형용사로 된 술어로서의 역할을 해냈을 것이다. 간단히 말해, 원인의 말들은 하나의 주어 혹은 술어만으로 이루어진 말들의 형해를 취했을 이라는 것이다. 원인이 상대방에게 예컨대, '이 돌이 차갑다'라는 뜻을 상대방에게 알리려 했을 때 그는 그 돌을 손에 들고 상대방에게 얼굴을 찌푸리며 그것을 그에게 내밀면서, 예컨대 "냉, 냉"이라고만 한 마디로 말했을 것이라고 한다는 것이다. 이 경우 '냉'이라고 하는 말은 상대방에게 '이 돌이 차갑다'라는 뜻을 전달함에 있어서 주어의 역할을 했었을 수도 있고 술어의 역할을 했었을 수도 있다. 만일 '냉'이라고 하는 말이 술어의 역할을 했다고 한다면 그의 손에 들어올려진 돌이 주부의 역할을 했음에 틀림없다. 이 경우, '나'라고 하는 존재가 주어가 되면 '나' 이외의 세계, 보다 구체적으로 말하면, '내' 손의 '돌'이나 혹은 그 '돌'이 존재하는 세계는 술어가 되는 것이다. 그 후 그것은 나라고 하는 존재가 자연으로부터 분리되어 나와 하나의 독립된 개체로 인식되어 나옴으로써 '내'가 술어가 된다든가, 혹은 주어가 되는 단계로 발전되어 나오게 됐던 것이다.

이러한 커뮤니케이션의 형태는 원인(猿人)에서부터 행해졌고 또 그것이 원인(原人)에 의해 계승되었다. 명사 내지 명사구만으로 이루어졌던 그러한 초기 형태의 말은 자아인식이 강해진 구인에 와서는 이전과는 달리, 명사나 명사구로 이루어진 주어에 동사나 형용사로 이루어진 술어가 첨가된다든가 혹은 그 반대의 형태 등으로 발전되어 나왔다.

그렇다면 주어나 혹은 술어만으로 이루어진 말들의 형태는 예컨대 어떻게 해서 주어와 술어로 이루어진 말의 형태로 전환해 나왔던 것인가? 앞에서 고찰한 바와 같이 인류는 구인 단계로 진화해 나와서야 비로소 자신과 자신을 둘러싸고 있는 세계를 별개의 존재로 인식해냄으로써 이 지구상에서 자기 자신이 어떠한 존재라는 것을 깨닫게 되고, 자기가 자기 자신을 보게 되는 안목을 소유하게 되는 단계에 이르게 된다. 이렇게 인류가 구인·신인의 단계에 와서 그들이 이 세상에서의 자기 자신의 존재를 발견하게 되었던 것은 자기를 세계로부터 분리시켜 냈기 때문에 가능했던 것이다.

구인·신인이 그러한 인류였다는 것은 그들이 죽은 자들을 매장했고 자기 자신들의 모습을 조각해냈었다는 사실이 역력히 말해주고 있는 것이다 우리가 세상을 바라볼 수 있는 것은 우리가 우리 자신의 세계로부터 분리해 나왔기 때문이고, 우리가 우리의 존재를 인식할 수 있는 것도 우리가 우리 자신을 세계로부터 분리시켜 냈기 때문이다. 내가 세계와 일체가 되어 그동안 세계 속에 그것의 일부로 존재해 있던 내가 세계로부터 빠져 나와 내가 나의 입장에서 세계를 인식하게 됨에 따라 나와 세계가 양분되어 나오게 되었던 것이다. 나와 세계를 양분해 인식해 가게 된 인간의 인식 방식이 주부나 혹은 술부만으로 이루어진 말을 주부와 술부로 이루어진 말로 전환시켜냈다고 하는 것이다. 한마디로 말해, 인류는 구인·신인의 단계로 진화해 나와 주부와 술부로 이루어진 말을 할 수 있게 되었던 것이다. 이 경우 주어와 술어의 어순은 그렇다할 문제가 되지 않는다. 화자 자신이나 혹은 화자 편에 있는 인간에 대한 의식이 상대방 청자나 인간의 인식대상인 자연에 대한 의식보다 더 강하면, 알타이어 등의 경우처럼 주어가 술어 보다 먼저 나오고, 그 반대일 경우는 아라비아어 등의 경우처럼 술어가 주어보다 먼저 나올 수 있는 것이다.

둘째, 원인(猿人), 원인(原人), 구인, 신인 등과 같은 구석기시대의 인류들은 모두 다 아프리카 대륙에서 출현한 인류들이다. 그들은 빙하기의 주기적 도래로 인해, 빙하기와 간빙기의 도래가 몰고 온 한대와 열대성 기후에 밀려 철새들처럼 지구상을 이동해 다니는 과정에서 상기와 같은 4단계를 거쳐 현생인류로 진화해 나왔다. 그들은 그러한 끊임없는 이동생활 과정에서 자연과 투쟁해 가던 중 동료들이나 부모들의 예기치 못했던 죽음 등과 같은 사건들을 통해 자기 자신들의 새로운 모습들을 발견해 나갔던 것이다. 그 결과 그들은 앞에서 언급한 바와 같이 주어와 술어로 이루어진 말의 구조를 만들어냈고, 그 뿐만 아니라 또 그들은 자신들의 끊임없는 이동생활 과정에서 취한 자신과 세계와의 관련방식에 입각해 그들이 행해가는 언어의 형태론 차원의 질서를 만들어 나갔다. 언어에서의 형태론적 차원의 어법이란 주어와 술어 등을 구성하는 단어들 간의 연결방식에 관한 어법이다. 구석기인들의 언어는 그들의 끊임없는 이동생활의 과정에서 취해진 것이기 때문에 그들의 이동생활 방식이 그들의 어법의 기초가 됐음은 말할 필요가 없다. 이동생활을 행해가는 구석기인들의 주된 관심은 자신들의 현재의 상태를 예측 불가능한 미래의 어떤 한 상태에 어떻게 연결시켜나갈 것인가에 관한 것이었다 할 수 있다. 그래서 그들의 그러한 관심이 언어에 반영되어 결국 그들의 언어가 교착어(膠着語, agglutinating language)의 기본적 성격을 취하게 된 것이다. 따라서 이동생활의 양식을 취했던 구석기인들의 언어는 처음에는 우리가 고대이집트어 등에서 발견할 수 있는 것처럼 처음에는 명사문의 형태로 성립되어 나와서 동사문의 형태로 발전해 나왔다. 이 경우 대부분의 언어들은 처음에는 술부와 주부만으로 이루어진 고립어의 형태를 취했던가 아니면 교착어의 형태를 취했다. 이 경우 교착어의 문법적 특징은 언어를 구성하는 각 성분들의 문법적 형태가 후속(後續)되는 성분들과의 관계 속에서 결정된다. 그렇기 때문에 교착어의 경우는 문장을 구성하는 단어들의 후속 단어들과의 접착양식이 바로 문법이라는 입장이 취해진다. 이렇게 봤을 때, 교착어에서의 문장의 구성성분들은 후속되는 단어들에 의해서만 문법적 제약을 받을 뿐, 문장 속에서의 그것들의 어순이나 위치로부터는 문법적 제약을 받지 않는다. 그렇기 때문에 교착어의 경우 그 구성성분들은 어순이나 위치로부터 자유로울 수 있는 것이다. 따라서 주어와 술어의 위치가 바뀌어도 말의 뜻이 통하지 않거나 뜻이 변하는 경우가 없는 것이다.

셋째 우리가 인류의 공통조어를 찾아야 한다면, 우리는 분명 원인(猿人), 원인(原人), 구인, 신인으로 진화해 나온 구석기시대 인류의 언어들로부터 그것을 찾지 않을 수 없다. 그런데 우리가 여기에서 유전인류학적으로 접근해 봤을 때, 구인과 신인이 별종이라는 사실을 감안해 봤을 때 우선 우리는 현생인류의 공동조어를 구석기시대의 신인의 언어로 규정하지 않을 수 없다. 그 이유는 보다 자세히 후술되겠지만, 우선 첫째는 신인이 아프리카에서 출현해 전지구상으로 퍼져나가 이동생활을 해가던 과정에서 그의 언어가 형성되어 나왔다고 하는 것이고, 두 번째는 정착생활이 시작된 신석기시대로 들어와 공통조어로부터의 새로운 어족이 분화되어 나왔다는 입장이 취해지기 때문이다.

구석기시대 인류의 이동 생활방식이 후대에 전승된 것은 유목민들에 의해서였다 할 수 있다. 그런데 이 지구상에서 아프리카에서 유라시아대륙 끝까지 가장 긴 이동생활을 해갔었던 민족들 중에서 지금까지도 유목생활을 영위해가는 민족은 몽골족이다. 그런데 그들이 사용해가는 언어는 알타이어이다. 이 언어는 우랄·알타이어족이 현생인류의 공통조어라 할 수 있는 구석기시대의 신인의 언어를 이어받아 계승 발전시켜 나왔던 언어로 볼 수 있다. 따라서 만일 셈어족, 인구어족, 오스트로·아시아어족, 말레이·폴리네시아(Polynesia)어족, 중국어 등의 공통조어(共通祖語)가 존재한다면, 분명 알타이어가 그것들의 공동조어에 가장 가까운 어일 것이라는 입장이 취해진다.

이러한 측면에서 생각해볼 때, 현생인류의 공동조어는 다음과 같은 특징을 지닌 것이라 할 수 있다. 우선 통사론적 측면에서는 주어+술어 혹은 술어+주어의 형식을 취했고, 다음으로 음운의 측면에서는 모음+자음 혹은 자음+모음의 형태를 했으며, 끝으로 형태론적 측면에서는 어떤 말에 독립성이 없는 조사나 접사(接辭)를 붙여 단어들 간의 문법적 기능을 취하는 교착어어적 특징을 취했던 언어였다는 것이다.

2. 신석기시대의 문화와 신석기시대인의 언어형태

1) 신석기시대의 도래와 신석기시대의 문화 형태

문화인류학자들은 이 지구상에서의 신석기시대의 도래를 기원전 1만 2천 년에서 7천 년 전으로 파악하고 있다. 신석기시대란 4만 년 전에 아프리카에서 출현한 호모 사피엔스 사피엔스가 기원전 1만 2천 년경까지 이동생활을 하다 가, 기후 등의 변동으로 인해 그간의 이동생활을 청산하고, 물이 있는 지역들 예컨대, 강의 하구 등과 같은 지역으로 모여들어 그 곳에서 정착생활을 하게 된 시대를 가리킨다. 그 동안 줄곧 이주생활을 영위해 왔던 구석기시대의 신인 은 토기, 세석기 등의 도구들을 제작해 사용하였던 중석기시대(기원전 1만 5천 년 전~기원전 8000년 전)를 거쳐 돌들을 갈아서 석기를 제작해 그것들을 이용해 일정한 지역에서의 농경과 목축생활을 행하게 되었던 것이다.

이 신석기시대의 도래는 마지막 빙하기가 끝나자, 지구상에 온난화 현상 등이 야기되는 등 새로운 기후변화가 일어남으로써였다. 산 정상에 쌓여 있던 빙하가 녹아내리는 과정에서 강 하구에 충적층이 형성되었다. 그러자 그곳으 로 물고기, 조류 등이 모여들었다. 이렇게 대기 중의 수분이 물로 변화되어 지구상의 특정지역으로 모이게 되자, 대기 중의 수분이 감소해 강 유역 이외의 지역에서는 가뭄이 들지 않을 수 없었다. 그 결과 그 동안 초원이나 산간 등을 이동해 다니면서 수렵, 채집 등을 통해 식량을 구해 왔던 인간들이 강 유역으 로 모여들었다. 그들은 그곳에 모여든 고기나 조류 등을 잡아 생활해가다가, 결국 그곳에 정착해 가축들을 기르고 농작물을 재배해가게 되었던 것이다.

지구상에서 인간들의 그러한 정착생활이 가장 일찍 이루어진 곳은 기원전 1만 년에서 기원전 8000년 사이의 메소포타미아 지역, 지중해 동안 지역, 이집 트 나일강 유역, 인더스강 유역, 황하 유역 등이었다. 기원전 6000년경에 와서 는 농경사회가 정착되어 각 지역에서 농축생산에 기반을 둔 경제체제가 형성 되어 나왔고, 기원전 3500년에서 1800년 사이에는 각 지역에서 도자기, 동기 및 철기 등의 제작에 종사하는 전문수공업자들이 등장해 도시의 도시문명이 출현하게 되었다.

이와 같이 구석기시대의 신인은 신석기시대로 들어와 식물을 재배하고 가축을 길렀다. 또 그들은 메소포타미아지역에서 기원전 6000년경에 행했던 것처럼 강에서 물을 끌어들이는 관개기술을 개발해 농경지를 확대시켜나갔고, 기원전 5500년경 황하지역에서 행했던 것처럼 소의 힘을 이용해 농사를 지었으며, 적들을 막기 위해 마을에 방어벽을 쌓기도 했다. 신석기인들의 그러한 삶의 태도는 자신들이 처해있는 자연환경에 대해 구석기시대의 인간들의 그것보다 훨씬 더 적극적이었다. 그들은 대자연을 구성하는 것들을 적극적으로 이용하여 자신들의 어떤 목적들을 실현시켜나간다는 입장을 취해갔었다. 이와 같이 기본적으로 구석기시대의 인간들이 대자연에 순응해 살아간다는 삶의 자세를 취해갔음에 반해 신석기시대의 인간들은 그것에 대한 대립적 입장을 취해 자신들이 처해 있는 자연환경의 일부를 자신들에게 적합한 생활공간으로 개조해 나갔다. 신석기인들은 이주생활을 행해갔던 구석기인들과는 달리 일정한 지역에 정착해 살게 됨으로써 정착지역에서 일어나는 기후변화나 홍수와 같은 자연재해 등에 대항해 가야했다. 그들이 자연의 일부를 개조해가고, 그것들에 대항해 살아남기 위해서는 무엇보다도 자연의 변화에 대한 세심한 관찰과 연구가 요구되었다.

신석기인들의 그러한 정착지역들 중에서 홍수로 인한 자연재해가 가장 빈번히 발생했던 지역은 메소포타미아지역과 나일강 유역으로 고찰된다. 메소포타미아지역을 흐르는 유프라테스와 티그리스 강의 상류지역은 흑해와 카스피해 사이에 위치한 카프카스 산맥 등이 있는 지역이다. 그런데 그 지역은 멀리는 대서양에서 불어오는 습기 찬 편서풍과 가깝게는 지중해와 흑해에서 불어오는 습기 찬 기류가 흑해 남쪽의 쿠제이 아나돌루 산맥, 카스피해 남쪽의 엘부르즈 산맥, 메소포타미아 북동쪽의 자그로스 산맥 등으로 이루어져 있어 그곳을 지나는 습기 찬 대기가 그곳에 빙하를 형성시켜 나왔었던 것이다. 그러나 해빙기가 도래해 빙하가 녹게 되자 강물이 범람해 대홍수가 나서 어떤 때에는 촌락이나 도시 전체가 없어져 버리는 것이 다반사였다. 구약에서의 노아의 대홍수가 그 한 예이다. 그곳에서의 인간과 자연과의 그러한 반복된 투쟁은 이 지구상에서의 가장 일찍 고대문명을 창출시켰던 것이다. 인류에 의한 메소포타미아문명과 같은 고대문명의 창출은 인간 자연으로부터 벗어나서 자연을 지배해 가는 주체적 입장을 취하게 됨으로써 가능해지게 되었던 것이다.

나일강지역의 연례적 범람은 우리에게 잘 알려진 이야기이다. 선고대 이집트인들도 그 연례적 범람으로부터의 재해를 피해가기 위한 방법으로 나일강지역의 자연현상들에 대한 세심한 관찰이 요구되었었다.

"나일강의 홍수가 시작되는 매년 7월부터 홍수가 끝나는 9월까지는 충적평야전체가 물밑에 잠겼다. 이전의 정상적인 상태까지 물길이 물러갔을 때는 비옥한 개흙의 침전물이 남게 되어 거기에서 새로운 농작물이 겨울과 봄철의 따사로운 태양아래서 무성히 자랄 수 있었다. 홍수의 출현은 예측이 가능했다. 해마다 가장 밝은 시리우스별이 태양이 뜰 무렵 솟아오르면 그 직후 홍수가 있었다. 그러나 그 수량까지는 알지 못했다."[8]

"선사시대의 이집트인들은 지평선상에서 뜨고 지는 별들과 같이 순환하는 천체현상을 시간에 따라 주기적으로 관찰할 수 있었다. 태양신의 사원이 있는 헬리오폴리스에서는 천문학이 특별히 연구되었는데 그곳에서 행해지는 제사는 시간측정 및 천체의 움직임과 밀접히 관련되어 있었다. 초기의 고왕국 시대의 헬리오폴리스 출신의 건축가들과 기술자들은 피라미드의 정확한 방향설정과 기하학적 완성 등을 책임져갔던 것으로 보인다."[9]

"배를 대는 강변에서는 마일로미터(milometer, 수위를 재는 기계)를 설치해 물이 불어나는 증수폭을 기록하고 범람의 규모와 사간을 예측했다."[10]

신석기인들의 자연에 대한 이러한 입장은 당시 그들이 이 대자연 속에서 자신들을 주체(subjects)로 생각하고 자신들이 처해 있는 자연을 객체(objects)

로 인식하고 있었다는 사실을 말해주고 있다. 다시 말해서 인류는 신석기시대로 들어와 자신들을 자연의 일부로 인식해왔던 생각들을 버리고 자연으로부터 탈출해 나와 자연을 자신들의 삶의 목적 실현의 수단으로 인식해가게 되었던 것이다. 신석기인들의 그러한 삶의 자세는 자신들이 지배자이고 자연이 피지배자라는 인식을 그들에게 형성시켜 나갔던 것이다. 그러한 과정에서 인간이 자연으로부터 독립해 나왔고, 또 인간이 자연과 대립적 입장을 취해가게 되었으며 그러한 입장이 확립되는 과정에서 인간이 대자연 속에서의 자기 자신의 존재를 발견해가게 되었던 것이다.

2) 신석기인의 언어형태

신석기인들의 자연에 대한 그러한 인식은 새로운 인식구조를 창출해 나갔고, 또 그러한 새로운 인식구조는 언어표현에 있어서의 새로운 통사구조를 창출해냈다. 그 결과 인간의 언어 속에서 주어가 형성되어 나오게 됨으로써, 주어(S)와 동사(V) 혹은 주부와 술부로 이루어진 언어구조가 형성되어 나오게 되었던 것이다. 물론 주어-술어라고 하는 언어구조는 이미 구석기 시대의 이동생활을 통해서 형성되어 나온 언어구조이다. 그러나 구석기시대에 형성된 이 언어구조는 주체가 자연이고 객체가 인간이라고 하는 인식구조가 창출해낸 언어구조라 할 수 있다. 이에 대해 신석기 시대에 형성된 언어구조는 인간이 주체이고 자연이 개체라고 하는 인식구조가 창출해낸 것으로서 기본적으로 인간을 주어로 하고 술어를 자연으로 하는 언어구조라고 하는 점에서 구석기 시대의 것과 구별된다.

보다 구체적으로 말하자면 그것은 구석기시대의 술어(V) 혹은 술부의 언어형태에 주어가 첨가된 형태의 것이라 할 수 있다. 이것은 신석기인의 인식 속에 어떤 강한 주체의식 혹은 자아의식이 형성되어 그것이 그들의 의식 속에 내재해 있었다는 증거라 할 수 있다. 인간에게서의 어떤 주체의식이나 자아의식은 인간이 어떤 것으로부터 독립된 존재라는 의식이라 말할 수 있다.

인간이 어떤 것을 기필코 이루어내려면 반드시 어떤 지속적 행위가 수반되어야 하다. 언어에서의 어떤 행위는 동사로 표현되고 인간에게서의 어떤 행위란 자신이 처해 있는 세계의 일부를 자기의 욕망 차원으로 개조해내기 위한 수단이다. 따라서 인간의 모든 행위는 그 행위의 대상을 수반한다. 보다 구체적으로 말하면, 그것은 행위목적의 직·간접적 대상을 수반한다는 것이다. 인간의 행위나 그 행위의 대상이 언어로 표현될 때, 행위의 주체는 주어로 행위는 동사로 행위의 대상은 목적어로 표현된다. 그러나 자신이 행하는 행위의 목적의식이 확실히 인식되어 있지 않을 경우 행위와 그 행위의 대상은 구분되지 않고 행위의 대상이 행위의 일부로 인식된다. 이 경우 주어+동사+목적어나 혹은 주어+목적어+동사와 같은 통사구조는 형성되지 않는다. 주어+동사의 언어형식만이 형성될 수 있는 것이다. 따라서 신석기인들이 사용해갔던 언어형태, 즉 주어+동사의 언어형태는 인간을 주어로 하거나 혹은 인간에게 의지를 지닌 존재로 인식된 존재를 주어로 하는 언어형태였다고 말할 수 있으며, 그 경우에서의 동사는 그 동사의 목적어가 생략된 동사라고도 파악해볼 수 있다.이렇게 봤을 때 신석기인들이 취했던 주어+동사의 형태의 언어형태는 자연으로부터 분리해 나온 인간이 자연을 타자로 인식한 나머지, 그것을 자기 자신의 욕망차원으로 부단히 개조해 나가는 과정에서 형성되어 나온 것이라는 입장이 취해진다.

인간을 주어로 하는 이러한 주어+동사로 구성된 어형은 인류가 신석기시대 초기 4대강유역에 정착해 목농생활을 행해가는 과정에서 형성되어 나와 다른 여타의 지역들로 전파되어나갔던 것으로 추정된다. 그 결과 대다수의 어족들은 신석기시대 이후 인간을 주어로 하고 자연을 술어로 하는 어형을 갖게 되었던 것이다.

그러나 이것들의 어순의 면에서는 각 지역을 토대로 해서 형성된 어족들 간에 차이가 있다. 메소포타미아지역에서 쓰였던 말들 중에서 현재 우리가 확인할 수 있는 가장 오래된 말은 수메르어이다. 그러나 그곳에서는 후빙기가 시작된 기원전 1만2천년 경부터 일군의 인류 집단에 의해 농경과 목축이 행해지기 시작되어, 기원전 8500년경부터 보리와 밀이 재배되었다. 기원전 6000년경에는 메소포타미아 남부에서 관개농경 등을 일으켰던 우바이드문명이 발생하였다. 우바이드문명을 일으킨 주체가 수메르인은 아니다. 수메르인도 기원전 3500년경에 그 지역에 침입해 들어갔던 자들로 파악되고 있다. 어쨌든 그지역을 최초로 통일시켰던 자들은 수메르인이었고, 그들의 말은 기원전 3000년경에 만들어낸 설형문자로 기록되어 현재 우리에게 알려지고 있는 것이다. 현재 수메르인의 설형문자는 세계 최고의 문자로 알려져 있다. 역시 그것은 수메르인에 의해 기원전 3300년경 이전에 창안된 수메르 그림문자를 기초로 해서 만들어진 표음문자이다(수메르 그림문자는 그 문자가 나타내는 물체나 동물의 명칭과는 상관없이 그것들의 의미만을 나타내는 기호였다. 이에 반해 설형문자는 그 그림문자를 기초로 해서 출현한 표음문자이다. 그것이 그림문자로부터 발전해 나온 것인 만큼 초기에는 그것도 상형문자, 즉 표의문자, 표의·표음의 병행문자 등의 단계를 거쳐 표음문자로 발전해 나왔다).

수메르어가 이 지구상에서 최초로 문자로 기록될 수 있었던 것은 그 언어를 사용했던 수메르인이 메소포타미아지역에서 최초로 청동기문화의 세례를 받았었기 때문으로 고찰된다. 설형문자로 기록된 수메르인은 우랄·알타이어족과 동일한 교착어였고, 그것의 통사구조도 기본적으로는 투르크어, 한국어 등의 우랄·알타이어족이 취하고 있는 주어+목적어+동사와 유사한 형태였다. 그러나 현재 투르크어나 한국어가 다음절어인데 반해, 수메르어는 단음절어였다. 수메르어의 기본단어들 속에는 한국어의 단어들과 유사한 것들이 적지 않다는 사실도 지적해둘 필요가 있다.

그렇다면 이집트 나일강 유역을 기반으로 해서 출현한 어족의 경우는 어떠한가? 고대이집트문명을 일으킨 이집트인이 나일강 유역에서 농경과 목축을 시작한 것은 기원전 6000년경으로 잡고 있다. 그 후 그들은 나일강 상류의 누비드 방면과 그 하류의 멤피스방면을 중심으로 양분되어 살아왔다. 그러다가 기원전 2900년경에 와서 나르메르왕이 최초로 상·하 이집트를 통일시켜 수도를 멤피스에 두고 전 이집트를 다스려 가게 된다. 누비드 방면의 이집트인은 유목민들이었고 함어를 사용하였던 반면, 하이집트인은 농경민이었고 셈어를 사용하였다. 역사학자들은 나일강 하류에 정착한 셈족들이 지중해 동안(東岸)의 시리아방면에서 들어갔던 자들로 보고 있다. 그런데 이 방면의 연구자들은 셈어와 함어를 같은 계열의 언어로 파악해, 함·셈어족(hamito-semitic)이라는 말을 만들었으나 최근에는 그들의 관계가 불분명하다 하여, 그것을 아프로·아시아어족(afro-asiatic)으로 부르고 있다. 고대 이집트문명을 일으켰던 이집트어는 사멸했다. 당시의 이집트인이 함인이라 불렸듯이, 당시의 이집트어도 상이집트어의 함어를 주축으로 해서 시리아지역의 셈어로부터의 영향 하에서 형성되어 나왔다고 말할 수 있다. 우리는 그 형성시기를 기원전 5000년경으로 파악하고 있고, 문헌자료는 기원전 3200년경부터 출현된다. 그리고 그 발단된 형태의 언어는 기원전 2200년경부터 발견된다. 기원전 1500년경에는 새로운 언문일치체가 출현해 민중문자에 의해 기록되었다.

나일강 유역에서 문자가 사용되기 시작된 것은 기원전 3100년경이다. 현재 히에로글리프(聖刻文字, hieroglyph)이라 불리는 이 문자는 상형문자이다. 이 상형문자가 이집트지역에서 기원전 3100년경에 갑자기 완벽한 형태로 출현했다. 이러한 사실로 미루어보아, 연구자들은 메소포타미아의 그림문자의 영향 하에서 이루어진 것으로 보고 있다.[11] 그 상형문자가 간략화되어 신관문자(hieratic)와 민중문자(deomtic)가 나오게 됐는데, 그것들로 기록되어진 고왕조시대(2650~2300경, BC)의 피라미드 텍스트(피라미드 벽, 사자의 관, 장례문 등)를 통해 밝혀진 바에의 하면, 당시의 이집트어의 통사 구조는 다음과 같다. 이집트어로 된 문장은 두 가지 종류가 있다. 하나는 명사들의 나열만으로 이루어진 명사문(AB: A이다 B는)이고, 다른 하나는 동사가 내포되어 있는 동사문이다. 명사문은 술부+주부, 동사문은 주부+술부의 형태를 취한다. 어순은 엄격히 지켜져서 어의 위치가 문법적 기능을 했다. 그 어순은 수메르어의 영향 하에서 아카드어의 경우는 SOV의 형태를 취했지만, 그 외의 대부분의 셈어족의 언어들은 VSO의 형태를 취했다. 이러한 통사 형태는 셈어족의 일파인 헤브라이어로부터도 확인된다.

인더스강 유역과 황하 유역에서는 당시 어떤 민족이 어떤 언어를 사용했었는지 자료 부족으로 알 길이 없다. 인더스강 유역에는 당시 그 지역에 정착해 거주했던 민족이 남긴 문자가 벽, 무덤, 석상, 점토판, 파피루스 등에서 발견된다. 그러나 그 문자는 아직 해독되지 못한 상태이다. 황하 유역의 경우는 기원전 1300년경에 성립된 은하문화에서 갑골문자가 발견되었다. 이 문화는 금속기문화의 형성과정에서 성립되어 나온 것이기 때문에 다음 장에서 논의 될 것이다.

3. 금속기시대의 문화형태와 알타이어의 형성

1) 금속기시대의 문화형태

석기시대 다음으로 출현한 금속기시대는 순금속기시대(금석병용기시대), 청동기시대, 철기시대로 삼분된다. 순금속기시대란 인류가 지표상에서 자연동이나 운철 등의 순금속을 채집하여 그것을 적당히 처리해서 도구로 만들어 쓰던 시대이다. 우리는 이 시대를 순금속기시대라고 말하고, 또 그 순금속이 석기와 함께 사용되었다는 의미에서 금석병용기시대라고도 말한다. 이 금석병용기시대에는 예의 4대강 유역을 중심으로 해서 씨족 내지 부족을 단위로 해서 촌락문화를 일으켰다. 메소포타미아지역에 순금속기가 사용되기 시작된 것은 기원전 5000년경의 일이다. 현재의 북아시리아로부터 이라크남부에 걸쳐 분포된 할라파(Halafa)문화(5100~4300, BC)가 그것을 실증해준다. 기원전 3500년경에는 수메르인이 그곳으로 침입해 들어가 그곳의 촌락문화를 기초로 하여 기원전 3100~2900년경에 우르크, 라가시 등의 일종의 부족국가를 출현시켰다. 나일강 유역의 경우도 메소포타미아지역과 거의 동시에 순금속기문화가 형성되어 나왔는데, 바다리(Badari)문화(5000~4000, BC)가 그 사실을 보여주고 있다. 이 촌락문화는 선왕조기(4000~3200, BC)에 와서 아므라, 게르제 등과 같은 부족국가문화로 발전해 나갔고, 또 그것은 초기왕조시대(3200~ 2850, BC)로 전개되어 나갔다. 인더스강 유역의 경우는 기원전 2500년경부터 순금속기를 사용하였고, 결국 부족국가들이 형성되어 모헨조다로, 할라파 등과 같은 도시국가문화를 발전시켰다. 황하 유역의 경우도 그러한 금속기 사용을 배경으로 기원전 2050년경에 우(禹)를 시조로 하여 부족국가의 일종인 하왕조(夏王朝)를 성립시켰다. 앞에서 논한 바와 같이 황하문명의 형성에 영향을 끼친 요하문명의 경우도 기원전 2500여 년경에 그 기초가 이루어졌었다고 말할 수 있다.

다음의 청동기시대는 인간들이 순동(純銅)과 주석(朱錫)을 합금해 만든 청동으로 도구를 만들어 쓰게 됨으로써 도래하였다. 그 청동의 야금술이 최초로 개발된 것은 기원전 3500년경 메소포타미아 북부와 시리아 지방으로 파악되고 있다. 기원전 3000년경이 되면 메소포타미아지역에는 청동기가 대량으로 생산되어 그것을 배경으로 기원전 2600년경에 수메르인에 의해 우르 제3왕조가 성립되어 나왔고, 2360년경에 가서는 움마 부족의 왕 우갈자기시가 메소포타미아를 통일했다. 그러나 그 직후 그것은 샘어를 사용하는 유목민족인 아카드에 의해 정복되고 말았는데, 아카드인 사라곤이 기원전 2350년경 그곳에서 아카드제국을 건설해, 메소포타미아의 전지역을 통일시켰다. 청동기의 야금술이 나일강 유역으로 전파되어 간 것은 기원전 3000년경으로 그것을 배경으로 상·하 이집트가 통일되어 초기왕조시대(3000~2770, BC)가 열리고 그 다음 피라미드 시대를 출현시킨 고왕조시대(2600~2300, BC)로 전개되어 나갔다. 인더스강 유역의 경우는 중앙아시아에서 유목생활을 하다 이란지역으로 이주했던 아리아인이 기원전 1500년경 인더스강 유역으로 침입해 들어가는 과정에서 그곳에 청동기 야금술이 전래되었다. 그 결과 순금속기를 배경으로 해서 나왔던 모헨조다로 등과 같은 문화가 파괴되고 각지에 새로운 부족국가들이 성립되어 나왔다. 황하 유역의 경우는 메소포타미아지역으로부터의 청동기야금술의 전파를 계기로 기원전 1700년경에 부족국가 단계의 하왕조에서 은왕조로 전환해 나왔다.

그렇다면 금속기시대의 마지막단계인 철기시대는 언제 어떻게 도래했는가? 철의 야금술이 개발되어 철제도구가 일반화되어 온 것은 기원전 1500년경의 메소포타미아 북부의 아르메니아지역과 소아시아 서부지역 등으로 추정되고 있다. 그곳의 미타니이인과 히타이트인 등에 의해 개발되었는데, 히타이트인이 그것을 가지고 메소포타미아지역으로 침입해 들어가 청동기문화를 배경으로 기원전 2000년경에 등장했던 바빌로니아제국을 공격하는 과정에서 그것이 그 지역에 서서히 알려지게 됨에 따라 기원전 1200년경에 비로소 일반화되어 나왔던 것으로 고찰된다. 남쪽의 이집트, 서쪽의 그리스, 동남쪽의 인도 등의 경우는 기원전 1100~1000년경에, 황하 유역지역은 기원전 700년경에 철기문화와 접촉된다.

철은 동이나 주석 등과는 달리 사철(砂鐵)이나 광석(鑛石) 등의 상태로 지구표면의 어디에나 발견될 수 있는 것들이다. 따라서 철의 야금술이 전파된 지역에서는 철제품들이 쉽게 대량으로 생산되어, 각 지역에서의 인간들의 생활방식이 일변되어 나왔다. 그 당시 각지에서 일어났던 농업혁명들은 철기시대의 도래로 인한 것이었다 할 수 있다.

2) 금속기시대의 언어 형태와 알타이어

각 지역에서의 순금속기시대의 문화형태는 촌락과 부족을 단위로 한 소위 촌락문화로 규정된다. 그 촌락문화를 일으킨 인간들은 문자 대신에 신석기시대에 행해졌던 돌이나 대나무 쪽 등으로 만든 부절(符節), 새끼줄과 같은 끈들의 매듭들, 점토로 만들어진 점토 토큰 등을 커뮤니케이션의 수단들로 이용하였다. 그러나 인간들은 금속기시대로 들어와 문자를 만들어 의사소통의 수단으로 이용해가게 되었다. 초기의 순금속기시대에는 그림문자가 이용되었다. 이 경우 그림문자들은 수메르그림문자가 그러했듯이 신석기기대에 의사소통의 수단으로 이용되었던 물건들의 형상들이나 그것들에 새겨 넣은 부호들을 기초로 해서 이루어졌다.

청동기시대에 와서는 그러한 그림문자들이 메소포타미아, 이집트, 인도, 황하유역 등에서와 같이 상형문자들의 형태로 발전되어 나왔고, 철기시대에는 서아시아에서와 같이 설형문자와 성각문자 등과 같은 표의문자들이 페니키아 문자와 같은 표음문자로 전환해 나왔다. 그런데 우리가 그러한 상형문자들로 기록된 언어들의 통사구조를 파악해볼 것 같으면 그 구조가 이전의 그림문자로 기록된 것들과 다른 점들이 발견된다고 하는 것이다. 그 차이점이란 문장 속의 동사가 목적어와 동사로 세분화되어 주어(S)+동사(V)가 주어(S)+목적어(O)+동사(V) 혹은 주어(S)+동사(V)+목적어(O)로 전환되어 나왔다고 하는 것이다. 특히 메소포타미아지역을 시발로 해서 청동기문화가 일반화되어가는 과정에서 기원전 3200년경부터 수메르어를 시발로 해서 신석기시대에 확립되었던 주어(S)+동사(V)의 통사구조가 주어(S)+목적어(O)+동사(V)로 전환되어 나왔던 것이다.

이렇게 메소포타미아 지역에 청동기문화가 일반화되어 나가는 과정에서 주어(S)+동사(V)의 형태를 취했던 수메르어가 주어(S)+동사(V)+목적어(O)의 언어형태로 전환해 나왔고, 또 그것이 유라시아북부의 초원지대로 전파해나가 우랄·알타이어군을 형성시켜나갔다. 한편 기원전 3000년대 이후 서아시아지역이 청동기시대로 들어서자 서아시아의 남부에 흩어져 있던 셈족의 언어가 동사(V)+주어(S)의 언어구조가 동사(V)+주어(S)+목적어(O)의 언어형태로 전환해 나왔다.

그 후 2500년대로 들어와 유라시아 대륙에 기마(騎馬)와 마차가 출현했다. 그러한 교통수단의 발달로 서아시아 북방의 우랄·알타이어족과 서아시아 남방의 셈어족이 접합되어 주어(S)+동사(V)+목적어(O)의 언어구조를 취하는 인구어족(Indo-European Languages)이 출현했다. 그 출현 지점은 흑해로부터 카스피해 북쪽으로 펼쳐진 초원지대인 동남유럽지역이었다.[12]

인구어는 형태론적 측면에서는 굴절어(inflexional language)의 특징을 취하는데, 통사론적 측면의 특징은 SVO의 형태를 취한다. 이 SVO의 통사구조는 현재 통사론자들에 의해 가장 기본적인 통사구조로 받아들여지고 있다.[13] 그런데, 바로 이 통사구조가 인구어에 의해 이루어졌다고 하는 것이다.

이 인구어의 SVO 통사구조가 전 파되어나가, 황하유역에서는 중국어가 출현되었고, 동남아시아와 남아시아에서는 오스트로-아시아어족(Austo-Asiatic)과 오스트로 네이시아 어족(Austronesian:austro는 南島의 의미)이 출현하였다.

중국어는 우랄·상형문자로 표기된 우랄·알타이어가 북방인구어의 통사구조를 취해 형성된 언어이다. 중국어는 다른 언어들과는 달리 단음절 문자인 설형문자로 기록된 문을 기초로 해서 성립된 문장어로부터 출현된 말이라 할 수 있다. 다시 말해서 중국어는 청동기시대에 형성된 설형문자, 우랄·알타이어의 단음절 중심의 표기법, 셈어족의 아카드어의 어순 중심의 문법, 북방유럽어의 SVO의 통사구조 등이 융합되어 형성된 언어이다.

우랄·알타이어는 북방인구어와 접촉해 그 일부가 북방인구어의 통사구조를 취하게 됨으로써 우랄어로 분화해 나갔다. 한편 인도·유럽어족에서의 인도어는 알타이어족의 통사구조를 취한다. 이렇게 통사론적 측면에서 생각해봤을 때 엄밀한 의미에서는 인도어와 유럽어를 같은 어족이라 말할 수 없는 것이다.

필자는 글로벌문화의 이론적 기반구축의 일환으로 알타이어의 언어구조의 형성경위를 고찰했다. 그 결과 여기에서 논자는 이상의 고찰 결과를 다음과 같이 정리할 수 있다.

현재 지구상에 존재하는 인간들이 사용하고 있는 언어에는 공통조어가 존재한다. 그것은 구석기시대 후기에 아프리카대륙에서 최초로 출현한 신인의 아종 호모 사피엔스 사피엔스가 쓰던 언어이다. 그 공통조어의 통사구조는 주어+술어, 또는 술어+주어의 형태이다. 그것은 그들이 끝없는 이동생활을 행해가는 과정에서 만들어낸 언어의 기본 구조와 그것의 기본적 구성 성분들이다.

현생인류의 공통조어에 가장 근접해 있는 어족은 교착어의 특징을 취하는 주어(S)+동사(V)+목적어(O)의 통사형태를 취하는 알타이어족이다. 그 이유는 이동생활을 행해 갔던 구석기인의 문화가 알타이인의 유목문화에 의해 계승되어 졌다는 입장이 취해지기 때문이다.

인류는 신석기시대로 들어와 정착생활을 하게 됨으로써 자연에 대한 주인의식이 더 강렬해졌고, 삶에 대한 목적의식이 더 명확해 졌다. 그 과정에서 인류는 금속기시대를 맞게 됨으로써 청동과 같은 금속기를 사용해 자신들의 욕망을 실현해나갔다. 그 결과 인간은 주어와 술어 이외에 목적어라고 하는 또 하나의 언어 구성의 한 성분을 만들어냈다. 또 그것이 내포된 또 다른 언어구조를 만들어 냈다. 이 경우, 동사(V)+주어(S)+목적어(O)라고 하는 형태의 언어구조를 주축으로 해서는 셈어족이, 주어(S)+목적어(O)+동사(V)라고 하는 형태의 언어구조를 주축으로 해서는 우랄·알타이어족이 형성되어 나왔다. 그러나 그 후 그것들은 흑해 서안의 지역에서의 접촉을 계기로 해서 주어(S)+

동사(V)+목적어(O)라고 하는 언어 형태가 출현하였다. 그래서 그것은 인구어족과 중국어하고 하는 언어를 출현시켰다고 하는 것이다.

금속기시대로 들어와서는 언어가 문자의 형태로도 존재하게 되었다. 그 경우 순금속기시대에는 그림문자가, 청동기시대에는 상형문자가, 철기시대에는 표음문자가 각각 출현해왔다. 그런데 북방인구어족은 청동기시대의 후기 기마와 마차가 출현한 시점에서 신석기시대에 출현한 우랄·알타이어족과 셈어족의 어법을 기초로 해서 형성되어 나왔다. 그렇게 해서 출현한 그것은 황하지역에서의 중국어의 성립, 동남아시아와 인도에서의 오스트로-아시아어족의 성립, 아사아대륙 남쪽에 위치한 도서지역들에서의 오스트로네이시아 어족의 성립 등에 절대적 영향을 끼쳤다.

알타이어·인구어·중국어의 관련성은 바로 이상과 같이 설명될 수 있다. 이들 어족들의 경우처럼 지구상의 모든 언어들은 공통조어를 기반으로 해서 형성되어 나왔고, 또 그것들은 다른 언어들과의 접촉을 통해 탄생해 나왔다. 따라서 자신들이 쓰고 있는 모국어들 속에는 타민족들의 정신들이 내재되어 있다고 볼 수 있으며, 또 자신들이 쓰고 있는 언어란 구석기시대 이래 이 지구상에서 생존해왔던 모든 인간들의 정신적 결산이라는 입장을 취해볼 수 있다. 그러한 언어는 인간의 사고방식과 인식구조를 형성시키고, 또 인간들의 정신세계와 자신들의 신까지를 창조해낸다,

이러한 측면에서 생각해 볼 때, 우리는 현재 우리가 쓰고 있는 언어를 매개로 해서 이 지구상에서 일어나는 모든 문화적 현상들을 이해해 갈 수 있고, 또 이 지구상의 모든 인간들에게 유용한 보편적 삶의 방식들을 창조해 갈 수 있다는 입장을 취할 수 있다.

제 4 장

고대 메소포타미아문명과 고조선

- 논의 제기
1. 서의 고대 메소포타미아문명과 중앙의 알타이 및
   동의 요하문명
2. 명칭 고조선(古朝鮮)과 '조선'
3. 중국어 '조선(朝鮮)'의 의미와 그 형성 경위
- 논의 정리

이 학술적 논의는 고대 메소포타미아문명이 고조선의 성립과 전개에 어떤 영향을 끼쳤는지에 대한 문제를 규명해 내는 것을 목적으로 한다. 고대 메소포타미아문명이란 서아시아의 메소포타미아지역에서 청동기시대(4000~1500, BC)부터 알렉산더 대왕의 동방원정(334~324, BC)까지 존속하였던 금속기문명을 가리킨다. 이전의 석기문명이 가졌던 취약점의 극복 형태를 취해 지구상에서 최초로 고대 메소포타미아 지역으로부터 출현한 이 금속기문명은 다른 문명권의 지역들도 그러했었듯이, 초기 청동기시대(금석병용기시대, 4000~2500, BC)·청동기시대(2500~1500, BC)·철기시대(BC 1500 이후)라는 세 단계를 통해 성립 전개되어 나왔다.

20세기 말까지 한국에서의 고조선에 대한 고찰은 주로 황하문명과 그 문명권의 확장 등과 관련지어 행해져 나왔다. 그러나 21세기로 들어와 그것에 대한 연구는 1980년대 중기 이후의 홍산(紅山)문화에 대한 새로운 인식, 중국정부의 동북공정(2000~2006) 등을 통해 수면으로 부상한 요하문명과의 관계 속에서 행해져 나왔다. 중국에서도 특히 동북공정의 결과물이 가져다준 역사적 자료들을 근거로 해서 자신들의 고대사를 새로 쓰고 있다. 지금까지 자신들이 취해 왔던 중원(中原) 중심의 중국사를 요하 중심의 중국사로 개정하는 작업에 임하고 있는 것이다.

그 이유는 동북공정의 결과에 근거하여 중국과 한국의 학자들이 황하문명보다 먼저 요하문명이 성립되었다는 입장을 취함에 따라 황하문명이 요하문명의 영향 아래에서 성립되어 나왔다는 입장이 취해지기 때문이다. 중국에서의 요하문명론의 대표작들 중의 하나로 평가되는『동북문화와 유연문명(東北文化與幽燕文明)』[1]의 저자 궈다순(郭大順)·장싱더(張星德), 한국에서의 이 분야의 대표적 연구자들, 예컨대 우실하(禹實夏)·이종호·이형석 등이 바로 이러한 입장들을 취하고 있는 것이다. 요하문명이 황하문명에 끼친 영향의 사례들에 대한 전자와 같은 중국 측 연구자들의 구체적 지적은 예컨대 다음과 같다. 현재 중국의 시조로 추앙되는 황제(黃帝)와 그의 부족의 출현지가 북상하던 중원의 앙소문화와 남하하던 요하의 홍산문화와의 충돌지역인 연산(燕山)지역이라든가,[2] 요하(遼河)의 서부와 내몽고지역에서 기원전 2500~2100년경에 초기 청동기문화인 하가점하층문화(夏家店下層文化)가 형성되어 나왔고, 또 그것이 남하하여, 그곳에서 상(商)문화는 물론 하(夏)문화까지도 발생시켰다는 것 등과 같은 것들이라 할 수 있다.[3]

이 학술적 논의는 우선 기존의 황하문명 중심의 입장을 버리고 황하문명의 성립에 직간접적으로 영향을 끼쳤던 것으로 고찰되는, 고대 메소포타미아문명 바로 그것의 동진과 관련지어 고조선의 문제를 논한다는 점에서 기존의 연구와 차별될 수 있다. 이렇게 봤을 때, 본 연구의 주제인 고대 메소포타미아문명과 고조선과의 관련성에 대한 고찰은 고대 메소포타미아문명의 동진 과정, 그 과정에서 형성된 중앙아시아지역의 알타이문명, 그것들과의 관련 속에서 형성된 요하문명, 그리고 이상과 같은 문명들의 영향 아래에서 형성된 황하문명 등과의 관련성 파악이라는 시각에서 행해지지 않을 수 없다는 입장이 취해진다.

본 연구에서의 고찰 순서는 다음과 같다. 우선 일차적으로 서쪽의 고대 메소포타미아문명의 동진과 동의 알타이문명 및 요하문명의 형성경위에 대한 고찰이 행해지고, 그 다음으로 황하문명의 시각으로부터가 아니라 알타이문명 및 요하문명의 시각으로부터 한국의 문헌들에 나오는 고조선(古朝鮮)의 명칭과 중국의 문헌들에 나오는 '조선(朝鮮)'에 대한 명칭에 대한 고찰이 행해질 것이다. 아울러 그것과 관련해서 고조선이 다루어졌을 가능성이 높은 중국의 문헌 『위서(魏書)』가 어떠한 역사관에 근거하여 기술된 것인가에 대한 문제가 고찰될 것이다. 끝으로 중국어 조선(朝鮮)의 의미와 그 형성 경위가 고찰된다. 우리는 이러한 것들에 대한 고찰들을 통해 고대 메소포타미아문명과 고조선과의 관련성의 문제가 파악될 것이다.

이 작업은 고조선이 어떤 식으로 고대 메소포타미아문명과 관련됐었는지에 대한 규명작업이라는 시각에서 행해질 것이다. 또 한걸음 더 나가 이것은 문화인류학·고고학자들의 연구 성과물들을 자료로 해서 서아시아의 메소포타미아문명·중앙아시아의 알타이문명·동아시아의 요하문명 및 황하문명 등의 구체적 연관성을 규명한다는 입장에서 행해질 것이다.

1. 서의 고대 메소포타미아문명과 중앙의 알타이 및 동의 요하문명

1) 고대의 메소포타미아문명과 알타이문명

고대 메소포타미아문명은 기원전 4000년경에 서아시아지역(흑해 연안·아르메니아·코카서스·이란 지역)에서 출현한 청동기문화[4]로부터의 영향 하에서 서남아시아의 메소포타미아지역으로부터 시작된다. 그래서 그것은 기원전 3500년경에 이르러 북쪽 인근 산악지대로부터 수메르인이 그 지역으로 이주해 들어감에 따라 그것에 유입된 청동기문화가 메소포타미아의 남부지역을 중심으로 본격적으로 형성되어 나오기 시작했던 것이었다.[5] 한편 메소포타미아지역의 북부와 연결된, 흑해와 카스피 해의 연안, 그 사이의 코카서스 지역, 흑해와 카스피 해의 북안, 카스피 해의 동안 등으로부터 출현한 초기 청동기문화는 역시 선고대의 동서교통로로 알려진 초원로를 따라 동진해 나가 중앙아시아의 동북지역의 알타이지역과 그 동쪽의 몽골 북방으로 전파해나갔다. 그래서 그것은 알타이지역의 하카시아, 미누신스크 분지 등의 지역에서 기원전 3000~2000년경에 금석병용기문화의 형태를 취한 아파나세보(Afanasevo)문화라고 하는 초기 청동기문화를 출현시켰다.[6] 투르크족의 선조는 흑해 북안에서 알타이지역 사이에서 형성된 바로 이 아파나세보문화라고 하는 초기 청동기문화를 배경으로 해서 형성되어 나온 종족으로 알려졌다. 그것을 시작으로 해서 그 후 알타이지역에는 역시 서쪽으로부터 기원전 2000년경에 안드로노보(Andronovo) 청동기문화가 전파해 들어갔고, 또 그 외래문화와 거의 동시에 그 지역의 내부로부터도 카라콜(Karakol) 청동기문화가 형성되어 나왔다. 그로부터 500여 년 후인 기원전 1500년부터는 그러한 내외의 청동기문화들이 기초가 되어 카라수크(Karasuk)문화 등과 같은 청동기문화들이 형성되어 나왔던 것이다.

2) 고대 알타이문명과 요하문명 및 황하문명

유라시아 대륙의 북부를 가로지르는 초원로의 중간에 위치한 알타이지역은 동서문화의 충돌지이다. 바로 이 지역에서 고대에 금속기문화가 출현했는데, 우리는 그것을 고대 알타이문명이라 말하고 있다. 그런데 필자가 여기에서 그것과 관련해 논하고자 하는 것은 바로 이 알타이 청동기문화가 일찍이 그 지역의 남동쪽으로 뻗어 내린 알타이산맥을 타고 몽골고원으로 전파되어 고비사막을 통해 초원로의 종착지 요하 유역에 도착해 그곳에서 동아시아지역에서 최초로 요하문명을 일으켰다고 하는 것이다.[7] 요하문명의 기초가 되었던 문화는 하가점하층문화로 이야기되고 있다. 중국에서의 이 하가점(夏家店)하층문화(2500~1300, BC)는 기본적으로 전기 청동기문화로 파악되고 있다.[8] 하가점하층문화는 초기 청동기시대의 경우처럼 자생적으로 출현된 것이 아니고, 알타이문명의 기초를 세웠던 아파나세보 초기 청동기문화로부터의 영향 하에서 기원전 2500~2100년경부터 형성되어 나온 것으로 파악되고 있다.

알타이문명과 요하문명과의 이러한 관련성에 대해 러시아의 고고학자 몰로딘(I.V. Molodin)은 "이 문화의 유적들이 몽골의 서부지역과 중국의 서북지역에서도 확인됨에 따라 (알타이문명의 기초를 이룬) 아파나세보문화가 이들 지역에도 확산되었음을 보여준다"고 지적하고 있다.[9] 이 글에서의 I.V. 몰로딘이 말하고 있는 아파나세보 문화란 흑해·카스피 해의 북안으로부터 알타이지역으로 전파해 나가 그 지역으로부터 다시 몽골의 서부지역과 중국의 서북지역 등으로 전파해 내려간 아파나세보 문화를 가리킨다. 우리는 바로 그러한 확산과 관련시켜 다음과 같은 사실을 언급해 둘 필요가 있다. 우선 하나는 아파나세보문화를 일으킨 자들이 다름 아닌 바로 이 유라시아대륙에서 최초로 이동생활을 하던 유목민들이었다고 하는 것이다. 다른 하나는 이 문화를 배경으로 해서 기원전 1200년대에 철기문명이 출현했고, 그것을 배경으로 해서 투르크족의 선조가 유라시아 대륙에서 최초의 기마유목민족으로 부상하게 되었다고 하는 것이다.

또 현재 중국 고고학계로부터 파악된 황하문명의 실체는 그 최고(最古)의 것으로 황하유역에 있는 하남성(河南省) 언사현(偃師縣) 이리두(二里頭) 유적지로 이야기되고 있다.[10] 바로 이것이 하왕조(夏王朝, 2050~1550경, BC)의 수도로 파악되고 있는데, 이 유적지 등에서 형성되었던 문화도 기원전 2000년경 전후에 초기 요하문명의 영향 하에서 형성되어 나왔던 것으로 고찰되고 있다.

본 연구에서 필자가 특히 동아시아지역에서 청동기문화의 형성시점에 주목하는 것은 현재 우리가 말하고 있는 고대문명이라고 하는 것이 청동기문화의 형성을 계기로 해서 출현하게 되었고, 또 그 청동기 문화가 형성되어 나오는 과정에서 비로소 고대국가가 형성되어 나왔다는 일반적 견해를 결코 무시할 수 없기 때문이다. 이 경우 청동기문화의 연구자들은 청동기문화의 형성과정을 논할 때 그것을 초기청동기문화(금석병용기문화)시대와 청동기시대로 양분해 파악한다. 이 초기 청동기시대란 청동기가 본격적으로 사용되기 이전에, (1)외부로부터 유입된 청동기들이 주로 사용되거나, 혹은 (2)구리와 주석이 일정한 비율로 합금 처리되어 행해지는 청동야금술이 개발되어 그것에 의해 다량의 청동이 생산되기 이전 단계에 주로 구리로 만들어진 기물들이 사용되던 시기를 가리킨다. 이 단계에서의 정치적 형태는 신석기시대에 형성되어 나왔던 부족국가의 형태로부터 탈피해 나와 주로 부족연맹국가의 형태가 취해졌던 것으로 고찰된다.

현재 중국에서 발견된 청동기 중에서 최고(最古)의 것은 기원전 약 3000년의 것으로 중원지역의 앙소문화 유적지에서 발굴된 연한 구리 파편 조각의 형태인 것으로 고찰되고 있다. 그러나 우리에게는 그것만으로는 당시 청동기문화의 출현을 인정할 수 있는 객관적 증거가 될 수 없다는 입장이 취해진다. 또 중국에서의 청동기에 관한 문헌상의 최고(最古)의 기록은 『사기(史記)』의 「오제본기(五帝本紀)」에서 황제(黃帝)가 "창과 방패 등과 같은 무기 사용을 익혀서 신농씨에게 조공을 바치지 않는 제후들을 정벌했다"라든가, 동서(同書)의 「효무본기(孝武本紀)」에서 "황제가 보배로운 솥 세 개를 만들어 천지인(天地人)을 상징케 했다" 등에서 알 수 있다. 이러한 기록들은 황제시대에 청동기가 사용되었다는 증거들이라 할 수 있다. 현재 중국에서의 초기 청동기시대는 이상과 같은 것들에 의거해 기원전 3000~2000년경으로 보고 있다. 이렇게 봤을 때 앙소 유적지의 그것은 초기 청동기시대의 것으로 판단될 수밖에 없다.[11] 1990년대 이전까지만 해도, 중국에서의 본격적 청동기문화 시대의 돌입시점은 하왕조가 출현한 기원전 2000년경으로 이야기되었다.[12] 그러나 홍산문화의 발굴을 계기로 해서 쑤빙치(蘇秉琦)를 비롯한 중국학자들의 경우처럼 중국의 학자들은 '중국문명의 기원이 종전의 4000년 이전의 하대(夏代)에서 일거에 1000년 더 위로 올라간 것' 이라는 입장을 취하게 되었고,[13] 또 홍산문화의 유물들에 근거해, 그간 황하유역의 청동기문화를 중심으로 해서 중국의 청동기시대를 초기 청동기시대와 청동기시대로 양분해 이해해 왔던 입장을 취하고, 황하유역의 청동기문화를 요하유역의 청동기문화에 포함시켜 중국의 청동기시대를 전기청동기시대와 후기청동기시대로 양분해 파악한다는 입장을 취하게 되었다. 그 결과 그들은 기원전 2500~기원전 1300년에 형성된 요하의 하가점하층문화를 전기청동기문화로 파악하게 된 것이다.[14]

3) 요하문명의 주역

중국의 고고학자들에게서의 전기청동기시대란 외부로부터가 아니라 내부에서 자체적으로 청동기의 야금술을 개발해 그것으로 청동기를 만들어가기 시작했던 시기라든가, 또는 외부로부터 청동기의 야금술이 전해져 그것으로 청동기를 제조해 가기 시작했던 시기를 가리킨다. 청동기의 야금술이 내부로부터 개발되었던, 혹은 외부로부터 전해졌던 간에, 그것이 제조되어 사용됨에 따라 그것이 사용되는 시기의 사회적 구조는 그 이전의 사회적 구조와 자연 다를 수밖에 없다. 그런데 어느 문명권이든 간에 거의 모든 문명권은 그것의 사용을 계기로 부족차원의 국가로부터 부족연맹차원의 국가로 전환해 나왔다고 하는 것이다. 필자가 여기에서 말하고자 하는 것은 요하유역에서 기원전 2500년경에 전기청동기문화가 형성되어 나왔다고 한다면, 그 이전 그곳의 홍산 신석기문화를 배경으로 해서 형성되어 있었던 부족국가들이 그 전기청동기 문화를 배경으로 해서 부족 연맹국으로 전환해 나왔었을 것이 틀림없었을 것이라고 하는 것이다. 그렇다고 한다면, 그 당시 요하유역에서 형성되어 나온 부족 연맹국이란 과연 어떤 국가였던 것인가?

동북공정이 시작되기 10년 전인 1990년대 초 당시 북경대 교수였던 쑤빙치(蘇秉琦, 1909~1997)는 중국문명의 기원에 대한 논의를 위해 중국에서의 국가 형성단계를 '고국(古國)-방국(方國)-제국(帝國)'이라고 하는 3단계의 견해를 제시하였다.[15] 그의 제자 궈다순(郭大順, 1938~) 등은 그의 견해를 기초로 해서 오제(五帝)시대의 전기(3500~2500년경, BC)의 것으로 고찰되는 요녕성(遼寧省) 서부의 조양시(朝陽市)와 능원시(凌源市)의 접경지역에 위치하는 우하량(牛河梁) 유적을 구성하는 것들, 예컨대 적석총들(길이 20~30m), 거대 건축물 유구(지름 60~100m), 그 중앙에 산재한 동(銅)을 제련한 도가니 파편들, 여신묘(女神廟) 등을 근거로 해서, 그 지역 일대에 고국(古國), 즉 초기 국가 단계의 왕국이 건설되었다는 입장을 제시하였다.[16] 그들은 기원전 2500년경이 그 홍산문화의 절정기라면서 그 후 그 문화가 신석기문화의 말기에서 전기청동기문화의 시대로 넘어온 과도기였다는 입장을 제시하고 있다. 또 그들은 그 유적군을 남긴 주체가 '동북지역의 어로·수렵문화의 한 구성원으로서 어로·수렵민의 우량한 전통을 계승하였다'는 입장도 제시하고 있다.[17] 그들은 바로 그러한 입장들을 근거로 해서 요하유역에서 형성된 그러한 홍산문화의 유적들로부터 중국문화의 기원을 찾는다는 입장을 취하고 있는 것이다.

그러나 우리는 그들의 그러한 태도에 대해 어떠한 입장을 취해야 할 것인가? 본 연구의 핵심은 바로 여기에 있다. 현재 요하문명이 출현한 그 지역은 SVO형의 언어구조를 취하는 중국어를 구사하는 중국인의 영토로 되어 있다. 그러나 사실상 그 지역에서 발생한 요하문화의 주류는 요하지역의 동쪽으로 이동해 현재 한반도와 일본열도에서 꽃피었다고 하는 것이다. 우리가 한족(漢族)을 남방의 농경민과 북방의 유목민과의 융합형으로 볼 수 있다면, 한족(韓族)의 경우는 반농반목의 예족(穢族)과 어로·수렵을 주로 했던 맥족(貊族)과의 융합형으로 파악해 볼 수 있다. 이렇게 봤을 때, 홍산문화는 예맥족이 일으킨 문화였고, 예맥족에 의해 세워진 고조선은 홍산문화를 배경으로 해서 건설된 부족연맹국 수준의 정치적 집단, 즉 쑤빙치의 용어를 빌어 말하자면 고국(古國)단계, 즉 초기 국가 단계의 정치적 집단이었다고 말할 수 있다. 문명사적 측면에서 논해 볼 때 고국(古國)단계란 '원시사회에서 문명사회로 이행하여 가는' 시대를 말하고, 이 시대의 사회적 특징은 제정(祭政)일치라고 하는 정치적 체제가 확립된 부족사회로 규정될 수 있다고 하는 것이다.

필자가 이 논문을 통해 주장하고자 하는 것은 우리가 민족적 차원에서 접근해 볼 때 바로 이 우하량 유적이 고조선의 유적이라는 것이다. 그러나 요하문명의 영향에서 출현했지만 후에 그 문명보다 더 발달한 황하문명의 그늘에 고조선이 묻혀 그것의 성립배경이 제대로 규명되어 오지 못했던 것이다. 그렇다면 우리는 황하문명에 묻혀 있는 고조선의 실체를 어떠한 식으로 파헤쳐 낼 수 있을까? 우리는 고조선의 실체 규명작업의 하나로 먼저 다각적 차원에서의 고조선의 명칭에 대한 체계적 고찰이 요구된다.

2. 명칭 고조선(古朝鮮)과 '조선'

1) 한국 문헌에서의 고조선 이란 명칭과 그 의미

고조선이란 명칭은 한국 측의 문헌에서만 찾아볼 수 있는 말이다. 그것이 최초로 나타난 문헌은 『삼국유사』(1285)이다. 이 문헌 속의 '고조선 단군왕검(古朝鮮 檀君王儉)'이란 표현이 바로 그것이다. 여기에서의 고조선(古朝鮮)이란 위만조선(衛滿朝鮮)보다 더 먼저 존재했던 '조선'이란 의미로 쓰인 말이다. 한(漢)제국이 일어나자, 연(燕)나라 사람 위만이 망명을 결심하고, 무리 1천여 명을 거느리고 연나라를 떠나 동쪽의 조선지역으로 도망쳐, 그곳에서 결국 고조선을 멸망시키고 기원전 195년에 나라를 세운 것으로 되어 있다. 『삼국유사』의 저자 일연(一然, 1206~1289)은 그 나라를 위만조선이라 말하고, 그 위만조선보다 먼저 그 지역에 존재했던 나라를 고조선이라 칭했다.

그런데 일연은 『삼국유사』에서 독자들로 하여금 위만조선보다 먼저 그 지역에 존재했던 고조선을 단군조선과 기자조선으로 양분시켜 파악케 하는 시각을 제시하고 있다. 보다 구체적으로 말하자면, 일연은 중국의 요(堯)임금과 같은 시기에 단군왕검(檀君王儉)이 세웠다고 하는 나라를 단군조선이라 지칭하고 있다.[18] 또 그는 기원전 1122년에 주(周)의 무왕(武王)이 단군조선 지역에 기자(箕子)를 봉해 세웠다는 나라를 기자조선이라 지칭해 볼 수 있는 시각도 제시하고 있는 것이다. 그렇다고 일연 자신이 그렇게 파악해 그것들을 그런 식으로 명명했다는 것은 결코 아니다. 아닌 게 아니라 『삼국유사』(1285)보다 2년 늦게 출판된 이승휴(李承休)의 『제왕운기(帝王韻紀)』에는 단군왕검에 의해 세워진 단군조선을 전기조선(前期朝鮮), 기자에 의해 세워졌다고 하는 기자조선을 후기조선(後期朝鮮)으로 양분시켜 파악된 것이 확인된다. 현재 적잖은 한국의 학자들은 이러한 시각에 근거하여 시기적으로 위만조선에 대응되는 고조선을 상기와 같이 둘로 나누어 파악하려 하고 있다. 중국 측 학자들과 일부의 한국 측 학자들만이 기자조선의 실체를 인정하고 있을 뿐 대다수의 한국학자들은 그것의 실체를 인정하지 않는다는 입장을 취하고 있다. 그 이유는 과연 무엇인가? 이 문제에는 한반도 차원이나 황하문명차원으로는 결코 풀릴 수 없는 깊은 역사적 현실에 관한 문제가 내재되어 있고, 또 그것에는 바로 요하문명, 알타이문명, 메소포타미아문명 등도 연동되어 있기 때문인 것이다.

일연은 이 책에서 "주 무왕(周 武王)이 즉위한 기묘년(己卯年, BC 1122)에 기자(箕子)를 조선에 봉하니 이에 대해 단군이 그곳으로부터 장당경(藏唐京)으로 옮겨 갔었고, 그는 후에 다시 아사달로 돌아가 은거하다가 산신이 되어 1908년을 살았다"라고 서술하고 있다. 이처럼 일연은 기자의 실체를 인정하고 기자라는 말을 직접 사용하고 있지만, 그러나 그가 기자조선이란 말은 직접 사용하지는 않았다. 그 주된 이유는 아마도 일연 자신이 단군의 고조선 땅에서 기자가 세웠다는 기자조선을 고조선의 일부로 봐야 한다는 입장을 취했었기 때문이었을 것이다. 이 경우 기자라고 하는 인물이 패망한 상 왕조와 문화적·종족적 연대가 강했던 조선지역 출신의 후예였다는 사실을 우리가 고려해 본다고 한다면, 그가 조선지역에서 세웠다고 하는 기자조선이 그로부터 천년 전에 단군왕검이 세운 단군조선과 굳이 구별될 필요성이 없다는 인식에서 연나라 사람인 위만에 의해 세워진 위만조선과의 대응관계만을 고려한 나머지 기자조선이란 말을 쓰지 않았었을 수도 있다는 입장이 취해지기도 한다.

그러나 우리가 기자를 원래 단군조선 출신의 후예로 봐야 할 것이냐 아니냐의 문제와는 별도로, 단군왕검과 위만이 분명 조선이라 불리는 지역에서 나라를 건국했기 때문에 단군조선·위만조선이란 말들이 쓰이게 되었다는 점을 생각해 볼 수 있다. 그와 마찬가지로 기자도 조선지역에서 나라를 세웠기 때문에 단군조선이나 위만 조선에 대응되어 기자조선이란 말이 쓰일 수 있다는 입장도 후대 학자들에 의해 취해져 왔던 것이 사실이다.

그렇다면 그들이 조선이란 나라를 세운 그 지역이 언제부터 조선으로 불리게 되었으며, 또 그 지역이 어떻게 조선으로 불리게 되었던 것인가의 문제를 고찰할 필요가 있다. 이 문제는 다음 단계에서 논하기로 하고, 우선 우리가 일연을 비롯한 그들의 그러한 입장들에 대해서 어떤 입장을 취해야 할 것인가의 문제부터 고찰하기로 한다.

현재 한국인들에게는 고조선이란 나라가 중국 연나라 사람 위만이 세운 위만조선보다 훨씬 이전에 한국인의 조상 단군왕검에 의해 조선지역에 세워진 나라라는 의미로 받아들여지고 있다. 그러나 문제는 중원(中原)을 자신들의 정치무대로 해서 건설한 주(周)·한(漢)을 주축으로 해서 형성된 중국인들은 그렇게 생각해오지 않고 있다고 하는 것이다. 그들은 위만조선보다 먼저 세워진 고조선을 단군조선으로 보지 않고, 위만조선 이전에 존재했던 정치적 단체를 오로지 기자조선으로만 봐 왔다. 보다 구체적으로 말해서 그들은 단군조선의 실체 자체를 무시하고 기자조선만을 인정하고 있는 것이다.

그렇다면 우선 여기에서 한(韓)민족 측이 말하는 고조선과 한(漢)민족 측이 말하는 조선이라고 하는 두 조선들이 가리키는 말들의 의미들을 더 명확히 파악해본다는 의미에서 현재 이 분야에서 제기된 기자조선에 대한 문제를 좀 더 상세히 짚고 넘어갈 필요가 있다. 일연은『삼국유사』의「고조선 단군왕검」부분에서 "고려(高麗)는 본래 고죽국(孤竹國)이었는데 주(周)나라가 그곳으로 망명해온 기자를 (제후로) 봉함에 따라 그 고죽국(孤竹國)이 조선이 되었다"라는『당서(唐書)』의「배구전(裵矩傳)」의 내용도 소개하고 있다. 이 경우 중원 중심의 시각에서 쓰인『당서』에는 북방민족 중심의 시각에서 쓰인『위서(魏書)』속에 있었다고 하는 '고조선 단군왕검'과 같은 내용은 결코 들어있을 리 없다. 따라서『당서』의 관점에서 말할 것 같으면, 위만조선 이전의 조선, 즉 고조선과 같은 것은 존재할 수 없고, 만일 있었다고 한다면 그것은 기자조선일 수밖에 없다는 입장이 취해질 수밖에 없는 것이다. 다시 말해『삼국유사』의 일연이나『위서』의 위수(魏收)는 북방민족 중심의 시각에서 조선을 보려 하는 자들이었다고 말할 수 있는데 반해,『삼국사기』나『당서』의 경우는 중원 중심의 차원에서 조선을 보려 하는 자들이었기 때문에 그런 입장이 취해질 수밖에 없었다는 것이다. 그러므로 상기 북방민족들의 입장은 조선의 시작을 북방민족의 일원인 한국인의 조상으로 알려진 단군왕검에서부터 보려는 것이었고, 중원민족 중심은 중원에서 행해지는 정치의 핵심적 세력들과 깊은 유대관계가 있던 기자로부터 보려 했었다는 것이다.

여러 설들이 있기는 하지만, 필자에게는 고조선은 상 왕조보다 6~7세기 먼저 요하의 요서 중부 지역을 중심으로 해서 형성되어 나왔던 것으로 고찰된다. 그래서 그 세력은 요하의 남부지역으로 확장되어 나갔었는데, 그 세력의 일파가 요서지방에서 황하하류로 남하해 황하를 타고 중원지역으로 나가, 그 중원지역에 있던 하 왕조를 기원전 1700년경에 무너트리고 황하 중·하류의 하남성(河南省) 일대를 배경으로 해서 상(商)왕조를 건설했던 것으로 고찰된다.

한편 서역의 메소포타미아지역과 서아시아의 세계는 기원전 13세기 이후 소아시아지역으로부터 메소포타미아지역으로 전파된 철기문화에 의해 통일되어 나갔는데 그 과정에서 재차 종족들 간의 지속적 투쟁들이 야기되었다. 그러한 상황에서 메소포타미아지역과 그 동부지역으로부터 중앙아시아지역으로 인적 이동이 일어났고, 또 그것이 계기가 되어 철기문화가 메소포타미아지역으로부터 동아시아 쪽으로 전파되어 나왔다. 상 왕조는 그러한 철기문화의 전파를 계기로 해서 황하의 상·중류 지역에서 급속히 성장해 나온 주(周)왕조에 의해 결국 기원전 1122년경에 멸망했다. 그러자 상왕조의 일부는 그들의 원향이라 할 수 있는 요하의 요서지역으로 되돌아갔다. 그들의 그러한 '귀향'은 중원을 장악한 주의 입장으로 말할 것 같으면 당시 그들이 취하고 있던 문화가 중원의 문화였었기 때문에 중원문화와 중원세력의 북방으로의 확장이라는 시각에서 해석될 수 있었다.[19] 그들의 그러한 귀향은 중원을 장악한 주(周)의 입장에서 해석됨에 따라 요하지역에서의 기자조선의 건립이라는 것도 그 후 그러한 인식하에서 기록되어 나왔던 것이다. 그러나 현재 한국 측의 연구자들의 대부분은 전국(戰國)시대(403~221, BC) 이후 중국 측이 줄곧 주장해 온 기자조선의 존재를 인정하고 있지 않다.

조원진은 한국에서의 기자조선 연구의 성과를 정리하고서 '결국 문헌자료를 통한 기자조선 연구는 새로운 자료가 발견되지 않는 한 기자조선 연구는 서한시대 이후 후대에 꾸며졌다는 비판에서 벗어나기 힘들 것'이라는 입장을 취하고 있다.[20] 그의 이러한 입장은 현재 한국역사학계가 취하는 일반적 시각이라 할 수 있다. 중국 측의 기자조선에 관한 문헌들, 예컨대 『상서대전(尚書大傳)』 등에 "주의 무왕이 조선으로 넘어간 기자를 조선에 봉했다"는 기록이 있다. 그런데 그는 그것이야말로 중국이 스스로 조선의 존재를 인정하고 있었다는 증거가 되지 않을 수 없다는 입장을 제시하면서, "기자를 조선에 봉했다는 전설 자체를 보면 이미 그 표현상의 논리상으로 기자가 오기 전에 이미 조선이라고 하는 나라가 있었다는 의미가 된다. 따라서 기자조선이 있기 전에 있었던 고조선의 존재가 확인" 된다고 하는 것이다.[21] 그의 그러한 지적은 온당하다. 그러나 중국 측의 학자들은 중국 측 자료 속의 조선은 기자조선이 출현하기 이전까지는 어디까지나 지명을 가리키는 용어였다는 입장을 취하고 있다.

현재 한국에서의 고조선 연구의 대표적 학자로 손꼽히는 김정배의 경우도 이병도의 입장을 이어받아 기자조선의 실체를 인정하지 않는다. 그는 이병도가 기자조선의 "존속기간만은 인정해서 역사의 기틀을 살린 것은 올바른 견해"를 제시했다면서, 기자조선이 존속했다고 하는 그 기간에 예맥조선이라 칭할 수 있는 국가가 그 요하지역에 존재했었다는 입장을 제시하고 있다.[22] 그는 고조선의 명칭 및 존속기간과 관련해 '단군조선-기자조선-위만조선'이라고 하는 기존의 '삼조선'설에 대해서도 '단군조선-예맥조선-위만조선'이라고 하는 입장을 취하고 있다. 또 그는 예맥조선의 시작을 중국의 상(商)과 주(周)의 교체기인 기원전 12세기로 파악하고 있다. 그의 그러한 주장은 고고학의 편년체계를 논거로 하고 있다. 기원전 13~12세기경에 북방으로부터 요하지역에 청동기문화가 전파되어 그것을 기초로 해서 예맥조선이 성립되었다는 것이다.[23] 그는 그러한 예맥조선이라고 하는 고대국가가 존재했던 요하지역에서 기원전 9~8세기에 중원식과는 다른 형태의 청동검, 즉 중국에서는 그것을 '요녕식곡인청동단검(遼寧式曲刃靑銅短劍)'이라 부르고 한국에서 비파형청동검으로 통칭하는 청동검이 만들어졌다는 입장을 제시하고 있다. 보다 구체적으로 말하자면, 그는 그것들의 발견지가 당시 예맥족들의 활동지였다는 사실에 근거해서 그 비파형청동검을 비롯한 당시 그 지역의 청동문화가 예맥족이 일으킨 것이라는 입장을 제시하고 있는 것이다.

우리는 중국 측 학자들이 비파형청동검을 동호족(또는 산융족)이 일으킨 하가점상층문화의 유물로 파악하고 있다는 것을 알고 있다. 이에 대해 김정배는 "하가점상층문화에서 비파형청동검이 나왔다고 해서 비파형청동검과 관련된 유적·유물이 모두 하가점상층문화의 유산"이라고는 말할 수 없다고 하는 입장을 제시하고 있다.[24] 즉 그의 그러한 입장은 비파형청동검이 하가점상층문화의 유물일 수도 있고 또 아닐 수도 있다는 말이다. 그가 그러한 입장을 취한 것은 '하가점상층문화의 담당자는 동호족 (또는 산융)이고', 또 '비파형청동검은 예맥족이 남긴 문화'라는 입장에 근거한 것이었다.[25] 사실상 중국의 린윈(林澐)이나 궈다순(郭大順) 등과 같은 학자들도 '비파형청동문화가 예맥과 관련되어 있다'는 입장을 취하고 있다.[26] 이에 대해 필자의 경우는 하가점상층문화를 일으킨 동호족(또는 산융족)이 기원전 2300여 년에 단군조선을 일으킨 예맥부족연맹체의 후예들 중의 하나라고 하는 입장이다. 필자의 이 입장에 대한 논거를 후술하기로 한다.

그렇다고 한다면 우선 그러한 비파형청동검문화는 어떻게 형성되어 나왔으며, 또 그것은 하가점상층문화와는 어떻게 관련되어 있었는가에 대한 문제가 제기된다. 그뿐만 아니라 그것들이 형성되어 나오는 과정에서 어떤 형태로든지 영향을 끼쳤을 것임에 틀림없는 하가점하층문화의 담당자는 과연 누구였느냐에 대한 문제도 제기된다. 그래야만 김정배가 '단군조선-예맥조선-위만조선'의 삼조선 설의 논거로 제시한 고고학의 편년체계가 그 논거로서 객관성이 제대로 확보될 수 있을 것이라는 입장이 취해지기 때문이다. 그는 앞에서 언급한 바와 같이 기원전 13~12세기에 요하지역이나 한반도 북방 지역에 도래한 청동기문화를 배경으로 해서 예맥족이 예맥조선을 설립했다는 입장을 명확히 취하고 있다. 그렇다고 한다면, 그의 그러한 입장이란 그러한 청동기문화의 도래를 계기로 해서, 요하지역 혹은 한반도 북방에 존재했던 신석기문화를 기초로 해서 설립된 단군조선이 소멸되고 그 잔존 세력을 기반으로 해서 예맥족이 예맥조선을 건설했다는 입장일 수 있다. 또 그의 그러한 입장은 단군조선이 예맥족에 의해 세워진 국가가 아닐 수도 있다는 입장일 수 있다. 따라서 김정배가 말하는 예맥조선이 예맥족에 의해 세워진 것이라면 단군조선은 어떤 종족에 의해 세워진 국가였는가의 문제에 대한 그의 입장도 고찰해볼 필요가 있다.

김정배는 「한국민족의 기원과 형성」에서 한국민족의 기원을 신석기시대의 고아시아족-청동기시대의 예맥족(예족은 동북·동해안 지역에 거주하던 종족, 맥족은 서북지역에 거주하던 종족)으로부터 찾는다는 입장을 취하고 있다.[27] 그렇다면 우리는 그가 요하지역이나 한반도에 청동기시대가 도래하기 이전의 신석기시대에 고아시아족에 의해 단군조선이 건설되었다는 입장을 취하지 않을 수 없다고 이해해야 하는 것이다. 현재 우리가 파악하고 있는 고아시아족이란 알타이지역의 북방을 흐르는 예니세이 강 유역에서 즐문토기(빗살무늬 토기)를 사용하던 신석기인으로 파악되고 있다. 그렇다면 바로 그들이 요하지역으로 들어와 단군조선을 설립했다는 이야기가 가능해지는 것이다.

그의 이러한 입장에 대해 동북공정의 자료들은 고조선이 건설된 요하지역에 이미 기원전 2500년경에 청동기문화가 형성되어 나왔다는 입장들을 제시하고 있다. 이러한 점들을 고찰해 볼 때, 우리는 고대 메소포타미아문명, 고대 알타이문명 등과 연결시켜 단군조선을 논할 때만이 단군조선의 개념이 제대로 파악될 수 있다는 입장이 취해지는 것이다.

2) 중국 문헌에서의 '조선(朝鮮)'의 명칭

앞에서 언급한 바와 같이 중국문헌에는 고조선이란 명칭은 존재하지 않는다. 한국의 문헌 『삼국유사』 속의 고조선은 중국 측 자료들이 말하는 조선, 즉 기자조선을 포함하여 그 이전의 단군조선까지를 가리킨다. 우선 중국 측 자료들이 제시하는 기자조선의 출현경위는 다음과 같이 파악될 수 있다.

황하문명보다 먼저 일어난 북방의 요하문명은 화북지역과 산동지역 등을 통해 중원지역으로 전파해 내려가 그곳의 황하 중·하류 지역에서 상(商)을 출현시켰다. 한편 하왕조의 성립(BC 2070년경)이전부터 남부 메소포타미아문명은 중앙아시아의 파미르고원과 천산산맥, 현재의 영하회족(寧夏回族)자치구와 내몽고자치구 등으로 이어지는 오아시스로를 통해 황하 상·중류(北河·西河)를 타고 내려와 중원지역으로 전파해 나왔다. 그래서 그것은 기원전 3000년대 말에는 하왕조를 건설하고 기원전 2000년대 말에는 그곳에서 상을 멸망시키고 주(周: BC 1122년 성립)를 출현시켰다. 필자가 여기에서 말하고자 하는 것은 바로 그 상과 주가 교체되어 나오는 과정에서 중원지역의 상 세력의 일부가 요하지역으로 밀려나게 되었는데, 중원의 서북방 지역의 정치적 세력과 중원의 주와의 관계가 모색되는 과정에서 당시 요하지역의 남단에는 그 지역으로 밀려난 구(舊) 상 세력을 중심으로 정치적 세력이 존재했었을 가능성이 충분하다고 하는 것이다. 중국 측 자료들이 말하는 기자조선이 바로 그 세력이었을 것으로 추정된다. 그러나 문제는 설혹 당시 그러한 정치적 세력이 존재했었다 하더라도 그 세력이 요하의 남단에 출현하기 이전에 그 요하지역에 존재해 있었던 고조선(단군조선) 으로서는 중원의 제후국(諸侯國)으로 존재하게 될 정치적 단체를 결코 인정할 수 없었을 것이다.

그러면 여기서 그 동안 고조선의 존재를 가려온 기자조선에 관해서 한국 측 연구자들의 시각에서 좀 더 구체적으로 언급해 보기로 한다. 한국에서 특히 북방민족을 중심으로 해서 조선을 보려고 하는 연구자들은 분명 기자조선의 실체를 부정하고 있는 형국이다. 그러면 우선 기자가 실존 인물이었는가의 문제부터 고찰해 보기로 한다. 『사기』(권38), 『상서(商書)』의 「미자(微子)」편, 『주서(周書)』의 「홍범(洪範)」 등을 자세하게 고찰해보면, 우리는 그가 실존했었던 인물임이 분명하다는 입장을 취하지 않을 수 없다. 그는 상대(商代)에 은(殷)의 최후의 왕 주(紂, BC 1027년 사망)의 숙부로 중원의 산서성(山西省) 지역에 위치한 기국(箕國)이라고 하는 한 제후국(諸侯國)의 제후로 봉(封)해졌던 인물이었다. 그러한 이유로 「기(箕)」는 봉국(封國)의 이름을 가리키고 「자

(子)」는 작위를 가리켜 「기자(箕子)」라 불리었다고 이야기되고 있다. 이 정도까지는 사실로 받아들여 볼 수 있다.

그러나 『상서대전(尙書大傳)』 등에는 그에 관해서 다음과 같은 이야기가 기술되어 있다. 상의 마지막 왕이었던 주왕(紂王)이 주색(酒色)에 빠져 은의 정치가 흔들리자 측근들이 간언했지만 받아들여지지 않았다. 기자는 서형(庶兄) 비간(比干)이 간언에 나섰다가 살해당하는 것을 보고, 위협을 느껴 광인 행세를 하다가 노비가 되었다. 상을 멸망시킨 주(周)의 무왕(武王)은 그 사실을 알고 그를 노비로부터 석방해 주었다. 그러자 그는 자기 사람들을 데리고 연산 산록 너머의 조선으로 이주해 나가 살게 되었다. 그 사실을 알게 된 무왕은 그를 그 지역의 제후로 봉하여 그 지역을 다스리게 했던 것으로 전해지고 있다. 주 왕조는 구 상나라의 북방에 연(燕)이란 제후국을 두게 됨에 따라 연은 연산 산록을 경계로 그 이북의 고조선과 남북으로 대치해가게 되었고, 또 한편 중원에 있던 구 상왕조의 일파는 그들의 원향이었던 연산 산록 이북의 고조선의 영토였던 조선지역으로 넘어가 그곳에서 주왕조의 제후국인 연과는 달리 고조선의 일원으로 존재해 가게 되었다. 중국의 고대사 연구자들은 그 망명자들의 집단을 연산 산록 이북의 고조선지역을 대표하는 정치적 집단으로 파악해 그 집단이 그 조선지역을 대표했다는 의미로서 그 집단을 '기자조선(箕子朝鮮)'이라 불러왔다.

필자는 중국 측의 학자들이 주장하고 있는 것을 그대로 받아들이는 입장은 결코 아니다. 필자는 주의 무왕이 조선으로 이주해간 기자를 봉하게 됨에 따라 요하지역의 조선에 기자조선이 설립되었다는 중국 측의 입장에는 찬성하지 않는다는 것이다. 그러나 필자는 상·주의 교차기에 기자가 당시 적잖은 상의 유민(流民)들과 함께 연산 산록을 넘어 그들의 선조의 땅으로 알려진 요하지역의 고조선 지역으로 망명해 나와 그곳에서의 집단적 생활을 영위해 갔을 가능성까지는 충분히 생각해 볼 수 있고, 또 주가 상의 유민을 데리고 고조선으로 망명한 기자에게 제후직을 하사했을 가능성도 충분히 생각해볼 수 있다는 입장은 취해진다. 그러나 필자가 말하고자 하는 것은 그 조선 지역의 원소유자였던 고조선(단군조선)이 주의 그러한 정치적 행위를 그대로 받아들였다고 말할 수 없다는 것이다. 기자를 비롯한 상의 유민들이 설혹 요하지역으로의 이주가 있었다 하더라도, 천년 이상 요하지역을 차지했던 고조선(단군조선)이 그 유민집단에게 그토록 쉽사리 자신들의 영토를 넘겨줄 리는 결코 없었을 것이라는 것이다. 어떻게 생각해보면 우리는 그 유민집단의 요하지역으로의 유입이 집단력 대립이 형성됨에 따라 오히려 고조선(단군조선)의 국세를 한층 더 강화시켰고, 또 그 수명을 더 연장해 나갔을 가능성도 결코 배제할 수 없다는 입장이 취해지는 것이다. 김정배는 예맥조선의 건립을 주의 건립 시기로 보고 있다. 그렇다면 우리는 요하지역의 남단에서 기자조선이 건립되자 그것에 자극을 받아 요하유역에서 단군조선이 예맥조선으로 전환해 나왔을 가능성도 배제할 수 없다는 입장이 취해지는 것이다. 그러나 문제는 당시의 예맥조선의 정치적 실체가 파악되지 않는다는 것이다. 이 문제에 대해서는 다시 논하기로 한다.

필자의 이러한 입장은 단군조선의 건국 주체가 김정배가 말하는 예맥조선의 건립 주체의 선조였을 것이라는 인식에 입각한 것이다. 따라서 필자는 일연의 입장대로 고조선이란 어디까지나 위만조선에 대응되는 말로서 단군조선과 예맥조선의 공통분모로서의 조선을 가리키는 말이라는 입장을 취한다.

그러나 김정배는 "준왕은 위만에게 쫓겨난 기자조선(예맥조선)의 마지막 왕"이라고 말하고 있다.[28] 그의 이 말은 그가 '기자조선=예맥조선'으로 보고 있다고 하는 확실한 증거라 할 수 있다. 그렇다면 그의 이러한 논리에 의하면 실체는 하나인데 이름은 둘이라는 말이 된다. 그의 기본적 입장은 중국 측이 말하는 기자조선은 아예 처음부터 존재하지 않았다는 입장이다. 그는 우리의 예맥조선을 중국 측에서 기자조선으로 불러왔다고 하는 것이다. 그의 그러한 입장에 대해 필자는 중국 측 문헌에 기록되어 있는 기자조선의 실체도 인정하고 단군조선을 배경으로 해서 기원전 12세기경에 출현했다고 하는 김정배의 예맥조선의 실체도 모두 다 인정한다는 입장이다. 또 필자는 단군조선이 예맥조선의 선조들이 설립한 왕국이라는 입장을 취하고, 고조선이 위만조선 이전의 조선, 즉 단군조선과 주의 건립 이후에 출현한 조선, 다시 말해 김정배가 말하는 예맥조선을 합쳐서 부르는 말이라는 입장을 취한다.

필자는 주왕조의 건립과정에서 중원의 구 상왕조의 일파들이 자신들의 옛 조상의 원향을 찾아 고조선의 영토로 들어가 그 지역의 일부를 차지해 살게 되었다는 입장을 취한다. 그렇지만, 하루아침에 그들이 고조선이 차지해온 요하지역을 대표하는 정치적 집단까지는 결코 될 수 없었을 것이라는 입장이다. 중국 측 연구자들은 기자가 고조선 지역으로 넘어가 정착한 곳은 연산 산록 위쪽의 난하 하류지역, 즉 현재 옛 고죽국(孤竹國) 유적이 남아 있는 자리였다고 이야기하고 있다.[29] 요하지역에서의 이 지역은 요하지역의 최남단 지역이다. 기자조선의 존재를 주장하는 중국 측 학자들은 기자가 고조선에 들어가 살게 되자, 주의 무왕이 태공(太公)을 제(齊)에 봉하고 또 소공(김公)을 연(燕)에 봉했을 때 기자(箕子)를 조선에 봉했기 때문에 조선이 당시 주의 번국(藩國)의 하나였다는 것이고,[30] 그러했기 때문에 그가 고조선에 들어가 고조선의 주류가 되었다는 입장이다.[31] 우리가 이러한 논리를 사실로 받아들여 본다 하더라도, 또 상왕조 멸망 이후 설혹 기자가 연산 산록 이북의 고조선지역으로 넘어와 그곳에서 살게 되었다 하더라도, 고조선의 영토였던 요하지역이 하루아침에 그들의 것이 되었다고 하는 것은 한국 측으로서는 결코 받아들여 질 수 없는 일이다. 이 말은 중국의 연구자들에 의해 기자조선이라 불리는 그 망명 집단이 요하지역에서 1천 년 이상 존재해 있던 고조선을 누르고 하루아침에 그 지역을 대표해 갈 수 있는 정치적 단체가 결코 될 수가 없다고 하는 것이다. 또 기자의 망명지가 요하지역의 서남단이었다고 하는 것은 기자가 그곳에서 건설했다고 하는 기자조선이 요하지역 내의 정치적 집단들 전체를 대표해갈 수 없었음을 의미하는 것이다. 만일 그의 망명지가 연과 떨어져 있는 요서지역의 중앙이나 혹은 요하 유역의 중앙이었었다고 한다면, 그것이 어느 정도 가능했었을 지도 모를 일이다. 또 고대 중국의 어떤 문헌들에도 기자가 고조선지역에 들어가 그곳에서 그 이전에 그 지역을 차지하고 있었던 고조선과 같은 어떤 정치적 세력 등과 대결했다는 기록은 발견되고 있지 않다.

이러한 점들을 고려해볼 때, 설혹 기자가 고조선의 영토로 이주해 그곳에서 살았고 또 주의 무왕으로부터 요하지역의 담당 책임자로 봉해져 그곳에서 정치적 활동을 했었던 것이 사실이었다 하더라도, 당시 난하 하류 지역에는 그 동안 그 지역을 지배해 갔던 어떤 정치적 단체가 존재했었음에 틀림없다. 그렇다면 그 정치적 단체는 과연 어떤 존재였던 것인가? 기자조선의 존재를 주장하는 중국 측 연구자들도 기자가 그곳으로 이주해 가기 전부터 즉 연산산록 이북 난하 하류의 노령현(갈석산이 있는 지역)에 조선이라 불리던 지역이 있었는데 그 지역에 고죽국(孤竹國)이라 불리는 국가가 존재해 있었다는 사실을 인정하고 있다.[32] 그런데 일연은 『삼국유사』를 통해 "당나라의 『배구전(裵矩傳)』에 전하기를 고려(高麗)는 원래 고죽국(孤竹國)이었는데, 주나라가 기자를 봉함으로써 조선(朝鮮)이라 하였다."(여기에서의 '고려'는 고구려를 가리킨다는 설이 지배적이다)라고 말하고 있다. 또 『구당서』의 「배구전」(권63)에도 "고구려는 본래 고죽국으로서 주가 기자를 봉했었고, 한나라는 이곳에 현도·낙랑·대방을 설치했다"라고 적혀져 있다. 이러한 기록들에 의거해 볼 때 기자가 그 곳의 제후로 봉해지기 이전 그곳에는 고죽국이라는 국가가 존재했었다는 입장을 취해볼 수 있고, 기자가 주나라에 의해 그곳의 제후로 봉해지자 고죽국의 왕실이 그의 정치적 중심지를 다른 지역으로 옮겼을 가능성이 높다고 하는 것이다.

그렇다면 고죽국의 왕은 그의 정치적 활동지를 어디로 옮겼던 것인가? 우리는 여기서 『삼국유사』의 '고조선 단군왕검' 속의 문구, "주 무왕이 즉위한 기묘년(BC 1122) 기자를 조선에 봉하니 단군이 이에 장당경(藏唐京)으로 옮겨 갔다"는 문장을 생각하지 않을 수 없다. 그런데 현재 우리에게 추정되는 장당경(藏唐京)이라고 하는 장소는 기자조선의 정치적 무대로부터 동북으로 700여 km 떨어진 지역인, 대릉하 중류와 요하 중류의 중간지점으로 추정되고 있다. 그러나 『삼국유사』의 「고조선 단군왕검」에 의하면 단군조선은 그곳에서 다시 서남쪽으로 120km 떨어진 조양(朝陽)으로 천도했던 것으로 기록되어 있다. 조양은 단군조선이 그의 정치적 무대를 난하 하류로 옮기기 이전에 단군조선의 도읍지였던 지역이다.

필자가 여기에서 주장하고자 하는 것은 우리가 말하고 있는 예맥조선이 다름 아닌 바로 이 장당경, 조양 등으로 천도한 고죽국을 배경으로 해서 형성되어 나온 국가라고 하는 것이다. 이렇게 볼 때, 기자조선 설립 이후의 요하지역에는 요서의 서남단지역에 기자조선이 존재해 있었고, 요하의 중심부에 고죽국의 한 세력을 배경으로 해서 출현한 예맥조선이 존재해 있었다는 입장이 취해지는 것이다. 그렇다면『구당서』의「배구전」등에서 "고구려가 원래 고죽국이었다"고 하는 말의 근거는 무엇인가?『관자』의「소광(小匡)」편에 기원전 664년 제환공이 진공을 구하면서 적 왕을 사로잡고 호맥(胡貊)을 패퇴시켜 기마오랑캐를 비로소 복종시켰다는 문장이 있다. 중국의 역사가들은 이 때 패퇴된 호맥을 동호(東胡)로 보고 있는데,[33] 필자는 이 동호가 고죽국을 배경으로 해서 출현한 정치적 집단으로 파악한다. 그렇다면 고죽국의 유민들은 어디로 간 것인가? 우리가 요하 동북지역에서 기원전 7세기경에 부여가 출현했다는 역사적 사실을 감안해 본다면, 부여의 출현은 고죽국의 동북지역으로의 이동으로 인한 것을 추정해보지 않을 수 없다. 또 우리가 고구려가 요하 북쪽에서 형성되어 나오게 되는 역사적 배경을 추적해볼 것 같으면, 예맥조선으로 지칭될 수 있는 세력의 일부가 연나라의 진개의 공격을 받아 요하 북쪽에 있던 부여로 도망쳐 들어감으로써 그로 인해 강대해졌던 부여로부터 그 후 고구려가 출현했기에 그런 말이 가능했었을 것으로 판단된다. 필자는 이 예맥조선이라 지칭될 수 있는 정치적 집단이 다름 아닌 동호족(東胡族)이라는 입장을 취한다. 이것에 대해서는 뒤의 고조선의 실체 규명 부분에서 상술된다.

여러 고고학적 자료들을 종합해보면, 요서지역 남단의 난하 하류지역에는 전기 청동기시대(2500~1200, BC)의 초기부터 요서의 북·중부로부터 남하해 내려간 인간들이 거주하고 있었던 것으로 고찰된다. 이러한 현상은 기원전 3000년경부터 청동기문화가 흑해·카스피해의 북안 초원지대로부터 알타이·몽고지역 등으로 전파해 나왔고, 다시 그곳에서 요서의 북쪽지역으로, 또 그곳에서 요서의 남쪽으로 전파되어 나갔던 과정에서 일어났던 것으로 고찰된다. 그것은 중원지역에서 기원전 2070년경(『史記』「夏本紀」) 하왕조가 건설되기 3세기전의 일로 고찰된다. 당시 중원지역에는 서역으로부터 중앙의 오아시스로를 통해 청동기문화는 아직 전파되지 않았다. 그러나 그 후 단군조선의 후예들, 즉 중원출신의 인간들로 말할 것 같으면 동이족(東夷族)라 불리는 예맥인들이 기원전 3000년대 말경에 황하 하류를 통해 중원지역으로 들어갔고, 또 서역의 청동기문화가 내몽골지역에서 황하의 북하(北河)와 서하(西河)를 통해 중원지역으로 들어감으로써 양 문화가 서로 충돌해 화하족을 지배층으로 하는 하왕조를 출현시켰다. 그러나 그 후 하왕조의 정치적 중심지보다 더 황하의 하류지역인 하남지역을 중심으로 요하지역의 청동기문화의 주역세력들에 의해 상왕조(商王朝, 1766~1122, BC)가 건국되었다. 바로 그 시기에 단군조선이 요서지역으로부터 난하 하류지역 근처의 백악산(白岳山)이란 지역으로 천도해 내려갔던 것으로 추정된다. 그 결과 난하 하류지역의 주변이 상대 이후 아사달로 불리게 되었는데, 주대에 와서 그곳이 중국인들에 의해 중국어명 '朝鮮'으로 불리게 됐던 것으로 파악된다.

그런데 상과 주의 교체기에 와서 중원지역으로부터 구상(舊商)의 유민들이 그곳으로 이주해 들어오자, 아사달에 도읍을 둔 단군조선은 그의 정치적 무대를 다시 요서의 장당경(藏唐京), 조양(朝陽) 등으로 옮기지 않을 수 없었던 것이다. 단군조선의 정치적 중심지가 난하 하류 지역에서 이 요서의 조양으로 이동하자, 난하 하류 지역으로 들어온 중원인들은 단군조선의 주류가 떠난 그 지역을 일명 고죽국으로 불러갔는가 하면 단군조선의 일파가 잔류해 있던 아사달을 중국어명 '朝鮮'으로도 부르게 되었던 것으로 고찰된다.

한국의 기자조선의 연구자들에 의하면, '전국시대까지 기자가 조선으로 왔다는 기록은 중국 측에 없었고', '기자동래설이 등장하는 최초의 문헌은 『상서대전(尙書大傳)』(서한시대: BC 206~AD 8)과 『사기(史記)』(116~100, BC)라는 것이다.34 그렇다면 상기와 같은 문헌들에는 '기자동래설'이 어떻게 등장하게 된 것인가? 중국이 전국시대(戰國時代, 403~221, BC)로 들어서자, 북경지방을 근거지로 성장해오던 연(燕)은 중원지역에서의 주(周)의 제후세력들이 확대되어 나옴에 따라 기자조선이라 불리는 정치적 집단까지가 포함된 고조선을 요서지역으로부터 한반도의 서북쪽에 위치한 요동지역의 서편 요하지역까지 밀어내게 되었다. 『사기』의 「연소공세가(燕召公世家)」에 의하면, 앞에서도 언급한 바와 같이 연은 주(周)의 무왕(武王)이 기원전 1122년 상을 멸망시킨 후에 소공석(召公奭)을 북연(北燕)에 봉하게 된 것으로부터 출발했다고 전해지고 있다. 소공석은 상대에는 하내(河內)·하남(河南)일대에서 세력을 휘둘렀던 소족(召族)의 일원이었다. 그런데 상 멸망 후 상의 잔존세력이 북방으로 도주해 반란을 일으킴에 따라, 하남의 소공석이 그들을 동정(東征)한 후, 주공(周公)과 함께 주의 동방경영에 적극 참여해갔다. 그 과정에서 그가 지금의 북경부근의 제후로 봉해졌었던 것이다. 그러나 춘추시대(770~403, BC)이후 주왕실의 쇠락과 함께 북방의 산적(山賊)이 남하해 내려옴에 따라, 연은 중원과의 교통로가 끊겨 중원으로부터 멀어지게 되었다. 그러다가 전국시대(403~221, BC)로 들어와 중원과의 교통이 다시 열리게 되어, 역왕(易王, 329~321, BC) 때 와서 전국 7웅국(戰國七雄國) 중 가장 늦게 기원전 323년 왕(王)의 칭호를 사용하게 되었다.[35] 주왕(周王) 중심 천하의 봉건제가 쇠약해져 변방에 위치한 연(燕)의 군주 역(易)도 중원의 다른 제후국들의 군주와 마찬가지로 스스로 왕의 칭호를 사용하게 되었던 것이다.

어환(魚豢)의 『위략(魏略)』(263년경)에 의하면, 전국시대로 들어와 중원지역이 정치적으로 소란해지자 북쪽의 변방에서는 연의 소왕(昭王, 311~279, BC)에 이어 연에 이웃해있던 기자조선의 군주(君主)도 그간의 자신의 칭호인 '후'(侯)를 '왕'(王)으로 바꾸어 쓰게 되었다고 한다. 그러자 연의 소왕은 기자조선이 교만해졌다하여, 장수 진개를 보내 기자조선의 서쪽을 공격해 2천 리의 땅을 빼앗아 만반한(滿潘汗)까지를 경계로 삼았다. 그 후 기자조선은 연의 그러한 동진을 계기로 약해지게 되어, 결국 진개의 공격 이후 기자조선의 정치적 중심지는 난하 하류지역으로부터 요하의 중·하류에 위치한 험독(險瀆)이라는 곳으로 이동하게 됐던 것으로 고찰된다.[36]

진개가 기자조선을 공격한 그 해는 기원전 300년으로 고찰되고 있다.[37] 또 연과 기자고조선과의 경계선이 된 만반한(滿潘汗)은 중국 측 연구자들은 압록

강으로 보고 있지만 최근 한국 측의 연구자들은 요서(遼西)의 대릉하(大凌河)로 보고 있다.[38] 그 후 연은 진(秦)에 의해 전국(戰國)이 통일되는 과정에서 기원전 222년에 멸망했다. 그 바람에 연이 점령해오던 기자조선의 서반부가 자동 진(秦)으로 넘어가게 되었다. 연으로부터 요서지역을 물려받은 진의 시황제는 그 이듬해 전국 통일을 달성했고, 그 후 기원전 215년에는 몽념(蒙恬)에게 30만 병력을 주어 흉노에게 뺏긴 오르도스지역 이남의 황하유역을 되찾게 했다. 또 몽념은 황제의 명령을 받아들여 북방 쪽으로의 진출을 포기하고 흉노의 남침을 막을 수 있는 장성(長城)을 쌓았다. 그는 요하의 동편 유역에 위치한 현재의 요녕성 심양시로부터 출발해 감숙성(甘肅省)의 임조(臨洮)에 이르는 장성을 구축했던 것이다.[39]

그러나 진이 기원전 207년 개국 14년 만에 한(漢)의 유방에 의해 멸망되자, 요서지역이 다시 한으로 넘어갔다. 한초에 연 지역을 맡아 다스리던 자는 노관(盧綰)이었다. 그가 연 지역을 관할하고 있었을 당시, 한과 기자조선과의 경계는 당시 패수(浿水)라 불리던 대릉하였다. 그런데 그가 모반해 흉노 쪽으로 돌아선 시점에서, 연지역의 위만(衛滿)이라는 자가 천여 명의 무리를 이끌고 대릉하를 건너 요동 쪽으로 넘어와 당시 요하의 중·하류의 험독(險瀆)을 정치적 무대로 하고 있던 기자조선에 망명해 기자조선 땅의 서쪽 지역을 지켜갔다. 그러다가 그는 기원전 190년경에 기자조선을 무너뜨리고 위만조선을 건설하게 되었다. 이렇게 해서 난하 이동의 요하지역과 한반도 북부지역이 연인 위만의 손으로 넘어가게 되었던 것이다.

이상과 같이 고찰해 볼 때, 중국 측의 자료들이 가리키는 조선이란 처음에는 고조선의 도읍이 자리해 있던 난하 하류의 아사달이라 불리던 지역을 가리키던 말이었다. 그 후 그것은 주대 이후 그 지역에서 형성된 정치적 집단으로 상상되는 기자조선의 의미로 쓰이게 됐던 것으로 고찰된다. 즉 그것은 상이 주로 교체 되고, 또 진이 한으로 교체되는 과정들 속에서 중원의 상 세력의 일부가 중원에서 새로 등장한 주 세력에 밀려 고조선 지역인 요하의 남부 지역으로 이주해 나온 세력들을 가리키는 말로 정착되었던 것이다.

3) 중국에서의 『위서(魏書)』와 '조선'의 의미

『삼국유사』에 "『위서(魏書)』에 의하면 이천년 전에 단군왕검이 아사달에 도읍해서 나라를 세워 조선이라 이름 붙였다"라고 하는 말이 있다. 우리는 중국 측의 문헌인 『위서』에 있었다고 하는 이 말을 어떻게 받아들여야 할 것인가?

중국의 고서들 중에 분명 『위서(魏書)』란 이름을 갖은 사서(史書)들이 있다. 우선 진수(陳壽, 233~297)의 『삼국지(三國志)』가 나오기 이전에 쓰인 왕침(王沈)의 『위서』가 있다. 이것은 현존하지 않기 때문에 일연이 이것을 참고했는지는 알 수 없다. 이것은 전국시대(戰國時代)의 위(魏)에 관한 역사서였기 때문에 아마도 고조선의 기술에까지는 미치지 못했을 것이다. 그 다음 위수(魏收)의 『위서(魏書)』, 551~574)가 있다. 이것은 현존하지만, 이 현존본 속에는 일연이 참고했다고 하는 고조선에 관한 기록이 들어 있지 않다. 현존본에 그러한 내용이 들어 있지 않다고 해서 일연이 그것을 참고하지 않았다고는 결코 말할 수 없다. 왜냐하면, 일연이 참고한 그 『위서』 속에는 고조선에 관한 기록이 들어 있었으나 현존본에는 그것이 누락되었을 가능성이 얼마든지 있기 때문이다. 이러한 점들을 고려해 봤을 때 우리는 일연이 『삼국유사』에서 말하고 있는 『위서(魏書)』가 이 책인지 아닌지는 우리로서는 확실히 말할 수 없다. 이 두 책 외에도 수대(隋代)의 위담(魏澹), 당대(唐代)의 장대소(張大素) 등의 『위서』가 있었다고 하나, 오늘날 전해오고 있지 않다.[40]

그렇다면 현재 우리로서는 위수의 것을 좀 더 면밀히 고찰해 볼 수밖에 없는데, 다행스럽게도 위수의 『위서』 속의 「외국전(外國傳)」부분에, 하백(河伯)의 딸이었다고 하는 한 여인이 방안으로 들어온 햇빛을 받아 잉태해 알을 낳았는데, 그 알에서 나온 아이가 나중에 고구려의 주몽(朱蒙)이 되었고, 후에 그가 부여로부터 도망쳐 흘승골성(紇升骨城)이라는 지역에서 고구려를 세웠다는 이야기가 기술되어 있다.[41] 그런데 이 내용의 이야기가 일연의 『삼국유사』 속의 「고구려」 편에 그대로 나와 있는 것이다. 따라서 이러한 사실에 근거해 우리는 일연이 위수의 『위서』를 참고했었을 가능성이 있다는 입장을 취해볼 수 있다. 또 우리는 만일 일연이 이 『위서』를 참고로 해 『삼국유사』의 고조선 부분을 기술했다고 한다면, 그가 참고한 부분이 조선이라는 이름을 취해 '고구려(高句麗) 백제(百濟) 오락사(烏洛俟)'의 앞부분에 첨부되어 있었을 것으로 추정된다. 만일 그 내용이 그 부분에 첨부되어 있었다고 한다면 어째서 그것이 위수의 그것으로부터 누락된 것인가?

우선 여기에서 『위서』가 어떤 책인지를 잠깐 고찰해 보기로 한다. 『위서』는 130권으로 엮어진 북위(北魏, 386~534)의 일대를 기록한 책으로서 북제(北齊, 550~577)의 위수(魏收, 506~572)가 황실의 명령을 받들어 554년에 편찬한 봉칙찬(奉勅撰)이다. 위수의 나라 북제는 어떤 나라였는가? 북제 이전의 북위는 장안(長安)을 기반으로 세력을 형성하고 있던 선비족 우문태(宇文泰)가 주도하는 서위(西魏)와 하북(河北)의 업(鄴)을 중심으로 세력을 형성해 온 역시 선비계의 고환(高歡)이 주도했던 동위(東魏)로 양분되어 있었다. 북제는 동위(東魏, 534~550)를 이어서 고환의 아들 양(洋)이 세운 나라였다. 서위의 실권자였던 선비계의 우문태가 서위를 이어받아 북주(北周)를 세워 한족의 명신(名臣) 소작(蘇綽)을 통해 유교 정책을 장려해갔었다. 이에 반해, 북위는 북방민족 중심의 정책을 장려해갔던 나라였다. 그 후 북제는 576년 북주(北周)의 공격을 받아 결국 멸망하게 되어 하북평야(河北平野)를 중심으로 했던 북제지역에 북부의 화화(華化)정책이 급격히 추진되었던 것이다.

위수가 위사(魏史) 편찬의 명을 받은 것은 북제가 건국된 그 이듬해인 551년이었고 그것이 『위서』 130권으로 완성된 것은 그가 사망한 해로부터 2년 후인 574년의 일이었다. 이러한 사실은 그 책이 세상에 나온 지 2년 만에 북제가 북주에 의해 멸망되었다는 것을 잘 말해주고 있다. 그 책이 23년 만에 세상에 나오자, 그 책 기술의 부실불평(不實不平)에 대한 비난이 쏟아져 나와 예사(穢史)라 칭해졌는가 하면, 당(唐)의 『북사(北史)』에는 위수가 수회은원(收賄恩怨) 등으로 곡필(曲筆)한 부분들이 있다는 식으로 평해진 것으로 고찰된다. 더욱이 『북제서(北齊書)』(37), 『북사(北史)』(56) 등에 의하면, 위수는 후대인들에 의해 성격이 편협하고 행동이 경박한 자로 기록되었고, 원한을 사서 사후에 그 묘가 파헤쳐졌었다고도 한다.

그러나 후대의 『위서』 연구자들에 의하면, 설혹 그가 당시의 황실에 대한 직필(直筆)을 피했고,[42] 또 동위(東魏)를 정통(正統)으로 보고 있으며, 삼국의 위(魏, 220~265)를 대신해 일어난 진조(晉朝, 265~420)를 참진(僭晉: 분수에 맞지 않는 진)으로 파악했다는 사실들이 문제가 될 수 있다 하더라도, 당시의 다른 사서(史書)들에 대비해 볼 때 『위서』가 곡필(曲筆)된 것이라고까지는 결코 말할 수 없다고 하는 것이다.[43] 후대의 『위서』 연구자들의 이러한 입장을 고려해 볼 때, 우리는 『위서』의 내용과 위수의 성격 및 인품에 대한 악평들이 북주(北周)가 북제를 멸망시키고 구북제 지역에서 중원 중심의 화화(華化)정책이 취해지는 과정에서 중원 중심의 사관들에 의해 행해졌던 것들로 파악해볼 수 있다는 입장이 취해진다.

만일 일연이 그의 저서에서 말하는 『위서』가 바로 이 위수의 것이라고 한다면, 일연이 그의 저서에서 말하고 있는 고조선 단군왕검에 관한 문장이 현재 『위서』에서 발견되지 않는 이유는 무엇인가? 그 이유는 다음과 같은 시각에서 생각해 볼 수 있다. 현행본은 당대(唐代)로 들어와 중화(中華) 중심의 입장에서 쓰인 이연수(李延壽) 편찬의 『북사(北史)』(100券)를 저본(底本)으로 해서 뜯어고쳐지고 보충된 부분들이 적잖고, 또 송대(宋代, 947~1279)에 와서도 「남북사(南北史)」 연구가 활발히 행해지는 과정에서 그것의 망실(亡失)이 적잖이 행해졌던 것으로 고찰되고 있다.[44] 『위서』 속에 고조선 단군왕검 부분이 있었다고 한다면, 필시 그것은 당·송대에 중화 중심의 시각에서 북방민족 중심의 『위서』가 재편집되는 과정에서 삭제되었을 것으로 추정된다.

『위서』 속에 중국의 요(堯)임금과 같은 시기의 인물로 보는 고조선 단군왕검이란 내용의 글이 들어있었다고 한다면, 『위서』야말로 『위서』의 저자 위수가 소속된 선비(鮮卑) 족과 같은 계열의 민족들, 예컨대 동호(東胡)·오환(烏丸)·흉노(匈奴) 등과 같은 북방민족 중심의 시각에서 쓰인 것이라고 말하지 않을 수 없다. 그 이유는 중화 중심의 역사에서는 요(堯)가 세운 나라가 최고

(最古)의 나라로 기술되고 있기 때문이다. 『위서』의 편찬자인 위수는 선비족 출신의 학자였고, 또 그의 나라 북제 또한 그들의 선조가 활동해왔던 화북(華北)지역을 기반으로 해서 출현한 나라였기 때문이다.

그렇다면 위수에게서의 조선(朝鮮)이란 어떤 나라였다고 생각해 볼 수 있을 것인가? 그가 조선을 중원의 최고(最古) 나라인 요나라와 같은 시기에 세워진 나라로 파악했다는 것은 조선 출신의 민족과 자기의 선비족 출신의 민족을 동일한 민족 내지 동일 계열의 민족으로 파악했었기 때문이었다는 입장이 취해지지 않을 수 없다. 현재 중국 측 학자들은 하왕조를 동아시아대륙에서의 최고(最古)의 왕조로 파악하고 있다. 그러나 필자는 한(韓)민족에 의해서 세워진 고조선이 동아시아지역에서의 최고(最古)의 왕조로 파악하고 있는 입장이다. 『위서(魏書)』의 위수나 『삼국유사』의 일연이 고조선왕조의 건국 시점을 하왕조의 건국시점 보다 2세기전인 요임금의 재위시기로 파악했다는 것은 분명히 중원 출신의 화하족(華夏族)에 대항해 온 선비족 자신들과 혹은 그들과 동일계열의 북방계민족 출신에 의해 건국된 고조선왕조가 중원출신의 화하족에 의해 건국된 하왕조 보다 먼저 세워졌다는 것을 의미하는 것이다. 이것은 바로 위수나 일연이 북방민족 중심의 역사관, 다시 말하자면 황하지역 중심의 역사관에 대립해 요하지역 중심의 역사관에 입각해 자신들의 책들을 저술했다는 말이기도 하다. 『위서(魏書)』의 「열전」(제88) 앞부분에 첨부되어 있었을 것으로 추정되는 조선 부분이 소실내지 삭제된 것은 아마도 중원사(中原史) 중심의 역사가들에 의해 행해졌던 것으로, 그들로 말할 것 같으면 북방 동이족(東夷族)의 일파인 조선이 중원민족 보다 먼저 국가를 건설했다는 입장이 결코 받아들여 질 수 없었기 때문이었던 것으로 파악된다.

우리가 현재 문제시하고 있는 고조선이란 용어는 일연이 『삼국유사』를 저술하던 과정에서 고조선 단군왕검(古朝鮮 檀君王儉)이란 형태를 취해 만들어 낸 것으로 파악된다. 그런데 일연이 『삼국유사』를 저술한 이유도 사실상 첫째는 중원지역의 화하족이 확립시킨 유교 문화의 입장에서 쓰인 김부식의 『삼국사기(三國史記)』(1145)를 상대화시키기 위해서였다고 볼 수 있다. 둘째는 중원의 화하족에 대립되는 우리의 한(韓)민족 등과 같은 북방민족들이 자신들의 종교로 받아들여 가던 도교・선교(仙敎)・불교 등이 추구해가는 가치체계를 확립시켜 가기 위해서였던 것으로 파악된다. 셋째로 일연은 당시 몽고족의 속국으로 떨어진 고려가 같은 북방민족인 몽고족에 대해 어떠한 입장을 취해가야 하고, 또 같은 북방민족인 고려와 원(元)이 중원의 화하족과 그의 유교문화에 대해 어떠한 입장을 취할 것인가에 대한 입장 확립을 위해서였다 할 수 있다. 보다 구체적으로 말하자면 그는 같은 북방민족에 의해서 세워진 원과의 대립을 통해서가 아니라 같은 북방민족으로서의 원과의 유대를 통해서 고려의 민중을 보호해가기 위해서였던 것으로 고찰된다.

3. 중국어 '조선(朝鮮)'의 의미와 그 형성 경위

1) 초출문헌 『관자(管子)』의 「조선(朝鮮)」이란 명칭의 의미

조선(朝鮮)이란 명칭은 『관자(管子)』, 『상서대전(尚書大傳)』, 『사기(史記)』 등을 통해 출현되기 시작되었다.

『관자』의 「규탁(揆度)」에서 다음과 같은 내용이 있다.

환공이 관자에게 물었다. "나는 나라 안의 진귀한 물산으로 화폐를 만드는 일곱 가지 방법이 있다고 들었습니다. 그것들에 관해 들을 수 있겠습니까?" 관자가 대답했다. "음산(陰山)에서 나는 연민(礝珉: 玉石의 일종)을 이용하는 것이 한 방책입니다. 연나라의 자산(紫山)에서 나는 백은(白銀)을 이용하는 것도 한 방책이고, 동방의 오랑캐 땅 조선(發朝鮮)에서 나는 문피(文皮: 무늬가 있는 虎皮나 豹皮)를 이용하는 것도 한 방책입니다. 여수(汝水)나 한수(漢水)에서 나는 황금을 이용하는 것도 한 방책이고, 강양(江陽)에서 나는 구슬을 이용하는 것도 한 방책이며, 진(秦)나라의 명산(明山)에서 나는 증청(曾青:仙藥)을 이용하는 것도 한 방책입니다. 또 우씨(禹氏)의 변산(邊山)에서 나는 옥을 이용하는 것도 한 방책입니다. 이는 귀한 것을 이용하여 부유함을 통제하고, 좁은 지역을 이용하여 넓은 지역을 통제하는 방법입니다. 천하의 재정정책은 모두 물가조절 방법에 달려있을 뿐입니다."[45]

이 대화중의 "오랑캐 땅 조선(發朝鮮)에서 나는 문피(文皮)를 이용하는 것이 한 방책입니다(發朝鮮之文皮一筴也)"에 들어있는 조선(朝鮮)이 바로 그것이다. 그런데 이 문장이 들어있는 문헌 『관자』란 전국시대(403~221, BC)에서 한대(漢代, BC 206~AD 220)에 이르는 시기에 춘추시대 제(齊)나라의 사상가이자 정치가 관중(管仲, BC 645 사망)의 업적이 후대인들에 의해 정리되어 문헌으로 형성되어 나온 것으로 알려졌다. 따라서 우리는 우선 기원전 7세기 중반의 관중을 『관자』의 저자로 볼 수 있는 입장을 가져볼 수 있고, 또는 전국시대에서 한대 사이의 그의 추종자들을 그 책자의 저자로 볼 수 있는 입장을 가져볼 수도 있다.

환공과 관중의 대화가 구체성을 띄고 있고, 또 대화의 내용이 화폐제도가 아직 생기지 않았던 시기에 나올 수 있을 법한 것으로서, 무엇을 화폐로 할 것인가의 문제라는 것을 고려해 볼 때, 첫째로 우리는 관중이 '발조선(發朝鮮)'이란 말을 직접 했을 가능성이 높다고 하는 입장을 취해 볼 수 있다. 그렇다고 한다면 두 번째로 관중에 의해 거론된 말들, 예컨대 '음산', '자산', '여수와 한수', '강양', '명산', '변산' 등이 그러하듯이 조선(朝鮮)도 지명(地名)을 가리키는 말일 수 있다고 하는 것이다. 그렇다고 한다면, 관중이 생존했던 춘추시대(770~403, BC)에 분명 조선이라 불리는 지역이 존재했었다고 볼 수 있다.

그렇다면 이 지역은 어떤 지역이었는가? 앞에서 제시된 『관자』속의 조선(朝鮮)이란 말이 발(發)과 함께 발조선(發朝鮮)의 형태로 쓰였다. 김필수 등에 의하면, 이 발(發)에 대해 유재현 등은 중국 고문헌들에서 조선과 숙신(肅慎)을 말할 때 발(發)을 접두사로 쓴다고 지적했고, 최남선, 손진태, 안재홍은 이를 '동이족에 붙이는 접두어로 해석해서 광명(光明)조선, 광명숙신으로 푼다'라는 입장을 취했다고 했다.[46] 그런데 이 경우 유재현 등은 중국인들의 그러한 부정적 견해를 거부하고 최남선 등의 긍정적 견해를 받아들여 발조선을 광명조선으로 봐야 한다는 입장을 취했다. 그러나 필자는 최남선 등의 입장보다는 중국인들의 입장을 취해 발조선(發朝鮮)을 동이조선(東夷朝鮮)으로 보아야 한다는 입장이다. 물론 발(發)에는 아침(朝) 등과 같은 의미가 있다. 그러나 그외에도 그것에는 동방의 오랑캐, 즉 동이(東夷)의 의미를 갖고 있기 때문이다.[47] 이렇게 봤을 때, 발조선이란 동이족의 조선, 보다 구체적으로 말하면 동이족이 사는 조선지역의 뜻으로 파악될 수 있는 것이다.

『상서대전(尚書大傳)』(四卷)의 「홍범(洪範)」에도 아래와 같은 문장 속에 '朝鮮'이란 말이 나온다. 『상서대전』은 한의 문제대(文帝代, 180~57, BC)의 사람 복생(伏生)이 편찬했다고 하는데, 사실은 그의 제자 구양생(歐陽生) 등이 무제대(武帝代, 141~87, BC)에 와서 복생의 유설(遺說)을 기초로 해서 편찬한 것으로 파악되고 있다.

무왕이 은과 싸워 이겨 상의 공자(公子) 녹부(祿父)의 자리를 이어받아 기자의 포로를 석방해 주었다. 그러나 기자는 상(商) 때에 행해오던 관직을 더 이상 수행하지 않고 조선으로 도주했다(箕子不忍商之士走之朝鮮). 무왕이 이 사실을 듣고, 조선에 그를 봉(封)함에 따라 그는 하는 수 없이 신하의 예를 무시할 수 없었기 때문에 12사(祀) 때 내조(來朝)했다.

이 문장이 작성된 것은 한무제 때이지만 문장 속의 내용은 주초(周初, BC 1122년 周 건립)이다. 이 내용에 근거해 봤을 때, 우리는 주(周)가 성립된 시점에도 조선(朝鮮)이라는 명칭을 갖은 지역이 있었다는 입장을 취해볼 수 있다. 그런데 이 조선이란 명칭은 관중이나 그의 후계자들 또한 복생이나 그의 제자 구양생(歐陽生) 등이 그러했듯이 중원을 중심으로 해서 세상을 인식하는 중국인들에 의해 붙여진 지명이다. 그렇다면 중국인들은 무엇을 근거로 해서 그 특정지역을 조선이라 이름 붙이게 되었던 것인가?

2) 중국어 '조선(朝鮮)'의 의미

일반적으로 중국에서의 지명이란 중화(中華) 지향의 중국인들의 입장에서 파악된 그 지역적 특성에 의거해 붙여졌다고 볼 수 있다. 예컨대 동해(東海)란 지명은 한국인들이 한반도에서 바라다 봤을 때 동쪽에 있기 때문에 동해로 이름 붙여지게 된 것과 동일한 원리이다.

중국어로 조선이란 의미는 아침을 뜻하는 조(朝)와 작은 산(小山)을 뜻하는 선(鮮)으로 되어 있다. 선(鮮)은 생선의 의미를 비롯하여 여러 의미들을 지닌 글자인데 그 의미들 중에는 작은 산(小山) 특히 대산(大山)으로부터 떨어져 있는 소산의 의미도 내포되어 있다. 『이아(爾雅)』의 석산(釋山)에 나오는 "대산과 떨어져 있는 소산이 선이다(小山別大山鮮)"라는 문장이 그 한 예가 될 수 있다.[48] [『이아』는 문자를 설명한 자서(字書)들 중 가장 오래된 것으로 작자가 공자의 한 문인(門人), 또는 주공(周公)이 편했다는 설이 있다.] 지금까지 조선(朝鮮)의 의미는 이병도·양주동·신용하 등에 의해 아사달의 의미와 연결시켜 파악되어 왔다. 그러나 그들은 선(鮮)의 의미를 '새'(양주동)라든가 '빛나는' 등의 의미로만 파악했지 작은 산의 의미로는 파악해내지 못했던 것이다.[49]

따라서 자신들이 중원 출신이란 인식을 갖고 있는 중국인들에게서의 조선(朝鮮)이 아침 소산, 더 구체적으로 풀어서 말해보자면 '아침 해가 뜨는 동쪽 소산'을 핵심으로 해서 형성되어 나온 말로서 '아침 해가 뜨는 동쪽의 소산 지역' 또는 '아침 해가 뜨는 동쪽 소산 지역에서 사는 민족'의 의미였던 것으로 고찰된다. 이 경우 중국인들이 아침산을 의차(意借)할 때 아침의 대산으로 하지 않고 아침의 소산으로 했던 것은 조선지역에서 사는 민족을 비하하기 위해서였다고 할 수 있다.

현재 우리에게 고대 북아시아 유목민족의 하나로 알려진 선비(鮮卑) 또한 당시 한(漢)족 중국인들에게는 조선(朝鮮)과 별 다를 바 없는 똑같은 민족으로 인식되었을 것이다. 중국인들은 그 민족이 요서(遼西)지역의 선비산(鮮卑山)에 살고 있었기 때문에 그 민족을 선비(鮮卑)라 불렀다고 하는 설이 있는가 하면

그 선비족(鮮卑族)이 살았던 산이기 때문에 그 산이 선비산이라 불리었다는 설도 있다.⁵⁰

이 경우 원래 선비족은 자신들이 살고 있던 지역을 '사비(Sabi)'라 불렀었다고 한다. 그런데 사비(Sabi)란 그들 자신들의 언어인 퉁구스어의 일파인 만주어로는 '복스럽고 길한 징조'를 뜻하는 말이다. 그런데 필자가 여기에서 말하고자 하는 것은 중국인들이 바로 이 말을 토대로 해서 선비(鮮卑)란 말을 만들어 냈다고 하는 것이다.⁵¹ 다시 말해 중국어 선비(鮮卑)는 선비족이 사용했던 만주어 사비(Sabi)의 음차어(音借語)라는 것이다. 선비족(鮮卑族)은 민족적 측면에서와 언어적 측면에서 퉁구스 · 몽골 · 투르크의 혼종(混種)이었다. 따라서 중원의 중국인들에게는 선비족(鮮卑族) 역시 조선의 민족과 다를 바 없는 북방오랑캐 족속이었다. 그래서 그들은 만주어 사비(Sabi)를 음차할 때에도 작은 산(小山)을 의미하는 선(鮮)과 상대방을 비하시키는 의미를 지닌 비(卑)를 끌어냈던 것이다. 선비(鮮卑)라는 이름이 중국 역사서에 처음으로 나타나는 것은 중국어 조선(朝鮮) 보다 늦은 전한 말(前漢末, 1세기 초)이다. 『후한서(後漢書)』 등에 그것은 오환(烏桓)과 함께 전국시대 몽고지방에서 번영했던 동호(東胡)를 구성했던 일족으로 기록되어 있다.

우리는 이 중국어 선비(鮮卑)와 관련시켜 중국어 朝鮮(조선)의 성립에 대해 다음과 같은 입장을 취해 볼 수 있다. 조선민족 자신들은 언제부터인가 자신들의 선조가 맨 처음 나라를 세웠던 지역을 아사달이라 불렀다. 그런데 이 말은 퉁구스어로 아침을 의미하는 아사와 산이나 장소를 의미하는 달이라는 말이 합쳐져서 된 말이다. 『삼국유사』 속의 「고조선 단군왕검」 편에 다음과 같은 문장이 있다.

> 요임금 즉위 50년인 경인년(庚寅年)에 평양성(平壤城)에 도읍하고, 비로소 나라를 조선(朝鮮)이라 했다. 뒤에 또 백악산(白岳山) 아사달(阿斯達)로 도읍을 옮겼는데, 그곳을 궁홀산(弓忽山) 또는 금미달(今彌達)이라고 했다.

위 문장에서 "백악산(白岳山) 아사달(阿斯達)"이란 말은 '백악산에 있는 아사달'이라는 말로 풀이될 수 있고, "그곳을 궁홀산(弓忽山) 또는 금미달(今彌達)이라 했다"는 말은 '백악산에 있는 아사달이라는 곳이 궁홀산(弓忽山) 또는 금미달(今彌達)로 불려졌다'고 하는 말이다. 이 경우 우리가 아사달(阿斯達)를 궁홀산(弓忽山) 또는 금미달(今彌達)과 같은 의미로 파악해볼 수 있다면 달(達)과 산(山)은 같은 의미임에 틀림없다는 입장이 취해지는 것이다.

그런데 필자가 여기에서 말하고자 하는 것은 중국인들이 바로 그 아사달이란 말로부터 의차(意借)해서 다시 그것을 의역해서 조선이란 말을 만들어 냈다고 하는 것이다. 한국어의 '곰나루'와 '큰 마을'이 중국어로 '웅진(能津)'과 '백제(百濟)'로 각각 표현되는 것도 그 일례라 할 수 있다. 그렇다면 조선의 민족은 아사달이란 말을 어떻게 만들어 낸 것이었을까?

앞에서 고찰한 바와 같이 중국인들이 조선(朝鮮)이란 말을 쓰기 시작한 것은 두말할 필요 없이 현재 우리에게 파악되는 최초의 한자형태라 할 수 있는 갑골문(甲骨文)과 금문(金文) 등의 성립 이후부터라 할 수 있다. 중국에서 19세기 말에 하남성 안양(安陽)의 은허(殷墟)에서 발견된 갑골들이 사용된 것은 기원전 14~11세기로 고찰된다. 그렇다면 갑골에 새겨진 한자들이 형성된 것은 분명 그 이전의 일이라 생각하지 않을 수 없다. 그런데 공교롭게도 당시 갑골에 새겨진 한자들 중에는 조(朝)라는 한자는 있지만 선(鮮)이라는 한자는 없었던 것으로 고찰된다.[52] 따라서 기원전 11세기 이전까지는 조선(朝鮮)이란 중국어 글자가 형성되지 않았었다고 볼 수 있다. 그러나 서주대(西周代, 1122~770, BC)에 와서 청동기 사용이 일반화되었고 그것에 한자가 새겨지게 되어 현존하게 되었는데 현재 우리는 그것들을 금문이라 부르고 있다. 그런데 그 금문에는 조(朝)는 물론이고 선(鮮)도 들어있어, 서주의 금문시대에 와서는 조선(朝鮮)이란 말이 형성될 수도 있었다는 입장이 취해진다. 이렇게 볼 때, 조선(朝鮮)이란 말은 서주대 이후에 형성되어 나온 말이라는 입장을 취해볼 수 있다. 그렇다고 한다면, 우리가 『상서대전(尙書大傳)』에 적혀 있는 '기자동래설' 등의 내용을 고려해 볼 때, 무왕(武王)과 기자(箕子)가 생존했던 서주 초기에는 중국어 조선(朝鮮)이란 말이 쓰이고 있었을 가능성이 있었을 것으로 판단된다. 한국학자들에 의하면 기자동래설이란 전국시대 이후에 중국사서에 쓰이기 시작한 것으로서 그것이 조작됐을 가능성이 농후하다는 것이다. 필자도 그들의 그러한 입장에 동의한다. 그럼에도 필자가 여기에서 기자동래설을 자료로 해서 필자의 논리를 세우고자 하는 것은 기자동래설에 등장하는 조선(朝鮮)이란 지명에 관한 한 서주 초 당시 그것이 존재했을 신빙성이 있다는 입장이 취해지기 때문이다.

3) 메소포타미아문명의 동진과 아사달의 성립 경위

그렇다면 조선에서 아사달이란 말은 어떻게 형성되어 나온 것인가? 알타이어족을 이루는 투르크어·몽골어·퉁구스어에서는 일본어나 고대 한국어 등의 경우가 그러하듯이 아사란 말이 아침이라는 의미를 갖는다는 것은 잘 알려져 있다.[53] 앞에서 고찰한 바와 같이 아사달의 달의 경우도 마찬가지이다. 고구려어에서는 달이 산(山)이나 장소를 의미했다. 고조선 민족은 투르크족·몽골족·퉁구스족 등과 함께 아시아 대륙의 북방지역에서 알타이 민족이라고 하는 거대한 민족 내지 언어집단의 한 구성원이었다. 그러한 알타이민족은 서아시아의 수메르족·아시리아족·샘족 등뿐만 아니라 에게해 건너편의 그리스민족 등과 같은 유럽민족, 중앙아시아의 이란민족·동아시아 중부의 한족 등과도 인종적·문화적 측면에서의 지속적 교류를 통해 변천해 나왔다. 필자가 여기에서 말하고자 하는 것은 그러한 인종적·문화적 차원의 지속적 교류가 행해지는 과정에서 고조선 민족에게 아사달이라고 하는 말이 형성되어 나왔다는 것이다.

고고학자들은 고대 아시리아왕국이 설립되었던 메소포타미아의 북부지역에서 다양한 비석들을 발견해왔다. 그것들 중에는 당시의 상인들에게 내비게이션 역할을 했던 비석들도 있었다. 그것들의 비문들 속에는 'sunrise'(일출)을 의미하는 'asu'라는 말이, '해가 지는 장소'라는 의미를 지닌 'ereb'(sunset, 일몰)을 의미하는 말과 대응되어 쓰였던 것이 발견된다. 그런데 필자가 여기에서 말하고자 하는 것은 이 '해가 뜨는 장소'를 의미하는 아시리아어 'asu'가 서쪽의 에게해 건너의 그리스인에게 전파되어 나가, 그리스어에서 장소를 나타내는 접미어 '-ia'와 결합해 '해가 뜨는 지역'이란 의미를 갖는 'asia'라고 하는 단어가 형성되어 나왔는가하면, 또 그것이 기초가 되어 아시리아에서는 신의 이름과 지명을 가리키는 'Assur'라는 말이 형성되어 나왔다. 또 'Assur'가 페니키아상인을 통해 그리스인에게로 전파되어 나가 '아시리아인이 세운 나라'를 의미하는 'Assyria'라는 말이 형성되어 나왔다고 하는 것이다. 이렇게 봤을 때, 우리는 'Asia'와 'Assyria'란 말이 '해가 뜨는 장소' 내지 '해가 뜨는 지역에 있는 나라'의 의미로 동일한 의미를 갖는 말들로 볼 수 있다는 입장을 취할 수 있는 것이다.

그러면 여기에서 'Assyria'와 'Asu-Ereb'와의 관계를 보다 구체적으로 고찰해 보기로 한다. 현재 아시리아(Assyria)란 티그리스 강 상류의 아슈르(Ashur)를 중심으로 하는 지역을 가리킨다. 그런데 그 지역이 현재 우리에게 문제가 되는 것은 기원전 8세기에 오리엔트 전 지역을 최초로 통일시켰던 아시르 왕국이 바로 그 지역을 토대로 해서 성장해 왔다고 하는 것이다. 원래 아시르 민족은 기원전 2500년경 보다 훨씬 이전에 유프라테스 강 상류지역을 흐르는 발리흐(Balih) 강의 상류에 펼쳐진 텔 할라프 평원에서 그 지역의 토착민과 외부로부터 흘러들어온 유목민 셈족과의 혼혈을 통해 형성되어 나온 민족으로 알려져 있다.[54]

이렇게 그 아시르 민족이 형성되어 나온 지역은 유프라테스 강의 최상류 지역이다. 그 북쪽은 현재의 터키 소속의 산악지역이고 동쪽은 티그리스 강의 상류 지역이다. 그들은 기원전 2500년경에 동쪽의 티그리스 강 유역의 상류로 침입해 들어가 아슈르 지역을 점령해 그곳에서 아슈르 도시국가를 건설했다. 유태민족의 전설에 의하면 셈의 아들 아슈르(Ashur)에 의해 그 도시가 세워져 아슈르가 그 도시의 주신으로 받들어졌었다고 한다. 그런데 도시국가가 형성된 아슈르지역은 티그리스 강의 상류지역에 있고, 그 강을 따라 더 상류지역으로 올라가면 고르디언 산(Gordiaean mountain) 등이 있는 아르메니아의 산악지대가 펼쳐진다. 아슈르민족에게는 그 산악지대가 아슈르의 산(Mountain of Ashur)으로 불리어 왔다고 하는 것이다. 그들은 어느 단계에 와서 자신들이 점령해 살게 된 지역에 신전을 지어 아슈르(Ashur:『구약성서』의 창세기 10장 22절)에 나오는 노아의 아들 샘의 둘째 아들을 그들의 최고신으로 받들게 되었다. 이렇게 해서 아슈르 도시국가가 형성되어 나왔는데, 그 도시의 위치가 티그리스 강 서쪽 제방의 돌 언덕이었고, 그곳으로부터 티그리스 강이 바라보인다. 또 그 지역의 동쪽 근방에는 그들의 주신(主神) 아슈르가 거처하고 있다고 하는 힘린 산(Himrin mountain)이 있다. 이렇게 봤을 때 외부로부터 유입해 들어온 샘족과 혼혈되기 이전의 아시리아 민족의 조상은 티그리스 강 상류와 연결된 아르메니아 산악지대의 출신이었던 것으로 고찰된다.

이렇게 볼 때, '아침 산'을 의미하는 아사달이란 말은 아시리아인들이 자신들의 원향(原鄕)이라 생각하고 또 자신들의 선조와 그들의 최고 신 아슈르(Ashur)가 출현했다는 아슈르의 산(Mountain of Ashur)으로 불러온 지역으로부터 유래되었을 가능성이 결코 배제될 수 없다.[55] 그러한 구체적 증거가 될 수 있는 것 중의 하나는 아시리아 민족의 선조가 아슈르(Ashur)지역으로 이동해 그곳에서 기원전 2500년경에 아슈르 도시국가를 세우고 자신들의 최고신으로 아슈르(Ashur)를 받들게 된 시점이『삼국유사』에서 단군이 단군조선을 세웠다는 시점보다 2세기 이전이었다고 하는 사실이다.

메소포타미아에서는 수메르인이 차지하고 있던 양강의 하류 지역에서 도시국가들에 의해 기원전 2600년경부터 우르 제1왕조가 건설되어 수메르인계의 움마왕 루갈자기시에 의해 메소포타미아가 통일되었다. 그러다가 기원전 2335년경에 와서는 메소포타미아 중부를 차지하고 있던 아카드인에 의해 세워진 키시의 사라곤왕에 의해 메소포타미아 지역 전체가 재차 통일되었다. 당시 메소포타미아 북부에는 아슈르·니네베·알벨라 등의 도시국가들이 있었는데 이것들도 사라곤왕 이후 아카드왕국의 지배하에 들어갔던 것으로 알려져 있다.

『삼국유사』에서는 고조선의 설립시기가 『위서(魏書)』에 근거했다는 입장을 취해 요(堯)임금의 재임시기와 같은 시기라 하였다. 요임금이 즉위한 해가 기원전 2333년이었다고 하는데 그 무렵에 단군왕검이 아사달(阿斯達)에 도읍해 조선(朝鮮)이란 나라를 세웠던 것으로 되어있는 것이다. 그렇다면 단군왕검이 조선이란 나라를 세웠던 아사달(阿斯達)이란 어디를 가리키는가?

지금까지 이 분야의 연구자들은 고조선이 최초로 세워진 지역이 어디인지에 대해 여러 입장을 제시해왔다. 그들의 그러한 입장은 세 가지로 분류된다. 우선 하나는 요하 서쪽에 있는 요서(遼西)의 조양(朝陽)지역으로 보는 입장이다. 다른 하나는 요하 동쪽의 요동지역이고, 나머지 하나는 대동강 유역의 평양지역이라는 입장이다. 필자는 고조선의 수도가 요서의 중부지역에서 시작해 그것이 그 지역의 남부로 이동했다가 다시 요서의 중부를 거쳐 요동으로 이동했다고 하는 입장을 취한다.

필자는 고조선이 최초로 세워진 지역이 요서의 중부지역이라는 입장을 취하는데, 그 주된 이유는 다음과 같다. 우선 무엇보다도 요서지역이 현재 홍산문화의 중심지로 파악되고 있다는 점이다. 다음으로 그 지역이 동아시아에서 청동기문화가 기원전 2500년경 가장 빨리 형성되어 나온 지역이라는 점이다. 끝으로 그 지역의 지정학적 위치가 서아시아의 북방초원 지대의 민족이 몽골의 고비사막을 가로질러 동쪽으로 이동해 오고, 또 동아시아의 북방민족이 대흥안령 산맥의 양 자락을 타고 서남쪽으로 이동해 내려오고, 동아시아의 남방 민족이 서남쪽으로부터 해안지역을 따라 동북으로 올라가 서로 만나는 지역으로서 그 지역이야말로 서로 다른 세 종류 문화들의 교류가 이루어지는 지역이었기 때문이었다고 할 수 있다.

그렇다면 메소포타미아의 북부에 위치한 아시리아 지역으로부터 아슈르의 산(Mountain of Ashur)이란 말이 어떤 경로를 통해 언제쯤 요하지역으로 전파되어 아사달이란 말로 쓰이게 되었던 것인가? 그것은 아시리아 민족의 선조들의 일부가 메소포타미아의 북쪽에 있는 흑해와 카스피해의 북안에 펼쳐진 초원지대로 나와 그곳에서 아파나세보 청동기문화를 가지고 그 초원지대의 동북쪽 끝에 위치한 알타이 지역으로 동진해 나왔고, 또 그곳에서 다시 알타이 산맥의 남쪽자락을 타고 고비사막 북측의 몽골고원을 통해 동남쪽의 요하(遼河)지역으로 유입했던 것으로 고찰됐다. 우리는 그 증거 중의 하나로 알타이지역 서쪽으로 펼쳐진 초원지대에 현재 카자흐스탄의 수도명이 아사달과 발음이 유사한 아스타나(Astana)라고 하는 사실을 제시해볼 수 있다. 요하지역과 한반도에 퍼져 있는 비파형 청동검이 한민족의 원류로 고찰되는 예맥인에 의해 만들어졌다는 것은 한국고대사 연구자들에 의해 일반적으로 받아들여지는 견해이다. 이 경우 김정배 박사는 그 비파형청동기의 원형이 아스타나와 그 인접지역인 카라간다 등의 인근에서 출토된 청동검에서 시작되었다는 입장을 제시하고 있다.[56] 이러한 점을 생각해봤을 때, 아시달이란 말은 메소포타미아의 북부 지역에서 카스피해 북안의 초원 지역을 통해 알타이지역을 거쳐 요하지역을 들어왔다는 입장이 제시되는 것이다.

　이상과 같이 필자는 본론을 통해 고대 메소포타미아문명이 고조선의 성립과 전개에 어떤 영향을 끼쳤는지에 대한 문제를 규명해 내기 위한 한 방안으로, 고대 메소포타미아문명과 관련시켜, 중국정부에 의해 행해진 동북공정, 명칭 고조선(古朝鮮)과 중국어 朝鮮(조선)의 의미, 그것들의 형성 경위 등에 관한 문제들을 고찰하였다. 그 결과 필자는 그러한 문제들에 대해 다음과 같은 입장을 취할 수 있다.

　한국과 중국에서의 고조선에 대한 연구는 2000년대 초의 중국정부에 의한 동북공정의 결과가 세상에 알려짐에 따라 그 이전과는 다른 차원에서 접근되었다. 그 새로운 차원의 접근이란 우선 중국 측의 학자들이 자신들의 고대문명의 발생시점을 세계 최고(最古)의 것으로 알려진 서아시아의 고대 메소포타미아문명의 발생시점과 동시대의 것으로 파악하려는 입장에 의거해 행해진 것이었다. 그러한 입장은 중국정부가 서구문명의 기초를 이루는 고대 메소포타미아문명과 자기들의 고대문명과의 비교라는 의도 하에서 취해진 것이라 할 수 있다. 그런데 그것이 의도하는 바는 고대 중국의 문명이 황하문명보다 1천 년 더 빠르고 고대 메소포타미아문명과는 거의 같은 시기에 중국의 요하유역을 중심으로 출현했다는 인식에 입각해서였던 것이다. 중국 측 학자들의 그러한 인식은 서구문명과의 대결이라는 의식 하에서, 자신들의 고대중국문명이 서역의 고대 메소포타미아문명으로부터의 영향 하에서 형성되어 나왔다는 시각을 어떠한 형태로든지 간에 해체해보겠다고 하는 소위 중화사상에 근거하여 행해진 것이었다.

　중국 측의 동북공정이 그러한 중화사상에 입각해 행해졌음에도, 결국 그것은 지금까지의 중원 중심의 중화사상을 뿌리째 뒤흔들어 놓게 된 결과를 가져오고 말았다. 그러자 중국 측은 요하 중심의 새로운 중국역사의 정립작업에 착수하지 않을 수 없게 되었고, 이에 대해 한국의 학자들도 요하문명과 관련시켜 한국의 새로운 고대사의 정립에 착수하게 되었던 것이다. 한국의 고대사 정립에서의 가장 중요한 관건은 우선 무엇보다도 중국의 중원 중심의 역사관으로부터의 탈피라 할 수 있다. 그 탈피방법이란 우선 일차적으로 중원민족 중심의 역사관을 버리고 우리 한민족이 포함된 북방민족 중심의 역사관을 정립시키는 작업이다. 사실상 요하문명은 우리민족을 중심으로 한 북방민족들이 일으킨 동아시아 최고(最古)의 문명이다. 따라서 중원의 한족(漢族)이 일으킨 황하문명 중심의 동아시아역사는 중국의 중원민족 중심의 동아시아사이고 북방민족이 일으킨 요하문명 중심의 동아시아역사는 한국민족 중심의 동아시아사이다. 바로 이 요하문명 중심의 동아시아역사를 정립시키는데 가장 핵심적 작업이라 할 수 있는 것은 그 문명 발생에 어떤 민족이 주도적 역할을 했느냐의 문제를 밝혀내는 것이고, 그 지역에서 어떤 민족이 가장 먼저 고대국가를 건설했느냐의 문제를 규명해내는 것이다.

2000년대로 들어서 한국의 고대사 연구자들도 중국 측 고대사 연구자들과 함께 이러한 문제들의 규명작업에 뛰어들어 새로운 학문적 성과를 내가고 있다. 요하문명이란 요하지역에 청동의 야금술의 전래를 계기로 해서, 요하지역에서 형성되어 나온 홍산 신석기문화를 기초로 해서 새롭게 형성되어 나온 금속기문화를 가리킨다. 인류문화의 진화라는 측면에서 이야기해볼 때, 인간 집단 간의 정치적 권력은 청동기문화의 출현을 계기로 해서 형성되어 나왔다는 시각이 일반화되어 있다. 따라서 그 권력을 행사해가는 국가라고 하는 정치적 집단의 출현은 사실은 청동기문화의 형성을 배경으로 해서 이루어진 것이라 할 수 있다. 이러한 관점에 근거하여 고대사 연구자들은 청동기문화의 출현 시점을 고대국가의 성립시점으로 파악해 왔다.

기존의 한국의 고조선연구자들의 대다수는 그러한 입장에서 예맥족의 활동 지역을 중심으로 해봤을 때 우리나라 청동기시대의 시작을 기원전 13~12세기로 파악해서 그것에 근거해서 예맥조선의 성립을 기원전 12세기경으로 보았고, 또 예맥조선의 초석이 되었던 단군조선의 성립을 청동기시대이전의 신석기시대로 보았다. 그러나 몇몇을 제외하고는 그들의 대부분은 단군조선의 성립지역이 어디인지, 보다 구체적으로 말해 요하의 요서지역인지, 요동지역인지, 혹은 대동강 유역인지 대한 확실한 입장을 밝히지 않고 있다. 그들은 그것의 성립시점이 언제인가에 대한 명확한 입장제시를 유보해 놓고 있던 실정이었다. 이에 대해 필자는 본고를 통해 고대 메소포타미아문명의 동진을 계기로 알타이지역에서 형성된 청동기문화가 기원전 26세기경에 요하의 서북지역으로 유입되어 요서지역에서 하가점 전기청동문화가 형성되어 나왔다고 하는 고고학적 지식에 근거해 단군조선의 성립을 일연이 『삼국유사』에서 『위서(魏書)』의 내용을 근거로 해서 제시한 기원전 2330년경으로 볼 수 있다는 입장을 제시한다.

그렇다면 단군조선과 예맥조선과의 관계는 어떻게 설명될 수 있을 것인가? 그것들이 존재했던 요하지역에는 고대 메소포타미아지역의 청동기문화가 알타이지역을 통해 유입되어 기원전 26세기경에 그 지역에서 전기청동기문화가 형성되어 나왔다. 그 과정에서 초기에는 요하유역의 서쪽에서 발달한 홍산신석기문화를 배경으로 해서 세 계열의 부족들이 많은 성읍을 이루어나갔다. 그러다가 그들은 기원전 2300년경에 부족연맹국가의 형태의 단군조선 왕국을 성립시켰다. 그것은 멀리는 그 메소포타미아 북부의 아슈르지역으로부터 출발해 알타이 산지 등을 경유해 요서의 서북쪽으로 들어온 맥족 계열의 부족을 상층으로 하고 몽골지역으로부터 맥족 보다 더 먼저 요서의 서쪽으로 유입된 몽골족을 하층으로 한 부족연맹국 형태를 취해 출발했다. 그래서 그것은 그 후 그 연맹국에 동북 지역으로부터 출현된 예족이 첨가되어 결국 예맥족 중심의 연맹국으로 전개되어 나갔다. 기원전 13세기경에 이르러서는 메소포타미아지역의 북부를 차지해 왔던 아시리아 국가가 아나톨리아지역으로부터 철기문화를 받아들여 그것을 가지고 서아시아지역을 통일시켜 나가자, 그 과정에서 서아시아의 철기문화가 동아시아의 중원지역과 요하지역으로 전파해 나오게 되었고, 그 과정에서 흑해 북안에서 몽골지역에 이르는 초원지대에서는 기마유목민족이 출현하게 되었다. 또 한편 중국의 중원지역에서는 주(周)의 성립이 이루어졌는데, 그 여파로 당시 요하지역 남단을 정치적 무대로 하고 있던 단군조선이 연산 산록 이북으로 북상한 상(商)의 유민들에 밀려 요하남부로부터 요하중부로 북상했다. 그 후 그곳을 정치적 중심지로 해서 활약해 가던 단군조선이 요하남부의 기자조선 세력과 대립해 가는 과정에서 고대국가형태의 예맥조선으로 전환해 나왔던 것이다.

이러한 측면에서 고찰해볼 때, 우선 우리는 개국신화로 규정되는 『삼국유사』 속의 단군신화를 자료로 해서 단군조선의 선조가 고대 메소포타미아 북부의 아슈르 도시국가, 그리고 그것을 중핵으로 해서 형성된 아시리아왕국 등을 건설한 민족과 깊게 관련되어 있고, 또 고조선은 고대메소포타미아의 청동기 문화가 알타이지역을 통해 요하지역으로 전파되어 나와 요하지역에서 청동기 문화가 정착되어 나오는 과정에서 고대부족국가 형태의 고조선이 성립되어 나왔고, 역시 메소포타미아지역으로부터 철기문화가 중원지역을 통해 요하지역으로 전파되어 나오는 과정에서 고대국가 형태의 「예맥조선」이 설립되어 나왔다는 입장을 취해볼 수 있는 것이다.

제 5 장

메소포타미아의 수메르 신화와
일본의 『고사기』(古事記)신화

- 논의 제기

1. 일본의 『고사기』 신화세계와 천손강림신화

2. 고대중국의 황제신화와 천제·천명사상

3. 철기시대 서아시아의 신화세계와 청동기시대 수메르의 12천신

- 논의 정리

　본 학술적 논의는 유라시아의 서부에 위치한 서아시아 지역의 청동기문화
가 창출해낸 신화가 알타이지역을 통해 동아시아에 전파해 나와 동아시아의
동단에 위치한 일본의 신화형성에 절대적 영향을 끼쳤다는 것을 중심으로
한 논의이다.

　보다 구체적으로 말하자면 이 논의는 일본의『고사기(古事記)』의 신화세계
를 구성하는 12천신의 원형(原型) 탐구 작업을 통해 고대의 일본과 중국 등의
신화세계가 고대메소포타미아의 수메르신화의 영향 하에서 체계화되어 나왔
다는 사실을 규명해내는 것을 목적으로 한다.

　현재 이 지구상에 존재하는 대다수의 민족들은 자기 자신들의 민족 신화를
지니고 있다. 각 민족들이 지닌 그들 자신들의 민족 신화는 그 민족이 최초로
자신들의 민족 국가를 세우는 과정에서 형성되어 나왔다고 말할 수 있다. 우리
는 그 신화를 개국신화 또는 건국신화라고 한다. 현재 우리는 일반적으로 신화
를 건국(建國)신화와 창세(創世)신화로 양분해 그것을 이해하고 있다. 우리는
일반적으로 대다수 민족들의 건국신화가 창세신화를 기초로 해서 형성된다는
입장을 취할 수 있다. 그렇다고 해서 반드시 다 그렇다고는 말할 수 없고,
경우에 따라서는 고대중국의 경우처럼 건국신화가 형성되어 나온 후에도 그의
이론적 기초가 체계화되는 과정에서 그 민족에게 창세신화가 형성되어 나오기
도 했던 것이다. 이 경우 대부분의 민족들은 인접민족들과의 투쟁과정에서
자신들의 민족적 아이덴티티를 확립시켜나갔는데, 그 과정에서 그들은 자신들
의 건국신화에 합당한 창세신화를 창출해 냈던 것이다. 이 때 각 민족들의
창세신화의 창출 방법은 선진문화를 소유한 타민족의 창세신화를 모델로 해왔
다고 하는 것이다. 예컨대 고대 중국에서의 창세신화의 창출이 바로 그 경우에

해당된다. 또 어떤 민족들에게는 건국신화와 창세신화가 혼합된 형태의 것으로 존재해 있다. 일본의 경우가 그렇다. 한국민족의 경우는 단군신화와 같은 건국신화는 존재하지만 창세신화는 존재하지 않는다.

이상과 같이 각 민족들이 창출해 낸 건국신화와 창조신화와의 관련성을 생각해볼 때, 우리는 각 민족들의 건국신화들에 어떤 공통점들이 존재할 수 있고, 또 각 민족들의 창조신화들에도 어떤 원형이 존재할 수 있다는 입장을 취해볼 수 있는 것이다. 여기에서 필자는 각 민족들이 자신들의 민족적 국가적 아이덴티티를 추구해가는 과정에서 그들 자신들의 건국신화를 창출해 냈다는 점을 감안해 볼 때, 각 민족들의 건국신화들이 천손강림신화(天孫降臨神話)의 형태를 취하지 않을 수 없다는 입장을 취해볼 수 있다. 그 이유는 인간과 자연을 지배하는 존재는 하늘이라든가, 혹은 하늘에 있다는 사고가 인류 역사의 초창기 이래 지구상의 인간들에게 존재해 왔었기 때문이라고 할 수 있다

또 각 민족들의 창세신화에 원형이 존재할 수 있다는 생각은 다음과 같은 사실에 입각해서였다. 각 민족이 최초로 자신들의 민족국가를 건설했던 시기는 각 지역에서의 청동기문화가 형성되어 나온 시점이었다고 한다. 그런데 그 청동기문화가 사실은 고대 메소포타미아지역을 중심으로 해서 다른 지역들, 예컨대 지중해 동안(東岸)과 이집트, 소아시아와 그리스, 북방 중앙아시아의 알타이지역과 동아시아의 요하지역 및 황하지역 등으로 전파해 나갔었기 때문에 각 민족들의 창세신화의 원형이 고대 메소포타미아지역에서 최초로 고대국가를 건설한 민족에 의해 창출되었을 가능성이 있다는 것이다. 필자는 이러한 점들을 감안하여 각 민족들의 건국신화와 창세신화의 원형 탐구라는 관점에서 일본의 『고사기(古事記)』 신화와 메소포타미아의 수메르신화와의 영향관계를 고찰하고자 하는 것이다.

일본 민족을 연구하는 학자들 사이에는 일본의 천황가(天皇家)가 아시아대륙의 알타이계 출신이라는 입장이 정설로 받아들여지고 있다. 그러한 입장에 대한 가장 확실한 문헌적 근거는 일본에서 최고(最古)의 문헌으로 취급되고 있는 『고사기』라 할 수 있다. 근대 일본의 대표적 민족학자들 중의 한 사람

오카 마사오(岡正雄, 1898~1982)도 『고사기』가 제시하는 신화 세계가 한국 고조선의 단군신화 등을 비롯한 아시아대륙의 알타이계의 건국신화와 대단히 유사하다는 사실에 입각해 일본의 천황가(天皇家)가 알타이계의 기마(騎馬)민족 출신일 것이라는 입장을 제시했다.[1]

1990년대 이후로 들어와 필자는 고대 일본의 신화세계를 확립시킨 바로 이 『고사기』에 대한 연구가 일본이라고 하는 일국(一國)적 시각으로부터 벗어나 동아시아로 확장된 시각에서 접근되고 있다는 사실을 고찰하였다. 이러한 추세는 현재 우리가 탈내셔널리즘적 사고에 가치가 부여되고 있는 시대에 살고 있는 만큼 여러 측면에서 대단히 바람직한 현상임에 틀림없다. 그러나 이제 우리는 유럽이라든가 동아시아 등과 같은 어떤 한 문화권이나 어떤 한 지역 내의 존재로 살아가게 되는 것에 결코 만족할 수 없다. 현재 우리가 글로벌시대에 처해 있는 만큼, 기왕이면 그러한 동아시아라는 지엽적 시각으로부터의 접근에 머물러 있을 것이 아니라, 전 유라시아의 시각으로부터도 그것이 접근되어야 한다는 입장이 취해지는 것이다.

그러한 의미에서 이 학술적 논의는 글로벌적 시각에 입각한 전 유라시아 관점에서 일본과 중국 등의 고대신화세계가 고대 메소포타미아의 수메르신화로부터 받은 영향에 대한 고찰의 형태를 취해 동아시아의 한중일 삼국 신화에 대한 연구의 일례가 될 것이다.

고찰 수순은 다음과 같다. 우선 천손강림신화와 관련시켜 일본의 신화세계를 확립시킨 『고사기』의 신화세계를 고찰한다. 이 과정에서 『고사기』의 신화세계에서의 12 천신의 정체를 규명한다. 다음으로 중국의 황제신화를 중심으로 해서 고대중국의 신화세계를 고찰한다. 다음으로 천손강림과 창세신화의 시각에서 고대의 인도·그리스·오리엔트(이집트·지중해동안·아나톨리아·메소포타미아)의 신화들을 검토한다. 끝으로 필자는 이상과 같은 고찰 결과들을 근거로 해서 수메르인의 창세신화가 각 민족들의 창세신화의 원형이라는 입장을 제시하려 한다.

1. 일본의 『고사기』 신화세계와 천손강림신화

1) 『고사기』 신화의 성립 경위

우리가 일반적으로 말하는 고대일본의 신화세계는 궁정귀족들이 편찬한 『고사기』와 『일본서기』의 「기기신화(記紀神話)」가 주축이 되어 확립된 신화세계를 가리킨다. 그러면 우선 이것들이 어떻게 형성되어 나왔는지에 관해서부터 고찰해보기로 한다. 『고사기』는 그 서문에 의하면 오노 야스마로(太安万呂)가 712년 정월에 완성해 겐메이천황(元明天皇, 707~715)에게 제출한 것으로 되어 있다. 그렇다면 오노 야스마로는 그것을 어떻게 편찬해 내게 된 것인가?

후지와라노 가마타리(藤原鎌足, 614~669)와 함께 호족 소가우지(蘇我氏)의 본종가(本宗家)를 무너뜨리고 다이카카이신(大化改新, 645)을 주도했던 자는 고토쿠천황(孝德天皇, 제위 645~654)과 사이메이 천황(齊明天皇, 재위 655~661)의 황태자였던 나카노오에노 황자(中大兄皇子)였었다. 바로 그가 어머니 사이메이천황 사후 7년 만에 등극한 덴지천황(天智天皇, 626~671)이었다. 그는 사이메이천황 서거 1년 전인 660년에 당과 신라가 연맹해 백제를 멸망시키자 그 다음해 백제에 구원군을 파견하였다. 그러나 그는 일본의 백제 구원군이 백촌강전쟁(白村江戰爭, 663)에 패배해 그 일부만 생존해 돌아오는 것을 목격했다. 그가 등극한 해인 668년에는 나당(羅唐)연합군에 의해 고구려마저 멸망하는 것을 접한다.

덴지천황의 동모제(同母弟) 덴무천황(天武天皇, 제위 673~686)이 등극한 것은 동아시아에서의 국제적 정세가 그렇게 급변해가는 시점이었다. 우선 그는 진신의 난(壬申の亂, 672)을 일으켜 조카로부터 정권을 찬탈한 다음, 다음 해에 야마토(大和)의 아스카 기요미하라(飛鳥淨御原宮)에서 즉위했다. 그는 한반도를 통일한 신라와 중국대륙을 통일시킨 당에 대립해 갈 수 있는 국력을 배양해가기 위해 형 덴지천황이 추진해오던 국가정책을 이어받아 당의 율령제를 받아들여 율령정치에 입각한 중앙집권 정책을 확립시킨다는 입장을 취했다. 그 결과 우선 유력호족을 관료제로 끌어들이는 등 천황을 중심으로 한 중앙집권정책이 추진되었던 것이다. 그 구체적 작업들이란 법전의 편찬, 불교통제의 강화, 수사(修史)사업의 추진 등과 같은 것이었다. 『고사기』의 「서문」에 의하면 『고사기』와 『일본서기』의 편찬도 사실은 덴무천황의 발의(發意)로 시작되었던 것으로 되었다. 『고사기』와 『일본서기』의 기초자료는 덴무천황의 명령으로 천황의 총명한 비서 히에다노 아레(稗田阿礼)가 덴무천황 재임 중에 정리해낸 두 종의 문건, 즉 천황의 계보인 「제기(帝紀)」와 옛날부터 전래된 씨족전승설화 등으로 이루어진 「구사(旧辞)」였다.

덴지천황이 자기 비서에게 그것들을 정리케 했던 것은 그것들에 다양한 이전(異傳)들이 생겨나 더 이상 정확한 역사가 전달될 수 없는 사태가 걱정되었기 때문이었다. 『고사기』와 『일본서기』가 성립되어 나오게 된 것은 덴지천황이 「제기(帝紀)」와 「구사(旧辞)」의 완성을 보지 못하고 사망하게 되자 겐메이천황(元明天皇, 재위 707~715)이 덴메이천황의 유지를 받들어 아레로 하여금 그 동안 정리한 「제기」와 「구사」를 오노 야스마로(太安万呂)에게 읽어 주게 하여 그로 하여금 그것을 글로 적게 함으로써였다.

이와 같이 『고사기』는 덴무천황의 비서 히에다노 아레(稗田阿礼)가 덴무천황의 재위시(673~686)였던 681년부터 그 정리 작업이 시작되어 겐메이천황(707~715)에 와서 완성된 「제기(帝紀)」와 「구사(旧辞)」를 기초자료로 해서 이루어졌던 것이다. 그렇다면 히에다노 아레가 그것들을 정리하면서 사용한 자료들은 어떠한 것들이었는가? 일본에서는 500년대 전반기부터 그러한 두 종류의 역사가 기록되어 나오기 시작되었던 것으로 고찰되고 있다. 우선 그것들이 참고가 되었을 것이다. 다음으로 620년에 쇼토쿠태자(聖徳太子)와 소가 우마코(蘇我馬子)가 찬술한 「천황기(天皇記)」와 「국기(国記)」가 있었다고 하는데 그것들도 참고자료로 사용되었음에 틀림없다. 그러나 이러한 것들이 현재 남아 있지 않은 것은 『고사기』와 『일본서기』가 제시하는 천황가 중심의 세계를 확립시키기 위해 이전(異傳)들을 전부 고의적으로 없앴기 때문으로 고찰된다.

『고사기』 편찬 후 또『일본서기』가 편찬되었다. 전자는 「서문」 외에는 만요 가나(万葉仮名)로 쓰였고 후자는 한문으로 쓰였다. 고노시 다카미쓰(神野志 隆光)는 그의 저서에서 "『고사기』와『일본서기』가 창출해 낸 신화는 '천황신 화'이다"라고 말하고 있다. 또 그의 지적대로『고사기』에는 다카아마하라(高 天原)가 있지만『일본서기』에는 그것이 없다. 또『고사기』는 다카아마하라(高 天原)로부터의 신들의 출현으로 시작되지만『일본서기』는 천지 창조의 이야 기로 시작된다. 그래서 그는 '고대의『고사기』와『일본서기』는 합해서 보지 않으면 안 된다'는 입장을 제시한다.[2]

『일본서기』에는 '주(注)'가 있다. 그 주 속에는 그것들이 작성될 때 참고서로 사용된 문헌들이 기록되어있다. 예컨대 「백제삼서(百濟三書)」, 즉『백제기』(百濟記)·『백제신찬』(百濟新撰)·『백제본기』(百濟本紀)가 바로 그러한 것들이다. 그런데 이 「백제삼서」는 백제 멸망(660) 후 일본에 망명한 백제인들이 지니고 있던 고기록들을 참고로 해서 7세기 말에서 8세기 초에 편찬해 진상(進上)했던 것으로 고찰되고 있다.

또『일본서기』제1~2 권의 「신대(神代)」 제1 단은『고사기』에는 없는 천지 창조에 관한 이야기이다. 그런데 그 천지창조의 이야기에 관한 기술은 중국의 문헌『회남자』[淮南子:기원전 2세기 전한 시대에 회남왕 유안(劉安)이 편찬한 문집], 혹은『삼오역기』[三五歷記 : 삼국시대 오(吳, 222 ~ 280)의 서정(徐整)이 편찬한 신화설화집]가 참고서로 사용되었다는 것이다. 전자는 현존하지만 후자는 현존하지 않는다. 그러나 후자『삼오역기』의 경우 그 일부가『태평어람(太平御覽)』(1천 권, 977)의 「권78」,『예문류취』[藝文類聚 : 1백 권, 당(唐)의 구양순(歐陽詢, 557 ~ 641) 등의 봉칙찬(奉勅撰), 624]의 권11 등에 수록되어 있다. 그 신화설화집은 천지개벽 신으로서의 반고(盤古)의 이야기가 들어 있는 것으로 유명하다.[3] 그러면 이러한 문헌들은 언제 어떠한 경로를 통해 일본에 들어간 것인가? 다음의 두 가지 경로가 사정된다. 우선 하나는 한반도의 백제·고구려·신라를 통해서였다. 예컨대 쇼토쿠태자(聖德太子)는 사망 2년 전인 620년에 소가 우마코(蘇我馬子)와 함께 「천황기(天皇記)」와 「국기(国記)」를 찬술

해냈다. 쇼토쿠 태자는 593년에 도일한 고구려의 승려 혜자(慧慈)를 스승으로
받아들여 불전(佛典)을 공부하였고, 또 백제로부터 파견된 오경박사(五經博士)
의 한 사람 각가(覺哿)로부터는 유학 등의 전적(典籍)을 배운 바 있다. 그의
그러한 지식은 어떠한 형태로든지 간에 「천황기(天皇記)」와 「국기(国記)」 찬술
에 영향을 주었을 것이다. 또 백제와 고구려의 멸망 후 한반도로부터 그 망명
객들에 의해 그것들이 전달되었을 가능성이 상정된다. 그것들이 참고가 되어
쓰인 것들이 「백제삼서」라 불리는 것들이다. 다음으로 일본의 수당외교를 통
해서였다고 할 수 있다.

일본은 수대(隋代, 589~618)의 약 30여년 사이에 세 번 견수사(遣隋使)를
파견했다. 당대(唐代, 618~907)의 3세기 간에는 12~20회에 걸쳐 견당사를 파
견했다. 그 첫 번째가 다이카카이신(大化改新, 645)이전인 630년이었고 마지막
이 804년이었는데, 다이카카이신 이후부터 『일본서기』가 편찬된 시점까지의
75년간이 가장 빈번히 이루어졌다고 말할 수 있다. 특히 668년 고구려가 멸망
하기 이전의 15년간은 한해 평균 2회에 걸쳐 견당사가 파견되었던 것이다.
이렇게 일본은 견수당사의 파견을 통해 그러한 서적들을 입수할 수도 있었을
것으로 생각된다. 당시 일본은 그들을 통해 입수한 서적들의 내용을 연구하여
여러 차례에 걸쳐 율령을 제정해 공포하였다. 그 대표적 실례가 702년에 공포
한 다이호율령이다. 일본은 그것들을 근거로 해서 강력한 율령제 국가를 확립
시켜 나갔던 것이다. 그 뿐만이 아니었다. 일본은 다이호율령 공포를 통해
당시의 최고통치자의 명칭을 오키미(大君)에서 천황(天皇)으로 변경해 정식으
로 그것을 공식화시켜 나갔다.[4] 당시 일본의 그러한 개칭작업은 완전한 당의
모방이었다. 중국이 자국의 최고 통치자의 칭호를 황제(皇帝)에서 천황(天皇)
으로 변경시킨 것은 당의 고종(高宗, 재위 605~683)대였다. 보다 구체적으로
말하자면 그가 즉위한지 20년만인 674년부터였다. 그 후 그 칭호가 공식적으
로 쓰인 것은 그 다음의 중종, 예종, 현종(재위 : 713~756)의 4대 정도였고,
그 이후에는 다시 황제로 귀칭되었다. 그러나 일본의 경우는 현재까지 그대로
쓰이고 있는 것이다.[5]

2) 『고사기』에서의 신대 7대(神代七代)를 이루는 12 천신

『고사기』는 3권으로 되어 있다. 제1권은 신들의 이야기이고, 제2, 제3권은 인간들, 즉 제1권에서 이야기된 천신들의 후손으로 기술된 천황들의 이야기로 되어 있다. 이 경우 제1권에서 다루어진 신은 세 종류의 신이 있다. 우선 하나는 다카아마하라(高天原)라고 하는 천상계(天上界)의 공간에서만 활동하는 신들이고, 다른 하나는 천상계와 지상세계의 중간에 위치해 있는 중간하늘(中空)이라는 공간세계에서 활동하는 신들이다. 나머지 하나는 지상세계(地上世界)라 이름 붙일 수 있는 공간에서 활동하는 신들이다. 이들 17명의 신들은 전부 하늘(天), 즉 천의 위쪽(上)·천의 중간(中)·천의 아래 쪽(下)의 세 공간들로부터 출현한 천신(天神)들이다. 우리가 위쪽에서 출현한 자들은 아마노미나카누시노가미(天之御中主神)를 비롯한 삼 신(三神)들이다. 중간하늘에서는 2명의 신들, 하천(下天)에서는 12명의 신들이다.

그렇다면 편찬자 야스마로는 어째서 천신들을 특별천신들 5명과 신세칠대 12명으로 양분시켜 기술한 것인가? 또 그는 어째서 특별천신들 5명을 상천(上天)의 3명과 중천(中天)의 2명으로 양분시킨 것인가? 이러한 것은 야스마로나 아레의 단독 혹은 둘만의 창작이라고는 결코 말할 수 없다. 우선 야스마로의 「서문」을 통해 알 수 있듯이, 그들은 중국의 고전들, 『문선』[文選, 양대(梁代, 502 ~ 557)], 『상서』[尙書, 한대(漢代)], 『진오경정의표』[進五經正義表, 당대(唐代, 618~907)] 등을 참고하여 본서를 기술하였다.[6] 이러한 점을 감안해볼 때, 신세 7대를 구성하는 12명의 신들 앞에 배치된 특별천신들 5명은 중국의 고전들 중 『상서』의 「요전」(堯典) 등에 기술된 「오제(五帝)」의 오제에 입각해 생겨난 것이 아닌가한다. 『사기(史記)』도 삼황(三皇)에서부터 시작하지 않고 오제에서부터 시작하였다.

이러한 점을 고려해봤을 때, 우리는 그들이 우선적으로 오제에 입각해 특별천신들 5명을 기술해 놓았고 또 중국의 여러 고전들에 나오는 삼황오제의 삼황도 고려해 상천의 3신을 기술했다는 입장을 취해볼 수 있다. 그런데 상천의 3신에 대한 기술에 대해 고노시 다카미쓰는 다음과 같은 입장을 제시하고 있다.[7] "아마노미나카 누시노가미(天之御中主神)는 다카미무스히노가미(高御産巢日神)와 가무무스히노가미(神産巢日神)를 통합하기 위해 새로 설정한 추상신·관념신이다"라고.

문제는 우리가 이 상천의 3신들을 중국의 고전에 나오는 삼황(三皇)과 연결시켜 생각해보는 한, 상기와 같은 고노시 다카미스와 같은 입장은 성립되지 않는다고 하는 것이다. 상천에서 출현한 3신에 관한 문제는 고대 중국에서 삼황오제 신화전설이 어떻게 성립되어 나왔는가의 문제에 대한 이해를 통해서 해결될 수 있다는 입장이 취해진다. 고대중국에서 삼황오제의 신화전설이 출현한 것은 예컨대『여씨춘추』(呂氏春秋, BC 239)를 통해서 알 수 있듯이 전국시대(戰國時代, 403~221, BC)에 이르러서였다. 그 당시도 그러했고 그 후에도 마찬가지였는데, 우선 일차적으로 삼황이 누구이고 오제가 누구인지가 통일되지 않았고, 두 번째로 삼황(三皇) 이라는 개념이 먼저 출현했는지 오제(五帝)의 개념이 먼저 출현했는지가 불분명하다. 일반적으로 우리는 전자가 먼저 출현했을 것이라는 입장이 취해진다. 그러나 그것은 꼭 그렇지만은 않다. 오제라는 개념이 먼저 출현했고 그 다음 중국역사의 정통성이 정립되는 과정에서 삼황(三皇)이라는 개념이 출현했다고 하는 입장이 취해질 수 있다. 세 번째로 삼황오제신화설화가 형성되어 나오던 과정에서 삼황에 해당되는 인물들이 오제에도 해당되는 인물들이기도 했었다고 하는 것이다. 예컨대『풍속통의』[風俗通義, 한대(漢代)]에는 삼황이 복희(伏羲)·여와(女媧)·신농(神農)으로 되어있는데, 예컨대『역경』(易經)의「계사전(繫辭傳)」에는 포희(庖犧)·신농(神農)·황제(黃帝)·요(堯)·순(舜)으로 되어 있다. 이렇게 신농(神農)은 삼황에도 해당되고 오제에도 해당되는 인물이라는 것이다. 이것은 오제라는 개념과 삼황이라는 개념이 독자적으로 출현해서 어느 단계에 가서 연관성을 갖게 되었다는 것을 의미할 수도 있다. 필자가 여기에서 논하고자 하는 것은『고사기』신화의 특별천신 5명과 신대칠대신 12명의 성립, 또 특별천신 5명에서의 상천의 3신과 중천의 2신의 성립도 중국의 삼황오제신화설화의 성립의 경우처럼 이루어졌다는 것이다.

그런데 필자가 여기에서 논하고자 하는 것은 이 아래쪽 하늘의 지상세계에서 활동하는 12신들에 관해서이다. 『고사기』의 편찬자는 이 지상공간에서 활동하는 신들을 천상계나 중공에서 활동하는 신들과 구분해 놓고 있다. 우선 『고사기』의 편찬자는 천상계와 중공에 존재해 있는 신들을 지상세계에서 활동하는 신들과는 성격이 다른 특별한 신들, 즉 고노시 다카미쓰(神野志 隆光)의 해설대로 '천지를 이루는 모든 것들의 원천이 되는 존재'로서의 신들로 기술해 놓았다.[8] 반면 이러한 신들에 비해 지상세계에서 활동하는 신들의 경우는 그런 신들과는 성격이 다소 다른 신들로 기술해 놓았다고 하는 것이다. 야스마로는 그러한 고토아마쓰카미(別天神)들과 구별해 우선 가무요 나나요(神世七代)를 구성하는 신들로 기술하고 있는 것이다. 고토아마쓰카미(別天神)들이 공간성만을 지닌 신들이라면, 신대(神世)의 칠대(七代)를 이루는 신들은 공간성뿐만 아니라 시간성까지를 지닌 존재들로 기술해 놓았다는 것이다. 또 천상과 중공에서 활동하는 고토아마쓰카미들이 5명으로 되어 있는데 비해, 지상공간에서 활동하는 신들의 세계에서의 칠대를 이룬 신들이 12명이라는 것이다. 필자가 여기에서 논하고자 하는 것은 지상세계에서 활동하는 이 신대칠대를 이루는 신들이 어째서 12명인가의 문제이다. 다시 말해 『고사기』의 편찬자는 천상세계에서 태어나 지상세계에서 활동하는 신들을 어째서 12명으로 설정해 놓았냐는 것이다.

『고사기』의 신화세계 속에서의 지상세계에서 활동하는 신들이 12명으로 되어 있다는 것은 『고사기』라고 하는 신화세계가 어떻게 이루어진 세계인가의 문제와 직결되어 있는 문제이지 않을 수 없다. 그런데 이것은 『고사기』신화가 천손강림(天孫降臨)신화라는 사실과 직결되어 있는 문제이다.

3) 가무요 나나요(神世七代)의 12신과 천손강림 신화와의 관계

'이 신들이 12명으로 되어 있다'라고 하는 것은『고사기』신화가 천손강림 신화라는 문제와 깊게 관련된 문제라 할 수 있다. 신세칠대(神世七代)에서의 신세(神世)란 말은 인세(人世), 즉 인간대에 대응되는 말이다.『고사기』의 제1권에서의 「신의 세대」의 이야기는 사실은 제2~3권의 인간대의 이야기를 끌어가기 위한 이야기라 할 수 있다. 좀 더 구체적으로 말하자면, 분명히 제1권에서의 신대의 이야기는 제2~3권에서 다루어지는 지상세계의 천황들 즉 인간들이 천상세계에서 태어난 신들의 후손들이라는 이야기를 하기 위해서 행해진 이야기이다. 우리는 천상세계에 존재해 있는 신들의 자손들이 지상세계로 내려와 지상에서 살아가는 인간들과 결혼해 지상세계를 다스린다는 내용을 중심으로 하는 신화를 천손강림(天孫降臨)신화라고 한다.『고사기』신화의 경우 신세칠대의 마지막대를 이루는 한 쌍의 신 이자나기(伊邪那岐)·이자나미(伊邪那美)가 특별천신 5인으로부터 떠도는 국토를 바로잡아 완성시키라는 명령과 함께 옥으로 장식된 창 한 자루를 하사받는다. 그 두 신은 하늘의 우키하시(浮橋)라는 다리 위에서 창을 아래로 내려뜨리고 그것으로 바닷물을 휘저은 다음 그것을 끌어올렸다. 그랬더니 그 창끝으로부터 물방울들이 바다로 연거푸 떨어졌는데 그 물방울들이 섬이 되었다. 그러자 그들은 그 섬으로 내려와 결혼을 하고 우선 일본열도의 섬들을 낳았다. 다음으로 강·바다·바람·들·산·나무·불 등의 신을 낳았다. 그 다음 이자나미가 불신을 낳다가 화상을 입고 사망한다. 그 후 이자나기는 좌우의 눈과 코를 씻어 마지막으로 아마테라스오미카미(天照大御神)·쓰쿠요미노미코토(月読尊)·스사노오노미코토(須佐之男命) 삼 신들을 만들어 내서 그들에게 각각 하늘·밤·바다를 다스리도록 명령하였다. 그들은 명령에 따라 각 지역을 맡아 다스리게 되었다. 그 결과 다카아마하라(高天原)과 아마하라(海原)바다 사이의 아시하라노나카쓰쿠니(葦原中国), 즉 육지가 스사노오노미코토의 후손신들의 손에 들어가게 되었다. 그러자 천상세계를 다스리는 아마테라스오카미는 자기의 후손을 내려 보내 그 지역을 다스리게 해야겠다는 생각을 하고 그 육지세계를 다스리는 오쿠니노누시노카미(大国主神)로 하여금 그 지역을 양도케 한 다음 자기의 손자 니니기노미코토(瓊瓊杵命)를 육지로 내려 보낸다. 니니기는 삼종의 신기(神器), 곡옥(曲玉)·거울·검을 하사 받아 규슈지역의 히무카(日向)지역에 있는 다카치호노미네(高天穂峰)로 내려왔다. 그는 그곳에서 다카치호미노야(高千穂宮)란 궁을 지어 산신(山神)의 딸과 결혼해 세 아이를 갖는다. 마지막 아이 호오리노미코토(火遠理命)가 히무카 제2대가 된다. 그 다음 히무카 제2대는 해신의 딸과 결혼해 히무카 제3대인 일본의 초대군주 진무천황(神武天皇)을 낳게 된다. 초대 진무천황은 히무카를 떠나 동쪽의 야마토(大和) 지역를 점령해 그곳에서 그 지역의 국신(国神)의 딸을 황후로 맞아들인다. 제2대 천황은 진무천황과 국신의 딸인 황후 사이에 태어난 자로 최초의 인간 천황이라 할 수 있다. 그 이유는 황후의 부친이 설혹 신이었다 하더라도 그의 모친이 인간이었기 때문이다.

이상과 같이 『고사기』 신화는 천신들이 우선 하늘 아래에 있는 바다 위에 섬들과 각종의 신들을 만들어 내고, 그 다음 그곳에 자기들의 후손들을 내려 보내 그 위에 나라를 세우게 해서 그들과 그들의 후손들이 그 나라를 다스려간다는 이야기이다. 그러한 의미에서 바로 이 『고사기』 신화야 말로 가장 전형적인 천손강림신화라 할 수 있다. 이 『고사기』 신화가 말해주고 있듯이, 천손강림신화의 한 특징은 천신이 하늘로부터 어떤 지역으로 내려올 때 그 지역의 가장 높은 산으로 내려온다고 하는 것이다.

그렇다면 이 『고사기』의 천손강림신화는 어떻게 형성되어 나온 것인가? 『고사기』의 필자 오노 야스마로(太安万呂)는 서문(序文)에서 그 "천황의 정치는 황제보다 뛰어나고, 성덕은 주왕을 능가하셨다(道軼軒后,德跨周王)"라는 말을 하고 있는가 하면, "지금 폐하께서는 명성이 하(夏)나라의 우왕(禹王)보다 높으시고 덕망이 은(殷)나라의 탕왕을 능가한다고 말할 수 있습니다(可谓名高文命,德冠天乙矣)"라는 말도 하고 있다.

야스마로가 서문에서 고대중국의 왕들과 황제들을 거론했다는 것은 그가 서문을 작성하면서 분명히 그들과 견주어 일본의 천황을 의식했었다는 것이다. 이것과 관련시켜 『고사기』 연구자들은, 예컨대 천상세계에서 활동하는 고토아마쓰카미(別天神)중 첫 번째의 "아마노미나카 누시노가미(天之御中主神)는 그 다음의 두 특별신 다카미무스히노가미(高御産巣日神)와 가무무스히노가미(神産巣日神)를 통합시키기 위해 새로 설정한 추상신·관념신이다. 중국 천제사상의 영향을 받은 신이다"라고까지 말하고 있다.[9] 이와 같이 사실상 『고사기』의 천손강림신화는 그들의 지적대로 고대중국신화의 근간을 이루는 고대 중국의 천제사상(天帝思想)에 기초해 성립된 것이라 할 수 있다.

고대 중국에서의 천제사상(天帝思想)이란 한마디로 말해 하늘에 우주만물을 주관하는 신이 존재한다는 사상이다. 고대 중국에서는 그 사상에 입각해 황제(皇帝)라고 하는 관념이 성립되었던 것이다. 중국에서의 황제란 하늘에서 우주만물을 다스리는 천제(天帝)의 아들인 천자(天子)가 천명을 받아 지상세계에 내려와 천제의 아들로서 지상세계를 다스리는 자로 인식되는 존재이다. 필자가 주목하고자 하는 것은 일본의 천황제도 바로 이 중국의 천제사상에 기초해 성립된 정치제도로써 천황제에서의 천황이란 고대중국의 그러한 정치제도에서의 황제에 해당되는 존재라고 하는 것이다. 이러한 시각에서 생각해볼 때 『고사기』 신화를 구성한 「특별천신」 5명과 「신세 칠대」를 이루는 신 12명도 고대 중국신화에 의거해 이루어졌을 것이라는 입장이 취해지는 것이다.

2. 고대중국의 황제신화와 천제·천명사상

1) 중국의 황제신화와 12 천신

고대 중국의 신화세계는 고대그리스나 고대일본의 신화세계들의 경우처럼 어떤 구체적인 신화작품들이나 작품집에 체계화되어 있는 것들이 아니라 선진(先秦)과 한대(漢代)의 문헌들, 예컨대 『산해경』(山海經)·『장자』(莊子)·『초사』(楚辭)・『여씨춘추』(呂氏春秋)・『회남자』(淮南子)・『사기』(史記) 등에 산재되어 있는 신화적 요소들로 구성된 세계라 할 수 있다.

그렇게 구성된 신화세계를 자료로 해서 천손강림과 관련된 고대중국의 신화세계의 특징을 논해볼 때 다음과 같은 이야기들이 행해질 수 있다. 우선 천지를 개벽한 신은 반고(盤古)이고, 인간을 창조한 자는 여와(女媧) 혹은 복희(伏羲)와 여와(女媧) 부부이다. 그 다음 고대중국의 신화세계는 삼황오제 신화설화를 주축으로 전개된다. 고대중국의 신화에서 신과 인간의 공통조상은 황제(黃帝)이다. 그는 하늘의 중앙과 그 밑에 있는 곤륜산(崑崙山)에 거처하는 상제이다. 이 하늘 중앙과 그 아래의 곤륜산에서 토신(土神) 후토(后土)를 거느리고 있는 상제 황제를 중심으로 사방에 네 상제(上帝)가 있다. 목신(木神) 구망(句芒)을 거느린 동방상제 태호(太皥), 금신(金神) 욕수(蓐收)를 거느린 서방상재 소호(少皥), 화신(火神) 축융(祝融)을 거느린 남방상제 염제(炎帝), 수신(水神) 현명(玄冥)을 거느린 북방상제 전욱(顓頊)이 바로 그들이다.[10] 이렇게 각 방향에 위치해 있는 신들에 토신(土神)・목신(木神)・금신(金神)・화신(火神)・수신(水神) 등과 같은 개념들이 부착되어 나온 된 것은 서한(西漢, BC 206~AD 8) 초의 유안(劉安)이 편찬한 『회남자(淮南子)』를 통해서였다.[11]

이처럼 황제(黃帝)신화에서의 황제는 천상의 신들과 지상의 인간들의 최고 통치자이다. 그는 천상의 중앙에 군림해서 신들을 통치하고, 지상의 인간세계를 다스릴 때에는 천상으로부터 그 지역에서 제일 높은 곤륜산으로 강림해 인간세계를 다스리고 또 천상세계를 다스릴 시에는 곤륜산을 사다리로 해서 지상에서 천상으로 올라간다고 하는 것이다.

고대중국신화에는 우선 천지 창조자 반고가 있고 그 다음으로 12명의 천상 통치자들이 있는 것으로 이해되고 있다.[12] 이러한 측면에서 생각해볼 때 이 12명의 천상통치자란 이상에서 언급한 자들, 즉 인간을 창조한 복희(伏羲)와 여와(女媧)를 포함하여 하늘의 중앙과 그 밑의 곤륜산을 오르내리며 하늘과 인간세상을 통치해가는 황제(黃帝)를 중심으로 한 상기의 10명의 신들을 가리킨다고 볼 수 있다. 중국에서 황제(黃帝)와 곤륜산을 주축으로 해서 고대중국의 신화세계가 형성되어 나온 것은 기원전 13세기 이후 서아시아지역에서 철기문화가 중앙아시아의 파미르고원, 중국 서부의 타림분지 북변에 위치한 천산산맥과 그 남변에 위치한 곤륜산맥 등의 구릉지들을 통해 동아시아의 중국으로 전파되어 나오는 과정에서였다고 말할 수 있다. 서아시아로부터 동아시아의 중국으로 철기문화를 전파시켰던 자들에게 그 산이 주목받은 것은 그것이 동아시아의 입구라 할 수 있는 중앙아시아의 파미르고원과 중원지역의 중간에 위치해 있고, 또 그 동단은 황하(黃河)의 발원지이었기에 그것이 서아시아에서 중앙아시아의 파미르고원을 거쳐 황하를 따라 중원지역으로 들어가는 관문이었기 때문이었다 할 수 있다. 곤륜산(7167m)이 위치해 있는 곤륜산맥은 무려 3000km 이상으로 중국 최장의 산맥이다. 또 곤륜산은 중국인들에게 선산(仙山)으로 알려져 있다. 『산해경』에서는 곤륜산이 천제(天帝)의 하도(下都)로 기술되어 있고 『회남자』에는 불사(不死)의 영계(靈界)가 존재하는 곳으로 기록되어 있다. 그런데 필자가 여기에서 논하고자 하는 요점은 바로 이것이다. 즉 사실상 고대중국의 신화세계는 황제신화와 곤륜산신화가 융합되어 이루어 진 것이라 말할 수 있는데, 그 두 신화세계를 결합시킨 것은 서아시아지역으로부터 곤륜산맥의 구릉을 통해 중국의 중원지역으로 유입된 어떤 문화라 할 수 있다.

그 지역을 통해 서아시아지역으로부터 중원지역으로 전파해나간 문화란 기원전 13세기 이전에는 청동기문화이고 그 이후에는 철기문화라 할 수 있다. 서아시아지역에서 청동기문화가 성립된 것은 기원전 40세기경이다. 그것은 메소포타미아 북부의 산악지역에서 시작되어 기원전 3500년경에는 유프라테스 · 티그리스의 두 강 하류지역으로도 전파되어 나갔다. 그래서 그것이 그 서아시아지역에서 일반화되어 나온 것은 기원전 2600년경부터로 고찰된다. 그때부터 기원전 14세기경까지 서아시아지역은 명실공히 청동기시대를 맞이하게 되는데, 그 지역의 청동기문화가 중앙아시아의 파미르고원을 통해 파림분지 북변의 천산산맥과 그 남변의 곤륜산맥 구릉을 통해 중원지역에 들어왔던 것으로 고찰되고 있다. 19세기 후반 프랑스 출신으로 영국에 귀화한 고대중국 연구자 드 라쿠페리는 기원전 2300년경에 메소포타미아지역에서 그 지역의 청동기문화를 가지고 중앙아시아의 파미르고원을 통해 중원지역으로 이주한 부족이 있었는데 그 부족이 바로 다름 아닌 황제(黃帝)가 이끈 부족이었다는 입장을 제시한 바 있다.[13] 또 서중국의 신장(新疆)지역을 연구하는 고고학자 엄문명(嚴文明)은 파림분지 북변의 천산산맥과 그 남변의 곤륜산맥 구릉의 신장지역에 청동기시대가 도래한 것은 기원전 20세기경으로 파악하고 있다.[14] 그의 그러한 입장은 드 라쿠페리의 그러한 견해가 사실일 수 있음을 증명해주는 말일 수 있다.

그 다음 서아시아지역에서 철기문화가 일반화되어 나온 것은 소아시아, 메소포타미아, 지중해 연안, 이집트, 이란 등의 지역들이 앗시리아인들에 의해 통일되어 나오는 과정에서였다. 앗시리아인들에 의한 그러한 통일작업은 일찍이 앗시리아가 미타니왕국으로부터 독립해 나온 이후의 중왕국시대(中王國時代, 1380~1078, BC)부터 시작되었다고 할 수 있다. 그래서 그것은 신왕조시대(909~612, BC)로 들어와 적극적으로 추진되어 사르곤 2세(722~705, BC)에 이르러 완성되어 나왔다. 전 오리엔트지역을 통일시킨 철기문화가 중국의 신장(新疆)지역으로 전파되어 나온 것은 기원전 13세기의 일이다.[15] 중원지역의 경우는 서주시대(西周時代, 1122~770, BC)로 고찰되고 있는데, 그것이 일반화되어 나온 것은 춘추전국시대(春秋戰國時代, 722~221, BC)로 이야기되고 있다. 춘추시대(722~403, BC)로 들어와 철기로 농기구와 공구(工具)가 제작되었고, 전국시대에 이르러서는 철기로 병기(兵器)들이 만들어져 그것들이 일반화되어 나왔던 것은 전국시대의 말기와 한대의 초기부터였던 것이다. 이와 같이 중국에서의 철기문화는 기원전 13세기부터 기원전 2세기 사이에 초기의 기원전 1000년경 이전에는 북부를 중심으로 중기의 기원전 700년경에는 서중부를 중심으로 해서 전파해 나갔다. 그러나 그 후 그것은 서아시아지역에서 메소포타미아지역의 동남부를 중심으로 해서 아케메네스조 페르시아제국(550~330, BC)이 성립되고, 이어서 서아시아지역의 남부에서 알렉산더제국이 성립되어 나와 그러한 제국들이 동아시아지역의 중서부를 차지하고 있던 진나라와 그 남부에 위치해 있는 초나라 등과의 세력관계를 형성해가는 과정에서 서남부지역을 중심으로 해서 전파되어 나가게 되었던 것이다.

이상과 같이 중국에서의 황제(黃帝)신화와 곤륜산신화를 주축으로 한 고대 중국의 신화세계는 기원전 13세기에서 기원전 2세기 사이에 행해진 철기문화의 일반화과정을 통해 확립되어 나왔다. 이렇게 봤을 때 우리는 여기에서 다음과 같은 입장을 취하지 않을 수 없다. 서아시아로부터 동아시아의 중원지역으로 전파된 철기문화는 하나의 황제·곤륜산 신화세계를 창출해 낼 수 있는 하나의 명확한 신화세계의 모델을 지니고 있었다고 하는 것이다. 이 경우 서아시아로부터 중국에 도래한 철기문화가 지닌 신화세계의 모델이란 천상을 지배하는 최고신, 그를 중심으로 한 12신, 천신의 고산(高山)을 통한 강림 등으로 이루어진 신화세계라 할 수 있다.

2) 고대 중국의 천제사상과 천손강림신화

앞에서 언급한 바와 같이 일본의 『고사기』 신화가 형성되는데 절대적 영향을 끼쳤던 것들이 고대중국의 신화작품들이었듯이 고대일본의 천황제 성립에 지대한 영향을 끼쳤던 것이 다름 아닌 중국의 당(唐)의 고조(高祖)가 채택한 천황제였다.

당의 고조가 채택한 천황제는 진한대의 황제제(皇帝制)에 의거해 성립된 것이라 할 수 있다. 중국에서 황제라고 하는 정치체제가 성립된 것은 진시황(秦始皇)이 기원전 221년에 전 중국을 통일한 시점에서부터이고, 그것이 확립된 것은 한제국(漢帝國, BC 206~AD 220)을 통해서라 할 수 있다.

그런데 진나라 때 성립된 황제 중심의 정치제도는 중국에서 주(周)의 성립시점(BC 1122)에서부터 진의 전국통일시점(BC 221)까지 존재했던 종주국(宗主國)과 제후국(諸侯國)과의 주종(主從)관계를 주축으로 이루어진 봉건제(封建制)를 발판으로 해서 이루어진 것임에 틀림없다. 이 봉건제 국가에서의 종주국은 주왕실(周王室)이었다. 당시 주왕실의 최고 우두머리는 천자(天子)라 불리었고, 제후국들의 최고 우두머리는 왕(王)이라 불리었다.

이 봉건제국가 시대에서의 천자는 천명(天命)을 받아 태어난다고 인식되었는데, 바로 이러한 사상을 천명사상이라 했다. 이 경우 '천(天)'이란 주족(周族)의 조상(祖上)들이 거주하는 신성한 장소이자 우주 삼라만상의 절대자로도 인식되었다. 그렇다면 이러한 천명(天命)사상은 어떻게 형성된 것인가? 서주대(西周代, 1122~770, BC)에 확립된 천명사상은 천제사상(天帝思想)에 기초해 형성되어 나왔다. 그런데 이 천제사상(天帝思想)은 주(周)를 건설한 주족(周族)이 자신들의 최고의 신(神)으로 받들어왔던 천(天)과 그리고 그들에 의해 멸망된 은족(殷族)이 그들 자신들의 최고의 신으로 믿어왔던 제(帝) 등이 결합되어 이루어진 사상이다. 은족에게서의 제(帝)는 조상들의 신령을 기초로 해서 성립되어 나온 관념이었다. 그런데 후에 그것은 하늘에서의 최고의 신이라고 하는 상제(上帝)의 개념으로 발전되어 나왔다.[16] 이러한 두 관념들이 쉽게 결합될 수 있었던 것은 주족의 천과 은족의 상제(上帝)가 하늘에 있는 존재들이라고 하는 공통점 때문인 것이 틀림없다. 그렇다면 주족의 천과 은족의 상제 개념은 어떻게 형성되어 나왔던 것인가?

주족과 그 문화는 황하문명(黃河文明), 앙소채도문화(仰韶彩陶文化), 유라시아의 중앙오아시스로, 중·남부 메소포타미아문명 등을 배경으로 해서 형성되어 나온 것들이다. 반면 은족의 경우는 요하문명(遼河文明), 용산·흑도문화(龍山黑陶文化), 유라시아의 북방 초원로, 북부 메소포타미아문명 등을 배경으로 해서 형성되어 나왔다.[17] 주족의 경우는 현재의 중국어의 경우처럼 SVO의 신택스 구조를 한 언어를 사용해온 중원지역 출신을 주축으로 해서 형성되어 나왔고, 은족의 경우는 투르크어·몽골어·퉁구스어 등과 같은 알타이어족의 경우처럼 SOV형의 언어를 사용하는 북방민족을 기반으로 해서 형성되어 나온 것이다. 중국인들은 전자를 화하족(華夏族)이라 하고 후자를 동이(東夷) 내지 이적(夷狄)이라 불렀다.

현재 우리가 고대중국의 여러 문헌들을 통해 접할 수 있는 고대중국의 신화도 바로 이러한 화하족의 천(天)사상과 동이족의 상제(上帝) 사상을 주축으로 해서 형성되어 나온 것으로 고찰된다. 그렇다면 화하족의 천사상은 어떻게 형성되어 나왔는가? 화하족란 우선 일차적으로 주(周)를 건설한 민족을 가리킨다. 주를 건설한 민족은 서아시아, 중앙아시아 등의 지역으로 연결된 동아시아의 서부, 특히 황하의 상류지역을 원향으로 해서 출현한 민족이다. 그 민족에 의한 주의 건설은 기원전 13세기부터 서아시아지역에서 중앙아시아를 통해 중원지역으로 전파해 들어간 철기문화를 배경으로 해서 이루어졌다고 말할 수 있다. 그렇다면 주왕조를 일으킨 세력들의 천(天)에 대한 관념은 우선 일차적으로 기원전 12세기 이전 서아시아의 세계가 철기문화에 의해 통일되어 나가는 과정에서 형성된 천에 대한 관념으로부터의 영향 하에서 형성된 것이라 할 수 있다. 또 그것은 중앙아시아의 오아시스로를 통해 서아시아와 연결된 채도(彩陶)문화(앙소문화)와 청동기문화를 배경으로 해서 하왕조(夏王朝, 2050~1550, BC)를 일으킨 부족의 천(天)에 대한 관념으로부터도 영향을 받았을 것으로 추정된다. 그렇다면 그것은 상왕조(1766~1122, BC)를 건설한 동이족(東夷族)의 상제(上帝) 사상은 어떻게 형성되어 나왔던 것인가? 하족이나 주족이 서아시아와 연결된 황하상류지역을 배경으로 해서 형성되어 나왔다면 상족의 경우는 북방유라시아와 연결된 요하유역을 배경으로 해서 형성되어 나왔다. 그래서 상족은 요하지방에서 북방유라시아로부터 받아들여 청동기문화를 가지고 그 이전에 황하의 하류지역으로 전파해 나갔던 신석기시대의 용산(龍山) 문화를 따라 내려가 황하 중하류 지역에서 서방으로부터 들어온 청동기문화와 충돌해 그곳에서 상왕조를 건설하게 되었던 것이다. 이렇게 봤을 때 상왕조를 일으킨 동이족의 상제사상은 북방 유라시아인들의 천에 대한 관념으로부터의 영향 하에서 형성되어 나온 것이라 할 수 있다. 그렇다면 북방유라시아인들의 천에 대한 관념은 어떻게 형성되어 나왔던 것인가?

3) 요하문명과 단군신화

1990년대 이후 앙소문화(BC 5000년경 성립)와 용산문화(BC 2300년경 성립)의 성립에 지대한 영향을 끼친 홍산문화(紅山文化, BC 7000년경 성립, 小河西文化)의 발굴 작업 등을 통한 요하문명권의 대대적 탐사가 행해서 황하문명이 요하문명의 영향 하에서 형성되었다는 입장이 쑤빙치(蘇秉琦)를 비롯한 곽대순(郭大順) 등에 의해 제기되었다. 그런데 고조선의 단군신화(『삼국유사』, 1285)가 바로 이 요하문명을 배경으로 성립되어 나왔고, 또 그것이 전형적인 천손강림신화들 중의 하나라고 하는 것이다. 『고사기』 신화는 창국(創國) 중심의 신화이고, 단군신화는 개국(開國) 중심의 신화라는 점에서 두 신화가 차이점을 보이고 있기는 하지만 그것들이 전형적인 천손강림신화라고 하는 점에서는 공통점을 지닌다.

그렇다면 이 요하문명이 독자적으로 천손강림신화를 창출해냈다고 볼 수 있을 것인가? 우리가 이 문제에 대해 명확한 입장을 취해 보기 위해서는 우선 무엇보다도 요하문명이 어떻게 형성되어 나왔는지에 대한 고찰이 요구된다.

요하문명의 성립시점은 기원전 2400년경 동아시아에서 청동기문화가 최초로 형성되어 나온 시점으로 파악될 수 있다. 이 요하지역에서의 청동기문화는 황하문명권보다 무려 4~5백여 년이나 빨리 성립되어 나왔던 것으로 고찰된다. 그 주된 이유는 요하지역이 고대 유라시아대륙 북방의 주요 교통로였다 할 수 있는 초원로의 동쪽 종착지인데다, 실크로드 연구자들이 말하고 있듯이 유라시아대륙의 북방을 관통하는 초원로가 선고대에 발달한 교통로였는데 반해, 유라시아대륙의 중앙을 관통하는 오아시스로가 고대로 들어와 형성되어 중세로 들어와 발달한 교통로였기 때문이었다 할 수 있다. 요하지역보다는 다소 늦었지만 중원지역에서 황하문명이 꽃피어 날 수 있었던 것은 중원지역이 중・남부 메소포타미아 지역으로부터 출발해 파미르고원과 천산산맥・곤륜산맥을 통해 황하유역의 중원지역에 이르는 오아시스로의 종착지였기 때문이었다 할 수 있다.

요하문명의 형성경위는 다음과 같이 고찰될 수 있다. 어느 지역에서나 고대 문명은 청동의 야금술의 전파를 통해 형성되어 나왔다고 볼 수 있는데, 청동의 야금술이 최초로 발명된 것은 북부 메소포타미아지역에 인접해 있는 아르메니아·코카서스·이란고원 일대의 산악지역으로 고찰되고 있다.[18] 그 산악지역은 흑해와 카스피해 북안을 통해 광활한 초원지대와 연결되어 있고, 또 그 초원지대의 동쪽 끝은 남쪽으로는 천산산맥 북쪽으로는 알타이산맥 등으로 연결되어 있다. 기원전 4000~3500년경에 북부 메소포타미아지역에서 출현한 청동기문화는 기원전 3500~2500년 사이에 흑해 북안으로부터는 북동의 알타이지역 등으로 남부 메소포타미아로부터는 남동의 파미르고원 등으로 전파되어 나갔다. 그래서 그 청동기문화는 흑해북안에서 알타이지역에 걸쳐 아파나세보 문화(Afanasevo Culture, 초기 청동기문화)라는 문화를 형성시켰다. 그 문화를 일으켰던 민족은 SVO형의 유럽어를 사용했던 민족으로 고찰되고 있다. 기마민족이 최초로 출현한 지역은 북부 메소포타미아지역과 연결된 흑해 북안의 초원지대로 고찰되고 있는데, 그들의 이동은 중앙아시아 남쪽에 위치한 천산산맥을 통해 황하의 상·중류지역인 중원지역으로 행해졌고, 그 북쪽의 알타이산맥을 통해서는 몽골고원을 거쳐 요하지역으로 행해졌다.

서아시아에서 말이 가축으로 사용된 것은 초기 청동기문화(금석병용기문화)가 형성되어 나왔던 기원전 4000~3500년경이고, 또 차바퀴(車輪)가 출현된 것은 기원전 3500년의 일이었다. 기원전 2000년경~기원전 1700년경에 와서는 우랄지역에서부터 흑해·카스피해 북안의 남 시베리아, 중앙아시아 등에 걸쳐 안드로노보 문화(안드로노보는 남부 시베리아의 유적명)가 펼쳐졌다. 그 문화는 전차로(戰車)로 사용된 이륜전차(二輪戰車)를 지니고 있었다.

내몽고 동부의 요하지역에서도 안드로노노 문화와 동시대에 초기 청동기문화보다 한 단계 더 발달된 전기청동기시대라 할 수 있는 하가점하층문화(夏家店下層文化)가 존재했다. 그런데 이들 양문화가 지닌 공통점 중의 하나는 한쪽 끝은 나팔상태로 열려있고 다른 한쪽 끝은 뾰족한 형태고 되어 있는 둥근 귀걸이라든가 안쪽으로 휜 칼 등을 지니고 있었다는 것이다.[19]

이러한 점들을 감안해 볼 때, 기원전 2500년경에 요하지역에서 형성되어 나왔던 청동기 문화는 메소포타미아지역 북부로부터 초원로를 통해 동쪽의 알타이지역·몽골고원 쪽으로 전파해 나온 안드로노보 청동기 문화와의 관계

속에서 형성되어 나왔다는 입장이 취해진다.

일반적으로 어떤 지역에서의 고대 왕국의 성립은 그 지역으로의 청동기 문화의 전파를 계기로 해서 이루어진다고 하는 사실을 감안해 볼 때, 우리는 일연이 『삼국유사』에서 말한 기원전 2300년경 바로 그 시점에 요하지역에서 고조선 왕국이 성립되었다는 입장을 취해도 무방치 않을까 한다.

필자의 이러한 입장은 『삼국유사』의 고조선 단군왕검 신화에 대한 필자의 다음과 같은 이해를 근거로 한 것이다. 고조선 단군왕검 신화에 '『고기(古記)』 운(云)'이라는 부분이 있다. 이 『고기』에 단군왕검에 대해 다음과 같은 이야기가 적혀져 있다고 한다. 단군왕검의 아버지 환웅(桓雄)이 하늘나라를 다스리는 그의 할아버지 환인(桓因)의 명을 받아서 하늘에서 3천명의 무리를 데리고 태백산(太白山) 꼭대기의 신단수(神檀樹) 아래로 내려왔다. 그는 그곳에서 신시(神市)를 세워 환웅천왕(桓雄天王)이라 불렸다. 그는 그의 말을 잘 듣고 곰으로부터 인간이 된 웅녀(熊女)의 욕정에 응해 그로부터 아이가 태어났다. 그 아이의 이름이 단군왕검(檀君王儉)으로 불렸다. 그는 요임금 즉위 50년인 경인년에 평양성에 도읍하고 나라를 조선이라 했다는 이야기이다.

여기에서 필자가 말하고자 하는 것은 바로 이것이다. 우선 첫째는 필자도 단군왕검의 존재에 대해 강단(講壇)사학자들이 취해온 입장대로 단군왕검을 신화적 존재로 본다는 것이다. 다시 말해 단군왕검을 기원전 2300년경에 요하지역에서 고조선 국가의 설립을 주도했던 부족이 자신들의 시조(始祖)로 믿어온 상징적 존재로 본다고 하는 입장이다. 따라서 환웅이 하늘에서 내려와 신시를 세우고 또 단군왕검이 태어난 지역이 한반도 지역이나 요하지역이 아니라고 하는 것이다. 환웅이 하늘에서 내려와 신시를 세우고 단군왕검이 웅녀로부터 태어났다고 하는 신화의 출처는 저 메소포타미아 북부의 아슈르지역이라는 것이다. 두 번째로 요하지역에서 고조선국가가 건국될 당시 그 건국을 주도했던 부족의 수장이었던 단군왕검을 후대로 내려와 그들의 후손들이 단군 족의 시조신으로 받들어 갔던 그들의 신앙적 대상과 중복시켜 인식해왔다고 하는 것이다. 셋째 우리가 단군왕검을 고조선국가 설립을 주도한 세력의 시조신으로 파악해볼 때『삼국유사』속의 "요임금 즉위 50년에 평양에서 조선이라는 나라를 세웠다"는 말은 단군왕검이 세운 것이 아니고 단군왕검의 후손이 세웠다는 의미로 받아들여질 수 있다. 우리는 그러한 해석의 근거가 될 수 있는 것으로『고기』가 우리에게 말한 것, 즉 주 무왕(周武王)이 기자(箕子)를 조선에 봉한 기원전 1122년까지 '단군왕검은 1천 500년간 나라를 다스렸다'라는 말을 상기해볼 수가 있다. 우리가 상기의 내용을 고조선 단군왕검의 첫머리에 나오는『위서(魏書)』의 말, 즉 "단군왕검이 있었는데 그가 아사달에 도읍하여 나라를 세우고 조선이라 하였는데, 그 때가 요임금과 같은 시기이다"라는 문구와 관련시켜 볼 경우 다음과 같은 입장이 제시될 수 있다. 여기에서 나오는 단군왕검은 단군왕검을 자신들의 시조신으로 받들어가는 자들의 수장(首長)이고, 또 아사달이란 단군왕검을 시조신으로 받들어가는 무리들이 메소포타미아 북부지역에서 처음 나라를 세웠던 지역의 이름을 본 따서 붙인 지명으로 봐야 한다는 입장이 취해진다. 요임금의 즉위년은 기원전 2333년이다. 이러한 점을 고려해볼 때, 단군왕검을 시조신으로 받들어가는 무리들이 기원전 2330년경 아사달에서 정식으로 조선국을 건설하기 이전 300여 년 전부터 이미 그 지역을 다스려왔던 것으로 파악된다. 그렇다고 한다면 단군왕검의 후손들이 메소포타미아지역의 북부 아슈르지역으로부터 요하지역으로 이주해온 것은 기원전 2600여 년경으로 추정된다.

그렇다면 단군신화는 언제 어떻게 창출되어 나온 것인가? 예컨대 고대 일본 민족이 규슈(九州)지역에서 고대 일본 왕국을 세울 당시, 그들에서 전승되어 나왔던 자신들의 선조 이야기를 기초로 해서『고사기』신화를 창출해 냈다. 그 경우와 마찬가지로 단군신화도 단군왕검을 자신들의 시조신으로 믿었던 무리가 당시 요하지역에서 고조선 왕국을 세웠을 때, 그들도 자신들에게 전승되어 선조 이야기를 기초로 해서 보다 구체적으로 단군신화를 창출해 냈다고 하는 것이다. 그렇다면 고조선왕국이 요하지역에서 설립됐을 당시 그들에게 전승되어 있었던 그들의 선조이야기는 어떤 내용의 것이었을까? 그것은 그들의 조상 단군왕검의 아버지 환웅이 하늘로부터 태백산으로 내려와 웅녀와 결혼해 아이를 갖게 되었는데 단군왕검이라 불린 그 아이가 성장해 아사달이라는 곳에서 나라를 세우게 했다는 내용의 이야기였을 것으로 파악된다.

여기에서의 아사달이란 퉁구스어이다. 이 말은 중국어로는 조선(朝鮮)이라 하고 그 의미는 아침 산을 뜻한다. 보다 구체적으로 말하자면 퉁구스어에서의 아사는 아침을 뜻하고 달은 산(山)을 뜻한다. 중국어로는 그것이 아침을 의미하는 '朝'와 '큰 산으로부터 떨어져 있는 작은 산'을 의미하는 '鮮'으로 표기된다.

그런데 필자가 여기에서 주장하고자 하는 것은 이 아사달이란 말이 고대 앗시리아시대 이래 'mountains of ashur'의 뜻으로 불리던 지역이 퉁구스어로 의역되어 나온 것이라고 하는 것이다. 고대 앗시리아인들에게서 'ashur'란 말은 그들이 최초로 세웠던 도시국가나 혹은 그 도시의 수호신의 명칭으로 쓰였던 말이었다. 그런데 그 말은 '아침 해가 뜨는 곳'을 의미하는 'asu'로부터 나온 말로 고찰되는데, 고대 앗시리아인들은 현재의 터키, 이란, 아르메니아에 접한 산악지대에 있는 아라라트(Ararat)산 내지 그 근방의 산악지역을 자신들의 고향이라 생각해왔으며, 또 그 지역을 아침 산(mountain of ashur)이라 불러왔다고 하는 것이다.

3. 철기시대 서아시아의 신화세계와 청동기시대 수메르의 12천신

1) 철기시대 소아시아와 그리스의 신화세계

이상과 같이 고찰해볼 때 고대중국의 신화세계는 중국에서 주대(周代)에서 양한대(兩漢代, BC 206~AD 220) 사이에 철기문화가 일반화되면서 확립되어 나왔다. 그 주된 이유는 철기문화가 형성되기 이전의 상대(商代)에는 문자가, 예컨대 갑골문자의 경우처럼 상형문자(象形文字)의 단계에 머물러 있었다. 그러나 주대 이후 철기문화가 형성되어 나오는 과정에서 당시 청동기에 새겨진 금문(金文)이 말해주고 있듯이 상형문자 단계의 문자들이 부호(符號)문자로 전환해 나왔고, 진한대(秦漢代)에 이르러서는 문자 통일이 추진되어 문자기록을 통한 하나의 통일된 신화세계가 확립되어 나왔던 것이다. 이상과 같이 고대 중국의 철기문화가 고대중국의 신화세계를 확립시켰다고 한다면 고대중국의 신화세계의 원형은 고대중국에 철기문화를 전래시킨 서아시아의 철기문화와 서아시아에서 그것이 통일시킨 신화세계로부터 찾아질 수 있다고 생각된다. 그렇다면 우선 서아시아에서 철기문화가 어떻게 성립되어 어떻게 전파해 나갔으며, 또 그것이 어떻게 그러한 신화세계를 확립시켰는지를 고찰하고, 그 다음으로 서아시아의 철기문화가 확립시킨 그러한 신화세계가 인도와 그리스, 지역으로는 어떻게 전파해 나갔던 것에 관해 고찰해보기로 한다.

서아시아에 철기문화가 형성되어 나온 것은 기원전 15세기경에 소아시아지역을 지배하고 있던 히타이트족을 통해서였다. 히타이트족은 약 2세기 간 철기의 야금술을 독점하고 있었던 것으로 고찰된다. 현재 우리는 그 당시의 히타이트족의 역사, 신화, 종교, 제식 등에 관한 것들이 수 만장의 점토판에 기록되어 있음을 확인 할 수 있다. 이 기록물들은 기원전 16~13세기 사이에 만들어진 것인데 인도유럽어로 기록된 것들 중 가장 오래된 것이었다. 그것들의 문자는 바빌로니아 설형문자이고 언어는 인도유럽어계의 하나인 히타이트어이다. 그런데 히타이트어를 기록한 이 바빌로니아 설형문자는 서(西) 셈족계의 아무르인이 세운 바빌로니아왕국(1826~1526, BC)에서 사용되었던 문자였다. 설형문자는 원래는 기원전 3300년경에 슈메르인이 창안해 낸 것인데, 초창기에는 그것이 그림문자(繪文字)로 출발했고 그 다음 3000년경에 와서는 육서(六書)의 원칙에 입각해 형성된 상형문자단계의 표의문자로 발전해 나왔다. 슈메르어는 단음절 교착어였다. 그런데 기원전 3000년을 전후해 동(東) 셈족계의 아카드인이 메소포타미아의 북부지역으로부터 남부로 이주해 내려와 슈메르인의 설형문자를 받아들여 그들의 삼음절어를 기록해가게 되었다. 그 과정에서 그 동안 전혀 음가를 갖지 못했던 설형문자가 경우에 따라서 음가를 갖는 표음문자의 성격도 지니게 되었던 것이다. 필자가 여기에서 말하고자 하는 것은 히타이트어를 기록해낸 바빌로니아 설형문자가 일반적으로 청동기시대에 성립된 상형문자단계의 순수한 표의문자가 아니고 이미 표음문자의 성격을 어느 정도 지니고 있던 문자였다고 하는 것이다.

그러한 설형문자로 기록된 수 만장의 점토판 속에는 '하늘의 왕권'이라는 서사시가 포함되어 있었다. 이 이야기의 줄거리는 화자(話者)가 우선 12명의 신들을 불러 이 세상에 인간이 태어나기 이전의 상황들에 대해 그들에게 들려 준 다음 자기의 그 이야기가 어느 정도 정확한지를 확인해 달라는 내용의 것이었다. 여기에서의 12신은 인간이 이 세상에 태어나기 이전에 하늘로부터 내려온 존재들이었다. 서사시 '하늘의 왕권' 등에 내재된 히타이트인들의 그러한 신화세계가 확립된 것은 앞에서도 언급한 봐와 같이 소아시아반도에서 철기문화가 기원전 16~13세기 사이에 일반화되어 나오는 과정에서였다. 필자가 여기에서 강조하고자 하는 것은 바로 이것이다. 소아시아지역으로부터 출발된 철기문화가 기원전 14~7세기 사이에 동으로는 그리스·로마 지역으로 또 서로는 메소포타미아 북부지역에 위치한 아르메니아 등과 같은 산악지대에서 거주하다 남쪽으로 이동한 후르리족(아리아인)의 미타니 제국을 통해 메소포타미아, 이란, 인도지역으로 전파해나갔다. 남으로는 지중해를 통해 소아시아와 거의 동시에 지중해 동안과 이집트 지역으로 전파해 나갔다. 그 과정에서 각 지역에서는 두 가지 현상들이 뚜렷이 나타났다. 우선 하나는 서에서는 그리스·로마 등을 비롯한 유럽지역에서, 동에서는 이란·인도 등에서 인도유럽어가 확립되어 나왔고, 또 지중해 동안지역 등에서 사용되던 표의성이 짙은 설형문자가 알파벳 등과 같은 표음문자로 전환해 나왔다. 그로부터 약 25세기 이전에 청동기문화가 메소포타미아 북부지역으로부터 그 남부지역으로 전파해나가던 과정에서 그 지역의 남부에서 거주하던 수메르인의 신화세계가 형성되어 나왔고, 그 것이 청동기문화의 전파를 따라 각 지역으로 전파되어 나갔던 적이 있었다. 기원전 14세기 이후 다시 철기문화의 전파를 따라 수메르인의 신화세계를 기초로 해서 형성되어 나왔었던 히타이트인의 신화세계가 각지로 전파되어 나가 각 지역에서 새로운 신화세계가 형성되어 나왔던 것이다.

히타이트의 서쪽 그리스 지역의 경우는 어떠했는가? 고대 그리스반도에서의 신화세계는 호머의 『일리아스』·『오딧세이아』(BC 800년경), 헤시오도스의 『신통기』(BC 750경)를 통해서 알 수 있다. 소아시아지역에서 그리스반도로 철기문화가 전파되어나갔던 것은 기원전 12~9세기였다. 철기문화의 전파를 계기로 소아시아의 서부 이오니아지방에서부터 주권국가의 형태를 취한 폴리스국가들이 기원전 800년경부터 형성되어 나왔고, 그와 동시에 페니키아의 알파벳에 기초해 그리스 알파벳이 만들어졌던 것이다. 고대그리스의 신화세계는 소아시아 서부의 이오니아지역에서 기원전 13세기에 그리스 본토의 주민과 트로이전쟁을 치룬 소아시아 동부의 히타이트인과 동 지중해 연안의 셈족들의 신화세계에 의거해 형성되어 나왔다고 볼 수 있다. 고대그리스의 신화세계는 올림포스의 12신을 주축으로 확립되었다. 이 올림포스의 12신들 중에서 가장 중요한 신은 신과 인간의 아버지로 불리는 제우스신이었다. 제카리아 시친이 지적한 대로, 제우스는 하늘에서 태어난 첫 번째 신도 아니고 땅으로 내려온 첫 번째 신도 아니다. 고대그리스인들은 히타이트인들이나 셈족들의 경우처럼 태초에는 혼돈을 의미하는 카오스(Chaos)가 존재했었는데, 그다음에 그 속에서 지구를 뜻하는 가이아(Gaea)와 그의 배우자로 하늘을 뜻하는 우라노스(Uranos)가 생겼다고 믿었다.[20] 그들은 남자 6명과 여자 6명 도합 12명의 티탄(Titan)을 낳았다. 그들의 활동은 지상에서 이루어졌지만, 그들은 하늘에서 모두 각자들에 해당되는 천체를 가지고 있었다. 그들은 서로 결혼해 여러 신들을 낳았는데, 어느 시점에 가서 올림포스 산을 중심으로 한 신화세계가 형성되어 나오는 과정에서 제우스가 가장 중심적 신으로 부상하게 되었던 것이다. 고대 그리스 신화세계를 확립시킨 『오딧세이』에는 원래는 올림포스 산이 하늘에 존재했던 것으로 이야기되고 있다. 그러나 그 후 그것은 하늘의 12신들이 강림한 장소로 인식되어 나왔고, 또 그 12신들은 하늘의 12천체를 나타내는 존재로 알려지게 되었던 것이다.

고대 로마의 신화세계도 고대그리스의 철기문화를 받아들이는 과정에서 고대그리스의 신화세계를 받아들여 그것을 기초로 해서 확립되었다. 로마인들은 그리스의 12신들을 받아들여 자신들의 말로 그들의 이름을 붙였다. 헤르메스는 메르쿠리우스(Mercury, 수성), 아프로디테는 베누스(Venus, 금성), 아레스는 마르스(Mars, 화성), 크로노스는 사투르누스(Saturnus, 토성), 제우스는 유피테르(Jupiter, 목성)로 각각 이름 붙여진 것이다.

2) 철기시대 고대이집트 · 지중해 동안 · 인도지역의 신화세계

그 과정에서 이집트지역에서는 소아시아지역으로부터 힉소스족의 침입을 받아 1세기 간 그 지배하에 있다가, 16세기 초로 들어와 신왕국시대(1580~1090, BC)가 성립되어 나왔다. 신왕국시대로 들어와서 고대이집트어는 후기 이집트어로 전환해 나오고 문자체는 신성문자가 신관(神官)체 즉 흘림체로 바뀌게 되고, 이때부터 상형문자로서의 신성문자가 서서히 단어들의 첫음절의 음을 끌어내서 그것을 이용해 어떤 관념을 전달하려는 식의 표음적 성격을 취해가게 되었다. 그러한 표음성이 내재된 신관문자로 기록된 문헌들이 존재하게 되었는데, 그것들이 다름 아닌 바로 『사자(死者)의 서(書)』·『관문의 서』·『사후세계의 서』·『암두아트』 등과 같은 기도문 내지 장례문헌들이었다. 고대이집트의 신화세계는 바로 이러한 문헌들의 내용들을 통해 이루어졌던 것이다. 이집트인들은 10 진법을 사용하지만 종교적인 일에 관해서만큼은 수메르인의 60 진법을 사용했고 하늘에 관한 것에 대해서는 성스런 숫자로 알려진 12가 사용되었다. 상기의 문헌들에 나타난 이집트 신화세계에서의 하늘은 일본의 『고사기』 신화에서의 경우처럼 세 부분으로 나뉜다. 각 부분에는 12개씩의 천체와 그것들에 해당되는 12신들이 존재한다.[21]

한편 지중해 연안지역에서는 그간 그곳에서 쓰이던 우가리트 설형문자가 기원전 14~13세기에 이르러 알파벳 표음문자로 전환해 나올 수 있는 조짐을 보이게 되었다. 즉 그것은 음절 하나하나를 나타내던 아카드설형문자식의 표기법을 버려가면서 단어의 첫음절을 나타내는 문자 하나를 간략화시고 또 그것에 어떤 특정의 음가를 부여하는 방향으로 전환해 나갔던 것이다. 그 결과 기원전 1000년대에 와서는 셈족의 일파인 페니키아인들을 통해 결국 수메르·아카드 표의문자 체계가 아람 알파벳 표음문자체계로 전환해 나왔다. 이러한 표기혁명이 행해지는 역사적 분위기를 타고 그 지중해 연안 지역에서 기원전 12세기경부터 「창세기」를 비롯한 『구약성서』가 형성되어 나오기 시작되었고, 지금의 팔레스타인지역에서 기원전 11세기경에 셈족의 일파인 헤브라이인에 의해 이스라엘왕국이 설립되는 과정에서 『구약성서』를 통해 지역에서의 셈족들의 신화세계가 확립되어 나왔던 것이다.

이란과 북인도 지역에서는 히타이트인들과 함께 인도유럽어를 사용하는 아리아인들이 그 지역의 신화세계를 확립시켰다. 메소포타미아의 북부와 동부의 산악지역에 거주하던 아리아인들이 이란 남부와 서북 인도지방으로 남하하기 시작한 것은 지중해 연안으로부터 셈족의 일파인 아무르인이 메소포타미아 지역으로 침입해 들어가 그곳에서 바빌로니아왕국(1826~1526, BC)을 건설했던 기원전 19세기말경부터였다.[22] 그 후 기원전 16~14세기에는 아리아인들이 메소포타미아 중부로 내려와 그 지역에서 미타니제국을 건설했다. 그러나 그 제국이 기원전 14세기에 히타이트제국에 의해 멸망되자, 그 후예들은 철기문화를 가지고 동쪽의 이란고원을 통해 서북인도 쪽으로 남하했다. 그들은 그곳에서 청동기문화를 소유하고 있던 원주민들과 부딪히게 되었다. 그곳에서의 아리아인의 우위를 결정했던 것은 철의 사용이었다. 철은 그들은 기원전 1370~1050년경에 철기문화를 가지고 인더스강 상류 판자브지방에 정주해 인도·아리아문화의 기초를 세웠다.[23] 인도에서의 힌두교과 힌두교문화는 그것에 의거해 확립되어 나왔던 것이다. 필자가 여기에서 말하고자 하는 것은 인도·아리아문화의 기초가 세워지는 과정에서 브라만교과 브라문교의 성전 『베다』가 성립되어 나왔는데, 인도·이란 지역에서의 신화세계는 바로 이 『베다』(Veda) 문헌을 통해 확립되어 나왔다고 하는 것이다. 인도의 신화세계에서의 지상에 있는 모든 신들은 하늘에서 내려온 신들로 되어 있다. 지상에 있는 중요한 신들은 천체를 대표하는 신들이다. 마르이쉬((Mar-Ishi)에 의해 태양왕조와 카시야파(kash-Yapa, 왕위에 오른자)가 창조되었다. 카시야파는 많은 자손들을 낳았는데, 그 태양왕조는 카시야파와 프리트리히비(Prit-Hivi, 하늘의 어머니) 사이에서 태어난 10명의 자식을 통해서만 이어진다. 디야우스피타르(Dyaus-Pitar, 빛나는 아버지)라는 칭호를 갖은 카시야파는 자신의 아내 및 10명의 자식들과 함께 12명의 아디트야(Aditya)들을 구성한다. 그런데 이들 아디트야들만이 각각 천체들을 부여받는다. 카시야파에게 부여된 천체는 '빛나는 별'이었고 프리트리히비의 천체는 지구로 상징된다. 또 그 이외의 다른 신들은 태양, 달, 화성, 수성, 목성, 금성, 토성을 상징한다. 시대가 경과해 감에 따라 12신들의 지배권은 광활한 하늘의 신 바루나(Varuna)에게로 넘어가고 다시 그것은 하늘의 용을 물리친 인드라(Indra) 신에게로 넘어간다.24

이상과 같이 필자가 여기에서 강조하고자 하는 것은 그렇게 해서 형성된 각 지역의 신화들이 공통점을 지니고 있었다고 하는 것이다. 그것은 각 지역의 신화세계가 하늘로부터 높은 산을 사다리로 해서 지상으로 내려왔다고 하는 12 천신들을 주축으로 해서 이루어졌다고 하는 것이다. 그렇다면 이러한 신화세계의 원형은 과연 어디로부터 취해진 것인가?

3) 청동기시대 메소포타미아지역의 신화세계

이상과 같이 고찰해볼 때, 기원전 15~13세기 사이에 최초로 소아시아지역으로부터 형성되어 나온 철기문화가 그 지역을 중심으로 해서 각 지역으로 전파해 나가던 과정에서 각 지역들로부터 12천신들을 주축으로 한 신화의 세계들이 확립되어 나왔음을 알 수 있다. 그렇다면 그러한 신화세계의 원형은 과연 어디로부터 유래됐던 것인가?

히타이트인이 소아시아의 전 지역에 걸친 통일국가를 수립하게 된 것은 기원전 17세기 중반이었다. 히타이트왕국(1680~1190, BC)은 기원전 1600년에 메소포타미아지역의 바빌로니아왕국(1826~1526, BC)을 습격해 함무라비 왕조를 무너트렸다. 힛티아트인들은 1450년대로 들어와 메소포타미아지역의 대부분을 점령해 히타이트제국을 건설하였다. 그들은 메소포타미아지역의 지배에 대한 체험을 통해 셈족들이 메소포타미아지역에서 형성시킨 신화세계와 접하게 되었던 것이다. 철기문화가 소아시아와 메소포타미아지역에서 정착되는 과정에서 확립되어 나왔던 히타이트인의 신화세계는 사실 메소포타미아지역을 지배해왔던 셈족들을 통해 형성된 신화세계를 기초로 해서 확립된 것이라 할 수 있다. 보다 구체적으로 말해 기원전 3000년경에 지중해 연안으로부터 메소포타미아로 침입해 들어갔던 셈족의 일파 아카드족이 그 지역에서 1500년 동안 거주해 왔었고, 또 기원전 2000년경에 서쪽으로부터 침입해 들어가 그 후 그곳에서 바빌로니아왕국을 세운 셈족의 일파인 아모르족도 500년간 그곳에서 거주하였던 것이다. 그렇다면 당시 메소포타미아지역 주민들의 신화세계는 어떠했었는가?

제카리아 시친이 그의 저서에서 지적하고 있듯이 19세기 후반에 들어 메소포타미아지역에서 발견된 기록물들이 성경보다 더 앞선 것들이라는 사실들이 밝혀짐에 따라 1872년부터 슈레더(E. Schräder) 등이 메소포타미아지역에서 발견된 엄청난 양의 기록물들을 본격적으로 연구하기 시작했다.[25] 특히 프랑스의 레야드(A.H.Layard)가 메소포타미아의 북부에 위치한 고대도시 니네베의 아슈바르팔 도서관에서『구약』의「창세기」와 유사한 이야기의 기록물 조각들을 발견하였다. 1876년에는 스미스(G. Smith)가 그 조각들을 짜 맞춰서『칼데아의 창세기(*The Chaldean Genesis*)』라는 책을 출판해냈다. 그 기록물들은 고대 바빌로니아방언으로 서술된 이야기가 아카드설형문자로 기록된 것인데, 그것들은 앗시리아제국의 앗슈르 바니파르왕(재위, 668~628, BC)이 니네베왕궁에 도서관을 세워 그곳에 니네베를 비롯한 여러 고대도시들로부터 수집한 고 기록물들을 수장해 둔 것들이었다.『칼데아의 창세기』의 내용은 하늘, 지구, 인간에 관한 창조에 관한 것으로 되어 있다. 현재 그것은『창조의 서사시(*The Creation Epic*)』로 더 알려져 있고, 또 그것은 그의 도입부의 문장을 따서 '에누마 엘리시'(Enuma Elish, 그 때 높은 곳에는)로도 알려져 있다. 시친은 이렇게 말하고 있다. 구약의「창세기」는 하늘과 지구의 창조에서 시작되지만, 메소포타미아의 '에누마 엘리시'는 그 이전의 사건, 즉 시간의 시발점으로부터 시작되었다고. 그런데 『창조의 서사시』의 신화는 철기문화가 소아시아지역으로부터 메소포타미아지역으로 전파되기 이전 메소포타미아지역의 청동기문화를 배경으로 해서 바빌로니아왕국(1826~1526, BC)의 왕권이 확립되는 과정에서 성립되었다고 말할 수 있다.

스미스 이후 에누마 엘리시에 대한 연구가 진척됨에 따라 그들은 스미스의 에누마 엘리시가 바빌로나아판의 에누마 엘리시에 불과하고, 또 그 원판이 존재해 있었다는 것을 알게 되었다. 시친에 의하면, 바빌로니아 판에서는 당시 바빌로니아왕국의 신이었던 마르독의 우월성이 확보될 수 있도록 하늘과 땅의 창조 권한이 그에게 부여되어 있었다. 그러나 그것은 그 원판이라 할 수 있는 수메르인의 이야기가 교묘히 변형된 것에 지나지 않은 것이었다. 그렇다면 수메르인은 하늘과 땅과 인에 관한 창조의 이야기를 어떻게 만들어낸 것인가?

시친의 말에 의하면 우리가 『창조의 서사시』에 기술된 내용을 상징적 차원에서가 아니라 사실적 차원에서 받아들여 본다면 다음과 같은 이야기가 내재되어 있다고 말하고 있다. 인간이 이 지구상에 태어나기 이전에 네필림이라고 하는 우주인들이 어떤 행성으로부터 우주선을 타고 지구에 내려왔다. 우리는 그 행성이 12번째로 이 태양계에 출현했다는 의미에서 12째 행성이라고 말할 수 있다. 그 행성이 태양계에 출현하기 이전만 해도 태양계는 태양을 포함해 달, 수성, 금성⋯⋯해왕성, 명왕성의 11개로 구성되어 있었다. 바빌로니아인들은 그 행성을 마르독이라 불렀다. 마르독의 출현은 화성과 목성의 사이에서 주기적으로 이루어진다. 수메르인들은 마르독으로부터 우주선을 타고 하늘에서 지구로 내려온 네필림들로부터 태양계의 창성 이야기를 들었다고 하는 것이다. 또 네필림들이 하늘에서 우주선을 타고 지구로 내려 올 때 메소포타미아 북부에 위치한 아르메니아지역의 아라라트산으로 내려왔고, 그 후 인간은 그들의 손으로, 그들의 모습을 본 따 창조되었다는 것이다.

수메르인은 메소포타미아지역에서 최초로 청동기문화를 일으켰던 자였다. 또 그들은 그곳에서 최초로 도시국가와 왕조국가를 설립했고, 또 최초로 문자를 창안해 사용했던 자들이었다. 이러한 점들을 고려해 봤을 때, 메소포타마이 지역에서 최초로 신화세계가 성립되어 나온 것은 청동기문화가 일반화되는 과정에서였다고 볼 수 있는데, 보다 구체적으로 말하자면 수메르인들이 도시국가와 왕조국가를 성립시켜나가는 과정에서였다고 볼 수 있다. 또 수메르인들에 의해 성립된 신화세계는 헬리혜성과 태양을 포함한 12개의 천체들로 구성된 태양계 중심의 세계관에 기초로 해서 이루어진 것이라 할 수 있다.

이상과 같이 우리는 일본의『고사기』신화와 천손강림신화, 고대중국의 신
화세계와 황제신화, 철기시대 서아시아의 신화세계와 청동기시대 수메르의
12천신 등에 대한 고찰을 통해, 고대일본의『고사기』신화 속의 12천신과 메소
포타미아의 수메르신화의 12천체와의 관련성을 고찰했다. 그 결과 우리는 여
기에서 그것들에 대한 관계를 다음과 같이 정리해볼 수 있다.

고대 일본의『고사기』신화는 천손의 강림, 그들의 산정(山頂)으로의 강림,
12천신 등을 주축으로 해서 확립되어 나왔다. 그런데『고사기』신화가 지닌
그러한 특징은 고대일본의 신화세계가 형성되어 나오는 과정에서 생긴 독자적
특성이 결코 아니라고 하는 것이다.『고사기』신화가 그러한 특성을 취하게
된 것은 그것이 그러한 특성을 지니고 있던 고대의 중국·인도 등의 신화세계
로부터의 영향 하에서 형성되어 나왔기 때문이라는 것이다.『고사기』신화에
그러한 특성을 부여한 고대의 중국과 인도 등의 신화세계는 기원전 16~13세기
사이에 소아시아지역에서 출현한 철기문화가 기원전 13~7세기 사이에 서쪽의
그리스·로마, 동쪽의 메소포타미아·이란·북인도, 남쪽의 지중해연안·이
집트 등으로 전파되어 나가던 과정에서 확립되어 나왔던 것으로 고찰된다.

그렇다면 철기문화가 각 지역으로 전파해 나갔던 과정에서 각 지역에서의
신화세계들이 그러한 특성을 지니게 됐다고 볼 수 있는데, 우리는 그 이유를
어떻게 설명해 낼 수 있을 것인가? 우선 일차적으로는 각 지역에서 이전의
청동기문화를 배경으로 해서 성립되었던 고대민족 국가들이 철기문화의 전파
를 계기로 해서 제국주의국가로 전환해 나오는 과정에서 그러한 특성이 취해
졌다고 말할 수 있는데, 한층 더 본질적 차원에서 말할 것 같으면 각 지역의
그러한 신화세계가 그러한 특성을 지니게 했던 어떤 하나의 프로토 타입, 즉

어떤 원형(原型)이 있었기 때문이었다고 하는 것이다. 그렇다고 한다면, 그 원형이란 어떻게 형성되어 나왔던 것인가? 그것은 다음과 같이 설명될 수 있다.

기원전 3400년경에 메소포타미아의 북부에 위치해 있는 아르미아지역 등으로부터 메소포타미아지역으로 청동기문화가 전파해 나갔다. 그 결과 그곳에 수메르인들에 의해 도시국가들이 성립되어 나왔다. 바로 그 과정에서 그 원형이 형성되어 나왔던 것으로 고찰된다. 그렇다면 12신이 하늘로부터 산정을 통해 땅으로 내려와 인간세계를 다스리게 되었다는 신화세계를 수메르인이 창조해냈다는 것인가? 그렇지는 않다.

제카리아 시친이 주장하고 있듯이, 그들은 당시 그들의 천문학적 지식을 근거로 해서 그러한 신화세계가 성립될 수 있는 세계관, 보다 구체적으로 말하자면 12행성들로 구성된 태양계 중심의 세계관을 지니고 있었던 것으로 고찰된다. 수메르인의 기록들에 의하면, 그들은 태양·달·수성·금성·지구·화성·목성·토성·천왕성·해왕성·명왕성·핼리 혜성에 대한 존재들과 그들의 운행에 대한 지식들을 가지고 있었으며, 그것들에 기초한 태양 중심의 세계관을 지니고 있었던 것을 고찰된다. 우리가 2세기경의 로마시대부터 취해왔던 지구 중심의 세계관을 버리고 태양 중심의 세계관을 취하게 된 것은 코페르니쿠스(1473~1543)가 사망한 해 이후였다. 또 우리가 태양 중심설을 취한 이후에서야 망원경이 발달해 1781년 천왕성이, 1846년 해왕성이, 1930년 명왕성이 각각 발견되었다. 그러나 사실은 이러한 행성들이 이미 수메르인들 의해 발견되었는데, 기원후 2세기에 당시 로마지배 하에 있던 이집트의 알렉산드리아의 천문학자 프톨레마이오스(Ptolemaios)가 7개의 천체(日·月·火·水·木·金·土星)의 명칭을 취한 주력(周歷)과 천동설 등의 입장에서 쓴 『과학집성(科學集成)』(13권)이 로마교황청에 의해 공식적으로 인정됨에 따라 그 이후 태양 중심의 세계관이 지구 중심의 세계관에 파묻혀버리고 말았던 것이다. 그 과정에서 그동안 고대 천문학자들에 의해 과학적으로 파악되어 왔던 그러한 행성들의 존재도 신앙적 차원에서 접근되어 짐으로써 태양계의 12천체들이 12천신으로 전환해 나왔던 것이다. 예컨대, 수메르인이 발견한 태양계의 12천체에 대한 기록은 고대중국의 문헌들에는 '십이진(十二辰)'의 형태로 나타났는데, 그것이 최초로 기록된 것은 주공(周公, BC 1100년경의 인물)의 편찬으로 전해지는 『주례(周禮)』로부터였다. 한편 서역에서 수메르인의 12천체가 12신(神)으로 전환해 나온 것은 메소포타미아지역의 바빌로니아왕국(1826~1526, BC)에서 쓰여진 『창조의 서사시』를 통해서였다. 이 작품은 기원전 2000년경에 지중해연안 지역으로부터 메소포타미아 지역으로 침입해 들어가 약 2세기만에 바빌로니아왕국을 설립한 셈족계의 아모르인에 의해 쓰인 것이다. 이 셈족계의 아모르인은 그 지역에서 2천년 이상을 거주해오던 수메르인의 천문학 지식을 신앙적 차원에서 받아들여 그것을 기록했던 것이다. 고대 중국 문헌에서의 12천신에 대한 기록은 후한의 왕충(王充, 27~101)이 편찬했다고 하는 『논형(論衡)』의 「난세(難世)」 등에서 십이신(十二神)의 형태로 나타났던 것이다.

또 제니카 시친의 주장을 통해 말할 것 같으면, 수메르인의 고기록물들과 『창조의 서사시』 속에 감추어진 내용들을 종합해보면, 수메르인들은 핼리 혜성으로부터 우주선을 타고 아르메니아의 아라라트산으로 내려온 네필림이라는 우주인들로부터 그들이 들은 태양계 탄생과 인간 탄생에 대한 이야기들을 자료로 해서 자신들의 그러한 신화세계를 창조해냈다는 입장을 취해볼 수 있는 것이다. 이상과 같은 점들을 고려해 봤을 때, 일본을 비롯한 각 지역에서 12천신을 주축으로 형성된 신화세계란 사실은 셈계의 바빌로니아인들이 수르메르인의 12 천체들로 구성된 태양계 중심의 세계관을 자료로 해서 구축해냈던 신화세계를 원형으로 해서 이루어진 것이었다는 입장이 취해지는 것이다.

제2부 알타이문명과 요하문명

제 1 장

서의 피타고라스와 동의 관자(管子)
– 漢詩의 사상적 기저 탐색을 주축으로 –

이 학술적 논의는 한시의 사상적 기저와 그것의 예술적 기능에 대한 규명을 통한 현재 한국사회에서의 문학의 역할에 대한 재고를 목적으로 한다.

현재 한국사회에서는 문학이 그 본연의 사회적 임무와 예술적 기능을 제대로 발휘해가고 있지 못하고 있는 것 같다. 이것은 1980년대 이후 후기산업사회로 들어온 나라들에서 일어난 공통된 현상으로 치부해 버릴 문제가 결코 아니다. 예컨대, 후기산업사회로 들어와서도 미국, 유럽연합국, 일본, 중국 등과 같은 나라에서는 시, 소설, 평론 등과 같은 문학 장르들이 한 차원 더 인간들의 현실생활 속으로 파고 들어가 그 본연의 예술적 학문적 역할들을 착실히 이행해가고 있는 것으로 고찰된다. 다시 말해 이제 예술은 죽었다는 말이 그 객관성을 확보해가는 후기산업사회로 들어와서도 문학은 철학, 언어학, 사회학, 법학 등과 같은 인문사회과학자들에게는 물론이거니와 물리학, 화학, 생물학, 광학 등과 같은 자연과학을 연구해가는 학자들에게도 결코 무시 못 할 영향을 끼쳐가고 있는 것이다. 그 뿐만이 아니다. 그것들은 음악가, 미술가, 영화가 등과 같은 창작자들에게도 무한한 상상력을 일깨워 주고 또 사고력을 증진시켜 줌으로써 지대한 영향을 끼쳐나가고 있는 것이다. 그것들의 역할은 그 정도에서 끝나지 않는다. 그것들은 일반시민들의 일상생활 속에 침잠해 들어가 그들로 하여금 닫힌 마음을 열게 하고, 또 그들에게 용기를 북돋아주며 생활의 지혜를 가져다줌으로써 그들 나름의 삶의 의미를 향유케 해간다.

이와 같이 현재 문학은 각 문화장르의 종사자들로 하여금 각 문화장르들의 기초를 구축해 나가는데 그 역할을 다해가고 있으며, 무한한 상상력, 포괄적 사고력, 윤리적 판단력 등을 키워나가게 함으로써 각 문화장르들의 기초가 건실해 질 수 있도록 그의 사회적 역할을 수행해 가고 있다. 그러나 현재 한국에서의 경우는 예컨대 시 장르의 경우가 그러하듯이 그것이 그 본연의 사회적 역할을 제대로 행해가고 있지 못하고 있는 생각을 우리는 결코 떨쳐버릴 수가 없다. 논자는 본고를 통해 이러한 실정을 감안하여 전근대 동이시아 사회에서의 가장 대표적 문학 장르였던 한시(漢詩)의 경우를 통해 사회 속에서의 문학의 존재이유가 무엇이었는지를 재검토해 보기로 한다.

이 학술적 논의는 우선 한시의 개념을 규정하고 중국에서의 한시의 성립과 확립과정을 고찰하여 무엇이 한시의 특성을 규정지었는지를 파악한다. 다음으로 한시의 특성 형성에 깊게 개입되어 있었다고 생각되는 사상들, 예컨대, 정치사상, 음악사상, 우주의 조화사상 등의 본질을 고찰한다. 또 한시의 형식적 특성형성에 영향을 끼쳤던 것으로 고찰되는 피타고라스 음률과 관자의 삼분손익법의 공통점을 고찰한다.

이상과 같은 고찰을 통해 논자는 한시의 사상적 기저를 규명해 내서 그것을 기초로 하여 금후 시문학을 비롯한 문학 장르들의 존재이유의 재고를 촉구할 생각이다.

1. 서의 음계와 동의 한시(漢詩)

1) 한시의 절구(絶句)

한시(漢詩)는 두 가지 의미가 있다. 하나는 한대(漢代)의 시를 의미한다.[1] 다른 하나는 한글로 쓰인 시에 대해 한자(漢字)로 쓰인 시를 의미한다.

현재 우리에게 알려진 한시란 그 형식이 한(漢代, BC 206~AD 220)에 성립되어 위진남북조(222~589)를 통해 확립되어서 수당(589~907)에 이르러 일반화되어 온 전근대의 가장 대표적인 문학 장르이다. 이처럼 한대의 한시는 성립기의 한시이고, 육조(六朝)의 한시는 확립기의 한시이다. 그런데 한국인에게 일반적으로 알려진 한시는 사실은 성립기의 한시가 아니고 확립기 이후의 한시이다.

논자가 본 연구에서 문제시 하고자 하는 것은 한시의 사상적 기저를 규명해 내는 것이다. 따라서 본 연구에서의 주목대상은 마땅히 성립기와 확립기의 한시여야 하는 것이다. 위조나 그 이후의 육조의 시는 한대(漢代)의 시를 기초로 해서 성립해 나왔다. 이러한 점들이 감안되어 본 연구에서의 '한시'는 한시가 성립된 한대의 한시뿐만 아니라 그것이 확립되어 통용된 시기의 한시까지로 규정한다.

보다 구체적으로, 성립기인 한대의 한시는 가요(歌謠), 즉 노래로서의 한시였고, 확립기 육조기의 한시는 노래로 불러질 것을 전제로 쓰인 가사(歌詞)로서의 시였고, 수당 대 통용기의 한시는 독서물로서의 시로 규정 된다는 입장이 취해진다.

한시의 전형(典型)은 '중국시의 정화(精華)'라 일컬어지는 절구(絶句)로 볼수 있다. 절구는 5언 4구와 그것을 바탕으로 해서 나온 7언 4구의 시형이다. 절구의 확립 시기는 5언 절구의 경우는 남북조시대(420~589)의 진송조(晋宋朝, 317~479)에 출현해 육조 말의 제양조(齊梁朝, 479~557)때 확립되었고, 7언 절구의 경우는 당(唐, 618~907)의 초기에 와서 완성되었다.[2] 한국에서의 중국의 한시에 해당되는 시 장르는 시조인데, 그것의 전형은 3장 6구 45자 내외의 평시조로 보고 있다. 이 평시조의 형식이 정제된 것은 여말(麗末, 973~1392)이다. 또 그것에 해당되는 일본의 시 장르는 와카(和歌)이다. 그것의 전형은 2구 31자(上句 5.7.5. 下句 7.7)이고, 그것이 확립된 것은『만요슈』(万葉集, 759년경 편찬)를 통해서였다. 영시로 말할 것 같으면, 절구란 하나의 연(聯, stanza)을 가리킨다. 그런데, 중국의 절구는 4행(行, line), 한국의 시조는 3행, 일본의 와카는 2행으로 각각 정형화(定型化)되어 있다.

2) 한시의 5언과 악부시(樂府詩)

한시의 5언이 정형화(定型化)된 것은 악부시(樂府詩)의 출현을 통해서였다. 악부란 전한의 무제(武帝, 재위 141~87, BC)가 창설한 음악을 관장했던 관서(官署)였다. 이 관서의 주된 작업은 각 지방의 민가(民歌)들을 채집해 장려할 가치가 있는 것을 널리 보급시켜가는 일이었다. 악부의 창설 이전에도 한초에 음악을 관장하던 태악(太樂)이라는 관서가 존재했었다. 그 관서는 조정의 의식(儀式)에 사용되는 음악을 제작하고 연주하는 일을 담당하였다. 그러나 그것은 무제에 와서 그 일뿐만 아니라,『시경』의 뒤를 이어 민요를 채집해 그것을 널리 보급시키는 일까지 행하게 되었던 것이다. 악부시란 채시관(采詩官)이 여러 지방에서 채집한 민요의 가사로부터 나온 시이다.

그런데 논자가 주목한 것은 그렇게 채집된 민요의 가사가 5언으로 이루어진 것이 많았다고 하는 것이다.『시경』의 시들도 무제시대로부터 5세기 이전의 공자(孔子, 551~479, BC)에 의해 채집된 것들인데,『시경』은 "4언 위주지만 작품에 따라서는 5언구・6언구와 7언구가 섞여"있다.[3] 그렇지만, "『시경』의 시들은 매구사언(每句四言)이 정격(定格)"이라는 것이 지배적이다.[4] 이것은 바로 중국의 한시가 악부시의 출현을 계기로 해서 4언에서 5언으로 전환해 나왔다는 것을 의미한다. 악부시가 5언으로 정형화된 것은 반고(班固, 32~92)의「영사시(詠史詩)」를 전후로부터 이야기 되고 있는가 하면[5], "일반사람들은 5언시가 이릉(李陵, BC 74 사망)과 소무(蘇武, BC 60 사망)의 시들로부터 시작되었다고 하기도 한다.[6] 그 5언시가 확립되어 나온 것은 후한말의 건안시기(建安時期, 196~220)로 파악되고 있다. 7언시의 경우 그 정체(正體)는 양(梁)의 간문제(簡文帝, 재위 550~551)의 「오야제(烏夜啼)」 등을 통해 이루어진 것으로 파악되고 있다.[7] 그러나 그것의 기원은 굴원(屈原, 343~277, BC)의 『초사』(楚辭)이고, "원래는 그것이 5언시 보다 더 일찍 발생했지만, 그 유행과 발전이 5언에 비해 무척 느렸다"는 입장이 있다.[8] 그 결과 7언시는 6세기 양의 간문제대에 와서 정립되어, 당초에 와서 7언 율시(律詩)의 형태를 취해 완성되어 나온 것으로 되어 있다.

3) 5언 시와 음악의 5음계

그렇다면 『시경』의 4언시는 기원전 12세기에서 기원전 7세기경까지 중국 전지역에서 불린 노래의 가사들이다. 그런데 『시경』의 시들은 주나라 밖의 남쪽지역의 노래 가사들을 모델로 해 성립되었다는 설이 있다.[9] 그 주된 이유는 최초로 기원전 5000여 년에 중국을 설립한 삼황오제(三皇五帝) 모두가 곰(能)을 섬기던 동이족(東夷族)이었는데, 양자강 이남으로 남하하여, 춘추전국(春秋戰國, 722~221, BC)의 시대에는 초(楚)나라를 세웠는가하면, 현재는 묘족(苗族) 등과 같은 소수민족으로 살아남아 있게 되었다는 것이다.[10] 『초사(楚辭)』의 시들은 8언내지 7언을 기본으로 하고 있다고 하는데[11], 그것들은 묘족의 전통적 말글로 쓰인 것으로 그것들이 한대 이후에 한문으로 번역되어 나왔다는 것이다.[12] 이렇게 봤을 때, 당대(唐代)에 와서 일반화된 7언시와는 차이가 있는 것이라 하지 않을 수 없다. 굴원도 곰을 토템으로 섬겼던 묘족에 의해 건립된 초나라의 왕족이었다. 창출해 낸 것은 공자시대의 서민들의 노래였고, 악부시의 5언은 한 무제 대 이후의 서민들의 노래라 할 수 있다. 그렇다면 공자시대 서민들의 노래형식과는 다른 노래형식이 한무제 때 서민들 사이에서 어떻게 형성되어 나왔던 것인가?

한 무제 당시 중국에서 주로 사용되었던 음계는 5음계(五音階)였다. 즉, 궁(宮)·상(商)·각(角)·치(徵)·우(羽)의 오성(五聲)으로 구성된 무반음 5음계(Unhemitonic pentatonic scale)였다. 중국에서의 이 5음계의 이론에 관한 최초의 언급은 춘추전국시대 제(齊)나라의 재상 관중(管仲, 725~645경, BC)이 지었다고 하는 『관자』에서부터였다.

『관자』의 제58편 「지원(地員)」편에는 5음에 대해 다음과 같은 말이 나와 있다.[13]

> 무릇 치(徵)는 작은 돼지와 큰 돼지가 붙잡혀 놀라서 지르는 소리와 같고, 우(羽)는 말이 들판에서 우는 소리와 같고, 궁(宮)은 소가 움막에서 길게 우는 소리와 같고, 상(商)은 무리를 이탈한 양이 부르짖는 소리와 같고, 각(角)은 까치가 나무에 올라 우는 소리와 같이 맑게 울린다.

또 이 『관자』의 같은 제58편에는 음악의 선율을 이루는 음들의 높낮이와 그것들의 진행을 삼분손익법(三分損益法)에 따라서 산술적으로 설명하는 12율려(十二律呂)이론도 소개되어 있다.[14] 이렇게 봤을 때, 우리는 일단 중국의 5음계, 삼분손익법, 12율려 등이 관자에 의해 정리되었다는 입장을 취해 볼 수 있다. 그런데 문제는 첫째 과연 기원전 8세기 제(齊)나라의 재상인 관자가 『관자』를 다 저술 했었는가라고 하는 것이고, 둘째 관자시대 이전인 주초(周初, 1122, BC 건립)에 12 율려와 7음계가 출현했다는 설이 존재한다고 하는 사실이다.[15].

이 문제에 대해 『관자』의 연구자들은 『관자』 가운데 제1편의 「목민(牧民)」 등과 같은 '경언(輕言)'이나 제80~86편의 '경중(輕重)' 등이 전국시대에 쓰인 것이라는 사실을 밝혀냄으로써 "『관자』라는 문헌은 춘추전국시대부터 시작하여 서한(西漢)시대까지 거의 700년이라는 기나긴 시간에 걸쳐 여러 사람들에 의해 이루어진 것" 이라는 입장을 취하고 있다.[16] 연구자들의 이러한 입장을 고려해보면, 『관자』 속의 상기의 5음계나 삼분손익법과 같은 음악론이 서한시대(BC 221~AD 8)에 삽입된 것이 아니라는 어떠한 보장도 없다. 이러한 음악 론은 진(秦, 221~206, BC)의 승상 여불위(呂不韋)가 학자들을 모아 편찬하게 한『여씨춘추(呂氏春秋)』, (BC 239)의 제5권「한여름의 행사」속에도 소개되어 있다. 그 다음 두 번째로 제기된 문제, 즉 주초(周初)에 7음계가 출현했다는 것이 문제가 되는 것은 일반적으로 중국에서는 주대 이전부터 한 대(BC 206~AD 220)까지 5음계가 중심이었고, 한대 이후부터는 서구의 7 음계가 전래되어 중국에서 일반화되어 나왔다고 할 수 있는데, 어떻게 해서 중국에서 주초에 그것이 출현하게 되었다고 할 수 있는가라고 하는 것이다. 이 문제는 다음과 같이 이해될 수 있다. 중국·티베트어족은 인도·유럽어족과의 접촉을 계기로 형성되어 나왔고, 5음계는 동서에서 그러한 어족들을 배경으로 해서 형성되어 나왔다.[17] 그러한 5음계에 대해, 주초의 7음계는 동이족의 언어인 알타이어족을 배경으로 해서 성립된 말글을 배경으로 해서 나온 것이고, 한대의 그것은 인구어족이 철기문화의 전파과정에서 출현시킨 피타고라스의 7음계가 중국에 전래된 것이라 할 수 있다. 그렇다면 주초의 7음계는 과연 어디로부터 유래된 것인가? 도날드 J. 그라우트는 그의『서양음악사(상)』에서 기원전 1800년경 메소포타미아의 바빌로니아에 7음 온음계가 존재했다는 입장을 제시하고 있다.[18] 그 경우의 7음 온음계는 인도·유럽어족이 메소포타미아에 전파되기 이전에 그 곳에 존재해 있던 어족을 배경으로 해서 형성됐던 것으로 파악된다. 또 그 어족은 알타이어족과도 관련성이 있었던 것을 생각된다.

이상과 같이 고찰해 봤을 때, 전국시대(403~221, BC)와 서한시대의 음악은 기본적으로 5음계와 삼분손익법에 의해 그 음률이 이루어졌고, 또 당시의 중국의 음계를 지배하고 있던 5음계가 민가(民歌)에 절대적 영향을 끼쳐, 결국『시경』계열의 4언가(四言歌)가 5언가로 전환되었다고 하는 것이다. 그렇다면 5음계는 과연 중국의 음악세계에 어떻게 출현하게 된 것인가?

2. 스텝로의 5음계와 오아시스로의 7음계

1) 5음계와 서북지역의 스텝로

그러면 우선 5음계나 삼분손익법과 같은 음악론이 어떻게 『관자』와 『여씨춘추』와 같은 문헌 속에 기록되었는지 고찰해보기로 한다. 앞에서도 언급한 바와 같이 『관자』는 기원전 8세기경 관자 자신이 모두 기록한 것이 아니고, 춘추시대에서 서한시대에 이르기까지 그를 따르던 제자들, 그들의 사상을 계승한 관자학파들에 의해 기록되어 나온 것이라고 하는 것이다.

『관자』가 현재의 형태는 아니지만 문헌의 형태로 편집되어 유포되기 시작되었던 것은 언제부터였을까? 그것은 확실치 않다. 그러나 전국시대말의 한비(韓非, BC 233 사망)에 의해 편찬된 『한비자(韓非子)』의 「오두(五蠹)」에 "지금 경내의 백성들은 관자의 법을 집에 가지고 있다"는 말이 기록되어 있는 것으로 봐서, 전국시대 말에는 이미 현재의 형태는 아니더라도 그 일부가 책자로 묶이어 읽혀졌던 것으로 고찰된다. 또 그것이 서한시대에 와서는 널리 전파되어 정치가들에게 읽혀졌던 것으로 이야기되고 있다.[19]

『여씨춘추』의 경우 그것이 쓰이게 된 경위는 다음과 같다. 진시황이 동란(動亂)을 평정하고 천하를 통일 했으나 그것을 다스릴 마땅한 방법이 없었다. 그래서 여불위는 많은 돈을 들여서 천하의 유능한 인재들을 자기 집으로 모아들였다. 그래서 그는 그 식객들 중에서 학식과 재식(才識)이 뛰어난 자들을 가려서 그들에게 그동안 자신들이 듣고 보고 아는 사실들을 기록해 보도록 명령하였다. 여불위는 그것들을 모아서 책으로 편찬해 냈는데, 그것이 바로 『여씨춘추』였던 것이다. 『여씨춘추』가 이렇게 이루어졌기 때문에 그것을 구성하는 문장들은 상식으로 취사정리된 것들의 인상을 주는 것들이다. 이 책의 제 5~6권은 음악에 관한 문장들로 이루어져있다.

제 5권의 5장, 「옛날의 음악(古樂)」에는 12율이 만들어진 유래가 적혀있고, 제 6권의 2장, 「음률(音律)」에는 12율과 삼분손익법이 설명되어있다. 12종률

이 만들어진 유래는 다음과 같이 언급되어 있다.[20]

> 옛날에 황제(黃帝)가 신하 영륜(伶倫)에게 율(律)을 짓게 하자, 그는 명을 받아 대하(大夏)의 서쪽에 있는 산의 북쪽으로 나아가, 골짜기에 있는 대나무 밭에서 구멍과 두께가 고른 것을 채취해 양쪽을 자르니 그 길이가 세치 아홉 푼이었다. 그가 그것을 불었더니 황종(黃鐘)의 궁음(宮音)이 되었다. 그는 다시 12개의 대통을 만들어 가지고 산 밑으로 내려와 봉황새의 울음소리를 듣고 그것을 12율로 나누었다. 그는 수컷의 소리를 6으로 나누고 암컷의 소리를 6으로 나누어 그것들을 황종의 궁음에 비교해 알맞게 맞추었다.

『여씨춘추』에는 이상과 같이 황종의 궁음을 근본으로 하여 상하의 12율려(律呂)가 지어진 것이라고 설명되어 있는 것이다.

그런데 여기서 논자가 짚고자 하는 것은 대하(大夏)라는 지역이 어디냐는 것이다.

춘추전국시대에는 대하가 진시황이 평정한 영역의 북경(北境)(『史記』卷6), 또는 주(周)에 조공을 바쳤던 서북방의 민족(『周書』) 등으로 알려져 있었고, 『여씨춘추』가 편찬될 당시는 '서방(西方)의 토지(土地)'로도 알려져 있었다고 하는 것이다. 『여씨춘추』의 편찬시점에서 중국은 진(秦, 221~206, BC)에 의해 통일된 상태였다. 그런데 사실상 전국시대의 진이란 고대 서구문물이 중앙아시아 지역과 서북지방을 통해 중국으로 들어오는 관문에 위치해 있던 나라였다. 그래서 중국역사가들은 진을 '반이적(半夷狄)'의 나라라고까지도 파악하고 있다. 진(秦)의 시황제가 중국대륙을 통일했을 당시 흉노족이 중국의 서북지방에서 흉노제국을 세웠다. 그 후 한무제(141~87, BC)가 그곳을 정벌하자 흉노제국은 그들의 활동무대를 천산 산맥 남쪽에 있는 타클라마칸 사막의 타림분지로 옮겼다. 한무제(141~87, BC)대에 와서는 무제가 2차에 걸쳐 장건(張騫)을 중앙아시아에 파견시켜 그곳의 민족들과 동맹관계를 맺도록 한 적이 있는데, 당시 대월씨(大月氏)에 의해 지배되었던 중앙아시아 지역이 한나라인들에게는 대하(大夏)로 알려지게 되었다.[21] 그러다가 왕망(王莽, 9~25)이 서한을 무너트린 혼란기를 틈타 흉노제국은 동진해 다시 중국의 서북 감숙(甘肅)지방을 지배하게 된다. 그러나 그 후 후한의 반초(班超, 32~102)가 흉노족을 정복해 155년에는 중앙아시아 교역로를 완전히 장악하게 되었다.

그런데 『여씨춘추』가 제시한 신화 속에 등장한 황제(黃帝)라는 인물이 중국에서 최초로 나라를 설립한 인물이고, 또 그의 신하 영륜이 방문했던 지역이 '대하의 서쪽에 위치한 완유산(阮隃山)의 북쪽'으로 되어있다[22]고 하는 사실을 감안해 보면 우리는 그 문귀를 근거로 해서 중국음악이론의 기원이 중앙아시아의 서북지방일 가능성이 높다는 입장을 취해 볼 수 있다. 보다 구체적으로 말해, 중국의 5음계 및 12종려와 그것의 성립배경을 이루는 삼분손익법이 중국의 서북지역의 음악의 영향 하에서 형성되었다는 입장이 주장될 수 있는 것이다.

중국에서의 서북지역이란 서방의 메소포타미아지역 등의 문물과 북방유목민족의 문물이 실크로드 중의 하나인 스텝로를 통해 중국의 황하지역으로 들어오는 관문지역이라 할 수 있는 지역이다. 이 스텝로라고 하는 것은 유라시아 대륙의 스텝지대, 북위 50도 부근을 동서로 횡단하는 길을 가리킨다. 세 실크로드 즉 스텝 로, 오아시스로, 남방해로(南方海路) 중 그것이 가장 오래전부터 사용되었던 것으로 고찰되고 있다.[23]

그런데 스텝 로 지역의 맥동(脈動)은 유력한 유목기마 민족이 출현할 때마다 뒤바뀌어졌다. BC 7세기부터는 서아시아 지방에 군림한 스키타이, BC 3세기경부터는 몽고리아를 제패한 흉노, 그 후 줄기차게 몽고리아에 출현했던 선비, 유연, 에프탈, 돌궐, 회흘(回紇), 몽고족 등이 차례로 스텝로의 패권을 차지했었다. 몽고족은 중국 서북부지역으로부터 알타이 산맥의 남북지방을 통해 북부 중앙아시아 지역에 이르는 지역을 지배해왔는데, 몽고족을 비롯한 알타이족들의 음악은 근본적으로 무반음 5음계를 바탕으로 삼아 전개되어 나온 것으로 알려져 있다.[24]

논자가 여기에서 주장하고자 하는 것은 바로 이것이다. 유라시아 대륙에 말전차(馬戰車)의 출현을 계기로 유목문화가 형성되어 나옴에 따라 아시아 대륙 서쪽에 통일왕국이 형성되어 나오게 되었는데, 서아시아 초원지대에서 형성된 그러한 유목문화가 스텝 로를 통해 동아시아 대륙으로 전파되어 나가 결국 은(殷, 1766~1122, BC)이 성립되어 나왔다고 하는데, 중국의 5음계나 12율려도 바로 이 스텝로를 통해 오리엔트 지역의 메소포타미아 지역으로부터 들어온 음률과의 관계 속에서 형성되었을 가능성이 높다고 하는 것이다.

"헤르도토스의『역사』제4권에 의하면 기원전 7세기 전반에 마르모라 섬 출신의 음유시인 아리스테아스(Aristeēs)는 스키타이의 교역로를 따라 흑해연안의 타나이스로부터 동방으로 향해 우랄산맥을 넘어 알타이 산맥에 도달하였다고 한다."[25]『목천자전 권2』(穆天子傳 卷2)[26]에는 주나라의 제 5대왕 목왕(재위 1002~947, BC)이 외국과의 음악교류를 위해 기원전 964년 전후 대규모의 악대를 데리고 중국과의 국경근처의 타지키스탄 서부 파미르 고원 분지에 있는 카라콜(Karakol) 호수에서 성대한 연주회를 열었다고 기록되어 있다.[27]

그러나 사실상 5음계가 어느 지역에서 제일 먼저 출현했는지는 불분명하다. 기원전 40~20세기에 메소포타미아 지역에 살았던 수메르인의 대표적 악기는 라이어(Laier)라고 하는 현악기였는데, 그것이 우르(Ur) 제1왕조(2600~2500경, BC)의 무덤에서 나온 유물로부터 발굴되었다. 그런데 그 줄은 4~5줄로 되어 있다. 또 고대 그리스에서는 철기문화가 일반화되기 이전인 기원전 8세기경까지 5음계가 쓰였으며, BC 676년 전까지만 해도 라이어는 5현이었다고 한다.[28] 중국의 경우는 하(夏, 2050~1550경, BC)나라 때에 5현악기가 있었는가 하면, 은나라(殷, 1766~1122, BC) 때에 이미 5음계가 존재했었다고 한다.[29] 몽고지역에서 출현한 영웅서사가의 음악적 유형은 5음계에 바탕을 두고 있다.[30]또 몽골의 토올은 고대 그리스 호머의 서사시와 같은 음악적 유형을 취하고 있다. 이러한 점을 감안해 볼 때, 몽골의 토올은 음악적 유형의 측면에서 분명 한국의 서사무가(敍事巫歌)와 친연성(親緣性)이 있을 것이고 또 그것은 아마도 판소리와도 그러한 친연성이 있을 것이다.

아놀드 J. 토인비는 유라시아 초원지대에 말이 사육되어 유목생활이 가능하게 된 시점을 기원 전 1800년경으로 보고 있다. 그는 유라시아 초원에서 말이 사육됨으로써 기마, 전차(戰車)와 같은 새로운 군사적 무기가 발명됨에 따라 새로운 역사적 단계가 이루어졌다는 입장을 제시 하고 있다.[31] 그는 원시산스크리트어를 사용했던 민족이 서남아시아 북부에 펼쳐진 유라시아 초원 어딘가에서 출현해 그러한 새로운 군사적 무기를 이용해 시베리아, 메소포타미아지역, 소아시아지역 이집트지역, 서남아시아의 인더스지역 등으로 확산해나갔다고 말하고 있다.[32] 이에 대해 고고학자들과 언어학자들은 우랄산맥 남단 아래쪽의 카스피해 북변으로 흘러드는 볼가 강 하류 지역을 인구어 민족의 원주지로 보고 있다. 인구어 민족은 기원전 5000천년 경에 그 지역에서 기원전 4400년경부터 2000여년 사이에 3차에 걸쳐 서, 남, 동으로 이동해 나갔다고 말하고 있다.[33] 그러한 여파로 인해 예컨대 메소포타미아의 북부로부터는 유목민의 일파인 사나운 후르리 족(Hurrians)이 출현해 메소포타미아와 지중해 동쪽 연안의 시리아로 침입해 들어갔다. 당시 메소포타미아지역은 수메르족의 지배로부터 벗어나 바빌론의 아모르 족의 지배 하에서 메소포타미아 전 지역이 통일되어 강력한 바빌로니아 통일왕국(1831~1530, BC)이 건설되어 있었다. 특히 함무라비 왕(Hamurabi, 1728~1686, BC) 때에는 강력한 통일왕국을 형성하고 있었다. 북으로부터의 후르리 족의 메소포타미아지역으로의 남하이후 소아시아 지역으로부터는 기원전 1600년대 후반에는 히타이트(Hittite)가 출현했고 메소포타미아 양강 상류지역으로부터는 기원전 1500년경에 미타니(Mitanni)가 출현했다.

한편, 기원전 18세기에는 시리아 북쪽의 소아시아지역과 에게해에 수메르-아카드문명의 위성문명이라 할 수 있는 소아시아문명과 에게문명의 전기에 해당되는 미노아문명이 형성되어 있었다. 고대 서구문명은 기원전 2000년경에 크레타(Crete)섬을 중심으로 한 에게(Aege)해에서 인구어를 사용한 고대 그리스인에 의해서 형성되어 나왔던 미노아문명으로부터 출발하였다.[34]

이집트지역에서는 후르드 족의 그러한 남하로 인해 소아시아 지역으로부터 아시아계의 힉소스 족이 기원전 1730년경 말이 끄는 전차(戰車)로 이집트를 침입해 1세기 간 그곳을 지배했다. 북방의 힉소스 족은 이집트를 침입해 그곳에서 피라밋(Pyramid, 2600~2500경, BC에 건설) 등과 같은 고대이집트문명과 접하게 된다. 이집트지역에서는 기원전 3000년경에 메네스(Menes) 왕에 의해 통일 왕국이 건설되었고, 그 후 고왕국 시대(2850~2200, BC)를 거치면서 피라미드 등과 같은 고대이집트문명을 일으켰던 것이다. 이와 같이 북방유목민족이 기원전 17,8세기를 기해 서남아시아로의 대대적 이동이 행해졌는데, 그 여파를 타고 시베리아 남부와 중앙아시아 사이에서 인구어를 사용해가던 아리안 족이 기원전 17세기경에 중앙아시아 방면으로부터 이란지역으로 들어갔고, 기원전 15~13세기경에는 그곳에서 인도서북부로 이주해 인더스 강의 상류 판자브 지역에 정주했다가 그 후 그 활동무대를 갠지스 강 유역으로 옮기게 되었다.[35] 그들은 그곳에서 기원전 3000~2500년경에 원주민 인 드라비다족에 의해 모헨조 다로, 하라파 등에서 성립되어 나왔던 인더스문명과 접하게 된다. 그들은 기원전 1500~500년 사이에 그곳에서 행한 자연체험들을 그들의 언어인 인도 - 유럽어족 의 산스크리트어로 노래해 갔다.[36] 그것이 다름 아닌 바로 그들이 그곳에서 체험한 자연을 신격화시켜 그것을 노래한 100여 편의 서정시가로 엮어진 『리그 베다』를 비롯한 베다성전문학이다.

그런데 논자가 여기에서 말하고자 하는 요지는 바로 이것이다. 『리그베다』 의 시들은 연(聯, stanza)을 단위로 해서 엮어진 것인데, 그 연들의 기본적 형식 은 그것들이 4행(4 lines)으로 이루어 졌고, 각 행(line)이 5음절(foot :시에서의 음의 조합단위, 음보)로 이루어 졌다고 하는 것이다.

여기에서 우리는 말이 유라시아대륙에서 교통과 전쟁의 수단으로 이용되기 이전에 유라시아 초원의 인간들에게 존재했었던 음계를 제1기의 음계라 말해 볼 수 있다. 그렇게 본다면 그것은 『시경』이나 『초사』의 언어와 깊게 관련되어 있는 동이족의 언어를 배경으로 해서 형성되었다고 말할 수 있다.

유라시아 초원의 동쪽에서는 그 무렵에 말을 모는 자들에 의한 유목문화가 전래되어 중국·티베트어족이 형성되었고 그들에 의해 상(商, 1766~1122, BC)이 출현했다. 또 그곳에서는 그러한 유목문화의 전래로 인해 수메르 문자의 특색을 지닌 문자 표기도 성립되어 나왔으며, 제기(祭器)를 주조하는 청동도 사용되기 시작하였다. 또 상왕조의 마지막 수도인 안양(安陽)에 있는 왕능(王陵)은 우르 제1왕조(BC 2500년경)의 분묘보다 천년이나 후에 생겼지만 우르의 왕능과 유사한 점이 있다.[37] 이러한 점을 감안해 볼 때, 말 문화의 출현을 계기로 형성된 제2기의 5음계는 유라시아 대륙 서쪽에서 형성된 인구어와 그 쪽에서 형성된, 인구어와 어순이 같은 중국어·티베트어를 배경으로 해서 형성되어 나왔던 것이다. 유라시아 대륙 양단에서의 두 어족의 출현이후, 유목문화가 일반화된 유라시아 초원지대는 인도·유럽어족의 뿌리로 고찰되는 원시산스크리트어의 사용 민족을 비롯하여 이란어, 터키어, 퉁구스어, 몽고어, 핀어 등을 사용한 민족들에 의해 지배되어 나갔다.

이에 대해 제 3기의 7음계는 페르시아 제국의 설립을 계기로 동의 오리엔트 문화와 서의 그리스 문화가 융합되는 과정에서 피타고라스학파에 의해 출현해 나와, 오리엔트, 인도, 중앙아시아, 중국 등에 전파되어 나갔다는 입장이 취해진다.

2) 7음계와 서역의 오아시스로

기원전 13세기 말과 12세기 초를 전후 해 전 오리엔트 지역은 일대 전환기를 맞이하게 된다. 그 이유는 아마도 소아시아 지역의 히타이트 왕국이 독자적으로 철기의 야금술을 개발해 3세기 간 그것을 보유해가다가 그 왕국이 쇠퇴하게 되자 철기의 야금술이 오리엔트 전 지역으로 전파되어 나가자, 메소포타미아북부에서 출현한 샘어계의 앗시리아가 재빨리 제철술을 배워 기원전 8세기 말에는 드디어 전 오리엔트를 통일해 앗시리아 제국을 건설하였다. 그러나 그러한 앗시리아 제국은 얼마가지 못하고 오리엔트지역의 동쪽에 위치해 있는 이란고원(高原)으로부터 출현한 인구어족의 페르시아(Persia)가 철제무기를 사용해 기원전 550년에 페르시아 제국을 창건했다. 다리우스왕 1세(Darius I, 521~486, BC)는 서쪽으로 진출해 오리엔트 전지역을 통합해 대제국을 통합하게 된다. 그는 기원전 492년부터 기원전 479년까지 세 차례에 걸쳐 그리스를 침범해 페르시아전쟁(492~479, BC)을 일으켰다. 그 과정에서 동서 문화의 융합이 이루어졌는데, 그러한 정치적 문화적 전환기에 고대 서구의 5음계가 7음계를 전환해 나왔던 것이다.

7음계란 현재 우리에게 서양의 음계로 알려진 '도-래-미-파-솔-라-시-도'로 구성된 음계를 말한다. 서구에서 이 음계를 최초로 만든 사람은 피타고라스(Pythagoras, 569~469년경, BC)로 알려져 있다. 그는 어느 날 대장간 옆을 지나가다가 들려오는 대장간의 망치소리들 속에서 소리들의 조화를 발견한다. 그는 그러한 발견을 계기로 그 소리들의 조화가 망치 무게들의 수적 비례와 깊게 관련되어 있다는 사실도 발견하게 된다. 그는 망치 무게들의 수적 비례를 바탕으로 일련의 일곱 음정을 규정했다. 이것이 현재의 '도-래-미-파-솔-라-시-도'라는 7음계(옥타브)의 원시적 형태이다.[38] 그것에 근거해 그때까지의 5현리라도 7현으로 전환해 나왔는데, 현재 우리에게 그것이 '피타고라스의 7현 리라'라고도 알려져 있다.[39] 피타고라스가 이 7음계를 만든 것은 그의 이집트와 메소포타미아 지방문화와의 접촉 경험을 통해서라 할 수 있다. 그는 18세였던 551년경에 그의 고향 소아시아의 사모스 섬을 떠나 이집트로 떠났다. 이집트에서 머문지 23년째가 되던 해 페르시아 군대가 이집트를 정복했다. 그는 그곳에서 포로로 잡혀 메소포타미아지역의 바빌론으로 이송되었다. 그는 그곳에서 다시 12년간이나 종교와 과학 분야의 일에 종사했다. 그러다가 56세가 되던 해 사모스 섬으로 돌아갔다. 당시 이란 지역에서 아케메네스 페르시아 제국(558~330, BC)이 건설되어 처음에는 메소포타미아 지역의 바빌로니아와 그 서쪽의 소아시아를 정복하고 그 다음에는 이집트를 정복한 다음 마지막으로 에게 해 건너편의 아테네까지 손에 넣었다. 그래서 당시 그 제국은 동방으로는 인도의 인더스 강에 이르는 대제국을 건설하였다. 제국의 황제는 홍해와 나일 강을 연결하는 국내도로 건설 사업에 힘썼다. 그는 기원전 500~499년에는 페르시아 전쟁을 일으켰다. 그는 그 전쟁에 비록 실패하기는 했지만, 그러나 그 전쟁은 동서교류에 지대한 영향을 끼쳤다. 이처럼 페르시아 제국의 건설을 계기로 인도, 이란, 메소포타미아, 이집트, 소아시아, 그리스 등의 지역은 기원 전 6세기부터 교통로가 발달해 하나의 문화권으로 통일되어 나왔던 것이다. 다시 말해서 파미르 고원에서의 오아시스로는 기원 전 6세기부터 사통팔달의 공로(公路)가 완성되어 있었다는 것이다. 그러나 파미르 고원으로부터 중국에 이르는 오아시스로는 중국인들에게는 기원 전 2세기 후반까지 미지의 상태로 남아 있었다.[40] 그러다가 투르키스탄 서쪽으로부터 중국에 이르는 길은 전한의 무제가 파견한 장건(張騫)에 의해 기원 전 126년에 확실히 인식되었던 것이다.

이러한 점들을 고려해 봤을 때, 피타고라스의 7음계가 인도지역으로 전파되어 나간 것은 거의 동시적으로 이루어졌다고 볼 수 있다. 인도음악의 이론이 최초로 언급된 책은 5세기 무렵에 바라타(Bharata)가 지은 『나티야 사스트라(Natya Sastra)』이다. 그 책에 인도 음악의 옥타브를 의미하는 삽타카(saptaka)라는 음악용어가 나오는데, 한 삽타카가 7음정(스바라)으로 이루어져 있음이 확인된다.[41] 이러한 사실은 피타고라스의 7음계가 삽시간에 인도로 퍼져나가 그 동안 5음계의 형태를 취해갔던 인도의 음악이 7음계로 전환되어나갔다는 구체적인 증거라 할 수 있다. 우리는 인도아리안 족의 종교인 브라만교의 성전 『베다(Veda)』에 쓰여 있는 언어를 베다어, 즉 산스크리트라고 말하고 있다. 그런데 엄격히 말해 산스크리트는 두 종류로 구분된다. 하나는 『리그 베다』의 경우처럼 베다의 시어들로만 이루어진 베다산스크리드어이고, 다른 하나는 기원전 5, 4세기에 문전가(文典家) 파니니(Panini)가 서북인도 지식계급의 언어를 기초로 해서 표준문장어로 확립시킨 고전산스크리트이다. 『리그 베다』가 베다산스크리트로 기록되어 있는데 반해 현재 우리가 볼 수 있는 인도의 고전들은 고전산스크리트로 기록되어 있다.[42] 전자와 후자와의 차이는 전자가 완전 화석화된 고대어인데 반해 후자는 현재 통용어로서의 위치는 획득하지 못했지만 정제된 교양어로서 인정받아가고 있다는 점이다. 그런데 여기서 논자가 강조하고자 하는 것은 우선은 베다산스크리트어로 불린 『베다』 속의 노래들이 5음계를 통해 나온 것들이라는 것이고, 다른 하나는 고전산스크리트가 확립되는 과정에서 피타고라스의 7음계가 그것의 음조직에 상당한 영향을 끼쳤다고 하는 것이다. 그 결과 『베다』가 고전산스크리트어로 기록되는 과정에서는 5음계의 베다 노래도 7음계로 불리어 기록되어 나왔던 것이다. 기원전 4세기에 확립된 고전산스크리트는 당시에 성립된 베다문헌, 구체적으로 말해 제식(祭式) 때 불리는 노래가 가사로 수록된 『사마베다(Samaved)』와 같은 베다문헌의 음조직에도 절대적 영향을 끼쳤던 것은 말할 필요도 없다. 이와 같이 피타고라스의 7음계는 페르시아제국의 건립과 페르시아전쟁 등을 계기로 당시 그리스·메소포타미아·이집트·페르시아·인도가 정치적, 문화적으로 하나로 통합되어 있었기 때문에 그토록 빨리 인도에 전파되어 인도의 음악계에 그러한 영향을 끼치게 되었던 것이다.

그러나 그것이 중국으로까지 전파해 나가기까지는 3~4세기의 기간이 요구되었다. 그 결과 그것은 한 제국이 서역과 문화교류를 행해가고 또 한무제(재위 141~87, BC)에 와서 흉노에 의해 지배되던 중앙아시아를 정벌하여, 그곳의 민족들과의 접촉을 넓혀나가는 과정에서 한 제국으로 전파되어 나왔다.[43] 그래서 그 7음계는 남북조(南北朝, 317~589)와 수·당(589~907)에 와서야 중국의 음계에 지대한 영향을 미치게 되었다. 또 중앙아시아와 접촉이 없었던 진(秦)나라 때까지만 해도 중국의 대표적 악기였던 금(琴)은 5현금이었다. 그러나 서역과의 접촉이 이루어진 한 대(BC 206~AD 220)로 들어와서 5현금도 7현금으로 바뀌게 되었던 것이다.[44] 그러한 7음계는 가요로서의 한시에도 지대한 영향을 끼쳤다. 한대 초부터 장형(張衡, 78~139)의 「사수시(四愁詩)」와 같은 본격적인 7언시가 출현하게 되었다.

중국에 불교가 전래된 것은 남방해로(南方海路)와 중앙아시아의 오아시스를 통해서였다. 꾸며낸 전설에 불과하지만 서기 64년 한의 명제(明帝)의 꿈의 결과로 중국에 불교가 전파되었다고 하는데, 이미 그때는 양자강 하류지역에 위치한 황제의 형 초왕(楚王)의 궁정에는 불교도들의 한 집단이 있었다고 한다.[45] 중국에서 불교 번역이 행해진 것은 2세기 후반 경 안세고(安世高)라고 하는 파르티아의 한 왕자로부터 출발되어 4세기 말 중앙아시아로부터 중국의 원정대에 의해 중국에 잡혀온 구마라습(鳩摩羅什), 399년에 중앙아시아를 거쳐 인도에 들어가 414년에 해로를 통해 남경으로 귀국한 법현(法顯) 등으로 이어졌다.

이와 같이 인도의 불경이 번역되어 나오는 과정에서 중국에서는 심약(沈約, 441~513)의 『사성보(四聲譜)』 등을 통해 중국어의 성조(聲調)인 사성의 체계가 성립되어 나왔다. 그것을 계기로 한시는 율시의 형태를 취하게 된다.

이상과 같이 고찰해 볼 때, 한시의 내용과 형식은 피지배자와 지배자간의 정치적 역학관계가 창출해낸 민요의 가사(歌詞)를 바탕으로 해서 성립되어 인도로부터 전래된 불경이 번역되고 그 교리가 전파되는 과정에서 발전되어 나온 것이라 할 수 있다. 따라서 그것의 기본적 내용은 피지배자가 지배자에 대해, 지배자가 피지배자에게 대해 간접 직접적으로 전달하고자 하는 내용을 기조로 한 것들이다. 이 경우 피지배자란 황제와 같은 정치적 권력을 장악하고 있는 자들에게 정치적 지배를 당해가는 일반서민들이거나, 혹은 천제나 천(天) 혹은 신(神)이나 자연에 자신들의 운명을 맡기고 살아가는 인간들을 가리킨다.

한시의 기본적 형식은 그러한 내용을 표현해내는 표현형식을 가리키는 것으로, 구체적으로 말하면 한시를 구성하는 3·4언, 5언, 7언 등의 글자(言)의 수, 4행(行)의 구(句), 각운 등과 같은 음률을 특징으로 한다. 한시의 이러한 특징은 한시의 사상적 배경, 동서 문화 교류 등을 통해 형성되어 나온 것이라 할 수 있다. 이상과 같이 고찰해 볼 때 한시의 사상적 배경은, 정치사상, 음악사상, 우주와의 조화사상 등으로 정리될 수 있다. 동서 문화의 교류란 다음과 같이 3단계를 통해 행해져 나왔다.

첫째는 중국의 황하지역의 문화가 인도, 오리엔트지역, 유럽지역 등으로부터의 문화적 영향이 미미했던 은(殷, 1766~1122, BC)성립 이전의 시기이다. 동북아시아에는 고 아시아 어라고도 불리는 에벤키어가 사용되었던 시기였다.[46] 둘째는 유라시아 서쪽에서 인구어의 성립을 계기로 새롭게 형성되어 나온 오리엔트지역문명이 북방의 스텝로를 통해 황하지역으로 들어오는 시기, 셋째는 철기문화의 전파과정에서 형성되어 나온 인도의 불교문화와 고대유럽 문명이 중앙아시아의 오아시스를 통해 황하지역으로 들어오는 시기의 단계들로 고찰된다. 제1기는 3 · 4언시가, 제2기는 5음계에 의거한 5언시가, 제3기는 7음계에 의거한 7언시와 율시가 형성되어 나왔던 것이다. 제1기의 3 · 4언시는 한국어의 모태라 할 수 있는 에벤키어의 3음절에 의거해 형성되었을 것으로 파악된다.

이에 대해 제 3기의 7음계는 페르시아 제국의 설립을 계기로 동의 오리엔트 문화와 서의 그리스 문화가 융합되는 과정에서 피타고라스학파에 의해 출현해 나와, 오리엔트, 인도, 중앙아시아, 중국 등에 전파되어 나갔다는 입장이 취해 진다.

3. 피타고라스의 협화음과 한시의 사상적 기저

1) 한시의 정치성과 음악사상

서민들은 노래의 형태를 빌려 자신들의 운명을 지배해가는 황제와 같은 치정자들이나 혹은 인간사회를 지배해 간다고 생각했던 천제(天帝)나 천신(天神)에 대해 자신들의 원망이나 감정을 표현했다. 치정자들은 자신들에 대한 백성들의 원망의 목소리가 무엇인지를 알아보기 위해 각 지방의 서민들의 노래의 가사들과 음률을 채집했다.

악부는 채집된 노래 중에서 백성들에게 널리 퍼트릴 가치가 있다고 생각되는 것이 있다든가 혹은 개작해 퍼트릴 필요가 있다고 생각되는 것들이 있으면, 그러한 것들을 골라내 개작해서 백성들에게 퍼트려 갔다. 중국 한대(漢代)의 시가는 이러한 과정을 통해 형성되어 나왔던 악부(樂府)의 가사로부터 출현했다. 이러한 점을 감안해 볼 때, 우선 무엇보다도 우리는 한시가 정치성을 기반으로 해서 성립되어 나왔다는 점에 주목하지 않을 수 없는 것이다.

한시의 성립기반으로서의 이와 같은 정치성은 한시가 노래 가사의 단계를 벗어나 읊어지고 쓰이는 단계에 와서도 결코 훼손되지 않았다. 피지배자로서의 시인은 자신들의 정치적 지배자나 혹은 인간으로서의 자신의 운명을 좌우해가는 천제나 천신에 대해 자신의 정치적 소신이나 인간적 감정을 직접적 혹은 비유적으로 읊어갔던 것이다.

그런데 한시의 그러한 사상적 기반으로의 정치성은 당시의 음악사상에 의거해 형성되어 나왔다고 말할 수 있다. 한시가 노래의 가사로부터 성립되어 나왔다고 하는 사실이 말해 주고 있듯이, 그 표현형식의 사상적 기반 또한 음악적 본질에 기초해 있다는 것이다.

중국의 전통적 정치사상은 음악사상을 기초로 해서 성립된 것으로 고찰된다. 그렇다면, 중국에서의 음악사상은 과연 무엇을 기반으로 해서 형성되어 나온 것인가? 관자(管子)는 "군주가 명령을 내리는 것은 오음(五音, 궁상각치우)을 조절하는 것과도 같다(左操五音)"고 했다.[47] 또 그는 "옛날에 황제(黃帝)는 성기(聲氣)의 완급(緩急)으로 궁상각치우의 오성(五聲)을 창시하여 오종(五鐘, 악기명)을 바로 잡았고, 또 오성의 조화가 형성됨에 따라 그것에 근거해 오행(五行; 木火土金水)을 창시했다"고 했다.[48]중국의 민족 신화에서의 황제(黃帝)란 나라를 세운 최초의 정치적 지도자이다. 관자에 의하면 중국의 음악을 이루는 5성이 바로 그에 의해 창시되었다는 것이다. 또 그가 그 5성간의 조화를 기초로 해서 대자연을 이루는 기본원소를 창시했다는 것이다. 그 후 관자의 후계자들은 그의 그러한 사상을 이어받아 5성의 조화를 군신민사물(君臣民事物), 중서동남북(中西東南北), 황백청적흑(黃白靑赤黑) 등의 경우처럼 정치, 방향, 색깔, 인간의 운명 등에까지 확장해 적용시켜 나갔던 것이다.

『여씨춘추』에는 음악은 우선 일차적으로 인간의 마음(度量)에서 유래하고 그 본원은 하늘과 땅을 만들고 음과 양을 만드는 만물의 근원(太一)으로부터 찾을 수 있다고 기록되어 있다.[49] 또 그것에는 "소리는 화(和)에서 나오고,

화는 적(適)에서 나온다. 화적, 이것으로 말미암아 옛 성왕(聖王)들이 음악을 만들었던 것이다"[50], "무릇 음악은 천지자연이 만들어낸 조화(調和)인 동시에 음과 양의 기운의 조화인 것이다.", "하늘이 인간을 만들어 냈듯이, 음악도 하늘이 만들어 냈다"등과 같은 말들이 기록되어 있다.

또『여씨춘추』에는 "옛날의 성왕들이 음악을 중시한 것은 음악이 사람의 마음을 즐겁게 해주기 때문이었다"고 말하고 있다. 그런데 "하(夏)나라의 걸왕(桀王)이나 은(殷)나라의 주왕(紂王)은 대규모의 악단(樂團)을 만들어서 타악기·관악기·현악기 등의 수를 늘이고, 큰 것을 아름답다고 하여 수의 많음을 장관(壯觀)이라 하고, 기이한 것을 눈에 새롭다하고, 귀로 아직 들은 일이 없는 것, 눈으로 아직 본 일이 없는 것만을 오로지 추구하면서 음악의 법칙을 무시하였다"라는 말도 적혀있다.[51]

2) 한시에 내재된 음악사상의 기저와 조화사상

이상과 같이 관자와 여불위의 음악에 대한 기본적 입장은, 음악에는 법칙이 있고 그 법칙은 만물의 근원을 기반으로 하는 음들의 조화를 기초로 하고 있다는 것을 말해주고 있다. 이상과 같이 고찰해 볼 때 한시에 내재된 음악사상의 기저는 조화사상이라 할 수 있다. 그렇다면 중국에서 그러한 음악사상에 내재된 조화사상은 어떻게 형성되어 나왔는가?

관자(管子, 725~645, BC)는 공자(孔子, 551~479, BC)나 노자(老子)보다도 170여 년 전 시대의 사람이다. 중국의 고대문헌들을 고찰해 보면, 그와 그의 학문적 후계자들이 가장 일찍 음악에 대한 체계적 논의를 일으켰던 것으로 파악되고 있다. 그는『관자』제58편에서 궁상각치우의 5음의 특징과 그것들의 음률적 조화법칙을 논하고 있다. 그는 5음의 음률적 조화를 다음과 같이 수적으로 기술하고 있다.

무릇 장차 오음의 풍조(風調)를 일으키려면 먼저 한 중심줄(絃)을 정하여 그것을 3등분한다. 그것을 4번 펼쳐나가면 81을 맞게 된다. 81을 3등분하여 얻은 27에 81을 더하면 108이 되니, 치(徵)가 된다. 다시 108을 3등분하고 108의 $\frac{1}{3}$을 빼면 72가 된다. 여기에서 상(商)이 생긴다. 다시 그 수 (72)를 3등분 해 얻은 24에 원래 수(72)를 더하면 96인 우(羽)가 된다. 다시 96을 3등분하고 그것의 $\frac{1}{3}$을 빼면 64가 되니, 여기서 각(角)이 생성된다.

5음인 궁상각치우(宮商角徵羽)의 음률은 이상과 같이 관자에 의해 삼분손익법(三分損益法)의 법칙에 의거해 만들어졌다. 그런데 삼분손익법에 의한 5음의 음률은 『여씨춘추』에 와서 12율려(律呂)로 발전되어 나왔다. 그런데 12율려도 삼분손익법에 의거해 만들어진 것인데,『여씨춘추』에 의하면, 앞에서도 고찰한 바와 같이 「12율려」가 황제(黃帝)때에 그의 신하 영륜(伶倫)에 의해 제작된 것으로 되어 있으나 그것의 유래는 중국의 서북지역정도로 추측될 뿐이다. 이 5음의 음률을 만드는 삼분손익법이 언제 누구에 의해 만들어졌는지는 불분명하다.

중국의 서북지역은 실크로드의 스텝 로 관문으로 그 길을 따라나서면 우리는 고대 메소포타미아와 이집트문명이 꽃 피었던 오리엔트 지역에 도달하게 된다. 이렇게 볼 때, 이 삼분손익법은 춘추시대 이전에 그 쪽 지역으로부터 유래된 것으로 일단 상정해 볼 수 있다. 물론 그것이 관자(725~645, BC)의 시대 이전, 예컨대 상대(商代, 1766~1122, BC)나 서주대(西周代, 1122~770, BC)에 중국의 황하지역에서 창출된 것으로도 추정해 볼 수 있다. 그러나 이러한 추정은 고대 그리스의 피타고라스(Pythagoras, 569~469, BC)도 삼분손익법의 원리에 입각해 피타고라스 7음계가 만들어 졌다는 문제와 부딪히게 된다.

피타고라스는 관자보다 150여 년 늦게 태어난 자였다. 따라서 관자가 피타고라스의 영향을 받았을 리는 결코 없다. 단, 만약에 『관자』에 소개된 삼분손익법에 관한 부분이 그의 후계자들에 의해 전국시대(403~221, BC)에서 서한시대(BC 206~AD 25) 사이에 쓰이어 『관자』에 첨가된 것이라고 한다면, 그의 삼분손익법은 관자의 후계자들이 피타고라스의 조율법으로부터의 영향 하에서 행해진 것이라는 추측은 가능할 것이다. 그러나 우리는 그러한 추측보다도 관자의 삼분손익법이 춘추시대 이전에 메소포타미아지역 등으로부터 스텝을 통해 중국의 서북지방으로 들어와 관자에게 알려지게 되었다든가, 아니면 관자시대나 혹은 그 이전에 중국으로부터 스텝 로를 통해 메소포타미아지역으로 전파되어 그리스로 들어갔다든가, 또는 그것이 관자시대 이전에 메소포타미아지역이나 이집트지역으로부터 창출되어 스텝 로를 통해 황하지역으로 전파되어 나갔듯이 피타고라스시대에 그리스로 전파되어 나갔다고 추측해 보는 것이 더 합당하다고 생각된다.

피타고라스 자신은 저술을 남기지 않았다. 단지 그의 이론이 플라톤(428~348, BC)의 『티마이오스』, 니코마쿠스(1세기 후반~2세기 초반)의 『하모니론 입문서』, 보에티우스(480~524년경) 등을 통해 전해지고 있다. 피타고라스의 조율은 BC 4세기경의 피타고라스학파와 AD 3세기경의 신플라톤학파 등에 의해 쓰인 그의 전기(傳記)를 통해 알려지고 있다. 예컨대 신플라톤주의 철학자 이암블리코스(Iamblichos, 250~325)의 『피타고라스학파의 생활에 대해』가 그의 조율 이론 등이 소개된 대표적 문헌이라 할 수 있다.

이암블리코스의 『피타고라스학파의 생활에 대하여』, 『보에티우스의 음악의 기초』 등에는 피타고라스의 조율에 관한 다음과 같은 일화가 소개 되어있다.[52]

> 피타고라스는 오랫동안 음악의 협화 음정을 결정하는 합리적 기준을 찾기 위하여 노력해 왔다. 그러던 어느 날 신의 안내를 받아 그는 대장간 옆을 지나가게 되었다. 대장간에서 음악적 조화의 소리가 흘러나오고 있었다. 그는 놀라서 그곳에 다가갔다. 서로 협화를 이루는 고음들이 망치에서 난다는 생각이 들었기 때문이다. 그는 망치의 무게를 점검해 보고 그것들이 6,8,9,12 파운드의 4종류로 되어 있다는 것을 알게 되었다. 그는 그곳에서 직접 두드려 본 결과, 6과 12파운드짜리의 음고들이 가장 잘 일치해 아름답게 들렸고, 6과 9파운드짜리의 것들과 8과 12 파운드짜리의 것들은 그 다음으로, 6과 8파운드짜리와 9와 12파운드짜리의 것들이 그 다음다음으로 잘 어울리는 것들로 들렸던 것이다.

그는 집으로 돌아가 끈들에 그 무게들의 망치들을 달아 끈들을 튕겨 그 소리들을 들어보는 등 여러 실험을 행해 보았다. 그 결과 그는 6과 12가 7도, 6과 9 그리고 8과 12가 5도이고, 6과 8 그리고 9와 12가 4도의 음정이라는 것을 밝혀냈고, 또 그러한 협화음들은 음고가 1:2(6:12), 2:3(6:9와 8과 12), 3:4(6:8과 9:12)일 때 이루어진다는 것을 알게 되었다. 그는 그러한 지식을 기초로 해서 피타고라스의 7음계를 만들어 냈다는 것이다.

이상과 같이 고찰해 볼 때 피타고라스 7음계의 출현은 피타고라스의 음악에 대한 남다른 관심의 결과로 이루어졌다고 말할 수 있다. 그렇다면, 그의 음악에 대한 그러한 관심은 도대체 어디로부터 나온 것인가? 그는 '음악이란 하르모니아(harmonia), 즉 조화(harmonia)를 표현한 것'이라 생각했다. '하르모니아'라는 말은 그리스어로 음악에서의 음계(音階)를 가리키는 말이기도 하고, 철학적 측면에서는 형이상학적 일치, '혼돈과 불일치에 질서를 가져다주는 신적인 원리' 등을 의미하기도 한다.

이처럼 음악에서의 조화란 우선 일차적으로 음들의 조화를 의미하고, 철학적 측면에서의 조화는 현세의 질서와 형이상학적 세계의 질서와의 일치를 의미한다. 그런데 논자가 여기에서 말하고자 하는 것은 바로 이것이다. 즉, 피타고라스의 음악에 대한 관심은 음악에서의 음들 간의 조화가 형이상학적 세계에 존재하는 천체들 간의 조화를 바탕으로 하고 있다는 사상에서부터 출발하였다고 하는 것이다. 피타고라스는 그러한 음악을 통해 다른 사람들의 마음을 움직일 수 있다고 생각했다. 그의 그러한 사상은 음악의 화음들이란 형이상학적 세계에 존재하는 천체들이 서로간의 조화관계를 유지해 나가는 과정에서 발한 음들을 기저로 한 것 들이라는 사상에 기초해 있다.

이렇게 생각해 볼 때, 음악에서의 음계를 의미하는 '하르모니아'란 천체들이 조화를 유지해 가는 과정에서 발한 '우주의 음악'이라 말할 수 있는 것으로서 그것이야말로 피타고라스사상의 핵심을 이루는 것이라 할 수 있다. 그는 그러한 "음악을 이해함으로써 예술과 기술과 인간의 행동 안에 담겨진 신성(神性)을 인식할 수 있다"는 입장을 취했던 것이다.[53]

그는 인간이 우주의 조화와 신성에 도달 할 수 있다는 방법을 숫자를 통해 가능하다고 생각했다. 그는 1:2, 2:3, 3:4등과 같은 협화음들의 비율들을 이루는 숫자들인 '1·2·3·4', 즉 4를 의미하는 테트라드(tetrad)를 '완성'의 의미로 파악했다. 그는 "우주의 만물은 하나에서 넷으로 진행해가는 과정에서 완성되고"[54] 또 넷은 "1+2+3+4=10의 진행을 완성시켜 테트라크티스를 만드는데, 그 "테트라크티스란 인간 프시케(정신, psyche)의 상징이며 코스모스를 숫자적으로 형상화한 것"이라 생각했다. 또, 그는 현상계를 구성하는 4계절, 물·불·흙·공기의 4원소, 4개의 주요음정 등이 테트라드의 구체적 실례들이라는 입장을 취했다. 우주를 처음으로 코스모라고 부른 사람은 피타고라스였는데, 코스모의 그리스어원은 '질서'(order)를 의미한다. 그런데, 그는 인간을 소우주(小宇宙)라 했다. 그는 "우주가 신들과 4원소들과 동식물들을 담고 있듯이 인간도 신의 힘인 이성을 갖고 있다"고 생각했다.

그렇다면 피타고라스의 이러한 우주관은 과연 어디로부터 온 것이었을까? 우리는 여기에서 다시 원점으로 되돌아가서 피타고라스의 대장간 일화 속의 6·8·9·12의 순열(順列)에 관해 다시 한 번 생각해 보자. 우리가 그것을 9배로 확대시켜 고찰해 보면, 그것이 54·72·81·108이 되는데, 이 순열이야말로 관자의 삼분손익법에 의해 만들어진 것이라는 사실이 판명된다. 논자가 여기에서 말하고자 하는 것이 54로 시작되는 바로 이 순열이『관자』에서 삼분손익법이 설명될 때 나온 바로 그 순열임과 동시에 또, 그것이 관자의 삼분손익법에 의해 만들어진 것이라고 하는 것이다.[55] 이러한 점을 감안해 볼 때, 피타고라스의 음악관이 관자의 그것과 깊게 관련되어 있다는 입장이 취해진다.

피타고라스의 그러한 사상은 그가 젊은 시절 이집트에서의 23년간과 메소포타미아지역의 바빌론에서의 12년간의 수학을 통해 형성시킨 것이었다. 그의 그러한 폭넓은 세계 체험은 페르시아가 이집트를 포함한 오리엔트의 전지역을 완전히 통일했던 시기에 그가 생존했었기 때문에 가능했었다. 그는 그러한 장기간의 수학(修學)을 통해 숫자(number), 조화(harmony), 운율(rhythm)

을 비롯한 수학과 과학에 관한 지식을 최고의 경지로 끌어올렸던 것이다. 그래서 그는 과학의 기초를 이루는 수학을 가지고 현상들을 인식한다는 입장을 확립시킨 "인류 최초의 지식인간"으로 평가되어지게 되었다. [56]그러한 점에서는 관자도 고대 중국에서 삼분손익법을 통해 음율을 논하는 등 수적 경험을 이용해 자연현상을 파악하려했다는 점에서 고대 중국에서의 최초의 지식인으로 평가될 수 있다. 이렇게 봤을 때, 피타고라스의 그러한 지식들은 그의 젊은 시절의 수학지였던 이집트와 메소포타미아 등의 고대 오리엔트문명으로부터 취해졌음을 알 수 있다.

고대 그리스 인들은 만물을 이루는 것들을 물·불·토·공기라고 하는 4원소들로 파악했었고, 고대 중국인들은 그 4요소들로부터 공기를 빼고 금(金)과 나무(木)를 첨가시켜 5행(五行)으로 파악했다.[57] 그들의 그러한 사고들은 아마도 메소포타미아 지역을 발원지로 하든가, 아니면 고대 그리스인의 4요소설이 메소포타미아지역을 통해 중국에 전래되어 결국 그곳에서 5행설이 형성되어 나왔을 가능성이 있는 것으로 고찰된다. 그렇지 않으면 중국에서 상대나 서주대에 나온 5행이 스텝 로를 통해 오리엔트 지역으로 전파되어 그리스 지역까지 전파되어 나갔을 가능성을 배제할 수 없다. 중국에서의 5행설은 추연(鄒衍)과 추석(鄒奭)에 의해 BC 4세기에 이루어져 진나라 때『여씨춘추』가 쓰여질 당시에는 음양오행설로 발전되어 나왔던 것으로 파악되고 있다.[58]

3) 피타고라스의 협화음과 한시의 절구(絶句)

피타고라스에 의해 파악된 협화음은 7도, 5도, 4도의 3종이다. 그런데 논자가 여기에서 말하고자 하는 것은 이러한 협화음들이 6·8·9·12파운드라고 하는 4종류의 무게들의 조화로 이루어졌다고 하는 것이다.

그렇다면 피타고라스에게서의 6·8·9·12파운드짜리들이라고 하는 망치들의 무게들이란 과연 무엇인가? 피타고라스에게서의 그것들은 망치의 무게들에 대한 자신들의 느낌들을 숫자로 표현한 것들에 불과하다. 이렇게 봤을 때, 인간에게서의 수(數)란 어떤 것들에 대한 자신들의 경험의 횟수를 나타내는 숫자라 할 수 있다. 따라서 1이라고 하는 수는 인간이 어떤 것에 하나의 경험 횟수라 말할 수 있다. 이렇게 봤을 때 피타고라스는 어떤 물체의 무게나 혹은 음에 대한 4종류의 체험들을 가지고 그것들 사이에 존재하는 조화관계를 찾는다는 입장을 취했었다고 말할 수 있다. 그 결과 그는 그들 속에서 3종류의 조화관계를 파악해 냈다. 그렇다면 그가 찾아낸 7도, 5도, 4도라고 하는 협화음정의 본질은 무엇인가?

피타고라스는 그러한 협화 음정들이 음들의 세계 속에 실체들로 존재해 있는 것으로 생각했었다. 그러나 실상은 결코 그렇지 않다. 그러한 협화음 또한 인간들의 체험들로 이루어진 세계 속에 존재해 있는 것들에 불과한 것이다. 그것은 인간에게 가장 많이 경험된다든가, 가장 편안할 때 경험된다든가, 혹은 가장 불안할 때 경험되는 음고나 음정에 의해 결정되는 것이다.

그런데 여기에서 끝으로 짚어보고자 하는 것은 그가 음에 대한 인간의 4종류의 체험들을 가지고 음들의 조화관계를 추구해 갔다고 하는 것인데, 그의 그러한 입장이 앞에서 언급한 5음계와 얽혀 일반화되어 나갔다고 하는 것이다. 그렇다면 그의 그러한 입장이 어떻게 형성되어 나왔던 것인가?

그것은 두 말할 나위 없이 피타고라스 이전의 고대 그리스인의 세계체험방식으로부터 취해진 것이다. 피타고라스 연구자들은 그의 출생을 BC 569년으로 보고 있다. 그런데, 예컨대 솔론(solon)이 집정관, 즉 아르콘(archon)으로 선출되어 사회적 개혁을 단행한 것은 BC 594년이었다. 그는 당시 시민들을 재산의 소유여부에 따라 귀족, 기사, 농민, 노동자의 '4계층'으로 규정하였다. 또 그는 각 부족으로부터 100여 명씩 골라 '400인회'를 만들어 민회(民會)에 제출할 안건을 마련토록 하였다. 피타고라스의 스승 탈레스(Thales)가 만물의 근원을 '물'(水)이라고 제시한 이래 '공기' '불' 등과 같이 다양한 의견들이 제시되었고, 또 소크라테스(469~399, BC)와 동시대인 데모크리투스에 의해 원자론(原子論, atom)이 제시되어 결국 그 때 이후 '4원소론'(불, 물, 흙, 공기)이 일반화되어 나왔던 것이다.

이러한 점들을 고려해 볼 때, 우리는 피타고라스 이전의 그리스인들에게 4단계를 통한 세계체험방식이 이미 형성되어 있었던 것으로 판단된다. 그렇다고 한다면, 피타고라스의 음에 대한 4단계의 체험방식은 피타고라스 당시의 그리스인의 세계체험방식으로부터 취해진 것임에 틀림없다. 그렇다면 당시의 그리스인들의 그러한 4단계를 통한 세계 체험 방식은 어디로부터 유래된 것인가? 그리스인들의 그러한 세계 체험 방식은 피타고라스 시대에 그리스 지역과 문화적 교류가 활발히 진행되고 있던 이집트, 메소포타미아, 인더스 지역 등의 인간들로부터도 발견될 수 있었던 것이었다.

우선 일천여 년간의 긴 세월을 통해 성립된,『리그베다』를 비롯한 베다 시들은 4행(4行)을 기본으로 하고 있다. 또 불교의 근본교리 중에는 4체(四諦)라는 것이 있다. 이것은 피타고라스보다 3년 늦게 인도에서 태어난 석가모니(566~486, BC)가 40여 년 이상의 전도(傳道)여행의 총결산으로 인생의 존재양태를 정리해 낸 것으로 이야기 되고 있다. '4체(四諦)'란 '4개의 진리'라는 말로서 '고집멸도(苦集滅道)'로 표현된다. 이렇게 봤을 때 석가모지시대의 인도인들에게도 4단계를 통한 삶과 세계인식방식이 존재해 있었다는 것을 알 수 있다.

그런데 4체의 고체(苦諦)란 인생의 일체를 생(生)·노(老)·병(病)·사(死)와 같은 고통들로 이루어져 있다고 하는 진리를 의미한다. 집체(集諦)란 그러한 고통의 원인이 어떤 것들에 대한 욕망이나 집착에 기인된다는 진리를 의미한다. 멸체(滅諦)란 인간이 욕망이나 집착을 버릴 때만이 고통들로부터 벗어나게 된다는 진리를 의미한다. 도체(道諦)란 인간이 어떤 욕망이나 집착을 버리려면 8정도(八正道)를 실천해 나가야 한다는 진리를 의미한다. 이렇게 볼 때, 4체란 인생의 존재양태를 현상(現象), 현상의 원인, 원인의 제거방법, 그것의 실천방법의 제시라고 하는 4단계를 통해 파악했다는 입장임을 알 수 있다.

대반열반경(大般涅槃經)에는 유명한 4구(句)인「설산게(雪山揭)」의「제행무상(諸行無常)」이라는 글귀가 있다. 그런데 그 글귀에 이어, 시생멸법(是生滅法), 생멸멸이(生滅滅已), 적멸위락(寂滅爲樂)이라고 하는 세 문구가 나온다. 제행무상(諸行無常)이란 모든 현상들이란 변하지 않는 것이 없다는 뜻이고, 시생멸법(是生滅法)이란 바로 이 생멸(살고 죽는 일)이야말로 대자연의 법칙이라는 뜻이다. 생멸멸이(生滅滅已)란 결국 생멸 그 자체까지도 멸하게 된다는 뜻이고, 적멸위락(寂滅爲樂)이란 적멸, 즉 죽음 그 자체가 즐거움이 된다는 뜻이다.

이 「설산게」는 인간이 처해있는 세상의 존재양상을 4단계를 통해 인식해 낸 것으로 논자가 이것을 통해 논하고자 하는 것은 4단계를 통해 인간의 삶과 세계가 인식된 인도의 이와 같은 불경들이 중국에 전래되어 중국어로 번역되는 과정에서 중국의 절구라고 하는 한시 형태가 형성되어 나왔다고 하는 것이다. 이와 같이 불경의 시구들은 인간의 삶과 세계를 4단계를 통한 접근을 통해 그것들의 문제를 해결해 간다는 입장에서 구축된 것들이었다. 이러한 점들을 감안해 볼 때, 절구는 중국에서의 불경 번역이 성행했던 시기에 형성되어 나온 것이고, 또 그것은 기승전결(起承轉結)이라고 하는 4구로 형성되었다고 하는 것이다.

그런데 논자가 여기에서 말하고자 하는 것은 4행으로 이루어진 베다시의 번역과정에서라든가, 혹은 4체와 같은 그러한 형태도, 즉 4차례에 걸친 생에 대한 단계적 인식에 기초해 형성된 불경의 4구들로부터의 영향 하에서 형성되어 나온 것이라는 입장이 취해진다는 것이다. 보다 구체적으로 말해, 절구의 4구가 이루는 기승전결의 과정은 베다시의 4행이나 혹은 4체(四諦)가 행해지는 과정에 기초해 형성됐다고 하는 것이다.

이상과 같이 한시의 기본형식의 유래와 그 사상적 기저를 고찰해 볼 때, 그 결과는 다음과 같이 정리될 수 있다. 우선 한시의 기본형식은 5언 4구를 기본으로 해 형성되어 나와 7언 4구로 발전되어 나왔다. 그 기본형식을 구성하는 5언과 7언의 형식은 그 한시가 읊어지고 쓰이었던 시대에 사용됐던 음악의 음계에 기초해 이루어졌다. 5언의 형식은 유라시아 대륙에서의 말 전차(馬戰車)의 출현을 계기로 성립된 서아시아지역에서의 인구어와 동아시아에서의 중국·티베트어를 사용하게 된 인간들에 의해 이루어진 음계를 통해 이루어졌다. 그것은 아시아의 동서쪽에서 그 두 언어가 형성되어 나오기 이전에 아시아대륙에 널리 퍼져 있던 알타이어족의 음운체계에도 영향을 끼쳤다. 7언의 경우는 서아시아 지역으로부터 철기의 야금술이 유럽, 메소포타미아, 인도, 동아시아 지역 등으로 일반화되어 나가는 과정에서 형성된 7음계를 통해 형성되어 나왔다.

4구의 경우는 기원전 5, 4세기에 인구어인 산스크리트어로 기록된 베다성전의 4행의 시가들이 기초가 되어 이루어졌다. 이 경우 4행의 유래는 인구어와 중국·티베트어가 유라시아대륙에 출현하기 이전, 그러니까 기원전 20세기 이전에 유리시아대륙의 4대문명들을 일으킨 고대인들의 수적 관념에 의거한 것이라 할 수 있다.

한시의 사상적 기저는 피지배중심의 정치적 사상, 조화사상을 기초로 한 음악사상, 해탈을 핵심으로 하는 불교사상, 경험중심의 과학사상, 인간중심 사상 등이 내재되어 있음을 알 수 있다. 한시의 기본적 표현형식과 내용은 이상과 같은 사상들을 기초로 해서 성립되어 나왔고, 또 그러한 사상들과의 관계를 통해 발전해 나왔다고 말할 수 있는 것이다.

피지배자 중심의 정치적 사상이란 정치적 지배자가 자기중심의 정치를 행해가려는 입장이 아니라 피지배자를 중심으로 그것을 행해가려는 입장을 말한다. 정치적 지배자가 피지배자의 소리에 귀를 기울여 그들의 고통과 바람이 무엇인가를 파악해보려는 입장이 성립됨으로써 비로소 한시가 탄생하게 되었던 것이다. 일반시민들이 그들의 어떤 고통과 원망을 표현해도 작가가 정치적 감각을 가지고 그들의 그러한 표현에 귀를 기울이지 않으면 쓸 만한 문학작품들은 결코 탄생되지 않는다는 것이다. 우리시대의 작가들은 이러한 사실을 다시 한 번 재고해 볼 필요가 있는 것이다.

조화사상을 기초로 하는 음악사상이란 말은 인간과 천(天)과의 조화사상을 기초로 해서 성립된 사상이라는 뜻인데, 앞에서 언급한 피지배자 중심의 정치사상이란 바로 그러한 조화를 본질로 하는 음악사상을 기초로 하는 사상이라는 것이다. 한시의 표현형식은 바로 그러한 음악사상이 창출해낸 표현형식의 영향 하에서 성립 전개되어 나왔던 것이다.

해탈을 핵심으로 한 불교사상이란 욕망으로부터의 해탈이라고 하는 사상을 기초로 해서 확립된 사상이라는 말이다. 해탈이란 인간에게 고통을 안겨주는 것으로부터 해방을 의미하는 말이다. 여기에서 가장 문제가 되는 것은 해탈의 방법이다. 불교사상이 인간에게 제시하는 해탈방법은 4체를 통한 방법이다. 4체란 인간이 집착하고 있는 것을 4단계의 자각에 의한 체념을 통해 포기해가는 방법이다. 바로 이 4체가 한시의 기본적 표현형식인 4구로 이루어진 절구의 표현형식과 내용에 커다란 영향을 끼쳤다는 것이다.

경험중심의 과학사상이란 경험에 기초해 형성된 사상이라는 말이다. 음악사상의 토대를 이루는 조화사상이란 음들의 조화를 기초로 해서 성립된 사상인데, 관자를 비롯한 중국인들의 경우는 음들의 조화란 인간들의 음들에 대한 체험에 근거해 정해진 것이라는 입장을 취했다는 것이다. 이에 대해 피타고라스의 경우는 음들의 조화는 음들에 대한 인간의 경험들과는 관계없이 천체들의 조화가 이루어지는 과정에서 나온 음들에 의거한 것들이라는 입장을 취했다. 그는 수(數)란 자연에 대한 인간의 경험으로부터 나온 것이 아니라 신이 인간에 부여한 것이라는 입장을 취했다. 이에 대해 관자를 비롯한 중국인들은 수를 인간의 경험에 의해 창출된 상징적 표현의 수단으로 파악함으로써 인간 중심의 세계관을 성립시켜 나왔던 것이다. 이렇게 볼 때 한시는 인간적 한계성 의 자각으로부터 출발된 우주론적 세계관에 기초해 성립된 문학이 아니라, 신이나 혹은 정치적 권력에 대해 피지배적 위치에 있는 인간의 입장에서 파악 한 인간중심의 세계관에 기초해 성립되어 나온 문학이라 할 수 있다.

이와 같은 측면에서 고찰해 볼 때, 한국의 3행 (각7·7언)의 시조, 일본의 2행(5·7·5와 7·7)이 어떻게 형성되어 나왔는지에 관한 고찰이 가능해진다.

우리는 근대이전 최고의 문학 장르였던 한시의 형식과 내용사의 형성경위 에 대한 이상과 같은 고찰을 통해 문학이 얼마만큼이나 깊이 정치와 종교에 관련되어 있는 가에 대한 이해가 가능해진다.

제 2 장
동아시아 근대와 고대문학의 기반 고찰

왜 이 시점에서 고대 동아시아 문학의 기반을 고찰해야 하는가?

근대 이후 한·중·일 세 나라의 국민들의 동아시아에 대한 관심은 근대서
구의 열강들의 동아시아진출과 그것에 대한 동아시아 각국들의 대응과정에서
형성되어 나왔다. 그것은 언어가 다른 민족들로 이루어진 독립된 동아시아의
국가들이 근대서구제국주의국가들의 동아시아 진출에 직면해 각자의 생존전
략을 모색해가는 과정에서 형성되어 나왔던 것이었다.

이 경우 동아시아 각 국민들의 동아시아에 대한 관심은 두 가지 특징을
지닌 것이었다. 우선 하나는 그들의 관심대상인 동아시아가 지역공동체적 성
격을 띤 것이었음에도 불구하고 각국들의 동아시아에 대한 관심이 자국·자민
족·자국문화를 주축으로 한 것이었다고 하는 것이다. 다른 하나는 그들의
그러한 관심이 동아시아를 하나의 동일문화권으로 인식함으로써 형성되어 나
온 것이었다는 것이다. 동아시아의 각 국민들이 근대화의 과정에서 자국차원
의 민족주의를 강조해가면서도 다른 한편으로는 특히 일본의 경우처럼 동아시
아가 하나의 동일문화권이라는 사실을 강조해 갔었다고 하는 것이다. 일본의
경우 그것이 행동화 되어 나오게 되었던 것은 1900년대 초의 러일전쟁 등을
기해서였던 것으로 고찰된다. 예컨대 동아시아 역사에서의 러일전쟁은 근대내
셔널리즘의 조류를 타고 서방의 범슬라브주의(PanSlavism)·범게르마니즘
(PanGermanism) 등에 대항해 형성되어나 온 범아시아주의(PanAsianism)을 사
상적 기반으로 해서 야기된 동서간의 첫 충돌로 기록될 수 있는 세계사적
사건이라고 할 수 있다.[1]

그런데 동아시아 각 국민들의 동아시아에 대한 그러한 인식은 1990년대로
들어와 해소되기 시작되었다. 1980년대까지의 세계는 근대내셔널리즘을 주춧

돌로 하여 형성됐던 현대 자본주의과 공산주의의 이념적 대립에 의한 세계였다. 그러나 그러한 세계는 1990년대 초의 걸프전과 같은 사건 등을 계기로 글로벌리즘이라고 하는 새로운 시대적 이념에 의거해 또 하나의 새로운 세계로 전환해 나왔던 것이다. 그러한 글로벌 세계는 1992년에 결성된 유럽연합(EU) 등과 같은 지역연합체를 비롯해서, 현재 결성 중에 있는 북미공동체(North American Union: 2012년 결성 예정), 결성준비가 고조되고 있는 동아시아공동체(East Asian Union) 등을 주춧돌들로 해서 구축되어 나가고 있는 것이다.

그런데 1990년대 이후에 형성되어 나온 글로벌리즘(Globalism)이라고 하는 새로운 시대적 이념은 리저널리즘(Regionalism)을 주춧돌들로 해서 형성되어 나왔다는 것이다. 글로벌리즘이나 그것의 기반을 이루는 리저널리즘이란 이전의 시대적 이념들이었던 자본주의(Capitalism)이나 공산주의(Communism)이라든가 혹은 그것들의 주춧돌 역할을 했던 내셔널리즘 등의 경우와는 달리 어떤 사회적 관념이나 경제적 관념이 내포되지 않은 어떤 특정 지역의 순수한 지리적 공간상의 특징적 의미만을 중핵으로 해서 형성된 관념이라는 것이다.

이러한 점들을 감안 해볼 때, 현재 우리의 논의 대상인 고대동아시아문학에서의 동아시아의 의미는 1990년대 이후에 형성된 글로벌리즘이나 리저널리즘의 관점에서 재구성시키지 않을 수 없다는 입장이 취해진다. 앞에서 언급한 바와 같이 근대이후 한중일 삼국인들의 동아시아에 대한 관심은 서구의 제국주의세력들의 동침으로 야기되어 나온 정치적 차원의 것이었다. 그러나 그것은 러일전쟁(1904~1905)을 기해 정치적 차원의 것으로부터 인종적, 문화적 차원의 것으로 전환해 나왔고, 또 그것은 1990년대의 글로벌시대로 접어들어서 부터는 다시 한 번 더 지리적 차원의 것으로 전환해 나왔던 것이다. 따라서 우선 우리의 논제 고대동아시아문학에서의 동아시아의 의미는 동아시아 지역의 의미로 규정되어야 한다는 입장이 취해진다. 그렇다면 고대동아시아문학이란 고대동아시아지역의 문학이란 의미로 파악될 수 있는 것이다. 이처럼 지난 1세기 동안 하나의 문화권을 기반으로 해서 형성되어 나왔었던 고대동아시아

문학에 대한 개념이 글로벌시대의 도래로 인해 '고대동아시아지역의 문학'이라고 하는 새로운 의미로 전환해 나왔던 것이다.

이러한 점에서 동아시아고대문학의 의미을 감안해보면, 이제 우리는 글로벌리즘이라고 하는 새로운 시대적 이념에 입각해 기반을 재검토해 볼 필요성이 제기되는 것이다. 논자의 고대 동아시아문학의 기반에 대한 재검토는 우선 첫째로 동아시아지역·고대·문학 등에 대한 기본적 개념에 대한 일반적 고찰, 그 다음으로 고대동아시아의 서부지역의 문학적 기반에 대한 고찰, 끝으로 고대동아시아 서부지역의 문학적 기반의 성립배경 등에 대한 고찰 등으로 이루어진다.

그렇다면 문학연구라는 시각에서 '고대동아시아지역의 문학'을 생각해볼 때, 그것은 이전의 고대동아시아문학과 어떻게 다른가? 우리의 고대동아시아지역의 문학에 대한 연구의 일차적 작업은 우선 고대동아시아지역의 지역적 특성에 대한 파악이라 할 수 있다. 그런데. 어떤 지역이 지니는 그 지역적 특성에 대한 파악은 우선 일차적으로 그 지역과 그 인접지역들과의 차이점들의 고찰을 통해 행해져야 하고 그 다음은 그 일차적 고찰을 통해서 파악된 특성에 의거해 그 지역 내의 지리적, 질서의 특성 고찰을 행해지는 것이다.

근대 이후 각국에서의 문학연구는 다음과 같은 입장에서 행해져 왔다. 근대화의 초기 단계에서의 각 국민들의 어떤 지역에 대한 관심은 자국 내의 지역들에 머물러 있었다. 그 시기의 문학연구는 자국의 전통문화를 주축으로 해서 행해졌었다. 그러한 시각에서 문학연구가 행해지는 과정에서 '국문학'이라는 학술장르가 성립되어 나왔던 것이다. 예컨대 일본에서의 러일전쟁 이전까지의 문학의 연구는 일본의 전통문화와의 관계 속에서 행해졌었다. 그 과정에서 일본에서는 '국문학'이라고 하는 학문장르가 형성되어 나왔던 것이다. 그러나 러일전쟁 이후 일본국민들에게서의 자신들의 삶의 공간에 대한 관심은 한반도, 중국대륙, 만몽지역, 동남아시아 등으로 넓혀져 나갔다. 그 결과 따라 일본인들의 의식 속에 자신들과의 동일한 문화적 체험을 행해온 '문화공동체로서의 동아시아'라고 하는 의식이 형성되어 나왔다. 시기적으로 말할 것 같으면 그것은 러일전쟁에서 걸프전까지의 시기라 할 수 있다. 그 시기에 동아시아에서 행해진 문학연구는 국문학의 확립이라는 목표 하에서 행해졌었다고 말할 수 있는데, 그 구체적 접근 방법이란 자국의 전통문화와의 관계 고찰을 주축으로 하여 자국 문학의 타국 문학으로부터의 영향 여부의 고찰, 자국문학과 타국 문학과의 비교를 통한 자국문학의 특질 파악 등을 통해 행해졌었다. 이와 같은 차원에서의 국문학 연구가 행해지는 과정에서 일본을 비롯한 동아시아의 삼국에서 동아시아 문학이라는 용어가 출현했다. 그 경우의 동아시아문학은 예컨대 조동일의 『동아시아 문학사 비교론』(1993) 등의 경우에서와 같이 각국 차원에서 정리된 국문학들을 하나로 엮어놓은 상태의 것이었다.

그러나 1990년대 이후로 넘어와서는 동아시아 각 국민들에게 동아시아가 유럽연합(EU) 등에 대응되는 하나의 확실한 지역적(regional) 단위로 인식되어 나오게 됨에 따라 그들에게서의 동아시아문학은 앞에서 언급한 바와 같이 이전과는 현격히 다른 의미를 갖게 되었다. 즉 이전의 동아시아 문학은 '한·중·일 삼국 문학들의 총합'의 의미로 파악되었다. 그러나 1990년대 이후에 와서 그것은 국가들이나 민족들 등과 같은 의미들이 내포되지 않은, 순수한 지리적 내지 물리적 공간의 의미만이 내포된 '동아시아 지역의 문학'의 의미로 쓰이게 되었던 것이다. 다시 말해 1990년대 이전까지의 내셔널리즘시대에 사용되었던 동아시아문학이 '동아시아 지역의 국문학들(national literatures in East Asia)'의 의미였다고 한다면, 그 이후의 글로벌리즘시대의 그것은 '동아시아 지역의 문학(East Asian literature)'의 의미로 파악되고 있다는 것이다. 논자가 여기에서 말하고자 하는 요지는 논자가 논하려는 고대 동아시아 문학에서의 동아시아 문학의 의미가 바로 후자에 해당된다고 하는 것이다.

이와 같이 글로벌시대 이후 동아시아 문학의 의미가 순수한 지역학적 의미를 지닌 것이라면 고대동아시아 문학의 기반 고찰의 의미는 고대 동아시아 지역에서 문학이 어떻게 성립되어 나오게 된 것인가에 대한 문제를 중심으로 한 고찰로 해석될 수 있다. 그렇다면 이 고찰은 우선 무엇보다도 고대동아시아가 어떤 지역이었는가의 문제에 대한 규명이 선결 되어야 하고, 또 그러한 과제는 고대동아시아의 지역적 특성에 대한 고찰을 전제로 한다. 그런데 어떤 지역이 지니는 그 지역적 특성에 대한 파악은 우선 일차적으로 그 지역과 그 인접지역들과의 관련성과 그것들 간의 차이점들에 대한 고찰을 통해 행해질 수 있다. 그 다음으로 그것은 그러한 일차적 고찰을 통해서 파악된 특성에 의거해 그 지역의 내적 구성 내지 내적 질서의 특성 고찰이 행해질 수 있는 것이다. 다시 말해서 지역적 특성에 대한 고찰은 그 지역이 그 인접지역들과 어떻게 관련되어 있으며 그 지역이 인접지역들에 비해 어떠한 특징을 지닌 곳인지 등에 대한 고찰을 전제로 한다. 그 다음 그것은 고대동아시아지역이 어떤 지역들로 이루어졌는지에 대한 고찰로 이어져야 한다는 것이다.

이러한 측면에서 생각해 볼 때, '동아시아고대문학의 기반 고찰'은 우선 고대동아시아지역의 특성에 대한 고찰이 행해져야 되고, 다음으로 고대문학을 성립시킨 문화적 기반에 대한 고찰이 행해져야 된다는 입장이 취해진다. 이 경우 고대문학을 성립시킨 문화적 기반이란 한마디로 말해 문학적 표현의 주체로서의 국가와 민족, 문학적 표현의 수단으로서의 말과 문자, 표현의 내용으로서의 신과 자연 등과 같은 것들을 가리킨다. 이러한 점을 감안하여 우리는 그러한 것들의 차원에서 동아시아고대문학의 성립기반을 고찰한다는 입장을 취할 수 있는 것이다. 그러면 우선 고대동아시아지역의 문학은 어떠한 것들인가의 문제부터 고찰해보기로 한다.

1. 연구 대상으로서의 '동아시아지역의 고대 문학'

1) 동아시아지역 · 고대 · 문학의 기본적 개념

(1) 동아시아지역의 개념

동아시아지역이란 아시아대륙, 혹은 유라시아대륙의 동쪽지역을 가리킨다. 현재 이 동아시아지역의 서부는 중국, 북부는 몽골 · 러시아, 중부는 한국, 동부는 일본, 남부는 베트남·라오스·타이·캄보디아·말레시아·필리핀 등과 같은 나라들로 이루어져 있다.

현재 유라시아대륙에서의 아시아지역은 우랄산맥·흑해·에게해·지중해·홍해를 경계로 하는 이동(以東) 지역을 가리킨다. 그러면 여기에서 잠깐 '아시아'(Asia)란 말이 어떻게 형성되어 나왔는지를 검토해보기로 한다. 원래 아시아(Asia)란 말은 메소포타미아지역의 동부를 흐르는 티그리스강 상류 지역에 앗슈르(Assur)라고 하는 도시국가를 세운 앗시리아인들의 '일출(日出)'이란 말로부터 나온 것이라 한다. 그런데 원래 앗시리아인은 메소포타미아지역의 서부를 흐르는 유프라테스강의 상류지역에서 외지출신의 유목민 셈족과 그 지역민과의 사이에서 출현한 혼혈민족으로 알려져 있다. 이렇게 그들은 메소포타미아 서부의 유프라테스상류지역에서 출현해 동부의 티그리스강 유역의 앗슈르지역으로 이동했다. 그들은 그곳에서 기원전 2500년경 이전에 도시국가 앗슈르를 건설했다. 그런데 메소포타미아는 기원전 2300년경에 이르러 유프라테스강 중류의 아카드 지역을 기반으로 출현한 아카드왕국에 의해 통일되어 나왔다. 그 과정에서 그들은 남쪽의 정치적 세력들을 피해 서쪽의 아나톨리아지역으로 진출해 나갔다. 그 결과 앗슈르왕국의 사르곤 I 세(기원전 1770년경)에 와서는 에게해 건너의 그리스인들과도 무역활동을 행해가게 되었다.

그리스인들은 그리스지역에서 봤을 때 해가 뜨는 에게해의 건너편 지역을 아나톨리아(Anatolia)²라 부르고 있었다. 그러나 그들은 이나톨 지역까지 진출한 앗시리아인들과 무역을 하게 된 후부터 에게해 건너편의 앗시리아인이 사는 지역을 '아시아'라고도 부르게 됐던 것이다. 그런데 그 후 그리스인들은 자신들이 아시아로도 불러왔던 지역 그 너머에 앗시리아인의 본고장 앗슈르가 있는 메소포타미아지역 등과 같은 넓은 지역이 있다는 것을 알게 됨에 따라 그 동안 자신들이 아시아로 부르던 지역을 소아시아로, 그 이동의 메소포타미아지역 등과 같은 지역을 아시아로 각각 부르게 되었던 것이다.

현재 우리가 생각하는 아시아지역에는 소아시아로 불리는 아나톨리아지역이 포함된다. 그 주된 이유는 근대의 시민혁명과 산업혁명의 혜택을 받은 인간들이 전세계를 비크리스트 문화권의 동양과 크리스트문화권의 서양으로 양분시켜 파악해왔고, 게다가 또 서양을 구미(歐美)지역으로 동양을 아시아지역으로 양분해 파악해 왔기 때문이었다. 현재 소아시아지역은 이슬람교도가 사는 비크리스트교 문화권이다.

이상과 같이 고찰해봤을 때, 아시아지역이란 우랄산맥 · 흑해 · 에게해 · 지중해 · 홍해를 경계로 하는 그 이동(以東) 지역으로 파악된다고 하는 것이다. 그렇다면 동아시아지역은 어느 지역을 가리키는가? 현재 우리는 아시아지역을 보통 동아시아 · 서남아시아(서아시아) · 동남아시아 · 중앙아시아 · 남아시아 · 북아시아로 6등분해 파악하고 있다. 이 경우 동아시아의 범위는 사실상 현재의 중국 · 한국 · 일본의 지역으로 한정된다.

(2) '고대'의 개념

고대란 석기를 사용해 오던 인간들이 청동기라든가 철기를 발명해 그것들을 도구로 사용해 갔던 시대를 가리킨다. 각 지역의 인간들은 우선 청동기를 발명해 그것을 도구로 사용해 갔고, 그것을 사용해가는 과정에서 철기를 개발해 냈다. 그래서 우리는 청동기가 사용되었던 시대를 고대 전기라 하고 철기가 사용되었던 시대를 고대 후기라고 할 수 있다.

각 지역에서 인류가 그동안 사용해 왔던 돌이나 나무로 만들어진 무기들을 버리고 청동제 금속 무기들을 사용하게 되자, 이전의 돌과 같은 무기들로는 그들이 퇴치해오지 못해 왔던 호랑이나 코끼리 등과 같은 맹수들도 퇴치할 수 있게 되었고, 또 그들 주의의 타 부족들과의 투쟁을 승리로 이끌어 내서 무력에 의한 국가를 건설하게 되었던 것이다. 이 때 승자는 점령지의 인간들을 자기지역으로 끌어와 그들을 노예로 삼아 튼튼한 방위 망을 구축하고 거대한 왕궁을 건립해 왕권을 강화시켜 나갔다. 그뿐만 아니라 그는 자신이 점령한 지역을 효과적으로 다스려가기 위해서 문자를 고안하거나 문자 표현체계를 정비시켜 자신의 의사를 점령지의 백성들에게 전달시켜 나갔던 것이다. 이렇게 형성된 사회는 더 이상의 씨족이나 부족 등과 같은 혈연으로 얽힌 사회가 아니라 일정한 지역을 토대로 형성된 사회였다.

이상과 같이 고대는 금속기가 사용되고 왕권국가가 형성되고 문자사용이 행해졌고 노예제가 행해졌고 혈연중심의 사회가 지역중심의 사회로 전환해 나온 시대였던 것이다.

(3) '문학'의 개념

동아시아문학에서의 문학의 개념은 우선 '학문으로서의 문학'의 의미로 시작해 그 다음 '예술로서의 문학'의 의미를 거쳐, 현재 '문화로서의 문학'의 의미로 사용되고 있다. 첫 번째의 학문으로서의 문학이란 언어로 표현된 것들의 의미를 파악하고 또 그것들로 인간들의 생각이나 감정을 표현해 내는 학문의 한 영역을 의미한 것이었다. 그런데, 그것은 문자 활동이 행해지기 시작되었던 고대에서부터 근세까지의 기간에 통용되었던 의미였다. 두 번째 예술로서의 문학은 인간의 미적 의식을 불러일으키고 또 그것을 표현해내는 예술의 한 영역을 의미했다. 그러한 의미는 낭만주의와 사실주의 사상이 일반화되어 나온 18세기 후반부터 19세기까지의 기간인 근대에 통용되었던 개념이다. 세 번째 문화로서의 문학의 의미는 인간들의 삶을 실현해가는 문화의 한 영역을 의미한다. 이러한 의미는 20세기 이후의 현대에 형성되어 나온 개념이다.

예술로서의 문학이 예술의 한 영역으로서의 문학을 의미하듯이, 현재 통용되는 문화로서의 문학은 문화의 한 영역으로서의 문학을 의미한다. 이 문화의 한 영역으로서의 문학은 문학이 예술이라고 하는 영역에만 국한된 것이 아니라 문화라고 하는 속성까지의 의미를 지닌 것이라는 입장이다. 문학의 이러한 의미는 문학의 표현 수단으로서의 언어가 인간들의 문화적 행위들과 그것들의 결과를 표현해내는 유일한 표현 수단이 아니라 그것들을 표현해 내는 다양한 표현 수단들 중의 하나로 편입됨으로써 형성되어 나오게 된 것이다. 한 마디로 말해 20세기 초 소쉬르 등에 의한 기호학의 등장을 계기로 언어가 문화적 현상들을 표현해 내는 '기호(記號, signs)'의 하나로 인식되어 나옴으로써 이었던 것이다.

이렇게 봤을 때 문화의 한 영역으로서의 문학의 의미는 문학을 성립시키는 언어를 기호의 일종으로 파악한다는 것이다. 문학을 성립시키는 언어를 기호의 일종으로 파악할 경우, 기호들로 이루어진 것으로 인식하지 않을 수 없는 문학이란 분명 문화론적 차원에서 접근되어져야 할 문화 텍스트의 일종임에 틀림없다. 이와 같은 측면에서 고찰해볼 때, 문화로서의 문학이란 문화의 기초를 이르는 신·자연·사회 등과 같은 것들에 대한 인간들의 생각이나 느낌을 기호의 일종인 언어로 표현해내는 활동으로 정의되고, 고대문학에서의 고대란 인류가 금속기와 문자를 사용해 왕국을 수립해가던 시기로 받아들여지고 있다.

2) 동아시아지역의 고대

역사학에서의 고대의 기점은 인류가 금속기와 문자를 사용하기 시작하고 왕국을 건설하기 시작한 시점으로 파악한다. 그렇다면 고대의 동아시아지역에서 최초로 청동기와 문자가 사용되고 왕국이 수립되어 나온 곳은 어디인가? 설혹 동아시아 지역이라는 말이 유라시아 대륙의 서부지역인 유럽에 대응되는, 유라시아대륙의 동부를 지칭하는 말이라 하더라도, 분명 그것이 지칭하는 지역은 아시아 대륙의 서부지역, 즉 서아시아지역에 대응되는 아시아 대륙의 동부지역임에 틀림없다. 그런데 현재 이 동아시아지역은 국가적 차원으로는 몽·한·중·일 4국을 가리킨다고 볼 수 있지만, 지리적 차원으로 말할 것 같으면 분명 이 지역은 중앙유라시아 혹은 중앙아시아지역에 위치해 있는 북쪽의 알타이산맥, 중앙의 천산산맥, 남쪽의 티베트고원의 동쪽지역을 가리킨다.

동아시아가 유라시아대륙 혹은 아시아대륙에서 이상과 같이 위치 지워진 지역이라고 한다면, 이 지역에서 최초로 청동기와 문자가 사용되고 왕국이 수립된 곳은 현재 중국이 위치해 있는 동아시아의 서부지역임에 틀림없다. 특히 이 서부 지역 내에서도 알타이산맥과 동·북부의 흑룡강·요하가 연결되는 지역, 천산산맥과 중부의 황하가 연결되는 지역, 티베트고원과 남쪽의 장강이 연결되는 지역 등으로 이루어진 지역들이라고 할 수 있다. 그래서 그 서부지역에서 형성되어 나온 문명과 문화는 그 서부지역에서 중부지역을 거쳐 동부지역으로 전파되어 나왔던 것이다. 여기에서 우리가 동아시아의 서부지역을 알타이산맥과 서북부(알타이산맥과 동·북부의 흑룡강·요하가 연결되는 지역), 중서부(천산산맥과 중부의 황하가 연결되는 지역), 서남부(티베트고원과 남쪽의 장강이 연결되는 지역)로 삼분해볼 경우, 어느 지역에서 제일 먼저 그 동아시아문명이 성립되었는지에 관해서는 현재로서는 단언할 수 없다. 그 이유는 예컨대 서북부의 요하(遼河) 유역 하가점(夏家店)유적에서 기원전 2000~1500의 것으로 파악되는 청동기가 발견되었고[3], 서남부의 사천분지(四川盆地)에 있는 삼성퇴(三星堆) 유적에서는 기원전 2000년 전후 것으로 보이는 청동기가 발견되었다. 또 중국 황하(黃河)상류인 간쑤성(甘肅省)과 청해성(青海省) 지역의 제가문화(齊家文化)에서는 청동기·황동기·홍동기·구리거울·구리·제련용 도가니 등의 원형과 파편 및 제련하고 남은 구리찌꺼기 등이 출토되었다.

이렇게 봤을 때, 동아시아의 서부지역에서 건설된 최초의 왕조로 알려진 하왕조의 시대(2050~1550경, BC)에는 기본적으로 청동기의 제련과 주조기술이 숙련된 시대였다.[4] 중국이 본격적인 청동기시대에 들어선 것은 기원전 21세기부터이다.[5] 어째든 동아시아에서 청동기·왕국문화의 발생은 기원전 21세기에 서부지역에서 출발해 중부지역을 거쳐 동부지역으로 전파되어 나갔다고 말할 수 있는데, 그 전파기간이란 예컨대 청동기가 동부의 일본 규슈지역에서 야요이 시대(BC 200~AD 300)부터 사용되었던 것으로 한다면, 약 2000년간으로 파악된다. 왕국수립의 전파는 서부지역에서의 하왕조 건설 시점(BC 2050)에서 동부의 규슈(九州)지역에서 3세기 초 야마타이국(邪馬台国)의 성립 시점까지 1800여 년간에 걸쳐 행해졌다.

청동기의 사용과 고대국가의 성립이 이러하다면, 문자의 경우는 어떠한가? 문자의 경우는 19세기말에 발견된 최고(最古)의 문자는 서부지역에 위치한 하남성(河南省) 안양(安陽)의 은허(殷墟)에서 발견된 갑골문자(甲骨文字)는 기원전 14~11세기경에 사용되었던 것으로 현재 알려진 중국 최고 문자로 파악되고 있는데, 현재 중국의 한자는 바로 그것을 기초로 해서 주대(周代)의 금문(金文), 진대(秦代)의 소전(小篆), 한대(漢代)의 예서(隸書), 수당대(隋唐代)의 해서(楷書) 등의 형태를 취해 발전되어 나왔다. 그런데, 이 갑골문자는 은대(殷代, 1766~1122, BC)에 갑작스레 형성되어 나온 것이 아니라고 하는 것이다. 산동성(山東省) 거현(莒縣)의 대문구(大汶口) 문화의 형성 연대는 기원전 2500~2000년으로 추정되는데 유적지에서 출토된 도기(陶器)의 문양은 섬서성(陝西省) 앙소문화 유적지에서 출토된 도기에 기재된 기호와는 달리 한자의 꼴을 갖추고 있어 갑골문의 선구로 파악되고 있다.6 쉬진슝(許进雄)과 같은 고대 중국문화 연구자들에 의하면 그러한 사실들에 입각해 서부지역에는 이미 기원전 2000년경에 모종의 계통을 지닌 문자가 있었다는 것이다.7 그들의 견해를 받아들여 우리는 서부에서의 문자의 출현을 기원전 2000년경으로 볼 수 있는 것이다.

이상과 같이 고찰해 봤을 때 동아시아에서의 고대의 성립시점은 기원전 21세기경이었던 것으로 고찰된다. 그 시기부터 우선 서부지역을 중심으로 해서 청동기와 같은 금속기가 사용되기 시작되어 그것이 당시의 지배층에 일반화되어 나왔고, 또 그와 동시에 문자체계가 정립되어 지배층에서 기록과 독서 활동이 보편화되어 나왔으며, 왕권이 수립되어 국가체제가 확립되어 나갔다. 그러한 문화적 현상은 약 20세기 간 서부지역을 중심으로 해서 행해져 오다가, AD 1세기경부터 중부의 한 반도와 동부의 일본열도로 전파되어 나와 8세기경에 와서 중부와 동부지역의 문화가 서부의 경우와 유사한 형태를 취해 나오게 되었던 것이다. 동아시아의 고대문학이란 그러한 시대에 동아시아지역에서 행해졌던 문학적 현상들을 가리키는 것이라 할 수 있다.

3) 고대 동아시아의 문학

고대 동아시아에서 일어났던 그러한 문학적 현상은 우선 일차적으로 그간에 문자들로 기록된 서물(書物)들에 대한 고찰을 통해 파악 될 수 있다. 당시 문자로 기록되어 현재 동아시아에서 현존하는 최고(最古)의 서물들로는 우선 서부 지역의 경우에는 다음과 같은 것들이 있다. 시가집(詩歌集)으로는『시경 (詩經)』(내용성립 BC 11~6 세기 : 편찬 성립 BC 6~BC 3세기),『초사』(내용성립 BC 8~3세기 : 편찬 성립 BC 1세기) 등이 있다. 역사산문으로는 우선 은대의 사관에 의해 기록되기 시작되었다고 하는『상서(尙書)』와 기원전 722~481년 사이의 노(魯)나라의 역사를 기록한『춘추(春秋)』가 있다. 다음으로 전국시대 (403~221, BC)의 것으로『좌전(左傳)』(춘추시대 주 왕조와 각 제후국의 주요한 역사적 사실을 기록한 편년체),『국어(國語)』(나라별로 언론을 위주로 한 역사 기록),『전국책(戰國策)』(전국 말엽부터 진 · 한에 이르는 시기의 사람들에 의해 수립된 역사자료) 등이 있다. 끝으로 신흥선비 계층의 제자(諸子)들에 의해 쓰인 산문들이 있다. 춘추시대의『논어(論語)』와『묵자(墨子)』, 전국(戰国)시대 중엽의『맹자(孟子)』·『장자(莊子)』, 역사산문인 사마천(司馬遷)의『사기(史記)』[8] (BC 100년경) 등이 그 대표적인 것들이다.

동아시아 중부지역의 한반도에서의 행해졌던 문자기록 활동의 최고(最古)의 흔적은 시가(詩歌)들로부터 찾을 수 있다. 우선,「공무도하가(公無渡河歌)」[9],「황조가(黃鳥歌)」[10],「구지가(龜旨歌)」[11],「혜성가(彗星歌)」[12],『삼대목(三代目)』 [칙찬향가집(勅纂鄕歌集), 888, 유실], 신화역사산문으로는「백제삼서(百濟三書)」를 지었다고 하는 백제의 고흥(高興) 작으로 알려진『서기(書記)』(375, 유실),「광개토대왕비문(廣開土大王碑文)」(414),『유기(留記)』(600, 유실),『삼국사기 (三國史記)』(1145)와『삼국유사(三國遺事)』(1285)에 엮인 신화들 등이 있다. 이러한 작품들의 내용이 형성되고, 또 그것들이 문자로 표현되어 나온 기간은 기원전 2세기에서 신라가 한반도를 통일한 7세기까지라고 할 수 있다.

동아시아 동부지역의 일본열도에서는 언제부터 한자가 쓰이기 시작되었던 것인가?『고사기(古事記)』의「오진텐노기(応神天皇記)」에, 오진천황이 백제의 국왕 13대 근초고왕(近肖古王, 346~375:『고사기』에는 '昭古王'로 기록되어 있음)에게 '혹시 현자가 있으면 보내 달라(若有賢者貢上)'라는 부탁에 따라 근초고왕이 임금의 손자 진손왕(辰孫王,『고사기』에는 和迩吉師,『일본서기』에는 王仁으로 되어 있음)을 보냈는데, 그때 그가『論語』10권과『千字文』1권을 가지고 갔다고 기록되어 있다. 이러한 기록을 고려해 보면, 동아시아의 동부지역에서는 적어도 4세기 후반에서부터는 문자기록 활동이 시작 되었을 것으로 추정된다. 그 후 일본에서의 그러한 문자기록 활동에 관해서는『일본서기』의「게이타이텐노기(継体天皇纪)」에, 백제로부터 일본에 오경박사 단양이(五经博士段杨尔)를 보냈다는 기록이 있다. 그러한 것들로 미루어 봐서 게이타이 덴노대(継体天皇代, 450~531년경)인 6세기 전반에 와서는 문자사용이 상당히 진전되어 있었을 것으로 판단된다. 6세기 중엽에 와서는 조정에서『제기(帝紀)』(大王의 계보)와『구사(旧辞)』(조정의 실체, 전설)가 정리되었을 것으로 판단된다. 그렇다면 우리가 동부지역에서 한자가 최초로 사용되었던 시점이 언제부터였다고 생각해 볼 수 있을 것인가? 우리는 그 시점을 야마타이국(邪馬台国)의 여왕 히미코(卑弥呼)가 239년 위(魏)의 황제에서 사신(使臣)을 보내「친위왜왕(親衛倭王)」이란 칭호를 받은 바 있던 시기부터 볼 수 있다는 입장을 취해 볼 수 있다.[13]

우리는 당시 이미 왕국이 설립되어 있었고 또 청동기뿐만 아니라 철기도 사용되고 있었다는 점 등을 고려해 봤을 때, 한자 사용이 이루어졌을 것으로 판단된다. 현재 일본에서 현존하는 최고의 서물은 역사산문집으로는『고사기』(古事記, 712)와『일본서기』(日本書紀, 720)가 있고, 시가집으로는『만요슈』(万葉集, 759년경)가 있다.

이상과 같이 고찰해 봤을 때, 왕국건설, 금속기·문자 등의 사용을 주축으로 해서 형성되어 나온 고대의 문화는 기원전 21세기경에 동아시아의 서부지역에서 시작되어 기원 1세기경에 중부지역으로 전파되어 나갔고, 또 그것이 기원 6세기경에는 동부지역으로 전파되어 나갔었다는 입장이 취해진다. 이러한 측면에서 동아시아 동부지역에서 형성된 고대문학은 중부와 서부의 문학적 현상들로부터의 영향에서 이루어진 것이고, 또 중부의 그것은 서부의 그것을 기반으로 해서 이루어진 것이라 입장이 취해진다는 것이다.

그렇다고 한다면, 서부의 그것은 무엇을 기반으로 해서 형성되어 나왔다고 볼 수 있을 것인가? 우리가 동아시아의 고대 동부문학이 중부와 서부지역의 문학을 기초로 해서 이루어졌고, 또 그것의 중부지역의 문학이 서부지역의 그것을 기초로 해서 이루어 졌다고 한다면, 고대동아시아의 서부 문학이 무엇을 기반으로 해서 성립되어 나왔는지에 대한 입장성립이 가능해진다.

이 학술적 논의는 바로 이 고대동아시아의 서부문학의 성립기반에 고찰을 통해 동아시아의 고대문학의 기본적 특질에 대한 이해를 목적으로 한다. 앞에서 고찰한 바와 같이 고대동아시아의 문학의 기초를 이루는 왕국체제, 금속기 사용, 문자사용 등이 기원전 2000년경에 동아시아 서부지역을 중심으로 행해지기 시작되었다고 한다면, 고대 동아시아의 서부지역에서 그러한 것들을 가능케 했던 것은 과연 무엇이었던 것인가?

이 학술적 논의는 우선 이 문제에 대한 집중적 고찰을 통해 왕국체제, 금속기사용, 문자사용 등을 주축으로 해서 형성되어 나온 고대동아시아 문학의 일반적 특질을 파악하기로 한다.

2. 고대 동아시아의 서부지역 문학의 기반

1) 고대 동아시아의 서부지역의 언어와 한자·한문

선고대의 경우에는 말이 인간들에게의 의사 표현의 대표적 수단이었고, 말과 운율로 이루어진 노래가 그 시대의 대표적 문학 장르로 군림해 있었다. 그런데 고대로 들어와 문자가 쓰이게 됨으로써 글을 통한 언어활동이 주된 문학적 활동으로 인식되어 나오게 되었던 것이다. 따라서 고대문학의 성립기반은 인간들의 문자사용 활동이라 할 수 있다. 인간들은 그러한 문자사용 활동을 행해가는 과정에서 동일집단의식, 동일민족의식 등을 자각해 갔다. 그들은 그러한 의식들에 대한 자각을 통해 현재 우리들에게 의식되는 사회와 역사를 발견해 갔고, 또 그것을 발판으로 해서 철학적 공간과 시간을 발견해 갔던 것이다.

동아시아의 고대사는 각 지역의 서로 다른 그림문자들이 한자라고 하는 하나의 문자 형태로 통일되어 나온 역사였고, 그러한 문자통일을 통한 화하족 중심의 세계가 구축되어 나가는 역사였다고도 말 할 수 있다. 이러한 현상은 동아시아의 서부지역보다도 더 일찍이 문자를 사용했던 고대 이집트에서도 있었던 현상이었다. 예컨대 기원전 3400년경까지만 해도 이집트는 상 이집트와 하 이집트로 양분되어 있었다. 그러한 상황에서 메소포타미아 지역으로부터 수메르문자의 표기방법이 이집트지역에 전파되었다. 이집트인들은 그 표기방법을 받아들여 성각문자를 만들었다. 이집트는 그 문자 출현을 계기로 그 동안 양분되어 있었던 그 지역이 통일되었다. 그뿐만이 아니었다. 메소포타미아지역에서도 그 지역의 수메르인에 의해 만들어진 그림문자가 기원전 3500년경을 전후해 설형문자라고 하는 완전한 문자 형태로 전환해 나와 그것이 쓰이는 과정에서 그곳의 도시들이 통일되어 나왔고, 또 그곳으로 침입해 들어온 셈족계의 아카드인들 등에 의해 그것이 받아들여짐으로써 그 지역의 도시국가가 강력한 제국으로 성장해 나갔던 것이다.[14] 그 후에 그러한 현상은 정치가들에 의해 적극 이용되어 나갔다. 알렉산더대왕(356~323, BC)에 의해 발칸반도의 마케도니아로부터 인도의 인더스 강 유역에 이르는 거대한 지역에 헬레니즘제국(334~30, BC)이 건설되어, 그것이 3세기 간 지속되어 갈 수 있었던 것은 그의 독특한 점령정책 때문이었던 것으로 고찰된다. 그는 자신이 점령한 각 지역에 30개 이상의 알렉산드리아라고 하는 도시들을 세워, 모든 도시의 관리들로 하여금 그리스어를 쓰게 했다고 하는 것이다. 즉 헬레니즘제국의 관용어는 그리스어였던 것이다. 알렉산더 대왕 보다 1세기 뒤에 동아시아의 서부지역에서 태어난 진시황제(秦始皇帝, 259~210, BC)가 동아시아의 서부지역을 최초로 통일시킬 수 있었던 것도, 또 그 통일정국을 유지시켜 갈 수 있었고, 그러한 진나라를 토대로 한제국(漢帝國)이 설립되어 나올 수 있었던 것도 사실은 한자(漢字)로의 문자통일이 있었기에 가능한 일이었다.

보다 구체적으로 말하자면, 동아시아 서부지역에서의 문자 통일과 세계통일과의 관계는 다음과 같았다. 고대동아시아의 서부지역에서 출현한 최고의 문학작품들은 시가집(詩歌集)『시경(詩經)』과 역사산문작품『상서(尙書)』 및 『춘추(春秋)』 등으로 알려져 있다. 『시경』의 내용성립은 기원전 11~6세기경이고, 편찬 성립은 기원전 6~3세기경으로 파악된다. 공자(孔子) 등에 의해 편찬되었다고 하는『시경』은 진시황의 분서(焚書)에 의해 소멸되었다. 현재 우리 앞에 놓인『시경』은 한대(漢代, BC 206~AD 220)로 들어와 학자들의 풍송(諷誦)과정에서, 아마도 진시황의 분서 이전의 형태에 의거해 재편되어 나온 것으로 알려져 있다.

『상서』와『춘추』의 내용이 성립된 것은 은·주 시대이었다. 중국은 은·주 시대부터 왕조의 역사를 기록하는 두 사람의 사관(史官)을 왕실에 두었다. 왕이 거동할 때 좌사관(左史官)은 왕의 말을 기록하고 우사관은 그의 행동을 기록했던 것으로 알려져 있다. 『상서』는 전자 계열의 것으로서 은·주시대의 왕이나 정치가들의 말들을 기록한 것이고, 『춘추』는 주대, 특히 기원전 722년~481년 사이의 노나라에서 일어났던 왕과 정치가들의 역사적 사실들을 기록한 것들이다. 전국시대(戰國時代, 403~221, BC)에 와서 쓰인 역사책으로는『상서』계열의『국어(國語)』[15],『춘추』계열의『좌전(左傳)』[16] 등이 있다.

현재 우리들의 눈앞에 있는『시경』을 비롯한 이상과 같은 고전들의 내용들이 성립된 것은 멀리는 은대에서부터 기원전 5세기까지의 기간이다. 그러나 그 내용들을 표현해 내는 문자들과 문장들은 진의 중국통일의 시점(BC 221)부터 한대(漢代, BC 220 멸망)까지의 시점 사이에 이루어진 것이다. 진시황제는 중국을 완전 통일시키기 직전인 기원전 220년에 주나라 사람들과 자신들이 써오던 문자체, 대전[大篆, 주문(籀文)이라고도 함][17]과 진시황이 통일시킨 6국의 문자들을 정리하여 소전(小篆)란 문자체를 만들어 그것으로 문자를 통일시

컸다. 진시황은 그로부터 7년만인 기원전 213년에 사상통일의 한 방법으로 분서(焚書)를 단행했다. 그의 그러한 단행은 당시의 법가(法家) 출신의 승상(丞相) 이사(李斯)의 건의에 의한 것이었는데, 이사는 진시황의 허락을 받고 사관(史官)이 소장하고 있는 책들과『진기』(秦紀)를 제외하고는 모두 소각 하도록 했고, 또 박사관(博士官) 이외에 소장된 전국의 책들을 거두어들여 30일 이내에 모두 소각토록 했다. 그 이듬해는 갱유(坑儒)까지 단행되었다.

분서갱유가 행해지는 과정에서 춘추시대에 공자 등에 의해 편찬되었다고 하는『시경』도 물론 소멸되었다. 현재 우리 앞에 놓여 있는『시경』은 동한대(東漢代, BC 221~AD 8)의 시인들의 기억에 의존해 새로 재 편찬되어 나온 것이다. 이 경우 분서갱유 이전의『시경』은 춘추시대의 문자체와 그 문자체로 쓰인 문장으로 쓰였지만, 동한대의 그것은 금문(今文), 즉 한대 당시의 문자(文字)와 문장(文章)으로 쓰인 것이었다. 고문(古文)은 선진(先秦)의 문자와 문장을 말한다.

이 경우 한 대의 금문(今文)이란 예서(隸書)라고 하는 문자체[18]와 한문(漢文)으로 된 문장을 말한다.

우선 문자체에 대해서부터 논의하기로 한다. 앞에서 언급한 바와 같이 진시황은 전국을 통일시킨 후 문자통일 정책을 취했었다. 그 과정에서 형성된 문자체가 소전(小篆)이었다. 그러나 진대 말기에 소전보다도 더 간략한 문자체가 하급관료 출신 층에서 제시되어 진시황은 그것을 받아들여 다시 한 번 문자통일의 정책을 취해나갔었는데, 그의 두 번째의 문자통일 정책의 과정에서 채택된 것이 다름 아닌 바로 예서였던 것이다. 예서는 6조 때에 확립된 해서(楷書)의 기초를 이루는 문자체로서 현재 우리는 예서 이후의 문체를 근대체라 말하고 예서 이전의 것들을 고문자체라 부르고 있다.

그런데 문제는 고문자체들이다. 고문자체의 마지각 단계의 문자체는 진시황의 6국 통일을 계기로 출현한 소전(小篆)이다. 그러나 한 때 사람들은 소전이나 예서를 금문(今文)이라 했던 반면 소전 이전의 것들, 예컨대 대전과 같은 문자체를 고문자체라 한 적이 있었다. 진(秦)도 주(周)의 동천이 있기 이전의 수도 호경(鎬京)을 차지하게 되었던 탓으로 주와 함께 대전을 쓰고 있었다. 그러나 그들 이외의 나머지 위(魏), 한(韓), 조(朝), 연(燕), 제(齊), 초(楚)의 6국과 노(魯) 등과 같은 나라들의 문자체들은 나라에 따라 상당히 달랐던 것으로 파악된다. 구체적인 한 예로 한 대(漢代) 초의 경제(景帝) 때에 노나라에 임관된 공왕(恭王) 유여(劉餘)가 공자의 종가(宗家)집의 벽을 허물다가 상서·예기·논어·효경 등 수십 편의 고문서들을 발견하였다. 그것들은 당시 어디에서도 사용되고 있지 않는 신기한 문자체로 쓰여 있는 것들이었다.[19] 그래서 당시 사람들은 그 문자체를 고문자체(古文字體), 또는 고문(古文)이라 불렀다. 그 경우의 고문자체는 현재 과두문자(蝌蚪文字)라 불리는 문자였다.[20] 근대문자체와 고문자체의 가장 두드러진 차이는 전자의 경우에는 문자들의 의미가 문자 자체가 지닌 도상성(圖像性)에 기초해 있었던 반면, 후자의 경우는 그것 자체들이 지닌 도상성으로부터 벗어나 그것들의 기호성(記號性)에 기초해 있다고 하는 것이다. 그렇다면 의미 전달의 기초를 이루는 고문자체의 도상성은 어떻게 형성되어 나온 것인가?

한자(漢字)의 고문자체가 지닌 도상성(圖像性)은 고문자체가 육서(六書) 즉, 상형(象形)·상사(象事)·상의(象意)·상성(象聲)·전주(轉注)·가차(假借)에 의거하여 형성되는 과정에서 취해진 것이라 할 수 있다. 그런데 이 육서라 칭하는 한자의 형성 원리는 서아시아 고대 메소포타미아지역에서 수메르 인이 만들어낸 설형문자(楔形文字:cuneiform)의 형성원리의 영향에서 성립되었다는 입장이 볼(Ball)에 의해 일찍이 제기되어 있다.[21] 그의 그러한 입장은 문자일원론(Monogenesis)을 주장해온 겔브(Gelb)에 의해 계승되었고,[22] 또 그것은 포웰에 의해 메소포타미아와 동아시아서부의 양 지역 간의 지리적 접근성이 고려되어 받아들여지고 있다.[23]

다음으로 고문자체로 쓰인 문장에 관해서 논해본다. 한대 초 유여가 공자의 종가의 벽속에서 발견한, 고문자체로 쓰인 상서·예기·논어 등은 어느 민족의 말로 쓰인 것들이었을까?

현재 우리는 그것들이 어느 민족의 말로 쓰인 것들인지 결코 알 길이 없다.

그 이유는 현재 그것들이 없어져 버렸기 때문이다. 현재 우리 앞의 그것들은 당시 공자의 종가의 벽속에서 나온 것들이 당시의 한족(漢族)의 말로 번역되어 예서문자체로 기록된 것들로부터 나온 것들이라 할 수 있다.

공자가 오경(五經)을 다 편찬했다는 말은 잘못된 것이고, 오경 중『시경』정도가 그에 의한 것이 아니었을까 생각하고 있다. 설혹 그렇다 하더라도, 우리 앞의『시경』이 그에 의해 편찬된 그대로의 형태는 결코 아니다. 앞에서 언급한 바와 같이 공자(孔子)에 의해 편찬되었다고 하는『시경』은 진시황의 분서(焚書)에 의해 소멸되었고, 현재 우리 앞에 놓인『시경』은 한대(漢代, BC 206~AD 220)로 들어와 학자들이 공자에 의해 편찬된 진시황의 분서 이전의 형태를 기억해 내서 그들의 기억에 의존해 300여수의 시들을 다시 편찬해 낸 것으로 파악하고 있다.

이 경우도 마찬가지이다. 우리는 공자가 고문자체로 그것들을 정리했으리라고는 말할 수 있으나, 그가 그것들을 어느 민족의 말로 기록해 놓았는지는 결코 알 길이 없다. 우선 공자의 부친은 주(周)왕실과 이성(異姓) 계열의 제후국이었던 송(宋)나라출신이었다. 그런데 그는 그곳에서 주(周)왕실과 동성(同姓) 계열의 제후국이었던 노(魯)나라 이사를 갔던 자였고, 또 노나라는 설혹 그것이 주(周)왕실과 동성(同姓) 계열의 제후국이기는 했지만 송나라와 함께 동이족의 근거지였던 황하 하류 지역의 나라였다. 그뿐만 아니라 또 그는 동이 족을 배경으로 해서 출현했다는 상(商)왕가의 후손(『맹자』)으로 기술되어 있다. 다음으로 공자(551~479, BC) 시대의 노나라는 제후국으로서는 독립된 형태를 취해가기는 했지만, 제(齊)의 환공(桓公)에 이어 패업(霸業)을 이룩한 진(晉)의 문공(文公, 재위 636~629, BC) 이후 줄곧 북진 정책을 추진했던 초(楚) 나라에 의해 기원전 597년경부터 중원 지역의 노·송 등과 함께 복속되어 있었다. 노나라는 공자가 태어나기 전 반세기 전부터 초나라에 복속되어 있었던 것이다. 그런데 당시 초나라가 사용하고 있었던 고문자체는 주 왕실에서나 진(秦)나라에서 사용하던 대전(大篆)과는 상당히 달랐을 것이라는 입장들이 제시되고 있으며, 또 초나라의 민족도 중원지역의 나라들의 민족들과 다른 민족들이었기 때문에 초나라 사람들의 말과 중원지역의 노나라 사람들의 말이 달랐었다고 하는 것이었다.

황하 하류의 동이족은 북방의 알타이어의 어순과 동일한 SOV형의 언어를 취하고 있고, 남만족(南蠻族)의 초나라 민족도 서방의 티베트어의 어순과 동일한 SOV형의 언어를 취하고 있었다. 동아시아의 서부지역에서 사용된 언어는 기본적으로 SVO형의 통사구조를 취하는 화하족(華夏族)의 언어와 SOV형의 통사구조를 취하는 이족(夷族)의 언어로 양분되어 있었다. 그런데 논자가 여기에서 강조해 말하고자 하는 것은 당시 공자에 의해 정리되었던『시경』등과 같은 문헌들이 후자의 이족(夷族)들의 언어로 정리됐었을 가능성이 있었을 것이라고 하는 것이다. 프랑스 태생의 영국 동양학자 드 라쿠페리(Albert Terrien de Lacouperie, 1845~1894) 같은 학자 등에 의하면, 서아시아로부터 중앙아시아를 통해 황하상류지역으로 이동해 들어가 다시 그곳에서 황하 중류지역으로 나갔던 부족집단이 있었는데 그 부족집단이 황제족(黃帝族)이었다는 것이고 화하족(華夏族)은 바로 그 집단을 중핵으로 해서 형성된 민족이라고 하는 것이다.[24] 중부지역의 역사연구자들은 화하족(華夏族)이 중앙아시아지역과 인접하는 동아시아의 서부지역의 서단에 위치해 있는 황하 상류지역을 중심으로 해서 형성되어 나온 강융족(羌戎族)을 비롯하여 황하 중류지역의 여러 부족들을 끌어들여 형성되어 나온 민족 집단으로 파악하고 있다. 그렇게 황하의 상・중류지역을 지역적 기반으로 해서 강력한 민족 집단으로 형성되어 나온 화하족(華夏族)은 황하의 중류지역에서 설립된 상(商)・주(周)・진(秦) 등과 같은 정치적 집단들을 흡수해 한대(漢代)에 와서는 전 중국을 대표하는 민족 집단으로 전환해 나왔던 것이다.

한편 황제족이 황하 상・중류지역에 들어가기 이전에 동아시아 서부지역의 서단의 티베트고원(靑藏高原)과 황하 상류에는 기원전 3000년경부터 서융족(西戎族)의 선조에 해당되는 강인(羌人)이 살고 있었다. 또 황하 중류지역에는 그 지역의 북방 출신의 알타이족 등이 살고 있었다. 그러나 이들의 이족(夷族)들은 황제족 내지 화하족이 황하의 상・중류지역에 도착하자, 그 지역을 떠나 장강 상·중류 지역으로 이동해 그곳의 원주민들과 혼합해, 장강문명을 일으켜가게 되고, 그 문명을 배경으로 해서 초(楚) 등과 같은 나라들이 성립되어 나왔던 것이다. 현재 남방의 장강유역이나 운남 지역에는 한족의 언어를 사용하지 않고 자신들의 언어를 사용하고 있는 이족(彝族)·백족(白族)·납서족(納西族) 등과 같은 소수민족들이 존재하고 있다. 그들이 바로 북방에서 남하해 장강유역 지역에서 정착해 살게 된 서융족과 동이족과 같은 이족들의 후예들인 것이다. 그런데 이들은 현재도 SOV형의 통사구조를 취하는 자신들의 고유의 말을 사용해가고 있으며, 또 이족(彝族)의 경우는 10세기경에 이전의 상형문자를 모체로 해서 찬문(爨文)을 창제해 써왔으며 납서족은 현재까지도 상형문자의 일종인 동파문(東巴文)이라고 하는 것을 사용해 자신들의 의사를 표현해 가고 있다.

이러한 점들을 고려해 봤을 때, 우리는 바로 현재 우리 앞에 있는『시경』을 구성하고 있는 시들의 목차들과 같은 것들의 고찰을 통해서 다음과 같은 입장을 세워볼 수 있는 것이다. 앞에서 우리는 분서 이전에 있었던 것, 즉 공자에 의해 편찬되었다고 하는『시경』에 대한 당시 학자들의 기억에 근거해 진시황의 분서 이후인 한대 초에 현재 우리 앞에 놓인『시경』이 이루어진 것이라는 입장을 제시했다. 그런데 우리는 그들의 기억에 의존해 재 편찬된『시경』의 목차들을 고찰해보면 다음과 같은 의문이 제기되는 것이다.『시경』의 첫머리에 나오는 시들이 주남(周南)과 소남(召南)의 국풍(國風)시들이라는 것이다. 즉 그것들이 중원에 있는 공자의 나라인 노(魯)나라 혹은 노의 종주국인 주(周)나라의 노래가 아니고 남방에 있는 초(楚)나라의 노래들이라고 하는 것이다.[25] 그렇다면『시경』의 첫머리에 초나라의 시들이 나오는 이유는 무엇일까 라고 하는 의문이 제기 되는 것이다. 초나라의 민족들은 서융과 동이의 후예들이라 할 수 있는 묘족(苗族) 내지 남만족(南蠻族)이고, 현재의 이족(彝族)·백족(白族)·납서족(納西族) 등과 같은 소수민족들의 선조들이었다 할 수 있다. 그들은 중원지역의 화하족의 문자나 말과는 다른 언어를 사용하고 있던 민족이었다. 이러한 점들을 고려해볼 때,『시경』의 첫머리에 나오는 초나라의 시들이란 원래는 초나라의 언어로 읊어졌고 쓰였던 것이 공자 자신이나 혹은 누군가에 의해 노나라나 혹은 주나라의 문자와 말로 번역되고 정리되어 편찬되었고, 또 그것들이 한 대 초에 다시 한 대의 금문과 한문으로 번역되어 나온 것들이라는 입장이 취해진다. 굴원(屈原)의『초사(楚辭)』도 처음에는 초나라 민족의 언어로 기술되었다가 한대에 와서 금문과 한문으로 기술되어 나오게 되었던 것이다.

이렇게 봤을 때 현재 우리가 접하고 있는 중국의 고전들이 진시황의 분서 이후인 한대 초에 와서 한자와 SVO형의 통사구조를 취하는 한문으로 번역되어 나온 것이라는 것이고, 그것들의 원형들은 주로 알타이어계의 언어 등을 비롯한 SOV형의 구문을 취하는 언어들로 기술되어 있었던 것들이었다고 하는 것이다.[26]

그렇다면 동아시아의 서부지역에서의 SVO형의 통사구조를 취하는 중국어는 어떻게 형성되어 나온 것인가? 현재 중국인들은 SVO형의 중국어를 구사하는 중국민족의 조상을 화하족의 원조(元祖)로 알려진 황제(黃帝)로 보고 있다. 그런데, 앞에서도 언급했듯이 드 라쿠페리 등과 같은 학자는 메소포타미아지역에서 살고 있던 바크족(the Bak tribles)의 수령이었던 황제가 기원전 2300년경에 메소포타미아지역에서 중앙아시아를 거쳐 동아시아의 서부지역으로 넘어가 고대 중국문명의 기초를 세운 자로 파악하고 있다.[27] 그는 그 근거로 우선 바크족이 메소포타미아지역에서 배웠던 수메르, 아카드인 들로부터 배운 설형문자의 6서(六書)가 고대 중국어의 한자의 그것과 동일하다는 것을 제시했다. 또 하나의 근거로 그가 제시하는 것은 기원전 2000년대 후반기에 메소포타미아의 바빌로니아지역에서 사용했던 여러 문물들, 예컨대 1년을 12달과 4계절로 나눈다든가, 7일을 하나의 시간 단위로 한다는 것이다.

음양의 이원론, 음악의 12율려, 행성들의 이름, 색깔들의 상징 등과 같은 것들이 고대 중국의 것들과 동일하다는 것이다. 또 우리는 그가 제시하는 논거들이 황제가 바크족의 수령이었다는 그의 주장에 대한 확실한 논거일수 없다는 입장이 취해지기는 하지만, 그렇다고 그의 그러한 주장을 완전 무시해 버릴 수 없다는 입장도 취해진다.

2) 동아시아의 고대서부지역에서의 자연의 발견과 신의 출현

선고대인들의 최대의 관심은 자신들의 생존을 위협해가는 존재들에 대한 것이다. 그들의 생존을 위협해가는 것들이란 우선 일차적으로는 맹수(猛獸)와 타 인간집단들이었다. 그 다음으로는 홍수나 가뭄 등과 같은 자연재앙이었다. 선고대인들이 긴 이동생활을 끝내고 한곳에 정착해 농경과 목축생활을 행해갔던 신석기시대까지만 해도 그들에게서의 맹수들의 공격과 자연재해를 막아내갔던 방법이란 자연 속에 흩어져있는 돌들을 다듬어 무기나 도구로 사용하는 것이었다. 그 경우 신석기 인들은 자신들을 사자, 호랑이, 곰, 코프라, 독수리, 코끼리 등과 같은 맹수들을 돌을 무기로 해서는 결코 막아낼 수 없었다. 그래서 신석기 인들에게서의 그러한 맹수들은 그야말로 신(神)과도 같은 존재들이었다. 청동기시대 이전에 토테미즘이 출현했던 것은 바로 이러한 이유로부터였다. 그러다가 청동기시대로 들어와 인류가 청동으로 무기를 만들어 맹수들의 공격을 막아가게 되자, 고대인들에게서의 맹수들은 더 이상 그들의 생사의 운명을 좌우하는 신과 같은 존재들로는 인식되지 않게 되었던 것이다. 이제 청동이나 철제무기를 지니게 된 그들에게서의 신적 존재란 하늘이나 산 혹은 바다 등과 같은 거대한 자연물들 속에 숨어서 홍수나 가뭄 등과 같은 재난을 일으키는 존재로 한정되어졌다. 다시 말해서 금속무기를 지니게 된 인간들이 경외(敬畏)해 가게 된 대상들은 인간과 인간의 것들을 무(無)로 만들어 버리거나 혹은 인간들에게 어떤 희망을 가져다주는 초월적 존재들이 내재해 있다고 생각되는 자연물들이었던 것이다.

그래서 인류는 청동기시대로 들어와서 신적 존재가 내재되어 있다고 생각되는 자연 그 자체를 자신들의 생사를 지배해가는 신적 존재로 인식하게 되었다. 이렇게 인간이 자연을 신적 존재로 인식해가게 되자, 인간들에게는 자연을 구성하는 자연물들 하나하나가 다 신적 존재들로 인식되어 나오게 되어 결국 나무신, 물신, 천신 등과 같은 신들이 탄생하게 되었다. 이처럼 자연으로부터 여러 자연물들의 신들이 탄생하자 그 다음에는 인간의 마음으로부터도 마음을 구성하는 관념상의 신들, 예컨대 사랑의 신, 질투의 신, 등과 같은 신들까지 탄생하게 되었던 것이다.

동아시아 서부지역에서 청동기가 사용되기 시작된 것은 앞에서 고찰된 바와 같이 (夏王朝, 2050~1550, BC)의 성립시점으로 파악되고 있다. 당시 금속 무기를 지니게 된 하(夏)나라 사람들에게 신적 존재의 대상으로 인식되어 나왔던 가장 대표적 자연물은 다름 아닌 바로 하늘, 즉 천(天)이라고 하는 존재였다. 이러한 사실은 진시황의 분서갱유로부터 자유로웠던 『역경(易經)』[하왕조대의 『연산』(連山), 상왕조대의 『귀장』(歸藏), 우리가 현재까지 가지고 있는『주역』(周易)],[28] 가장 오래된 경전으로 알려져 있는 『서경(書經)』[29] 등을 통해 파악해 낼 수 있다.

현재 우리가 가지고 있는 『역경』인 『주역』은 하왕조대에 형성된 『연산(連山)』, 그것이 기초가 되어 상왕조대에 이루어진 『귀장』(歸藏) 등에 의거해 주왕조대에 이루어진 것이다. 그런데 『역경』은 청동기가 사용되기 이전, 보다 구체적으로 말하자면 하왕조 이전의 삼황오제시대의 삼황 중의 한 인물인 복희씨(伏羲氏)[30]에 의해 이루어졌다고 이야기되고 있다. 『역경』은 음양의 원리로 천지만물의 변화하는 현상을 설명하고 해석한 유교경전이다. 그것은 음양의 원리로 천지만물의 변화하는 현상을 파악하여 그 원리를 가지고 인간들에게 닥쳐오는 길흉을 점치는데 사용되는 책이라 할 수 있다. 이렇게 봤을 때 『역경』은 끊임없이 변해가는 자연현상들에 대한 고대인들의 체험들로부터 취해진 정보들을 자료로 해서 형성되어 나온 책인 것이다. 『역경』에서 고대인들은 우선 자연체험의 결과들을 음(陰)과 양(陽)으로 양분시켜 파악했고, 또 그들은 한자의 한일자처럼 죽 그은 선(-)으로 양(陽)을 표시했고 가운데가 끊어진 선(--)으로 음(陰)을 표시했으며 그 선(線)을 효(爻)하였다. 그런데 그들은 자연의 변화 법칙을 설명함에 있어서 우선 음효와 양효를 3개씩 묶어 그것들을 삼효괘(三爻卦) 혹은 괘(卦)라 하였고 8종으로 이루어지는 삼효괘를 가지고 자연을 구성하는 요소들에 대응시켜 그것들을 기본으로 해서 자연의 변화원리를 설명해 내려했다. 그런데 고대인들은 8종의 삼효괘(三爻卦), 즉 팔괘(八卦)의 첫 번째를 우선 하늘(乾)에 대응시켰다. 그 다음 그들은 나머지 것들을 땅(坤), 못(兌), 불(離), 천둥(震), 바람(巽), 물(坎), 산(艮)에 대응시켰다. 이렇게 봤을 때 고대인들에게서의 『역경』은 팔괘의 자연물들이 인간들에게 길흉을 가져다 주는 신적 존재들이라고 인식해 갔던 고대인들의 사고방식을 바탕으로 해서 성립되어 나온 것이라 할 수 있다.

청동기 문화가 일반화되었던 상왕조(商王朝, 1766~1122, BC)에 와서는 인간 이 금속무기들을 가지고도 결코 대적해 갈 수 없는 대상들, 예컨대 하늘, 산, 바다 등과 같은 거대한 자연물들이 신들로 인식되어 나왔고, 그 중에서도 하늘 (天)이 최고의 신으로 숭배되었다. 그러한 사실들은 기원전 20~8세기에 우(虞)· 하·상·주왕실의 사관들에 의해 기록되었다고 하는 『서경』에 잘 드러나 있다. 『서경』의 「상서(商書)」편의 「고종융일(高宗肜日)」에 "하늘은 위에서 백성을 내려다보고 그들의 의로움을 시험한다. 그것은 그들에게 길고 짧은 생을 부여한 다"[31] 라는 문장이 있다. 이것도 그러한 사실을 잘 드러내주고 있다.

기원전 10~7세기 사이에 성립된 노래들의 가사들로 이루어진 『시경』은 모 든 자연물들을 신적 존재들의 일종인 영물(靈物)들로서 표현해내고 있다. 『시 경』의 시들은 거의 전부가 그 첫 행(行)이나 첫 연(連)에서 자연물이나 자연현 상을 서술하고, 그 둘째 행이나 둘째 연에서 인간이나 인간의 행위를 서술하고 있다. 예컨대, 제1편 국풍(國風)에 수록된 「제비(燕燕)」의 첫 연은 "제비들은 앞서거니 뒤서거니 날아간다. 누이 시집가는데 멀리 들에서 그녀를 전송한다. 바라다보아도 보이지 않게 되자 눈물을 비 오듯 흘린다"[32] 로 되어 있고, 이러 한 서술형태의 연이 4번 반복된다. 역시 국풍에 수록된 「해와 달(日月)」의 첫 연은 "해와 달은 아래 땅을 비추고 있다. 그러나 우리 님은 전처럼 나를 위해주지 않는다. 어떻게 해야 마음을 사로잡을 수 있을까? 나를 거들떠보지도 않는다"[33]로 되어 있고, 이러한 서술형태의 연이 역시 4번 반복된다. 앞의 두 시들의 경우처럼 『시경』의 대다수의 시들은 시들의 첫 머리가 자연물들의 서술로 이루어진다. 여기서 필자가 말하고자 하는 것은 시의 첫 머리에 서술된 바로 이 자연물들이 의인화(擬人化)되어 작품세계에서의 신적 존재의 역할을 행해간다고 하는 것이다. 이시카와 다다히사(石川忠久)도 그의 저서『시경(詩經)』(新書漢文大系 15, 明治書院, 2002)의 「『시경』의 개략과 해설」에서 "국풍(國風)의 풍(風)은 항신(降神), 초신(招神)한다는 의미이고, 국풍의 여러 시들은 기본적으로는 여러 강신의례(降神儀禮)에 사용된 악가(樂歌)였다" 고 말하고 있다. 또『시경』의 시는 풍(風)·아(雅)·송(頌)에 의거한 분류[34] 이외에 수사학적 분류로서 부(賻)·비(比)·흥(興) 등으로도 분류된다. 그런데 이시카와 다다히사는 신성한 종교적 의례(儀禮)가 형해화(形骸化)되어『시경』의 시들 속에 정착한 것이 흥(興)이라는 입장을 제시하고 있다. 따라서『시경』에서의 흥은 시가 지닌 주술적 의의(呪術的 意義)를 가리키는 것으로서 그것은 작품세계를 구성한 자연물들에 의해 촉발되어 나오는 감정의 일정이라 할 수 있다.

한 대(漢代, BC 206~AD 220)로 들어와서 동아시아 서부지역에서의 한시(漢詩)는『시경』의 그러한 시들과 그 흐름을 탄 한 대의 악부시(樂府詩)를 기초로 해서 확립되어 나왔다. 한편 동아시아의 서부지역은 1세기에 들어와 인도로부터 동아시아의 서역을 통해 불교를 받아들여 그것을 서부의 전 지역으로 전파시켜 나갔다. 그 결과 4세기 말까지는 동아시아 서북지역의 주민들의 10분의 9가 불교신자들이 되었다.[35] 중국 동진의 법현(法顯, 337~422)과 같은 승려는 399년에 중앙아시아를 거쳐 인도로 가서 414년에 해로를 통해 남경(南京)에 도착해 인도에서 가져온 불경을 번역하게 된다.

이처럼 중앙아시아를 통해 서부지역에 들어온 불교는 서한(西漢)시대에 일반화되었던 유교사상에 짓눌려 있었던 무위자연(無爲自然)사상 등과 같은 도교사상을 촉발시켜 그것을 매개로 해서 전파되었다. 그러한 상황 에서 위(魏, 220~265)와 진(西晉, 265~317)의 정권교체기에는 죽림칠현(竹林七賢)을 비롯한 청담파(淸談派) 지식인들이 출현하였다. 불교 사상의 본질은 자기의 욕망을 버리면 자아(自我)가 세상이 되고 세상이 곧 자아가 된다고 하는 것이다. 당시의 서부 지역인들은 불교와의 접촉을 계기로 해서 자연의 세계를 내면화시킬 수 있게 되었다. 그 결과 전원시인(田園詩人)으로 알려진 도연명(陶淵明, 365~427), 사령운(謝靈運, 385~433) 등과 같은 사람들은 자신들의 사회적 욕망을 버리고 자연 속에 들어가 그 세계를 자신들의 일부로 받아들여 자신들의 삶을 실현시켜 나갔다. 자연에 대한 그들의 그러한 입장이 그 후 당대(唐代, 618~907)에까지 이어졌고, 그 무렵 그것이 동부지역으로 전파되어 나가 동부지역의 고전들의 토대를 이루게 되었다.

3) 고대 동아시아인들의 왕국의 설립과 신화창조

문자와 청동기는 혈연으로 맺어진 부족들을 통합시키고 또 그 연합체를 하나의 왕국으로 전환시켜 나갔다. 그러한 과정을 거쳐 출현한 왕국은 왕이라고 하는 강자에 의해 통치되어 나갔다. 이 경우 이 왕국은 이전의 여러 부족장들이 소유하고 있는 땅들과 그곳들의 인력을 기반으로 해서 건설된 나라였다. 따라서 그 왕국의 최고 통치자인 왕이 지속적으로 그 나라를 다스려 나가려면 우선 무엇보다도 자신이 다른 족장들이나 토족들을 지배해 갈만하다는 정치적 논리를 세워야 했다. 그 논리가 바로 자신의 통치권을 신성화시키는 것이었다. 왕이 자신의 통치권을 신성화시키려면 우선 무엇보다도 자신의 가계를 일으킨 존재를 신격화시키는 것이다. 필자가 여기에서 말하고자 하는 것은 왕이 자신의 선조를 신격화시켜 나가는 과정에서 개국신화(開國神話)가 탄생하게 되었다고 하는 것이다.

동아시아의 서부지역에서 설립된 최초의 왕국은 하왕국(夏王國, 2050~1550, BC)으로 파악되고 있다. 앞에서 언급한 바와 같이 하왕국의 설립 시점은 동아시아의 서부지역에서 청동기가 쓰이기 시작되었던 시기였던 것으로 고찰되고 있다. 황하중류의 하왕조는 440년간 지속되다가 황하 하류의 산동반도의 동이족(東夷族)을 지지기반으로 해서 출현한 상족(商族)에 멸망하였다. 또 하왕조를 기반으로 해서 건설된 상왕조(商王朝, 1766~1122, BC)은 644년간 지속되다가 황하 상류로부터 황하 중류지역으로 내려와 그곳에서 세력을 키웠던 주족(周族)에 의해 멸망되었다. 주왕국(1122~256, BC) 역시 866년간 지속되었다. 그 왕조는 황하의 상류지역에서 그 중류로 이동해 그곳에서 세력을 키운 진

(秦)에 의해 멸망된다. 진왕국은 기원전 221년에 동아시아의 서부지역을 통일해 15년간 지속되다가 결국 기원전 206년에 한족(漢族, BC 206~AD 222)에 의해 멸망한다.

이상과 같이 고대 동아시아의 서부지역에서는 20세기 간에 걸쳐 5개의 왕국들이 기존의 왕국이나 왕국들을 무너트리고 새로운 왕국들을 건설해 나갔다. 이 경우 각 왕국들은 기존의 왕국을 무너트리고 새로운 왕국을 개국(開國)해 그것을 몇 백 년 동안 유지시켜나가고, 또 그것을 번영시켜나가는 과정에서 자신들의 왕조를 일으킨 왕을 신격화시켜 나갔다. 각 왕국들은 그 뿐만이 아니라, 자신들의 선조들이라 하여 하왕조 이전의 부족장들까지도 신격화시켜나갔던 것이다. 그러한 과정에서 형성되어 나온 것이 다름 아닌 바로 삼황오제(三皇五帝) 전설이었다.

삼황오제전설은 그 단편들이 『서경』, 『역경』 등에 나타나 있고, 진나라 말기 여불위(呂不韋, BC 235년 사망)에 의해 편찬된 『여씨춘추』에도 나타나 있다. 그러나 그것이 현재의 형태를 취하게 된 것은 사마천(司馬遷, 145~86년경, BC)의 『사기』의 「삼황본기(三皇本紀)」와 「오제본기(五帝本紀)」 등을 통해서였다. 그런데 논자가 여기에서 말하고자 하는 것은 동아시아의 서부지역에서는 어째서 기원전 250년~기원전 100년경 사이에 서부지역민의 개국신화가 확립되어 나왔는가의 문제이다. 그것은 다음과 같이 설명될 수 있을 것이다.

앞에서도 언급한 바와 같이 알렉산더대왕(356~323, BC)이 발칸반도의 마케도니아로부터 인도의 인더스 강 유역에 이르는 지역에 헬레니즘제국(334~30, BC)을 건설했다. 그래서 그것이 3세기 동안 지속되었는데, 그 과정에서 동아시아의 서부지역의 민족들은 알렉산더대왕이 인도를 정복한 후 동아시아의 서부지역까지 쳐들어간다는 이야기들이 나왔었기 때문에 서쪽으로부터 동진해오는 이민족들의 세력들로부터 민족적 위협을 느끼지 않을 수 없었다. 그 결과 그들은 자기들을 위협하는 세력들의 경우처럼 동아시아 서부지역내의 민족적 통일을 통해 동아시아의 서부지역을 위협해 오는 세력에 대항해간다는 입장을 취해 갔다. 그들은 그러한 입장을 견지해 갔던 결과, 알렉산더 대왕으로부터 1세기 뒤에 동아시아의 서부지역에서 태어난 진시황제(秦始皇帝, 259~210, BC)에 와서 동아시아의 서부지역이 최초로 통일되어 나왔다. 그다음 한제국(漢帝國)에 와서는 그러한 통일정국이 한 층 더 강화되어 났다. 그러한 역사적 상황 속에서 출현한 것이 바로 삼황오제 신화전설이었던 것이다.

보다 구체적으로 말해, 동아시아의 서부지역의 민족들이 서역의 이민족 세력들의 동진 가능성을 의식해가기 시작했던 것은 전국시대(戰國時代, 403~221, BC) 이후였었던 것으로 파악된다. 그들이 그러한 가능성을 의식하게 됐던 것은 서아시아에서의 페르시아제국(550~330, BC)의 출현과 그의 중앙아시아와 인더스강 유역까지의 진출에 의해서였다. 특히 페르시아제국의 다리우스 대제(521~486, BC)는 페르시아전쟁(제1차 BC 499, 제2차 BC 490, 제3차 BC 480)을 통해 보스포로스 해협 건너의 유럽에서 인더스강 유역 및 중앙아시아의 타림분지에 이르는 대제국을 건설했다. 그는 그 과정에서 보스포로스 해협의 서편의 그리스인들과의 민족적 충돌을 야기시켰다.

한편 페르시아 제국의 다리우스 대제는 페르시아전쟁 등을 통해서 자신이 확장시킨 제국을 다스려감에 있어 제국의 수도 수사(Susa, 후에 페르세폴리스를 건설해 그곳으로 수도를 옮김)로부터 소아시아의 사드리스(Sadris)에 이르는 '왕의 길'(Royal Road)을 건설해 교통시설과 행정조직을 정비시켰다.[36] 그는 동쪽은 인도의 인더스강 유역, 그 상류의 간다라지역, 중앙아시아의 카라콜산맥 · 파미르고원 · 천산산맥 지역까지를 점령하였고 서쪽으로는 소아시아지역 서쪽 건너편의 트라키아 지역까지를 점령하였던 것이다.

그로부터 1세기 반 후에 출현한 알렉산더대왕도 자신이 건설한 헬레니즘제국의 세계를 지배해감에 있어 앞에서 고찰한 바와 같이 이전의 페르시아의 다리우스대제의 통치방법을 그대로 받아들였다. 특히 알렉산더 대왕은 다리우스대제가 페르세포리스를 건설해 그곳을 수도로 정했던 것처럼 자신이 점령한 이집트에 알렉산드리아라고 하는 도시를 건설해 그곳을 헬레니즘제국의 수도로 정하고 그곳에서 그리스문화를 연구케 했다. 알렉산더의 동방정벌의 일차적 목적은 그가 높이 평가했던 그리스인들의 문화를 널리 확산시키는 것이었다. 그의 그러한 목적 실현 방법은 그가 정복한 각 지역에 자기의 이름을 붙인 도시들을 세워 그 지역들을 거점으로 해서 그리스문화와 그리스어를 전파시켜 나갔던 것이다.37 특히 그의 후계자들 중의 한 사람인 프톨레마이오스 1세(Ptolemaios 1, 재위 305~282, BC)는 이집트에 프톨레마이오스 왕국을 건설해, 이집트의 알렉산드리아에 무세이온(Mouseion, 왕실부속연구소)38과 공공도서관을 열어 아테네로부터 수많은 학자들을 그곳으로 불러들여 그리스문화와 학문을 연구시켰고 또 헬레니즘세계의 통치방안과 그 사상적 기반을 연구시켜 나갔다. 국가적 차원에서의 학문의 중요성이 인식되어 학문육성 정책이 취해지게 된 것은 바로 이 헬레니즘제국시대(305~30, BC)부터였다고 할 수 있다. 논자가 여기에서 말하고자 하는 것은 전국시대 말 동아시아의 서부지역에서도 알렉산드리아에서 행해졌던 일이 그대로 일어났었다는 것이다. 알렉산더대왕의 그러한 제국건설과 그의 후계자들의 그러한 제국경영정책이 동아시아의 서부지역에 알려진 것은 알렉산더의 후계자의 한사람이 시리아를 중심으로 한 서아시아 일대와 중앙아시아지역을 기반으로 건설한 셀레우코스제국(Seleukos Empire, 323~60, BC)과 그로부터 독립해 나온 이란지역 중심의 파르티아제국(Parthian Empire, BC 247~AD 226)을 통해서였다.

고대 동아시아 서부지역에서의 학문은 서역의 헬레니즘제국에서 행해졌던 그러한 학풍이 동아시아의 서부지역으로 전파되어 나옴에 따라 한층 더 활발해 졌다. 예컨대 제(齊)의 위~양왕대(威~襄王代, 357~265, BC) 제나라의 수도 임치(臨淄, 현재 산동성 임치시)에 설립된 당시의 국립대학의 성격을 띤 직하학궁(稷下學宮)의 경우가 그 한 예일 수 있다. 당시의 제나라는 이집트의 알렉산드리아에서 프톨레마이오스 1세가 그러했었던 것처럼 그 교육기관에 만천하로부터 우수한 학자들을 불러들여 학문을 육성해 갔던 것이다. 직하학궁은 국립대학의 성격을 띤 대학이었기는 했지만 사가(私家)들이 주관해갔던 기관이었다. 당시 동아시아 중부지역의 제자백가의 대부분들은 맹자(孟子, 372~289, BC)의 경우처럼 바로 그 기관을 통해 출현했고 고대동아시아 중부지역의 학문은 그들을 통해서 확립되어 나왔다고 말할 수 있다. 또 전국시대(戰國時代,

403~221, BC)의 말기에는 위(魏)의 신능군(信陵君)을 위시한 사군자(四君者)라 불리는 명성 높은 자들이 있었다. 그들은 천하의 유능한 인사들을 초치(招致) 각각 수백에서 수천에 달하는 많은 빈객(賓客)들을 거느리고 있었다. 진(秦)의 재상인 여불위(呂不韋)도 강력한 국력을 배경으로, 많은 돈을 써서 천하의 유능한 인재들을 진나라로 끌어들였다. 그 결과 빈객이 3천에 이르게 되었다. 그러자 여불위는 그들 중에서 학문과 재능이 뛰어난 자들을 가려 그들로 하여금 그 동안 듣고 본 것들 중에서 중요하다고 생각되는 것들을 기록해 보도록 했다. 그는 시황제 즉위 초년인 기원전 240년에 그것들을 모아『여씨춘추(呂氏春秋)』라고 하는 책을 편찬했다. 그것은 백과전서(百科全書)와 같은 것으로서 그것이 편찬된 지 20년만인 기원전 221년에 시황제는 천하를 통일하게 되었다.

그는 통일천하를 지배하기 위한 방법으로 페르시아의 다리우스 대제와 알렉산더대왕이 행했던 것처럼 우선 수도 함양(咸陽)을 기점으로 한 치도(馳道)의 건설이었다. 진시황은 수도에서 동과 남으로 뻗은 이 도로를 이용해 전국 순방을 행했다. 그래서 사마천은『사기』에서 이 길을 '전자지도(天子之道)'로 표현해 놓고 있다. 그뿐만 아니라 그는 그들의 경우처럼 수도 함양 근처에 거대한 궁전인 아방궁(阿房宮)을 지어 왕조의 위력을 과시하였다. 그는 천하통일 후 8년째에 가서 분서갱유(焚書坑儒)를 단행했다. 학문에 대한 그의 그러한 입장은 10년을 넘지 못하고 진의 멸망으로 귀결되었고, 그렇게 해서 멸망한 진나라를 기초로 해서 그 유방(劉邦)은 한(漢, BC 206~AD 220)을 설립했다.

한나라는 한무제(漢武帝, 재위 141~87, BC)에 와서 동중서(董仲舒)의 건의를 받아들여 공자가 세웠던 유학(儒學)을 국학(國學)으로 받아들여 한제국의 정치적 사회적 기초를 확립시켜 나갔던 것이다. 그렇게 해서 한은 유교의 천제(天帝)사상을 기초로 해서 중화(中華)사상을 시켰고 그것에 의거해서 서부지역 중심의 동아시아세계를 구축했던 것이다. 그런데 논자가 여기에서 말하고자 하는 것은 바로 이것이다. 상황오제신화전설이 서구에서의 페르시아제국과 헬레니즘제국의 중앙아시아의 점령으로 인해 서세동점(西勢東占)의 가능성이 예측되어 민족적 위기의식이 형성되어 나온 분위기 속에서 쓰인 책들을 통해서 확립되어 나왔다고 하는 것이다.

이상과 같이 동아시아에서의 삼황오제와 같은 개국신화가 서세의 동진이라고 하는 그러한 국제적 분위기 속에서 그 서부지역 민족들의 민족적 위기의식의 극복방안의 하나로 확립되어 나온 것이라고 한다면, 동아시아의 서부지역에서의 천지개벽신화(天地開闢神話)는 전한대(前漢代, BC 206~AD 8)의 유안(劉安, 179~122경, BC)이 편찬한『회남자(淮南子)』, 삼국시대(222~280) 오(吳)나라의 서정(徐整)이 편찬했다고 하는『삼오역기(三五歷記)』등을 통해서 확립되어 나왔다[39]. 그런데 전한대의 동아시아의 중부지역은 파르티아제국(BC 247~AD 226)과 인접해 있었을 시기였었다. 파르티아제국은 중앙아시아의 이란지역을 정치적 기반으로 해서 알렉산드리아의 후계자의 한사람에 의해 시리아지역에 건설되었던 셀레우코스왕조로부터 독립해 나와 강성했던 나라였다. 당시 한(漢)에는 그 왕국이 안식(安息)으로 알려져 있었는데 그 왕국의 부상(浮上)과 함께 한나라로부터 로마에 이르는 실크로드가 동서 문화의 교류가 활발해지게 되었다. 이러한 상황에서 서아시아지역에서 페르시아 제국 시대에 확립되어 나온 이란민족의 유일신 종교 배화교(拜火敎, Zoroastrianism) 라든가 유다교(Judaism) 등과 같은 유일신 사상이 실크로드를 통해 동아시아의 서부지역으로 유입되었다.[40] 삼국시대는 1세기 전후부터 서역쪽의 실크로드를 통해 동아시아의 중부지역에 전래되었던 불교가 일반화되어 갔던 시기였다. 그와 같이 외래 종교였던 불교가 일반화되어 나가던 시기는 그동안 유교에 묻혀 있었던 도가사상이 일깨워져 나갔던 시기였고, 또 서역으로부터 실크로드를 통해 페르시아의 배화교, 서아시아의 유대교 등과 같은 종교가 유입되어 결국 유일신 사상에 입각한 세계관이 형성되어 나오게 된 시기이기도 했다. 도가사상이란 중앙아시아의 고원(高原)지역에서 출현한 이란민족이나 서아시아의 사막(砂漠)지역에서 출현한 셈족이 형성시킨 광명(光明)과 암흑(暗黑)이라고 하는 이원론적 세계관과의 접촉을 통해 확립되어 나온 것으로 고찰되는 음양(陰陽)사상을 핵심으로 해서 형성되어 나온 사상이다. 동아시아 서부지역에서의 천지개벽신화는 바로 그러한 도가사상이 실크로드를 통해 동아시아 서부지역에 유입된 서역의 그러한 종교들과의 접촉을 통해 확립되어 나왔던 것이다.[41]

도교사상에 관한 최고(最古)의 문헌으로 알려져 있는 것은 『도덕경』(道德經)이다. 그런데 그것은 '황제(黃帝)와 노자(老子)의 말'이라고 지칭되고 있는 문헌이다. 또 건륭제(乾隆帝, 1711~1799)의 사고전서총목록(四庫全書總目錄)에 도가(道家)의 첫 번째 저서목록에 『도덕경』보다도 더 먼저 『음부경(陰符經)』(볼 수 없는 조화를 다룬 책으로서 8세기에 재발견된 것으로 되어 있음)이 다루어지고 있는데, 그것도 황제의 것으로 알려져 있다. 그런데 고대 동아시아의 서부 문화가 바빌론에서 유래했다는 드 라쿠페리(De Lacouperie)는 기원전 2282년경에 황제가 그것을 서아시아로부터 가져갔다고 말하고 있다.[42]

3. 고대 동아시아 고전의 사상적 기저와 서역

1) 고대 동아시아 고전의 성립시기

동아시아 동부지역이나 그 중부지역에서 형성되어 나온 고전들, 예컨대 『고사기(古事記)』(712), 『일본서기(日本書紀)』(720), 『만요슈(万葉集)』(759경) 등이나 『삼국사기(三國史記)』[43](1145), 『삼국유사(三國遺事)』[44](1285) 등과 같은 작품들은 동아시아 서부지역에서 형성되어 나온 고전들을 모델로 해서 성립되어 나왔다. 따라서 우리의 동부·중부지역의 그것들에 대한 연구는 서부지역의 고전들에 대한 연구를 필수로 한다.

현재 우리에게 알려진 서부지역의 고전들로는 우선 유교경전으로 알려져 있는 「13경(十三經)」을 들 수 있고[45], 도가사상(道家思想)을 다룬 서적으로 『도덕경(道德經)』·『장자(莊子)』·『열자(列子)』를 들 수 있다. 또 유교사상과 도교사상의 절충적 입장을 취해 판찬된 『여씨춘추(呂氏春秋)』도 있다. 역사산문

작품들로서 『국어(國語)』·『전국책(戰國策)』[46]·『죽서기년(竹書紀年)』이 있고, 시문학작품집으로『시경(詩經)』외에『초사(楚辭)』가 있고, 신화 작품으로는『산해경(山海經)』·『회남자(淮南子)』등이 있다. 그 외에 제자백가(諸子百家)들의 철학서들로서 『관자(管子)』·『흑자(黑子)』·『순자(荀子)』·『한비자(韓非子)』등이 있다. 역사서로는 사마천(史馬遷, 145~86, BC)의『사기(史記)』가 있다.

그런데 문제는 이러한 고전들이 언제 형성되어 나왔는가 하는 것이다. 이 문제와 관련해 우선 우리가 끌어내야 할 문제는 진시황의 분서(BC 213)이다. 이 사건이 일어난 것은 천하통일로부터의 8년만의 일이었다. 진시황이 그 사건을 일으킨 것은 전국시대(戰國時代, 403~221, BC)의 후반인 기원전 3세기 이후 동아시아 중부지역이 진(秦)을 중심을 통일되어나가는 상황 속에서 제자백가들이 문헌을 통해 제시하는 다양한 정치적 견해들과 사상들을 전부 다 현실정치에 반영시켜갈 수 없었기 때문이었다.

분서사건이 일어난 지 7년 만에 진(秦)이 멸망하고 그것을 발판으로 하여 한(漢, 前漢 BC 206~AD8 : 後漢 25~220)이 일어났다. 한의 고조(高祖, 재위 206~195, BC)는 자신이 거머쥔 천하를 다스리기 위해서는 교육을 받은 자가 필요하다는 것을 절감한 나머지 기원전 201년 조정에 적합한 의식절차(儀式節次)를 안출(案出)케 하고 그로부터 5년 후에는 유능한 인재를 발탁해 자신의 정무를 보필토록 했다. 한의 제2대 황제 혜제(惠帝, 210~188, BC)는 진의 금령(禁令)이 내려진 지 22년만인 기원전 191년에 공적으로 그것을 해제시켰다. 그러자 일부학자들은 자신들이 청년기에 암기했던 경전을 복원해갔다. 그러한 복원 과정에서 재편찬된 것이 현재 우리가 일고 있는『시경』이다. 제5대 문제(文帝, 180~157, BC) 때에는 국가적 차원에서 학문을 일으키려고 진시황의 분서 때 숨겨두었던 문헌들을 헌납하는 제도를 만들었고, 그와 더불어 전국의 나이든 학자들을 모아 그들이 암기하고 있는 경전들을 구술(口述)하게 하여 그것들을 필사시켰다.

제7대 무제(武帝, 141~87, BC)에 와서는 두 사람의 유능한 유학자를 기용했는데, 공선홍(公孫弘, BC 121년 사망)과 동중서(董仲舒, 170~120년경, BC)가 그들이다. 무제는 그들의 건의를 받아들여 유가사상을 국학으로 채택했고 오경박사(五經博士)를 두어 유학 이외의 모든 학파를 조정에서 축출시켰다. 기원전 124년에는 관리양성을 위한 관립교육기관인 태학(太學)을 설립해 귀족 자녀들을 교육시켰고 지방에서도 유학을 교육할 것을 권장했다. 그러한 분위기 속에서 조정의 오경박사를 중심으로 유교경전을 비롯한 고전정리가 활발히 이루어졌다. 공안국(孔安國)이 공자의 옛 집을 헐었을 때 나온 과두문자(蝌蚪文字)로 된 『고문상서(古文尙書)』·『예기(禮記)』·『논어(論語)』·『효경(孝經)』을 발견했던 시점도 바로 그 무렵이었다. 또 무제보다 1년 늦게 사망한 사마천도 그들과 동시대의 사람이었다.

논자가 여기에서 말하고자 하는 것은, 동아시아 서부지역에 고전들이 출현하게 된 것은 동아시아 서부지역이 하나로 통일되어 나온 기원전 2세기와 1세기 간의 200년간이었다고 하는 것이다. 보다 정확히 말하자면, 진시황의 금령이 공식 해제된 기원전 191년부터 금문학(今文學)의 차원에서 그것들의 자료들이 수집되고 정리되어 한문으로 기록되어 나온 것은 기원전 2세기였고, 또 그것이 유향(劉向) 등에 의해 고문학(古文學)의 차원에서 문헌학적으로 연구되어 현재의 형태로 출현되어 나오게 됐던 것은 사마천이 『사기』 집필을 완성한 기원전 91년부터 전한(前漢)의 멸망시점(AD 8)까지의 100년간이었다고 하는 것이다.

2) 한(漢)의 제국주의사상(帝國主義思想)과 동아시아 고전

특히 앞의 100년간의 기간은 동아시아 서부지역에서 전국(全國)을 통일시킨 진(秦)을 기초로 해서 출발한 한(漢)이 한제국(漢帝國)으로 전환하는 시기였다. 이 점을 감안해 봤을 때, 과연 무엇이 당시 사람들로 하여금 그것들을 현재의 형태로 정리케 했던 것일까에 문제이다. 이 물음은 기원전 3세기에 동아시아의 서부지역을 통일공간으로 몰아가 진으로 하여금 전국을 통일케 했고 더 나가서 진을 이어 받은 한으로 하여금 다음 1세기 동안 제국(帝國)으로 전환케 했던 바로 그 에너지원과 깊게 관련되어 있었던 것으로 고찰된다.

한의 고조(高祖)의 건국 시점인 기원전 206년에서 한무제의 즉위시점인 기원전 141년까지의 65년간은 한고조(漢高祖)가 진으로부터 물려받은 전국(全國)의 영토가 유지되어 나갔을 뿐 영토의 확장 같은 것은 이루어지지 않았다. 그러나 무제(武帝, 141~87, BC)에 와서 비로소 한(漢)은 제국(帝國)으로서의 면모를 갖추게 된다. 무제는 서역의 파르티아제국의 중앙아시아 쪽으로의 진출로 인해 서북방지역을 침입해 들어오는 흉노(匈奴)를 정벌할 목적으로 기원전 126년 장건(張騫)으로 하여금 서역을 원정하게 하였고, 이광리(李廣利)를 파견해 대완국(大宛國) 등을 정벌하게 했다. 기원전 112년에는 로박덕(路博德) 등으로 하여금 광동·광서·북베트남 등이 포함된 남월국(南越國)을 정벌하게 하여 그 지역에 9군(郡)을 설치해 직접 그 지역을 다스렸다. 기원전 108년에 가서는 동북쪽의 위만조선(衛滿朝鮮)을 멸망시키고 그곳에 낙랑군(樂浪郡) 등 소위 한사군(漢四郡)을 설치해 그곳을 다스렸다. 무제가 사마천을 왕실 도서를 관장하는 태사령(太史令)에 임명한 것은 그가 위만조선은 멸망시킨 바로 그 해인 기원전 108년이었다. 사마천은 그로부터 4년 동안 자료를 정리해 104년 경부터 부친의 뒤를 이어 『사기』를 집필하기 시작했던 것이다.

그런데 논자가 여기에서 말하고자하는 것은 사마천의 『사기』는 동서남북의 여러 약소국들을 정벌하여 그것들을 속국으로 만든 한무제의 한제의 제국주의 사상에 입각해 쓴 한족(漢族) 중심의 동아시아사라고 하는 것이다. 그렇다면 한무제로 하여금 그러한 제국주의 사상으로 무장케 한 것은 과연 무엇이었던가?

서역에서의 파르티아왕국은 미트리다테스 1세대(171~138, BC)에 들어와 이란의 전지역을 지배하게 되어 대제국으로 전환해 나왔다. 미트리다테스 2세 (123~88, BC)에 와서는 부왕보다 동서로 세력을 확장시켜 '대왕'의 칭호를 얻게 된다. 한무제는 파르티아제국의 그러한 동방진출에 대항해 바로 그러한 제국주의적 입장을 취했던 것이다.

한무제의 그러한 제국주의 정책은 한 대에 형성된 것은 결코 아니었다. 그의 그러한 정책은 우선 무엇보다도 진시황의 전국(全國)통일 정책의 확장을 의미하는 것이었고, 그의 그러한 사상은 진시황이 전국을 통일시켰던 정치적 이념과도 완전 부합되는 것이었다. 앞에서 언급한 바와 같이 진시황은 전국통일을 달성한 후 헬레니즘제국의 알렉산더대왕과 페르시아제국의 다리우스 1세 대왕의 제국치정 방법을 받아들여 통일전국을 다스려갔다. 그러한 것들을 근거로 해서 생각해볼 때 그에게서의 전국통일이란 바로 동아시아의 외부로부터 동아시아로 침입해 들어올지 모르는 서역의 제국주의세력들에 대한 대항정책의 일종이었던 것으로 고찰된다. 진시황이 부국강병정책을 취해 전국 통일작업을 시작한 것은 기원전 238년이었다. 당시 동아시아의 서부지역의 소국들은 서북쪽으로는 중앙아시아의 이란지역을 정치적 기반으로 성립한 파르티아제국(BC 247~AD 226)과 인접해 있었고, 또 서남쪽으로는 기원전 327년 알렉산더대왕의 침공에 대항해 인도에서 최초로 고대 통일제국을 세운 마우리아왕조(Maurya dynasty, 317~180, BC)와 대치상태에 있었다. 특히 당시의 마우리아왕조의 왕은 제3대 아소카왕(273~232, BC)이었다. 그는 인도의 전 지역을 통일시켰던 자로서 인도의 역사에서 가장 위대한 왕으로 기록되어 있는 자이다. 이러한 점을 감안해 봤을 때 진시황에게서의 전국통일 작업이란 동아시아 서부지역을 감싸고 있던 양대 제국들의 영토 확장정책에 대응해가기 위한 일환책이었던 것으로 파악된다.

진시황의 그러한 대응정책은 진시황 대에 와서 비로소 취해진 것은 결코 아니었다. 그것은 이미 춘추전국시대부터 시작되었다고 말할 수 있다. 춘추시대(春秋時代, 770~453, BC) 융적(戎狄)의 침입으로 서주(西周)의 수도 호경(鎬京)이 함락되자, 주왕실이 동방의 낙양(洛陽)으로 동천(東遷)하게 됨으로써 시작되었다. 춘추시대 초기 동아시아의 서부지역에는 100여 국이 존재했었다. 그러나 춘추시대 말에는 12개국으로 줄어들었다. 이 시대 중부지역의 소국(小國)들은 주 왕실을 대신해 존왕양이(尊王攘夷)의 정치적 이념을 실현시켜가려 했던 소위 춘추오패(春秋五覇)에 의해 지배되어 나갔다. 그 첫 패자(覇者)가

제(齊)의 환공(桓公, 재위 685~643, BC)이었다. 그는 관중(管仲)을 등용해 자신의 패업을 실현시켜나갔는데, 관중은 우선 중앙집권화 정책을 추진시키기 위해 부국강병책을 취해 약소열국들을 병합시키면서 강대국들과는 회맹(會盟)을 추진했다. 그 뿐만 아니라, 그들은 회맹을 통해 불효자를 처벌하고 노인·현인(賢人)을 존경하는 문제 등과 같은 윤리도덕의 문제까지도 다루었다.[47] 환공과 관중의 그러한 정치적 목적은 우선 이적(夷狄)의 제하(諸夏)세계의 침입을 막기 위해서였던 것이다. 그런데 논자가 여기에서 말하고 지하는 것은 춘추시대의 패자들이 취했던 그러한 정치적 이념이 당시 서역의 정치적 상황과의 관련 속에서 형성되어 나왔었다고 하는 것이다.

당시 서역은 철기문명을 보편화시켜 나온 아시리아제국의 지배하에 있었다. 아시리아제국은 서아시아에서의 철기문화가 일반화되어 나가는 과정에서 앗슈르 나시르팔 2세(재위 883~859, BC)에서부터 제국으로서의 형태를 취하게 되었고, 그로부터 1세기 후 티글라트 필레세르 3세(재위 745~726, BC)에서부터 앗슈르 바니팔(재위 669~630, BC)에 이르는 여섯 왕들에 의해 이집트, 소아시아, 메소포타미아, 에람, 아라비아 등이 포함된 대제국이 건설되었던 것이다. 서역에 그러한 정치적 상황이 전개되자, 그 제국에 인접해 있던 서방의 민족들은 물론 동방지역의 민족들도 그 제국으로부터의 위협을 모면하기 위해 동서진하지 않을 수 없었다. 동아시아의 서부지역에서의 철기문명은 바로 그 과정에서 형성되어 나와, 결국 춘추시대가 도래했던 것이다.

그 다음 동아시아에서의 전국시대의 도래는 서역의 이란 지역에서의 페르시아제국(550~330, BC)의 출현과 깊게 관련되어 있었던 것으로 고찰된다. 페르시아제국은 키루스(550~529, BC), 캄비세스(529~522, BC), 다리우스 1세(521~486, BC)의 세 왕들이 옛 아시리아제국의 영토를 기초로 해서 서방으로는 에게해 건너의 마케도니아지역까지, 동으로는 동아시아 서부의 변방 사카스 지역에 이르는 대제국을 건설하였던 것이다. 동아시아의 서부지역의 제하국(諸夏國)들은 서역의 아시리아제국의 동진으로부터의 위협을 모면하기 위해 춘추시대 이래 병합과 회맹 등의 방법을 통해 통일정책을 추진해왔었다.

그러나 기원전 6세기 중반으로 들어와 동아시아의 인접지역에서 이전의 제국보다도 더 강력한 대제국이 형성되자 동아시아의 제하국들은 과거의 그러한 방법으로는 통일이 불가능하다는 것을 깨닫게 된 후 무력 투쟁을 통해서 천하통일을 실현시켜나간다는 입장을 취하게 되었던 것이다. 그러한 입장은 페르시아제국에 가장 인접해 있던 서북지역의 진(秦)과 서남지역의 초(楚)에 의해 가장 강력히 추진되어 나갔다.

고대 동아시아 중부지역에서의 유교사상이란 다름 아닌 바로 한 제국이 확립시킨 제국주의 사상이었는데, 사실 그 유교사상은 제하국이 춘추시대 이후 서역의 제국들의 공격에 노출되어 그 위협을 모면하기 위한 방안으로 통일을 추진해나가는 과정에서 성립되어 나온 사상으로 이해될 수 있다. 원래의 유교사상은 서역의 아시리아제국의 세력과 함께 철기문명이 동아시아 서부지역에 유입되어 기존의 사회적 질서가 붕괴되자 춘추시대 중기의 공자(孔子, 551~479, BC)가 그것을 재정립시키기 위한 방안의 일환으로 성립시킨 사상이었다. 그런데 당시 공자가 존왕양이의 문제와 관련해서 가장 평가했던 선인(先人)들의 한 사람은 춘추시대 초기에 존왕양이의 정치적 이념을 실현시켰던 관중이었다. 이러한 점들을 감안해볼 때, 한제국의 사상적 기반으로서의 유교사상은 존왕양이사상을 기저로 해서 성립된 것임을 알 수 있다. 그 뿐만 아니라 우리는 한제국의 그러한 사상적 기초가 세워지는 과정에서 정리되어 현재의 형태로 문헌화되어 나왔던 동아사이의 서부지역의 고전들 속에는 어떠한 형태로든지 간에 존왕양이를 중핵으로 한 제국주의 사상이 내재되어 있다는 입장을 취해볼 수 있는 것이다.

3) 고대 서역의 제국주의 국가들과 고전들의 출현

이상과 같이 고대 동아시아의 서부지역의 고전들이 서역의 제국주의 국가들의 동진 가능성에 대응해 한제가 확립시킨 제국주의사상인 유교사상을 초석으로 해서 성립된 것이라 한다면, 다른 지역들의 고전들의 경우는 어떠한가?

우선 그리스, 인도, 메소포타미아 등의 경우를 파악해보고, 끝으로 동아시아 동부와 중부의 경우도 고찰해 보기로 한다.

고대그리스의 최고(最古)의 고전으로 거론되는 서사시『일리아드(Ilias)』·『오디세이(Odyssey)』가 음유시인(吟遊詩人)에 의해 낭독되기 시작된 것은 기원전 750년경의 일이고 그것들이 그리스 알파벳으로 기록되기 시작된 것은 기원전 550년경의 일이다. 또 그것들이 파피루스 종이로 만든 두루마리 책으로 만들어진 것은 기원전 6세기 말에서 5세기 초로 추정되고 있다. 그 근거는 당시 그리스에서 두루마리 책들이 만들어지기 시작된 것은 기원전 6세기 말에서 5세기 초였고 그것들이 필사되어 서적 상인들에 의해 팔리고 서점들이 생겨난 것은 기원전 5세기 말 경이었던 것으로 이야기되고 있기 때문이다.[48] 헤로도토스(484~424, BC)가 페르시아전쟁(492~448, BC)을 소재로 해서『역사』를 집필한 것은 기원전 431~425년경의 일이었고, 플라톤(427~347, BC)의 『소크라테스의 변명』을 비롯한 30여 편의 저작들이 쓰인 것은 기원전 4세기 초반의 일이었다.

『일리아드』는 그리스인의 무용(武勇)을 노래했고, 기사도 정신을 찬양한 서사시였으며,『오디세이』는 그리스 민족의 단일성과 영웅적 자질을 노래한 작품이다. 헤로도토스의『역사』는 그리스의 제우스신에 대해 경건한 입장을 취했던 헤로도토스가 그리스를 침략한 페르시아제국의 제4대 왕 크세르크세스 1세의 오만성이 그리스의 신에 의해 저주받게 될 것이라는 입장에서 쓴 것이다.

그렇다면 이러한 그리스의 고전들과 그러한 내용들은 어떻게 형성되어 나왔던 것인가? 기원전 9~8세기부터 발칸반도와 소아시아 연안지역에서 형성되어 나왔던 고대그리스의 폴리스국가들은 메소포타미아 지역의 전체를 지배하고 있던 아시리아제국의 세력의 소아시아지역으로의 서진을 의식하게 된다.[49] 그래서 당시 그들은 민족의 공동 주신 제우스를 매개로 해서 폴리스국가들의 동족(同族)의식을 형성시키기 위한 방안의 하나로 기원전 776년경부터 제우스 신전이 있는 올림피아에 모여 제전(祭典) 경기를 치러 나갔다. 또 기원전 534년에 와서는 매년 그리스의 디오니소스 신을 찬양해가기 위한 한 방안으로 매년 비극경연대회를 개최해 갔다. 그 때 이후 그리스민족에게는 제우스신을 비롯한 그리스의 신들을 믿고 그리스어를 쓰는 민족은 문화인이지만 그들의 신들을 믿지 않고는 민족은 야만인이라는 사상이 형성되어 나왔다. 그리스인들은 그러한 사상에 입각해 에게해 건너의 소아시아지방 일부의 인간들을 자신들의 식민지로 만들어나갔다. 그리스인들의 그러한 제국주의적 사고는 결국은 페르시아제국의 그리스지역에 대한 공격을 야기시켰다. 그리스의 고전들은 그리스의 폴리스국가들의 국민들에게 그들 민족들의 공통신들에 대한 신앙을 기초로 해서 공동체 의식을 형성시켜나가는 과정에서 출현했다. 그리스의 고전들은 그리스민족들이 소아시아지방을 자신들의 식민지로 만들어가는 가고, 또 페르시아전쟁이 일어나 그것이 지속되어나가는 과정에서 출현했던 것이다. 또 그것들은 페르시아전쟁을 통해 전보다 더 강력한 제국주의국가로 전환해 나온 스파르타제국과 아테네제국이 폴리스국가들의 헤게모니를 쟁취해가는 과정에서 일어난 펠로포네소스 전쟁(431~404, BC)의 분위기 속에서도 출현해 나왔던 것이다. 투키디데스(Thukydides, 460~400, BC)의『펠로포네소스 전쟁사』가 그 일례이다. 고대그리스의 3대 비극작가들의 작품들도 바로 이 기원전 400년대에 출현한 것들이다. 이들의 비극들의 주제는 신들에 대한 인간의 오만성을 경계시키려는 것이었는데, 그러한 경계는 인간들 특히 전쟁을 일으켜가는 정치가들의 사적 욕망을 자제시키고, 또 그리스의 폴리스국가들의 공동체 의식을 계발시켜 그리스민족 중심의 제국주의 사상을 조장시켜 나가려는 의도 하에서 행해진 것이었다고 말할 수 있는 것이다.

아리스토텔레스(384~322, BC)의 저작물들은 알렉산더대왕(재위 336~323, BC)이 마케도니아 왕위에 오른 그 다음해인 기원전 355년에 그가 아테네에 세운 학원 '리케이온'에서 행해갔던 강의노트들이 정리되어 이집트 알렉산드리아의「무세이온」등에서 정리되어 문헌화되어 나온 것들이다. 그러니까 그의 강의노트들은 알렉산더대왕의 동방원정(334~323, BC)이 행해지는 시기에서 작성된 것이고, 그 강의 노트들은 그의 사후에 헬레니즘제국(334~30, BC)

의 학자들에 의해 정리 책으로 출간된 것이라 할 수 있다. 사실상 알렉산더대왕의 동방원정을 통한 헬레니즘제국의 건설은 그의 스승 아리스토텔레스의 정치학을 실현시킨 것이라는 견해가 있다. 이러한 견해는 그의 저작물들 속에 내재된 사상이 아테네 제국이 표방했던 그리스민족 중심의 제국주의 사상에 기초하여 형성된 것이 헬레니즘제국이 표방해갔던 인류보편주의 사상에 기초해 형성되었다는 입장을 가능케 한다.

아리스토텔레스의 저작물들이 그러하듯이, 그리스의 고전들이 그러한 역사적 상황 하에서 쓰였다하더라도 그것들이 현재 우리들 앞에 놓인 형태로 정리되고 현재 우리들이 읽게 된 내용을 취하게 된 것은 헬레니즘제국을 통해서였다. 알렉산더대왕의 후계자들 중의 한사람에 의해 건설된 프톨레미왕조(305~30, BC)는 건설 시점에서부터 국립공공도서관과 '무세이온'이란 연구소를 건립해 프톨레마이오스 1세(305~282, BC)에서 4세(222~205, BC)까지의 1세기 간 그 동안 아리스토텔레스를 비롯한 그리스의 학자들이 이루어낸 모든 학문적 업적을 수집해 정리해 냈다. 그 이유는 그리스문화를 헬레니즘제국의 전지역에 전파시켜 그리스민족 중심의 세계를 구축해가기 위해서였던 것이다. 이렇게 기원전 3세기에 헬레니즘제국의 제국주의사상이 정착되어나가는 과정에서 그리스의 고전들이 현재의 형태로 출현해 나왔던 것이다. 이렇게 봤을 때 그리스의 고전들의 내용은 그리스민족 중심의 제국주의사상을 기초로 해서 형성된 것이라 할 수 있다.

인도의 고전들은 어떠한가? 그것들은 베다어로 기록된 베다문학과 고전산스크리트어로 기록된 고전산스크리트어로 양분될 수 있다. 베다문학은 기원전 1200~1000년 사이에 편찬된 브라만교의 최고(最古)의 성전으로 알려진 『리그베다』를 비롯하여 기원전 6세기 이전에 이루어진 4종의 베다 찬가집들과 그것들의 해설집들로 이루어진 종교문학이다.

브라만교는 이란지역의 아리안 민족이 기원전 1300~1000년 사이에 철기문명을 가지고 인도의 서북의 판자브지역, 갠지스강유역 등으로 침입해 들어가 그곳의 청동기문화하의 선주민을 정복해 그들을 노예화시켜가는 과정에서 형성되어 나온 것이다. 브라만교의 숭배의 대상은 자연현상의 배후에서 어떠한 지배력을 행사해가고 있다고 상상되는 어떤 주체이다. 브라만계급은 그것을 인격적 주체로 상정해 그것을 숭배해 갔으며 그들은 그러한 사상에 입각해 카스트제도라는 사회제도를 만들어 선주민들을 제도적으로 노예화시켜나갔다. 그 사회제도가 형성되어 나온 과정에서 찬가집들이 편찬되어 나왔던 것이다.

그렇다면 고전산스크리트문학은 어떻게 성립된 것인가? 기원전 500년대로 들어와 인도는 다시 한 번 서북의 이란민족으로부터의 침공에 시달리게 된다. 그 세력이 다름 아닌 페르시아제국이었다. 인도는 기원전 600년대까지 만해도 수십 개의 부족연맹체들로 구성되어 있었다. 그런데, 기원전 500년대 중반 이란지역에서 페르시아제국이 건설되어 그 세력이 인도의 서북으로 확장되어 나가자, 인도지역의 부족연맹국들은 통일국가의 건설이라는 목표 하에 각축전을 벌려가게 되었다. 그 중에서 가장 두드러진 왕국은 동북부의 마가다왕국이 었는데, 그 왕국은 빔비사라대왕(재위 582~554, BC)과 그의 아들 아자타사트루(재위 554~527, BC)에 와서 정복사업을 감행해 인도대륙의 강자로 부상하게 되었다. 마가다왕국은 그러한 정복사업을 통해 인도의 중북부지역을 통일시켜나가는 과정에서 기원전 518년부터 페르시아제국이 인도의 서북지역을 침공해 들어와 결국 신드(Sind)지역과 판자브지역이 그들의 지배하에 들어가고 말았다.

그러한 상황이 전개되는 과정에서 마가다국으로부터 석가(釋迦, 564~486, BC)가 출현하여 아리안족로 구성된 브라만계급의 입장에서 형성시킨 세계관을 반대하고 인도의 토착인들로 이루어진 노예계급의 입장에서 파악한 세계관을 제시한다. 이러한 과정에서 기원전 6세기경부터 우파니샤드 철학이 성립되어 나왔다[50]. 석가의 말년에 해당되는 기원전 5세기~기원전 4세기경에는 당시의 서북인들의 지식계급의 언어를 기초로 산스크리트어의 문법서 『아시타디야이이(Aadhyayi)』를 지어 문법체계를 확립시켰던 문법학자 파니니(Panini)도 출현한다. 그 후 인도는 기원전 327년에 와서 알렉산더대왕으로부터 대규모의 침공을 받게 되는데, 그러한 상황 속에서 인도의 전지역이 판자브지방을 정치적 기반으로 해서 찬드라굽타(재위, 321~298경, BC)가 세운 마우리아왕국 (317~180, BC)에 의해 통일되어 나온다. 보다 구체적으로 말하자면, 찬드라굽 타의 손자, 즉 마우리아왕조의 제3대 아쇼카왕(273~232, BC)에 와서는 인도반 도 남단부의 타밀지역을 제외한 전인도가 통일되어 나왔던 것이다 .

한편 이란지역에서는 파르티아왕국(BC 247~AD 226)이 설립되고, 그것에 뒤이어 사산조페르시아(226~651)가 등장했는데, 그 기간 북인도의 서북지역 은 박트리아(Bactria), 샤카(Sakya), 중앙아시아의 유목민족인 쿠샨 족 등에 의해 지배되어 나갔다. 쿠샨왕조는 2세기경의 카니슈카왕 때가 절정기였다 할 수 있는데, 카드페세스 2세 때는 인더스 강 하구에서 힌두쿠쉬 산맥 지역까 지를 점령하였다. 이와 같이 인도는 기원전 2세기에서 기원후 3세기에 이르는 기간에 여러 왕조들이 난립하는 혼란기를 겪었는데 이러한 상황 속에서 기원 전 1세기경부터는 새로운 불교운동이 일어나『반야경(般若經)』·『법화경(法 華經)』·『화엄경(華嚴經)』등과 같은 대승불교의 불경들이 정리되어 산스크리 트로 쓰여 나왔는가 하면, 브라만 중심의 브라만교가 민중적 요소를 흡수해 3세기경에 와서는 인도 특유의 힌두교로 전환해 갔다. 이러한 분위기를 타고 인도의 국민적 2대 서사시(敍事詩)인『마하바라타』와『라마야나』가 정리되어 산스크리크 고전들이 출현해 나왔다.

이 2대 서사시는 기원전 수세기에 걸쳐서 경전에 이미 정돈된 형태를 갖추 게 되었는데, 그것들이 산스크리트로 기록되어 현재의 형태를 취하게 된 것은 『라마야나』는 쿠샨왕조의 카니슈카왕 때인 2세기경이고『마하바라타』는 4세 기 무렵이었다. 그래서 그것들은 우파니샤드서와 함께 힌두교의 성전으로 취 급되어 나갔다. 서북인도의 불교시인 아슈바고샤(Asvaghosha, 100경~160경) 의 작품으로 고전 산스크리트문학의 최고(最古)의 작품으로 평가되고 있는 불교서사시『불타의 생애(Buddhacarita)』도 바로 이 쿠샨왕조의 카니슈카왕 때에 쓰인 것으로 알려져 있다.

한편 인도에서 최초로 제국(帝國)의 형태를 취한 왕조는 굽타 왕조(320~ 530)로 이야기되고 있다. 이 굽타왕조는 이란지역에서 과거의 아케메네스 페르시아제국의 부흥을 목표로 출현한 사산조페르시아제국(226~651)에 맞서 출현한 왕조이다. 사산조페르시아제국이 조로아스터교의 이념을 기반으로 하는 신정국가(神政國家)의 성격을 띠고 있었기 때문에 굽타왕조도 그 세력에 맞서 고대인도문화의 부흥을 목표로 해서 브라만교를 배경으로 해서 성립된 힌두교를 장려해 갔고, 그 종교적 교리를 일반화시켜 나가기 위한 방안으로 고전산스크리트문학이 장려되었다. 그러한 이유로 인해 인도에서의 고전산스크리트문학은 바로 이 왕조 대에서 비로소 꽃피어 나왔던 것이다.

서아시아에서 메소포타미아, 시리아, 이집트 등의 전 지역들을 최초로 통일시킨 나라는 아시리아 제국(911~612, BC)이었다. 그 제국의 전성기는 티글라트필레세르 3세(746~727, BC)에서 아슈르바니팔(669~630, BC) 사이로 파악되는데, 문제는 인류 최고(最古)의 고전이자 고대 메소포타미아지역의 최고(最高)의 고전으로 평가되고 있는 『길가메시 서사시(The Epic of Gilgamesh)』가 아슈바르팔왕에 의해 복원되어 현재의 형태로 출현하게 되었다고 하는 것이다[51]. 아슈바르팔왕은 당시 아시리아의 수도였고 또 아시리아의 최고의 신(神) 아슈르의 성전이 있는 니네베에 도서관을 세웠다. 그는 메소포타미아지역에서 뿐만 아니라 소아시아, 이집트 지역 등으로부터도 점토판 도서 등 각종 도서들을 수집해 그곳에서 그것들을 연구해갔다. 그 과정에서 그는 그곳에 수메르어로 쓰인 『길가메시 서사시』의 점토판 도서도 수집해 그것을 아카드어로 번역해 정리해 놓았던 것이다. 그러다가 그가 그것을 정리해 그 작품을 현재의 형태로 완성시켜 놓은 주된 이유는 당시 이집트와 이란 등을 침공한 그의 제국주의적 태도와 깊게 관련되어 있다.

『길가메시 서사시』의 이야기는 기원전 4000~3500년경 인근의 북동쪽 산악지역인 아르메니아·코카서스·이란고원으로부터 출현한 청동기문화가 메소포타미아지역으로 전파해 나가 그것이 그곳에서 사용되기 시작된 과정에서 이루어졌던 것으로 고찰된다. 서구인들이 『길가메시 서사시』에 대해 주목하게 주된 이유는 구약성서에 기술된 대홍수 이야기의 원형이 그 작품에 내재되어 있기 때문이다.[52] 수메르의 역사에서 길가메시는 기원전 3000년대 초, 2900년대 말 수메르인들이 세운 도시국가 우르크를 통치했던 왕으로 되어 있다. 그것이 기원전 3200년경에 완전한 문자로 성립되어 나온 설형문자로 언제쯤 기록되어 나왔는지는 알 수 없다. 『길가메시 서사시』는 기원전 2000년대 초반에 그것의 대부분이 이미 쓰여 당시 널리 알리어졌던 것으로 파악되고 있다. 또 그것은 메소포타미아지역의 북쪽 카프카스산맥에서 살다가 기원전 1500년경에 흑해의 남안을 타고 서쪽으로 이주해나가 소아시아지역에서 정착했던 히타이트인들에게도 알려져 『하늘의 왕권』이라는 서사시를 출현시켰다.[53] 기원전 7세기에 와서 아시리아제국의 왕 아슈바르팔왕이 히타이트의 수도였던 하투샤시 등에 흩어져 있던 히타이트어로 기록된 그것들의 점토판들을 수집해 현재의 형태로 완성시켰다고 하는 것이다. 원래 앗시리아 민족의 기원은 유프라테스강의 상류지역에서 기원전 3000년경에 그 쪽으로 유입해들어 왔던 샘족과 그 지역의 토착민과의 혼혈족으로부터 출발했던 것으로 파악되고 있다. 따라서 아시리아민족은 메소포타미아지역의 중앙을 차지한 아카드민족과 완전 동일한 샘족계의 민족이라고는 볼 수 없다. 따라서 우리는 기원전 2360년경에 전 메소포타미아지역을 통일시켰던 수메르인인 루갈자기시의 집권기에 그것이 수메르어로 쓰였을 가능성이 있다는 입장이 취지고, 그것과 동시에 아시리아제국의 아슈바르팔왕이 수메르인에 의해 건설된 우르크왕국의 왕인 길가메시의 잔인성과 비극을 과장시켜 냈을 가능성이 있다는 입장도 취해진다.

지금까지 우리는 고대동아시아 서부지역에서의 고전의 성립 배경을 고찰해 봤다. 그 결과 우리들은 여기에서 결론적으로 다음과 같은 이야기를 해볼 수 있다.

우선 고대동아시아 서부지역의 고전은 제국주의를 사상적 기저로 해서 형성되어 나왔다고 하는 것이고, 그것들의 형성에 영향을 끼친 고대서역의 그것들도 제국주의 사상을 기저로 하여 출현한 것들이라고 하는 것이다.

이상과 같은 점들을 고려해서 고대동아시아의 동부지역의 고전들의 성립경위를 고찰해볼 때 우리는 다음과 같은 이야기를 해볼 수 있다. 동부지역의 고전『고사기』(古事記),『일본서기』(日本書紀) 등은 우선 일차적으로 서부지역의 고전들의 사상적 기저를 이루는 제국주의 사상이 창출해 낸 유교사상의 영향 하에서 성립되었다. 보다 구체적으로 말하자면 이러한 동부의 고전들은 제국주의사상을 통해 확립된 것들로서, 특히 천제사상을 주축으로 한 유교사상에 의거해 이루어진 것 들이다.

고대동아시아의 동부지역의 고전들의 성립경위는 또 당시 동아시아 동·서부지역의 국가들의 제국주의적 정책들과 깊게 관련되어 있다. 야마토조정(大和朝廷)은 한반도에 파견시킨 일본군대가 백촌강(白村江)전투(663)에서 당군(唐軍)과 싸워 패배하고, 또 고구려가 668년 나당(羅唐) 연합군에 멸망하자 나당연합군이 일본을 공격해 올 가능성이 있다고 판단했던 나머지, 그러한 가능성에 대비해 그때부터 중앙집권적 정치 체제를 확립시켜 제국주의적 국가 형태를 취해가게 되었다. 그 과정에서『고사기』(古事記)·『일본서기』(日本書紀) 등과 같은 고전들이 출현하게 되었던 것이다.

당시 그러한 제국주의 국가의 형태를 구축해 나감에 있어서의 자연을 노래

한 시집 『만요슈』(万葉集, 759경)의 역할이란 무엇이었는가의 문제가 제시된
다. 그것은 인간들이 『고사기』(古事記)·『일본서기』(日本書紀) 등이 제시한 천
신(天神), 즉 자연을 지배해가는 최고의 신이 일으켜가는 것들로 인식되었던
자연의 여러 변화현상들을 관찰해 그 이치와 본질을 터득해서 그들로 하여금
자연현상을 일으켜나가는 천신을 한층 더 숭배해 가도록 하고, 또 그 존재와
한층 더 친밀한 관계를 만들어 가게 하는 것이었다 할 수 있다.

동아시아 동부지역에서의 이러한 현상은 근대 이후에도 똑같이 일어났다.
19세기로 들어와 근대서구의 제국주의세력들이 동아시아로 몰려와 동아시아
의 서부지역을 점령해갔다. 그러자 그 동부지역에 있는 국가는 자국의 국가적
위기의식에 직면하지 않을 수 없었다. 그 결과 동부지역의 국가는 국가적 위기
극복의 일환으로 근대서구의 제국주의국가들을 모델로 해서 재빨리 제국주의
국가로 전환해 나와, 근대서구의 제국주의국가들과 경쟁해 가면서 동아시아의
중부지역을 점령해갔다. 그 뿐만 아니라 동부지역의 국가는 근대서구제국들의
동아시아 지역으로 들어오는 진입로였던 서부의 북부지역까지도 자신들의 식
민지로 만들었다. 이렇게 동부지역 국가가 근대서구제국들의 동아시아침략에
대비해가고, 또 동부지역 국가가 중부·서부지역에 대해 제국주의적 침략행위
를 행해가는 과정에서 고대제국주의사상이 내재된 고전들이 적극적으로 연구
되어 나왔다. 또 그러한 고전들과 그것들을 연구해가는 인력들이 기초가 되어
'국문학'이라고 하는 학문분야가 성립되어 나왔던 것이다.

동아시아 서부지역의 고전들은 한제국(漢帝國)이 자신들의 제국주의정책을
추진시켜나가고 또 그것을 확립시켜나가기 위한 수단이었다는 것이다. 한 제
국에서의 고전들의 존재이유란 유교사상을 초석으로 한 유교사회를 확립시켜
나가는 것에 있다고 볼 수 있는데, 이 경우에서의 유교사상이란 천제사상을
주축으로 해서 형성되어 나온 것으로 한제는 그러한 유교사상을 통해 제국주
의사상을 실현시켜나갔었다고 하는 것이다. 이렇게 동아시아 서부지역에서의
유교사상과 그것의 근간을 이루는 천제사상 등이 한제국의 제국주의정책이
행해지는 과정에서 확립되어 나왔다고 한다면, 동부지역의 경우에서는 서부지

역의 그러한 제국주의사상을 모델로 해서 신도(神道)사상이라고 하는 것이 그들의 제국주의사상의 기저로 형성되어 나왔다고 하는 것이다.

동아시아 중부 지역의 대표적인 고전은 『삼국사기(三國史記)』(1145) 『삼국유사(三國遺事)』(1285)이다. 북방의 유목민족인 요(遼), 금(金)(1115~1234), 원(元)(1279~1368) 등의 나라들이 중부지역을 공격해 왔을 때, 그 지역의 민족이 자신의 민족적 위기의식을 극복해 가는 과정에서 만들어진 것이었다. 전자는 유교 사상을, 후자는 불교 사상을 각각 배경으로 하고 있었던 것이다.

여덟째, 동아시아 서부지역의 고전들은 서역문명의 동진이라는 문화적 현상을 배경으로 해서 성립되어 나왔다고 하는 것이다. 보다 구체적으로 말해, 서부지역의 SVO형의 통사구조를 취한 언어, 한자 등과 같은 문자, 도교 등과 같은 사상, 천제사상, 금속기문화 등이 서역문명의 동진이라는 문화적 현상을 배경으로 해서 형성되어 나왔다고 하는 것이다.

동아시아 서부지역의 고전들의 사상적 기저로 파악될 수 있는 제국주의사상은 서역제국들의 그것들로부터의 영향 하에서 이루어졌다고 하는 것이다. 고대그리스의 경우 폴리스동맹국들의 제국주의 의식은 제우스를 최고신으로 한 그리스신화를 확립시켰고, 또 그 신화에 대한 믿음의 여부에 의거해 문화인과 야만인 사상을 창출시켰다. 페르시아제국의 경우는 제국주의사상의 논리적 근거로 조로아스터교를 확립시켰고, 인도에서의 아리안인의 경우는 브라만교를, 인도 내에서의 토착인도인들의 경우는 힌두교를 각각 창출해냈던 것이다. 서역 각 지역들의 고전들도 이러한 제국주의사상들을 사상적 기저로 해서 출현된 것들이라고 하는 것이다.

이상과 같이 각 지역의 고전들의 사상적 기저에 깔려 있는 제국주의사상은 결국은 고대국가들이 취했던 노예제와 깊게 관련되어 있다. 고대사회에서의 대부분의 노예들은 전쟁포로 출신들이다. 창출해낸 사상이라고 하는 것이다.[54] 청동제 무기가 출현하자, 고대인들은 그것들을 타 집단보다 빨리 입수하거나 개발해 그것들을 가지고 타민족들을 침략해, 그들을 정복시켜 나갔다. 그러한 침략전쟁에서 승리한 민족은 패배한 부족이나 왕국의 백성들을 자기나라로 끌어가 자국민들의 노예로 삼아간다. 승전국의 왕은 그들을 부려 신전, 성, 제방, 도로 등을 건설해가면서 다른 지역들을 침략해 보다 강력한 국가를 건설해 갔다. 한 왕이나 왕가를 주축으로 해서 형성된 각 민족들의 구성원들은 타민족과의 전쟁에서 패배하면 타민족의 노예가 되지 않을 수 없기 때문에 전쟁에서 패배해서는 결코 안 된다는 의식에 사로잡혀 있었다. 바로 그러한 의식이 일반화되어 결국 왕과 왕가를 중심으로 한 인간집단에 민족의식이 형성되어 나오게 되었다. 고대에서의 제국주의사상이란 바로 이러한 민족의식에 기초해 형성되어 나온 것으로서 우선 무엇보다도 타민족의 노예들이 되지 않기 위해서 타민족들을 자신들의 노예로 만들고, 타민족의 영토를 자신들의 식민지로 만들어 그들을 지배해감으로써 자국의 안정과 평화를 유지시켜 나가야 한다는 사상에서 비롯된 것이었다.

고대국가들에서 노예제가 유지되어지려면 우선 전쟁이 일어나야 하고 전쟁포로들이 취해져야 한다. 그 다음 고대국가의 운영자들은 전쟁포로들이 타국에서 노예의 신분들로 자신들의 삶을 유지시켜갈 수 있는 존재논리를 그들에게 제공해 그들로 하여금 그것을 내면화하도록 했는데, 이 경우 고대국가의 운영자들이 창출해낸 존재논리가 다름 아닌 개국신화이고 창조신화였다고 하는 것이고, 또 노예 등과 같은 피지배신분의 인간들이 자신들의 지배자들의 그러한 지배논리를 받아들여가는 과정에서 음악, 문학 등과 같은 예술장르들이 성립되어 나왔다고 하는 것이다.

현재 근대내셔널리즘에 기초해 형성된 우리들의 윤리·도덕의식도 기본적으로 지배사상을 중핵으로 하는 그러한 제국주의사상을 기초로 해서 확립되어 나왔고, 또 그러한 의식들도 고대의 그러한 제국주의사상의 확립 수단이었던 고전들을 통해 계발되어 나왔다.

우리의 의식은 그러한 고전에 의해서 길들여진 것이다. 그래서 우리들은 고전으로부터 나와 그러한 고전이 가지고 있는 단점을 찾아낼 필요가 있다.

인류의 역사는 신중심의 역사에서 인간중심의 역사를 거쳐 우주중심의 역사로 전환해나가고 있다. 이제 우리는 우주중심의 입장, 보다 구체적으로 말해서 글로벌리즘의 입장에서 신 중심·인간중심의 역사가 창출해낸 문화들을 바라봄으로써 그것들의 진면목(眞面目)을 찾아내야 한다는 것이다.

현재 우리는 지구에서 우주로 나가 우주에 있는 인공위성들로부터 지구상의 모든 현상들을 관찰해 갈 수 있는 시각을 확보했다. 그 사각 속에는 동아시아도 들어와 있고 서아시아도 들어와 있다. 유라시아 전체가 들어와 있다. 그뿐만이 아니다. 그 시각 속에는 근현대도 들어와 있고 고대와 선고대도 다 들어와 있다. 이 글로벌적 시각 속에는 공간뿐만 아니라 시간까지도 들어와 있는 것이다. 따라서 이제 우리는 아인슈타인이 취했던 우주론적 시각을 가지고 지구상에서 일어나는 문화적 현상들을 파악하지 않을 수 없는 시대에 처하게 되었다고 하는 것이다.

제 3 장
요하문명과 고조선의 실체

이 학술적 논의는 고조선의 실존근거, 고조선의 정치적 형태, 고조선의 정치적 중심지 등에 대한 고찰을 통해 고조선의 실체를 규명해내는 것을 목적으로 한다.

고조선이란 말이 최초로 등장한 문헌은 일연의 『삼국유사』(1280년대 말엽)이다. 이 문헌에서의 고조선은 천신 환웅과 웅녀 사이에서 태어난 단군왕검에 의해 세워진 국가로 기술되어 있다. 이 경우 우리는 그 국가를 건설한 단군왕검이 현재 우리와 동일한 인간이라고는 볼 수 없다. 따라서 그가 세웠다고 하는 고조선이라고 하는 나라도 어디까지나 신화나 전설상으로나 존재했었던 나라였지 실존했던 나라로는 결코 받아들일 수 없다는 입장을 취할 수 있다. 그러나 우리는 여기에서 고조선의 실존성의 문제와 관련해 염두에 두어여 할 것이 하나 있다. 그것은 고조선에 관한 그러한 기사가 들어 있는 『삼국유사』가 쓰인 시대가 신화와 역사가 미분화(未分化)되어 있던 중세시대였다고 하는 것이다. 사실 신화와 역사가 분리되기 시작된 것은 1857년 다윈의 생물진화론이 제기됨으로써였다 할 수 있다. 이 생물진화론의 출현은 인간들로 하여금 자신들의 조상이 원숭이냐 신이냐의 문제에 대해 양자택일을 강요케 한 역사적 사건으로 받아들여지고 있다.

현재 우리는 생물진화론이 제시한 세계관에 입각해 연구 활동을 행해가고 있다. 고조선에 대한 연구로 말할 것 같으면, 그것은 그러한 세계관에 입각해 주로 세 분야에서 행해져 나왔다. 우선 한 분야는 근대 이후에 성립된 신화연구 차원에 입각해 행해진 단군신화를 통한 고조선 연구이다. 신화연구자들에게의 고조선이란 천신 환웅과 웅녀 사이에서 태어난 단군왕검이라는 신적 존재가 건설한 국가이다. 따라서 그들에게의 고조선은 실체적 파악이 불가능한 대상으로 인식된 존재이다. 다른 하나는 역사학 분야에서의 연구이다. 근대 이후 신화로부터 독립해 나온 역사학 분야에서의 고조선은 한국 민족이 건설한 최초의 국가로 인식되어 나왔다. 그것이 어떠한 형태의 국가였던지 간에 그것을 건설한 자는 신적 존재가 아닌 바로 우리와 동일한 인간이었을 것이라는 전제하에서 행해지는 연구이다. 그렇다면 그것을 건립한 인간은 어떤 인간이었던가? 다시 말해 그는 어떤 종족의 인간이었으며, 또 그가 거느리던 인간들은 어떤 인간들이였는가 등과 같은 문제들이 제기된다. 나머지 하나는 고고학 분야에서의 연구이다. 그것은 고조선이 신이 아닌 어떤 한 집단의 정치적 수장이나 혹은 어떤 한 민족 집단에 의해 건립되었다고 가정했을 때 우리는 그들이 남긴 유적이나 유물을 찾아내 그것들을 가지고 당시 그들의 생활상을 파악해 본다고 하는 작업이다. 이러한 측면에서 생각해 볼 때, 우리는 상기와 같은 측면에서의 고조선에 대한 실체적 규명이 요구되는 것이다.

지금까지의 고조선에 대한 연구는 다음과 같은 두 가지 차원에서 접근되어 나왔다. 우선 하나는 내셔널리즘(Nationalism)적 시각에서의 접근이다. 즉 근대 이후 고조선에 대한 연구는 연구자가 소속되어 있는 민족이나 국가를 중심으로 행해진 연구였다. 그러나 1990년대 이후의 글로벌시대로 들어와 그것이 리저널리즘(Regionalism)적 차원에서의 접근이 이루어지게 되었다. 즉 고조선이 출현한 요하지역을 중심으로 형성된 인간사회에 대한 연구였다. 그러나 이제 우리는 전 지구적 시각에서 민족이나 인류뿐만 아니라 개개인들의 삶들을 실현해가고, 또 그러한 시각에서 미래를 설계해야 할 그러한 시대에 처해 있다. 따라서 앞으로 인간들에게서의 모든 연구는 글로벌리즘적 차원의 접근이 행해져야 하는 것이다. 필자는 바로 이러한 사실을 감안해 여기에서 종래의 내셔널리즘적 시각이나 리저널리즘적 시각들로부터의 접근을 지양하고 글로벌리즘적 시각에서 고조선을 연구하고자 한다.

이 학술적 논의는 우선 지금까지의 고조선에 대한 연구가 어떠한 식으로 행해져 왔는가를 고찰해보고, 그 다음으로 기존의 내셔널리즘적 시각과 리저널리즘적 시각에 입각한 고조선 연구의 한계성을 극복해본다는 취지에서 글로벌리즘적 입장을 취해 남쪽의 황하문명, 중앙아시아의 알타이문명, 서아시아의 메소포타미아문명 등과 관련시켜 고조선의 실체를 규명해보고자 한다.

1. 기존의 고조선 연구

1) 민족주의적 시각에서의 고조선 연구

근대 이후의 고조선 연구는 민족주의적 시각으로부터 시작되었다. 그 시작은 동아시아유교문화권의 세계가 일본의 메이지 유신(明治維新, 1868)을 기점으로 서구의 근대산업주의와 제국주의를 모델로 근대화를 추진해나가는 과정에서였다. 한국은 동아시아의 그러한 근대화 과정에서 1910년을 기해 일본의 식민지로 전락한다. 일본의 메이지정부는 그러한 근대화 과정에서 막번제(幕藩制) 봉건주의국가로부터 천황을 권력의 정점에 둔 근대천황제 국민주의 국가로 전환해 나와 한국을 자신들의 식민지로 전락시켰던 것이다. 그 과정에서 일본은 한국인들에게 신격화되어 있는 한국민족의 정치적 지도자의 원조를 부정하려고 하였다. 일제는 그 방책의 하나로 근대천황제 국민주의에 입각해 한국민족의 정치적 지도자의 원조로 알려진 단군이라고 하는 존재와 그가 건설했다고 하는 단군조선의 존재를 부정해 가게 된다.

일제의 그러한 정책은 일제가 '대일본제국헌법(大日本帝国憲法, 1889, 2)'과 교육칙어(敎育勅語, 1890, 10)'를 제정 공포해 국민들에게 천황을 신격화시켜 나가는 과정에서 행해진 것이다. 일제에게서의 천황의 신격화는 다음과 같은 이유로 인해 한층 더 적극적으로 추진되어 나갔다. 하나는 일본에서 1877년 도쿄대학(1886년부터 제국대학)을 중심으로 미국인 교수 에드워드 실베스터 모스(Edward Sylvester Morse, 1838~1926)를 통해 진화론이 소개되었다. 그후 그것이 1880~90년대에 걸쳐 당시 일본의 대표적 지식인으로 천황의 학술고문이었고, 또 도쿄제국대 총장을 역임한 가토 히로유키(加藤弘之, 1836~1916) 등을 비롯한 많은 지식인들의 관심을 사로잡았다. 1857년에 발표된 다윈의 진화론은 생물진화론과 그것에 근거한 인수동조론(人獸同祖論)이었다. 그 후 헐버트 스펜서(herbert Spencer, 1820~1903) 등은 그것을 기초로 해서 같은 해에『진보, 그 법칙과 원인(*Progress, Its Law and Cause*)』을 출판해 사회진화론을 주창했다. 당시 일본에서의 진화론에 대한 관심은 다윈의 생물진화론이나 인수동조설 보다는 사실상 사회진화론 쪽에 기울어 있었다. 인수동조설과 같은 진화론이 국민들에게 받아들여지려면, 우선 무엇보다도 천황은 인간이고 현인신(現人神)이 아니라는 생각이 자리를 잡아야한다. 그런데 일본의 근대화 과정에서 천황이 현인신으로 인식되어 있었다. 그 이유는 바로 다음과 같은 역사적 상황에서였던 것이다. 일제는 크리스트교문화를 배경으로 해서 나온 서구열강과 대결해가는 과정에서 대일본제국헌법(大日本帝国憲法)과 교육칙어(敎育勅語)를 제정해 공포했다. 또 일제는 서구의 문물을 받아들여가는 과정에서 다윈의 생물진화론과 스펜서의 사회진화론이 지식인들 사이에 널리 소개되어 감에 따라 한 · 중 · 일 신화와 역사를 새로운 차원에서 연구하기 시작했다. 그 결과 일본의 연구자들에게 있어 일본의 기기(記紀)신화는 역사적 사실로 받아들여졌고, 한국의 단군신화와 중국의 삼황오제신화 등은 어디까지나 신화에 지나지 않은 것으로 취급되었다. 그러한 차원에서 행해진 첫 시도가 일본 역사학계에서 1894년에 '동양사(東洋史)'라고 하는 용어를 처음 사용한 동양사학자 나카 미치요(那珂道世; 1851~1908)에 의해 행해졌던 것으로 파악되고 있다.[1] 그의『지나통사(支那通史)』(1888~1890, 4권 5책)는 한문으로 저술되어 중국에서도 번역본이 통용되었다. 또 그는『사학잡지(史学雑誌)』(제5집, 1894년)에「조선고사고(朝鮮古史考)」를 게재하는 것을 시작으로 한국의 고대사를 연구하였다. 그 과정에서 그가 단군신화에 대한 관심을 갖게 됨으로써 일부 학자들에게 단군조선이 알려지게 되면서 비로소 일본인들에 의해 단군신화가 논의되기 시작했던 것이다. 그런데 근대 일본인들에게는 일본의 역대 천황들과 당시의 메이지천황을 제외하고는 이 지상에 존재했었던 모든 인간들은 모두 신적 존재로 인식되지 않았기 때문에 한국인들에게 신격화되어 왔던 한국민족의 정치적 지도자의 원조로 알려진 단군과 같은 존재 또한 신적 존재로 인식될 수 없었다. 그렇다고 해서 근대일본인들에게 단군왕검이 역사적 인물로 인식될 리도 없었다. 그들에게 단군왕검은 어디까지 신화상의 존재로 밖에는 인식되지 않았던 것이다.

일제의 단군과 단군조선에 대한 이러한 부정적 조짐은 특히 청일전쟁 (1894~1895)에서의 승리를 통해 요동반도를 획득한 이후에서부터 시작되었고, 일본의 그러한 입장이 본격화된 것은 일제가 한국에 총독부를 설치해 한국을 자신들의 식민지로 다스리기 시작한 1910년 이후부터였다. 그 이후부터 일제는 그동안 한국에서 역사적 인물로 받아들여졌던 단군을 신화 상의 존재로만 인정해 갔고, 또 그가 건설한 단군조선도 신화 상의 국가로만 받아들였던 것이다. 그러자 최남선, 신채호, 정인보 등과 같은 당시 한국의 지식인들은 한민족(韓民族)의 입장에서 일제의 그러한 입장에 반대해 1926년부터 단군이 역사적 인물이고, 단군조선이 실재했던 왕조였다는 입장들을 제시하기 시작하였다.[2]

그런데 그들의 그러한 입장은 조선 초의『조선경국전(朝鮮經國典)』의 편찬자 정도전을 비롯하여,『응제시주(應製詩註)』의 저자 권람(權擥, 1416~1465) 같은 주자학자들, 17세기 초『동국지리지(東国地理志)』(1614~1615년 집필, 1640년 아들에 의해 목판 출간)의 저자 한백겸(韓百謙, 1552~1615)을 비롯한 실학자들의 입장들 등으로부터 계승된 것이라 할 수 있다.

해방 이후부터 1980년대까지의 한국에서의 고조선 연구는 일제의 식민지사관과 한국의 민족주의사관이라는 두 가지 사관에 입각해 이루어졌다. 첫 번째에 입각한 연구는 이병도에서 이기백으로 이어지는 경성제대-서울대 출신의 학자들에 의해 이루어졌다. 그들의 연구가 지닌 특징은 우선 첫 번째로 일제가 주장해온 것처럼 단군을 신화적 존재로 파악하여 단군조선을 신화적 차원에서 파악한다는 것이고, 두 번째는 일제가 주장해왔던 것처럼 위만에 의해 멸망한 고조선의 수도, 위만조선의 수도, 한사군(漢四郡)의 하나인 낙랑군의 위치가 대동강 유역이라고 하는 입장이다. 이에 대해 두 번째로 일제강점기 최남선 등의 민족사학자들의 입장을 이어받은 자들의 입장이 있었다. 그것은 단군을 역사적 인물로 보고 단군조선을 한민족의 고대사를 구성하는 한 왕조로 파악한다는 입장이었다. 그런데 그들의 입장은 고조선의 정치적 중심지가 어디냐의 문제에 대해서는 현재 네 그룹으로 나뉘어 있다.

우선 한 그룹은 처음 조선시대 초의『동국통감』·『동국여지승람』등을 편찬한 주자학자들, 두 번째로 한백겸, 안정복, 정약용 같은 실학자들, 세 번째로 식민지시대의 식민지사관을 받아들인 학자들의 입장을 이어받아서 대동강유역 중심설을 주장하는 송호정 등과 같은 학자들 등으로 이루어져 있다. 다른 그룹은 조선조 세종대의 주자학자 권람(權擥, 1416~1465)의 입장으로 시작해, 실학자 홍여하(洪汝河, 1621~1678)와 이익(李瀷, 1681~1763) 등의 입장으로 이어져서, 일제강점기 최남선, 신채호, 정인보 등의 입장들로 발전해 나온 요동 중심설을 주장했던 자들이다. 서영수, 이종욱, 노태돈 같은 한국학자들과 리지린 같은 북한학자들이 그러한 주장을 하고 있다. 세 번째 그룹은 대동강 유역을 근거지로 요하지역으로 활동무대를 확장시켜나갔다는 입장이다. 이러한 입장은 일찍이 18세기 말·19세기 초 실학자 정약용(丁若鏞, 1762~1836)·한치윤(韓致奫, 1765~1814) 등과 같은 실학자들에 의해 제기된 바 있다. 정약용은 고조선의 중심지는 한반도였지만 영토를 확장시켜 요서지역을 점령하고 연과 국경을 접해 있었다는 입장을 제시했고,『해동역사(海東繹史)』를 저술한 한치윤은 고조선의 수도는 평양이었는데 그 강역은 요서지역을 넘어서 있었다는 입장을 제시하였다.[3] 해방 후 그러한 입장을 취한 대표적 학자들은『조선민족사개론』(1948)의 저자 손진태(孫晉泰, 1900~?, 납북), 윤내현, 신용하 등이다. 나머지 그룹은 고조선이 요령지역에서 성립되어 대동강 유역으로 이동했다고 하는 입장이다. 김정학, 천관우, 김정배, 이형구 등이 바로 그러한 입장을 취하고 있는 것이다. 서영수와 노태돈의 경우는 네 번째 그룹에 속한다는 입장도 제기될 수 있다. 그들은 기자조선의 존재를 인정하는 그룹과 인정하지 않는 그룹으로 양분된다. 천관우, 이형구 등은 기자조선의 실재를 인정하고 있는 반면 김정학, 김정배 등은 그 실재를 인정하지 않고 있다.

2) 리저널리즘적 시각에서의 고조선 연구

1990년대로 들어와 중국의 요서지역에서 현재 홍산문화라 일컬어지는 많은 유물들과 유적들이 본격적으로 발굴되었다. 1980년대까지만 해도 중국학자들에게는 하(夏)문화로 파악되는 황하 유역의 하남성(河南省) 이리두(二里頭) 유적을 근거로 중화 4000년 문명이란 말을 썼었다. 그러나 그동안 중국의 변방지역으로만 생각되었던 요하지역에서 그보다 1000년이 빠른 시점에 성립된 홍산문화가 그 실체를 드러냈던 것이다. 그렇게 되자 중국인들로서는 그동안 그들이 비화하족(非華夏族)으로만 생각해온 동이족 등과 같은 민족들이 일으킨 문화로부터 자신들의 중화민족문화의 기원을 찾아야 한다는 입장을 취하지 않을 수 없게 되었다. 그러한 상황에 직면하게 되자, 중국 정부는 2000년대로 들어와 4년에 걸친 동북공정프로젝트(2002~2007)라고 하는 사업을 추진시켜 요하문명과 황하문명과의 관련성을 확립시켜나가게 되었던 것이다.

중국이 그러한 움직임을 보이자 한국의 고조선 연구자들은 이전과는 다른 각도에서 고조선에 대해 접근해가지 않을 수 없었다. 그동안 그들은 한국민족의 활동범위와 관련시켜 민족주의적 시각에서 고조선을 연구해 왔었다. 그러나 중국의 동북프로젝트의 추진을 기점으로 그들은 동아시아문명의 기원을 이루는 요하문명권의 시각에서 그것을 연구한다고 하는 입장을 취하게 되었다. 그 대표적 학자들이 『동북공정 너머 요하문명론』(2007)의 우실하, 『고조선, 신화에서 역사로』(2009)의 이종호, 이형석 등과 같은 자들이라 할 수 있다. 그런데 이들의 기본적 입장은 요하문명을 일으킨 주역이 다름 아닌 바로 고조선이라고 하는 것이다. 우실하는 "요하 일대의 주도세력은 후대의 예·맥 계열이라고 보아왔고, 이 예·맥 계열의 민족들이 후대의 부여, 고구려로 이어진다"고 지적하고 있다.[4] 이종호는 요서지역에서 출현한 "하가점하층 청동기문화는 단군이 설립한 고조선의 2333년과 유사한 시기에 성립된 것이라는 것에 주목할 필요가 있다"고 말하면서[5], "고고학계의 한창균과 윤내현 이후 복기대는 홍산문화의 주인공은 조선민족, 좀 더 구체적으로는 예맥족 문화라는 견해를 제시하고 있다"라고도 말하고 있다.[6] 이 경우 한국학자들의 내셔널리즘적 시각에 입각한 초기 고조선에 대한 접근은 일제의 내셔널리즘적 시각에 근거해 대동강 유역(평양)을 중심으로 파악한 고조선이다.

이에 대해 리저널리즘적 시각에서 접근한 초기 고조선은 요서지역 중심의 고조선이다. 그러한 리저널리즘적 시각의 논거는 요서지역에서 기원전 2천 년대 중후반에 형성된 하가점 초기 청동기문화이다. 한마디로 말해 고조선은 그 청동기문화를 배경으로 형성되어 나왔다는 입장이다. 내셔널리즘적 입장을 취하는 김정배의 경우는 고조선을 단군조선·예맥조선·위만조선으로 삼분해 청동기문화와의 접촉을 예맥조선부터로 보고 있다. 게다가 기원전 12~9세기에 요하유역과 한반도 서북부를 중심으로 형성된 비파형 청동검 문화를 배경으로 '예맥조선'이라고 하는 부족 국가단계의 고조선이 형성되어 나왔다는 입장을 제시하고 있다. 그러나 리저널리즘적 시각을 취하는 학자들은 고조선이 이미 단군조선 단계부터 청동기문화와 접촉했다고 주장하며 단군조선을 부족국가 내지 고대국가라고 하는 정치적 집단으로 파악한다는 입장을 취한다.

3) 기존의 내셔널리즘적·리저널리즘적 시각과 필자의 글로벌리즘적 시각

필자는 글로벌리즘적 시각, 즉 전지구적 차원의 시각에서 요하문명의 성립 경위에 대한 고찰을 통해 그 요하문명권에 존재했던 고조선의 실체를 규명해 내야 한다는 입장을 취한다. 우리는 예외적 경우를 제외하고는 '석기문화'라는 말은 쓰고 있으나 '석기문명'이라는 말은 쓰고 있지 않다. 그러나 우리는 청동기문화라든가 철기문화와 같은 말들도 쓰고 있고, 청동기문명이라든가 철기문명과 같은 말들도 쓰고 있다. 그 이유는 아마도 청동기나 철기가 석기보다 그 가공성이 더 뛰어나기 때문일 것이다. 따라서 우리가 요하문명이라 말할 때 요하유역에서 형성된 홍산 신석기문화를 가리키지는 않는다. 그것은 홍산 신석기문화를 배경으로 형성되어 나온 청동기와 철기문명을 가리키는 말이다. 따라서 우리가 요하문명의 형성경위를 고찰한다는 것은 요하유역에서의 청동기 및 철기문명의 형성경위를 규명해낸다는 뜻이다.

요하지역에서 형성된 전기 청동기문화는 서아시아의 메소포타미아지역에서 출현한 청동기문화로부터의 영향 하에서 중앙아시아의 알타이지역에서 출현한 청동기문화가 알타이산맥, 몽골고원, 내몽골 북부, 요하지역의 서부를 통해 들어간 것으로 고찰되고 있다. 이렇게 봤을 때 우리가 요하문명의 출현에 대한 고찰은 전지구적 차원에서 행해지지 않을 수 없다는 입장이 취해지는 것이다. 또 만일 요하지역에서 출현한 청동기문화가 서아시아의 메소포타미아지역 - 중앙아시아의 알타이지역-동아시아의 요하지역으로 연결된 것이라고 한다면, 그 청동기문화의 전파자가 다름 아닌 바로 단군족의 선조일 수 있다는 입장도 취해지는 것이다. 이러한 점을 고려해볼 때, 우리는 서아시아의 메소포타미아문명 - 중앙아시아의 알타이문명- 동아시아의 요하문명을 하나의 시야에 넣을 수 있는 글로벌적 시각에서 요하문명의 형성경위가 고찰되어야 하고, 그러한 시각을 통해 고조선의 실체가 규명되어져야 한다는 입장이 취해지는 것이다.

2. 요하문명의 출현경위

1) 동서교통로와 북방 초원로

지금까지 우리는 구석기시대를 인류가 이동생활을 해왔던 시대라 말하고, 신석기시대를 인류가 정착생활을 하기 시작한 시대로 파악해 왔다. 이 경우 우리가 말하는 구석기시대란 보다 구체적으로 말하자면 후기 구석기시대(3만 5천 년~1만 2천 년 전)를 가리킨다. 그 기간 인류의 이동흔적은 비너스상(제작연대 2만 5천 년~2만 년 전) 등을 통해 확인되고 있다.

그것들이 발견되는 지역은 서쪽은 서유럽의 피레네산맥 북쪽 기슭에 있는 프랑스 브라쌍푸이에서부터 시작해 동쪽은 동시베리아의 바이칼호 부근의 브레티까지 이르는 지역이다.

이들 지역에서 그것이 발견된다는 것은 인류가 유라시아대륙의 서단에서 북방 초원로를 통해 북방유라시아 지역의 동단으로 이동했다는 증거이다[7]. 이것과 관련해 북방 초원 로의 동단에 위치한 요하유역에서 형성된 홍산 신석기문화(6000~2500, BC)의 유적지들 중의 하나인 중국 최초의 원시유적지 동산취(東山嘴) 등에서는 기원전 3000년경의 것으로 판명된 임신한 소조상(小彫像)이 발견되었다.[8]

이 지구상에서의 신석기시대는 기원전 12000년 이후에 도래한 그 시대의 유물들을 통해서 전쟁이나 천재지변 등으로 인한 민족들의 집단적 이동이나 혹은 문화적 전파 등의 흔적들이 파악된다. 북방 시베리아의 서쪽에서 동쪽의 요서지역에 이르는 광활한 지역(예컨대 요서지역의 경우 흥륭와(興隆窪)유적 등이 출토된 지역)에서 발견되는 빗살무늬(즐문)토기(3000~700, BC)[9]이라든가, 아프리카 - 남 러시아 - 투르키스탄 - 몽골고원 - 요서지역 등에서 발견되는 세석기 등이 북방 초원로를 통한 그러한 이동 흔적들의 증거가 될 수 있다.

청동기시대(BC 4000~3500년경에서 BC 1200년까지)에 이르러서도 북방 초원로를 통해 동서간의 문화적 교류가 있었다는 증거가 확보된다. 북 이라크의 메소포타미아지역에 있는 알우바이드(al-Ubaid)문화 및 우르크(Uruk)문화 - 알타이지역문화 - 요서지역문화 등의 청동기문화의 교류가 그 일례가 될 수 있는 것이다.

2) 알타이문명의 동진과 요서의 하가점하층 청동기문화

알타이산맥을 중심으로 한 알타이지역은 지중해와 인접한 소아시아지역의 토루스(Tourus)산맥으로부터 시작해 흑해 및 카스피해와 인접한 카프카스(Kavkas)산맥, 이란의 엘부르(Elburz)산맥 및 자그로스(Zagros)산맥, 아프가니스탄 북부의 힌두 쿠스(Hindu Kus)산맥, 중국 서부지역의 천산(Tien Shan)산맥 등으로 연결되어 있는 지역이다. 또 그 지역은 동북으로는 사얀(Sayan)산맥, 바이칼(Baykal)산맥 등으로 연결되어 있고 동으로는 한가인(Hangayn)산맥, 타힌안 링(Ta Hingan Ling)산맥 등으로 연결되어 있는 지역이다. 인류는 구석기시대 이래 그러한 산맥들의 양 산자락들을 타고 끊임없이 서남에서 동북으로 이동해 나왔다. 또 그 알타이지역은 시베리아지역에서의 동서문화의 교차지역이기도 하다.

기원전 4000~3500년경에 서아시아에서 출현한 초기 청동기(주석이 섞이지 않은 순동)문화가 알타이지역에 전파되어 그 지역에서 아파나세보(Afanasevo)의 초기 청동기문화가 형성된 것은 기원전 3000~2000년경의 일이다. 또 그것이 요하지역에 전파된 것은 기원전 2500~2100년경의 일로 파악된다. 그 결과 요서지역을 중심으로 전기 청동기문화인 하가점하층문화(夏家店下層文化)가 요하지역에서 형성되어 나왔던 것이다. 예컨대 적봉시(赤峰市) 지주산(蜘蛛山) 유적에서 출토된 기원전 2470~2150년경의 청동기유물이 그 구체적 일례라 할 수 있다.[10]

3) 요하문명의 남진과 하왕조의 성립

요하문명은 요하지역에 전파된 서쪽의 알타이 초기 청동기문화가 요서의 신석기문화인 홍산문화권으로 전파되어 그것을 배경으로 성립되어 나온 문명이다. 그런데 홍산 신석기문화는 기원전 6000년~5000년경에 형성되어 나와 기원전 3000년경에 절정에 달했던 것으로 고찰된다. 홍산 후기 신석기시대(4000~2000, BC)는 제단(祭壇), 여신묘(女神廟), 적석총(積石塚), 옥룡(玉龍) 등이 출현했던 시기로 소병기(蘇秉琦)에 의하면 고대국가(소병기의 용어 : 고국(古國)-방국(方國)-제국(帝國))에서의 '古國'(단계)가 성립된 시기이다.[11]

앞에서도 언급한 바와 같이 요하지역에서의 청동기문명은 서아시아의 초기 청동기문화가 알타이지역을 통해 요하지역에 전파된 것이 기초가 되어 대략 기원전 2500년경 전부터 형성되어 나왔던 것으로 시작된다.

그렇다면 중원지역에서의 황하문명은 어떻게 형성되어 나온 것인가? 중원지역에서 황하문명이 형성되기 시작된 것은 하왕조(夏王朝, 2050~1550경, BC)가 성립되기 이전으로 고찰된다. 현재 학계에서 파악한 황하문명의 실체 중에서 가장 오래된 것으로 확인된 것은 황하유역에 위치해 있는 하남성(河南省) 언사현(偃師縣) 이리두(二里頭) 유적지로 보고 있다. 학계에서는 바로 이 유적지를 하왕조(2050~1550경, BC)의 수도로 파악하고 있다. 이 유적지를 비롯한 인접 지역의 유적들은 기원전 2000년경을 전후해서 형성된 것으로 고찰되고 있다.

러시아의 고고학자 몰로딘(I.V. Molodin)은 이 문화의 유적들에 대한 고찰을 통해 "아파나세보 문화가 몽골의 서부지역과 중국의 서북지역에서도 확산되었음을 보여준다"고 지적하고 있다.[12] 그런데 여기에서 I.V. 몰로딘이 언급하고 있는 아파나세보 문화란 서아시아 북부 초원지대에서 형성되어 나와 알타이지역을 통과하지 않고 카자흐스탄지역에서 직접 중국의 서북쪽에 위치해 있는 천산산맥지역으로 들어와 영하회족자치구(寧夏回族自治區)-내몽골자치구 지역으로 전파된 초기 청동기문화를 가리킨다. 따라서 이 아파나세보의 초기 청동기문화는 알타이지역를 경유해 기원전 2500년경 이전에 요하지역에 들어간 초기 청동기문화와는 다른 계열의 청동기문화이다. 그것은 알타이지역으로부터 출발한 것이 아니고 서아시아 북부의 초원지로부터 출발한 것이라는 것이다.

그렇다면 그 아파나세보 초기 청동기문화는 어떠한 식으로 황하문명의 성립에 영향을 끼쳤던 것인가? 카자흐스탄 초원지역으로부터 중국 서북지역의 영하자치구와 내몽골자치구지역의 남부에 전파된 아파나세보 초기 청동기문화는 현재 내몽골 지역으로부터 황하의 산서성(山西省)과 섬서성(陝西省)의 경계를 이루는 황하의 서하(西河)를 타고 남하하여 황하 중류지역을 통해 중원으로 전파해 나갔다. 그것이 그러한 통로를 통해 중원에 전파된 것은 시기적으로 요하지역보다 300~400년 정도 늦은 시점으로 파악되고 있다. 그래서 그것은 산서성(山西省)의 서부를 흐르는 분수(汾水)의 하류지역, 섬서성(陝西省)의 남부를 흐르는 위수(渭水)의 하류지역, 하남성(河南省)의 서부지역 등으로 이루어진 중원지역에서 초기청동기 문화를 형성시켰던 것으로 추정된다. 그러나 그 보다 먼저 요하유역에서 전기청동기 문화가 형성되어 그것이 황하하류로 전파해나갔고, 또 그것이 황하를 타고 중원지역의 하남성 쪽으로 북진해 올라 갔다.[13] 그래서 그것은 그곳의 초기청동기문화와 충돌하게 됨으로써 그 지역의 초기청동기문화가 청동기문화로 전환해 나오게 되어 그것을 배경으로 해서 하왕조(2050~1550, BC)가 성립되었던 것이다. 그러나 그 보다 먼저 요하유역에서 전기 청동기문화가 형성되어 그것이 요하지역 남부의 난하의 하류지역으로 전파해나갔다.[14] 그래서 그것은 남쪽의 황하유역으로 전파되어 그곳에서 중원지역의 하남성 쪽으로 서진해 나갔다.[15] 그 결과 황하유역으로 남진한 요하의 전기 청동기문화는 그곳의 초기 청동기문화와 충돌하게 됨으로써 그러한 요하문명과 황하문명과의 충돌을 배경으로 해서 하왕조(2050~1550, BC)가 성립되었던 것이다. 요하문명의 황하유역으로 남하한 현상은 하왕조의 성립직전 오제시대(五帝時代, 2300~2050년경, BC)의 수도가 지금의 하북성 북부와 요녕성 서부이었던 기주(冀州)에 있었는데 하왕조의 설립이 황하유역의 중원지역에서 이루어졌다는 사실을 통해서도 확인될 수 있다.[16] 그 후에도 맥족을 위시한 동이족이 일으킨 요하의 전기 청동기문화는 요하지역으로부터 지속적으로 남하해 황하의 하류지역으로 전파해 나가, 그곳에서 다시 황하 중류로 전파해 나감에 따라 기원전 18세기 전반에 이르러서는 결국 하의 정치적 중심지보다 동쪽에 위치한 하남성을 중심으로 상왕조(商王朝, 1766~1122, BC)를 성립시켰다.[17]

4) 철기문화의 중원 도래와 중원문화의 요하지역으로의 북상

서아시아에서의 철기문명이 성립된 것은 소아시아지역의 아리안계 히타이트왕국에서 기원전 1400년경 철 제련기술이 발명됨으로써였다. 그 왕국의 멸망(BC 1190)을 기해 철기문화가 동서로 급속히 전파되었다. 중국에 철기문화가 전파된 것은 카자흐스탄 남부 초원지대를 통해서였고, 기원전 1200년경 중국의 서단 신강 위구르지역에 도달하였다.[18] 그 결과 상왕조가 무너지고 주왕조가 기원전 1122년에 성립되어 나왔다. 주(周, 서주는 1122~770, BC)를 건립한 화하족(華夏族)의 선조는 오아시스로인 중앙의 실크로드를 타고 천산산맥을 통해 황하 상류를 타고 중원지역에 이르러 서안(西安) 근방에 정착해 화하족으로 성장한 것으로 고찰된다. 구체적으로 말하자면, 화하족은 섬서성의 화음현(華陰縣)의 남쪽에 위치한 산, 즉 오악(五嶽) 중의 하나인 화산(華山) 일대를 중심으로 형성된 하씨(夏氏) 일족을 중핵으로 성장해 나온 민족 집단으로 고찰된다. 그것은 요하지역에서 출현한 동이족 계열의 상을 일으킨 민족과는 다른 민족 집단이었다. 황하 상류로부터 출현한 주족(周族)이 황하 하류에서 출현한 상(商)을 멸망시키자, 그것을 기해 그 이후 황하의 중원문화가 요하지역으로 북상하게 되었던 것이다.

3. 기자조선과 고조선의 실체

1) 고조선의 명칭

고조선이란 명칭은 한국 측의 문헌에서만 찾아볼 수 있는 말이다. 이것이 최초로 나타난 문헌은 앞에서도 언급했듯이 『삼국유사』(1280년대 말엽)이다. 이 문헌 속의 '古朝鮮 壇君王儉'이 바로 그것이다. 여기에서의 고조선(古朝鮮)이란 위만조선(衛滿朝鮮) 보다 더 먼저 존재했던 '조선'을 지칭하는 말이다. 고조선, 즉 '위만조선보다 먼저 존재했던 조선'은 일연에게는 지금의 사학자들로 말할 것 같으면 단군조선과 기자조선이었다. 일연시대에 중국인들에게서의 위만조선 이전의 고조선은 기자조선이었다. 그러나 일연은 중국사학자들의 그러한 입장에 반대해 고조선을 단군조선과 기자조선으로 양분시켜 파악하려는 입장을 취했던 것이다. 일연의 그러한 입장에 대해 김정배는 중국인 학자들이 사용하는 기자조선 대신에 '예맥조선'이라는 말을 쓰고 있다. 이 경우 실체는 같지만 표현만 다를 뿐이다. 그러나 필자가 여기에서 쓰는 예맥조선은 표면의 측면에서는 김정배와 동일하지만 그 실체의 측면에서는 중국사학자의 기자조선이나 김정배의 예맥조선과는 다르다. 필자가 여기에서 말하는 예맥조선은 요한의 남부에서의 기자조선의 출현에 대립해 단군조선을 이어받아 요하중부에서 출현한 국가이다.

그런데 여기『삼국유사』에 나오는 고조선(古朝鮮)에서의 '조선'(朝鮮)이란 말의 원래 의미는 단군조선을 일으킨 예맥족에게 '아침의 소산(小山)'을 뜻했던 아사달이라 불린 지역의 중국명칭이었던 것으로 고찰된다. 필자는 '아침산'을 의미하는 아사달이란 말은 아시리아인들이 자신들의 원향(原鄕)이라 생각했고 또 자신들의 선조와 그들의 최고신 아슈르(Ashur)가 출현했다고 하는 아슈르의 산(Mountain of Ashur)으로 불러온 지역명에서 유래되었을 가능성을 결코 배제할 수 없다는 입장을 취하고 있다.[19] 그러한 구체적 증거가 될 수 있는 것들의 하나는 아시리아 민족의 선조가 아슈르(Ashur)지역으로 이동해 그곳에서 기원전 2600년경에 아슈르라고 하는 도시국가를 세우고 자신들의 최고신으로 아슈르(Ashur)를 받들게 된 시점이『삼국유사』에서 단군이 단군조선을 세웠다는 시점보다 약 2세기 이전이었다고 하는 사실이다.

그러면 아슈르의 산(Mountain of Ashur)란 말이 어떤 경로를 통해 언제쯤 요하지역으로 전파되어 아사달이란 말로 쓰이게 되었던 것인가? 그것은 다음과 같이 고찰된다. 즉 아시리아 민족의 선조들의 일부가 메소포타미아 북쪽의 아슈르로부터 그 북쪽에 위치해 있는 흑해와 카스피해의 북안에 펼쳐진 초원지대로 나와 그곳에서 아파나세보 초기 청동기문화를 가지고 그 초원지대의 동북쪽 끝에 위치한 알타이 지역으로 동진해 나왔다. 그들은 다시 알타이지역에서 알타이 산맥의 남쪽자락을 타고 고비사막 북측의 몽골고원을 통해 동남쪽의 요하(遼河)지역으로 유입되었던 것으로 고찰되는 것이다. 우리는 그 증거 중의 하나로 알타이지역 서쪽으로 펼쳐진 초원지대에 현재 카자흐스탄의 수도명이 아사달과 발음이 유사한 '아스타나(Astana)'라고 하는 사실에 주목해 볼 수 있는 것이다.

현재 우리는 요하지역에서 형성된 전기청동기 시대의 대표적 청동기유물로 비파형청동검을 들고 있다. 그런데 요하지역과 한반도에 퍼져 있는 비파형청동검이 한민족의 원류로 고찰되는 예맥인에 의해 만들어졌다고 하는 것은 한국 고대사 연구자들에 의해 일반적으로 받아들여지는 견해이다. 이 경우 김정배는 그 비파형청동기의 원형이 아스타나의 인접지역인 카라간다 등과 같은 지역에서 출토된 청동검으로부터 시작된다는 입장을 제시하고 있다[20]. 이러한 점을 감안해봤을 때, 아사달이란 말은 서아시아에서 청동기문화의 세례를 받은 인간집단들이 메소포타미아의 북부 지역으로부터 카스피해 북안의 초원지역을 통해 알타이지역을 거쳐 요하지역으로 들어오던 과정에서 요하지역에 전파되어 나왔을 가능성이 인정되는 것이다.

2) 민족적 집단으로서의 단군조선

김정배는 「한국민족의 기원과 형성」에서 "우리나라민족의 기원과 형성을 논하면서 가장 주목받는 주민집단은 단연 신석기시대의 '고아시아족'과 청동기시대의 '예맥족'이라 할 수 있다"라고 견해를 제시하고 있다.[21] 그런데 그는 예맥족의 활동 지역이었던 요하지역에 청동기시대가 도래한 시기를 기원전 10세기 전후로 보았다.[22] 그러나 2000년대로 들어와, 적봉시(赤峰市) 지주산(蜘蛛山) H42 유적지 등의 유물들에 근거해 예맥족 혹은 그들의 선조들이 활동하던 요하지역에 기원전 2500년경 이전에 이미 청동기문화가 형성되어 나왔다는 주장이 제기되었다.[23] 만일 우리가 이 주장을 받아들인다고 한다면 우리로서는 기원전 2500년경에 요하지역에서 활동했던 민족을 예맥족의 선조로 보는 것이 타당하다는 입장이 취해진다. 우리가 여기에서 김정배의 의견을 가지고 논리를 한층 더 전개시켜본다면 예맥조선의 선조가 '고아시아족'과 어떻게 관련되어 있는가의 문제가 제기될 수 있다. 그런데 고아시아족이란 청동기문화가 다른 지역으로부터 아시아지역에 전파되어 들어오기 이전에 동북아시아지역에서 생존해 왔던 신석기인으로 파악되고, 그 고아시아족의 원향은 바아칼호 지역을 포함한 동 시베리아지역으로 고찰되고 있다. 이렇게 볼 때, 우리는 고아시아인은 바이칼호 지역의 시베리아와 동북 아시아지역에서 생존했던 신석기인이었고 예맥인은 청동기시대가 도래하자 그 신석기인 자리에서 출현한 민족으로 파악해도 큰 문제는 없을 것 같다.이 경우 우리가 요하지역이 포함되는 동북아시아지역으로의 청동기문물의 유입경로를 추적해볼 것 같으면 예맥인과 예맥인의 선조가 몽골·알타이지역 ·서아시아지역 등과 연결되어 있는 서북아시아 지역을 원향으로 하고 있다는 입장을 취하지 않을 수 없다. 토기의 문양을 기준으로 해서 논해볼 경우 신식기시대의 고아시아인은 빗살무늬토기를 사용했고 청동기시대 이후의 예맥인은 무문토기를 사용했던 것으로 고찰된다. 동북아시아의 고아시아인은 일본열도로도 이동해 갔는데, 그들은 그곳에서 새끼줄문양이 박힌 조몬(繩文) 토기를 사용했다. 그러나 그 후 기원전 3세기에 와서부터는 일본열도에 청동기와 철기와 함께 문양이 없는 야요이(弥生) 토기가 출현했다. 요하지역의 예맥인들이 한반도를 통해 일본열도에 가져간 것으로 고찰된다.[24]

적잖은 한국과 중국의 학자들이 한국 민족의 기원을 논할 때 예맥(穢貊 : 濊貉), 맥족(貊族), 예족(穢族) 등과 연결시킨다. 서주시대(1122~770, BC)의 사서로 알려져 있지만 전국시대(戰國時代, 403~221, BC)에 편찬된 것으로도 이야기되는 『일주서(逸周書)』의 「왕회편(王會篇)」에 '예인'(穢人)이란 말이 출현한다. 또 예맥(穢貊)과 관련해서는 『관자』의 「소광편(小匡篇)」이 보여주고 있듯이 '예맥(穢貊)'이란 말은 춘추시대(770~481, BC)부터 출현한다. 그러나 예(濊)와 맥(貊)은 이미 서주시대의 사서들에서 나타난다. 예컨대 『일주서(逸周書)』의 「王會篇」에 "穢人, 前兒"란 표현이 나오고, 『후한서』에는 기자가 조선에 갔다는 기록 속에 기자가 예(穢)인을 상대로 예의와 누에고치를 가르쳤다는 말이 있다. 『시경』의 「한혁(韓奕)」에는 주의 여왕(厲王, 878~828, BC)시대의 일을 읊은 가사 속에 맥(貊)족이 나온다. 『한서(漢書)』의 「왕망전(王莽傳)」에서는 고구려인을 '맥인(貊人)'이라 부르고 있다.

그러나 중국에서의 한자 사용은 기원전 14~11세기 갑골문의 형태로 시작되었다. 따라서 요하지역에 최초로 청동기가 사용된 기원전 2500~2400년경에 맥족이 살고 있었다 하더라도, 그러한 사실은 기록될 수 없었다. 또 주 초기에 요하 서쪽의 맥족과 그 동쪽의 예족이 융합되어 예맥족이라고 하는 하나의 새로운 민족이 출현했다 하더라도 그것이 중원지역의 식자들에게 알려져 갑골문이나 금문(金文) 등으로 기록될 수 있는 가능성이란 매우 희박하다. 따라서 서주 이전의 일은 춘추시대 이후의 기록을 가지고 추정해본다든가 혹은 고고학이나 문화인류학적 지식을 가지고 접근해볼 수밖에 없다는 입장이 취해진다.

예(穢·濊)는 요하의 동북쪽에서 주로 수렵 내지 농업으로 생존하였던 민족이다. 맥(貊·貉)은 요하의 서북지역에서 목축업에 종사했던 민족으로 파악되고 있다. 예가 알타이산맥의 동남지역 출신이라면, 맥은 알타이산맥 이남 몽골고원 출신으로 고찰된다.

요서의 전기 청동기문화로 알려진 하가점하층문화(2400~1300, BC)는 산융(山戎)이 일으켰고, 그것을 배경으로 해서 출현한 하가점상층 청동기문화는 동호(東胡)가 일으킨 문화로 파악하는 입장이 있다.[25] 일부의 중국 고고학자들은 현재 한국의 고고학자들이 한국 고유의 대표적 청동 유물로 파악하고 있는 비파형청동검을 하가점상층문화의 대표적 유물로 파악하면서 그 바파형청동검이 요서에서 출현해 요동으로 전파되어 나갔다는 입장을 제시하고 있다.[26] 또 부여의 기원지로 밝혀진 탁리(槖離)지역의 선인들이 하가점상층문화와 매우 밀접한 관계가 있는 '백금보문화(白金寶文化)'를 일으켰다는 고고학적 연구결과가 있다.[27]

이 문화는 서주시대(1122~770, BC)에는 이미 현재의 하르빈지역 근방의 눈강(嫩江)일대에 널리 퍼져 있었다.[28] 이러한 점들을 고려해 볼 때 한국민족의 원류로 받아들여지고 예맥조선의 선조의 일파로 고찰되는 맥족이 전기 청동기문화를 기반으로 형성된 하가점하층문화와 또 그것을 기초로 해서 형성되어 나온 하가점상층문화의 주역이었던 것으로 고찰된다. 그러한 입장은 다음과 같은 논거에 의거한 것이다.

'동호'라는 명칭은 '동쪽의 기마민족'이라는 뜻인데, 일설에 의하면 '퉁구스'의 한자어 표기로도 파악되고 있다. 그런데, 그것은 춘추시대에는 산융이었는데, 전국시대(403~221, BC)에 이르러 그것이 동호로 불리게 되었다는 주장이 있다. 그 근거는 '동호'라는 명칭이 전국시대에 와서야 비로소 보이기 때문이라는 것이다. [29] 이러한 입장은 동호라는 명칭이 최초로 나오는 『일주서』의 편집연대를 전국시대로 보는 학자들의 주장이다.[30] 그러나 『일주서』의 편집연대를 서주시대(1122~770, BC)로 파악하는 학자들의 경우는 『일주서』, 『사기·흉노열전』 등에 산융과 동호가 병칭되어 있기 때문에 그들을 서로 다른 민족들로 보고 있다. 고고학자들에 의하면 산융은 지금의 대릉하(大凌河)유역의 상·중류지역, 즉 우하량(牛河梁), 동산취(東山嘴), 조양(朝陽) 등의 지역에서 터를 잡고 있던 민족이고, 동호는 지금의 시라므렌강(西拉木倫河)유역에 있던 민족이다.[31]

손진기는 산융이 동호의 선조일 수 없지만, 예맥과 산융는 같은 민족일 수 있다는 입장을 취하고 있다. 그뿐만 아니라 그는 중국의 여러 자료들에 근거해, 예 혹은 예맥의 후예가 고구려인이라고 말하고 있고, 또 동호·산융·예맥을 같은 민족으로 보기는 어려우나, 어떤 단계까지 거슬러 올라가면 같은 계열의 민족들이라고도 말하고 있으며, 예맥 중의 맥은 동호와 동원(同源)이는 입장도 취하고 있다.[32] 중국인들은 춘추시대(722~481, BC)에서 전국시대(403~221, BC)에 걸쳐 이루어진 중국의 고문헌에 나타나 있는 명칭들을 근거로 해서 요하지역에 산융, 동호, 예맥(예족, 맥족) 등이 존재했다고 말하고 있으나, 어느 민족이 제일 먼저 이 지역에 거주했었는지 밝히고 있지 않다.

이와 같은 점들을 고려해볼 때, 서주 이전까지만 해도 예족과 맥족은 요서지역의 홍산문화권의 동과 서에서 별도로 생활하였다고 추정된다. 중원지역에서 기원전 1766년경 상이 건립되기 이전까지 대릉하 유역에서 살았던 맥족(손진기는 이 민족을 산융족이라 말하고 있음)의 경우 상의 건립시점에서 요서의 남부지역으로 남하해 난하의 하류 지역에서 터를 잡고 그곳에서 고죽국을 세웠다. 그러자 요하의 동북쪽에 있던 예족이 요서지역으로 남하해 맥족이 살던 대릉하 중·상류지역을 점령해 살아가게 되었다. 그런데 그 후 중원의 철기문화가 북상해 옴에 따라, 맥족은 다시 예족이 차지해 살고 있던 요하의 중부지역으로 이동해 올라갔고, 또 그의 일부는 재차 요하지역의 동북쪽으로 되돌아갔다. 그 과정에서 그 일부가 맥족과 결합해 김정배가 말하는 예맥조선을 대릉하와 요하 사이의 부신(阜新)지역에서 설립했던 것으로 추정된다. 예맥조선이 부신지역에서 설립되었다는 논거는 다음과 같다. 우선『삼국유사』의 「고조선 단군왕검」편에 "주 무왕(武王)이 즉위한 기묘년(BC 1122)에 기자(箕子)를 조선에 봉하니 단군이 이에 장당경(藏唐京)으로 옮겨갔다"라는 문장이 있다. 이것은 기자가 단군족의 정치적 무대였던 요하의 남부로 망명해 들어와 중국의 중원정부의 국력을 배경으로 해서 그 지역의 주도권을 행사해 가려하자 단군 족은 그 지역을 떠나 요하지역의 중부에 위치한 그들의 원향인 조양지역 쪽의 장당경(藏唐京)으로 천도해 올라갔다고 하는 의미로 해석될 수 있다. 필자가 부신지역을 장당경으로 파악한 것은 한무제가 요하지역의 남부에 위치해 있던 위만조선을 멸망시키고 그 지역에 삼군을 설치한 다음 그 이듬해 요하지역의 또 다른 세력을 쳐부수고 그 지역에 현도군을 설치했는데 바로 그 지역에 부신지역이었기 때문이었던 것이다.『삼국유사』에 앞의 인용문에 이어 "단군은 후에 아사달로 돌아가 은거하다 산신이 되었다"는 문장이 있다. 이것은 예맥조선이 장당경에서 한무제에 멸망당하자 나라를 빼앗긴 후, 단군조선이 최초로 건립되었던 조양지역으로 피신했다는 의미로 해석될 수 있는 문장이라 할 수 있다.

　이러한 역사적 사실에 대한 논거는 1973년 중국학자들에 의해 대릉하 일대에서 기후명 방정(箕侯銘 方鼎)을 비롯한 상말 주초의 유물들이 발굴되었다는 것이다. 중국의 학자들은 그것들을 기자조선이 실제 존재했다는 고고학적 증거로 받아들이고 있다. 필자는 그것과 더불어 그것들이 난하 하류에 정치적 무대를 지니고 있던 단군조선이 대릉하의 중류로 천도하였다는 고고학적 증거가 될 수 있다는 것이다. 이것과 관련해서 한국 측의 한 학자는 다음과 같이 말하고 있다. "객좌(喀左) 일대 청동기 매장지에서는 계통이 다른 여러 개의 족씨(族氏)집단 명문이 섞여서 함께 출토되는 특징이 보인다. 이것은 특정 족씨 집단의 존재나 활동과 관련되기 보다는 이들 여러 집단을 통합할 수 있는 상위 세력에 의해 이 지역 청동기 매장지가 조성되었음을 말해준다."[33]

그의 이러한 입장에 대해 필자는 그 상위세력이 바로 그 지역으로 정치적 무대를 옮긴 단군조선으로 파악해야 한다는 것이다. 단군조선이 난하 하류에서 대릉하 중류로 북상해 그곳에서 자리를 잡게 되는 과정에서도 그랬고 또 부여의 성립시기에서도 마찬가지였다고 말해볼 수 있다. 맥족은 지배층을 차지했었고, 예족은 피지배층을 차지했던 것으로 고찰된다.

그런데 제환공(齊桓公)이 기원전 664년에 산융을 쳐부수었는데, 이때 제환공에 의해 멸망된 나라는 고죽국이었다. 우리가 여기에서 고죽국이 선융족에 의해 건설된 나라였다는 입장을 받아들여 본다면, 고죽곡의 후예들에 의해 고구려가 세워졌다는 입장을 인정해 볼 때 우리는 산융족이 예맥족의 일파라는 사실을 인정하지 않을 수 없다. 고죽국이 멸망하자 그 유민들 일부는 요하의 동북지역으로 이동하여 송화강 유역에서 부여를 건설한다. 그런데 그 후 고죽국이 멸망한 자리에는 동호가 남하하여 산융의 고지를 점령해 살았다고 한다. 그 후 연의 진개(秦開)가 기원전 284년에 그들을 1천 리 밖으로 퇴각시켜 원래의 자리로 되돌려 보냈다고 말하고 있다.[34] 그 다음 기원전 1세기 후반에 와서 부여인 주몽이 요하지역으로 남하해 고구려를 세웠다.

이렇게 고찰해 볼 때, 민족적 집단으로서의 고조선은 청동기문명이 몽골·알타이지역·서아시아지역과 연결된 서북아시아로부터 요서지역으로 최초로 전파되어 들어온 시점에서 그 지역의 신석기인을 기반으로 해서 최초로 형성되어 나온 민족집단으로 고찰된다. 이 분야의 학자들은 서북아시아로부터 요하지역에 청동기문화를 가지고 들어온 인류를 알타이인이라 말하고 있다.[35]

3) 정치적 집단으로서의 단군조선

단군신화에서 고조선을 건국한 단군왕검은 웅녀와 하늘에서 내려온 환웅 사이에서 태어난 자로 되어 있다. 이 경우 하늘에서 내려온 환웅은 서아시아의 지역으로부터 청동기문화를 가지고 알타이지역을 거쳐 요하지역으로 동진해 온 집단의 한 족장으로 파악될 수 있다. 이에 대해 웅녀는 요서의 홍산문화권 지역 출신의 인간집단으로 파악될 수 있다. 단군신화와 같은 계열로 파악되는 일본의 '기기신화(記紀神話)'도 단군신화와 유사한 표현을 취하고 있다. 태양신 아마테라스오미카미(天照大御神)의 장손 니니기노미코토(瓊瓊杵命)는 5명의 부족장 신들을 거느리고 조모 태양신으로부터 삼종(三種)의 신기(神器)인 곡옥 (勾璁:曲玉)·거울(鏡)·검(劍)을 하사받아 히무카(日向, 규슈 지역)의 다카치호 노미네(高天穂峰)에 내려온다.[36] 이것은 단군신화에서 환웅이 삼천의 무리를 이끌고 천부인(天符印) 세 개를 천왕환인으로부터 하사받아 태백산으로 내려왔 다는 이야기에 완전 대응된다. 이들의 이러한 이야기는 비를 동반한 바람과 구름이 불어오는 방향인 서쪽지역으로부터 뛰어난 문화를 가지고 타 인간집단 이 이주해온 현상을 상징적으로 기술해 낸 것이다. 이러한 이야기는 서쪽으로 부터의 동진세력들의 후손들이 이주지역의 토착민들을 정치적으로 지배해가기 위해 만들어낸 이야기라 할 수 있다. 일본의 문화인류학자 오카 마사오(岡正雄, 1898~1982)는 일본의 『고사기』 신화가 단군신화와 유사한 것은 그것들이 동일 계열의 알타이신화들이기 때문이라는 입장을 취했기 때문이다.[37]

우리가 『삼국유사』에 기술된 단군신화를 분석해보면, 하늘에서 내려온 환 웅이 세상에 내려와 정착한 후 그의 아들 단군왕검에 의해 고조선 국가가 건설되는 과정이 상징적으로 잘 기술되어 있음을 알 수 있다. 첫째는 환웅이 하늘에서 세상에 내려와 인간세상을 다스려가는 과정이다. 이때 환웅이 다스 리는 지역은 신시(神市)라 불렸고, 환웅은 환웅천왕이라 불렸다. 그 신시 주변 지역에는 곰을 토템으로 신봉하는 부족과 호랑이를 토템으로 신봉하는 부족이 공존하고 있었다. 또 그들은 환웅천왕이 다스리는 신시의 인간들과 같은 문화를 지닌 인간들이 되기를 원했다. 그것을 알게 된 환웅천왕은 자신들이 그 지역으로 이주해 올 때 자신들의 원향으로부터 가지고 온 문화(쑥과 마늘)를 수용토록 했다. 사실상 쑥과 마늘은 유럽 내지 서아시아를 원산지로 한다. 그러자 곰토템 부족은 환웅천왕족의 문화를 받아들이고 호랑이토템 부족은 그것을 받아들이지 못했다고 하는 것이다. 고고학적 측면에서 고찰되는 단군의 선조는 서아시아의 아시리아지역 출신으로 청동기문화의 동진을 따라 알타이지역을 거쳐 요하로 이주한 인간집단이다. 민족적 측면에서 고찰해볼 때 우리는 그들을 맥족이라 파악하였다. 두 번째는 서아시아의 메소포타미아북부 아시리아지역으로부터 이주해 온 환웅천왕족이 요하지역의 선주민 곰 토템부족과 융합되어가는 과정이다. 서쪽에서 이주해온 환웅천왕족과 그 지역의 선주민 곰 토템부족과 결합하여 새로 출현된 인간집단으로부터 출현한 단군왕검이 그 요하지역을 정치적으로 다스리게 된 과정이다. 세 번째는 단군왕검이 아사달이라는 지역에서 조선(朝鮮)이라는 국가를 세우게 되는 과정이다. 이와 같이 단군신화는 서아시아 지역으로부터 서풍을 타고 북방의 초원로를 통해 알타이지역을 거쳐 요하지역으로 이주해 온 인간집단이 그곳에서 선주민과 융합해 가는 과정과 그들 후세들 중의 한 사람이 그 지역의 인간들을 다스려가게 될 국가를 건립하는 과정이 비유적으로 기술된 것이라 할 수 있다.

그런데 여기에서 우리가 주목해 볼 수 있는 것은 일본의 천황가가 한반도로부터 금속기문화를 가지고 일본에 건너간 인간집단을 배경으로 출현했다는 사실을 감안해 본다면 단군왕검도 서역으로 청동기문화를 가지고 알타이지역을 거쳐 요하에 들어온 인간집단으로부터 출현한 인물로 파악될 수 있다고 하는 것이다.

필자는 이러한 단군신화의 실체를 논증해주는 고고학적 연구의 결과를 다음과 같이 제시해 볼 수 있다. 요서지역의 대릉하의 중상류지역에 우량하, 동산취, 조양 등과 같은 지역이 있다. 이들의 지역들로부터 100km 이내에 형성된 홍산문화 유적군에는 여신상들이 발굴되고, 또 우하량 유적지에는 그것을 대표하는 것으로 수많은 적석총(積石塚)들의 중앙에 여신묘(女神廟, 신전)가 안치되어 있다. 또 그 여신묘로부터는 곰형태의 각종 유물들이 발굴되었다. 이렇게 봤을 때, 바로 이 지역 일대가 단군신화를 믿었던 부족이 활동했던 지역으로 추정된다. 그런데 단군신화에는 환웅천왕이 하늘에서 내려와 인간세상을 다스리게 된 지역에 신시(神市)로 이름 붙여져 있다. 그런데 여신묘가 있는 우하량 유적지는 해발 671m의 산등성이에 위치해 있다.[38] 궈다순(郭大順)는 "우하량(유적지)는 종교와 제사의 장소이다. 여신묘 내외의 100여 km² 범위 내에서 어떠한 주거흔적도 볼 수 없다"라고 말하고 있다.[39] 또 그 유적지에는 동(銅)을 제련한 도가니 파편들이 산포되어 있다.[40] 이러한 점들을 고려해봤을 때 우리는 이 우하량 유적지가 단군왕검 시대에 '신시'(神市)로 불렸을 가능성이 있다는 입장이 취해지는 것이다.

소병기는 신석기시대 후기 홍산문화권 지역에 고국(古國) 형태의 고대국가가 존재했었다는 입장을 제시했다. 그 시대에 고대국가가 존재했다고 한다면 바로 이 우하량 일대가 그 국가의 수도였을 가능성이 높다. 중국의 고고학자들은 홍산문화시대를 오제시대의 전기로 파악하고 있다.[41] 오제시대 전기에 치우(蚩尤)가 요하지역 출신의 정치적 지도였다고 한다면, 단군왕검은 그보다 후에 태어난 자로 오제시대 후기의 인물로 파악된다.

이와 같은 측면에서 고찰해 봤을 때, 단군조선은 하왕조가 건국된 기원전 2070년경 이전 중국의 오제시대의 후기, 구체적으로 말해 보자면 제요(帝堯)시대에 단군왕검이 아사달이란 지역에서 건설한 동아시아 최초의 고대국가라 말할 수 있다.

4) 고조선의 정치적 중심지와 그 변천 과정

『삼국유사』에 의하면 단군왕검이 요임금과 같은 시기에 아사달이라 불리던 지역에서 '조선'이란 국가를 세웠다고 한다. 그러면 그 아사달이란 지역은 어디인가? 이병도, 김정배, 윤내현 등을 비롯한 기존의 대부분의 학자들은 대동강 유역인 평양으로 보고 있다. 그러나 당시 홍산문화권 내에서 문물이 가장 번성했던 곳은 우하량 지역으로 추정된다. 우하량 유적으로부터 50km 떨어진 곳에는 홍산문화권 내에서 가장 원시적 대형 제단으로 판명된 동산취(東山嘴)유적이 있는 곳이기도 하다. 이 우하량 유적지의 대표적 유물들은 신석기시대 말기인 기원전 3500년경 이후에 이루어진 대형제단(大型祭壇), 여신묘(女神廟), 적석총군(積石塚群) 등이라 할 수 있다. 이 지역 일대에서 단군왕검이 단군조선을 건설했다고 하는 논거는 우선 그 일대가 신시(神市)로 명명될 수 있고, 다음으로 여신묘가 있으며 또 그곳에서 곰의 형상을 취한 한 각종 유물들이 발굴되었기 때문에, 단군왕검이 웅녀로부터 태어났다는 단군조선의 개국신화를 믿었던 부족이 거주했던 지역으로 추정되기 때문이다. 그뿐만이 아니다.『삼국유사』에는 단군왕검이 요임금 원년에 "아사달을 도읍으로 해서 '단군조선'을 세웠다"는 말이 있다. 여기에서의 '아사달'이란 말은 한자로 표현하면 '朝鮮'(아침 해가 뜨는 작은 산)이란 뜻이다. 그런데 현재 중국어로 朝陽이라 불리는 지역이 우하량으로부터 100km 이내에 존재한다고 하는 것이다. 그런데 필자가 여기에서 말하고자 하는 것은 '朝陽'이라는 말은 '朝鮮'과 같은 의미를 지닌 말이라고 하는 것이다.

요서의 서북지역으로부터 청동문화가 요서지역에 전파되어 그 지역에 전기 청동기시대(2500~1200, BC)가 도래하였다. 그러나 이미 초기부터 요서의 북·중부로부터 서서히 요서지역 남단의 난하 하류지역으로 인구이동이 있었던 것으로 고찰된다. 그러한 현상은 중원지역에서 기원전 2070년경(『史記』「夏本紀」) 하왕조가 건설되기 약 3세기 전부터 시작되었다. 요서의 전기 청동기문화가 황하유역과 화북지역으로 남진해 나갔다. 또 오아시스로를 통해 서아시아의 청동기문화가 중아시아와 천산산맥, 내몽골, 황하의 서하를 동남진해서 중원지역에서 부딪힘에 따라 그곳에서 하왕조가 건설되었던 것이다. 그로부터 3세기 후에는 하나라의 동쪽지역에서 상왕조(商王朝, 1766~1122, BC)가 건국되었다. 또 그 시점에서 조양일대에서 거주하고 있던 단군조선의 후예들은 난하 하류지역 근처의 백악산(白岳山)의 아사달이란 지역으로 천도했던 것으로 추정된다. 난하 하류지역의 주변이 중국어명 '朝鮮'으로 불리게 된 것은 그 무렵부터로 고찰된다.

그러나 상주(商周)의 교체기에 와서 중원지역으로부터 기자와 같은 구상(舊商)의 유민들이 그 지역으로 이주해 들어오자, 다시 단군조선은 그의 정치적 무대를 요서의 옛 수도 조양(朝陽)지역, 보다 더 구체적으로 말하자면, 앞에서 언급한 바와 같이 조양의 동북쪽에 위치한 장당경(藏唐京), 즉 지금의 부신(阜新)지역으로 옮기게 되었다. 그렇다고 해서 단군조선의 정치적 세력들이 전부 난하 하류지역을 떠났던 것은 아니었다. 그 일파는 난하 하류지역에 머물러 있었다. 그 지역에 도착한 중국의 주나라 세력들은 난하의 하류지역에 잔류해 있던 단군조선의 일파를 일명 '고죽국'이라 불렀고, 또 기자가 난하 하류의 단군조선 지역에 세웠다고 하는 나라를 기자조선이라 불렀다. 단군조선은 대릉하와 요하 사이의 장당경으로 천도하고 북상한 맥족과 남하한 예족이 다시 한 번 더 결합해 그곳을 중심으로 예맥조선을 건국하였다. 우리가 단군조선의 건립 시점에서 행해졌던 서의 맥족과 동의 예족 사이의 결합이 제일차적 결합이었다고 한다면, 예맥조선의 성립 시의 그들 사이의 결합을 제이차적 결합이라 말해볼 수 있다.

『관자』의 「소광편(小匡篇)」에는 기원전 664년 "제 환공이 진공을 구하면서 적군의 왕을 사로잡고 호맥(胡貊)을 패퇴시켰으며 도하를 깨트려 기마오랑캐를 비로소 복종시켰다"라는 문장이 있다. 여기에서의 호맥은 고죽국으로 파악되고 있다. 여기에서 손진기는 호맥을 동호(東胡)로 보고 있으나, 호맥을 고구려로 보는 자도 있다[42]. 『사기』의 「흉노열전」에는 "연나라의 현장 진개는 흉노(호)에 인질로 잡혀가 있으면서 그들의 신뢰를 받았다. 그 후 연나라로 돌아온 후 그는 군대를 이끌고 동호를 습격하여 패주시켰다. 이때 동호는 1000여 리나 후퇴하였다. ---연나라는 조양에서 양평에 이르는 장성을 쌓고 상곡(上谷), 어양(漁陽), 우북평(右北平), 요서(遼西), 요동(遼東)의 여러 군들을 두어 호(胡)를 방어하였다"라고 기록되어 있다.[43] 연나라의 진개는 연소왕대(311~279, BC)의 장군이었다.

이렇게 볼 때 주 초부터 지금의 부신(阜新)지역 근방에 위치해 있던 예맥조선은 진개의 동방 공격 당시 요하 지역의 남동쪽으로 밀려난 것으로 추정된다. 그래서 그것은 요하 하류 동쪽 지역에서 한반도의 서북쪽 해변가 대동강 유역, 한반도의 중부 서해안지역 등으로 이주해 나갔다. 필자가 여기에서 말하고자 하는 것은 그 일대에서 설립된 나라가 진국(辰國)이라고 하는 것이다. '진국'의 '진'(辰)은 「辰時」(아침 8시경)을 뜻하는 말로서 조선의 「조」(朝 : 아사달의 아사), 즉 「아침」을 의미하는 말이다. 다시 말해 진국은 기원전 12세기 이후 예맥조선으로 전환해 나온 단군조선의 후예에 의해 세워진 나라였다. 초창기의 그것의 정치적 중심무대는 요동남부지역이었다. 그러나 그 후, 위만조선이 한무제에 의해 멸망되고 이어서 예맥조선의 본거지가 한무제에 의해 점령당해 그 지역에 현도군이 설치됨에 따라, 진국의 정치적 무대가 한반도의 중부서해안지역으로 옮겨지게 되었다. 보다 구체적으로 말하자면, 한무제는 난하의 하류에 그 정치적 중심지를 두고 있던 위만조선을 기원전 108년에 멸망시키고, 이어서 당시 대릉하와 요하 유역 사이에 위치해 있던 예맥조선을 그 다음해인 기원전 107년에 멸망시킨 다음 그곳에 현도군을 세우게 된다.[44] 그렇게 해서 단군조선도 결국 멸망하게 되었던 것이다.[45] 그러자 단군조선의 왕족의 주류는 그것이 최초로 건설되었던 조양의 아사달로 돌아갔고, 그 일부는 요하 지역 북부와 동부 그리고 한반도의 대동강지역, 한반도 중부서해안지역 등으로 남하했던 것으로 고찰되고 있다. 기원전 195년에 기자조선의 왕 준(準)이 위만에 공격해오자, 준은 수천명을 거느리고 한반도 중부서해안 마한지역으로 내려가 마한을 점령하여 그곳에서 한왕(韓王)이 되었다고 『후한서』(後漢書) 「동이열전」(東夷列傳) 속 「한전」(韓傳)에 기록되어 있다. 이 기록에 의해 우리는 준왕이 한반도 중부 서해안지역에 도착하기 이전에 한반도에 「韓」(한)이라고 하는 나라가 존재했었다는 것을 알 수 있다. 그런데 이 「韓」이라는 한자는 성부(聲符)의 와 형부(形符)의 「韋」로 되어 있다. 여기에서는 는 '아침햇살이 찬란히 빛남'의 의미이고, 「韋」는 '두세 갈래의 창 끝 같은 장식이 달린 깃대와 깃발의'의 형상인 㫃(언)의 의미이다. 사실 「韋」는 소전(小篆) 때까지만 해도

(언)의 그러한 형상을 취하고 있었다. 그러나 예서(隸書)에 와서 이 깃발 부분이 생략되어 있는 형태를 취하게 되었던 것이다. 이렇게 봤을 때 「韓」은 '아침 햇살이 찬란히 빛나는 모습을 나타내는 깃발'을 의미하는 글자이다.[46] 그렇다면, 우리는 여기에서 다음과 같이 정리해볼 수 있다. 자신들의 부락이나 부족집단의 명칭을 「韓」으로 설정한 집단이 언제부터 한반도 중부지역에서 거주하기 시작했는지 혹은 한반도 중부지역에서 거주해오던 인간들이 언제부터 자신들의 집단명칭으로 「韓」을 사용하게 되었는지는 불분명하다. 그러나 우리가 여기에서 이상과 같은 역사적 상황들로부터 도출해내볼 수 있는 것은 다음과 같은 두 가지 점이다. 우선 하나는 「韓」을 자신들의 집단명칭으로 사용한 인간들은 해 뜨는 지역으로 이동해온 알타이 민족, 단군 조선의 후예들이라는 것이다. 두 번째는 「韓」의 명칭을 사용한 인간들의 집단이 요하지역에서 「韓」 보다먼저 「辰」이란 명칭을 사용했던 인간집단들의 후예들일 가능성이 높다고 하는것이다. 그 이유는 「辰」도 '아침 8시경'을 뜻하는 「진시」(辰時)로부터 취해진말로서 「韓」에 내포된 '아침'의 의미가 내포되어 있기 때문이다.

이와 같은 측면에서 고찰해볼 때 우리는 여기에서 한무제에 의해 멸망되기이전 예맥조선이 기자조선과 남북으로 인접해 요하지역에 공존하였다고 볼수 있다. 『사기』의 「화식열전(貨殖列傳)」에는 "연(燕)은…(중략)…북으로는 오환(烏桓)·부여(夫餘)와 인접해 있고, 동쪽으로는 예맥(穢貊)·조선(朝鮮)·진번(眞番)과 맞닿아 있어 그 나름의 이로움이 있다"라는 문장이 있다. 이 문장이야 말로 우리가 취하고자 하는 입장의 구체적 논거가 될 수 있다.

5) 기자조선의 천도

앞에서도 기술하였듯이 대부분의 한국인 학자들은 기자조선의 실체를 인정하지 않고 있다. 그러나 현재 이 분야의 대표적 학자들 중 윤내현이라든가최근에 작고한 천관우 등은 기자조선의 실체를 인정하고 있다. 필자도 기자조선의 실체를 인정하는 입장이다. 그렇다면 여기에서 기자조선의 천도를 중심으로 그것의 실체를 파악해보기로 한다.

주 초기에 옛 상나라 사람인 기자의 일군이 동진해 와서 자리를 잡게 된 곳은 당시 '단군조선'의 정치적 중심지와 멀리 떨어져 있지 않은 난하 하류지역이었던 것으로 파악된다. 그는 난하 하류의 영평부라는 곳에 자리를 잡았던 것으로 파악되고 있다. 그래서 그 후 그 지역은 근 일천여 년 간 기자조선의 정치적 중심지가 되었던 것으로 고찰된다. 그러나 기원전 281년에 와서 연의 진개의 침입으로 기자조선은 난하 하류에서 요하 하류의 험독(險瀆)이라는 지역으로 천도했던 것으로 이야기 되고 있다. 그 후 기원전 256년 주(周)가 멸망하고 기원전 221년 진(秦)에 의해 전국이 통일되었고, 이어서 기원전 204년 한(漢)에 의해 재통일되었다. 그 과정에서 기자조선은 다시 정치적 중심지를 난하 하류의 동부 유역으로 옮겼다. 그러나 그 직후 연나라 사람 위만이 기원전 195년에 당시 난하 하류 동부 유역을 정치적 중심지로 하던 기자조선을 멸망시킨 다음, 그 난하 하류 쪽의 왕검성(王儉城)이란 지역에 위만조선을 건설했다. 그러나 한무제는 기원전 108년에 왕검성을 수도로 하고 있던 위만조선을 멸망시킨 후 그 지역에 낙랑군 등 한사군을 설치했다.[47]

그런데 이 낙랑군의 위치에 대해 다른 주장을 펼치는 입장들이 있다. 그 대표자가 천관우이다. 그는 "'朝鮮'이란 명칭이 난하 하류에 있었던 것은 두 차례에 걸치는 것으로 보인다. 하나는 은말 주초에 산서성 태곡(太谷)지역을 떠난 기자족이 동진하여 한반도에 이르는 과정에서 난하 하류의 '朝鮮'(孤竹國 지역)을 경유, 혹은 일시 거주한 일이 있다. 또 하나는 한무제가 기원전 108년에 대동강 하류에 설치한 낙랑군의 '朝鮮縣'이 서기 313년에 고구려의 공격으로 패망해 결국 그 잔존세력이 대릉하(大凌河) 방면으로 옮겨갔고, 또 그것이 다시 432년 혹은 그 직후에 난하 하류로 옮겨가 556년까지 약 120년 동안 존속한 것이 그것이다."라는 입장을 취해[48], 난하 하류에 남아 있는 낙랑의 흔적을 설명하고 있는 것이다.

그러나 윤내현의 경우는 기자조선의 천도를 난하의 하류지역에서 시작해 요하 하류로 이동했고 그곳에서 난하 하류지역으로 다시 이동했다는 입장을 취했지만,[49] 이에 대해 천관우의 경우는 난하 하류에서 시작해 요하 하류를 거쳐 대동강 유역으로 천도했다는 입장을 취했던 것이다. 이 기자조선의 천도 문제는 그것의 마지막 천도지가 어디였느냐에 따라 낙랑군이 어디에 위치해 있었느냐의 문제를 해결해 낼 수 있는 문제이기도 하다. 사실상 현재 한국의 고대사연구에서 가장 큰 문제 중의 하나는 낙랑군이 어디에 위치하였는지를 알아내는 것이라 할 수 있다. 그 뿐만 아니라 기자조선의 천도 문제는 예맥조선의 실체 파악과 관련해서 한국의 고대사연구에 핵심적 연구 과제라 하지 않을 수 없다.

  필자는 본고를 통해 고조선의 실체성의 문제를 논함에 있어 지금까지의
내셔널리즘적 시각이나 리저널리즘적 시각의 한계성을 극복하기 위한 방안으
로 글로벌리즘적 입장을 취해 남쪽의 황하문명, 중앙아시아의 알타이문명,
서아시아의 메소포타미아문명 등과 관련지어 요하문명을 배경으로 성립된 고
조선에 대한 실체적 규명을 시도했다. 그 결과는 다음과 같이 정리될 수 있다.

  필자는 우선 그 실체적 규명을 위한 일차적 작업으로서 한국에서의 고조선
연구의 동향을 고찰하였다. 고조선이 성립된 요하 지역은 선고대는 말할 것도
없고 고대의 초기 청동기 시대에까지 북방 초원로의 동쪽 종착지였다. 그 뿐만
아니라, 그 지역은 동아시아지역에서의 해안로를 통한 남진 문화와 북진 문화
의 충돌지역이기도 했다. 그래서 두 번째로 필자는 이러한 사실을 감안해 고조
선에 대한 실체를 규명함에 있어 글로벌리즘적 시각에 입각하여 고조선의
성립을 고찰했다. 끝으로 필자는 민족적 측면과 정치적 측면에서 고조선의
전기에 해당되는 단군조선의 성립 경위를 고찰하였고, 또 단군조선의 천도
과정에 대한 고찰과 그것과 관련된 기자조선의 천도에 관한 고찰 등을 통해
단군조선의 실체를 규명했다.

  서아시아의 메소포타미아지역, 중앙아시아의 알타이지역 등으로부터 초기
청동기문화가 전파되어 그것이 요하지역에서 전기 청동기문화(2500~1200,
BC)로 정착되어 나왔다. 고조선은 바로 그 과정에서 성립되어 나왔다. 민족적
으로는 고조선이 알타이산맥·한가원산맥 이북의 바이칼 호·흑룡강·송하
강 유역 출신의 곰토템 민족의 예족(穢族)을 선주민으로 하고, 남 시베리아에
위치해 있는 서아시아·알타이지역·몽골지역 등으로 연결된 북방 초원지대
의 초원길을 통해 전파된 초기 청동기문화의 세례를 받아 형성된 맥족(貊族)을

침입, 지배세력으로 형성된 인간집단으로 고찰된다. 정치적으로는 그것이 서방 출신의 유목민인 맥족을 지배민족으로 하고, 수렵·어로민인 예족을 피지배민족으로 삼아 『삼국유사』의 저자 일연이 밝힌 바와 같이 전기 청동기문화가 형성된 기원전 2300년경을 전후해 건립된 고대국가로 고찰된다.

고조선은 전기의 단군조선과 후기의 예맥조선으로 양분되어 파악될 수 있다. 전기의 단군조선은 대동강 유역의 평양 지역에서 형성된 것이 아니라, 요서의 대릉하(大凌河) 상·중류지역에 위치한 조양(朝陽:아사달) 일대에서 출현한 정치적 단체로 파악된다. 단군조선을 일으킨 맥족은 요하의 서쪽 상류지역을 흐르는 시라무렌강(西拉木倫河)를 따라 요서지역으로 들어와 그곳에서 적봉(赤峰)지역을 통해 다시 남쪽의 대릉하 중류로 남하했다. 그들은 대릉하 상류의 우하량 유적지 인근에서 거주해갔던, 곰을 숭상하는 부족을 기반으로 해서 조양 일대를 중심으로 단군조선이란 부족연합국을 일으켰다. 그래서 바로 이 조양 일대가 '단군조선'의 첫 번째 정치적 중심지가 되었던 것으로 고찰된다. 그 후 그것은 중원에서 하(夏, 성립 2050년경)가 설립되기 이전에 요서의 난하 하류의 백악산(白岳山)지역으로 남하했던 것으로 고찰된다. 그 후 단군조선은 중원지역에서 기원전 18세기경 이전에 요하지역으로부터 남하한 동이족에 의해 건국된 상왕조(商王朝, 1766~1122, BC)와 장기간 남북으로 병립해갔다. 그러다가 상이 서아시아로부터의 철기문화의 전파를 배경으로 중원지역에서 출현한 화하족(華夏族)의 공격으로 무너졌다. 화하족은 상왕조를 무너트리고 주왕조(周王朝, 1122~256, BC)를 일으켰는데, 중원문화는 그것을 계기로 요하지역으로 북진하게 되었고, 그 과정에서 난하 하류를 정치적 무대로 하고 있던 단군조선은 다시 그의 원래 지역이었던 조양 지역 인근의 장당경(藏唐京), 즉 지금의 부신(阜新)지역으로 그 정치적 중심지를 이전시켰다. 그러한 정치적 중심지의 이동을 계기로 고조선은 단군조선에서 김정배가 주장하는 예맥조선으로 전환해 나왔을 가능성이 결코 배제될 수 없다. 그러한 전환은 맥족을 지배층으로 한 단군조선의 정치적 중심지가 원래 예족이 거주했던 대릉하 중류와 요하 중류 사이에 위치해 있던 장당경 지역으로의 북상을 계기로 행해진 것이었다. 예맥조선은 그 지역에서 난하 하류지역의 기자조선과 근 10세기 가량 대치하였다. 그러다가 그것은 결국 한무제에 의해 기자조선의 후신인 위만조선이 멸망한 그 이듬해 107년에 멸망했던 것으로 파악된다.

이렇게 고조선은 요서지역에서 전기 청기문화가 형성되어 나오는 과정에서 '단군조선'의 형태로 기원전 2300년경에 요서의 대릉하의 상·중류 지역에서 출현해 나왔고, 또 그것은 중원지역에서의 상주교체기 이후에는 대릉하 중류 와 요하 중류 사이의 장당경 지역에서 예맥조선으로 전환해 나와 난하 하류의 기자조선과 대치해 갔던 것으로 고찰되는 것이다.

제 4 장

고대 알타이문명과 일본 천황가

이 학술적 논의는 청동기시대 이후 중앙아시아대륙의 알타이지역을 중심으로 해서 형성된 고대 알타이문명과 일본열도에서의 천황가의 형성과의 관련성에 대한 고찰을 통해 고대 한·중·일 삼국의 문화적 기반과 그 관련양상에 대한 체계적 이해를 목적으로 한다.

근대일본에서의 천황제 실시 이후 근현대 일본인들에게 일본열도의 자연과 「기기신화(記紀神話)」를 주축으로 해서 소위 황국사관(皇国史観)이라고 하는 것이 확립되어 나왔다. 현재 우리는 그것이 글로벌시대의 요구에 부응하는 한·중·일 삼국의 지역공동체 구축에 지대한 장애적 요소로 작용해 가고 있음을 알고 있다. 따라서 현재 우리에게는 근현대 일본인들의 의식을 지배해 가는 황국사관의 해소를 위한 체계적 연구가 절실히 요구되고 있다. 이 학술적 논의는 바로 이러한 시대적 요청에 부응해 현대 일본인의 황국사관을 해소시켜 나가기 위한 하나의 방안으로 행해지는 것이다.

근현대 일본인의 황국사관은 우선 일본인들이 자신들의 민족적 기원과 문화적 기원을 일본열도의 자연으로부터 찾는다는 견해에 근거한다. 그러나 고고학, 인류학, 역사학, 언어학, 민족학 등 다양한 학문적 차원에서 행해진 연구결과들을 종합해보면, 현대 일본인의 민족적 기원과 문화적 기원이 아시아대륙으로부터 유래된 것으로 고찰되고 있다. 단지 그것들이 중국의 남방으로부터 유래된 것이냐, 북방으로부터 유래된 것이냐, 혹은 한반도로부터 유래된 것이냐의 문제가 앞으로의 연구과제로 부상되어 있다. 금후 이 연구과제도 그것들이 어느 시기에, 대륙의 어느 지역으로부터, 어떤 영향들을 받았느냐에 대한 문제들의 규명으로 구체화되어 나오게 될 것이다.

일본열도의 자연을 주축으로 해서 일본의 민족·문화·역사 등을 파악한다는 입장을 취하는 황국사관에 대해 대립적 입장을 취해서 아시아대륙으로부터 현대 일본민족과 그들의 문화적 기반을 찾으려는 연구도 있다. 근대 이후 일본 학계에서의 그러한 연구는 주로 일본의 고고학분야와 일본 고대사분야의 학자들에 의해 일본민족의 기원과 일본문화의 원형을 규명해내려는 연구를 통해 행해져 나왔다. 그 대표적 학자들이 우리 한국학계에도 잘 알려진 고고학자 도리이 류조(鳥居龍藏, 1870~1953), 민족학자 오카 마사오(岡正雄, 1898~1982), 고대 유라시아사학자 에가미 나미오(江上波夫, 1906~2002), 고대 일본사학자 미즈노 유(水野祐, 1918~2000), 인류학자 하니와라 가즈오(埴原和郎, 1927~2004) 등과 같은 학자들이다. 본 연구 주제에 대한 이들의 기본적 입장은 고대 일본 문화의 기초가 몽골·만주·한반도 등으로 이루어진 동북아시아지역과의 문화적 교류를 통해 형성되어 나왔다는 것이다. 따라서 그들의 그러한 입장은 우선 일본민족, 일본 천황가 등의 기원을 중국 남방 내지는 동남아시아로부터 찾으려는 연구자들과 대립한다.

필자는 현재 한국어와 유사한 문법구조를 갖는 현대일본어를 구사하는 현대일본민족과 그들의 문화적 기반이 기원전 3세기 이후 주로 한반도로부터 도일한 인간들과 문화를 통해 형성되어 나왔다는 입장을 취한다. 앞에서 언급한 바와 같이, 아시아대륙으로부터 일본열도로의 인류와 문화의 유입경로는 세 종류로 고찰되고 있다. 우선 하나는 동아시아 북방의 사할린 지역을 통해 홋카이도 쪽으로 들어간 경로이다. 다른 하나는 타이완·남중국으로부터 오키나와·남 규슈 지역으로 들어간 경로이다. 나머지 하나는 한반도로부터 북규슈(北九州) 및 서남 혼슈(本州)지역으로 들어간 경로이다.

중국에서 진(秦)이 전국 통일을 이룬 기원전 221년 이전까지만 해도 아시아 대륙으로부터의 유입은 주로 북방과 남방 경로를 통해서 이루어졌다. 그러한 경로를 통한 유입 이후 일본 열도에는 조몬(繩文, BC 1만 년 이후)시대가 열렸다. 그러나 진(秦)의 중국 통일이 이루어지는 시기(286~221, BC) 이후부터는 그것이 장강(長江)유역 방면의 남중국과 한반도로부터의 북규슈와 서남 혼슈 지역으로의 유입이 행해져 일본열도에 야요이(弥生)시대(BC 300~AD 300)가 도래하였다. 그러다가 300년경 이후에 와서는 한반도로부터의 유입이 대세를 이루게 되었는데, 그 결과 일본열도에 고분(古墳)시대가 도래하였다. 또 500년대 후반에 와서는 그 이전의 538년에 한반도로부터 일본에 불교가 전해지고, 562년에는 일본조정(日本朝廷)과의 끈끈한 유대관계가 있었던 대가야(일본에서는 任那라고 함)가 신라에 의해 멸망되었다. 그러한 정치적 상황 속에서 일본조정은 현재의 나라 겐(奈良県) 다카치 군(高地郡) 아스카 무라(飛鳥村)에 새 궁전을 축조해 그곳에서 이전과는 다른 새로운 정치를 행해가게 되었다. 그 결과 일본에 아스카(飛鳥)시대(562~694)가 도래하였다. 일본정부는 그동안 자신들의 국호를 「왜국(倭国)」이라 했던 것을 아스카시대로 들어와 「일본(日本)」으로 변경하였다.

분명히 일본의 천황가는 이렇게 대륙으로부터 일본열도로의 민족이동과 문화전파가 행해지는 과정에서 형성되어 나왔다는 입장을 취하지 않을 수 없다. 황국사관의 주축을 이루는 일본의 천황가(天皇家)는 그러한 과정에서 형성되어 나온 것이다. 이러한 점을 고려해 봤을 때, 유라시아대륙이라고 하는 시각에서 각 전문분야의 연구성과들을 체계적으로 종합해서 그것을 통해 일본의 천황가가 어떻게 형성되어 나왔는가의 문제를 규명해 내서 그것을 일반화해나가는 작업이란 분명히 현대 일본인의 황국사관을 효과적으로 해소시켜 나갈 수 있는 가장 적합한 방법 중의 하나라는 입장이 취해지는 것이다.

이 작업을 행하는 데는 적어도 다음과 같은 세 분야의 연구영역에 대한 지식이 요구된다.[1] 우선 하나는 고대 알타이문명에 대한 지식이다. 고대 알타이문명은 어떻게 형성되어 나왔으며, 또 그것은 다른 지역의 고대 문명들과는 어떻게 관련되어 있는 것인가 등과 같은 문제들의 해결을 위한 지식이 요구되는 것이다. 두 번째는 고대 알타이지역에서 그것이 어떤 식으로 일본열도에 전파되어 나갔는가의 문제이다. 이 문제는 우선 일차적으로 중앙아시아에서 형성된 고대 알타이문명이 언제, 어떤 식으로 한반도로 전파되어 나왔는가에 대한 문제와 그 다음으로 또 그것이 한반도로부터 일본열도에는 언제 어떻게 전파되어 나갔는가라고 하는 문제이다. 세 번째는 일본열도에서 천황가가 어떻게 형성되어 나왔는가의 문제이다. 필자는 이상과 같은 세 항목의 문제들에 대한 규명을 통해 본 연구의 목적을 달성하고자 한다. 보다 구체적으로 말하자면, 이 학술적 논의는 두 번째 항목에 대한 고찰을 주축으로 해서 행해질 것이고, 또 그것은 에가미 나미오의 '기마민족 일본정복설(騎馬民族日本征服說)'과 미즈노 유의 '삼왕조교체설(三王朝交替說)'에 대한 검토를 통해 행해지지 않을 수 없다.

1. 알타이문명과 알타이민족

1) 학술용어 '알타이문명'과 '알타이민족'의 성립

(1) 학술용어로서의 '알타이어'의 성립

용어 알타이문명과 알타이민족에서의 알타이라고 하는 말이 학술용어의 한 구성요소로서 등장하게 된 것은 언어학 분야를 통해서였다. 보다 구체적으로 말하자면, 19세기 초반에서 중엽에 걸쳐 독일의 철학자 훔볼트(W. von Humboldt, 1767~1835), 언어학자 슈라이허(A. Schleicher, 1821~1868) 등의 연구에 의해 언어의 형태론적 측면에서 전 세계의 언어들이 고립어(isolating language) · 교착어(agglutinating language) · 굴절어(inflexional language)로 삼분되고, 또 그것들이 중국 · 티베트어계, 인도 · 유럽어계, 우랄 · 알타이어계로 분류되어 논해지는 과정에서 "알타이어계"(the Altaic language family)라는 학술용어가 등장 하였다.

이 용어가 등장하게 된 배경에는 우선 스웨덴인 러시아 지리학자. 스트라렌베르크(Johan von Stralenberg, 1676~1747) 등과 같은 학자들의 학문적 업적이 있었기 때문이었다고 말할 수 있다. 그는 그의 저서 『유럽과 아시아의 북동지역(*Das Nord-und Ostliche Theil von Europa und Asia, Stockholm*』(1730)을 통해 투르크어 · 몽골어 · 만주-퉁구스어 사이의 일치성, 그리고 그러한 언어들과 우랄어와의 공통성에 관한 문제를 논했다.

그 후 알타이어에 대한 논의와 연구가 행해지는 과정에서 '알타이어계'란 용어가 사용되기 시작된 것은 『타타르어에 대한 에세이(*Versuch über die tatarischen Sprachen*』(1836)의 저자 쇼트(W. Schott)와 『북유럽 여행과 연구 (*Nordisce Reisen und Forschungen*』(1849)의 저자 카스트렌(M.A. Castrén) 등 과 같은 학자들을 통해서였다. (牛汝极 2003:7) 특히 W. 쇼트는 우랄어와 알타 이어에 공통기어(共通祖語)가 존재했을 가능성이 있다는 가설을 제시하는 과 정에서 사용한 용어였고, M. 카스트렌은 알타이 제어에 공통제어가 있다는 가정을 제시하는 과정에서 사용했다. 이렇게 해서 형성된 학술용어 알타이어 는 그 후 람스테트(G.J.Ramstedt)[2], 포페(N.Poppe)[3] 등에 의해 우랄-알타이어, 혹은 알타이어 연구가 행해지는 과정에서 일반화되어 나왔던 것이다. 이 경우 그들이 사용했던 알타이어란 말은 알타이 산맥(Altaic mountains)이라는 지명 에서 딴 말이었던 것으로 고찰된다.

(2) 학술용어로서의 '알타이민족'의 성립

이렇게 봤을 때 알타이어라는 말은 알타이산맥을 중심으로 하여 그 인접지 역에서 생존해온 인간들이 사용해온 언어를 가리킨다고 말할 수 있다. 그런데 이 알타이산맥 인접지역의 여러 언어들에 대한 학문적 접근은 앞에서도 언급 한 바와 같이 우랄지역의 언어와의 공통성을 탐색하는 과정에서 우랄-알타이 어라는 용어를 창출해 냈고, 또 그것은 알타이산맥 인접지역의 언어 간의 공통 성을 추구해가는 쪽으로 전개되어 나왔다. 그러한 과정에서 알타이어계라는 용어가 만들어져 그것이 일반화되어 나왔던 것이다.

그런데 20세기로 들어와서는 언어의 연구가 19세기에 정치·사회분야에서 형성된 민족(the people)이라든가 국민(a nation) 등과 같은 용어들과 관련지어 행해지게 되었다. 민족이라고 하는 개념은 인종, 국민, 언어 또는 종교상 등의 기원을 공유하는 인간 집단을 가리킨다. 또 국민이란 말은 주로 언어와 영토를 공유하는 인간집단을 의미한다. 20세기로 들어와 전 지구적 차원에서 동일언어로 묶인 국민국가들의 형성이 일반화되어 나가는 분위기 속에서 민족이나 국민 등과 같은 인간집단을 대상으로 한 언어연구가 행해지게 됐던 것이다. 그렇게 되자 우랄-알타이어족이라든가 알타이어족 등의 경우와 같이 어떤 동일언어권을 구축해보려는 언어연구는 더 진전되지 못하게 되었을 뿐만 아니라 기존에 구축된 연구 성과까지도 제대로 평가되지 않게 된 상황이 전개되어 나왔다. 그 결과 우랄-알타이어족이 부정되고, 또 한국어와 일본어가 알타이어족에 포함 된다든가 혹은 포함되지 않는다는 등과 같은 입장들이 제기되어 나오게 되었던 것이다.

그러나 1990년대 이후의 글로벌시대로 들어와 다시 언어와 그것을 사용하는 인간집단에 대한 연구가 민족이나 국민이라고 하는 차원에서 벗어나 전 지구적 차원에서 행해져 나오게 되었다. 그 결과, 예컨대, 문화권을 뛰어넘어 「일본어와 인도 · 유럽어와의 관계」와 같은 연구도 행해졌는가 하면,[4] 「고대 한국인들과 사얀-알타이민족 간의 민족 문화적 관계에 대하여」의 경우와 같이 알타이민족을 대상으로 하는 연구도 행해졌고,[5] 알타이문명 등과 같은 레벨의 연구[6] 등도 행해 질 수 있게 된 것이다.

2) 고대 알타이문명

(1) 고대 알타이문명의 성립

① 고대 알타이문명의 개념

인류역사에서의 '고대'란 인류가 청동과 철의 제조기술을 발명해 그것들로 여러 도구들을 만들어서 생활해 가게 된 시대를 가리킨다. 그러한 고대문명은 인류가 청동기 사용을 통해 성립시켰고, 그 다음 철기사용을 통해 확립시킨 물질적 차원의 생활양식을 가리킨다. 앞에서 근대학문의 성립과정에서 학술용어로서의 알타이란 말이 알타이어로부터 취해진 것이고 또 그것이 중앙아시아의 알타이산맥을 중심으로 한 그 인접지역에서 생존해가는 인간들의 언어로부터 취해진 것을 감안해 본다면, 고대 알타이문명이란 고대에 아시아의 진주(眞珠)로 일컬어지는 알타이산맥을 중심으로 한 인접지역에서 일어난 청동기 및 철기문명을 가리키는 말로 받아들여진다. 알타이산맥을 중심으로 한 그 인접지역이란 우선 시베리아평원의 남단에 위치한 바르나올과 비스크를 중심으로 한 평지 알타이지역과 알타이산맥의 내부지역을 가리키는 산지 알타이지역을 가리킨다. 더 구체적으로 말하자면 우선 일차적으로 오비(Obi)강의 상류지역, 평지 알타이의 동쪽에 위치한 사얀(Sayan)산맥지대를 흐르는 예니세이(Yenisei)강의 중류지역 등을 가리킨다. 그 다음은 평지 알타이에서 동북쪽으로 뻗은 사얀산맥과 동남쪽으로 뻗은 알타이산맥의 사이에 위치해 있는 한가인(Hangayn)산맥지대이다. 다시 말해 북해로 흐르는 예니세이강의 상류와 동해로 흐르는 셀렌가(Selenge)강의 상류지역에 해당되는 지역이다.

이 알타이지역은 알타이어로 천손족(天孫族)이란 의미를 지닌 흉노족이 한대(漢代, BC 206~AD 220)에 중국 북방지역에 출현해 중원지역의 한족에 대항해가다가 한 대 이후 각지로 흩어졌다. 이후 다시 서역의 돈황의 북쪽지역에서 402년에 유연국(柔然國, 402~555)을 건설했고, 또 그것을 발판으로 해서 돌궐제국(555~744)의 건설에 기초를 세웠던 지역이다. 현재 언어학계에서 말하는 알타이어족이란 말은 바로 이 돌궐제국을 통해 형성되어 나왔던 것이다.[7]

② 알타이지역에서의 청동기문화의 성립

알타이 산맥지지대의 인접지역에서 청동기(순동기)문화가 성립된 것은 기원전 3000~2000년경이다. 그곳에서 청동기문화가 성립된 계기는 서쪽의 동부유럽과 남부 시베리아 초원지대로부터 아파나세보(Afanasevo)라고 하는 초기 청동기(순동기)문화의 전파를 계기로 해서였던 것으로 고찰된다.[8] 동부 유럽과 남부 시베리아 초원지대란 흑해 동안의 발칸지역으로부터 흑해와 카스피해의 사이에 있는 캅카스산맥의 북쪽지역을 중심으로 해서 동서로 펼쳐진 초원지대, 보다 구체적으로 말하자면 흑해 동안의 발칸지역, 흑해 · 카스피해·아랄 해 등의 북안지역에 펼쳐진 스텝 및 삼림초원지역을 가리킨다. 아파나세보 초기 청동기문화가 그 지역에서 형성된 것은 '발칸-카르파트지역이나 혹은 캅카스산맥 인접지역에서 기원전 4천 년경 이전에 성립된 초기 청동기문화를 배경으로 해서 출현한 것으로서 기원전 4~3천 년 경'이었던 것으로 정석배9는 추정하고 있다.

동유럽과 남부 시베리아의 초원지대에서의 이 초기 청동기문화는 유라시아 대륙에서 목축과 농경을 주축으로 하는 유목생활 문화와 유목민족을 창출해냈다. 농경과 목축이 주축이 되는 유목생활에서 사용됐던 도구들은 구리로 만든 바늘, 송곳, 칼, 도끼, 자귀, 망치, 끌, 톱, 못 등과 같은 것들이었다. '흑해 북안 등의 초원지대에서 소와 말과 같은 동물들이 가축화된 것은 기원전 5000~4000년경으로 고찰'되고,[10] 또 '이 지역에 수레바퀴(車輪)가 출현한 것은 기원전 3500년경으로 파악'되고 있다.[11] 현재 터키족은 자신들의 문화적 기원을 이 아파나세보 초기 청동기문화로부터 찾고 있으며, 또 그들은 아파나세보 초기 청동기문화가 자신들의 문화라는 입장을 취하고 있다. 그러나 그들의 그러한 입장은 잘못된 것이다. 왜냐하면 그 문화가 서유럽으로부터 중앙아시아를 거쳐 동아시아에 이르는 거의 대부분의 민족의 공통된 기층문화로 이해될 수 있기 때문이다.

보다 구체적으로 말하자면 그 아파나세보 문화는 서쪽의 초원지대로부터 동쪽의 알타이지역으로 전파되어 나갔던 초기 청동기문화였다. 그것은 알타이지역에 이르러 네 갈래로 전파해나갔다. 그 중 하나는 알타이산맥의 북쪽 지역인 평지 알타이지역을 통해 알타이산맥의 동북방면에 자리 잡은 사얀(Sayan)산맥과 그 산맥을 기원으로 하는 예니세이(Yenisei) 강의 상류 지역으로 전파해나갔다. 그래서 그것은 사얀산맥의 북변에 위치한 미누신스크 지역을 중심으로 초기 청동기문화를 성립시켰다. 다른 하나는 알타이산맥의 내부지역, 즉 고르노(산지)지역으로 전파해나갔다. 그래서 그것은 산지 알타이의 파지리크지역과 우코크지역 등에서 초기 청동기시대를 성립시켰다. 나머지 하나는 동남방향으로 뻗어 나간 알타이산맥과 그 산맥의 서북 끝자락으로부터 동북쪽으로 뻗어 나간 사얀산맥과의 사이로부터 동쪽으로 뻗어 나간 한가인 (Hangayn)산맥 지역과 그 산맥을 기원으로 해서 북쪽으로 흐르는 예니세이 강과 동쪽으로 흐르는 셀렌가(Selenge) 강 등을 타고 북쪽과 동쪽으로 전파되었다. 그 과정에서 그것은 한가인산맥의 북변 투바 지역에서 초기 청동기문화를 성립시켰다. 마지막 하나는 알타이산맥의 남쪽 지역으로 전파해 나가 내몽골지역을 통해 요서 지역까지 전파해 나가 그곳에서 하가점(夏家店) 전기 청동기 문화를 성립시켰던 것으로 고찰된다.

③ 알타이지역에서의 청동기문화의 확립과 카라콜 · 안드로노보 · 카라수크 청동기문화 단계

순동은 구부러지기 쉬운 쇠붙이이다. 그러나 청동은 순동보다 더 견고한 쇠붙이이다. 기원전 2000년경에 이르러는 알타이지역에서 구리와 주석의 합금(合金)으로 만들어진 청동기가 출현하기 시작했다. 본격적인 청동기시대가 도래한 것이다.

"우선 산지 알타이의 초입지에서 유럽인과 몽골인의 혼혈족에 의해 카라콜(Karakol)청동기문화가 성립되어 나왔다. 그와 동시대에 서부의 스텝 · 삼림지대로부터는 카자스탄 지역에 고립되어 있던 아리안(Aryan)족이 일으킨 것으로 판명된 안드로노보(Andronovo : 남 시베리아의 유적명) 청동기문화가 알타이 지역으로 전파되어 그곳에서 그 지역의 북동부에 위치해 있는 미누신스크 지역까지 전파해 나갔다"라고 몰로딘[12]은 주장한다. 그래서 예니세이 강 상류의 미누신스크 지역으로부터 꽃피어난 안드로노보 문화는 기원전 16~13세기 사이에 서쪽으로는 카자흐, 남쪽으로는 내몽고의 오르도스 지역, 동으로는 요하 지역에 걸쳐 카라수크(Karasuk) 청동기문화가 형성되어 나왔다.[13] 이들 청동기문화는 마차문화와 매장문화로 특징지어진다. 이 시대의 마차는 재갈이 물린 말이 이륜경전차(二輪輕戰車)를 끄는 형태를 취하고 있었다. 이 시대의 무덤은 사각형의 돌무덤에 횡혈(橫穴 : 옆구멍) 부장품(副葬品)의 매장이라고 하는 형태를 취했다.

(2) 철기문화의 도래와 고대 알타이문명의 확립

① 알타이 지역에서의 철기문화의 성립경위

인류는 세 단계를 거쳐 철기문화를 확립시켰다. 첫 번째 단계에서는 우주에서 떨어진 운철(隕鐵)만을 사용했었다. 시기적으로는 금석병용기(순동기) 시대였다. 두 번째 단계는 철이 제련되지 않은 괴철(塊鐵 : 철덩이) 상태로 사용되던 단계였다. 세 번째 단계는 철의 제련기술이 발명된 이후의 인공 철 단계이다. 철기시대란 세 번째 단계의 이후를 가리킨다. 철의 제련기술이 최초로 발명된 지역은 기원전 1400년경에 소아시아지역에 있던 아리안계의 히타이트왕국이었다. 그 왕국의 멸망(BC 1190)을 계기로 철기문화가 동서로 전파되어나가 그것이 각 지역으로부터 도입되는 과정에서 서쪽의 발칸 반도의 그리스에는 '암흑시대'(Dark Age, 1100~800, BC)가 도래하였고, 동쪽의 중국에서는 서주시대(西周時代, 1122~770, BC)가 도래하였다. 또 그 중간의 오리엔트 지역에서는 철기문화가 전파되어 나가는 과정에서 기원전 10세기에 아시리아제국이 신왕국 시대(909~612, BC)로 전환해 나와 최초로 오리엔트지역이 통일되었다.

원래 아시리아왕국은 히타이트민족과 같은 아리안 계열의 후르리족이 기원전 1450년경에 북부 메소포타미아로부터 북시리아에 걸쳐 건설한 미타니(Mitanni)왕국의 조공국(朝貢國)이 되었다. 그 후 히타이트제국의 최고 전성기였던 숫필루리마스왕(Suppiluliumas, 1380~1340, BC)이 미타니왕국의 조공국이었던 아시리아왕국을 침입하였고, 결국에는 미타니왕국까지도 점령해 미타니왕국을 히타이트제국의 조공국으로 만들었다. 미타니왕국이 히타이트제국의 속국이 되자, 아시리아왕국은 미타니왕국으로부터 독립해 나와 경쟁자 히타이트제국을 제치고 결국 미타니왕국을 자신의 속국으로 만들었다. 아시리아왕국은 히타이트제국, 미타니왕국 등과의 이상과 같은 접촉들을 통해 일찍이 철기문화를 접하게 됨으로써 900년대로 들어와 신왕국으로 전환해 나왔던 것이다.

서아시아로부터 전파된 철로 제조된 단도 등이 카자흐스탄 남부 초원지대와 연결된 중국의 서단 신강(新疆) 위구르지역 등에서 발견되는데, 그것 중 가장 오래된 것은 하미(哈密)의 옌부라커(焉不拉克) 묘지에 발견된 기원전 1200년경의 것으로 고찰되었다.[14] 또 극동아시아의 아무르 강 유역에서는 러시아의 고고학자 아나토리 P. 데레뱐코(A. P. Derevyank)에 의해 기원전 1000년경의 것으로 판명된 철기가 발견되었다.[15] 또 근래에 와서는 흑룡강 하류지역에서 출토된 철기의 방사선탄소연대는 기원전 1260~364년까지도 내려갔다.[16] 이렇게 봤을 때, 흑해 북안에 펼쳐져 있는 유라시아내륙의 초원지대, 보다 구체적으로 말하자면, 서쪽은 동유럽, 동쪽은 흥안령(興安嶺), 남쪽은 흑해와 카스피 해에 이르는 광대한 지역에 철기문화가 전파된 된 것은 흑해 남안의 히타이트제국이 멸망하고 아시리아왕국이 부상했던 기원전 1200~1000년경이었던 것으로 고찰된다.

이렇게 유라시아대륙의 북방 초원지대에 철기문화가 도래하자, 앞에서 언급한 바와 같이 동아시아의 경우는 우선 정치적으로 기원전 1122년경을 기해 중국의 중부 지역을 지배하던 상(商)이 중원 지역의 서쪽에 위치해 있던 주(周)로 전환해 나왔다. 그리고 중국의 서북부의 몽골어계와 중국의 동북부를 지배하던 숙신(肅愼) 등과 같은 퉁구스어계와의 사이에 존재해 있던 맥(貊, 목축)과 예(穢, 농업)[17]가 융합해 예맥족이 출현하게 되었다. 또 그것이 예맥조선(朝鮮, 고조선)으로 전환해 나왔다.[18]

철기가 유라시아지역에 전파되어 가는 과정에서 유목(遊牧)민족이 기마(騎馬)민족으로 전환해 나왔다. 유목민족이란 어떤 일정지역에 정착해 목축과 농경으로 생활해가는 민족을 가리킨다. 그들의 주된 이동 수단은 마차였다. 전쟁의 경우에도 주된 전술은 마차전술이었다. 그러다가 유목민족 사이에 철기문화가 보급되어 말의 편자(말굽)를 만드는 재료가 바뀌었다. 특정지역에서만 채취할 수 있는 구리와 주석으로 제조된 청동에서 지구상의 어디에서나 채취 가능한 철로 전환해 나왔고, 또 마차전술이 기마전술로 바뀌게 되면서 기마술이 일반화되어 나왔다.

마차전술은 말이 끄는 마차 위에서 창을 던지고 활을 쏘면서 상대방과 싸우는 전술이다. 이에 반해 기마전술은 인간이 말을 타고 말 위에서 창을 던지고 활을 쏘며 싸우는 전술이다. 마차전술은 유라시아내륙의 서부나 중부의 건조지대에서 발달된 전술이었지만, 유목민들의 기마전술은 동부의 습윤지대나 북부의 삼림지대에서 발달했던 것으로 고찰되고 있다.

우리는 현재 유라시아대륙에서의 최초의 기마민족을 스키타이인으로 파악하고 있다. 그런데 우리는 한동안 그들이 기원전 700년경에 흑해 북안의 우크라이나 지역 근방에서 출현해 그 일대에서 스키타이 대제국을 건설했다는 점 등을 감안해 그들의 민족적 기원을 아리안계로 파악해 왔다. 그러나 근래에 들어와 알타이 지역의 동쪽 인근의 사얀산맥 북변에 위치한 투바(Tuva) 공화국에 있는 기원전 800~700년경의 것들로 추정되는 아르좐(Arzhan) 고분 1호 속의 부장품을 근거로 스키타이민족의 동방기원설이 제기되었다.[19] 그것은 스카타이민족이 알타이의 아르좐 고분 인근 지역에서 출현해 서쪽의 흑해 북안 지역으로 진출했다고 하는 입장이다. 그렇다면 알타이 지역에서 출현한 스키타이족은 기원전 2000년경에 알타이 지역으로 안드로노보 청동기문화를 가지고 들어온 아리안계의 후예였을 가능성도 있다는 입장이 제기된다.

스키타이민족의 동방기원설은 아르좐 고분의 형태와 그것 속에서 출토된 부장품을 논거로 해서 제기된 학설이다. 특히 그동안 스키타이민족을 연구해 온 자들은 스키타이 동물문양의 기원이 어디서 유래되었는지를 파악하는데 고심해 왔으나 그것은 좀처럼 해결되지 못했다. 그러던 차에 아르좐 고분이 발굴되어 그것으로부터 발굴된 부장품을 조사하는 과정에서 스키타이 동물문양의 기원에 대한 단서들이 발견되었던 것이다.

스키타이민족이 남긴 유적·유물들의 특징은 다음과 같이 5가지로 이야기되고 있다. 우선 첫 번째는 그들이 남긴 고분이 대형의 둥근 묘이라는 것이다. 두 번째는 그들이 남긴 우물유적에 그려진 동물문양이다. 세 번째는 기마(騎馬)와 관련된 유물들이 많다고 하는 것이다. 아르좐 고분 제1호 등에서 출토된 재갈·말굽·안장·등자(鐙子) 등이 바로 그러한 것이다. 네 번째는 그들이 남긴 유물 중에 황금으로 만들어진 것들이 많다고 하는 것이다. 다섯 번째는 고분 속에서 발굴되는 유물 중에 구리거울이 들어있다고 하는 것이다.

첫 번째 특징의 대표적 예가 투바의 아르쫜 고분이다. 그것들은 제1호가 1971~1974년에 러시아 고고학자 M. P. 그랴즈노프(Gryaznov)에 의해 발굴되었고(G.I. Zaitseva etc 1998:580), 제2호가 2000~2002년에 걸쳐 독일 고고학연구소와 러시아 에르미타주 박물관에 의해 공동으로 발굴되었다. 제1호는 높이가 4m이고 지름이 120m의 적석총(積石塚)이다. 돌 아래는 통나무를 엮어서 만든 70개 이상의 묘실로 이루어져 있다. 제2호의 크기는 높이가 2m이고 지름이 80m로 되어 있다. 이들 고분은 그것과 유사한 것들로 하나의 거대한 분묘군(墳墓群) 구릉을 이루고 있다고 하는 것이 또 하나의 특징일 수 있다. 알타이 지역의 서쪽에 위치한 카자흐스탄 남부 지역에도 스키타이족의 것으로 파악된 베스샤도르 고분군이 존재한다. 그중 가장 큰 것은 높이 17m, 지름이 104m이다. 그것은 스키타이족이 서아시아를 침입해 활약했던 기원전 7~6세기에 만들어진 것으로 파악되었다.[20] 카자스탄보다 더 서쪽에 있는 북 캅카스 지역의 우르스키·아우르지 고분군의 제2호의 경우는 그 형태가 붕괴하여 지름은 정확히 알 수 없으나 높이는 15m에 이른다. 이 대형 고분들이 의미하는 것은 한 마디로 죽은 자의 정치적 권력의 크기를 말해주는 것이라 할 수 있다.

알타이 지역에서 본격적인 철기시대를 도래시킨 인공철이 사용되기 시작된 것은 투바지역의 경우는 기원전 600년대, 산지 알타이의 파지리크 고분의 경우는 기원전 400년대, 미누신스크 분지의 경우는 기원전 500년대로 판명되고 있다.[21] 이 시기는 기원전 650~550년경 스키타이족이 흑해 북안을 중심으로 당시 서아시아를 통일시킨 아시리아제국과의 협력과 대적 관계를 취해가면서 서아시아 초원세계를 지배해갔던 시기였다. 이렇게 봤을 때 알타이 지역에서의 초기 철기시대는 서아시아로부터 실크로드를 통해서 중국 서역으로 전래한 철기문화와의 접촉을 통해서 도래하였고, 그 후의 중기 철기시대는 서쪽으로 나갔던 스키타이족과의 왕래를 통해서도 이루어졌던 것으로 고찰된다.

스키타이족이 동부 유럽에 나타난 것은 기원전 800~기원전 700년경부터였다. 그 때는 알타이의 투바지역에서 아르쫜 고분의 축조가 이루어지던 시기였었다. 그 후 그들은 서쪽으로는 도나우 강, 동쪽으로는 돈 강을 경계로 활동해

가다가, 기원전 7세기경에 와서는 흑해 북안의 우크라이나 지역을 중심으로 대제국을 건설하였다. 그 대제국을 건설한 기마전사는 훌륭한 궁술을 지니고 있었고, 또 기동력을 높이기 위한 한 방안으로 바지를 착용하고 있었다.

② 고대 알타이문명의 확립과 기마민족국가의 형성

이상과 같이 고찰해봤을 때 고대 알타이문명이 확립되어 나온 것은 기원전 1200~1000년경에 서아시아로부터 동아시아로 전파해 나온 철기문화를 통해서였다는 입장이 취해진다. 앞에서도 언급했듯이 유라시아 초원지대의 동남단 메소포타미아지역에 서아시아의 철기문화가 가장 일찍 전파된 것은 기원전 1200년경이다. 이 시기는 서아시아에서 2세기 간 철기문화를 독점했던 히타이트제국이 멸망해 철기문화가 유라시아 전 지역으로 전파되기 시작하고 기원전 750년경에 가서 전 오리엔트지역을 통일하게 되는 아시리아왕국이 부상한 시기였다.

앞에서 언급한 대로 유라시아 초원지대에 철기문화가 전파되자 정착생활을 하던 유목민족이 집단 이동생활을 영위해가는 유목민족으로 전환해 나왔다. 히타이트왕국은 기원전 1400년경에 와서 철기문화의 보유를 계기로 히타이트제국으로 전환해 나왔다. 서부 유라시아 초원지대에서의 철기문화의 삼대요소는 철기·말·마차였다. 이에 반해 동부 유라시아 초원지대에서의 그것은 기마(騎馬) 하나로 압축되어 나왔다.

유라시아대륙에서 최초로 출현한 기마민족은 스키타이족으로 알려져 있고, 그 기원은 앞에서 언급한 바와 같이 투바지역에 아르좐 고분을 남긴 자들로 보고 있다. 아르좐 고분군이 축조된 것은 기원전 800~기원전 700년경으로 파악되고 있다. 그런데 아르좐 고분에서 출토된 인공철로 제조된 철기들의 탄소(C14)측정에 의하면, 아르좐 고분 제2호의 경우 기원전 600년경의 것이다. 그런데 유라시아대륙에서의 이 시점은 유럽, 서아시아, 인도, 중국 등의 지역에서 인공철로 제조된 철기가 일반화되어 나가던 시기였다. 이렇게 봤을 때 고대 알타이지역에서의 철기문화는 기원전 600년대에 와서 비로소 확립되어 나온 것으로 판단된다.

서아시아지역에서의 기원전 600년대는 아시리아제국이 철제무기와 마차를 주축으로 이루어진 철기문화를 이용해 메소포타미아·지중해 동안·이집트 지역을 지배해가고 있었던 시기였다. 또 그 시기 흑해와 카스피 해 북안의 초원지대에서는 알타이 지역으로부터 서진한 스키타이족이 기마용병술을 이용해 대제국을 건설하고 있었다. 이에 대해 동아시아의 중원지역에서는 북방 민족 견융(犬戎)에 의해 종주(宗周)의 수도 호경(鎬京)이 함락됨에 따라 수도가 동쪽의 낙읍(洛邑)으로 옮겨져 서주(西周, 1122~770, BC)에서 동주(東周)로 전환해 나왔다. 또 동주 이후의 춘추시대로 접어들어 철기문화가 보급되어 농업혁명이 일어났다. 한편 동아시아의 동북지역, 즉 요하지역에는 알타이어 계의 언어를 사용하는 여러 민족이 거주하고 있었다. 동아시아의 서북 지역에는 알타이어계 중에서도 몽골어를 사용하는 민족이 살고 있었고, 동북 지역에는 투르크어를 비롯해 퉁구스어와 고 아시아어를 사용하는 종족들이 있었다. 민족·종족적으로 말하자면, 그들은 동호·서융·예맥(동이, 조선)·숙신 등과 같은 종족들이었다.[22] 동호는 요서의 서쪽으로 들어와 요서의 북쪽 시라무렌 강변을 중심으로 해서 활동한 민족이었고, 서융은 요서의 서남쪽으로 들어와 요서의 남쪽 대릉하 일대에서 활약했던 종족이었다. 『태평어람』(977)의 「사이(四夷)」에는 동이(東夷)가 조선으로 되어 있다. 『관자』(BC 650년경)의 「소광(小匡)」에도 「동이」가 나온다. 조선은 『관자』의 「규탁(揆度)」 등에서부터 출현하기 시작한다. 숙신은 일반적으로 춘추전국시대의 북방의 이적(夷狄)으로 알려져 있고, 그 시대에 편찬된 『산해경』의 「해외서경」, 『춘추좌전』의 「소·구(昭·九)」 등에 나와 있다. 예와 맥은 『일주서』(서주시대)의 「왕회편 (王會篇)」에 나와 있고, 예맥은 『관자』의 「소광(小匡)」에 나와 있다. 주초(기원 전 1100년경)부터 전국시대(403~221, BC)까지 요하지역에는 하가점(夏家店) 상층문화가 형성되어 있었다.

김정배는 당시의 역사와 관련된 한국의 고조선의 성립과 전개에 대해 다음과 같은 입장을 취한다. 그는 고조선을 단군조선·예맥조선(기자조선)·위만조선으로 3분해 논하고 있는데, 단군조선이 예맥조선으로 전환해 나온 역사적 배경에 대해 다음과 같이 말하고 있다. 우선 그 전환이 중원지역에서 기원전 1122년에 은이 주로 전환해 나온 정치적 상황과 맞물려 있었다는 것이고, 다른 하나는 중앙아시아의 카자스탄 중북부의 카라칸다(Karakanda) 청동기문화, 그 영향 하에서 형성된 알타이의 미누신스크 지역의 카라수크 청동기문화(1200~700, BC) 등의 요하지방으로의 전파와 관련되어 있다는 입장을 조심스럽게 제시한다.[23]

그런데 필자가 여기에서 말하고자 하는 것은 그 시기에 중원지역에서의 그러한 정치적 변화가 서아시아로부터 중국으로의 철기문화의 도래와도 관련되어 일어났다고 하는 것이고, 서부로부터의 철기문화의 전파로 인해 남부 시베리아 초원지대의 동부 지역, 예컨대 알타이 지역, 몽골 지역, 요하 지역 등에서 유목민족이 기마민족으로 전환해 나와, 그동안의 부족이나 부족연맹국 수준의 정치체제, 예컨대 서아시아에서의 히타이트왕국이라든가 스키타이왕국 등의 경우처럼 강력한 국가수준의 정치체제로 전환해 나왔다고 하는 것이다. 그러한 논거는 우선 무엇보다도 앞에서 열거한 기마민족들이 남긴 대형고분의 존재들이라 할 수 있다. 그것들은 그 지역에서 기마민족들이 강력한 기마민족국가를 세웠다는 확실한 증거일 수 있는 것이다. 다시 말해서 알타이 지역의 투바공화국 내의 아르잔 고분군(800~700, BC), 그 북쪽의 예니세이 강 상류에 위치한 아바칸 지역 근방의 살빅(Salbyk) 고분군(600~300, BC), 알타이 지역의 서남쪽에 위치한 카자스탄 남부의 베스샤토르 대형고분, 그로부터 서쪽에 위치한 북캅카스 지역의 우르스키·아우르지 고분군 등의 대형고분들이 바로 그러한 증거가 될 수 있다는 것이다.

그런데 기마민족의 문화는 말과 행위중심의 문화이지 문자중심의 문화가 아니었기 때문에 불행히도 그들의 그러한 역사적 행위에 대한 것들이 문자기록으로는 하나도 남아 있지 않다고 하는 것이다. 그 결과 기마민족의 역사는 그들이 남긴 유물이나 유적 혹은 그들을 야만족으로 보았던 중국 중원의 한족의 기록을 통해서만이 추적할 수밖에 없는 실정이다.

2. 고대 알타이문명의 전개양상과 일본에서의 고대국가의 형성

1) 고대 요하문명과 기마민족국가의 성립과 전개

요하 지역의 서북 편에 있는 적봉시 영성현(寧城縣)에 남산근(南山根) 대형 석관묘가 존재한다. 필자가 여기에서 말하고자 하는 것은 그것도 요하 지역의 일대에서 강력한 기마민족국가가 건설되었었다는 하나의 확실한 근거라고 하는 것이다. 이 분야의 연구자들은 이 남산근(南山根) 대형석곽묘를 하가점상층 문화의 대표적 유적 중의 하나로 파악하고 있고, 또 이 문화의 대표적 유물을 유병식동검(柳柄式銅劍)·공병식동검(銎柄式銅劍)·비파형청동검(琵琶形青銅劍) 등과 같은 동검으로 보고 있다. 그런데 그 하가점상층문화는 서부로부터 철기문화가 동아시아로 전파되기 시작된 기원전 1200년경부터 시작해 춘추시 대에 와서 그 절정기에 달한 문화를 가리킨다. 이 분야의 중국 측 전문가 궈다 순(郭大順)은 기후환경의 변화 때문에 농업생산을 위주로 했던 하가점하층문 화가 쇠퇴하고 수렵·어로·목축업을 위주로 하는 유목문화가 남하하는 과정 에서 하가점상층문화가 형성되어 나왔다고 말하고 있다.[24] 중국학자들은 이 문화의 주체를 동호족으로 파악하고 있다.[25] 그렇지만 한국 측 학자 중의 몇몇 은 다음과 같은 이유로 그것이 예맥족에 의해 형성되었다는 입장을 제시하고 있다. 그 주된 이유는 비파형청동검이 예맥족이 만든 것이라는 입장이 공인되 어 있고, 또 요서의 적봉 지역의 남산근 대형석곽묘에서도 비파형청동검이 출토되었다는 사실 등을 감안해 비파형청동검의 기원을 요서 지역으로 볼 수 있기 때문이라는 것이다. 김정배의 경우는 하가점상층문화를 일으킨 주역 이 동호족임을 인정은 하지만,[26] 하가점상층문화를 구성하는 요소 중의 하나 인 비파형청동문화는 예맥의 문화유산이라는 입장을 취하고 있다.[27]

원래 동호는 주대(周代) 이후 지금의 내몽고 동쪽 내지 요하의 서쪽 시라모 렌 강변 등에서 활동해왔다. 그러나 동호는 진시황이 전국을 통일한 시점에 제국을 세운 흉노에게 기원전 206년에 멸망한다. 동호의 일부를 흡수한 흉노 제국은 제2대 묵돌선우(209~174, BC)에 와서 절정기에 달했다. 당시 그의 영토 확장은 동으로는 연산(燕山)지역, 북으로는 알타이 동북의 바이칼 호·예니세이 강 중류, 서로는 동 파키스탄의 아랄 해, 남으로는 위수(渭水)·오르도스·티베트 고원에까지로 이어졌다. 그러나 그 기마민족제국은 한 무제 때의 장건의 서역원정을 계기로 해서 북 흉노와 남 흉노로 분열된 이후 그 세력이 쇠퇴일로 하여 결국 1세기에 와서는 각 지역으로 흩어지고 말았다. 1세기 초를 전후해 성립된 고구려는 그 흩어져 있던 흉노세력들의 일부를 흡수해가면서 요하의 북쪽에서 확립되어 나온 기마민족국가였다. 한편 요하 서쪽에서는 동호의 멸망 후 그 일파가 선비족으로 전환해 나왔다. 후한 대(23~220)로 들어와 선비족은 흩어진 흉노세력의 일부를 흡수해 요서의 서쪽으로 이동해 자취를 감추었다. 5호16국 시대(304~439)가 기울고 북위(386~534)가 건립되자, 고비 사막의 북부를 근거지로 해서 흉노와 선비 계열이 북방 초원지대로부터 유연(柔然)제국(330~555)이라고 하는 거대한 기마민족국가를 건립했다. 한편 알타이산맥의 서남쪽 구릉에서 단철제작에 종사하던 흉노족의 일파가 유연과의 철을 거래해가는 과정에서 한 부족국가로 전환해 나와 결국 유연을 흡수하여 555년에 투르크족을 출현시킨 거대한 돌궐제국(555~742)을 건설했던 것이다.[28] 그런데 필자가 여기에서 말하고자 하는 요지는 알타이지역에서 아르콴 고분이 축조된 기원전 800년대 이후 요하지역을 중심으로 해서 인근의 동·서·북쪽 지역에서 건설된 모든 국가들, 예컨대 예맥·동호·흉노·고구려·선비·유연·돌궐 등의 모든 국가들은 기마민족국가들이었다고 하는 것이다.

그런데 이 요하 지역에서의 청동기문화는 중국의 중원 지역으로부터가 아니라 「알타이지역과 동일문화권으로 볼 수 있는 카자스탄 동부」로부터의 영향 하에서 이루어진 것으로 보고 있다.[29] 필자가 여기에서 말하고자 하는 요지는 하가점상층문화가 동호족이 일으킨 것이냐, 예맥족이 일으킨 것이냐의 문제가 아니라 그것이 북방의 스카타이 기마민족 문화의 영향 하에서 형성되어 나온 것임에는 틀림이 없다고 하는 것이다. 앞에서도 언급한 바와 같이, 동호족은 초원지대의 동부, 알타이 지역의 남쪽, 몽골 지역 등을 생활무대로 해서 형성되어 나와 요하의 서쪽으로 들어와 요서 지역을 중심으로 활동해가던 민족이다. 이에 대해 예맥족은 알타이산맥 내부, 알타이 지역 북부와 동부 등을 활동무대로 해서 형성되어 요하 유역을 중심으로 활동해가던 민족이다. 하가점상층문화가 요하 유역으로부터 형성되어 나온 것인 한, 앞에서도 언급했듯이 그것이 동호족이 일으킨 것이냐 예맥족이 일으킨 것이냐의 문제의식은 무의미한 것이라는 입장이 취해진다. 요는 그들이 일으킨 하가점상층문화의 특징이 기마민족문화라는 것이고, 동호족과 예맥족은 분명 기마민족이었다고 하는 것이다.

이상과 같이 요하지역에서는 기원전 1200년경부터 초원지대의 서쪽과 알타이지역의 서북으로부터 전파해온 초기 철기문화 등을 기초로 기마문화가 형성되어 나왔고, 그것을 기초로 기마민족국가가 건설됨으로써 가마민족문화가 확립되어 나왔던 것이다.

이렇게 봤을 때 알타이지역에서 스키타이철기문화를 기초로 해서 확립된 고대 알타이문명은 요하 지역으로 전파해 나와 그 지역에서 기마민족국가들의 건설을 통해 요하문명을 확립시켰다는 입장이 취해진다. 그 민족국가 중의 가장 대표적인 것이 요하 일대에서 하가점상층문화를 일으킨 동호족과 예맥조선이었던 것이다.

2) 기마민족의 한반도로의 이동경위

요하의 중심부를 차지하고 있던 예맥조선은 황하 지역에서 기원전 1100여 년경에 상(商)이 주(周)로 전환해 나온 정치적 상황과 맞물려 요하지역에서 단군조선을 배경으로 해서 형성된 국가이다. 중원 지역에 철기문화가 일반화되어 그동안 한 지역에 집중되어 있던 무력이 각 지역으로 분산됨에 따라 전국시대(403~221, BC)가 도래하였다. 그 후 중원지역이 전국시대로 접어들었던 시기 이후의 예맥조선은 이전보다 한층 더 강력한 기마민족국가로 전환해 나왔고 연과 대적해 가는 과정에서 기원전 323년에 와서는 왕(王)이란 칭호를 사용한다. 전국시대 말에 이르자, 동으로는 동호와 북으로는 예맥과 인접해 있던 중원세력의 일원 연(燕)이 기원전 281년경에 장수 진개(秦開)로 하여금 요하의 기마민족 동호와 예맥을 침공하게 했다. 그 결과 동호는 요서의 북으로 밀려나갔고, 또 그 중의 일부가 근방의 투르크족·몽골족 등과 규합해 남쪽의 한 제국에 대적할 만한 강대한 기마민족국가인 흉노제국(BC 200~AD 100년경)으로 전환해 나갔다. 예맥은 요하의 조양(朝陽)지역에서 동으로 밀려나 한반도 안의 대동강 유역에서 자리 잡게 되고, 그 일부는 요하의 북쪽으로 밀려 부여에 흡수되었다. 또 그 일부는 한반도 남으로 내려가 전라북도 익산을 중심으로 목지국(目支國, 또는 月支國)이라고 하는 부족국가를 형성시켰던 것으로 고찰된다.[30]

그 후 진시황은 전국을 통일해 나가는 과정에서 기원전 222년에 연을 멸망시키고 기원전 214년에 가서는 기자조선을 위협해 복속시킨 다음 그 기자조선을 요하의 요동(심양) 이북과 이동으로 몰아내고 요동에서부터 만리장성을 구축했다. 그 후 기원전 206년에 한이 진을 무너트리고 전국을 장악해가는 과정에서 연나라 사람 위만이 기자조선으로 망명해갔다가, 결국 왕검성(王儉城, 요동군 險瀆縣)[31]을 수도로 하고 있던 기자조선을 무너트리고 위만조선(衛滿朝鮮, 195~108, BC)을 세운다. 이러한 정치적 전환기에 많은 사람들이 북의 부여와 남의 진국(辰國)으로 이주해갔다. 나라를 뺏긴 준왕(準王)의 경우도 한반도의 목지국 방면으로 내려가 그곳에서 부족연맹체단계에 머물러 있었다. 목지국을 삼한(三韓)을 주축으로 해서 부족연맹국 진국(辰國)으로 전환시켜 한왕(韓王)이 되었다는 이야기도 있다.[32] 그 위만조선은 흉노와 연계해 한에 대적해가다가, 결국 기원전 108년 한무제에 의해 멸망했다. 한무제는 그 위만조선의 영토에 한사군을 설치하고 그 여세를 몰아 그 다음해에 위만조선의 영토의 동쪽에 위치해 있던 예맥조선을 멸망시키고, 그곳에 현도군을 설치했다. 그러자 예맥조선의 유민들은 동쪽의 대동강유역으로 이주하게 되었다.

한편, 한반도에는 그 보다 이전부터, 보다 구체적으로 말하자면 연의 진개가 요하를 침략했을 시점에서부터 요하로부터의 한반도 남으로의 인적 이동 현상이 두드러졌다. 중국에서 진(秦, 221~206, BC)이 전국을 통일하고, 또 진이 한(漢, 前漢 BC 206~AD 8, 後漢 AD 25~220)으로 전환해 나오는 과정에서 위만이 기자조선을 공격해 준왕일파를 비롯한 요하 지역의 예맥조선 주민들이 청동기와 철기문화를 가지고 대거 한반도 남쪽으로 이동해 내려감에 따라 한반도 남쪽에서는 그 동안 부족국 차원의 목지국이 부족연맹국 차원의 진국(辰國)으로 전환해 나왔다. 이 경우 부족연맹국으로서의 진국이란 마한(馬韓)·변한(弁韓)·진한(辰韓)으로 구성된 국가를 말한다. 그 후 위만조선이 한과 장기적으로 대립해 가는 과정에서 지도층이 분열되어 갔는데, 그 대립을 원치 않는 지도층의 일부가 예컨대 위만조선의 마지막 왕 우거왕(右渠王) 때 2천 여 명을 데리고 내려간 역계경(歷谿卿)의 경우처럼 자신들의 사람을 데리고 위만조선의 동쪽에 인접해 있던 진국으로 망명한 사례가 많았다. 이 경우 『삼국지』의 「한전(韓傳)」에 의하면 진한은 만주지역의 중부 송화강 일대로부터, 변한은 만주의 남부 요하일대로부터 이주한 자들로 기록되어 있다.

중원 지역에서는 한무제 대(漢武帝代, 재위 141~87, BC) 이후 흉노의 왕자였던 김일제(金日磾) 일가의 경우처럼 한에 흡수된 흉노의 일파라든가, 또는 한 왕실과 외척관계의 흉노 일파 등이 한 왕실에서 자리들을 잡게 된다. 왕망은 그러한 김일제 일가 등과 같은 흉노계의 힘을 이용해 정권을 장악해 신(新, 8~23)을 건설한다. 그런데 그렇게 당시 중원의 한인사회에 깊숙이 파고든 흉노세력을 배경으로 건설된 신은 불과 15년 만에 다시 한족의 손에 멸망한다. 그러자 김일제의 후손의 경우처럼 전한과 신의 조정에 참여했던 흉노계의 인맥은 화를 피해 요동으로 탈주해 나갔고, 다시 그곳에서 한반도의 끝자락 진한 등으로 도망쳤다.[33] 그 중의 한 사람이 바로 신라 4대 탈해왕 때의 인물로 경주 김씨의 시조 김알지(金閼智)였다고 하는 것이다.[34] 즉 김알지가 한무제로부터 김(金)이라는 성을 하사받은 김일제의 후손이었다는 것이다. 이와 관련하여 사실은 신라의 초대 왕 박혁거세도 요하서북 지역의 기마유목민족이었던 오환계 왕의 아들이었다고 하는 주장이 있다.[35]

상기의 일례가 말해주고 있듯이, 중원 지역에서 전한이 후한으로 전환해 나오는 과정에서 1세기를 전후해 요하와 한반도에서는 삼한(三韓)과는 별도로 요하지역의 보다 강력한 기마민족들의 일파가 한반도의 북부와 남도로 남하해 기마민족의 국가들, 고구려·백제·신라를 설립했다. 고구려는 예맥조선의 동천 이후 요하의 북방에 거주했던 예맥조선의 유민들이 주축이 되어 건설된 부여로부터 분리해 나와 한반도북부에서 설립된 초기단계의 기마민족국가이다. 백제(伯濟)는 요하 지역의 고구려계의 기마민족이 한반도 마한지역 내의 한강유역에서 설립된 국가이다. 신라는 흉노족의 후손이 경주 지역에서 세운 국가이다.

3) 한반도에서의 기마민족국가들의 성립경위

앞에서 언급한 바와 같이 진(秦)의 중국통일 시 대륙에서 야기된 인구이동 과정에서 요하 하류의 이동지역으로부터 출현했던 진국이 목지국으로부터 전환해 나온 부족국들의 연맹국이었다면, 삼한은 그 연맹국을 구성하는 부족국들이었다. 그런데 바로 이러한 부족국들이 존립해 있는 한반도 지역에 요하지역으로부터 이전 보다 한 층 더 강력한 기마민족들이 한반도의 북부, 중부, 남부 등의 전 지역에 출현해 자신들의 왕국을 건설해가게 되었다. 그렇다면 1세기를 전후해 요하 지역과 한반도에 출현해 그러한 고대국가들을 성립시켰던 세력은 관연 어떠한 기마민족들이었던가?

그것은 앞에서 언급한 흉노족의 후손 김알지 일가의 신라 지역으로의 남하 사건과 깊게 관련된 세력들로 고찰된다. 김알지의 선조 김일제는 기원전 121년 한무제의 한 청년 장교가 실크로드를 개척하는 과정에서 포로로 잡은 흉노 왕(흉노제국 황제 선우 아래) 휴도(休屠)의 아들(부인은 閼氏)이었다.[36] 두만(頭曼)이 현재의 내몽골 오르도스 지역을 중심으로 해서 인접의 여러 민족을 규합해 흉노제국을 건설하여 그 흉노제국의 황제 선우(單宇)가 된 것은 진시황이 전국을 통일하고 진을 건설한 기원전 221년을 전후한 시점이었다. 사실상 흉노제국의 절정기는 두만의 아들 묵돌(冒頓, 재위기간: 209~174)이 부친을 살해하고 선우에 오른 시기부터 한무제가 장건을 월지에 파견해 대대적 흉노 정벌을 행했던 시기(139~126, BC)까지로 파악된다. 흉노제국은 장건의 그러한 서역원정을 계기로 흉노의 일부가 외몽골로 도피해감에 따라 흉노가 서 흉노와 동 흉노로 양분되어, 또 기원전 54년경에 와서는 두 세력이 대립적 양상을 보이게 되었다. 그러한 와중에 결국 동 흉노는 한나라에 항복해 한나라의 수하로 들어가게 되었고, 서 흉노는 동 흉노와 한의 연합원정군에 패해 서쪽으로 도망가다 기원전 36년의 시점에서 괴멸되고 말았다.

이렇게 중국의 서북 지방에서 흉노세력이 분산되어 약화되자, 동북의 요하 지역과 그 남쪽의 한반도에서는 기원전 1세기 후반 경에 와서는 요하 북쪽에 근거지를 두고 활동하던 예맥조선의 일파인 부여로부터 고구려가 출현했고, 또 고구려의 일파 백제가 출현해 한반도 중부로 내려가 고대국가를 설립했다. 이렇게 봤을 때 기원전 1세기 후반 요하와 한반도로부터의 고구려·백제·신라의 삼국의 출현은 중국 서북 지역에서의 기마민족에 의해 건설된 흉노제국의 세력분산과 맞물려 행해졌었다는 입장이 취해진다. 보다 구체적으로 말하자면, 중국의 서북 지역에서 건국된 유목기마민족 국가였던 흉노제국이 한무제의 공격으로 와해되어 그 세력들이 분산되자, 그 분산된 세력의 일파들이 요하 지역과 한반도 지역으로 이동해나가 세운 국가들이 다름 아닌 삼국이었다는 것이다. 그러나 그러한 국가들은 초기 철기문화를 배경으로 해서 건설된 것으로서 초기 단계의 고대국가들이었던 것이다.

그 후 그것들이 고대국가로 확립해 나왔던 것은 기원후 300년대였다. 고구려의 경우는 313년 낙랑군을 한반도에서 축출한 15대 미천왕(美川王, 300~331) 때이었고, 백제(百濟)는 369년 당시 충청·전라 지역을 장악하고 있던 마한을 멸망시킨 13대 근초고왕(近肖古王, 346~375) 때이었다. 신라의 경우는 이전과는 달리 왕이 마립간(麻立干)이란 칭호를 사용하고 김씨(金氏)가 왕위를 독점 세습해 가게 된 17대 내물왕(奈勿王, 356~402) 때였던 것이다. 그렇다면 삼국이 이 시기에 고대국가로 확립해 나오게 되었던 연유는 과연 무엇이었는가?

이것도 중국에의 기마민족들의 활동과 깊게 관련되어 있다. 중국사에 「5호

16국(五胡十六國)」 시대란 말이 나온다. 이 말은 유연(劉淵)의 전조(前趙) 건국 (304)에서 북위(北魏)의 통일(439)까지의 135년간 중국의 서북 지역을 흉노·갈(羯:스키타이)·선비(鮮卑)·저(氐:티베트계)·강(羌:티베트계)의 이른바 5호족(胡族)과 한족이 15개의 나라를 건립해 대립하던 시기를 가리킨다. 말을 탈 때 입는 바지 형태의 의류를 호복(胡服)이라 부르듯이, 여기에서의 호족이란 기마민족을 가리킨다. 그런데 필자가 말하고자 하는 것은 흉노제국 멸망 후 기마민족들이 중국의 한족 사회에 들어가 한동안 숨을 가다듬으며 살아가다가 300년대로 들어와서 수면으로 올라와 백여 년 이상 정치적 혼란을 일으켜 갔는데, 바로 그 시기에 요하 지역과 한반도에서 고대국가들이 확립되어 나왔다고 하는 것이다. 그렇다면 그러한 역사적 상황은 어떻게 가능했던 것인가?

우리는 이 문제를 두 가지 측면에서 접근해볼 수 있다. 우선 하나는 일본의 고대사학자 에가미 나미오(江上波夫)의 '기마민족 일본정복설'의 시각에서 이 문제를 접근해볼 수 있다[37]. 즉 중국내에서의 기마민족 출신의 종족들이 서로 각축을 벌이던 5호 16국 시대에 요하지역의 인근에서 활동해 가던 강력한 기마민족들이 요하지역과 한반도로 이동해와 각 지역의 초기 고대국가 단계의 국가들을 점령해 그 왕실들로부터 왕권들을 발탈하고 보다 강력한 왕권국가들을 세웠다는 것이다. 다른 하나는 각 지역의 초기 고대국가단계의 국가들이 북방으로부터 이주해오는 강력한 기마민족들을 막아내면서 그러한 세력들을 흡수해 강력한 고대국가들로 전환해 나왔다고 하는 것이다.

이러한 논거들은 최병현의 『신라고분연구』(1990)·『금관의 비밀』(1998), 이종선의 『고신라왕릉연구』(2000) 등의 연구들이 말해주고 있듯이, 내물왕 이후 120여 년간 신라의 고분들이 북방의 기마유목민족의 그것과 형태와 부장품의 면에서 동일하다는 것이다.[38] 이 문제와 관련해 최광식도 그의 저서『실크로드와 한국문화』의 「머리말」에서 「황남대총을 비롯한 신라의 적석목곽분에서 출토된 금관은 초원로를 통하는 북방문화와 관련성이 있다」는 입장을 제시하고 있다.[39]

3. 고대 일본에서의 천황가의 형성

1) 한반도의 가야국(伽倻國)과 북규슈의 야마타이국(邪馬台国)

일본열도에서 최초로 성립된 고대국가는 야마타이국(邪馬台国)로 알려져 있다. 그것은 히미코(卑弥呼, 290~368경)라고 하는 여왕이 다스렸다고 하는, 일본의 북규슈 지역에 존재했던 부족연합국으로 추정되는 국가이다. 그것은 한반도에서 기원전 1세기 말 당시 성립된 그 초기 고대국가인 신라·고구려·백제에 해당하는 국가라 할 수 있다. 이 야마타이국과 거의 동시기에 현재 일본의 나라(奈良)지역 즉 야마토(大和) 지역에서도 스진천황(崇神天皇, 300년대 전반)을 시조로 해서 초기 단계의 고대국가(초기야마토정권)가 건설되었다는 학설이 있다. 그런데 그 후 그곳에서는 400년대로 들어와서 한반도에서 300년대 후반에 출현한 고구려(미천왕대)·백제(근초고왕대)·신라(내물왕대)에 해당되는 고대국가가 확립되어 나왔는데, 400년대 전반의 15대 오진천황 대(応神天皇代, 재위 390~430)에 건설된 야마토국(大和國)이 바로 그것이다.

일본의 역사가들 중에는 제10대 스진천황을 실제 일본 최초의 천황으로 보는 자들이 있다. 그런가 하면, 일본의 제15대 오진천황을 실제 일본 최초의 천황으로 보는 입장도 있다. 그런데 필자가 주목하는 것은 300년대 전반부터 현재의 일본 나라지역의 덴리시(天理市) 근방에서부터 전방후원분(前方後圓墳)의 대형 고분들이 갑자기 출현했다고 하는 사실이다. 일본 학계에서는 그 첫 출현을 제10대 스진천황의 것(全長 약 240m)으로 파악하고 있다. 그로부터 약 1세기 후에는 현재 오사카(大阪)지역에서 제15대 오진천황과 그 다음의 제16대 닌토쿠천황(仁徳天皇, 재위 433~519)의 것들로 알려진 대형고분들이 출현했다. 그것들도 전방후원분으로 전장(全長) 415m와 486m의 크기로 해서 일본에서 첫 번째와 두 번째 크기에 해당되는 것들이다. 그런데 필자가 강조하고자 하는 것은 이들 고분이 기마민족국가의 왕의 무덤, 즉 알타이 지역의 아르찬 고분군, 요하 지역의 남산근 대형석관묘, 경주의 내물왕의 능으로 알려진 황남대총남분(皇南大塚南墳) 등과 우선 그 크기의 면에서 동일 계열의 것으로 판정될 수 있다는 것이다. 특히 그들이 취하고 있는 전방후원분(前方後圓墳)의 형태가 한반도 남부의 고분형태로부터 취해졌다고 하는 점이다.

그렇다면 앞에서 언급한 바와 같이 일본에서 실재적인 최초의 천황으로 알려진 제10대 스진천황이나 혹은 제15대 오진천황은 과연 어떻게 출현하게 된 것인가? 앞에서 논한 바와 같이 중국이 통일되어 나오는 과정에서 요하 지역에서 일어난 정치적 혼란으로 인해 요하 지역의 예맥인들의 일부가 한반도로 이주해 현재의 충청과 전라 지역을 중심으로는 마한이라는 부족국가를, 경상남도 지역을 중심으로 해서는 변한을, 경상북도·강원도 지역을 중심으로 해서는 진한을 각각 건설했다. 그래서 그들은 북방의 요하 지역의 기마유목민족국가들에 대항해가기 위한 방안의 하나로 삼한으로 알려진 부족연맹국가를 건설하였다. 그러나 기원전 1세기 말로 들어와 북방 기마유목민족의 일파들이 줄곧 한반도로 밀려 내려와 정치적 상황이 바뀜에 따라 마한 지역에서는 백제(佰濟)라고 하는 고대국가가, 변한지역에서는 가야가, 진한 지역 근방에서는 신라가 각각 확립되어 나왔다. 그로부터 3세기 후에는 백제는 마한을, 신라는 진한을 각각 멸망시키고 강력한 고대국가들로 전환해 나왔던 것이다.

그렇다면 경상남도 김해 지역의 변한은 어떻게 되었는가? 이 질문은 변한이 어째서 마한, 진한의 경우처럼 강력한 고대국가로 전환해 나오지 못했는가의 물음이기도 하다. 사실은 여러 부족들로 이루어졌던 변한도 초기 고대국가 단계의 가야국(伽倻國, 일본에서는 任那라고 함)로 전환해 나왔다. 그러나 그 다음 그것이 인접해 있는 백제나 신라의 경우처럼 강력한 고대국가로까지는 확립되어 나오지 못했다. 그 주된 이유는 다음과 같은 세 가지 측면에서 논해질 수 있다. 우선 하나는 『삼국사기』의 「신라본기」에 의하면 변한도 다른 두 부족국가들과 마찬가지로 기원전 1세기 후반까지 여러 소부족 연맹체의 형태로 존재해 있었다. 그러나 기원전 39년에 박 혁거세의 공격으로 와해되어 그 일부가 신라에 귀속되었다. 기원후 42년에는 기마민족의 일파 김수로왕이 그 지역에 출현해 신라에 귀속되지 않은 변한의 일부를 점령해 그것을 가야국으로 전환시켰다. 이렇게 변한은 그 일부가 그 인접지역에서 가장 일찍 건설된 초기고대국가인 신라의 일부로 귀속되는 등 그 세력이 상대적으로 약화되어 있었기 때문이었다.

두 번째는 변한 지역의 정치적 세력들이 신라계를 통해 가야라고 하는 초기 고대국가로 전환해 나온 이후 다시 그것이 백제계의 일파에 의해 관리되어 나가게 되었기 때문이었다. 삼한의 부족연맹국인 진국(辰國)의 최고 우두머리 즉 한왕(韓王)은 마한이 맡아갔었다. 그러나 백제의 고이왕(234~286)이 진국을 멸망시켰고, 근초고왕이 369년에 마한을 멸망시켰다. 그 후 근초고왕은 삼한연맹 시절에 그 연맹에 가담하지 않았던 변한지역의 7개의 소가야국들을 평정한 다음, 그 평정된 가야국을 관리해가게 되었기 때문이었다.[40] 이 경우 우리는 백제에 멸망한 진국과 마한의 유민들의 일부가 가야로 이주해 내려갔을 것이라는 사실을 충분이 상상해 볼 수 있다. 세 번째는 변한을 세우고 또 가야국을 세운 주체세력들이 그 지역에 머물러서 그 지역의 정치적 세력을 백제나 신라의 경우처럼 하나의 강력한 고대국가로 전환시켜 나가려는 입장을 취하지 않고, 그들의 정치적 중심무대를 그 지역으로부터 북규슈 지역으로 이동시켜 나갔었기 때문이었다고 하는 것이다.

북규슈 지역으로 건너간 변한·가야의 주류세력은 그곳에서 300년대 전반에 야마타이국(邪馬台国)이라고 하는 부족연맹 국가를 성립시켰고, 또 그것은 지금의 나라(奈良)지역인 야마토(大和) 지역으로 이동해 나가, 스진천황에 의해, 1세기 후반 당시의 초기 고구려·백제·신라에 해당되는 고대국가를 건설했다. 그 후 400년대 전반기에 이르러서는 오진천황 이후의 천황들이 한반도에서의 고구려의 동천왕·백제의 근초고왕·신라의 내물왕이 확립시킨 고대국가에 대응되는 강력한 고대국가를 성립시켰다고 하는 것이다.

2) 야마토조정(大和朝廷)의 성립과 고대 일본천황가의 형성 경위

이러한 측면에서 고찰해볼 때, 일본의 야마토 지역에서 300년대 전반의 스진천황에 의해 성립된 초기 고대국가나 혹은 400년대 전반에 오진천황에 의해 확립된 야마토조정(大和朝廷)을 주축으로 한 고대 일본국은 크게는 요하지역으로부터 한반도로 남하한 기마민족이, 작게는 가야계의 기마민족이 건설한 국가였다는 입장이 취해진다. 에가미 나미오(江上波夫)도 '부여계 왕조의 계보가 백제왕가와 일본천황족 계보의 동원(同源)'이라는 입장을 취하고 있다. 또 그는 그들 모두가 기마민족의 출신들이고, 또 그것의 구체적 증거로 '근년에 일본에서는 후쿠오카겐(福岡県)에서, 한반도에서는 부산·고령 등의 낙동 강유역에서 옛날로 말할 것 같으면 쓰쿠시(筑紫)·가야(加羅)의 양 지역에 대규모의 기마민족 군단이 있었다는 것을 실증해주는 묘군(墓群)이 발견되었다'라는 입장을 제시하고 있다.

이 문제와 관련해 고대일본사 연구자 미즈노 유(水野祐, 1918~2000)는 『증정일본고대왕조사론서설(增訂日本古代王朝史論序說)』(1954)을 통해 「삼왕조교체설(三王朝交替說)」을 제시했다. 그의 주된 논점은 천황가는 만세일계(万世一系)가 아니라 제10대 스진(崇神), 제16대 닌토쿠(仁德), 제26대 게이타이(継体)를 시조로 하여 세 차례 교체해 나왔다는 것이고, 게이타이천황이 현 천황가의 시조라는 것이다. 그는 스진천황(300년대 전반)으로 시작되는 첫 왕조가 나라의 미와야마(三輪山) 기슭에서 출현했다하여 미와왕조(三輪王朝)라 이름 붙였고, 오진천황(재위 390~430) 혹은 닌토쿠천황(재위 433~519)으로 시작되는 왕조가 가와치(河內), 즉 현재의 오사카후(大阪府)지역에서 출현했다고 하여 가와치 왕조(河內王朝)라 했다. 또 그는 게이타이천황(재위 507~531)을 시조로 하는 왕조가 오우미(近江), 즉 현재의 교토 동쪽 근방의 시가겐(滋賀県)에서 출현했다하여 오우미왕조(近江王朝)라 하였다.

미즈노 유의 제자 출신의 한 한국인 연구자에 의하면, 현 천황가의 시조로 알려진 게이타이천황의 등장(507년) 이후 야마토정권과 한반도의 각국, 특히 백제와의 관계가 이전보다 '질적으로나 양적으로 월등히 긴밀해'졌다고 하는 입장을 제시한다.[41] 오미왕조와 백제와의 그러한 관계가 지속되어 가는 과정에서 그 이전 왕조와 긴밀한 관계에 있었던 가야가 562년에 신라에 의해 멸망하였다.

그러면 여기에서 우리는 신화적 차원에서 천황가의 역사를 기술해 놓은 『고사기(古事記)』(712)와 고대 일본국의 성립 경위를 기술해 놓은 『일본서기(日本書紀)』(720)의 내용들을 근거로 해서 천황가의 성립에 관한 입장은 다음과 같이 취해질 수 있다. 이 기기(記紀)신화에는 국신·지기계(国神·地祇系)와 천손천신·번계(天孫天神·蕃系)로 양분된다. 이 경우 전자는 토착계(土着系)이고 후자는 외래계(外來系)이다.[42] 네즈 마사시는 "천황가의 기원은 시종 전쟁과 연관되어 있다. ---외국인이 일본역사를 연구해서 메이지 이후의 군국주의와 연결 짓고 또 일본인을 호전(好戰)국민이라고 생각하는 것도 당연한 이야기이다"라고 말하고 있다.[43] 또 그는 천황가가 '야마토의 호족'이었다는 입장을 취하고 있다. 이 경우 에가미 나미오는 호족(豪族)들 중에서 외래계 출신의 천손천신계가 야마토조정에서 가장 중요한 역할을 담당해갔다고 말하고 있다.[44] 이러한 점들을 고려해 볼 때 각 지역의 대형고분들은 외래계출신들 중에서도 천손천신계의 것들이었을 것으로 판단된다.

일본의 고대사는 조몬(繩文, BC 1만 년 이후)·야요이(弥生, BC 200년 이후)·고분(古墳, 300년경 이후)·아스카(飛鳥, 562년 이후)·나라(奈良, 710년 이후) 등의 시대들로 해서 성립 전개되어 나간다. 이 경우 우리의 논의 대상이 되는 시기는 고분시대(300년경~562년경)이다. 일본역사에서의 이 시대는 기원전 300년대 초부터 한반도의 남부로부터 전방후원의 고분이 일본의 규슈와 긴키(近畿)지역에 갑자기 출현해 600년대의 후반에 가서 사라진 시기를 말한다. 필자가 여기에서 말하고자 하는 것은 일본의 천황가는 바로 이 시기에 출현한 대형고분들 속에 묻힌 자들을 주축으로 해서 형성되어 나왔다는 것이고, 그 대형고분들 속에 묻힌 자들의 선조들은 요하지역으로부터 한반도의 남부로 내려와 가야지역을 통해 북규슈 지역으로 건너갔던 기마민족의 후예들이었다고 하는 것이다.

이상과 같이 이 학술적 논의는 유라시아대륙의 알타이지역을 중심으로 해서 형성되어 나온 고대 알타이문명이 일본열도에서의 천황가의 형성경위와 어떻게 관련되어 있는가의 문제를 고찰하였다. 여기에서 우리는 그 고찰의 결과를 다음과 같이 정리해볼 수 있다.

고대 알타이문명은 타 지역의 고대문명들이 그러했었듯이 전기의 청동기문명과 후기의 철기문명이라는 두 단계를 통해 성립 전개되어 나왔다. 고대 알타이지역에서의 청동기문화는 흑해와 카스피 해의 북안에 펼쳐진 초원지대로부터 전파된 아파나세보(Afanasevo) 초기 청동기(순동)문화(4000~2000, BC)를 기초로 해서 성립되었다. 그래서 그것은 기원전 2000~1700년경에 아파나세보문화를 배경으로 해서 산지 알타이의 카라콜지역에서 출현한 카라콜 청동기문화, 또 거의 같은 시기에 서부의 아랄 해 근방으로부터 전파해온 안드로노보 청동기문화, 기원전 1600~1300년경 알타이지역의 카라수크 등에서 형성된 후기 청동기문화 등을 통해 확립되어 나왔다. 알타이지역에서의 철기문화는 기원전 1200~1000년경에 서쪽의 초원지대를 통해 전파된 초기 철기문화를 기초로 해서 성립되어 나왔고. 또 그것은 기원전 600년경에 와서 그것을 기초로 하여 확립되어 나온다.

이상과 같이 기원전 3000년경 이후 청동기문화를 주축으로 형성된 고대 전기의 알타이 청동기문명은 알타이지역에서 반농반목의 유목민족을 출현시켰고, 또 그것을 기초로 해서 형성된 기원전 1200년경 이후의 고대 후기의 알타이 철기문화는 유목민족을 기마유목민족으로 전환시켰다. 기마유목민족의 특징은 기마·집단이동·철기문화·마구·금문화·돌무덤·대형분묘·천신·천손(天孫)사상·무문자 등으로 규정된다. 이상과 같은 특징을 지닌 문화를 기초로 해서 기마민족이 알타이지역에서 기마민족국가를 건설한 것은 기원전 800~700년대이다. 투바의 아르촨 고분이 그러한 사실을 잘 이야기해준다. 그런데 알타이지역에서 형성된 그러한 기마민족문화는 기원전 700경에 알타이지역으로부터 서쪽으로는 북 캅프카스·흑해 북안 등의 초원지대로 전파되어 나갔고 동으로는 요하지역으로 전파되어 나갔다. 그 결과 흑해 북안의 초원지대를 중심으로 해서는 기원전 600년경에 스키타이 기마민족국가가 건설되었고, 동쪽의 요하지역에서는 예맥·동호·흉노 등의 모든 국가들은 기마민족국가들이었다고 하는 것이다. 내몽고지역의 동호와 요하지역의 예맥조선이 기마민족으로 전환해 나왔다. 그 후 기원전 200년대로 들어와서는 요하 서쪽을 중심으로 해서 일찍이 기마민족으로 전환해 나왔던 흉노족이 대흉노제국을 건설했다. 그러나 그것은 전국(戰國)을 통일시킨 진(秦)과 대립해 가게 되었고 기원전 100년대로 들어와 한제국과의 투쟁과정에서 와해되었다. 한편 요하의 동쪽을 차지해갔던 예맥조선도 진의 전국통일 과정에서 동으로 밀려 요하의 북방과 한반도로 이동해 부여와 삼한으로 전환해 나왔고, 또 그것들은 삼국으로 발전되어 나왔다.

그러한 정치적 상황이 전개되어 나가는 과정에서 삼한 중 변한의 경우는 일본과의 독특한 관계가 형성되어, 결국은 가야라고 하는 부족연맹국 수준의 고대국가로 전환해 나온 것으로 끝났고, 그 대신 그 중심세력의 일부가 일본의 북규슈와 야마토(大和) 지역으로 이동해가 400년대 전반에 일본의 야마토 지역에서 초창기의 신라·고구려·백제 수준의 고대국가를 성립시켰다.

요하, 한반도, 일본 등에서의 이러한 역사적 전개과정을 고찰해 볼 것 같으면, 우리는 다음과 같은 입장을 취해볼 수 있다. 알타이지역으로부터의 철기문화의 전래를 계기로 요하지역에서 출현한 기마민족 국가 예맥조선(고조선)과 그의 후예들은 요하의 북방과 한반도로 이주해, 북방에서는 부여, 고구려를 차례로 건설했고, 한반도 남쪽에서는 마한지역에 위치한 목지국·진국을 건설했다. 그 후 그의 후손들은 가야를 통해 일본의 북규슈 지역으로 건너갔고, 또 그곳에서 일본의 야마토 지역으로 이동해나가 그곳에서 최초로 고대국가를 성립시켰다고 볼 수 있는데, 그들이 바로 스진천황이나 혹은 오진천황일 가능성이 높다고 하는 것이다. 동아시아에서의 이러한 역사적 전개가 가능했던 것은 동아시아에서 그 기간의 역사적 주체가 집단이동이라는 생존양식을 취하고, 또 자신들이 천손족이라고 믿었으며 그러한 신념으로 인해 호전성이 매우 강한 기마민족이었기 때문이었던 것이다.

기마유목민족은 기원전 1200년대 이후 유라시아대륙의 서부로부터 철기문화가 알타이지역으로 전파되어 그곳에서 그것이 정착되어 나가는 과정에서 기원전 800년경에 알타이지역을 중심으로 출현한 민족이다. 그 기마민족의 일파는 요하지역을 통해 한반도의 가야지역으로 남하하였고, 또 그것은 일본의 북규슈 지역으로 이동해나가, 그곳에서 야마토, 긴키지역 등으로 이동해나가서 그곳에서 천황가를 출현시켰다고 말할 수 있다는 것이다.

제3부 요하문명과 황하문명

제1장

요하문명과 황하문명과의 관련양상

이 학술적 논의는 고조선의 형성과 전개양상에 대한 이해를 위한 방안으로 고조선의 성립과 전개양상에 절대적 영향을 끼친 요하문명과 황하문명의 관련 양상에 대한 파악을 목적으로 한다.

우리는 근래까지 황하문명을 동아시아에서 가장 일찍 형성된 문명으로 인식해 왔다. 그러나 1990년대로 들어와 요하지역에 묻혀 있던 고적들이 발굴되어 나옴에 따라 2000년대로 들어와서는 요하지역에서 황하지역보다 더 일찍 고대문명이 형성되어 나왔다는 결론에 도달하게 되었다. 그러한 결론에 도달하기 전까지만 해도 우리는 동아시아문명의 기원을 황하문명으로부터 찾는다는 입장을 취해왔다. 그 주된 이유는 동아시아문화의 가장 대표적 문화라 할 수 있는 유교문화가 황하유역을 중심으로 형성되어 나왔고, 또 그 문화를 일으킨 한족(漢族)이 황하유역을 중심으로 형성된 종족이었기 때문이라 고찰된다.

요하문명이나 황하문명에서의 '문명'이란 말은 신석기시대 이후에 형성되어 나온 청동기 및 철기문명을 가리킨다. 다시 말해 그것은 신석기문화를 배경으로 형성되어 나온 금속기문명, 즉 청동기·철기문명을 가리킨다. 중국에서 거론되는 대표적 신석기문화는 요하지역의 홍산(紅山)문화(6000~2500, BC), 중원지역의 앙소(仰韶)문화(5000~2500, BC), 동남 해안지역의 용산(龍山)문화(2600~2000, BC) 등이다. 그런데 요하문명은 이들 중에서 요하지역의 홍산문화를 배경으로 형성되어 나온 것이고, 황하문명은 이 중에서 중원지역의 앙소 신석기문화를 배경으로 형성되어 나온 문명이다.

20여 년 전만해도 동아시아인들은 한국문화를 비롯한 동아시아의 모든 문화들이 중원지역에서 형성된 앙소 신석기문화와 그것을 기초로 형성된 황하문명을 주축으로 파악해야 한다는 입장을 취해왔다. 그러나 현재는 그 상황이 달라졌다. 신석기시대의 홍산문화와 그것을 기초로 형성된 요하문명을 주축으로 동아시아문명의 형성경위가 파악되어야한다는 연구 분위기가 형성되고 있는 것이다. 이러한 연구 분위기 형성과 연동되어 현재 우리 학계에서는 요하문명과 황하문명의 성립과 전개에 대한 문제를 명확히 규명해낼 필요성이 제기되었다. 근래까지만 해도 한국의 문화가 고대 초에 황하의 중원지역과 그 지역에서 형성된 유교문화를 중심으로 파악되었다. 그러나 1990년대로 들어와 요하지역의 유적들이 대대적으로 발굴됨에 따라 동아시아지역의 선사문화와 금속기문화가 요하지역을 중심으로 파악되어야 한다는 입장이 취해지게 된 것이다.

근래 한국에서의 고조선 연구도 바로 그러한 각도에서 행해지는 추세라 할 수 있다. 그러한 각도에서의 연구란 요하문명의 형성과정과 관련시켜서 행해지지 않을 수 없다. 그렇다면 요하문명의 영향 하에서 출현한 황하문명도 고조선의 성립과 전개에 어떠한 형태로든지 간에 영향을 끼쳤을 것이라는 입장도 취해지는 것이다. 그렇다면 그것은 어떤 식으로 그것의 성립과 전개에 영향을 끼쳤던 것인가에 대해 문제도 제기된다.

근래까지 한국이나 중국에서의 고조선에 대한 연구는 내셔널리즘적 입장에서 접근하였다. 그러나 2000년대로 들어와 그것은 요하지역을 주축으로 한 리저널리즘의 입장에서 접근되는 추세를 보이고 있다. 구체적으로 말하자면 근래까지만 해도 중국 측의 연구자들은 『삼국유사』가 제시하는 '고조선' 등을 비롯한 여러 북방민족들, 특히 중원 민족과의 정치적 연결고리가 파악되지 않는 서주대(西周代, 1122~770, BC) 이전의 민족들의 정치적 실체를 인정하지 않으려고 하였다. 그러나 2000년대로 들어와 고조선이 존재했던 요하지역에 대한 고고학적 발굴 작업이 본격화됨에 따라 요하문명이 황하문명보다도 무려 10세기나 더 일찍 형성되었다는 사실이 밝혀졌다. 이런 사실에 따라 중국 측과 한국 측으로부터 조선에 대한 연구가 새로운 차원에서 행해지지 않을 수 없게 되었다. 이에 대해 필자는 글로벌적 입장에서 고조선의 성립과 전개를 파악하고자 하였다.[1] 그러기 위해서는 우선 무엇보다도 요하문명과 황하문명이 어떻게 형성되어 나왔으며, 또 그것들이 어떻게 전개되어 나갔는지를 고찰할 필요성이 제기되는 것이다.

이러한 문제들에 대한 구체적 접근방안은 다음과 같다. 우선 고대 서아시아의 메소포타미아문명 및 중앙아시아의 알타이문명이 동아시아의 요하문명과 황하문명의 형성에 어떻게 관련되어 있는지를 고찰한다. 다음으로 요하문명과 황하문명이 어떻게 관련되어 있었는지를 고찰한다. 끝으로 고대 메소포타미아 및 황하문명이 고조선의 형성과 전개에 어떻게 관련되어 있었는지를 고찰한다.

1. 고대 메소포타미아문명과 동아시아의 요하문명 및 황하문명

서아시아의 메소포타미아지역에서 형성되어 나온 문화가 중앙아시아 지역을 거쳐 동아시아지역으로 전파되어 나간 것은 구석기시대부터 있었던 일이었다. 구석기시대에는 주로 남부 시베리아의 초원로를 통해서 서쪽으로부터 동쪽으로의 문화적 이동이 행해졌었다. 청동기시대 이전의 신석기시대에 와서는 그것이 주로 두 가지 통로를 통해서 행해졌던 것으로 고찰된다. 우선 하나는 신석기시대에 빗살무늬(櫛文)토기가 전파해 나온 북방 초원로를 통해서였고, 다른 하나는 채문(彩文)토기가 전파된 중앙 오아시스로를 통해서였다.[2]

북방 초원로란 메소포타미아 북부 지역과 인접해 있는 카스피 해 및 흑해의 북안(北岸)지역에서 출발해서 중앙아시아의 알타이산맥지역을 통해 동단의 요하지역에 이르는 길이다. 이 경우 서방의 문물이 북방 초원로를 통해 동진해 알타이산맥지역에 도달하면, 그것은 다시 두 갈래 길을 통해 요하지역에 이른다. 하나는 알타이산맥 북쪽의 바이칼호 지역을 통해 대흥안령산맥의 북단으로 들어와 요하유역으로 남하는 길이다. 한국민족의 한 갈래를 형성한 예족(穢族)은 바로 이 북로를 통해 요하유역으로 들어 왔던 것으로 고찰된다. 다른 하나는 그것이 알타이산맥 남쪽의 몽골고원으로 통해 대흥안령산맥 남단으로 들어와 요하 유역에 이른 것으로 고찰된다. 한국민족의 또 다른 원류로 파악된 맥족(貊族)이 바로 이 길을 통해서 요하지역에 들어왔던 것이다.

이상과 같이 북방의 초원로는 서아시아의 메소포타미아지역의 북부의 문물을 중앙아시아의 북부에 위치해 있는 알타이지역을 거쳐 동아시아의 북부 요하지역으로 전파시키는 역할을 하였다. 기원전 2600년경 메소포타미아의 북부지역으로부터 그 지역의 청동기문화가 동쪽으로 전파해 나갔을 때도 그 북방의 초원로를 통해서였고, 또 그보다 앞서 기원전 3000년경에 흑해와 카스피 해의 북안 지역에서 출현한 아파나세보 초기 청동기문화가 동쪽의 알타이 지역으로 전파해 나갔을 때에도 그 초원로를 통해서였던 것으로 고찰된다.

이상과 같이 서아시아의 메소포타미아지역의 북부, 중앙아시아 북부의 알타이 지역, 동아시아의 북부의 요하지역 등은 구석기시대에서 전기 청동기시대에 이르기까지 주로 유라시아 북방의 초원로를 통해 동서 간의 문화적 교류가 일어났던 것이다.[3] 따라서 동아시아의 북방에 위치해 있는 요하지역은 중앙아시아북방의 알타이지역과 서아시아의 메소포타미아지역의 북방으로부터의 문화적 접촉을 통해 동아시아지역에서 가장 일찍 신석기시대에서 청동기시대로 전환해 나왔던 것이다.

이상과 같이 동아시아의 북부에 위치한 요하문명이 유라시아의 북방 초원로를 통해 서아시아의 북부 메소포타미아문명과 연결되어 있었던 반면, 동아시아 중앙의 황하문명은 유라시아 중앙의 오아시스로를 통해 서아시아의 남부 메소포타미아문명과 연결되어 있었던 것으로 고찰된다. 그 결과 황하문명은 동아시아의 동북지역에 위치해 있던 요하문명과 서아시아의 남부 메소포타미아문명으로부터의 영향 하에서 형성되어 나왔던 것으로 고찰된다. 동아시아의 북부 요하지역에서는 서방의 메소포타미아문명과 알타이문명으로부터의 영향 하에서 기원전 2300년경에 고조선이 건국되었고, 동아시아의 중부 황하유역에서는 서아시아의 남부 메소포타미아문명과 동아시아의 북부 요하문명으로부터의 영향 하에서 기원전 2070년경에 하왕조가 건설되어 나왔던 것이다.

그러면 여기에서 서아시아의 메소포타미아지역에서 고대문명이 어떻게 형성되어 나왔는지를 고찰해보기로 한다. 그곳에서 고대문명이 형성되어 나온 것은 기원전 3400년경의 일로 고찰된다. 그것은 그 인접의 아르메니아·코카서스·이란고원 지역 등에서 기원전 4000년경에 발명된 청동기 야금술의 전파를 배경으로 이루어진 것으로 고찰되고 있다. 메소포타미아지역에서 청동기문화가 형성되어 나오게 된 것은 수메르족이 상기의 인접지역들로부터 청동기 야금술을 가지고 그 지역의 남부, 즉 유프라테스와 티그리스의 하류지역으로 침입해 들어갔었기 때문으로 고찰된다. 메소포타미아지역에서는 그 지역에서 형성된 청동기문화를 배경으로 기원전 3400~3200년경에 두 강 유역의 하류지역에서 우르크(Uruk), 우르(Ur) 등과 같이 도시국가의 형태를 취해 수메르 왕국이 설립되어 나왔다. 그 후 셈족 계열의 앗카드(Akkad)족이 기원전 3200년경에 두 강 유역의 중부지역에 들어가 닛푸르(Nippur) 등과 같은 도시국가들을 형성시켰다. 기원전 2600년경에 가서는 셈족이 메소포타미아북부의 토착인과의 혼혈을 통해 아시리아인의 선조인 아슈르인을 탄생시켰다. 그렇게 출현한 아슈르인은 티그리스강 상류의 아슈르(Ashur), 니네베(Nineveh) 등에서 도시국가를 설립했다.

이렇게 메소포타미아지역은 기원전 3400년경부터 기원전 2400년경까지의 1천 년간 그 남부지역을 중심으로 한 수메르인, 중부를 중심으로 한 아카드인, 북부를 중심으로 한 아슈르인에 의해 점령되어 있었다. 그러나 그러한 지역적 안배는 기원전 2600년경에 남부지역을 차지하고 있던 수메르인이 유프라테스의 최하류에 위치해 있던 우르 도시국가를 주축으로 여타의 수메르도시국가들을 통합시켜 우르왕조 국가를 건설하게 됨으로써 서서히 무너져 나가기 시작하였다. 그 과정에서 종족적 분쟁이 야기되어 그것이 메소포타미아 북부에서 거주하고 있던 아슈르인들에게까지 미치게 되었다. 그 결과 그곳에 거주하던 그들의 일부가 청동기문화를 가지고 그 지역을 떠나 서북부의 흑해와 동북부의 카스피 해의 연안들을 타고 북안지역에 이르러, 그곳에서 다시 그 지역을 동서로 통과하는 초원로를 타고 알타이지역으로 동진해 나갔다. 그들은 다시 그 지역에서 더 동진해 요하지역에 이르게 되었다. 이렇게 해서 기원전 2600년 경을 전후해 메소포타미아의 북부지역으로부터 청동기문화의 세례를 받은 아슈르인 집단이 동쪽의 알타이지역과 요하지역으로 동진해 나와 요하문명을 형성시켰을 가능성이 제기되는 것이다.

그 후 기원전 2360년경에 가서는 움마의 왕 루갈자기시가 최초로 메소포타미아지역을 통일하였다. 그로부터 10년 후인 기원전 2350년경에 가서는 아카드족의 사라곤 1세가 그 지역을 재통일했다.[4] 이렇게 수메르인과는 다른 종족인 아카드인이 메소포타미아지역을 재통일 하는 과정에서 또 한 번의 커다란 종족적 분쟁이 야기되었다. 19세기 후반의 프랑스 출신 영국인 테리안 드 라쿠페리(Terrien de Lacouperie, 1845~1894)라는 고대 중국 연구자에 의하면 중국의 한족(漢族)의 조상으로 받아들여지는 황제(黃帝)족이 그 지역을 떠나 중앙오아시스로를 따라 파미르고원을 통해 중원지역으로 이주했다는 시기도 바로 이 무렵이었다는 것이다.[5] 우리가 그의 그러한 견해를 받아들여 볼 때, 우리는 남부 메소포타미아지역으로부터의 중국 중원지역으로의 그러한 문화적 전파가 결국은 황하유역에서의 하왕조 출현에 어떤 형태로든지 간에 직간접적 영향을 끼쳤을 것이라는 입장을 취해볼 수 있는 것이다.

그 후 메소포타미아지역은 한 번 더 종족 분쟁을 겪게 된다. 메소포타미아의 북부지역을 차지하고 있던 아시리아인이 기원전 900년대에 남쪽으로 내려와 철기문화를 가지고 메소포타미아지역을 중심으로 한 오리엔트 전 지역을 통일시켜 아시리아제국을 건설하는 과정에서였다. 아슈르인이 전 오리엔트 지역을 점령하게 되는 과정을 구체적으로 설명한다면 다음과 같다.

메소포타미아 북부를 차지했던 아슈르는 사라곤 1세 이후 아카드제국의 지배하에 들어간다. 그러다가 히타이트제국이 기원전 15세기경에 개발한 철기문화가 아나톨리아 지역으로부터 메소포타미아지역에 전파되어 나오자, 메소포타미아 지역 북부에 위치해있던 도시국가 아슈르가 그 철기문화를 재빨리 받아들여 중왕조국시대(1380~1078, BC)의 아시리아왕국시대로 전환해 나와

전 메소포타미아지역을 점령하기 시작했다. 그러다가 신왕조국시대(909~612, BC)에 와서 메소포타미아 지역 전체를 비롯하여 이집트, 소아시아, 아람, 아라비아 등의 지역이 포함된 모든 오리엔트 지역을 통일시켜가게 되었던 것이다. 이 경우 아슈르인이 철기문화를 받아들여 아시라아왕국을 설립한 것은 중왕조시대(1380~1078, BC)였는데, 아시리아인은 이미 그 시기에 메소포타미아의 전 지역을 점령했던 것이다. 그 과정에서 극심한 종족 분쟁이 일어남에 따라 메소포타미아지역으로부터 오아시스로를 통해 중앙아시아 쪽으로 인간들의 집단이동이 일어남으로써 결국 동아시아지역의 중원지역에서 하왕조의 후손들에 의해 서주(西周, 1122~770, BC)가 건설되어 나왔던 것이다. 다시 말해서 동아시아에서 주(周)가 상(商)을 멸망시키게 된 정치적 현상은 메소포타미아지역에서 철기문화가 일반화되는 과정에서 야기된 정치적 혼란을 피해 메소포타미아지역으로부터 철기문화를 가지고 동아시아로 이주해 나간 자들의 정치적 행위들이 주축이 되어 이루어졌던 것으로 파악된다.[6]

2. 요하문명과 황하문명과의 관계

1) 요하지역과 요하문명의 남하

요하지역은 우선 일차적으로 고대 메소포타미아문명이 유라시아 북방의 초원로를 통해 알타이지역까지 동진해 나와 그곳에서 알타이산맥을 타고 동남진해 몽골고원과 내몽골지역을 거쳐 대흥안령산맥 이남으로 진입해 나와 이르게 되는 지역이었다. 그와 동시에 또 그 지역은 알타이지역까지 동진했던 고대 메소포타미아문명이 알타이산맥 북방의 바이칼호 지역으로 뻗어나가 그곳에서 흑룡강 상·중류지역을 타고 동진해 나와 대흥안령산맥의 동쪽 기슭을 타고 남진해 들어갔던 지역이기도 했다.[7] 그것뿐만이 아니었다. 그 지역은 고대 메소포타미아문명이 유라시아대륙 중앙의 오아시스로를 통해 천산(天山)

산맥을 타고 내몽골지역으로 동진해 화북지역과 연산 산록 지역에 이르게 된다든가, 혹은 내몽골 서쪽에서 남하해 황하 상·중류지역의 중원지역 등으로 전파해 나가, 그곳에서 북상해 도달했던 지역이기도 했다. 또 그 지역은 고대 메소포타미아문명이 남방의 해로를 타고 동남아시아를 거쳐 북상해 최종적으로 도달했던 곳이기도 했다. 이렇게 요하지역은 고대 메소포타미아문명들이 북진·동진·남진 등을 통해 최종적으로 정착했던 지역이었던 것이다.

그러면 요하지역에서 요하문명의 기초가 되었던 청동기문화는 어떻게 형성되어 나왔는가? 기원전 4000년경에 메소포타미아의 북동 인근지역에서 일어난 청동기문화가 흑해 북안의 초원로를 따라 동쪽의 알타이 지역으로 전파되어 그 지역에서 아파나세보 문화라고 하는 청동기문화를 일으켰던 것은 기원전 3000년경의 일이었다. 또 그것이 요하지역으로 전파되어 요서지방을 중심으로 하가점(夏家店)하층문화 등과 같은 전기 청동기문화를 일으켰던 것은 기원전 2600~2400년경의 일이었다. 알타이지역의 청동기문화가 요하지역의 청동기문화 형성에 절대적 영향을 끼쳤다는 증거는 우선 일차적으로 알타이지역과 요하의 요서지역 간의 인적·문화적 교류가 석기시대부터 있어왔다고 하는 것이다. 알타이지역의 사슴암각화와 요서지역의 사슴암각화의 유사성에 대한 학계의 지적들이 그 구체적 증거가 될 수 있다.[8] 또 하나의 구체적 증거는 하가점하층문화에서 발견되는 한쪽 끝이 납작한 나팔모양의 청동귀걸이다. 복기대가 임운(林澐)의 의견에 입각해 언급하였고, 고마쓰 히사오(小松久男)도 그 청동귀걸이가 알타이지역의 안드로노보문화의 산물이라는 입장을 제시하고 있다.[9] 이 시점은 기원전 2000년경에 황하유역에서 하왕조가 건설되어 나오는 과정에서의 문화적 기초가 되었던 하남성의 이리두(二里頭) 청동기문화보다 무려 500여 년이 빠른 시점이었다.[10] 이 요서지역의 전기 청동기문화는 기원전 2500년경을 전후해 중원지역으로도 전파해 나갔다. 그러한 사실은 그 청동기문화의 형성에 기초가 되었던 홍산문화가 '남쪽으로 발전해가면서도 동시에 북방의 몽골 초원으로도 계속 확장하여 나갔던 추세와는 달라' 그 청동기문화가 전파해 나갔던 방향이 남쪽의 발해와 연산산맥 너머의 화북평원

쪽이었다고 하는 것이다.[11] 이 청동기문화는 '연산지역에서 황하유역의 용산문화 및 하·상문화와 접촉하는 과정을 거치면서 하·상 시대의 한 중요한 고고학 대상의 문화로 형성 발전하였던' 것이다.[12] 그래서 그것은 유라시아대륙 중앙의 오아시스로를 통해 내몽골지역과 중원지역으로 전파해 나갔던 남부 메소포타미아지역의 청동기문화와 충돌해 결국 그곳에서 기원전 2000년경에 하왕조의 설립에 절대적 영향을 끼쳤던 바로 그 청동기문화를 일으켰던 것으로 고찰된다.

2) 요하문명의 남하와 중국의 삼황오제전설

21세기 이전까지 중국인들이 취해 온 중원 중심의 관점에서 하왕조(2050~1550, BC) 이전은 삼황오제(三皇五帝)시대라고 기술되었다. 삼황오제에서 삼황이란, 예컨대 『상서대전(尙書大傳)』에 의하면 수인씨(燧人氏)·복희씨(伏羲氏)·신농씨(新農氏)로 되어 있다. 이 경우 수인씨는 불을 발명한 자, 복희씨는 사냥 기술을 창안한 자, 신농씨는 농경을 발명한 자로 기술되어 있다. 이렇게 봤을 때 삼황시대는 구석기와 신석기 시대로 파악된다. 구체적으로 말하자면, 수인씨와 복희씨 시대는 인류가 이동생활을 행했던 구석기 시대에 해당되고, 신농씨 시대는 인류가 정착생활을 행해갔던 신석기시대에 해당된다. 그렇다면 삼황오제시대에서 오제시대(五帝時代)는 신석시시대말에서 청동기시대 초에 해당되는 시기로 파악된다.[13] 정치적 측면에서 고찰해 볼 때 씨족사회는 이동생활이 행해졌던 구석기시대에, 부족사회는 정착과 농경생활이 행해졌던 신석기시대에 형성된 사회이다. 그렇다면 신석기시대에서 청동기시대로 넘어가던 시기의 사회적 형태는 부족연맹이라는 형태를 취한 것으로 파악된다.

삼황오제에서의 오제는 예컨대 『사기(史記)』의 「오제본기(五帝本紀)」에 의하면 황제(黃帝)·전욱(顓頊)·제곡(帝嚳)·요(堯)·순(舜)으로 되어 있다. 이들 중 전욱과 제곡에 대해서는 상세한 기록이 없고, 나머지 3인에 대해서 적잖은 기록들이 있다. 이들 기록들에 의하면 황제는 '최초로 중국을 무력으로 통일하고, 문자·역법·집·의상·화폐·수레 등의 문물제도를 최초로 창안한 자로서 중국민족의 공동조상이며 중국문명의 창시자'로 기술되고 있다.[14] 궈다순·장신더는 황제의 활동시기를 기원전 3000년경으로 그의 활동무대를 현재의 베이징(北京) 인근의 장가구(張家口) 지역으로 파악하고 있다.[15] 그들은 요하지역의 신석기문화인 홍산문화가 남부 요서지역을 통해 남하하고 황하지역의 신석기문화인 양사오문화가 북상해 그 남북의 두 신석기문화들이 장가구 지역에서 충돌하게 됨에 따라 그 지역에서 중국문명의 창시자 황제가 출현했다는 입장을 취하고 있는 것이다.[16] 궈다순·장신더가 지적하고 있는 바와 같이, 오제시대의 전기에 두 차례에 걸쳐 대 전쟁들이 일어났다. 즉 하나는 요하 남부의 농경부족 출신 황제와 황하 하류의 농경부족 출신 염제(炎帝)와의 싸움이었고, 그 다음은 요하 남부의 농경부족 출신 황제와 요하 북부의 수렵민 출신의 치우와의 싸움이었다. 이러한 전쟁들은 그러한 문화적 충돌을 배경으로 일어났다는 것이다.[17] 이 경우 황제와 염제와의 싸움은 판천(阪泉), 지금의 하북성 탁록현(涿鹿縣) 동쪽 지역으로 기록되어 있다.[18] 또 황제와 치우와의 싸움은 기주(冀州), 지금의 하북성 서북부로부터 요녕성 서부 일대에 이르는 지역에서 행해졌던 것으로 이야기되고 있다.[19] 궈다순 등은 황제부족을 원래 요하의 홍산문화를 배경으로 출현해 그곳에서 요하의 남쪽으로 내려갔던 부족장으로 파악했고, 염제족을 황하 하류 출신의 부족장으로 파악했다. 그러나 필자의 입장은 그들과는 다른 입장을 취한다.

필자는 황제부족이 요하유역의 홍산문화를 배경으로 출현한 것이 아니라 요서의 서쪽 내몽골지역의 유목민족 출신이라는 입장을 취한다. 곽대순(郭大順)은 홍산문화의 원류를 요서의 북부지역을 동서로 가로지르는 시라므렌(西拉木倫)강(요하의 지류)으로부터 찾아야 한다는 입장을 제시하고 있다.[20] 우리가 그의 그러한 입장을 받아들여봤을 때 요하지역에서 형성된 신석기시대의 홍산문화는 사실 알타이지역·몽골고원 쪽 출신의 종족, 즉 맥족 등이 일으킨 문화로 파악된다. 동난(董喃)·장홍(張洪)은 곽대순 등과는 달리 황제부족이 홍산문화 시기에 연산지역에서 출현한 부족이었다고 말하고 있다.[21] 중국의 한 문헌에는 "우리는 황제의 자손을 시균(始均)이라 했는데 시균은 백적(白狄) 을 낳았다"라는 문구가 있다.[22] 이것에 근거해 황제부족이 북방의 융적(戎狄) 족과 관련되어 입장을 취하는 자들도 있다.[23] 이러한 점들을 고려해 필자는 황제부족이 메소포타미아지역의 남부로터 오아시스로를 따라 중앙아시아의 파미르고원, 천산산맥, 내몽골남부지역 등을 통해 하북성의 연산지역에 이른 것이라 생각한다. 그래서 하북성의 장가구(張家口) 지역에 정착해서 요하지역 으로부터 남하한 염제족과 충돌하게 되었고 그 후에 요하의 북방으로부터 남하한 치우족과도 충돌하게 되었다는 입장인 것이다. 다시 말해 황제가 메소 포타미아지역의 남부에서 유라시아 중앙의 오아시스로를 타고 동아시아의 내 몽골남부・하북성・연산지역 쪽으로 동진한 자였다는 것이다. 이렇게 볼 때 내몽골・하북지역은 동진・북진・남진의 여러 세력들이 만나는 지점, 말 그대 로 '삼거리'에 해당되는 지역이었다고 말할 수 있다. 요는 그 지역이 청동기시 대 이래의 유라시아 중앙의 오아시스로의 동단 종착지였기도 하면서, 그와 동시에 동서와 남북의 두 교통로의 교차 지역이었기도 했었다는 것이다. 그렇 다면 황제의 정치적 무대였던 내몽골남부・하북성・연산지역은 홍산문화가 출현한 요서지역과는 어떻게 다른가? 우선 이 문제부터 고찰해 보기로 한다.

21세기로 들어와 중국 측 연구자들은 우선 중국문명의 기초가 중원지역의 앙소문화를 배경으로 형성되었다는 입장을 취하고, 그 대신 그것이 요하지 역의 홍산(紅山)문화를 배경으로 이루어졌다는 입장을 취하게 되었다. 세계 어느 지역에서나 고대문명이란 청동기와 문자의 사용, 그리고 도시의 성립 등을 배경으로 형성된 왕권(王權) 내지 신권(神權)의 확립을 기초로 형성되어 나왔다는 사실을 우리는 알고 있다. 요하지역에서의 전기 청동기문화는 기원 전 2500~2100년경에 형성되기 시작하여 요서(遼西)의 적봉(赤峰) 같은 지역에 널리 퍼진 하가점(夏家店)하층문화를 기초로 형성되었던 것으로 고찰된다. 이 청동기문화의 형성 시기는 중원지역에서의 하(夏)왕조의 성립 보다 무려 500 여 년 앞선 시점이었다. 이러한 점을 고려해 봤을 때 내몽골 남부와 화북지역 은 우선 일차적으로 요하문명을 황하지역으로 전파시킨 지역이었다고 말할 수 있다.

내몽골의 남부와 화북지역이 동아시아에서 정치적 중심무대로 부상한 것은 앞에서 언급한 바와 같이 신석기시대 말에서 청동기시대로 고찰되는 오제시대 였다고 볼 수 있다. 우리가 중원지역에서 출현한 하왕조(2050~1550, BC)를 기준으로 생각해 볼 때 오제시대는 하왕조가 설립되기 이전 황제(黃帝)를 비롯한 다섯 황제들이 다스렸던 시대를 가리킨다. 그렇다면 오제시대는 시기적으로 언제인가의 문제가 제기된다. 『사기』(史記)의 「권2 하본기(夏本紀) 제2」에 다음 과 같은 문장이 있다. "하(夏)나라 우(禹)는 이름이 문명(文命)이다. 우의 부친은 곤(鯤)이며, 곤의 부친은 제(帝)인 전욱(顓頊)이다. 전욱의 부친은 창의(昌意)이고, 창의의 부친은 황제(黃帝)이다."24 이 문장은 오제시대가 오대(五代)에 걸친 기간이었다는 것을 말해주고 있다. 우리가 예컨대 순(舜)의 재위기간이 39년간 이었다는 점을 참작해본다면 오제시대란 약 200년 정도의 기간으로 추정될 수 있다. 그렇다면 오제시대란 기원전 약 2270년경에서부터 하왕조가 시작되는 2070년까지의 기간을 추정해 볼 수 있다.

동아시아역사에서의 이러한 오제시대의 도래는 유라시아대륙에서의 중앙 오아시스로 형성에 영향을 받았다고 말해볼 수 있다. 그러나 유라시아대륙에서 그 오아시스로가 형성되기 이전에는 구석기·신석기 시대에 형성되었던 북방 초원로가 동서문화의 교통로로 이용되었던 것이다. 홍산문화가 형성되었던 요서지역은 바로 이 북방 초원로의 동단 종착지였다. 따라서 동아시아에서의 요서지역은 다른 어떤 지역보다도 일찍이 서아시아와 중앙아시아의 고대문명이 동으로 전파되어 들어갔었던 지역인 것이다.

중국의 고대사 연구자들은 오제시대 중 요순(堯舜)시대를 '당우(唐虞)시대'라고 말하고 있다. 그 이유는 요(堯)가 평양(平陽)에 도읍을 정하고 국호를 당(唐)이라 하였고, 순(舜)은 포판(浦坂)에 도읍을 정하고 국호를 우(虞)라 정했기 때문이었다. 그 후 순(舜) 치하의 우(禹)가 치수(治水) 사업에 성공해 순으로부터 제위(帝位)를 선양(禪讓)받아 하(夏)왕조를 개국했다. 그러나 그 후 그는 제위를 자신의 아들 계(啓)에게 물려줌으로써 그 때부터 제위가 부자상속을 통해 이어져 나갔다. 현재 중국의 고대사 연구자들은 요순시대의 정치적 중심지를 연산 산록일대와 난하 유역으로 파악하고 있고, 하왕조의 판도를 중원의 산서성(山西省) 남부의 분수(汾水) 지역, 섬서성(陝西省) 남부의 위수(渭水)지역 등으로 파악하고 있다. 또 그들은 하의 건국시점을 기원전 2070년경으로 파악하고 있다. 그렇다면 오제의 활동지는 요서지역의 남단이었고, 하왕조의 개국은 황하의 중류지역인 지금의 서안과 낙양 인접지역인 것으로 판단된다. 그렇다면 우리는 오제시대의 첫 번째 임금인 황제와 오제시대의 마지막 임금인 순으로부터 제위를 물려받은 하왕조의 건설자 우와의 문화적·종족적 관계를 어떻게 파악해야 할 것인가?

우리는 앞에서 중국학자들이 황제의 활동시기를 기원전 3000년경으로 파악하고 있다는 것을 확인하였다. 그들이 그러한 입장을 취한 근거는 두 가지이다. 우선 하나는 중국의 삼대 고대문명이 모두 지금으로부터 5000년 전이라는 시점을 경계로 발생했다는 입장에 근거한 것이다.[25] 다른 하나는 황제가 부족장이었다는 점을 감안해 본다면 청동기시대가 시작되기 이전의 시대였다고 하는 것이다. 그러나 필자는 그들의 그러한 입장들이 취하는 논거가 결코 적합하지 않다고 말하고자 한다. 전자의 경우는 중국의 신석기 문화가 자생적으로 출현했다는 입장을 취할 때만이 받아들여질 수 있는 논리라 할 수 있다. 각 시대의 모든 지역의 문화들은 외부의 어떤 이질적 문화들과의 접촉을 통해서 출현해 나왔고, 또 그것들은 외부와의 접촉이 제일 빠른 지역에서부터 출현해 나왔다고 말할 수 있다. 그렇기 때문에, 필자는 그러한 입장을 받아들일 수 없는 것이다.

다른 하나는 앞에서 언급한 바와 같이, 황제는 '최초로 중국을 무력으로 통일하고, 문자, 역법, 집, 의상, 화폐, 수레 등의 물문 제도를 최초로 창안한 자로서 중국민족의 공동조상이며 중국문명의 창시자'로 이해되고 있다. 이러한 이해에 근거해 봤을 때 우리는 그가 신석시대의 인물이라기보다는 오히려 초기 청동기시대의 인물이라고 보는 것이 더 타당할 수 있다고 하는 것이다.

앞에서 고찰한 바와 같이, 중국에서의 최초의 청동기문화는 요하지역으로 부터 출현했고 그 시기는 대략 기원전 2500년으로 파악되고 있다. 일반적으로 고대국가란 고대의 왕조국가를 가리킨다. 그것은 혈연을 중심으로 형성된 각 부족국가들이 혈연적 관계를 초월하여 그들 전체가 자리 잡은 지역을 중심으로 형성된 정치적 집단을 가리킨다. 또 그러한 형태는 초기 청동기시대를 통해 형성되어 나온 국가형태이다. 그러나 그것의 초기 형태는 부족연맹체의 형태를 취하지만 초기 청동기시대를 벗어나 본격적인 청동기시대로 들어서면 그러한 부족연맹체 형태의 국가는 혈연과 지연을 초월한 왕조국가라고 하는 형태로 발전해 나간다. 이러한 점을 고려해볼 때, 우리는 황제의 활동시기를 신석기시대에 해당되는 기원전 3000년경보다는 초기 청동기시대로 접어든 기원전 2500년경 이후로 잡는 것이 더 합당하다는 입장을 취해볼 수 있다.

3) 오아시스로를 통한 메소포타미아문명의 황하유역 도래

19세기 후반의 프랑스 출신 영국인 테리안 드 라쿠페리(Terrien de La-couperie, 1845~1894)라는 고대 중국 연구자는 일찍이 그의 저서에서 부족의 수장이었던 황제(黃帝)가 기원전 2300년경에 자기의 부족을 이끌고 남부 메소포타미아지역으로부터 중앙아시아의 파미르고원을 통해 중국의 중원지역으로 이주했다는 입장을 제시한 바 있다.[26] 그는 예컨대 황제(黃帝)가 메소포타미아로부터 설형문자를 중국에 가지고 들어간 것을 중국인들은 자신들의 신화를 통해 창힐이 진흙에 그려진 새의 발자국을 보고 문자를 발명했다는 식으로 표현해가고 있다는 주장도 하고 있다.[27]

그렇다면 황제가 메소포타미아지역으로부터 중국의 중원지역으로 이동한 시기가 어째서 기원전 2300여 년경이었을까 하는 문제가 제기된다. 거의 천 년간 수메르인과 끊임없이 각축을 벌려오던 셈족이 메소포타미아지역에서 수메르인의 우르 제1 왕조를 무너트리고 그 지역을 통일하고 아카드왕조를 세웠다. 그 시점이 기원전 2350년이었다. 요는 당시 메소포타미아지역에 정치적 혼란기가 있었던 것이다. 드 라쿠페리에 의하면, 메소포타미아지역에서의 황제는 아카드어를 사용하는 '바크(Bak)'라는 한 부족의 수장이었는데, 그러한 정치적 혼란을 피해 동으로 이주해가게 되었다는 것이다.[28] 만약 그의 메소포타미아로부터의 탈출 시점이 그곳에서의 정치적 혼란과의 관련 속에서 파악될 수 있다고 한다면 우리는 그의 그곳으로부터의 탈출시점을 우르(Ur) 제1 왕조가 다른 수메르족의 도시들을 점령하고 그것을 건설한 기원전 2600년경부터 셈족계의 사르곤 1세의 아카드왕조 설립(BC 2350년경)의 사이로 설정될 수 있을 것이다. 왜냐하면 우르 제1 왕조가 다른 수메르 도시국가들을 점령해가는 과정에서도 정치적 혼란이 야기되었다는 것은 두말할 나위가 없기 때문이다.

그런데 당시 바크 족이 사용하던 아카드어(아시리아 · 바빌로니아어)는 셈어족의 일파로 명사문(SO)과 동사문(VSO)로 이루어졌던 언어였다. 현재 한족(漢族)은 SVO형의 통사구조를 취하는 중국어를 구사하고 있다. 그런데 필자가 여기에서 제시하고자 하는 것은 드 라쿠페리의 설을 받아들여 한족의 원류가 메소포타미아지역으로부터 중국 쪽으로 이주한 바크족으로부터 유래했다고 하는 것이다. 드 라쿠페리는 바크족의 수장이 바로 황제라고 하는 입장이다. 그러나 필자는 그의 그러한 입장을 그대로 받아들이지는 않는다. 하지만 메소포타미아지역이 통일되어 나왔던 기원전 2300년경 이란지역-파미르고원을 통해 중국 서부에 들어온 부족으로부터 한족이 기원하였을 가능성이 있다고 하는 것이다. 이렇게 볼 때 한어(漢語)의 통사구조 SVO형도 아카드어의 통사구조를 기초로 형성되었다고 볼 수 있는 것이다.[29]

현재의 한족은 화하족(華夏族)을 주축으로 하여 형성되어 나온 종족이다. 그런데 화하족의 '화(華)'는 서역으로부터 동진한 황제의 희씨(姬氏) 보다 먼저 천산산맥과 내몽골지역을 통해 요하지역으로 들어가 그곳에서 요하의 남부를 통해 화북(華北)지역에 도착했다고 하는 염제(炎帝)의 강씨(羌氏)로부터 취해진 글자였고, '하(夏)'는 그 뒤에 그 화북지역에 도착한 황제의 희씨로부터 취해진 것이라는 설이 있다. 염제를 물리친 황제는 북방의 요하지역으로부터 화북지역에 남하한 치우(蚩尤)와도 대결해 그를 굴복시켰던 것으로 알려져 있다. 그런데 필자가 여기에서 말하고자 하는 것은 황제부족이 서아시아지역에서 동아시아로 넘어온 족속이라는 점에서 한어(漢語)의 통사구조인 SVO의 모태를 취하고 있던 셈어족의 언어를 구사한 자였음에 반해, 그와 대결했던 염제(炎帝)와 치우(蚩尤)는 SOV형의 알타이어족 계열의 언어를 사용한 자들이라는 것이다.[30] 갑골문의 통사구조가 한어의 완전한 통사구조를 취하고 있지 않는 것은 그것이 셈어의 통사구조로부터 완전히 벗어나지 않았기 때문이라는 입장이 취해진다.

3. 요서지역에서의 고조선의 건립과 남하 경위

1) 요서지역에서의 고조선의 건립 경위

기원전 2330년경 요하지역에서 하가점하층 청동기문화를 배경으로 고조선 왕국이 건설되었다. 이것이 필자의 기본적 입장이다. 그렇다면 그것은 당시 어떠한 문화적 배경 하에서 그러한 역사적 사건이 행해지게 된 것인가? 그러한 역사적 사건이 일어난 동기는 우선 일차적으로 그 당시 외부로부터의 자극이 있었기 때문이라는 것이다. 그렇다면 그 자극이란 과연 어떠한 것이었을까?

우리가 이 문제에 대해서 그러한 입장에서 문제해결에 접근해 본다면, 우리는 고조선 왕국이 설립되기 이전 메소포타미아지역에서 야기되었던 최대의 정치적 혼란에 관해 고찰할 필요가 있다. 기원전 2600년경에 수메르인이 우르 도시국가를 주축으로 동일 민족들의 다른 도시국가들을 제압하고 우르왕조국가를 건설하였다. 바로 그 과정에서 야기된 정치적 혼란에 대해 우리가 주목해 볼 필요가 있는 것이다.

구체적으로 말하자면, 고대 메소포타미아지역에서는 인근 산악지역에서 기원전 4000년경에 발명된 청동기 야금술의 전파로 기원전 3400년경에는 수메르인의 주거지를 중심으로 많은 도시국가들이 형성되어 나왔다. 그 후 기원전 2600년경에 와서 그간의 도시국가들 간의 각축전의 결과로 우르왕조국가와 같은 국가들이 형성되어 나오게 되었다는 것이다. 여기에서 필자가 말하고자 하는 것은 왕조국가들이 형성되어 그것들 사이에 각축전이 벌어지는 과정에서 종족 분쟁이 야기되었는데, 그 정치적 혼란을 피해 메소포타미아지역에서부터 수메르인에게 추방되어 동쪽으로의 집단적 이주가 행해졌었다. 바로 그러한 집단적 이주가 결국 요하지역에서의 고조선 왕국의 건설에 절대적 영향을 주었을 가능성이 있다고 하는 것이다.

요하지역에서 전기 청동기문화가 성립된 것은 앞에서 언급한 바와 같이 기원전 2500년경의 일이었다. 그것은 일연이 『삼국유사』에서 고조선의 건국 시점을 기원전 2330년경이라 했는데, 그 시기보다 200여 년 앞선 시기였다. 또 일연은 고조선의 성립시기가 요 임금과 같은 시기라고 말하고 있다. 우리가 여기서 120여 년 전의 드 라쿠페리의 주장을 받아들여본다면, 일연이 말한 요임금과 단군왕검의 활동시기가 황제의 활동시기와 기껏해야 200~300년 차이밖에 나지 않는다. 그렇지만 그것이 결코 문제가 될 수는 없다. 황제는 요임금보다 삼대 더 먼저 제위에 올랐던 자로 되어 있다. 그렇지만 하왕조 이전에는 제위가 부자상속이 아니었기 때문에 그들이 거의 동시대의 인물들이었다는 입장을 취해 봐도 결코 이상할 것이 없다. 그러나 하나 확실한 것은 기원전 2500년경에 황하지역보다 요하지역에서 먼저 청동기문화가 형성되어 나와 그것이 요서지역을 통해 황하지역으로 전파되어 나갔다는 것이다. 이러한 사실은 기원전 3000년경에서부터 기원전 2000년경까지 동아시아지역에서의 문화적 전파는 서아시아의 청동기문화가 중앙아시아의 알타이지역과 몽골지역을 거쳐 요서지역을 들어가 그곳에서 화북지역을 통해 중원지역으로 남하했다고 하는 형태였다고 하는 것이다. 청동기문화가 요서지역으로부터 황하지역으로 전파되어 나가기 시작했던 시기는 물론 요서지역에서 단군왕검이 고조선을 세운 기원전 2300년경 이전일 수 있다. 다시 말해 청동기문화가 요서지역으로부터 황하지역으로 전파되어 나간 이후에 요서지역에서 기원전 2300년경에 그곳의 청동기문화를 배경으로 고조선이 설립되었고, 또 그 무렵에 메소포타미아지역에서 청동기문화를 체험했던 황제가 중앙아시아의 오아시스로를 통해 중원지역으로 들어와 그곳에서 그 이전에 이미 중원지역으로 남하해 나갔던 요서지역의 청동기문화를 만나 그것을 토대로 새로운 차원의 청동기문화를 형성시켰을 가능성이 있다는 입장이 취해질 수 있다. 기원전 2050년경에 중원지역에서 설립된 것으로 고찰되는 하왕조는 바로 그러한 청동기 문화를 배경으로 해서 출현한 것이라 할 수 있다. 요서지역에서 기원전 2330년경에 고조선이 성립된 것은 그 시기부터 요서지역에 본격적인 청동기시대가 도래했었기 때문이었다는 입장도 취해볼 수 있는 것이다.

그렇다면 고조선의 실체는 어떻게 파악될 수 있을 것인가? 고조선 왕국은 요서지역 곳곳에 산재한 석성과 토성, 집터군, 무덤들, 그 속에서 출토된 유물 등을 통해서 그 존재가 확인되고 있다. 요서지역에서 발견된 이 하가점 청동기문화는 연산 북쪽에 있는 대릉하의 상류지역에서 발견된 동산취(東山嘴)·우하량(牛河梁)의 홍산문화 등과 같은 신석기문화를 배경으로 형성된 것이었는데, 그 요서지역에서 그러한 신석기문화를 일으킨 주체들은 하가점 청동기문화가 형성되기 500여 년 전에 이미 거대한 제단(祭壇), 여신(女神)을 모시는 사당(祠堂), 적석총 같은 것들을 남겼던 자들이었다.[31] 이러한 점을 감안해 볼 때 청동기문화가 형성되어 나온 시점에서의 당시의 사회적, 정치적 형태란 왕국의 형태였을 것이라는 입장이 취해는 것이다. 우선 홍산문화를 일으킨 주체는 어떤 종족이었는가의 문제에서부터 고찰해보기로 한다. 현재 중국의 학자들은 동북공정의 결과를 근거로 요하유역에서 신석기시대에 형성된 홍산문화와 그것을 기초로 청동기시대에 형성되어 나온 요하문명을 황하문명의 원류로 규정하고 있다. 현대 중국의 정치적 지도자들은 중국을 구성하는 민족을 한족(漢族)과 55개의 소수민족들로 양분시켜 파악하고 있다. 한족과 소수민족과의 가장 확실한 차이는 언어적 차이라 말할 수 있다. 한족의 언어는 유럽어와 동일한 SVO의 통사구조를 취하고, 회족(回族)을 제외한 54개의 소수민족들은 알타이어족들이 취하는 SOV형의 구조를 취하고 있는 것이다. 이러한 점을 고려해 봤을 때, 사실상 한족(漢族)의 원향은 드 라쿠페리의 주장처럼 서역이지, 홍산문화가 일어난 요하지역이 결코 아니라 할 수 있는 것이다.

당시 요하유역에 살고 있었던 종족들은 현재 중국의 소수민족들, 즉 조선족, 만주족, 그리고 몽골족 등의 선조들이었다. 현재의 한국은 SOV형의 언어를 사용해가고 있는 민족으로 조선족, 만주족, 그리고 몽골족 등으로 구성된 민족국가이다. 이렇게 봤을 때 한국으로 말할 것 같으면 요하지역은 한국민족 전체의 원향임에 틀림없다. 그렇지만 요하지역은 중국으로 말할 것 같으면 중국내의 소수민족, 그것도 55개의 소수민족들 중에서 특히 조선족, 만주족, 그리고 몽고족이라는 소수민족들의 원향이라 할 수 있는 곳이다. 이러한 점을 감안해 봤을 때, 현재의 정치적 영토 측면에서는 요하지역의 홍산문화가 중국 것임에는 틀림없으나 문화적・역사적 측면에서는 한국 것임이 틀림없다는 입장이 취해지는 것이다. 청대(1644~1811)에는 만주족이, 원대(1271~1368)에는 몽고족이 중국을 각각 지배한 적이 있었다. 그렇다고 요하의 홍산문화가 중국의 것일 수는 없는 것이다. 왜냐하면 우선 현재 중국은 한족이 지배하고 있기 때문이다. 그 다음 홍산문화가 형성되어 나온 신석기시대나 그 후의 하가점하층문화(2400~1300, BC)가 형성되었던 청동기시대에는 요하지역이 조선족, 만주족, 그리고 몽골족의 선조들이 현재의 경우처럼 부족을 단위로 서로 독립적으로 무리를 이루어 생존하던 지역이었기 때문인 것이다. 하가점하층문화를 연구한 복기대 박사는 주홍(朱泓)의 견해를 근거로 하가점하층문화을 일으킨 주체가 '고동북류형(古東北類型)'의 인간들이 주가 되고 '고화북류형(古華北類型)'이 보충되는 상태의 인간집단으로 파악하고 있다.[32] 그가 말하는 '고동북류형'의 인간들이란 서북방의 동호족, 북방의 예족, 동북방의 맥족을 가리키고, '고화북류형'이란 중원출신의 화하족과 서북방 출신의 동호족과의 혼합형의 인간집단을 가리킨다. 한대(漢代 BC 206~AD 220)를 기준으로 고찰해볼 때, 요하지역에 거주하던 종족들은 시기와 장소의 차원에서 고찰해 봤을 때, 우선 요하의 중앙을 차지했던 예맥족(濊貊)・부여족(夫餘族) 계열, 다음으로 요하지역의 서쪽에 거주하는 동호족(東胡族) 계열, 끝으로 요하의 동북쪽에 거주하는 숙신족(肅愼族)계열로 삼분해 볼 수 있다.

하가점하층문화가 형성되던 기원전 2400~1300년에 요하지역에 거주했던 종족들은 이 종족계열의 선조였을 것으로 추정된다.[33] 요서지역에서의 하가점 하층문화는 초·중·말기라고 하는 세 단계를 통해 발전해 나왔다고 말할 수 있다. 우선 그 초기 단계는 알타이지역 입구의 시베리아초원지역에서 발생해 산지 알타이지역으로 전파해 나갔던 아파나세보 청동기문화가 요하지역으로 전파해 나옴으로써 기원전 2400년경부터 요서지역에서 형성되기 시작된 초기청동기문화로 이루어졌다. 그 다음의 중기는 기원전 2000년~기원전 1500년경에 흑해와 카스피 해의 북안지역에서 출현한 안드로노보 청동기문화가 몽골지역을 통해 요하지역으로 전파되어 나온 과정에서 형성된 청동기문화를 통해 이루어졌다. 말기는 알타이지역에서 출현한 카라수크 청동기문화가 기원전 1500년경에 요하지역으로 전파해 나와 새롭게 형성된 청동기문화를 통해 이루어졌던 것으로 고찰된다.

우선 예맥·부여족 계열의 종족은 동남쪽으로 뻗는 알타이산맥과 한가인 (Hangayn)산맥의 산지, 몽골고원, 고비사막, 대흥안령산맥의 서쪽 골짜기 등을 타고 내려와 요하의 서북쪽으로 들어온 종족이다. 그들은 부여, 고구려를 일으킨 종족으로서 알타이, 한가인 등의 산맥 산지에서 목축과 농경 생활을 행해오다가 알타이지역의 청동기문화를 가지고 요하지역으로 들어온 종족들이다. 요하지역에 최초로 들어온 청동기문화는 알타이지역의 것이라 할 수 있는데 그 청동기문화를 가지고 요하지역에 최초로 들어온 종족은 맥족(貊族)이었던 것으로 고찰된다. 그들이 대흥안령산맥의 서쪽 골짜기를 타고 요하지역으로 들어와 정착한 지역은 시라무렌 강 유역, 그 지역으로부터 약 100km 남쪽에 위치한 적봉지역이었던 것으로 고찰되는데, 시기적으로는 기원전 2500~2400년경으로 고찰된다.

그런데 그들이 당시 그 지역에 도착했을 때는 몽골지역으로부터 들어온 동호족계열의 종족이 이미 그 지역에 살고 있었다. 그러나 당시 동호족계열의 종족은 알타이산맥과 한가인산맥의 동쪽에 위치한 몽골지역으로부터 출현한 순수한 몽골족이었다. 그러나 기원전 2000년경으로 들어와, 카스피해 북안의 초원지역으로부터 출현한 유목민족이 동아시아 서쪽의 천산(天山)산맥과 알타이산맥 사이의 준갈이(准噶爾)분지, 닌시아호이(Ningsia Hui, 寧夏回)족 자치지구, 내몽골 지역 등을 타고 동진해 나오는 과정에서 몽골지역 출신의 종족과의 혼혈족으로 전환해 나온다. 바로 그 서아시아의 투르크족과 동아시아의 몽골족과의 혼혈족도 요서의 시라므렌(西拉木倫 Xar Moron) 강 유역, 적봉(赤峰)지역으로 들어왔는데, 그들의 후예들이 바로 동호(東胡), 산융(山戎), 오환(烏桓), 선비(鮮卑), 흉노(匈奴) 같은 유목민족이라는 것이다.

2) 안드로노보 청동기문화의 요하 도래와 고조선의 남하

요하지역에 들어온 동호족 계열의 종족이란 흑해 북안의 우크라이나 지역을 흐르는 도네츠 강 유역, 카스피 해 북안의 카자흐스탄 동편을 흐르는 볼가 강 유역 등으로부터 동진해 투르크족 선조와 몽골족과의 혼혈족으로 알려진 종족이었다는 것이다. 그들은 카스피해 동안지역에서 몽골지역으로 전파해나 갔던 안드로노보의 청동기문화의 세례를 받은 종족이었다. 그들이 시라무렌 강 유역에 도착하자 그곳에는 그들보다 먼저 그곳에 도착해 살고 있던 알타이·한가인산맥지역 출신의 민족이 있었다. 그들의 충돌은 불가피했는데, 그들이 요하지역에 도착한 시점은 단군조선왕국을 건설한 지 500여 년이 지난 시점이었다.

앞에서 언급한 바와 같이 요하지방에 두 번째로 도착한 맥족은 자신들이 그 지역에 최초로 가지고 들어온 청동기문화를 배경으로 먼저 그곳에 도착한 몽골족을 하부로 하고 자신들을 상부로 해서 부족연합국을 건설했던 것이다. 그 연합에 동조하지 않은 맥족의 일부세력은 요하의 동북방의 송화강 유역으로 진출해 나갔다. 그들은 그 지역을 중심으로 또 하나의 부족을 형성해 가게 되는데 그들이 바로 예족(濊族)의 선조이었던 것으로 파악되고 있다. 세 번째의 숙신족 계열은 알타이산맥 너머의 북방지역, 예니세이 강,

바이칼 호, 흑룡강 유역 등을 통해 요하지역의 동북쪽으로 들어온 종족들이다. 그들은 동아사아의 북방지역 출신의 퉁구스, 말갈, 여진, 만주족 등의 종족들로서 주로 수렵생활을 행해왔던 자들이었다.

이 경우 하가점하층문화의 형성기에 성립될 수 있는 정치권력집단의 형태란 초기 국가단계였을 것으로 추측되고 있다.[34] 여러 고고학적 자료를 근거에 입각해 추정된 '고조선'의 정치적 형태는 설립 초기에는 부족연맹체국가의 형태였던 것으로 파악된다. 이상과 같이 요하문명은 요서지역으로부터 출발되었고, 또 그 요하문명을 일으킨 최초의 주체는 예맥족이었다. 그들은 알타이지역으로부터 최초로 아파니시에보문화라고 하는 초기 청동기문화를 받아들여 하가점하층 청동기문화를 일으켰고, 그것을 기초로 동아시아에서 최초로 '단군조선'이라는 부족연맹국가를 건설하게 되었던 것이다.[35]

그러나 중국 측의 일부학자들은 그 하가점하층문화가 세 번째로 요하지역에 도착한 종족의 후예 중의 하나를 가리키는 '동호족'으로 통칭되는 종족에 의해 발생한 문화로 보고 있다. 동호족이란 명칭 자체는 주대(周代)부터 쓰였던 것으로 고찰되고 있다.[36] 그러나 동호는 춘추시대에 산융으로 불리다가 전국시대 이후에 와서 동호라 통칭되었던 것이다.[37] 하가점하층문화를 일으킨 주체는 산융이었다는 입장을 취하는 연구자들이 있고, 예맥의 일부와 산융으로 파악하는 연구자들도 있다.[38] 그러나 고조선 왕국을 일으킨 주체는 예맥족을 상부로 하고 몽골족으로부터 출현한 동호족을 하부로 한 부족연맹체였다고 말할 수 있다.

보다 구체적으로 말해 고조선은 현재 동아시아지역에서의 3대 신석기문화의 하나로 알려진 요하지역의 홍산문화를 배경으로 출현한 동아시아 최초의 왕조국가라 할 수 있다. 그것은 기원전 2500년경부터 연산(燕山) 이북의 요서(遼西)를 중심으로 형성되기 시작된 하가점하층문화로 알려진 전기 청동기문화를 배경으로 기원전 2300년경에 형성된 고대국가였던 것으로 고찰된다. 전기 청동기시대로 진입하고 약 2세기가 지나자, 요서지역의 북방에 위치해 있던 시라무렌 강 유역에서 출발한 하가점하층문화의 중심은 그 지역 보다 약 100km 남쪽으로 이동했다. 그래서 그것은 요서의 중부지역에 위치한 적봉시 근방에서 소하연(小河沿)문화라든가 대릉하 상류지역의 우하량(牛河梁)문화 등을 일으켰다. 단군조선은 바로 이들 지역 근방에 위치해 있었다는, 소위 평양성(平壤城)이라는 곳에서 부족연맹국의 형태로 건국되었다고 추정되고 있다. 예컨대 적봉시 오한기(敖漢旗)지역의 성자산(城子山)의 산성(山城) 같은 현존하는 석성(石城)·토성(土城) 규모를 통해 왕국의 건설 가능성을 능히 짐작할 수 있는 것이다. 단군조선을 일으킨 예맥족의 원향은 우선 일차적으로 알타이·한가인산맥 내의 산간 지역으로 파악된다. 그들이 그 지역으로부터 요하지역에 이르렀던 것도 그러한 산맥들의 산줄기를 타고서였던 것이다. 그래서 그들은 요서지역에 도달한 후에도 고도가 높은 산지에서 터전을 마련했던 것이다.

현재 하가점하층 청동기문화는 연산 이북의 난하 유역, 서요하(西遼河) 지류인 노합하(老哈河) 유역, 대릉하 유역 등의 상당히 광활한 지역에서 발굴되고 있다. 고조선 왕국의 중심세력은 바로 이러한 하가점하층 청동기문화를 배경으로 성립되어 이 지역에서 약 6세기 간 존속했던 것으로 추정된다. 아마도 고조선 왕국은 적봉시로부터 남쪽으로 100여 km 떨어져 있는 지역, 현재 요녕성 서부에 위치한 산구릉 지대에 위치해 있는 건평시(建坪市)와 능원현(凌源縣)이 인접한 곳에서 발견되는 우하량(牛河梁) 유적, 예컨대 적석총(積石塚), 제단(祭壇) 등으로 이루어진 단묘총(壇廟塚) 유적군이 있는 장소 주변에서 개국되었을 것이라 추정된다. 궈다순(郭大順)·장싱더(張星德)는 그 지역에서 발견되는 유적군에 근거해 봤을 때 그 유적들을 남긴 종족이 취했던 정치적 형태가 '고국(古國)', 고대국가의 단계였음에 틀림없었다는 입장을 제시하고 있다.[39] 또 우리가 우하량 유적으로부터 약 100 km 북쪽에 위치해 있는 소하연 유적에서는 갑골문자의 전단계로 고찰되는 소위 '도부문자(陶附文子)'가 발견되었다는 사실도 고려해본다면, 당시 그 유적을 남긴 종족이 취했을 정치적 형태는 고대국가의 단계였을 것이라 볼 수 있다.

고조선 왕국의 개국시점으로부터 2~3세기 후에 가서는 카스피 해 동안 투르크메니스탄 지역, 카자흐스탄지역 등의 초원지대로부터 안드로노보 청동기문화가 알타이지역을 거치지 않고 직접 몽골지역을 통해 요하지역으로 전파되어 나왔다. 그 무렵 황하 중류지역에서는 하왕조가 성립해 나왔는데, 요서지역에서는 안드로노보 청동기문화를 소유한 집단의 요서지역 침입을 계기로 북방에서 남방으로 인구이동이 일어났다. 그 과정에서 요서의 남단에 위치한 난하 하류 지역에서 북방에서 남하한 자들에 의해 많은 소국이 만들어졌다. 그러나 요서지역의 중앙에 위치해 있던 고조선 왕국은 요하지역으로부터 황하지역으로 남하한 동이족의 일파가 중원지역에서 기원전 1700년경에 상왕조를 건설했던 시점에 가서 난하 하류 근방의 백악산(일명 아사달)이라고 하는 곳으로 천도해 내려가 그곳에서 연산산록을 경계로 황하지역의 상왕조와 남북으로 대치하게 되었다.

3) 서아시아의 철기문화의 황하유역 도래와 황하문명의 북상

서아시아지역에서의 청동기문화가 메소포타미아지역을 통일시킨 것은 기원전 2350년경 아카드족의 사르곤(Sargon)왕 때였다. 앞에서도 언급한 바와 같이 그 지역이 청동기문화에 의해 최초로 통일되는 과정에서 그 지역의 청동기문화가 동아시아의 황하유역으로 동진해 나왔다. 황하유역에서 하왕조가 건설된 것은 바로 그 시점에서였다. 그러나 그것은 요하지역으로부터 기원전 2000년경부터 서서히 그 황하지역으로 남하한 청동기문화를 배경으로 고조선과 동일한 동이족의 일파에 의해 건설되었던 상왕조(1766~1122, BC)에 의해 멸망되었다. 그러나 기원전 1200년대 말에 이르러, 황하지역에서 500여 년 이상 요하지역 출신의 동이족에 짓눌려 있던 화하족(華夏族)이 상왕조를 무너트리고 주왕조(西周, 1122~770, BC)를 건설하게 되었던 것이다.

중원지역에서의 이상과 같은 정치적 상황을 구체적으로 고찰해보면 다음과 같다. 중원지역에서 상(商)을 건설했던 정치적 주체는 요서지역으로부터 청동기문화를 가지고 화북, 산동, 하남지역 등으로 남하해 내려와 중원지역에 정착해 살게 된 동이족(東夷族)이었다. 황제부족이 서아시아로부터 그곳으로 이주해 나오기 이전까지만 하더라도 그들은 중원지역에서 그 이전 요하지역에서 사용했었던 SVO의 통사구조를 가진 언어, 지금으로 말할 것 같으면 알타이어족 계열의 언어를 사용하고 있었다. 그러나 셈어족 계열의 아카드어를 기초로 형성되어 나온 SVO의 언어, 보다 구체적으로 말하자면 현재의 한어(漢語)를 사용하는 황제족이 그곳으로 들어와 정치적 문화적 주체로 등장하게 되었고, 이어서 그들의 후계자들이 하왕조를 건설하게 되었다. 그러자 중원지역에 진출한 요하지역 출신의 동이족은 어쩔 수 없이 자신들의 고유의 언어를 버리고 한어를 사용할 수밖에 없었다. 그 후 그들은 결국 중원지역에서 서역문화를 배경으로 형성되었던 하왕조를 무너트리고 동이족 중심의 상왕조를 건설했다. 그렇게 해서 그들은 정치적 주도권을 장악하기는 했지만 이미 3세기 전에 그들이 상실했던 자신들의 모국어까지는 회복시키지 못했다. 그 결과 그들은 하왕조의 정치적 주체들이 사용했던 한어를 자신들의 모국어로 사용해가게 되었던 것이다. 따라서 상왕조의 멸망 후 기자와 같은 그 정치적 주체의 일부가 그들의 선조들의 원향인 요서지역으로 회귀했을 때의 그들의 언어는 그곳을 떠날 당시 사용했던 언어와는 다른 언어였던 것이다. 이렇게 해서 상왕조의 정치적 주체세력의 일파였던 기자일당은 중원에서의 주의 건설을 계기로 중원을 떠나 요하의 남부지역으로 이주해 그곳에서 중원 세력의 일부로 생존해가게 됨으로써 요하지역의 황하문명화가 시작되었던 것이다. 이러한 점을 감안해봤을 때, 요하문명권의 동이족들의 입장으로부터는 기자의 동래가 무시될 수 있지만 황하문명권의 시각으로부터 그것을 바라다 볼 때는 그 존재가 결코 무시될 수 없다는 입장이 취해지는 것이다.

이렇게 황하 유역의 세력들이 주의 건설을 계기로 화북지역 쪽으로 북상해 오자 고조선 왕조는 그의 정치적 무대를 다시 요서의 조양(朝陽) 지역으로 이동시켰다. 조양지역은 단군조선이 건설된 평양지역으로부터 약 100 km 동쪽에 위치해 있는 지역이다. 고조선 왕조가 요서의 남단 난하 유역으로부터 요서의 중앙에 위치한 조양지역으로 재차 천도했다는 증거는 조양지역에서 출토된 위영자(魏營子)문화의 유물들로부터 확보될 수 있다. 위영자문화에서 출토된 유물들은 요하의 여타 지역들로부터 출토되는 유물들과는 달리 고조선 왕조가 난하 유역으로 천도해갔을 때 지녔던 하가점하층문화의 유물들, 요서 의 난하 유역으로부터 조양지역으로 재차 천도해 올라갔을 때 지녔던 것들 등으로 추정될 수 있는 유물들로 판명되고 있다.[40] 고조선이 난하 유역으로부 터 대능하 중류의 조양지역으로 천도해 올라갔던 시점은 중원에서 주왕조가 건설된 기원전 12세기경이었던 것으로 추정된다. 당시 요서지역에는 알타이 지역으로부터 카라수크 청동기문화가 전파되어 들어와 있었다. 김정배는 삼조 선의 중간단계인 예맥조선이 비파형청동검을 산출시킨 청동기문화를 배경으 로 성립되었다는 입장을 취하고 있다. 그런데 그는 그 청동기문화의 기원과 관련해, '비파형청동검이 요서지역에서 기원한 것이 아니고 카자스탄의 서북 부와 남부 러시아지역의 훼도롭(Fedorov)청동기문화에서 그 기원을 찾아야한 다'는 입장을 제시하고 있다.[41] 그렇다고 한다면 김정배가 고조선과 관련해 논하는 예맥조선이란 난하 유역에서 대능하 중류의 조양지역으로 천도한 이후 의 고조선이라 말할 수 있다.

북쪽으로의 천도 후 고조선은 800여 년 간 조양을 중심으로 요하지역의 주인으로 군림하였다. 그러다가 기원전 300년에 와서 연(燕)의 진개(秦開)가 고조선의 영역을 요서의 동쪽에 위치해 있는 대릉하 유역으로 몰아내는 바람 에 그 때 이후 고조선의 활동무대는 대릉하 중류와 요하 중류의 중간지점에 해당되는 부신(阜新) 지역으로 이동했고, 난하 하류에 위치해 있었던 기자조선 은 요하의 하류지역 험독(險瀆)이라는 곳으로 이동되었다. 그 후 진 제국이 기원전 204년 한 제국으로 전환해 나오는 과정에서는 고조선의 옛 땅이었던 요서지역으로부터 연나라의 지배하에 있던 고조선인의 위만(衛滿)이 1천여 명의 동지를 이끌고 험독의 기자조선으로 망명하여 기자조선의 서쪽 국경선인 대릉하 지역을 지켜갔다. 그러다가 그 일당은 '고조선'의 수도 험독으로 쳐들 어가서 그곳의 왕 준왕(準王)을 한반도 남쪽으로 몰아내고 기원전 195년경에

위만조선을 건설했다. 그렇게 해서 결국 1000년 이상 지속되었던 기자조선은
멸망하고 말았다. 한편 기자조선의 준왕은 남쪽으로 내려가 한강 이남에서
그 지역의 부락연맹국인 목지국을 기초로 부족연맹국인 진국(辰國)을 세웠고,
그로부터 90여 년 후인 기원전 108년에는 위만조선도 한의 무제(武帝)에 의해
멸망당했다. 한 무제는 위만조선을 멸망시킨 그 이듬해 북쪽의 부신지역을
정치적 무대로 하고 있던 고조선까지도 멸망시키고 말았다. 고조선이 멸망하
자, 그 유민들의 주류는 서남의 조양으로 다른 일부는 북동쪽의 부여로 또
다른 일부는 대동강 유역으로 이주해 나갔던 것이다.

필자는 고조선의 형성과 전개양상에 대한 이해를 위한 한 방안으로 고조선의 성립과 전개양상에 절대적 영향을 끼친 요하문명과 황하문명의 관련양상을 고찰하였다. 그 결과 우리는 그것들의 관련성에 대한 고찰을 다음과 같이 정리해 볼 수 있다.

요하문명이 형성된 것은 동아시아에서 가장 일찍 성립된 홍산 신석기문화(6000~2500, BC)를 배경으로 해서 기원전 2500년경부터였다. 그것의 형성을 촉발시킨 것은 서아시아의 메소포타미아의 청동기문화와 중앙아시아의 알타이청동기문화의 동진이었다. 그것들이 유라시아북방의 초원로를 타고 동아시아의 북방의 요하지역에 도착해 초기 청동기문화보다 한 단계 더 발전된 전기 청동기문화를 일으켰던 것이다. 요하의 서부지역에서 2300년경에 고조선이 형성된 것은 하가점하층문화라고 하는 전기 청동기문화를 배경으로 해서였다.

당시까지만 해도 유라시아대륙에는 대륙을 횡단하는 동서교통로로 북방의 초원로와 남방의 해로(海路)만이 있었고, 유라시아중앙의 오아시스로는 아직 뚫리지 않았다. 그것이 뚫리게 된 것은 메소포타미아지역이 기원전 2350년경에 청동기문화로 통일되어 나오는 과정에서 종족적 분쟁이 야기됨에 따라 그 지역으로부터 중앙아시아의 파미르고원과 중국 서부로 인구이동이 행해진 이후의 일이었다. 그러한 이유로 인해 동아시아지역에서는 북방의 초원로의 종착지였던 요하지역에서 가장 먼저 문명의 기초를 이루는 청동기문화가 형성되어 나왔던 것이다. 그러서 동아시아지역에서 제일 일찍 형성된 청동기문화를 배경으로 요하지역에서 문명이 형성되어 나와 그것은 하북지역을 통해 아직 문명단계로 들어서 있지 않은 황하유역으로 남하해 나려갔던 것이다.

요하문명의 황하지역으로의 그러한 남하는 이미 기원전 2500년경부터 진행되었다. 한편 앞에서 언급한 바와 같이 기원전 2350년경 이후 유리시아중앙의 오아시스로가 뚫리자 그 길을 통해 메소포타미아의 청동기문화가 중국의 중원지역으로 전파되어 나왔는데, 현재 중국의 화하족의 시조로 알려진 황제(黃帝)는 바로 그 시기에 그 길을 통해 메소포타미아지역에서 중국의 중원지역으로 최초로 들어온 종족으로 파악되고 있다. 중원지역에서의 청동기문화는 황제족의 도래 이후 메소포타미아지역으로부터 그 지역에 동진한 청동기문화와 요하지역으로부터 남진한 것과의 충돌을 통해 형성되어 나온 것으로 고찰된다. 주원지역에서의 하왕조(2050~1550, BC)는 바로 그 청동기문화를 배경으로 해서 형성된 것이라 할 수 있다.

한편 요하지역에서는 기원전 2000년경 이후 카자흐스탄과 알타이지역으로부터 안드로노보(Andronovo) 청동기문화가 전래되어 요하지역의 청동기문화는 한층 더 빠른 속도로 황하지역으로 남하해 갔다. 원래 요서지역의 중부에서 출현했던 고조선은 그러한 문화적 이동을 타고 요서의 중부지역에서 요서의 남부지역으로 천도해 내려갔고, 또 중원지역에서는 요하지역에서 황하지역으로 청동기문화가 전파되어 나가는 상황 속에서 상왕조(1766~1122, BC)가 건립되어 나왔다. 요하지역의 남부에 위치한 고조선과 황하지역의 중원에 위치한 상왕조는 같은 동이족들에 의해 세워진 국가였다. 그 결과 그로부터 600여 년간 그들은 그렇다 할 전쟁을 일으키지 않고 두 문명권의 대표적 존재로 군림해 갔었다.

그러다가 기원전 1100년대로 내려와 동아시아지역에 새로운 문화적 정치적 동향이 형성되어 나왔다. 그것은 메소포타미아지역으로부터 철기문화의 전파로 기인된 것이었다. 기원전 13세기로 접어들어 메소포타미아지역에서는 다음과 같은 정치적 변화가 야기되었다. 북방을 차지해 왔던 아슈르민족이 소아시아지역으로부터 받아들인 철기문화를 가지고 전 오리엔트지역을 통일해가는 과정에서 그 지역으로부터 철기문화가 오아시스로를 통해 중원지역에 전달되었다. 그러자 그동안 동이족에 짓눌려 있던 화하족이 서로부터 전래된 철기문화를 이용해 주왕조(周王朝, 1122~256, BC)를 건립했다. 동아시아의 문화적 동향은 바로 화하족에 의한 그 주의 건립을 계기로 서남쪽의 황하문명권에서 동북쪽의 요하문명권으로 이동해가게 되었던 것이다.

요하지역에서 단군조선이 다시 요서의 중부로 천도해가고 또 그것이 단군조선에서 예맥조선으로 전환해 나왔고, 그와 더불어 기자조선이 형성되어 나왔던 것은 바로 그러한 새로운 문화적 동향에 기인했던 것이고, 한발자국 더 나가 예맥조선과 기자조선이 기원전 2세기 말에 한무제에 의해 멸망해 그들의 유민들이 동북쪽과 한반도로 이주해 새로운 국가들을 건립한 것도 바로 그러한 문화적 동향으로 인했던 것으로 고찰된다.

제 2 장

근현대 일본 지식인들의 동아시아 인식

한국인들은 1997년 IMF외환위기의 직면, 1998년 김대중 정부 출범 등과 같은 정치적 사건들을 기점으로 해서 글로벌 시대의 도래를 피부로 실감했다. 우리는 그로부터 어느덧 10년이 지난 시점에 처해 있다.

이에 대해 일본의 경우는 한국인보다도 한 주기 더 빠른 1980년대 말 1990년 초에 이미 글로벌 시대의 도래를 실감했었던 것으로 고찰된다. 우선 일본은 1989년 7월 참의원 선거에서 만년 여당이었던 자민당이 과반을 얻지 못해 여야당의 역전(逆轉)사태가 벌어져 그 후 전후 일본의 정치형태의 붕괴에 직면했다. 그러한 정치적 상황에서 1990년 5월에 한국의 노태우(盧泰愚)대통령이 일본을 방문했을 때 당시 사회당 위원장의 제안을 받아들이지 않을 수 없었던 가이후 도시키(海部俊樹)수상과 천황은 한국 국민들에게 과거 일제의 한국 침략에 대한 사죄의 말(謝罪の言葉)을 전하지 않을 수 없었다. 또 그 해 8월 일본 정부는 미국과 협력해 대이라크 경제제재를 결정하고 다국적 국의 자원 원조(援助)를 정해 걸프전(1990년 8월2일~1991년 2월28일)에 참가하였다. 이와 같이 일본은 1980년대 말과 1990년대 초, 근대 일본의 대륙침략을 인정하는 가이후 내각의 출범(1989년 8월9일)과 걸프전의 개입을 통해 글로벌 시대의 진입을 실감했던 것이다. 일본은 올해로 그러한 새로운 시대의 진입으로부터 20년째를 맞이하게 된 것이다. 한국인들이 해방 이후 10년을 주기로 해서 한국의 정치·사회를 변화시켜 나왔다면 일본인들은 메이지 유신(明治維新) 이래 20년을 주기로 해서 자신들의 정치·사회를 변화시켜 나왔다. 이러한 사실을 감안해보면 올해 2009년에서 내년 2010년 사이의 1~2년간이야 말로 한국인들과 일본인들에게는 글로벌리즘이라고 하는 21세기의 시대적 이념을 한 단계 더 높이 실현시켜 나갈 수 있는 시점이라 파악된다.

거듭 말하건대, 지난 1990년 5월 노태우 대통령은 일본을 국빈 방문해, 회담 석상에서 일본수상으로부터 과거 자신들의 한국침략에 대해 마음 속 깊이 사죄한다는 말을 듣고서, 일본에 대해 '21세기에 진정한 동반자 관계를 만들고 싶다.(21世紀における真の同伴者の関係を作りたい)'는 입장을 밝혔다. 그는 한국국민들에 대한 일본의 정치적 지도자들의 그러한 입장 표명에 응해 일본 국민들에 대해 거추장스러운 과거와 결별할 자세를 보였다. 지금으로부터 20년 전, 21세기를 향한 한일 두 정상들의 마음들이 그러했었다면, 그 후 두 나라의 동반자적 관계는 어떻게 이루어져 나갔던 것인가?

그 해 11월 말부터 서울에서 정기 각료회의가 시작되었다. 그 때 한국 측에서는 재일한국인들이 행해가는 지문 날인의 재검토를 요구했다. 그러나 일본 측은 그것을 거절했다. 그로부터 3년만인 1993년경부터는 한일 간에 역사 교과서 문제가 야기되었다. 그 문제는 일본 집권여당인 자민당 내의 국회위원들에 의해 불붙었다. 일본의 자민당 내의 국회위원들은 일본이 글로벌시대로 갓 진입했던 1993년 8월 '역사검토위원회'를 발족시켰다. 그 위원회는 1995년 8월에 『태평양 전쟁 총괄』이라는 책을 펴내고 그 전쟁을 '자존자위(自存自衛)의 전쟁이자 아시아를 백인지배로부터 해방시키기 위한 전쟁'으로 규정했다. 일본의 학계·교육계에서는 그 책의 출판을 전후에 역사교육에 대한 문제가 활발히 논의되기 시작되었고, 그 과정에서 도쿄대학 대학원 교육학 연구과 교수 후지오카 노부카쓰(藤岡信勝, 1943)를 발기인으로 해서 새역모, 즉 '새로운 역사교과서를 만드는 모임'(新しい歴史教科書をつくる會, 1996.12.12) 등과 같은 단체가 발족되었다.

그러한 단체들의 출현을 통해 교과서 문제는 한일 간의 정치적 문제로 확대되어 나왔고, 또 그것은 한·중·일을 주축으로 한 동아시아 세계의 정치적 문제로 비화되어 나갔다. 그 결과 현재 동아시아 세계의 지식인들은 바로 그 문제가 다함께 해결해야 할 가장 큰 현안으로 인식되어 있는 것이다. 그것이 그렇게 인식되는 이유들 중의 하나는 새역모들이 주도해 발행한, 역사교과서 '지유샤(自由社)판과 이전의 후소샤(扶桑社)판'이 점점 더 많은 교육기관들에 의해 교재로 채택되어 가고 있기 때문이다.[1] 그런데 이들 교과서는 청일전쟁, 러일전쟁, 중일전쟁, 태평양전쟁 등과 같은 전쟁들이 '침략전쟁이 아니고 자위전쟁(自衛戰爭)이었다'는 역사관에 입각해 쓰인 것들로서 문제는 이들 교과서들이 과거 일제의 대륙 침략과 한반도 지배를 합리화하고 있다는 하는 것이다.

한국의 지식인들이 일본정부의 그러한 역사교육에 단호히 반대하는 이유는 아주 명확하다. 그것은 만일 동아시아 세계에 과거와 유사한 그러한 국제 정치적 상황이 재발될 경우, 그러한 교과서를 통해 역사교육을 받은 일본 젊은이들이 얼마든지 과거 자신들의 아버지들이나 할아버지들의 경우처럼 '자위'란 미명하에 이전과 유사한 침략전쟁을 일으켜 갈 것이 분명하기 때문이라는 것이다. 지난 2세기 간의 시대적 이념이었던 내셔널리즘에 입각해 행해지는 바로 그러한 일본의 역사교육은 1990년대 이후의 새로운 시대적 이념으로 부상한 글로벌리즘과 결코 부합되지 않는다. 대만대학 교수 쉬싱칭(徐興慶, 1956년생)이 최근에 편찬해낸 자신의 편저『근대성에 대한 동아지식인의 사고』의 서론에서 "자기민족이 최고로 우수하다"고 하는 사고라든가 "자아중심론적 사유"로부터 탈각해 나와, "융합과 공생의 다의성과 다층성을 구축해나가는 것이 현대지식인들이 응당 취해나가야 할 사고 방향일 것"이라고 말하고 있다.[2] 쉬 교수의 이러한 말은 현재 역사교육문제를 야기 시켜 나가는 현대일본지식인들의 지적 사고의 반동성을 염두에 두고 한 말임에 틀림없을 것이다. 글로벌 시대에서의 일본의 그러한 내셔널리즘에 입각한 반동적 사고는 금후 이 동아시아 세계에서 역사문제 등과 같은 또 다른 여러 문제들을 야기 시켜 나갈 것이다. 그렇다면 일본의 학계·교육계·언론계·정계 등에 종사해 가는 지식인들에 의해 행해지는 이러한 불합리한 처사가 아직도 지속되어 나가고 있는 근본적 원인은 과연 어디에 있다고 봐야 할 것인가?

지식인이란 일정기간 이상의 교육을 통해 자신을 둘러싸고 있는 물리적 세계나 인간사회 등에 대한 지식들을 습득하여 그것들을 이용해서 자신과 자신이 처해 있는 세계를 체계적으로 명확히 인식해 가는 인간을 말한다. 지식인들이 바로 그러한 자들이라면 현재 일본에서 그러한 역사교육을 주장해가고 있는 지식인들이란 과연 어떠한 인간들인가? 그들의 그러한 역사교육에 대한 입장은 그들의 역사관에 입각해 세워진 것임에 틀림없는 것으로서, 그들의 역사관은 근대 서구의 아시아 침략과 이에 대한 일본의 대륙침략이라고 하는 역사적 맥락 속에서 형성된 것이라 할 수 있다. 따라서 우리가 근현대 일본지식인들이 어떠한 인간들인가를 알아보기 위해서는 우선 무엇보다도 그들이 동아시아를 어떻게 인식하고 있었는지에 대한 명확한 이해가 선결되어야 한다는 입장이 취해진다.

이러한 점들을 고려하여 논자는 앞에서 논한 글로벌 시대 동아시아의 현안에 대한 타결방안의 하나로 우선 현재 동아시아에서 문제시되고 있는 일본역사교육과 그것의 논리적 근거를 이루는 후지오카의 '시바사관'(司馬史觀)을 고찰해보고, 다음으로 시바 료타로(司馬遼太郎)의 동아시아 인식과 그것을 중심으로 한 근현대동아시아 지식인의 동아시아인식을 파악해본 다음, 끝으로 동서지식인의 세계인식 특징과 글로벌 시대에서의 일본지식인의 역할을 논해보기로 한다.

1. '새로운 교과서를 만드는 모임'의 결성과 그 활동 경위

동아시아에서의 일본역사교과서 문제는 '새로운 교과서를 만드는 모임(이하 새역모)'의 인사들이 야기한 문제이다. 새역모는 앞에서 지적한 바와 같이 자민당 내의 일부 국회위원들에 의해 발족된 역사검토위원회가 『태평양 전쟁의 총괄』(1995.8.15)이라는 책을 펴내, 태평양전쟁을 '자존자위의 전쟁이자 아시아를 백인 지배로부터 해방시키기 위한 전쟁으로 몰아가자' 그것에 동조한 지식인들이 그 다음해 12월에 새역모를 발족시켜 새로운 역사교육에 대한 논의에 불을 지폈다. 그 다음해 1월3일에 행해진 창립총회에서 발표된 새역모의 취지문에는 "특히 근현대사에서 일본인은 자자손손까지 사죄를 해가는 자로 운명 지어진 죄인처럼 취급되어 가고 있다"는 문구도 들어있다.(新しい歷史

教科書をつくる會 編, 1998) 이것은 일본이 한국에 대해 과거 자신들의 대륙침략에 대해 그렇게까지 사죄할 필요가 없는데도 불구하고, 일본정부가 정권이 바뀔 때마다 사죄해가고 있다는 표현이었다.

발족 당시의 새역모의 임원은 회장 1명, 부회장 2명, 이사 7명(사무국장 1명), 감사 2명, 총 12명이었다. 이들 중에서 감사 2명과 사무국장 외에는 거의가 다 대학교수(일본 교육문화 연구원 1명 제외)이고, 그 교수들 중에서 2명을 제외한 나머지 7명이 도쿄대 출신들이었다(박사과정 포함). 또 교수 8명 중에는 4명이 도쿄대 교수이다. 또 이들 중에는 당대 일본의 대표적 지식인으로 손꼽혀질 수 있는 하가 도오루(芳賀徹)와 같은 분들도 끼어 있었다. 그뿐만이 아니었다. 이들 새역모의 창설 위원들은 창립총회 시 창립 취지문의 발표와 새역모 창설에 찬동하는 역모의 '제1차 집약분(第1次集約分)' 명단(78명)을 발표했다. 그 명단 속에는 작가, 평론가, 대학교수, 정치가, 대기업 회장 수 각다. 대표하는 인물들이 포함되어 있었다. 학문 '새 손교육적 측면에서 일본의 학계에서는 선망의 대상이었고, 일본 유학파 출신의 한국 학자들에게는 존경의 대상'이었던 인물들, 예컨대 사에키 쇼이치(佐伯彰一), 히라카와 스케히로(平川祐弘) 등과 같은 분들도 포함되어 있었다.

이렇게 해서 성립된 새역모는 창립총회의 개최를 기점으로 해서 새역모의 전모를 대대적으로 알려나갔고, 전국적으로 회원을 모집해 나갔으며 1999년 발매를 예정으로 해서 '역사집필 교과서의 파이롯판: 새로운 일본통사『국민의 역사(가제)』'의 집필 준비에 착수한 한편, 그 책의 구매자 예약을 행해갔다. 그 결과, 약 1년 6개월 만에 회원수가 6천 명 이상이 등록되었고, 책의 구매 예약이 20만 명에 이르렀다.[3]

새역모는 예정대로 1999년『새로운 역사 교과서』(후소샤)를 출판해 2001년 문부과학성의 검정을 통과시켰다. 그 결과 2002년부터 일부의 중학교에서 그것이 역사교재로 사용되어졌다. 2005년에 와서는 문부과학성으로부터「개정판 새로운 역사교과서, 후소샤」를 검정 받아 전국의 중학교가 그것을 역사교재로 채택해 쓰도록 여러 차원으로 운동을 일으켜갔다. 그러나 그 결과는 다행히도 역사교과서를 펴낸 총 8개 출판사들 중 후소샤판의 채택비율이 최하위로 0.4%에 불과했었다. 2009년 4월에도 문부과학성은 새역모가 편집한 지유샤판 역사교과서를 통과시켰고, 8월에 와서는 요코하마시 교육위원회가 그 역사교과서를 채택하기로 결정하였다.(145개 시립중학교 중 71개) 이러한 결정은 일본의 지방교육위원회가 지유샤판 역사교과서 사용을 결정한 첫 케이스라는 관점에서 중요한 의미를 갖는다.

이렇게 일본에서의 새역모의 내셔널리즘에 입각한 역사교육 운동은 점점 확대되어 나가고 있는 실정이다. 그런데 논자가 여기에서 짚고자 하는 것은 일본 최고의 명문대 출신의 지식인들이 자신들이 소속해있는 일본 최고의 학문기관인 도쿄대학과 일본 최고의 지식인들의 지지를 이끌어내서 성립시킨 단체라고 하는 것이다. 논자는 일본 최고의 지식인들에 의해 새역모가 결성되어 그것이 활동해가는 것을 지켜보면서 근현대 일본인들의 지적 사고의 본질이 과연 어떠한 것인가에 대해 고찰해 볼 필요성이 있다고 생각하게 되었다.

1) 새역모 지식인들의 역사인식

새역모의 지식인들이 주장하는 일본역사교육은 어떤 것인가? 새역모의 지식인들이 새로운 일본의 역사교육 운동을 일으켜가려는 취지는 그들이 창립총회 때 발표했던 새역모의 취지서(趣旨書)에 선명히 잘 나타나 있다. 그들은 취지문에서 "우리들은 21세기에 살아갈 일본의 어린이들을 위해 새로운 역사교과서를 만들어 일본역사교육을 근본적으로 고쳐 나갈 것을 결의했다"고 말하고 있다.

논자가 보기에는 그들의 그러한 결의에는 다음과 같은 논리가 깔려 있는 것으로 고찰된다. 우선 취지서의 내용부터 짚어보기로 한다. 그 내용은 다음과 같이 요약된다. 세계의 어떠한 나라도 그들 나름의 고유한 역사를 가지고 있다. 일본도 예외일 수는 없다. 일본의 국토는 예부터 문명을 소생시켜 나왔고, 그 나름의 독자적 전통을 키워 나왔다. 그 결과 일본은 어느 시대에도 세계의 선진 문명에 보도를 맞추어 착실히 역사를 걸어 나왔다. 구미 여러 나라가 동아시아를 삼키려 했던 저 제국시대에 일본은 자기의 전통을 살려 서구문명과의 조화의 길을 찾아내서 근대국가의 건설과 그 독립유지에 노력해왔다. 그러나 그것은 여러 나라들과의 마찰이 동반된 냉엄한 것이기도 했다. 그렇기는 했지만, 일본은 우리들의 부모와 선조의 그러한 노력에 힘입어 현재 세계에서 가장 안전하고 풍요로운 나라가 되었다. 그럼에도 불구하고, 일본의 근현대사는 일본인을 자자손손까지 사죄를 계속해가야 할 존재로 운명 지어진 죄인처럼 취급해 가고 있다. 현행의 역사교과서는 옛 적국의 선전을 그대로 기술해 가고 있다. 이러한 역사교육은 세계 어디에도 존재하지 않는다. 앞으로 우리가 만들 역사교과서는 세계사적 시야 속에서 일본국과 일본인의 자화상을 생생히 그려낼 것이고, 우리 선조들의 활약에 마음을 춤추게 하고 실패의 역사에도 관심을 갖게 하여 그 고락(苦樂)을 체험할 수 있는 그러한 일본인 이야기이다.

이상의 취지서 내용을 자세히 들여다보면, 이제 일본은 세계 어느 나라와도 능히 필적해 갈 수 있는 나라라고 하는 국가적 자신감 내지 자만심이 그것에 깃들어 있음을 알 수 있다. 그들의 그러한 자신감에는 이 취지서가 작성된 시점의 시대적 상황도 반영되어있음을 알 수 있다. 일본은 글로벌시대의 도래를 실감케 했던 걸프전(1991.1.17~2.28)과 소련 소멸(1991.12.13.) 등의 정치적 사건들을 계기로 미국과 함께 국제사회를 이끌어 갈 한 주역으로 부상하게 된다. 일본의 그러한 부상은 일본이 총 220억 달러에 이르는 분담금을 지불했던 걸프전에서의 경우처럼, 그 동안의 미국의 전적 부담에 대한 일본의 분담을 증가시켜 미·일 공동작전 체제를 구축해 간다는 논리를 토대로 이루어졌던 것이다. 이렇게 볼 때 그들의 새로운 역사교육 운동은 결국은 일본의 국제사회로의 진출을 위한 기반 조성의 일환으로도 파악될 수 있다. 그런데 이 경우 일본이 진출해 나갈 국제사회란 이 취지서가 발표되기 전년에 클린턴 미 대통령이 일본을 방문해 미·일 수뇌회담에서 행했던 미·일 안보 공동 선언에 의하면 극동지역으로 구체화된다. 그런데 문제는 일본이 적극 진출해 나가야 할 국제사회라고 하는 곳이 과거에 일본이 침략전쟁을 일으켰던 곳이라고 하는 것이다. 그러한 의미에서 일본의 국제사회의 진출은 당시의 정권차원에서의 사죄(謝罪) 외교와 같은 작업도 필요했었고, 지식인들 차원에서의 새로운 역사교육 운동과 같은 작업도 필요했던 것이다.

이와 같이 그러한 새로운 역사교육의 운동이 글로벌 시대의 도래로 인해 촉발되었다면, 그것이 그러한 시대적 이념에 기초해 행해져야 하는데 그것에 대립되는 내셔널리즘에 기초해 그것이 행해져 나갔다고 하는 것이다. 보다 구체적으로 말하자면, 글로벌리즘이라고 하는 시대적 이념에 입각해 생각해 보면, 글로벌시대의 도래를 계기로 해서 일본 지식인들이 일으켜 가야 할 새로운 역사교육 운동이란 승전국의 입장에서 기술된 일본의 역사를 폐기하고 패전국 일본의 입장에서 그것을 새롭게 기술해야 한다는 것이 되어서는 결코 안 된다는 것이다. 논자가 주장하고자 하는 것은 일본이 글로벌 시대를 들어와 글로벌리즘이라고 하는 새로운 시대적 이념에 입각해 새롭게 취해야 할 일본의 역사 기술의 관점이란 다음과 같은 이러한 관점이어야 한다는 것이다. 과거에 그들이 침략한 곳이고 금후 그들이 진출해 나가야 할 동아시아와 관련해 생각해 볼 때, 그들이 마땅히 취해야 할 관점은 지금까지 취해온 침략국의 입장의 관점이 아니고, 피침략국의 입장의 관점이어야 한다는 것이다.

일본이 걸프전을 계기로 미국과의 관계에서 패전국이라고 하는 위치에서 새로운 세계체제구축의 동반자로 부상해 나와, 동아시아 지역의 안전과 평화를 책임져 가게 되었다고 한다면, 대구미(對歐美)의 세계에 대해서는 그 동안 승전국 미국의 입장에서 기술되어 왔던 일본의 역사를 이제부터는 패전국 일본의 입장에서 새롭게 기술해 볼 수도 있다. 그러나 문제는 냉전체제 기간에 동아시아에서 미국이 맡았던 역할을 글로벌시대로 들어와 미국을 대신해 일본이 맡게 되었다고 한다면, 금후의 일본의 역사 기술은 당연 침략국 일본에서 피 침략국 한국·중국의 관점에서 행해져야 한다는 것이다. 그런데 금후 새역모가 추진해가는 일본의 역사기술은 취지문에 명확히 나타나 있듯이 그런 방향으로 나가고 있지 않다고 하는 것이다. 이와 같이 새역모의 지식인들에 의한 역사 인식의 시대가 시작되고 일본의 국제적 지위가 상승하자 전후 일본의 역사가 제2차 세계대전의 전승국의 시각으로 기술되어 나왔기 때문에 그것이 잘못 기술되어 나왔다는 입장을 취해 이제부터는 패전국 일본의 입장에서 일본의 역사를 제대로 기술해야 한다고 하는 운동을 전개시켜 나가게 되었던 것이다.

2) 새역모의 역사 인식의 사상적 기반

새역모의 핵심 멤버들 중에는 그 새역모가 창립되는 시점에서 도쿄대학 교육학부에 재직해있던 후지오카 노부카쓰(藤岡信勝) 교수가 끼어있었다. 1997년 창립당시 그는 54세였으며, 부회장직을 맡았던 학자였다. 홋카이도(北海道)에서 태어나 홋카이도대학 교육학부를 졸업하고 1971년 동대학에서 석·박사 학위를 취득한 학자였다. 현재 그는 새역모의 회장으로 활약하고 있다. 그 자신이 그의 저서 『오욕의 근현대사(汚辱の近現代史)』(1996.10)의 「후기」에서 밝히고 있듯이, 그의 새역모 창립의 주도는 글로벌시대의 도래를 피부로 느끼게 했던 걸프전과 깊게 관련되어 있다. 그는 "내가 지금의 지점에 이르게 되었던 원점은 1990~1991년의 걸프 전쟁이었다","역사교육개혁운동은 나를 덮치기 시작했던 걸프전 쇼크의 논리적 귀결에 지나지 않다" 등과 같은 말을 하고 있다.4 그렇다면 그가 걸프전으로부터 받은 쇼크는 과연 무엇이었으며, 그것은 어떠한 논리로 그를 역사교육 개혁운동으로 몰아갔던 것인가?

그는 『오욕의 근현대사』의 「후기」에서 "자신의 걸프전 체험은 TV 관전(觀戰)을 통해서였지만, 그러나 걸프만 연안으로부터 미사일이 날아와 나의 사상의 척추뼈를 직격했다. 미사일이 파괴시킨 것은 '일국 평화주의'라고 하는 전후세대의 나를 사로잡아왔던 환상" 바로 그것이었다고 말하고 있다. 한마디로 말해서 그는 걸프전을 계기로 그 동안 자신의 사상을 지탱시켜 왔던 일본의 일국평화주의를 완전히 버렸다는 것이다. 당시 일본 지식인들이 이해하고 있었던 일국 평화주의라고 하는 논리란 미국이 일본의 국방을 책임지는 대신 일본이 군사력을 보유하지 않는다면 일본인들이 더 이상 전쟁을 일으키지 않게 된다고 하는 논리였다.

그런데 그가 걸프전으로부터 쇼크를 받은 것은 다국적군의 병사들이 세계 평화를 위해 자신들의 생명을 희생시켜 가면서 '사막의 독재자의 계산착오'로 일어난 전쟁을 저지시켜 가고 있는데 어째서 일본인들만은 그러한 전쟁에 결코 참여할 수 없다는 것인가에 대한 쇼크였던 것이다. 그가 걸프전으로부터 받은 그러한 쇼크는 1990년대 초의 걸프전과 소련 소멸 이 「쇼크」는 정계에서 행해져 갔던 정계개편이라고 하는 분위기 속에서 당시 자민당 간사 오자와 이치로(小沢一郎) 등에 의해 제시된 소위 '유엔 중심주의'의 주창 등으로 구체화. 당시 전 일본 정치계에서의 유엔 중심주의란 일본 중심주의에 대한 대립적의 것으로 받아졌었고, 또 그것은 일본의 평화헌법의 제9조가 주장하는 '일본 일국의 평화'가 아니고 유엔 헌장 제7조가 제시하는 '평화에 대한 위협, 평화의 파괴 및 침략에 관한 행위'를 저지해 간다고 하는 의미에서의 세계평화를 적극적으로 실현해 간다는 입장으로 이해되었던 것이다.

그는 새역모가 발족 2개월 전에 출판된 『오욕의 현대사』(1996.10)의 「서문」에서 다음과 같이 말하고 있다. "자폐하는 일본-'일국평화주의'는 이제 파탄되고 있다."「서문」에서 그는 유엔 중심주의와 관련해 다음과 같이 말하고 있다. "걸프전은 헌법 9조가 세계 평화에 공헌한다고 하는 말이 헌법학자들의 말과는 달리 그것이 주변 여러 나라의 전쟁을 방지하는 것에 얼마나 무력하고 무관한 것이었는가를 보여준 것이었다. 그 동안 일본의 평화 교육은 일면적이었다. 세계평화를 자기들의 손으로 만들어낸다고 하는 마음가짐이 결여되어 있었다. 원점부터 다시 생각해 볼 필요가 있다"라고.[5]

그런데 그는 교사들이 그러한 평화교육을 행해 가려면 우선 무엇보다 '전쟁의 근본 원인에 관한 연구'가 선행되어야 한다고 강조하고 있다.[6] 그렇다면 그가 그러한 점을 강조하는 이유는 무엇이었는가? 그는 그러한 평화교육의 일환으로 행해지는 역사교육의 실행지침으로 교사들에게 자신이 세운 '자유주의 사관'을 제시한다. 그가 제시하는 자유주의 사관이란 무엇인가? 그는 다음과 같은 논리에 입각해 그것을 세웠다고 말하고 있다. '인간은 자립적 존재이고 자유로운 존재이고, 또 그렇게 되기를 원하는 존재이다. 그러한 인간의 존재 방식에 합치하는 사회체제라든가 정책이 결국 보다 풍요롭고 자유로운 사회를 만들어 낸다.' 이상과 같은 인간관과 사회관을 기초로 하는 그의 자유주의 사관은 다음과 같은 국가관에 입각해 형성되어 나왔다고 볼 수 있다. '근현대사의 제일의 주인공은 일국의 국민이고 그 국민이 만들어 내는 국가이다. 근현대사란 국민과 국가가 지내온 내력의 이야기이다. 우리가 근현대사를 생각해 볼 때 우선 첫째로 필요한 것은 자국의 생존권이라든가 국익추구의 권리를 확실히 인식하는 것이고, 그 위에서 두 번째로 타국과의 쟁점 문제에 대해 타국의 입장에서 고찰한다는 입장을 취해 볼 필요가 있다'고 하는 것이다.

그렇다면 그의 그러한 자유주의 사관이 어떠한 사람들의 어떠한 역사관의 영향에서 형성되어 나온 것인가를 검토해 볼 필요가 있다. 후지오카는 자신의 자유주의 사관의 견지(見地)를 '건강한 내셔널리즘', '리얼리즘', '이데올로기로부터의 자유', '관료주의 비판'이라고 하는 이상의 4가지로 집약해 설명하고 있다.[7] 그렇다면 그의 자유주의 사관의 견지를 이루는 이상의 4가지 관념들은 어떻게 취해진 것인가? 그는 「산사라서점」(德間書店)의 1996년 6월호에 「'시바사관(司馬史観)'의 설득력」이란 글을 발표하고, 그것을 『오욕의 일본사』의 제3장으로 편입시켰다. 우리는 그 글을 통해 그가 말한 시바사관이 어떠한 것인가를 명확히 파악해 낼 수 있고, 그의 자유주의 사관의 견지를 이루는 상기의 4가지 관념들이 어디로부터 취해졌는지를 밝혀낼 수 있다.「'시바사관(司馬史観)'의 설득력」이란 글이 처음에 발표될 때는 부제(副題)가 붙여지지 않았다. 그러나 그것이 『오욕의 현대사』에 편입 될 때는 그것에 '도쿄재판=코민테른 사관을 뒤엎을 『언덕 위의 구름』'(東京裁判= コミンテルン史観を覆す『坂の上の雲』)이라고 하는 부제가 붙여졌다. 부재가 의미하는 것은 다음과 같은 내용이다.

도쿄재판은 승전국(미국)이 패전국(일본)을 상대로 행한 재판이다. 그 재판은 전쟁에서 일본이 미국에 졌기 때문에 전쟁 중에 일본이 행한 모든 일은 악(惡)이고 미국이 행한 모든 것은 선(善)이라고 하는 입장에서 행해진 것이다. 이 재판은 미국의 국가이익을 대변하는 역사관의 입장에서 행해진 것이었다. '코민테른'이란 러시아 혁명 후 1919년에 레닌이 창설하고 스탈린이 지속시킨 국제공산당 조직(공산주의 인터내셔널의 약칭으로서 사회주의 소련의 세계지배를 위한 기구)이다. 그런데 그 기구는 1922년 일본공산당 창립 시 '일본공산당 강령초안'을 작성했고, 1927년과 1932년에는 그의 하부 조직인 일본공산당에 대해 일본에서의 공산주의 혁명을 위한 초안을 하달하였다. 이들 세 초안들의 공통점은 일본의 천황제를 타도해야 한다는 것이었다. 그 주된 이유는 코민테른이 메이지유신을 프랑스혁명과 같은 브르주아 혁명으로 보지 않고 봉건제 사회주의의 마지막 단계라 할 수 있는 '천황제 절대주의'로 규정했기 때문이었다. 전후의 역사교육은 바로 이 도쿄재판 사관과 코민테른 사관에 입각해 행해졌다. 그런데 그러한 사관(史觀)에 입각해 파악된 일본의 근현대사란 일본을 자폐(自閉)의 길로 몰아가는 역사라 말하지 않을 수 없다. 그런데 그러한 역사관들이 잘못된 것들이라고 그것들을 깡그리 뒤집어버릴 자료가 있다. 그것이 바로 러일전쟁을 다룬 시바 료타로(司馬遼太郎)의 『언덕 위에 구름』이라고 하는 것이다.

후지오카는 그 작품과 관련해 다음과 같은 입장을 피력하고 있다. "전국의 일본역사 교육은 일본의 근현대사를 완전 암흑·비도(非道)한 것으로서 고려해, 역사를 배우는 자들에게 미래를 전망할 지혜와 용기를 가져다주는 것이 아니었다." 그와 같은 원인은 전후의 일본역사가 일본국가를 부정하는 도쿄재판 사관과 코민테른 사관에 입각해 파악되었기 때문이었다.[8] 그는 "내 자신도 이러한 역사교육을 받고 자라난 세대였다. 그 동안 자신은 자신의 역사관을 근본적으로 바꾸어 볼 필요성을 느껴보지 못하고 살아왔다. 그러다가 시바 료타로(司馬遼太郎)의 작품과의 만남을 계기로 자신의 인식의 틀을 바꾸게 되었다"고 하면서 만일 자신이 시바 료타로의 작품, 특히 러일전쟁을 다룬

『언덕 위에 구름』과의 만남이 없었다면 자신은 전후의 역사교육의 취박(就縛)으로부터 영원히 빠져나오지 못했을 것이라고 한다.[9]

그는 시바 료타로의 『언덕 위에 구름』에 그려진 내용에 근거해 "러일전쟁은 일본으로서는 자위(自衛)의 전쟁이었다. 조국방위전쟁이었다"라고 말하고 있다.[10] 그는 『언덕 위에 구름』의 세계를 창출해낸 시바 료타로의 사관(史觀)을 네 가지로 정리했는데, 그것이 바로 앞에서 그 자신의 「자유주의 사관」의 견지를 이루는 것들을 제시한 관념들이었다. 이렇게 봤을 때 그가 새역모를 통해 주장하는 역사교육의 기본적 방향은 그가 시바 료타로의 작품을 통해 파악한 시바사관(司馬史觀)에 근거한 것이라 말할 수 있다. 그렇다면 시바사관이란 어떻게 형성되어 나온 것인가?

2. 시바 료타로의 역사관과 동아시아 인식

1) 시바 료타로의 삶과 그의 역사관

그는 1923년 오사카시(大阪市)에서 태어나서 그 곳에서 1996년 73세로 사망했다. 그는 소설가로 알려졌지만, 40여 년간의 문필생활을 통해 소설 외에 역사라든가 문화에 관한 많은 에세이집과 대화집, 일본 내외 각지의 기행문 등을 남겼다. 그는 1941년 오사카 외대의 몽골어과에 입학했는데, 재학 중이던 1943년 9월에 학도병으로 출전해, 중국의 목단강(牡丹江)에 배치된 전차연대(戰車連隊)의 사관(士官)으로 부임(赴任)해 있다가, 1945년 5월 본토 결전 준비를 위해 귀국해 도치기겐(栃木県) 사노(佐野)에서 패전을 맞았다. 1946년부터 61년까지 15년간 산케이 신문사(産経新聞社) 등에 근무했으며, 1956년 필명 시바 료타로(司馬遼太郎)로 『페르시아의 환술사(ペルシャの幻術師)』를 발표했다. 그의 필명은 그가 『사기(史記)』를 집필한 사마천(司馬遷)의 역사관에 대해서 남다른 관심을 가지고 있었다는 것을 여실히 말해 주고 있다. 그는

그 해 친구들과 함께 문학에서의 설화성을 회복시킨다는 취지에서 동인잡지 「근대설화(近代說話)」를 창간해『고비의 흉노(戈壁の匈)』등과 같은 오락성이 짙은 대중소설을 썼다. 그러나 그의 그러한 소설들이 막부 말기(幕府末期)의 지사(志士)들의 삶으로부터 소재가 취해서 창작되어 나가는 과정에서 장편역사 소설로 전환해 나왔다.

시바가 오락성보다는 역사성에 더 무게를 두고 쓰기 시작한 것은 막부말기의 지사 사카모토 료마(坂本龍馬, 1835~1867)를 그린『용마가 간다(竜馬がゆく)』(1962~66)부터라 할 수 있다. 그의 그러한 경향은 막부 말기의 정치가 가와이 쓰구노스케(河井繼之助)을 주인공으로 한『언덕(峠)』(1966~68), 요시다 쇼인(吉田松陰)과 다카스기 신사쿠(高杉晋作, 1839~67)를 그린『세상에 사는 날들』(1969~1970), 오오무라 마스지로(大村益次郎)를 그린『화신(花神)』(1969~71), 노기 마레스케(乃木希典)를 그린『순사(殉死)』(1967), 에토 심페이(江藤新平)를 주인공으로 한『세월(歲月)』(1969) 등이 쓰이는 과정에서 시바에게 시바사관(司馬史觀)이라고 하는 역사관이 형성되어 나왔다. 후지오카의 사관에 절대적 영향을 끼친『언덕 위에 구름』(1969.4~1972.8)은 그러한 작품들이 창작되어 가는 과정에서 형성된 사관에 입각해 청일·러일전쟁을 배경으로 해서 메이지인들을 그려낸 작품이다.

그렇다면『언덕 위의 구름』을 창출해낸 시바의 역사관은 어떤 것인가? 시바의 역사관은 시바가 다룬 오오무라 마스지로(1824~69), 가와이 쓰구노스케(1827~68), 요시다 쇼인(1830~59), 사카모토 료마(1835~1867), 에도 심페이(1834~74), 노기 마레스케(1849~1912) 등과 같은 인사들이 살았던 시대, 구체적으로 말하면 뎀보(天保)개혁이 시작되었던 1841년부터 노기 마레스케가 순사한 1912년(메이지 45년·다이쇼 1년)까지의 70여 년간의 역사적 사건들을 통해 형성되었다. 일본에서의 뎀보개혁은 일본이 아편전쟁(1940~42)을 통해 전락해가는 청국을 목격하고 근대 서구 세력들의 동침에 대비해 행한 개혁이었다. 일본은 그러한 개혁을 시발로 하여 근대 서구의 동침세력을 방위해 갈 방책을 세워가게 되었다. 그 과정에서 1853년에 미국의 페리호가 일본에 내항해 문호 개방을 요구하는 바람에 그 다음해 일본은 문호개방을 단행하지 않을 수 없었다.

일본의 그러한 문호개방은 일본의 재래 경제체제를 서구중심의 세계자본주의 경제체제와 일시에 맞물려 놓는 처사였었기 때문에 농업중심의 일본의 재래문화는 불과 10년도 못되어 파탄지경에 이르게 된다. 그러자 문호개방의 책임자인 막부(幕府)와 외세 타도를 목표로 했던 존왕양이(尊王攘夷)파 무사들이 천벌조의 난(天誅組の乱, 1863.8)과 이쿠노노변(生野の変, 1863.10) 등과 같은 반란들을 일으켜났고, 농민들은 에자나이카(ええじゃないか, 1867.8) 등과 같은 소동을 일으켰다.

그러한 사회적 혼란 속에서 존왕양파(尊王攘夷派)들이 소요와 반란 세력들을 자신들의 정치적 기반으로 끌어내서 메이지 유신(明治維新, 1868)을 일으켜 막부제 봉건주의국가를 천황제 국민주의 국가로 전환시켜 근대 서구의 열강들의 제국주의 정책으로부터의 안전과 그들과의 국가적 평등을 추구해 갔다. 일본은 그 과정에서 그 동안 동아시아의 맹주로 군림해 왔던 청국과 전쟁을 치뤄 그것을 승리로 이끌어냈으며, 또 서구의 열강들 중에서 당시 최대의 군사대국이었던 러시아와의 대결에서도 승리하게 되어 대만, 조선 등을 식민지로 소유하게 됨에 따라 서구 열강들과 대등한 제국주의 국가로 전환해 나갔던 것이다.

이와 같이 시바 료타로가 그려냈던 인물들이 활동했던 시기는 동아시아의 동단에 위치해 있던 봉건제 국가 일본이 동진해온 서구세력들에 대항해 가는 과정에서 근대 국민국가로 전환해 나와 서구의 열강과 대결해 승리를 거둘 수 있을 정도의 대국으로 부상해 나가던 시기였다. 그 기간의 일본은 아시아의 근대화 과정에서 서구의 제국주의 국가들에 먹히지 않고 살아남아 아시아 국가들을 대표해 갈 수 있는 국가로 전환해 나갔던 것이다.

시바의 역사관은 바로 그러한 시기를 살았던 일본인들의 삶과 사상을 기술해가는 과정에서 형성됐던 것이다. 따라서 시바의 역사관에서의 선(善)은 동진해 온 서구세력으로부터의 민족적 안보와 그들과의 평등을 확보해 가기위해 강력한 국민국가를 건설해 나가려는 일본인들의 애국적 행위였고, 악(惡)은 서구세력들이 일본을 위시한 동아시아 국가들에 대한 침략적 행위였다. 이와 같이 그의 역사관은 일본이라고 하는 선과 서구라고 하는 악의 대립, 그 대립 에서의 일본의 필승이라고 하는 구도에 입각한 역사관이었던 것이다. 그의 그러한 역사관에서의 메이지 유신이란 그 자신이 직접 말하고 있듯이 일본이 선진문명국에 파멸될 수 있다고 하는 위기감으로부터 일어난 것이고,[11] 한일 합방을 몰고 왔던 러일전쟁은 세계 대립제국주의 시대의 한 현상이었음에 틀림없는데, 그러한 현상 속에서의 일본 측의 입장은 추격을 받은 자가 있는 힘을 다해서 싸운 방위전이었다고 하는 것이다.[12] 그는 '러일전쟁에서 만일 일본이 패배했다면 틀림없이 일본은 러시아의 속국이 되었을 것'이라고 하면 서,[13] 만일 일본해에서 일본 해군이 잘 싸워 주지 않았더라면 '내 이름은 누구 누구 스키가 되어있을 것이다'라고 말하고 있다.[14]

2) 시바의 동아시아 인식 배경

이상과 같이 그의 역사관의 기초는 동아시아 지역에서의 일본과 서구세력 의 대립을 주축으로 해서 이루어졌던 것으로 고찰된다. 그렇다면 그에게서의 동아시아는 어떠한 것이었던가? 그는 오사카시(大阪市) 나니와구(浪速区)에서 태어났지만, 병약해 세 살까지 오사카시의 다케우치 무라(竹内村)의 가와무라 (河村家, 그의 어머니 친정집)에서 지냈다. 그는 3년간 산케이신문(産経新聞)에 연재해오던 『언덕 위의 구름』을 끝낸 시점(1972년 8월) 직전에 행한 대담 「일 본인은 어디로부터 왔는가」(「文藝春秋」 7월)에서 "나의 어머니 쪽 할머니의 친정집은 소가우지(蘇我氏)의 직계라 칭해온 농민입니다"라는 말을 뱉어 냈다. 소가우지는 백제로부터 일본에 건너와 6세기 전반부터 오오미(大臣)직을 계승 해 온 가계(家系)로 알려져 있다. 이러한 점들을 감안해보면, 우리는 그의 다음 과 같은 말로부터 그가 일찍이 몽골어와 같은 동아시아 언어인들에 관해 남다 른 관심을 갖게 된 주된 이유를 파악해 낼 수 있다.

"한국에서 유행하는 유행가는 일본에서 유행하는 것과 아주 비슷하다. 그것은 민족성이 비슷하다는 것이 아니고 언어생리가 같은 그룹에 속해 있기 때문일 것이다. 내가 10대말부터 조선과 조선인에 존경과 친밀함을 가졌던 이유 중에 하나는 그러한 사정에 의한 것이다."(司馬遼太郎他, 1982:10)

이렇게 봤을 때 그가 몽골어과를 선택한 이유에는 우선 일차적으로 그에게 서의 조선어는 친밀한 언어로 받아들어 졌었고, 이차적으로는 자국어인 일본어와 조선어의 원형이 몽골어에 있다고 생각이 작용했었을 것이다. 그런데 그의 그러한 사고는 설혹 조선어가 일본어의 성립에 절대적 영향을 끼쳤기는 했지만, 그것이 몽골어로부터 유래한 것임에 틀림없기 때문에 일본어의 원형은 한국어에 있는 것이 아니라 몽골어에 있다고 하는 사고로부터 나온 것이라 할 수 있다. 그의 그러한 사고는 일본·한국 문화의 원형과 그 형성에 절대적 영향을 끼친 한국 문화의 원형이 몽고로부터 찾아질 수 있다는 입장을 그로 하여금 일관되게 견지케 하였다.

그는 교토대학 교수 우에다 마사아키(上田正昭)·재일한국인 역사학자 김달수와의 대화집 『일본의 조선문화(日本の朝鮮文化)』(1972)를 내면서 책의 서론으로 「조선사어(朝鮮私語)」를 첨가시켰다. 그 글에서 그는 "이전에 유라시아 대륙을 돌아다니던 몽골인과 그와 자매관계에 있는 고유만주인(古有滿洲人, 퉁구스인) 등이 남하해 한반도를 정복해 살게 되었다"는 입장을 취하고 있다. 또 "그들의 언어가 일본어와 아주 유사해 몽골어를 익혀가면 익혀갈수록 북방아시아를 돌아다니던 일당들이 일본인 자신의 먼 친척과 같은 기분이 드는 것이다"라고 말했다. 보다 구체적으로, 그는 "조선 반도의 정복자는 멀게는 기원전 옛날부터 가깝게는 이씨조선의 성립에 이르기까지 항상 만주(중국의 동북지방)로부터 왔다"고 하는 것이고, 또 "문자 이전에 북방아시아를 돌아다니던 일당들을 '몽환(夢幻)적 원조(遠祖)'로 본다면 내 자신의 현실 옆에 있는 조선인이 실로 가까운 인연이 있는 사람들이라는 생각을 갖지 않을 수 없다"는 입장을 취하고 있었다.[15]

그는 1964년(41세) 3월에 오사카시(大阪市) 니시구(西区)에서 한국인이 많이 살고 있는 히가시 오사카시(東大阪市) 나카고사카(中小坂)로 이전(移轉)한다. 그는 그곳에서 근처에 사는 재일한국인 실업가 정귀문(鄭貴文)을 만난다. 그는 그 전해 1963년 7월부터 그의 시바사관의 초석을 놓게 되는 역사소설 『료마가 간다』를 발표해가기 시작해 1966년 10월에 완결시킨다. 그 다음 해의 5월에 그는 소설가 가이온지 조고로(海音寺潮五郎, 1901~77)와 함께 아스카(飛鳥)시대의 수도였던 미와야마(三輪山), 이소노카미 진구(石上神宮) 등이 있는 지역을 방문한다. 그 다음해 1968년 1월부터 「역사를 기행한다」(文藝春秋)를 개시해, 3월에 「오우미시가」(近江滋賀)를 게재한다. 그는 그 글에서 "오우미가 한반도로부터 건너온 사람들이 살았던 지역이고, 또 오우미 상인의 피에는 일본진출 한국인의 피가 짙게 흐르고 있다"는 것을 지적했다.[16]

그 다음 1969년 3월에 가서는 계간잡지 「일본 속의 조선문화(日本の中の朝鮮文化)」, (정귀문씨가 스폰서)의 제1회 좌담회 '일본역사의 조선관'에 참가한다. 그 후 그는 매회 그 좌담회에 참가해 가면서 오우미시가(近江滋賀)을 비롯한 긴키(近畿) 각지의 일본 진출 한국인(朝鮮渡來人) 유적지를 여행한다. 그로부터 2년 후인 1971년 1월에 NHK에서 「가도를 가다」(街道をゆく)가 기획되어 그 연재를 위한 취재 목적으로 그해 5월 한국의 김해(金海), 경주(慶州), 공주(公州) 등을 방문한다. 이상과 같이 그의 동아시아 대륙에 대한 관심은 우선 동아시아 대륙의 북부 몽골지역에서 출발하여 한반도로 이동해 나왔고, 그 다음 그것은 고대 일본진출 한국인이 거주했던 지역에서 출발해 그들의 고국인 한국으로 이동해 나갔다. 그가 제1단계에서 고찰했던 것은 일본인과 동북아시아의 만주·몽골 지역인들과의 연관성과 동북 아시아인들의 한반도로의 남진이었다. 그 다음 단계의 작업은 고대 일본인과 한반도인과의 관련성에 대한 고찰이었던 것이다.

그는 그러한 작업들을 끝내고 『언덕 위의 구름』 연재가 끝났던 그 다음해인 1973년 8월에 몽골을 방문한다. 당시 그의 몽골 방문은 NHK가 기획한 「가도를 간다. 몽골기행」의 형태로 행해졌었기 때문에 그것은 『몽골기행』(1974)으로 정리되어 나왔다. 우선 그는 『몽골기행』의 앞머리에서 자신의 몽골방문에 대해 "소년기에 몽상의 안개 속에서 푹 싸여 있을 때만큼 즐거운 것은 아니다"라고 말하고 있는 것으로 봐서, 그에게서의 몽골이란 소년시절부터의 몽상(夢想)의 대상이었던 것을 알 수 있다. 그에게서의 몽골이 어렸을 때부터의 그러한 대상이었기 때문이었는지, 그는 대학 2학년 때 학도병으로 입대해 간부후보생으로 패전 직전 1년간 만주의 전차부대에 배속된 바 있었다.

그는 그 만주기행으로부터 4년 후 「청춘풍토기(青春風土記)」, (「週刊朝日」 1977년 8월 12일 호)에서 다음과 같이 말하고 있다. "몽골은 순수한 로맨티시즘으로밖에는 존재하지 않는다.(중략) 다만 광대한 공간이 있을 뿐이기 때문에, 자기의 이미지로 대 공간을 메우지 않으면 안 된다. (후략)"[17] 그는 그 기행으로부터 17년 후인 1970년 7월에 재차 몽골을 방문한다. 그 방문은 그의 마지막 소설 『초원의 기록(草原の記)』(1992)의 형태로 기록되었다. 그 첫머리는 "공상해 보기 바란다. 몽골고원이 하늘에 가깝다고 하는 것에 관해서이다. 그 곳은 하늘과 풀만으로 되어있다. 하늘의 그림자는 거의 보이지 않고, 그 생활은 하늘에서 행해지고 있다고 밖에는 생각할 수 없다"로 시작된다.[18] 또 그는 그것 속에서 "그 곳에서 사는 몽골인은 불과 몇 백 만 명밖에 안 되지만, 그 존재가 확고해 다른 민족에 비교해 탁월한 육체와 지력을 가지고 있다. 다만 기적적일 정도로 욕망 없이 살아가고 있다. 그 욕망이 없음에 대해 정확한 설명은 불가능하지만, 전부터 나는 그들의 존재 바로 그 자체가 시(詩)라고 하는 생각을 해왔다"라고 말하고 있다.[19]

이상과 같이 그에게서의 몽골은 소년시절에는 '몽상(夢想)'의 대상이었고, 청년기에는 로맨티시즘을 불러일으키는 고향과도 같은 것이었다. 후년에는 인간의 욕망이나 관념에 물들지 않은 시와 같은 원초적 존재들이 숨 쉬고 있는 곳으로 인식되었던 것이다. 또 그에게서의 동아시아는 만주와 몽골을 중심으로 한 동아시아로 인식되었다. 그런데 그에게서의 동아시아에 대한 그러한 인식은 일본어와 몽골어와의 유사성에 대한 확인으로부터 시작되었고, 그가 일본민족과 일본문화의 원형을 찾아가는 과정에서 더욱 그러한 방향으로

굳어져 나왔다. 그의 내셔널리즘 또한 만주·몽골 지역 중심의 동아시아 인식을 바탕으로 해서 성립되어 나왔다. 그러한 측면에서 고찰해 볼 때 시바 료타로에서의 만주·몽골 지역이란 일본민족의 원향(原鄕)이자 성지(聖地)와도 같은 곳으로 인식되었던 것이다.

3) 시바의 몽골어 학습의도와 만·몽 인식

앞에서 지적한 바와 같이 시바 료타로의 동아시아에 대한 관심은 몽골어과에 들어가 몽골어를 학습해 가는 과정에서 정착되었고, 또 그것은 그가 소위 시바사관(司馬史觀)을 성립시킨 일련의 역사소설을 창작해 가는 과정에서 구체화되었다. 그렇다면 그가 몽골어과를 선택하게 된 주된 이유는 무엇이었던가? 우선 이 문제부터 고찰해 보기로 한다.

시바 료타로의 사망(1996.2)을 기해 행해진 한 좌담회에서 다음과 같은 말이 나왔다. "분명히 오사카 외국어 대학교의 몽골어과를 선택하셨을 때 이미 시바씨 자신은 꽤 확실한 결의가 있었던 것은 아니었을까 합니다. 어디에선가 쓰인 말에 그것이 나와 있었습니다만, 그 당시 몽골어를 습득해 있으면 외무성 시험에 붙기 쉽다. 시바씨는 외무성의 외교관이 되어서 변경의 영사관에 근무하다가 30살이 되면 소설을 쓰기 시작해 보고싶다 라고. 나도 살짝 들을 적이 있는데 그 소설에서 만리장성을 변형으로 한 유목과 농경민의 슬픔을 써 보고 싶다고 하는 것을 말씀하시고 계셨어요"(松原正毅·道川文夫, 1998)

이상의 대담내용에 의하면 그가 몽골어과에 들어간 일차적 목적은 어떻게든지 외교관 시험에 붙어보기 위해서였다고 할 수 있다. 그렇다면 그가 외교관이 되고 싶었던 이유는 무엇이었던가? 그것은 만·몽 지역의 영사관 근무체험을 바탕으로 하여 만·몽 지역의 '유목민과 농경민의 슬픔'을 소설의 형태로 취해 써보고 싶었기 때문이었던 것이라 할 수 있다. 그렇다면 그가 그들의 '슬픔'을 써내야겠다는 생각은 어떻게 형성되어 나온 것인가?

우선 첫 번째로 우리가 앞에서 논의한 바와 같이 자신의 혈통이 고대에 한반도를 통해서 일본에 건너간 만·몽 지역의 민족들과 연결되어 있다는 의식이 그에게 있었기 때문이었다고 할 수 있다. 물론 그에게서의 그러한 혈통에 대한 의식은 비단 그 자신이나 혹은 어떤 특정 계열의 인간들에게만 해당되는 것은 아니었다. 자신의 혈통에 대해 관심을 가지고 그 루트를 추적해 본 적이 있는 일본의 지식인들은 그와 유사한 혈통의식을 갖지 않을 수 없었을 것이다.

두 번째는 근대화 과정에서 어떤 부류의 인간들이 외국어, 특히 중국어, 한국어, 몽골어 등과 같은 동양어 학습과 그 연구에 관심을 가졌던 것인가의 문제이다. 일본에서의 외국어 학습은 근대 서양학습의 수용과정에서 성립된 양학(洋學)을 통해 이루어져 왔다. 양학은 우선 일본에서의 쇄국정책 실시 이후 서구의 산업혁명 이후의 학문이 네덜란드(화란)를 통해 일본에 들어가는 과정으로 형성된 난학(蘭學)이라고 하는 형태를 취해 성립되었다. 시기적으로 말하면 서구에서 산업혁명(산업혁명의 기점 1762년 제니의 방적기 발명시점) 등을 통해 출발했던 근대화의 물결 제 일진(第1陣)이 일본에 이르렀던 시점, 보다 구체적으로 말하자면 해부서(解剖書)의 역서 『해체신서(解体新書)』(1774) 가 간행된 시점 이후부터라 할 수 있다. 그 책의 번역자들은 나가사키(長崎)의 화란상관(オランダ商館)에 파견된 화란의사들로부터 의술을 배우는 과정에서 그들로부터 배운 화란어 실력으로 그것을 번역하였다. 의학을 중심으로 해서 성립된 난학은 그 후 근반세기에 걸쳐 목초학(木草學), 천문학 등으로 넓혀져 갔었는데, 이 경우의 학문적 기초는 화란어의 학습연구였고, 그것은 주로 나가사키의 통사(通詞)라고 하는 통번역소의 사람들에 의해 행해졌다. 그러다가 19세기 초가 되어 러시아 세력의 남하를 계기로 난학은 국가적 차원에서 유용한 서양지리학, 군사학, 기술 등의 분야로 확장되어 나갔다. 그것은 막부(幕府) 직속의 천문소(天文方)의 '만서화해어용(蛮書和解御用)'이라고 하는 화란서의 번역연구 전문부의 설치를 계기로 학문적 성격을 갖추게 되었다.

이렇게 해서 난학은 공학(公學)으로서의 역할을 행하게 되었는데, 특히 제1 차 아편전쟁(1840~42) 이후 대외적 위기의 진행은 서양식 준비의 급촉한 확충

이 요구되었다. 그러한 과정에서 난학에 의한 서양의 군사과학 연구가 급속히 진행되어, 개항 직전에 가서는 의사층 중심의 난학이 군사과학을 습득하려는 무사층 중심으로 전환해갔다. 1854년 개항을 계기로 화란어에 의한 난학은 화란어 이외의 영어·프랑스어·독일어 등으로 행해지게 되어 난학이 양학 (洋學)으로 불리어지게 되었다. 1856년에는 번서조사소(蕃書調所)가 설치되어 주로 군사과학에 대한 지식의 습득이 행해지다가, 1863년에 와서는 그것이 개성소(開成所)로 개칭되었다. 개성소에서는 외국교사를 받아들여 외국어, 자연과학, 병학 등을 가르쳤고, 학생들은 주로 쇼군(将軍)의 근위병들의 자제들이었다. 신정부로 넘어와서는 그것이 개성학교로 바뀌었다가, 1877년에 와서 도쿄대학(東京大學)이 되었다. 이상과 같이 일본에서의 외국어의 학습연구는 서양어가 중심이 되었는데, 그 이유는 그것이 서구세력의 동진으로 인한 대외적 위기의 극복방안의 일환으로 행해졌었기 때문이었다고 말할 수 있다.

우리는 그의 몽골어과의 입학도 바로 그러한 차원에서 그 이유를 생각해 볼 수 있는 것이다. 우리의 그러한 생각은 다음과 같은 사실이 그러한 차원의 또 하나의 논거로 제시될 수 있다. 그가 국립 오사카 외국어학교에 입학한 것은 1942년 4월의 일이었다. 당시 일제는 1931년 만주사변을 일으켜 만몽지역, 즉 중국의 동북 3성지역과 내몽고지역을 점령해 자신들의 손아귀에 넣게 됨으로써 삼국간섭(1895.4) 이후 해결해 오지 못했던 만몽문제를 드디어 해결한 후 만몽개척에 박차를 가해갔다. 일본의 그러한 「만몽개척」은 다음과 같은 의도 하에서 행해졌다. 만몽개척이란 일제가 15년 전쟁기(1931~1945)에 중국동북지방(만주)과 내몽고지역에 행했던 농업 이민정책을 말한다. 그런데, 그것은 일본의 지배하에 놓인 만주에 일본인 인구를 증가시켜 만몽 지역 내의 치안유지를 꾀하고 대소전략(對蘇戰略)기지의 구축이라는 의도 하에서 행해졌던 것이다.

그러한 정책은 중일전쟁이 일어나기 직전인 1936년부터는 20년간 100만 가구 송출이라는 계획을 책정해 계획대로 실행해 나갔다. 그 결과 전시 하에서는 그것이 27만 가구에 이르렀다. 전시 하에서의 그러한 이민 정책은 국내의 갑작스런 노동력 감축으로 인해 만몽개척 소년 의용대(義勇隊)이민이라는 형태로 이루어졌다. 시바 료타로가 중학교를 졸업하고 외국어 전문학교에 입학할 시기에도 그 정책이 추진되어 산간마을의 차남 이하의 청소년들은 물론이고 도시 출신의 청소년들까지도 의용대 개척단에 입단해 만몽지역으로 송출되어 나갔다. 시바의 오사카 외국어 전문학교 몽골어과의 입학도 정부의 그러한 만몽개혁 정책과 관련시켜 생각해 볼 수 있다. 당시 시바는 중학교를 졸업하고, 두 번이나 고등학교 시험을 치렀으나 불합격 당했다. 그래서 그는 중학교 졸업후 3년째 되던 해 바로 그 국립 외국어 전문학교에 들어갔던 것이다. 그가 몽골어에 정통하여 그 학교를 졸업했지만 외교관 시험에 합격하지 못했을 경우, 그는 일제의 그러한 만몽정책의 추진 쪽으로 자신의 몸을 던져 자신의 꿈을 실현시켜 가보려 했었는지도 모른다. 그러나 패전으로 인해 그의 만몽에 대한 꿈은 일단 무산되었다고 볼 수 있다. 그러나 전후 그에게서의 만몽에 대한 꿈은 소설 창작을 통해 실현되어 나왔던 것이다.

3. 근현대 일본 지식인의 동아시아 인식

1) 러시아의 동진정책과 일본지식인의 아시아주의

그렇다면 전후 그의 글쓰기는 어떠한 식으로 그의 만몽의 꿈을 꽃피어 나갔던 것인가? 그의 시바사관을 확립시킨 역사소설들의 소재는 앞에서 지적한 바와 같이 아편전쟁(1840~42)으로부터 러일전쟁(1904~05)까지의 60여 년간에 일어났던 역사적 사건들로부터 취해진 것이다. 이 시기 일본에서 일어났던 역사적 사건들이란 기본적으로 동진해온 서구세력들에게서 대항해 가는 과정에서 일어난 사건들이었다.

보다 구체적으로 말해 그러한 역사적 사건들은 다음과 같은 역사적 상황하에서 성립, 전개되어 나갔다. 우선 그것들은 러시아의 동방전략과의 관련

속에서 일어난 것들이라는 것이 지적될 수 있다. 러시아의 동방경략에 의해 노마노프 왕조 시대인 17세기 말에 시작되어 청 황제와의 사이에서 네르친스크 조약(1689)이 체결됨으로써 양국의 국경이 외홍안령(外興安嶺)과 아르군강(Argun 江)으로 확정되어 있었다. 한편 러시아는 발칸반도를 지배하고 있던 터키의 세력이 18세기로부터 약화되자 18세기 후반부터 부동항의 획득을 목적으로 발칸반도 쪽으로 남하정책을 취해 우선 일차적으로 '터키의 호수'였던 흑해를 '러시아의 호수'로 만들었다. 빈회의(Congress of Vienna, 1814~14), 즉 프랑스 대혁명전쟁과 나폴레옹 전쟁에 관한 뒤처리를 위해 러시아, 프로이센, 영국, 프랑스 등의 열강들이 개최한 바로 그 역사적 회의를 통해 발칸반도에서의 러시아의 남하정책은 저지되었으나 그 전쟁들이 불러일으킨 민족의식이 그리스 등에서 싹트기 시작해 민족의 문제가 대두되었다. 그러자 빈회의 이후 한층 더 약화된 터키가 당시 자신들의 지배하에 있었고, 또 자신들과 종교적 입장이 다른 발칸반도의 그리스와 같은 정교국가의 국민들을 탄압해 갔다. 그러자 유럽에서는 네오 헬레니즘(Neo-Hellenism)사상이 대두해 낭만주의와 결합해 그리스의 독립운동을 촉발시켜 갔으며, 또 정교국가인 러시아는 이슬람교국의 터키가 정교국가들을 탄압해 간다는 이유로 터키와 국교를 단절하고 같은 기독교 국가들인 영국, 프랑스와 동맹해 그리스의 독립운동을 도와 갔다. 그 결과 비잔틴제국의 멸망(1453년)으로부터 근 5세기 가까이 오스만 터키의 지배를 받아오던 그리스가 1929년에 비로소 독립을 쟁취했다.

러시아는 그리스의 독립을 계기로 한층 더 적극적으로 발칸반도의 남하정책을 추진해가게 되었다. 그러자 터키는 물론 영국, 프랑스 등의 저지로 그 뜻을 이루지 못했다. 그러한 상황에서 1848년 프랑스의 2월 혁명을 계기로 민족운동이 일어나자, 발칸반도에서는 러시아가 그러한 국제적 분위기를 타고 1850년 흑해 북쪽의 크림반도에서 터키를 공격했고, 영국과 프랑스는 러시아의 남하를 저지하기 위해 그 전쟁에 끼어들었다. 그 크림 전쟁은 1856년 1월에 가서 일단 파리조약을 통해 종결되었지만, 러시아는 파리조약 이후 터키의 지배하에 있던 발칸반도의 약소 정교국가들에 범(汎)슬라브주의(PanSlavism)

을 고쳐시켜 그들을 터키로부터 독립시켜 나갔다.[20] 그러나 상황은 그 정도에서 끝나지 않았다. 1875년부터는 보스니아 등과 같은 기독교 국가들로부터 농민발란이 일어났다. 그 결과 러시아는 발칸반도내의 터키영토의 반 이상을 획득하게 됨에 따라 1878년 3월 터키와의 전쟁을 종결시켰다.

이렇게 발칸반도에서의 러시아의 세력이 우세해지자, 1871년 독일제국을 성립시킨 게르만 민족이 러시아세력을 견제하기 위해 베를린 회의(1878.6~7)를 개최해 발칸지역의 오스트리아, 헝가리 등과 같은 게르만계의 민족들의 권익을 대변해갔다. 19세기 전반 독일이 통일되어 나오는 과정에서 싹텄던 범게르만주의(PanGermanism)가 1880년대로 들어와서는 게오르그 본 쉐네라(Georg von Schönerer, 1842~1921) 등의 지도하에 범게르만주의 운동으로 전개되어 나왔고, 1890년대에 이르러서는 전 독일연맹(Alldeutscher Verband)이 주장하는 독일민족의 인종적 우수성을 전제로 한 독일민족의 식민지 제국건설 사상으로 정착 되었다. 이상과 같이 러시아는 발칸반도에서의 남하정책을 추진해가다가 열강들의 저지가 강화되자, 19세기 중엽부터는 동진정책을 취하게 됐는데, 그 과정에서 러시아는 네르친스크 조약을 깨고, 1858년 중국과의 아이훈(愛琿)조약을 체결해 흑룡강 이북을 자기네 땅으로 만들었고, 1860년에는 중국으로부터 연해주 지역을 넘겨받아 블라디보스톡을 건설했다.

러시아의 이러한 동진정책에 대항해 1890년대로 들어가 발칸반도에서는 범게르만주의 운동을 통해 러시아의 남하정책을 봉쇄하려는 분위기가 형성되어 나왔다. 그러자, 러시아는 시베리아 서쪽의 모스크바에서 동쪽 블라디보스톡에 이르는 시베리아 철도 부설을 시작했다. 그 작업은 1894년에는 바이칼 지역까지 행해졌다. 그러나 러시아는 삼국간섭(1895) 이후 청이 러시아와 연합해 일본을 제어해 나간다고 하는 소위 연아제일(聯俄制日)이라고 하는 기류를 타고 본래의 계획을 바꾸어 중국의 동북지방을 통과하는 철도를 부설한다는 쪽으로 나갔다. 그 계획은 바이칸 지역의 치타에서 동북삼성지역을 관통해 블라디보스톡에 이르는 동청(東淸)철도가 1896년에 완성됨으로써 이루어졌고, 또 본래 계획했던 블라디보스톡까지의 시베리아 횡단철도는 1903년에 완성되었다. 한편 러시아는 삼국간섭 이후 독일이 1897년에 산동의 교주만(膠州灣)을 강제로 점령하자, 독일침략을 방지한다는 명분으로 여순(旅順)과 대련(大連)을 점령하여 25년간의 조차권을 얻어냈을 뿐만 아니라, 그와 동시에 1898년에는 하얼빈에서 대련까지의 남만주철도까지도 건설해갔다.

그렇다면 러시아를 비롯한 서구의 그러한 동진세력에 대해 일본은 어떻게 대처해 나갔던 것인가? 앞에서 언급한 바와 같이 일본은 19세기로 들어 근대 서구의 산업자본주의 세력의 동진으로 인해 근세 일본의 막번(幕藩)체제가 흔들리기 시작했고 동아시아의 맹주로 생각했던 중국이 아편전쟁 이후 서구의 반식민지 상태로 떨어지는 것을 목격하고 흔들리는 막번체제의 재편성에 힘써 갔다. 이러한 정치적 상황에서 부상한 정치사상이 존왕양이(尊王攘夷)사상이 었다. 일본은 그러한 정치사상에 입각해 막번 정치체제를 이적(夷狄)에 대처해 갈 수 있는 정치체제로 재편성시켜 나갔는데, 그것이 다름 아닌 메이지 정부 (明治政府)가 창출해낸 천황제 국민주의라고 하는 정치체제였다. 이 경우 막말 일본인들에게서의 '이적'이란 러시아를 비롯한 서구 열강들을 가리켰다.

이와 같이 존왕양이라고 하는 정치사상에 입각해 형성된 메이지 정부의 지지자들은 「이적」으로 인식되었던 근대서구세력의 동진으로부터의 안전과 그들과의 평등을 유지시켜 나가기 위한 방안으로 민권과 국권의 신장을 줄기 차게 요구해 갔다. 그 과정에서 시바의 말에 의하면, 아편전쟁(제1차:1840~42, 제2차:1856~60)이후 일본의 지식인들에게는 '구미의 군함 전부가 떼를 지어 일본에 온다고 하는 피해망상이 있었는데, 그들이 생각했던 일본방위의 한 방법은 조선·중국·일본이 삼국동맹을 맺는 것'이였다고 하는 것이다.[21] 시바는 그러한 생각을 가장 강하게 주창해 갔던 자가 가쓰 가이슈(勝海舟, 1823~99)였다고 말하고 있다. 그는 에도에서 출생해 서양 병학과 포술을 배워 1850년에는 손수 학원을 차려 난학과 병학을 가르쳤다. 1854년에는 해방(海防)의견서를 막부에 제출했다. 그는 미일수교통상조약 관계로 일본인 최초로 태평양 횡단항해에 성공한 자였다.

그들의 그러한 생각은 메이지유신 이후 1878년경부터 민권론 운동이 본격적으로 전개되어 나가는 과정에서 '아시아 민족연대론' 등으로 전환해 나왔었는데, 그러한 이론을 주창했던 가장 대표적인 인물은 서양 정치론과 각국의 역사에 정통했었고, 또 당시의 민권운동의 지도적 역할을 행했던 우에키 에모리(植木枝盛, 1357~92)로 지적되고 있다. 그러나 당시 일본의 민권운동은 한국에서의 갑신정변(1884)을 계기로 국권확장운동으로 전환해 나온다. 당시 일본 지식인들의 아시아 민족 연대론은 서구에서 제국주의사상이 형성되어나가는 과정에서 근대서구의 지식인들이 주창했던 범슬라브주의라든가 범게르만주의 등으로부터 촉발되어 일본을 맹주로 한 대아시아주의 운동의 형태로 전개되어 나갔던 것이다.22 그들의 그러한 사고는 보다 구체적으로 말하면, 러시아 지도하의 제 슬라브민족의 통일이야말로 러시아의 사명이라 주장했던 마크하일 P. 포고진 등의 범슬라브주의 운동의 영향 하에서 형성된 것이라 할 수 있다. 우에키 에모리를 비롯한,『대동합방론(大東合邦論)』(1885, 1893)의 다루이 도키치(樽井藤吉),「오사카사건(大阪事件)」(1885)을 일으킨 오이 겐타로(大井憲太郎) 등과 같은 당시 일본의 지식인들이 주창했던 일본을 맹주로 한 아시아 민족 연대론은 갑신정변으로부터 10년 만인 1894년에 청일전쟁을 일으켜 청으로부터의 조선을 독립시켜 개화시켜 나간다는 미명 하에 대륙진출의 논거를 마련해갔다. 그 후 그것은 당시 최대의 우익단체였던「흑룡회(黑龍会)」(1901 창립)의 우익운동을 통해 '대아시아주의'로 전개되어 나왔다.23 일본은 그러한 사상에 의거해 러일전쟁(1904~05)을 일으켜, 그것을 동과 서와의 첫 대결이라고 하는 분위기를 조성해 결국 그것을 승리로 이끌어 냈다. 그 결과 일본은 청일전쟁 후 삼국간섭으로 잃은 요동반도를 되찾았을 뿐만 아니라 한국을 식민지화시키고, 러시아로부터 만철 등을 입수해 만주로 진출해 나갔던 것이다.

2) 지한파(知韓派)의 지한(知韓)의도와 그들의 동아시아 인식

앞에서 파악한 바와 같이, 일본에서의 외국어 학습과 외국어 연구의 일차적 목적은 그 외국어를 사용하는 인간들의 나라와 문화에 대한 체계적 지식을 얻기 위함이었다는 것은 두말할 필요가 없다. 시바의 몽골어과 선택도 우선 일차적으로 그러한 목적 하에서 정해진 것이었다 할 수 있다. 그의 그러한 생각은 이미 앞에서 고찰 한 바와 같이 사쿠마 쇼잔(佐久間象山, 1811~64)과 같은 양학파들이 서양이라고 하는 적(敵)을 알기 위해서 네덜란드어를 공부했던 당시부터 면면히 이어져 왔다. 시바의 경우는 일본의 최대의 적이었던 러시아가 일본인의 원향이라 생각되는 만주·몽골지역 너머에 있다고 생각했다. 당시 그에게 그런 생각이 들었던 것은 근대화 과정에서의 일본인들의 대대적 관심이 만·몽 지역에 모아져 왔기 때문이었다.

일본인들의 관심이 만·몽 지역에 모아졌던 것은 첫째로 일본이 근대화 과정에서 그 곳을 자신들의 영토로 만들어 가는 과정에서 자신들의 최대의 적으로 생각되었던 러시아와의 치열한 대결을 행해왔었기 때문이었다. 일본이 그것을 자신들의 영토로 만들려 했던 이유는 우선 일차적으로 그 지역이 서구의 동진 세력이 동아시아로 들어오는 관문이었기 때문에 일본이 그곳을 점유해야만 일본의 안전과 동아시아의 평화가 유지될 수 있다고 생각했었기 때문이었던 것이다. 일본이 동진하는 서구 세력으로부터의 안정과 그들과의 평등 관계를 만들어 가려면 우선 무엇보다도 동진 세력의 관문이라 할 수 있는 만·몽 지역의 인간들과 그들의 문화 등에 대해 우선 체계적으로 알아야 한다는 생각이 그에게 있었던 것이다.

둘째, 우선 일제의 지식인들의 일부는 만·몽 지역이 역사적으로 또 문화인류학적으로 자신들의 민족과 어떠한 형태로든지 깊게 관련되어 있다는 논리를 정립시켜 자신들의 만주 침략을 정당화시켜 가려는 쪽으로 관심을 가져갔다. 이 문제와 관련해 우리는 다음과 같이 좀 더 이야기를 지속시켜 볼 수 있다. 일제는 1905년 러일전쟁에서의 승리를 계기로 한국을 자신들의 보호국화 시킨 후, 그 다음해부터 남만주철도주식회사를 건설하는 등 보다 조직적으로 만주침입에 돌입해갔다. 그러한 상황에서 동년 일본의 고고학자 도리이 류조(鳥居龍藏, 1870~1953)가 만주를 방문해, 현재 내몽고자치구 적봉시(赤峰市)의 동북방에 위치한 우란하따(馬蘭哈達, '붉은 산'의 의미)라 불리는 적산(赤山)에서 적석총(積石塚)을 비롯한 많은 신석기 유적들을 발견한다.[24] 그러한 발견이 계기가 되어 그 만·몽 지역(만주와 내몽고지역)이 일본지식인들의 문화적 관심을 끌어가게 된다. 그 후 일제는 만·몽 지역에서의 만주국 설립이후 1933년 제1차 만몽학술조사단으로 하여금 적봉지역에 대한 유적조사를 실시케 하였다. 그 후 1935년에 가서는 일본의 고고학의 대부 하마다 고사쿠(浜田耕作, 1881~1938) 일행이 그 곳을 방문해 유적 발굴 작업을 실시했다. 우실하도 지적하고 있듯이 당시 일본정부와 학계에서는 그 지역의 유적 발굴 작업에 지대한 관심을 가지고 있었다. 그 이유는 중국의 만주족과 몽골족이 살고 있는 동북지역과 내몽골지역이 중국에 소속되지 않는다는 어떤 고고학적 근거를 찾아내기 위해서였다는 것이다.[25]

근대 이후 일본에는 시바 료타로의 경우처럼 만·몽골에 대한 지식을 가지고 동아시아 원형을 찾아내고, 그것을 토대로 자신들의 원형을 찾아내보려는 지식인들이 있어왔다. 우리 한국인들은 그들을 지한파(知韓派)라고 한다. 한국에서는 그들을 상대해 가는 한국인 지식인들을 친일파(親日派)라고 한다. 그런데 내가 여기에서 말하고자 하는 것은 지한파 지식인들이 한국의 친일파 지식인들과 관계를 맺어가는 궁극적 목적은 그들로부터 한국인과 한국 문화에 대한 생생한 지식들을 얻어가기 위해서가 아니라, 한국에 대한 지식 습득을 통해 '만·몽'에 내재해 있는 자신들의 원형과 동아시아의 그것을 찾아내기 위해서라는 것이다. 다시 말해서 일본의 지한파 지식인들은 한반도 지역 한국인이나 한국문화 등으로부터 자신들의 원형을 찾아내보려 한다든가 그것들로부터 자기 자신들에 대한 어떤 정보를 취해보려는 것이 아니라 그것들에 대한 어떤 이해를 발판으로 해서 '만·몽'으로부터 자기 자신들의 존재론적 토대와 문화적 기층을 탐구해내 보겠다는 입장이라는 것이다.

이것에 대해 정치적 입장에서 말해 볼 것 같으면 지한파들의 한국에 대한 제스처는 자국의 안전을 위해 서구세력의 동진을 차단하려는 일환으로 행해지는 것이라고 말해 볼 수 있다. 지한파(知韓派)의 지한(知韓)이란 고대 중국의 춘추시대에 쓰인 병법서『손자병법(孫子兵法)』에 나오는「知敵」라는 말에 의거해 만들어진 것이다. 조선 침략론을 주창한 병학자 요시다 쇼인은『손자병법』의 대가 야마가 소코(山鹿素行, 1622~1685)의 병학을 이어 받았고, 또 야마가류의 병학을 이어받은 사쿠마 쇼잔으로부터 양학을 배웠다. 사쿠마 쇼잔은 아편전쟁이 끝난 시점인 1842년 11월24일 그의 번주(藩主)에 보내는 편지에서 "방어책은 청조(淸)의 전철을 밟지 않도록 할 것이며 병법에서 말하는 '그를 알고 자신을 알아야 한다'라는 것을 노력하고 싶다"라고 말하고 있다.26 당시 사쿠마 쇼잔에게서의 적(敵)을 의미하는 '그'란 동진해 오는 세력을 의미했다. 요시다 쇼인은 스승의 그러한 가르침을 받아들여 "서양을 이기기 위해 서양을 알아야 한다고 주장했고, 특히 서양병법을 알아야 한다고 몇 번이나 역설했다"27 그는 그러한 주장에서 끝내지 않고 지적(知敵)을 실천해 보고자 일본탈출을 시도해 보기도 했다. 호사카 교수의 지적에 의하면 요시다 쇼인의 그러한 지적(知敵)행위는『손자병법』에 의거해 행해진 것이라고 하는 것이다. 논자가 여기에서 말하고자 하는 것은 지한파들의 그러한 지한행위는 요시다 쇼인이 실천해 보려했던 그러한 지적(知敵) 행위에 의거한 것이라고 말할 수 있다는 것이다. 친일파의 상대역인 지한파들이란 동진해온 서세로부터 자국을 보호해 가기위해서는 서세보다 먼저 조선을 침략해, 그것을 지배해 가야 한다고 주장해 갔던 요시다 쇼인, 사이고 다카모리, 이토 히로부미 등으로 이어지는 인맥을 이어갔던 인사들이 후예들이라고 할 수 있다. 그들의 상대역인 친일파 지식인들은 그들이 그러한 목적을 수행할 수 있도록 친절히 도와주는 인간들인 것이다. 그러한 의미에서 시바 료타로야 말로 가장 전형적인 지한파 지식인이고, 그 주위에 있던 한국인들이야말로 가장 대표적인 친일파 지식인들이다.

그렇다면 그들은 왜 '만·몽'을 통해 자신들의 원형을 찾으려 했으며, 또 그들은 어째서 남달리 '만·몽' 획득이 일본 안정의 지름길이라는 생각에 빠져 있었던 것인가? 지한파 지식인들의 한국에 대한 지적 호기심은 우선 일차적으

로 일본의 국가적 민족적 위기를 조장시켜 나가는 서구 문명의 동진에 대한 대항방법의 탐색과정에서 생겨났던 것이라 할 수 있는데, 그들의 한국에 대한 관심은 앞에서도 언급한 바와 같이 그들의 선조들이 한반도 출신이라는 생각에서가 아니라 한국인들의 선조가 만·몽 출신들이였다는 생각에 기인된 것이었다고 할 수 있다. 따라서 그들의 한국에 대한 지적 호기심은 한국을 발판으로 해서 만·몽 지역으로 진출해나가 그들 자신들의 원형을 찾아내고, 또 그들 자신들의 원향(原鄕)을 확보해보려는 의도에서 촉발됐었다고 생각해 볼 수 있다. 근현대 일본의 지식인들은 시바의 경우처럼 만·몽골로부터 일본어, 일본문화, 일본인 등의 원형을 찾으려 했었는가 하면, 가이코 겐(開高健, 1930~89)과 같은 소설가는 시바와의 대화에서 만·몽 지역을 '선조님들의 땅(ご先祖様の土地)'이라고 확실히 말하고 있다.[28]

일본의 지한파들이 동아시아에 대해 취해온 또 하나의 특징은 우익적 입장이라고 하는 것이다. 아편전쟁 이후 일본에 서세동진이 알려지자 일본도 중국처럼 그들의 손아귀에 들어갈지도 모른다는 국가적 위기의식이 당시 일본의 지식인들에게 고조되었다. 당시 지식인들은 한학(漢学), 특히 임진왜란을 기해 일본에 전파되었던 성리학을 배경으로 해서 출현한 자들이다. 그런데 그 중에는 단지 외압을 막는다는 입장 정도가 아니라 적극적으로 해외로 진출해 국력을 확장시켜야 한다는 입장을 주창했던 자들이 있었다. 그러한 입장을 취한 대표적 인간이 조선 침략론을 주창한 요시다 쇼인(吉田松陰, 1830~59)과 정한론(征韓論)을 주창한 사이고 다카모리(西郷隆盛, 1827~77)였다고 할 수 있다. 요시다 쇼인이 조선침략을 주창했던 것은 처음에는 '조선이 서양의 손아귀에 들어가면 일본이 위험하다'고 생각했었기 때문이었고,[29] 그 다음에 가서는 '러시아와 미국과의 교역으로 잃은 것을 조선·만주의 땅으로 보충해야 한다'고 생각했었기 때문이었다.[30] 사이고 다카모리의 정한론은 요시다 쇼인의 조선침략론을 그대로 실천하려는 입장에서 나온 것이었다. 그러나 그의 정한론은 그것이 주창된 그 시점에서는 이루어지지 못했지만, 그 후 요시다 쇼인의 제자 이토 히로부미(伊藤博文, 1841~1909)에 의해 실현되었다.

3) 근현대 일본인의 동아시아 인식

일본의 근대화는 막부말기를 전후해 한학과 국학 출신의 지식인들에 의해 그 기초가 이루어졌고, 그 다음 양학 출신의 지식인들에 의해 추진되어 나갔다고 볼 수 있다. 다시 말해 일본의 근대화를 추진시켜 나갔던 지식인들은 한문학으로 시작해서 서양학 내지 국학으로 전환해 나갔다고 하는 것이다. 예컨대, 서양해부학 역술서 『해체신서(解體新書)』(1774)가 간행되어 일본에서 서양학의 전단계라 할 수 있는 난학(蘭学)이 성립되었다. 그것을 역술(譯述)한 자는 스키다 겐바쿠(杉田玄白, 1733~1817), 마에노 료타쿠(前野良澤, 1723~1803), 나카가와 준안(中川淳庵, 1739~1786) 등은 모두 한문학에 능통한 한의학 출신이었다. 서양 병학자 사쿠마 쇼잔(佐久間象山, 1811~64)의 경우도 마찬가지였다. 그는 마쓰시로번(松代藩)출신으로 22세부터 28세까지 당시 에도 최고의 유학자 사토 잇사이(佐藤一齊, 1772~1859)로부터 유학을 배웠다. 잇사이 하야시(林)가문이 개설한 사설학교의 교장으로서 표면상으로는 막부의 관학인 주자학을 가르쳐 갔지만 사마찬 양명학에 경도되어 있던 유학자였다. 그 후로 사쿠마는 난학에 입문해 서양 병학자로 입신하게 되었다. 요시다 쇼인에 의도되 사쿠마는 잇사이 성립하에서 경학의 면에서는 오히려 잇사이보다도 더 뛰어난 자라고 평가되었던 자였다.

그의 제자 요시다 쇼인의 경우는 어떠했는가? 그는 조슈번(長州藩) 하기(萩)의 무사 집안 출신이다. 그는 데라코야(寺子屋)에도 주쿠(塾)에도 다니지 않고 5, 6세부터 야마가류(山鹿流) 군학사범이었던 집안의 숙부와 번(藩)의 무사였던 부친 밑에서 『맹자(孟子)』를 읽어가면서 병학(兵学)을 공부했다. 21세가 되자 히젠(肥前)의 히라도(平戸)에 나가서 야마가류의 석학 하야마 사나이(葉山左內)를 만나 그로부터 왕양명의 저서 『전습록(傳習錄)』을 빌려본다. 그 다음해는 에도에 나가 쇼헤이코(昌平黌)의 주자학자 아사카 곤사이(安積艮齋, 1791~1860)를 만나 유학(儒学)을 배우게 되고 사쿠마 쇼잔(佐久間象山)으로부터 양학(洋学)을 배우게 된다. 당시 그는 병학보다는 오히려 경학(經學) 쪽에 관심을 기울어 사람들과『중용(中庸)』등을 윤독(輪讀)해 갔다. 사이고 다카모리(西鄕隆盛, 1827~1877)도 사쓰마번(薩摩藩)의 무사집안 출신으로 번교(藩校) 조사관(造士館)에서 18세까지 한문학을 배워 그 후 군청 서기로 근무하며 10여 년간 번의 농정(農政)을 지도했던 자였다.

이와 같이 일본의 근대화를 추진시킨 지식인들은 양이(攘夷)의 목적으로 서양인의 기술을 받아들이기 위해 서양서적을 번역해가는 과정에서 한문학에서 양학 내지 국학으로 전환해 나갔다. 그렇다면 일본에서의 한문학은 어떻게 출현했던 것인가? 일본에서의 한문학은 에도 막부가 17세기 초 하야시 가문을 통해 주자학을 관학(官學)으로 받아들여 각 번(藩)들로 하여금 번교(藩校)를 설립케 해서 번사(藩士)의 자제(子弟)들 모두를 그곳에 강제적으로 입학시켜 그것을 그들에게 가르쳐 가게 함으로써 일반화되어 나왔다. 번교에 입학한 번사의 자제들은 유교의 경전(經典)을 읽어가면서 한문(漢文)을 학습해 유교적 교양을 배워갔다. 이 경우 그들이 무사의 자제들로서 배워가는 유교적 교양이란 군자(君子)가 취해야 할 교양이다. 그런데 유교에서의 군자가 취해야 할 기본적 덕목은 충(忠)과 효(孝)를 근본으로 하는 도덕이었고, 또 가정과 관련된 사사로운 일 보다는 국가나 사회를 위한 대의(大義)를 실천해 나가는 것이었다. 논자가 여기에서 말하고자 하는 것은 근대화 과정의 초창기에 활동했던 지식인들의 제1진(第1陣)이 에도시대의 번교에서 가르쳤던 유학을 배경으로 해서 출현한 자였다고 하는 것이다.

그렇다면 에도 막부가 유학을 관학으로 받아들였던 근본적 이유는 무엇이었으며, 또 유학이 추구해 나가는 지식이란 과연 무엇이었던가? 에도 막부의 설립자 도쿠가와 이에야스(德川家康)가 취한 정치체제는 막번 봉건정치체제(幕藩封建政治體制)였다. 에도에 있는 에도막부(江戶幕府)를 종주(宗主)로 하고 각 지역에 있는 번(藩)들을 제후국(諸侯国)으로 하는 정치체제를 말한다. 그런데 에도 막부가 17세기 초에 취한 이러한 정치체제는 고대 중국의 하(夏)·은(殷)·주(周)가 취했던 정치체제였다. 그런데 주(周)대의 춘추시대(BC 770~453)로 들어와 봉건체제가 문란해지자 공자(551~479, BC)가 서주(1122~

770, BC) 초의 예교(禮敎) 질서를 회복시켜내고자 서주의 정치사상을 연구했는데, 바로 그 과정에서 성립되어 나온 것이 다름 아닌 유학이었던 것이다. 에도 막부가 관학으로 유학의 일파인 주자학을 받아들여 번의 무사 모두에 그것을 가르쳐 갔던 것은 고대 주나라의 봉건체제로부터 취해온 막번 정치체제를 합리시키고, 또 번주(藩主)와 번사(藩士)의 종주번주(宗主藩主)인 쇼군(將軍)에 대한 충성(忠誠)을 통해 막번 정치체제를 유지시켜 나가기 위해서였던 것이다.

그런데 논자가 여기에서 말하고자 하는 것은 공자의 그러한 정치사상 연구에 지대한 영향을 끼쳤던 자가 있었는데, 그가 바로 공자보다 170여 년 이상 먼저 태어났던 관중(管仲, 725~645, BC)이었다고 하는 것이다. 현재 우리에게 관중이란 인물은 중국 최대의 정치가로 알려져 있다. 고대 중국에서 지식인들을 양성시켜 그들을 관료로 쓰기 시작했던 최초의 정치인이 바로 관중이었다. 고대 중국에서의 교육과 학문은 바로 사인(士人)이라 불리어졌던 이 지식인 집단들의 출현을 계기로 해서 성립되어 나왔다.[31] 관중이 사인들에게 주입시켰던 직업정신은 존왕양이(尊王攘夷)의 정신이었다. '존왕'과 '양이'란 말은 관중이 제(齊)의 환공(桓公)의 수하에서 국정을 수행해가는 과정에서 성립된 용어였다.[32] 관중은 주의 환공을 춘추시대 최초의 패자(覇者)로 만들었다. 환공을 비롯한 그 후의 패자들은 왕을 존중하고 외민족(外民族)을 물리쳐 중화(中華)를 지킨다고 하는 존왕·양이를 표어로 했다. 당시의 중국은 안으로는 주왕실(周王室)이 쇠퇴하고 밖으로는 이적(夷狄)의 침입을 받아갔다. 그래서 중화의 권위와 질서를 상실해 갔었던 것이다. 당시 사인들이 교육을 행해가고 어떤 사물들에 대한 지식을 취해가는 목적이 바로 이 존왕양이에 있었던 것이다.

이와 같이 고대 중국에서 최초로 출현했던 지식인들이 추구해 갔던 것은 어떻게 왕을 잘 받들어가고, 어떻게 외적을 잘 무찔러갈 것인가에 대한 지식들이었다. 한마디로 국내외의 정치적 문제들에 대한 지식이었다. 그런데 논자가 여기에서 말하고자 하는 것은 근대 일본의 지식인들이 바로 그러한 존왕양이 사상을 배경으로 해서 성립된 유학을 통해 습득한 그러한 지적 사고와 교양을 기초로 해서 출현한 자들이었다는 것이다. 그러한 유교적 교양을 습득한 당시의 지식인들은 존왕양이 정신에 입각해 양이에 치중해갔던 자들은 양학자로 나갔고, 미토학파(水戶学派)의 경우와 같이 존왕에 치중해 갔던 자들은 국학자(国学者)로 전환해 나갔던 것이다.[33] 일본의 근대화란 바로 그들에 의해 추진되어 나갔고, 근대일본의 지식인들을 양성해 갔던 각 기관들과 제도들도 역시 그들에 의해 설립되고 수립되어 나왔던 것이다. 보다 구체적으로 말하면, 근대일본의 지식인들은 유학을 배경으로 해서 출현해 나와 양학자와 국학자들로 전환해 나갔던 자들이었고, 또 그들의 후예들은 그들에 의해 설립되고 추진되었던 기관들과 제도들을 통해 양성되어 나왔던 자들이었다는 것이다. 그 대표적 기관들이 도쿄대학을 비롯한 대학 기관이었었고, 그 대표적 제도가 신학제(공포 1872), 교육령(공포 1879), 제국대학 설치(공포 1886), 제국헌법 제정(공포 1889), 교육칙어(공포 1890) 등이었다. 이러한 교육·연구기관들과 제도들을 통해 양성된 근대일본의 지식인들의 주된 관심은 존왕양이에 집중되어 있었다는 것이다.

근대일본의 지식인들의 지적 사고는 천황과 양이라고 하는 두 축을 통해 이루어져 갔었다고 말할 수 있다. 일본의 문예평론가 이소가이 가쓰타로(磯見勝太郎)는 시바 료타로(司馬遼太郎)와 그의 작품 『언덕 위의 구름』에 관해 오자키 호쓰키(尾崎秀樹)와의 대담 중에 이런 말을 한다. "시바씨는 '메이지'라고 하는 국가를 좋아했는데, 러일전쟁에서 승리한 직후부터 나라를 일으켜 갔던 청렴하고 투철한 합리주의가 없어져 버리고 말았다는 것을 지적하시고 계시더군요."[34] 우리가 시바의 이러한 견해를 받아들인다고 한다면, 그가 지적한 그 '청렴하고 투철한 합리주의'정신이란 분명히 메이지 국가를 세운 유학자들과 양학자들로부터 나온 것이라 할 수 있다. 그것은 분명히 주자학자들의 격물궁리(格物窮理)적 입장, 근대 서구의 계몽주의자들을 통해 형성된 일본 양학자들의 합리주의적 사고 등으로부터 나온 것임에 틀림없을 것이다.

그렇다면 러일전쟁의 승리를 계기로 일본의 지식인들은 어떠한 입장을 취해 나갔던 것인가? 일본은 러일전쟁이 일어나기 5년 전에는 제국헌법을 제정해 공포하고 4년 전 교육칙어를 공포해, 일본의 모든 지식인들과 피교육자들로 하여금 그것들의 내용을 받아들이게 했다. 그것들의 내용은 일본의 『고사기』(古事記, 712) 기술된 천손강림신화(天孫降臨神話)를 역사적 사실로 받아들여 그것에 의거해 이루어졌던 것이다. 즉 일본의 천황은 신(神)이며, 일본은 그 신이 통치해가는 신국(神國)이다. 일본국민들은 그 신의 신하(臣下)들 즉, 신민(臣民)들이다. 그러기 때문에 일본국민들은 신국의 군주인 천황에게 충성을 다해야 한다고 하는 것이었다. 일본의 국민들은 제국헌법과 교육칙어가 제시하는 내용을 받아들여 최대의 이적인 러시아와 싸워 승리하게 되었다. 일본 국민들의 사고는 그러한 승리를 계기로 국학자들의 신화적 사고를 끌어내서 그것을 기초로 해서 한층 더 『고사기』의 국가 창건 신화를 역사적 사실로 받아들여 가는 쪽으로 전환해 나오게 되었던 것이다.

신화적 사고란 신화를 역사적 사실로 받아들여 그것에 의거해 행해가는 사고를 말한다. 논자가 여기에서 말하고자 하는 것은 근대 일본의 지식인들이 바로 그러한 신화적 사고로 동아시아를 인식했다고 하는 것이다. 따라서 그들에게서의 동아시아는 태양신의 후손인 천황이 지배해 가야할 대상이고, 또 천황의 신민(臣民)들인 일본국민들이 동진하는 서세로부터 지켜가야 할 땅으로 인식되었다. 또 그들은 자신들이 동아시아 지역으로 적극 진출해 나가 미개한 동아시아인들을 일깨워가는 것이 신국의 신민들의 일차적 임무라 생각했다. 그 뿐만 아니라, 근대 일본의 지식인들은 역사적으로 생각해 볼 때 일본의 천황가와 일본민족이 동아시아의 동북지방으로부터 출현했다는 시각에 입각해 일본인 자신들의 원향으로 생각해 볼 수 있는 동아시아의 동북지역을 서구세력의 동침으로부터 막아내기 위해서는 자신들이 그곳을 지배해 갈 수 밖에 없다고 생각했던 것이다.

　근대일본 지식인들이 동아시아에 대한 관심을 갖게 된 것은 아편전쟁을 계기로 해서였다. 중국은 그 전쟁에 패배해 동진해 온 서구세력들의 반(半)식민지국 상태로 떨어지게 됐다. 당시 일본의 지식인들은 그 소식을 전해 듣고 중국과 조선이 그들의 손아귀에 들어가면 일본도 위태롭게 될 것이라 생각했던 나머지, 동진하는 서구세력으로부터 일본을 지켜내기 위해서는 우선 무엇보다도 일본이 서세보다 먼저 조선과 중국 동북지역을 손아귀에 넣어야 한다는 아이디어를 정부에 제시했다.

　당시 일본의 지식인들은 대부분이 유학자들이었다. 그들 중에는 서구의 서적들을 일본어로 번역해가는 과정에서 유학에서 양학으로 전환해 나온 학자들도 있었다. 그들의 지적 관심은 한마디로 존왕양이였다. 그들에게서의 존왕이란 천황에 충성을 바쳐가는 것이고 양이는 동진해오는 서세를 물리치는 것이었다. 그들이 천황에 충성을 바쳐가는 것은 쇼군(將軍)중심의 막번 봉건체제를 해체시키고 천황중심의 정치체제를 세워가는 것이었다. 또 그들에게서의 양이를 위한 가장 확실한 방법은 천황 중심의 정치체제를 기초로 해서, 중국 중심의 동아시아 체제를 해체시켜 일본 중심의 동아시아 세계를 구축해 가는 것이라고 생각했었던 것이다.

　일본의 지식인들이 일본의 근대화 과정에서 동진해온 서세들 중에서 최대의 적(敵)으로 생각했었던 것은 중국의 동북지방의 만·몽 지역을 통해 동아시아 세계에 출현해왔던 러시아 세력이었다. 따라서 존왕양이 의식이 확고했던 근대일본의 지식인들에게서의 만·몽 지역은 그러한 러시아 세력의 동아시아 진입을 차단해 갈 수 있는 요충지(要衝地)로 인식됐던 것이다. 그런데 문제는 그 지역이 중국영토의 일부이었기 때문에 그 지역으로 들어오는 러시아 세력을 중국이 막아야 하는데 중국이 그만한 국력을 보유하고 있지 못하고 있다는 것이고, 또 그렇다고 해서 일본 자신들이 나서서 그곳으로 들어오는 러시아 세력을 차단해 갈 수 있는 상황도 아니라고 하는 것이다. 그래서 일본의 지식인들은 일본이 우선 일본과 만몽지역 사이를 연결하는 조선을 자신의 영토(領土)로 확보하고, 그 다음 그것을 발판으로 만몽지역을 자신들의 영토로 만들어 자신들이 동아시아로 진입하는 러시아 세력을 손수 차단해 간다는 생각을 하게 되었다. 그들의 그러한 생각은 정치가들과 군부와 우익세력들에 의해 적극 추진되어 나갔다. 그 결과 결국에는 만·몽 지역이 일본의 손아귀에 들어가게 되었고, 또 일본이 그 지역에서 러시아의 동진세력을 차단해 갔다. 그러한 생각들이 현실화되어 나가는 과정에서 일본의 지식인들은 자신들이야말로 동아시아 주인이라고 하는 의식을 갖게 되었던 것이다. 그들의 그러한 의식은 그러한 정치적 차원에 머물러 있지 않고 문화적이고 민족적 차원으로 심화되어 나갔다. 그 결과 그 계열의 일본지식인들은 시바 료타로의 경우에서와 같이 일본인들의 문화적이고 민족적 원형을 만·몽 지역의 유목문화와 유목인들로부터 찾아내려는 쪽으로 전개되어 나갔고, 또 가이코 겐, 가와바타 야스나리 등과 같은 적잖은 지식인들이 만·몽 지역을 일본의 원향으로 인식하려는 입장을 취해 갔던 것이다. 근현대 일본지식인들은 동아시아를 자신들이 정복해 개발해가고 지켜가야 할 대상으로 인식해 갔던 세계였던 것이다.

그들의 그러한 동아시아 인식은 일본의 근세유학과 근대초의 양학을 배경으로 하여 출현한 지식인들이 러일전쟁에서의 승리를 계기로, 자신들의 도덕적 합리적 사고를 폐기하고 국학자들이 『고사기』(古事記), 「제국헌법」, 「교육칙어」 등을 통해 제시한 신화적 세계관을 받아들여 그것에 입각해 행한 인식이라 할 수 있다. 러일전쟁 이후의 근현대 일본지식인들의 그러한 신화적 사고는 일제의 대륙침략의 정당성을 합리화시켜 나왔다. 현재 동아시아의 지식인들이 해결해야 할 최대의 현안임에 틀림없는 역사교육의 문제도 일본지식인들의 그러한 신화적 사고 바로 그것이 야기시켜 나가는 문제라 할 수 있다. 근대 일본지식인들에게는 만·몽 지역을 중심으로 한 동아시아 지역이 근대화 과정에서의 자신들의 최대의 적으로 인식되었던 러시아 세력이 엄존해 있었고 또 자신들의 민족적 원형이 내재해있는 장소로 인식되었다. 따라서 그들에게 서는 그 장소가 인식대상에 대해 합리적 사고가 불가능했었는지도 모른다. 또 현재 역사교육 문제를 일으켜 가는 현대 일본지식인들도 근대일본지식인들 의 그러한 인식의 레벨을 크게 벗어나지 못하고 있다는 것으로 파악된다.

그렇다면 현대 일본의 지식인들은 어떠한 식으로 자신들의 그러한 신화적 사고를 해체시켜 나갈 수 있을 것인가? 근대일본지식인들의 지적 사고는 지금 까지 고찰한 바와 같이 사회와 개인 또는 자연과 인간과의 조화를 추구해나가 는 과정에서 형성된 유학자들의 도덕적 내지 윤리적 사고, 양이(攘夷)를 위해 서양서적을 번역해가는 과정에서 형성된 양학자(洋學者)들의 합리주의적 사 고, 존왕(尊王)사상에 의거한 황국사관(皇国史観)을 통해 형성된 국학자들의 신화적 사고 등을 기초로 해서 형성되어 나왔다. 이렇게 봤을 때, 근대일본인 들의 지적 사고는 사회나 혹은 자연 등과의 이상적 관계, 일본인 자신들이 그들 자신들의 신이나 혹은 왕과의 이상적 관계 등을 추구해가는 과정에서 형성되어 나온 것이라 할 수 있다. 보다 구체적으로 말해, 그것은 서구인들의 경우처럼 인간의 인식의 대상들이나 인식의 주체 그 자체의 본질을 추구해가 는 과정에서 형성된 것들이 아니다. 다시 말해 일본인들의 지적 사고는 인간의 인식대상 그 자체가 지닌 생물학적 법칙이나 혹은 물리적 법칙 등에 대한 지식들을 추구해가는 과정에서 형성된 것들이 아닌 것이다. 서구인들이 지식 을 추구해가는 이유는 "한편은 신을 이해하기 위해서이고 다른 한편은 자연의 비밀을 파헤치기 위해서였다."[35] 바로 이것이 "서구의 지적 전통"을 유지시켜 나왔다. 서구인들의 지적 사고는 신에 대한 이해 방안의 하나로 역사적 현상이 나 사회적 현상에 대한 지식을 추구해 갔고, 자연의 비밀을 파헤치기 위한 방안으로 생물학적 현상이나 물리적 현상들에 대한 지식을 추구해갔었던 것이 다. 이 경우 서구인들의 지식들은 그러한 현상들을 일관하는 어떤 법칙이나 원리를 추구해가는 과정에서 형성된 것인 반면 일본인들의 그것은 인간과 어떤 대상들 간의 보다 이상적인 관계들을 추구해나가는 과정에서 형성되어 나온 것이라 하는 것이다.

일본인들의 이러한 지적 사고의 기초는 근세 유학을 통해 이루어 졌다. 유학은 사회의 도덕적 윤리적 질서의 확립을 존재 이유로 한다. 이렇게 봤을 때, 고대서구인들의 지적 사고가 밀레토스 학파나 혹은 피타고라스의 경우처럼, 자연을 구성하는 물질들의 본질을 규명해보려는 자연과학적 입장에 의해 형성되어 나온 것과는 달리, 일본인의 지적 사고는 고대 중국의 관중(管仲)의 정치학에 그 기원을 둔 사회과학 내지 인문과학적 입장에 의해 형성되어 나온 것이라 할 수 있다. 이러한 시각은 막말기의 유학자였던 사쿠마 쇼잔(佐久間象山)이 말한 '동양도덕, 서양예술(東洋道德, 西洋藝術)'(이 경우 '藝術'은 기술을 의미)이 명확히 잘 말해주고 있다. 또 동양의 지적 사고의 기초가 관중의 존왕양이와 그것을 기반으로 한 공자의 예교(禮敎)질서의 확립이 실행되는 과정에서 형성되어 나왔다는 사실도 지적될 수 있다. 그런데 문제는 우리가 현재 추구해가는 글로벌적 사고가 지구라고 하는 하나의 자연물의 물리적 현상을 비롯한 여러 자연과학적 현상들을 기초로 해서 형성된 사고라고 하는 것이고, 또 그러한 글로벌적 사고는 자연과학적 지식들을 추구해나가는 과정에서 형성되어 나온 합리적 사고를 기초로 해서 나왔다고 하는 것이다. 이러한 점들을 감안해 볼 때, 일본지식인들의 글로벌적 사고의 적극적 도입만이 동아시아의 현안과 같은 문제를 야기 시켜가는 현대일본의 일부 지식인들의 신화적 사고의 폐해를 해소시켜나갈 수 있다는 입장이 취해진다. 그렇다면 그들에게서의 글로벌적 사고의 적극적 도입은 어떤 식으로 이루어질 수 있을 것인가?

그들에게서의 그것은 그리 어려운 일이 결코 아니다. 현재 우리는 글로벌 시대에 진입해 있기 때문에 일본의 지식인들이 다음의 두 가지만 적극 지켜간다면 그들의 그러한 신화적 사고는 능히 해체될 수 있으리라 생각 된다. 우선 첫째는 현재 우리가 처해있는 이 시대의 시대적 이념에 입각해 사고해가야한다는 것이다. 즉 현재 일본인은 자신들의 국토인 일본 열도 내에서 존재해 있다고 생각하기 이전에 자신들이 현재 지구 위에 존재해 있다고 생각해야한다는 것이고, 일본이라는 나라에 존재해 있다고 생각하기 이전에 동아시아라는 지역에 존재 해 있다고 생각해야 한다는 것이다. 둘째는 현재 우리는 글로벌시대에 처해 있기 때문에 내셔널리즘 시대 산물인 황국사관에 입각해 쓰인 일본의 역사는 청소년들에게 더 이상 가르치지 말아야 한다고 하는 것이다.[36]

글로벌시대 동아시아에서의 일본지식인들의 역할은 대단히 크다. 내셔널리즘 시대의 근대일본의 지식인들은 세계 어떤 나라의 지식인들도 경험하지 못한 것들을 경험했다. 그들은 적대국으로부터의 원폭 세례와 그 폐해를 경험했고, 또 전쟁에서의 승리와 패망이 어떠한 것인가도 경험했다. 그뿐만 아니라 그들은 한 인간집단이 다른 인간집단을 파괴하고 지배해간다는 것이 과연 어떠한 것이며, 그러한 것들이 어떠한 결과들을 초래했는지도 알게 되었다. 이제 일본의 지식인들은 그러한 경험들을 바탕으로 하여, 유엔헌장 제 7장에 입각해, 동아시아지역에서의 일본국민이 "평화에 대한 위협, 평화의 파괴 및 침략에 대한 행위를 일으킬 수 있는 가능성" 예방 조처의 일환으로 글로벌시대의 시대적 이념에 걸 맞는 새로운 동아시아 평화론 등과 같은 것을 적극 주창해나가야 할 단계에 처해 있다고 생각된다.

지식에는 국경이 없다. 우리가 추구해 나가는 지식은 전 인류의 자산이다. 그것은 어떠한 특정국가의 국민만이 이용해 갈 자산이 결코 될 수 없다. 현대 지식인들은 전 근대의 막번제나 천황제 등과 같은 봉건국가 체제나 왕조국가 체제를 지탱시켜 나가려 했던 전근대적 지식인이 결코 아니다. 이 글로벌 시대의 지식인의 역할은 어떠한 국가적 차원의 평화 유지나 국민적 차원의 삶의 의미 향유를 위한 것이 아니라 이 지구촌의 모든 인간들의 평화로운 공존방식을 추구해 가고 또 이 우주 속에서의 인간의 존재의미를 향유해 갈 수 있는 논리를 세워나가는 것이라 할 수 있다. 이러한 점에서 다른 어느 때 보다도 이 시점에서의 일본지식인들의 글로벌리즘에 의거한 새로운 동아시아 인식이 요구되는 것이다.

제 3 장
근대 일본 문학자들의 공간 의식과 그 원형

이 학술적 논의는 근대 일본문학자들이 자신들에게 주어진 물리적 공간의 이동양상에 대한 고찰을 통해 그들이 그것을 어떻게 인식해 갔었는지를 고찰해보고 또 그것을 기초로 해서 인식론적 차원에서의 일본민족의 형성경위를 규명해내는 것을 목적으로 한다.

우리는 1990년대 이후 글로벌 시대(the global ages)로 들어와서 우주공간을 회전 이동해가고 있는 지구라든가 그 위에 존재해 있는 인간이라고 하는 존재 등을 우주적 시각에서 의식해가게 되었다. 그 결과 이제 우리는 우선 무엇보다도 이전과는 다른 차원에서 시간과 공간을 새롭게 인식해가게 된 것이다. 그렇다면 우리는 그것들을 어떤 식으로 인식해가게 된 것인가?

1990년대 이전까지만 해도 지구상의 인간들은 자기들이 소속된 국가라고하는 정치적 체제가 제시하는 한정된 지역공간에 갇혀 그 공간을 통해서 자신들의 일상적 존재를 실현시켜 나왔었다. 그랬었기 때문에 우리들은 우선 무엇보다도 시간과 공간을 별개의 존재로 인식해 왔었다. 공간은 개인적이면서 자신이 소속된 지역적인 것이지만 시간은 지구의 전 인류에게 주어진 보편적인 것을 인식되어 나왔던 것이다. 예컨대 "마루에서 자다가 눈을 떠보니까 벌써 저녁이었다"라든가, "채전에 나가보니까 봄이 찾아와 있었다"라는 등의 표현이 있다. 이 경우를 통해서 알 수 있듯이, 우선 우리는 시간과 공간을 완전 별개의 것으로 인식해 왔고, 또 '마루'나 '채전' 등이 위치해 있는 공각은 개인적이고 사적인 것들이지만 그것들을 찾아온 시간들만은 공적인 것을 인식되고 있는 것이다.

그러나 인간이 지구로부터 우주로 나가서 우주의 어느 한 지점에서 지구를 바라다보게 됨으로써 우리는 지구의 이동이 우리들에게 지각되는 시간을 만들어낸다는 사실을 비로소 자각하게 되었다. 즉, 하나의 둥근 면으로 이루어진 지구라고 하는 물체가 우주의 공간을 이동해 감에 따라 비로소 지구를 구성하는 면으로부터 시간이 생성되어 나온다는 것을 알게 된 것이다. 이처럼 인간이 지구로부터 벗어나 우주의 한 지점에서 우주 공간을 이동해가는 지구를 바라다 봤을 때 우리는 지구에 존재한 시간과 공간이 완전 별개의 것이 아니라 일체화되어 있음을 알 수 있는 것이다. 이와 같이 우리가 우주적 시각으로 우주공간을 이동해가는 지구위에 존재해 있는 우리 자신을 인식해 볼 경우 우리는 우리자신이 시간과 공간이 일체화된 4차원의 공간에 존재해 있음을 알 수 있게 된 것이다. 인간에게서의 이러한 자각은 지난 20세기 초 아인슈타인의 상대성이론으로부터 출발해 그 후 1세기를 통해 전지구상의 인간들에게 일반화되어 나왔던 것이다.

이와 같이 우리는 글로벌 시대로 들어와 이전과는 달리 아인슈타인의 시공간 개념에 입각해 시간과 공간에 대한 새로운 인식을 가지고 우리 자신들의 삶을 실현시켜 나가게 되었다. 그로 인해 우리는 우리 자신들이 이동해가는 지구의 지상 공간 속에 존재해 있다는 인식을 바탕으로 해서 우리 자신들의 삶을 새롭게 실현시켜 나가게 된 것이다. 그렇다면 시간과 공간을 별개의 것들로 인식해갔던 이전의 19세기 내셔널리즘시대의 인간들은 자신들의 삶을 어떤 식으로 실현시켜나갔던 것인가? 이러한 문제 제기는 시간과 공간을 일체화시켜 인식해가게 된 현재의 우리들이 금후 시공에 대해서 어떠한 태도를 취해갈 수 있을 것인지에 대한 또 다른 차원의 물음에 대한 대답을 들려 줄 수 있다고 생각된다. 그러한 문제 제기는 근대 일본의 문학자들이 자신들의 삶이 실현되는 공간을 어떤 식으로 인식해가고 있었는지, 또 그들에게서의 그러한 공간 인식은 어떻게 형성되어 나왔는지에 대한 고찰을 요구한다.

우선 일차적으로 근대일본문학을 확립시킨 5대 작가, 후타바테이 시메이(二葉亭四迷), 나쓰메 소세키(夏目漱石), 아쿠타가와 류노스케(芥川龍之介), 시가 나오야(志賀直哉), 가와바타 야스나리(川端康成)의 대표적 작품들을 골라서 작중 세계에서의 공간 설정에 대한 방법들을 고찰하여 그것들을 통해 그들의 공간 인식의 특징을 파악한다.

그 다음으로 그들의 공간인식의 특징파악은 우선 일차적으로 작품의 중심
인물들의 주된 활동무대가 어느 특정한 지역 혹은 어느 특정건물 등과 같은
'어떤 고정된 장소로 되어 있는가'에 대한 고찰을 통해서 행해질 수 있다.
또 중심인물들의 주된 활동무대가 어떤 고정된 장소가 아닐 경우 '그들의 활동
무대의 이동이 어떻게 이루어졌는가'에 대한 고찰을 통해 그들의 공간인식의
특징을 파악할 수 있다.

끝으로 그들의 그러한 공간인식의 프로토 타입(原型)을 규명해 내기 위한
한 방법으로『고사기』(古事記)에서의 주체들의 공간이동양상을 고찰하기로
한다.『고사기』란 일본민족의 형성 경위를 신화적으로 표현해 놓은 문학작품
이자 역사물로서 또 그것은 근대천황제국가가 형성 확립되어 나오는 과정에서
서구의 기독교의『바이블』등에 필적 될 수 있는 성전으로 취급되어 초·중·고
등교육기관이 제시하는 필독서로 취급됨으로써 근대일본인들의 인식구조에
지대한 영향을 끼쳤던 작품이었다. 그러한 이유로 인해『고사기』에 내재된
주체들의 공간이동 양상은 근대일본의 지식인들과 문학자들의 공간인식에 어
떠한 형태로든지 간에 크나큰 영향을 끼쳤을 것임에 틀림없기 때문이다.

1. 근대 일본작가들의 공간이동양상과 그들의 작품들에서 의 중심인물들의 공간이동 양상

1) 후타바테이 시메이(二葉亭四迷)와 그의 대표작

일본근대 리얼리즘 소설의 효시작으로 알려진『부운(浮雲)』(1887~1889)의
작가 후타바테이 시메이(二葉亭四迷, 1864~1909)는 도쿄도 신주쿠구(新宿区)
이치가야(市谷)의 오와리한(尾張藩, 愛知県) 부지(敷地)에서 태어났다. 당시 부
친은 오와리한의 사무라이였다. 그는 메이지 유신 후 양친의 고향 나고야(名古

屋)로 내려가 그곳에서 어린 시절을 보내다가 하급관리였던 부친을 따라 시마네겐(島根県)의 마쓰에시(松江市)에서 학교생활을 시작한다. 귀경 후 1878년부터 3회에 걸쳐 육군사관학교 시험을 쳤으나 결국 실패한다. 그는 1881년 도쿄외국어학교 노어학부에 입학했다. 졸업 직전 노어학부가 도교상업학교로 흡수되자 퇴학하고, 『부운』의 집필을 시도했다. 그러나 그것을 완성시키지 못하고, 1889년 내각관보국(內閣官報局) 직원으로 들어가 일하다가 1897년 말에 관보국을 사직하고, 그 다음해 육군대학교 촉탁교수 및 해군편수관을 거쳐 1902년에는 그것도 사임하고, 하얼빈의 도쿠나가상회(德永商会)의 고문이 되어 대륙으로 건너가 잠시 회사생활을 하게 된다. 얼마 후 그는 그곳에서 북경으로 나와 그곳에서 일본인이 세운 「경사경무학당(京師警務学堂)」의 임시 교장으로 잠시 있다가, 결국 1903년 여름 귀국한다. 그 후 그는 1904년 2월에 러일전쟁이 발발하자 그다음 달 3월에 오사카아사히신문(大阪朝日新聞)에 입사해 도쿄 출장원으로 도쿄에서 근무하게 된다. 그는 1906년에 「도쿄아사히신문」에 『그 추억』(其面影)을 연재하게 된다. 1908년 6월에는 아사히 신문사 런던특파원으로 러시아로 건너가 수도 페테르부르크(현 레닌그라드)에 체재해 있던 중 폐결핵이 악화해 귀국 도중 인도양 벵갈만에서 선상 객사하게 된다.[1]

그의 대표작 『부운』에서의 중심무대는 도쿄이고, 주인공은 우츠미 분조(內海文三)라고 하는 21세의 하급 공무원이다. 보다 구체적으로 말하자면 도쿄의 지요다구(千代田区) 내의 한 가정집이다. 작품은 그가 직장으로부터 면직(免職)처분의 통지를 받는 시점에서부터 시작된다. 2년 가까이 다니던 직장이 돌연 그에게 면직처분을 내린 것은 직장의 인원감원정책의 일환이었는데, 상관(上官)에게 알랑대지 못하는 분조가 정리대상이 되었던 것이다. 그가 머물고 있는 곳은 숙부 댁이었다. 당시 숙부는 요코하마(横浜)에서 찻집의 지배인 일을 하고 있었다. 그 때문에 숙모와 외동딸 오세이(お勢) 두 사람만 살고 있었다. 분조는 14살 때 부친을 여의었다. 그 후 그는 고향 시즈오카(静岡)에 모친 한분을 남겨놓고 도쿄의 숙부집에 올라와 지내게 된다. 그는 갖은 노력 끝에 공무원 시험에 합격해 공무원이 되었다. 그러자 숙모는 분조를 오세이와의 결혼상대로 생각하게 된다. 그러던 참에 분조가 직장으로부터 면직처분 통지서를 받게 되었던 것이다. 그 사실을 알게 된 숙모와 오세이는 분조에 대해 냉담한 입장을 취하는 대신 그 집을 드나드는 분조의 직장동료 혼다 노보루(本田昇)에 대해 호감을 표시해 간다. 그러다가 숙모는 노부루를 오세이의 결혼상대로 생각해가게 되었고, 또 오세이도 어머니의 그러한 생각을 받아들이려는 입장을 취해간다. 그러나 노보루의 인간성이 좋지 않다는 것을 알고 있던 분조는 노보루가 오세이와 결혼까지는 결코 생각하지 않고 있다고 생각한 나머지 오세이와 노보루와의 교제가 더 이상 진행되지 않도록 해야겠다는 입장을 취한다. 그래서 분조는 만일 오세이가 자기의 그러한 조언을 받아들이지 않으면 숙부집을 나갈 수밖에 없다는 생각을 하게 된다. 그가 숙부집에서 나갈 경우, 면직된 그는 모친이 혼자 살고 있는 시즈오카로 하향하는 수밖에 없다고 상상케 한다.

이렇게 봤을 때, 이 작품에서의 주인공의 공간이동은 작품의 중심사건의 현재 진행시점에서는 도쿄라고 하는 한 지점으로 되어있고, 중심사건의 현재 진행이 행해지기 이전에서는 '시즈오카에서 도쿄'로 되어 있으며, 또 그것은 주인공이 '이번에 자기의 말을 듣지 않을 경우 결단코 숙부의 집을 떠날 것'이라고 결심한 것으로 봐서 '도쿄에서 시즈오카'로 진행될 가능성을 제시한다.[2]

후타바테이 시메이는 『부운』을 발표하고 20여 년간 문단을 떠나 있었다. 그러다가 다시 작품을 쓰기 시작해 성공을 거둔 그 첫 작품이 바로 이 장편 『그 기억』(其面影, 1906)이었다. 그는 이어서 역사 장편 『평범』(平凡, 1907) 등과 같은 작품을 발표했다.

『그 기억』(其面影) 이 작품의 중심인물은 사립대학의 교사 오노 데쓰야(小野哲也)이고 중심무대는 도쿄이다. 원래 그는 시즈오카 출신이었는데, 고등학교 재학 중에 집이 몰락해 학자금을 감당할 재간이 없어 부친과 형의 반대를 무릅쓰고 모성(某省) 고등관(高等官)의 양자(養子)로 들어간다. 그는 양부의 경제적 도움으로 무사히 대학을 졸업했다. 졸업당시 그의 꿈은 실업계에 투신할 생각이었는데 양부의 타계(他界)로 인해 생활이 곤란해져 급히 일자리를 구하는 과정에서 사립대학의 교수가 되었던 것이다.

작품은 그가 사랑이 없는 가정에서 양모와 양모의 딸인 그의 부인 도키코(時子)와 함께 하루하루 의미 없이 생활해 가는 상황에서 시작된다. 그러던 어느 날, 그의 처의 이복 여동생 사요코(小夜子)가 남편과 사별해 친정으로 돌아온다. 그는 그녀와의 교류를 계기로 삶의 의미를 느끼게 된다. 그러나 사요코는 어머니와 언니가 자기와 형부와의 접촉을 못마땅하게 생각하자 한 실업가의 가정교사로 나간다. 그러나 그녀는 실업가의 성적 농락으로 인해 일주일 만에 되돌아온다. 데쓰야에게는 그녀의 되돌아옴을 꿈같이 바라던 것이었지만 그녀의 처와 양모로서는 그녀를 결코 받아들일 수 없다는 입장을 취했다. 그래서 그녀는 교회 관계로 알게 됐던 한 언니와 지바(千葉)에서 같이 살 생각으로 집을 떠나는데, 그것을 알게 된 데쓰야가 역으로 나가 그녀를 만나게 된다. 데쓰야는 그녀를 지바로 보내지 않고 그가 찾아놓은 한 잡화상집에 머물도록 한다. 집을 나온 데쓰야는 그곳에서 얼마간 그녀와 생활해 갔는데, 지바에서 상경한 언니의 방문을 계기로 그녀는 데쓰야로부터 자취를 영원히 감추고 만다.

데쓰야는 그로부터 한동안 자포자기의 생활을 영위해가다가 도쿄를 떠나 하북성(河北省)에 일본인이 세운 한 전문학교의 교사로 부임해가게 된다. 그러나 그는 그곳에서 알코올 중독자가 되어 결국 교사생활을 그만두게 되는데, 일본의 양모와 처로부터 귀국요청이 있었지만 만주(滿州)행을 생각한다.

이처럼 이 작품에서의 중심인물의 공간이동은 중심사건의 현재진행이 행해지기 이전에 시즈오카(靜岡)에서 도쿄(東京)로 행해졌었다. 그러나 현재 진행 사건이 행해지는 과정에서는 그것이 도쿄에서 중국으로 행해져 나갔다.

2) 나쓰메 소세키(夏目漱石, 1867~1916)와 그의 대표작

그는 현재의 도쿄도(東京都) 신주쿠구(新宿区)의 우시고메(牛込)에서 5남 3녀의 막내로 태어났다. 나쓰메가(夏目家)는 원래는 에도마치(江戸町)에서의 명문 실력가였었지만 가세가 기울자 부모가 원했던 아이가 아니었기 때문에 생후 양자로 내보내졌다. 10세 때 부모의 불화로 생가로 돌아왔는데, 15살에 생모가 사망했다. 그는 1889년 24살에 도쿄제국대(東京帝国大) 문과대 영문학과에 들어가 1893년에 졸업했다. 그는 대학원에 적을 두고, 도쿄 전문학교 도쿄고사(東京高師)의 영어교사가 되었다. 그러나 그는 교사로서의 적격성에 회의를 갖게 되어 신경쇠약증에 걸렸다. 그러자 그는 1895년 4월에 시코쿠(四国) 에히메겐(愛媛県)의 마쓰야마(松山)중학교 영어교사가 되어 남쪽지방의 마쓰야마로 내려간다. 그 다음해 1896년 4월 30살에 더 남쪽에 위치한 규슈(九州) 구마모토(熊本)의 제5고등학교로 전임해 그해 6월 귀족원 서기관장의 딸 나카네 교코(中根鏡子)와 결혼하였다. 1900년 문부성 국비유학생으로서 런던으로 출발하였다.[3]

그는 유학중 극도의 신경쇠약 증세로 1903년 1월에 귀국하여 도쿄도 분쿄구(文京区) 고마고메(駒込)에서 거주하였다. 4월 도쿄대 영문학과 및 제1고등학교의 강사 신분으로『문학론』등을 저술해 갔다. 1904년부터는「호토토기스」,「제국문학」등 영문학 평론 등을 적극적으로 발표하다가 다음해 1905년 1월부터『나는 고양이로소이다』(吾輩は猫である)를「호토토기스」에 연재했고, 1906년 4월부터는『철부지 도련님』을 발표했다. 1907년 3월에는『아사히신문』(朝日新聞)의 전속작가로 입사해 혼고구(本郷区) 니시카타마치(西片町)로 이사하였다. 그해『개양귀비』(虞美人草, 6~10월)를 연재했다. 1908년에는『산시로』(三四郎, 9~12월) 등을 아사히신문에 연재했다. 1909년 9~10월에 걸쳐 당시 만철 총재였던 나카무라 제코(中村是公, 1867~1927)의 초청으로 만주·조선을 여행하게 된다. 1910년 문부성은 그에게 박사학위를 수여하려 했으나 강력히 거절하였다. 1911년 6월에서 9월 사이에 나가노(長野), 간사이(関西) 등으로 강연 여행을 떠났다.

그해 11월에는 『아사히신문』에 사직서를 냈으나 철회되었다. 1914년에는 『마음』 (1914. 4~8)을 같은 신문에 연재 발표했다. 1915년 3월에는 교토여행, 1916년 5월부터 『명암』(明暗, 5~12월)을 연재 발표하던 중 사망했다.

그의 첫 소설 『나는 고양이로소이다』는 구샤미(苦沙弥)라고 하는 중학교 교사의 집에 사는 고양이의 시각으로 잡아낸 세계들로 구성된 작품이다. 따라서 이 작품의 현재 진행 사건은 구샤미라는 중학교 교사의 잡을 드나드는 인물들이 구샤미 집에서 행해가는 말들과 행위들로 구성된다.

이 작중세계에서의 공간이동은 고양이의 공간이동을 통해 이루어진다. 그런데 이 작중세계에서의 고양이의 이동은 주로 구샤미의 집안 내에서 행해지고, 단 한 번 구샤미집 인근(隣近)의 가네다(金田) 저택 내까지로 이루어진 것으로 되어있다.

이 작중세계에서의 교육계에 종사하는 구샤미는 실업계의 인간들을 싫어하고 실업계에 종사하는 가네다 부인은 교육계의 인간들을 무시하는 인간으로 기술되어있다. 그런데 이들이 일으켜가는 작중의 중심사건은 인근의 가네다 부인이 그녀의 딸 도미코(富子)의 혼담(婚談)건으로 구샤미집을 방문해 구샤미에게 그의 제자 간게쓰(寒月)에 관한 것을 탐문하게 되는 것으로 시작된다. 그래서 그것은 고양이가 구샤미의 여러 친구들과 제자들이 그의 집을 방문하여 여러 이야기를 들어가는 일들로 전개되어 나갔다. 가네다 부인이 구샤미 집을 방문했던 것은 그의 제자 간게쓰가 박사학위를 취득해야 자기의 딸과 결혼할 수 있다는 것을 구샤미를 통해 간게쓰에게 알리기 위해서였던 것이다. 그러나 작중의 중심사건은 간게쓰가 결국 박사학위 논문작성을 포기하고 도미코와의 결혼도 포기한 다음 고향에 내려가 다른 여자와 결혼해 상경하는 것으로 끝나는 형태로 되어있다.

작중세계에서의 중심사건의 진행사건은 구샤미의 집을 드나들던 그의 제자로 현재 실업계에 갓 발을 들여놓은 산페이 군(三平君)이 시나가와(品川)에서 배를 빌려 도쿄만(東京灣)으로 낚시를 다녀와서 그 사실을 구샤미에게 말하면서, 그에게 '집에만 계시면 안되니까'[4] 대해(大海)로 나가보라고 권유하는 일이 벌어지고, 또 도모코와 산페이와의 결혼이 성사됨에 따라 고양이의 자살로 끝나게 된다.

이처럼 본 작품의 중심사건의 진행은 어떠한 장소에 위치해 시점인물(고양이)과 중심인물이 외부로부터 그들을 찾아오는 인물들을 만나가는 식으로 전개되어 나가다가 시점인물과 중심인물이 죽거나 혹은 외부로 떠나는 식으로 해서 끝나는 방식을 취하고 있다.

그 다음『철부지 도련님』은 에히메겐(愛媛県)의 마쓰야마 중학교(松山中学校)와 구마모토 제5고등학교에서의 교직체험이 자료가 되어 쓰인 것이다. 이 작품에서의 중심사건은 주인공 '내'가 자기가 태어나 생활해 온 도쿄(東京)에서 서남쪽의 시코쿠(四国)의 마쓰야마 중학교로 내려가 그곳에서 교직생활을 하다가 도쿄로 되돌아온다고 하는 것으로 되어 있다.

이 작품에서의 중심무대는 시코쿠의 마쓰야마 중학교이다. 또 주인공의 공간이동은 도쿄에서 그곳으로부터의 서남쪽에 위치해 있는 마쓰야마 지역으로 행해졌고 그곳에서 다시 도쿄로 이루어졌다. 주인공이 서남쪽으로 이동했다가 그곳의 세계를 체험하고, 다시 자기를 가장 사랑했던 기요(清)가 '무덤속에서 도련님이 올 것을 기다리고 있는' 자기의 본거지로 귀환하는 형태를 취하고 있는 것이다.[5] 한편, 이 작품의 중심사건의 진행이 마무리되는 시점에서 중심사건을 진행시켜 나갔던 인물들 중의 하나인 우라나리(うらなり)의 경우는 시코쿠의 마쓰야마보다 더 서남쪽에 위치한 규슈(九州)의 구마모토(熊本)로 추방되어 내려간다. 그가『아사히신문』에 입사해 발표한 최초의 신문소설『개양귀비』(虞美人草, 1907.6~10)이다. 이 소설의 중심사건은 외교관 지망생 무네치카 군(宗近君)과 그의 친구인 고노상(甲野さん)의 이복여동생(異母妹) 후지오(藤尾)와의 결혼 문제를 중심으로 해서 이루어진 사건이다. 중심사건의 현재 진행은 무네치카 군과 후지오가 약혼한 상태에서 시작된다. 그들의 약혼은 후지오의 의사와 관계없이 후지오의 망부의 일방적인 추진으로 이루어졌던 것이다. 후지오는 섬세하지 않은 무네치카 군 보다는 도쿄제국대를 우등으로 졸업했고 또 유복한 그녀에게 마음을 보이는 오노상(小野さん)에게 더 마음이

끌려가고 있었다. 그렇지만 그는 그의 스승의 딸 사요코(小夜子)와 약혼한 상태의 남자였다. 후지오의 어머지도 오노상을 사위로 받아들여 후지오로 하여금 가족의 재산을 지켜나간다는 입장이었다.

그 중심사건은 무네치카군의 외교관 시험합격, 오노상의 사요코 쪽으로의 약혼 파기의사 전달, 무네치카군의 아집 강한 후지오 단념과 고노상 방문 등으로 전개되어 나갔다. 그 다음 그것은 고노상의 사요코와의 결혼결심, 후지오의 쇼크사망, 무네치카 군의 외교관으로서의 런던부임 등으로 끝나게 되었다. 이 경우 작품에서의 중심인물들의 공간이동은 교토시(京都市)와 시가겐(滋賀県) 오쓰시(大津市)와의 사이에 위치해 있는 히에산(比叡山)에서 출발해, 교토시(京都市)를 거쳐 도쿄로 행해졌고, 또 그 공간이동의 한축은 도쿄에서 끝나지 않고 한 인물의 런던 행을 통해 서양으로 행해졌다. 본 작품의 공간이동형태는 인간집단의 중심적 거처지가 고정되어 있지 않고 끊임없이 이동해가는 형태를 취하고 있는 것이다.

그의 두 번째 신문연재소설『산시로』(三四郎, 1908.9~12)의 경우는 어떠한가? 이 작품의 중심사건은 산시로의 미네코(見祢子)와의 만남과 이별을 주축으로 해서 진행된다. 우선 그 사건은 주인공 산시로가 구마모토에서 고등학교를 졸업하고 도쿄에서 대학을 다니기 위해 도쿄로 올라오는 것으로 시작된다. 그래서 그것은 그가 도쿄에서 미네코라고 하는 여성을 만나 그녀를 통해 현대 사회의 진면목을 알아가는 것으로 전개되다가 그녀의 결혼을 계기로 그녀와의 만남이 끝남으로써 결말에 이르게 된다. 여기에서 산시로의 공간이동은 우선 일차적으로 구마모토(熊本)에서 상경하는 기차에서 시작해, 나고야(名古屋)의 한 여관으로 행해지고, 그곳에서 다시 도쿄로 행해진다. 그 다음 도쿄에서의 공간이동은 혼고(故郷)의 도쿄대학, 센다기(千駄木)의 단고자카(団子坂), 우에노(上野) 등으로 행해졌다. 이처럼 이 작품에서의 주인공의 공간이동 양상은 서남에서 동북으로, 지방에서 도시로 행해졌다.

『그 다음』(それから, 1909.6~10)에서의 중심사건은 주인공 다이스케(代助)와 그의 친구 히라오카(平岡)의 부인 미치요(三千)와의 관계를 주축으로 해서 진행된다. 다이스케는 미적 감수성을 살려 자기 취미에 따라 살아가는 것이 최고라는 에피쿠로스(Epicouros) 사상에 빠져있는 지식인이다. 그는 그러한 사상에 입각해 직업도 갖지 않고, 결혼도 하지 않고 아버지의 재산으로 살아가는 소위 고등유민(高等遊民)이라 할 수 있는 자였다. 그런데 그에게도 대학시절에 사랑을 느껴봤던 여자가 있었다. 그러나 그는 에피쿠로스 사상에 빠져 결국 그녀를 친구 히라오카에게 양보했었다. 그래서 그녀는 히라오카와 결혼했는데, 히라오카의 사업실패와 방탕생활로 인해 그녀로서는 불행한 나날을 보내지 않을 수 없었다. 그 사실을 알게 된 다이스케는 과거 그녀에 대한 자신의 태도가 자신의 얄팍한 에피쿠로스사상으로 인한 위선(僞善)이었다는 사실을 깨달은 나머지, 그동안 신봉해왔던 사상을 버린 후 '자연의 아들'이 되어야겠다는 입장을 취해, 자신과 그녀와의 사랑을 회복시키기 위한 한 방법으로 우선 직업을 찾아야겠다고 마음먹는다. 그가 직업을 찾아 밖으로 나왔을 때 그는 "세상이 움직이는" 것을 느꼈고, 또 그가 전차를 탔을 때는 세상이 모두 빨갛게 보였다. "빨간 페인트의 간판이 연속해(それから、それへと)지속되었다." 그 때 "그는 자기의 머리가 다 타 없어 질 때까지 전차를 타고 달려보려고" 결심한다.[6] 이와 같이 이 작품에서의 중심인물의 공간이동은 중심인물의 생활근거지내에서의 이동과 그 근거지로부터의 탈출이라는 형태를 취하고 있다.

『마음』(心, 1914.4~8)에서의 중심사건의 진행은 작품의 내레이터 '나(私)'와 '선생(先生)'과의 관계를 주축으로 이루어진다. 작품은 상·중·하의 3장으로 되어있다. 그것들의 소제목은 「선생과 나」·「양친과 나」·「선생과 유서」로 되어있다. 제3장 「선생과 유서」는 '내'가 선생의 유서를 읽어가는 행위로 작품의 중심사건과 관련되어 있다. 이렇게 봤을 때, 이 3장을 일관하는 것은 '나'이다. 따라서 「선생과 나」는 내가 나와 선생과의 관계가 맺어지게 된 경위에 대한 추억이 서술된 부분이고, 「양친과 나」는 나와 양친과의 사이에 있었던 일들이 서술된 것이다. 「선생과 유서」는 내가 선생이 나에게 보낸 유서를 상경열차 안에서 읽어가는 것으로 이루어진다. 이러한 중심사건이 진행되는 과정에서의 그것이 행해지는 공간들은 가마쿠라(鎌倉)의 유이가하마(由比ヶ浜) 해안, 도쿄의 선생의 자택 등으로 이동되었고, 그 다음의 공간이동은 나의 귀성(歸省)과 귀경(歸京)으로 진행되어 나갔다. 이 경우에는 중심인물의 생활본거지로의 귀환의 반복이라는 형태를 취하고 있다. 이상과 같이 소세키 작품에서의 공간이동은 생활중심무대 내에서의 이동, 생활중심무대로부터의 탈출, 생활중심무대로의 진입이라는 3종류의 공간이동 양상을 취하고 있는 것이다.

3) 아쿠타가와 류노스케(芥川龍之介, 1892~1927)와 그의 대표작

그는 도쿄도 교바시쿠(京橋区)에서 장남으로 태어났다. 아버지는 우유업에 종사하고 있던 자로 신주쿠(新宿) 등에 목장을 가지고 있었다. 생후 9개월부터 생모가 발광(發狂)했기 때문에 도쿄의 시타마치(下町)에 있는 생모의 친정 아쿠타가와가(芥川家)에서 양육해가다가 나중에 그 집의 양자(養子)로 받아들여졌다. 시타마치에서 산다고 하는 것은 "자기가 발전해가는 것이라기보다는 대타인(對他人)적 처세(處世)에 지나지 않은 것"이었다. 그러한 삶의 방법은 자신의 '인격'을 형성시켜 나가는 것이 아니라 '기질(氣質)'을 형성시켜 나가는 것이었다. 그의 예술가적 기질은 바로 그러한 성장환경 속에서 형성되어 나왔던 것이다.[7]

1910년 제일고에 입학, 1913년 도쿄대(東京大) 영문학과에 입학, 그 다음해 2월 일고 시절의 동급생 기쿠치 간(菊池寬) 등과 제3차 「신사조」(新思潮, 1914.2)를 간행해 갔다. 그는 1915년 11월에 『라쇼몬』(羅生門)을 「제국문학(帝國文學)」에 발표하고, 1916년 2월에 『코』(鼻)를 「신사조」(제4차)에 발표했다. 그는 후자에 관해서는 소세키로부터 격찬을 받았다. 1916년 7월 대학을 졸업하고 그해 말 「해군기관학교(海軍機關学校)」의 촉탁교관으로 도쿄를 떠나 가마쿠라(鎌倉)에서 2년 여간 교원생활을 하게 됐다. 그 동안에 결혼을 하게 된다. 그 후 1919년 3월에는 일 년에 소설을 몇 편 써주는 조건으로 오사카 마이니치(大阪每日) 신문사에 입사해 다바타(田端)에서 거주했다. 그는 그해 8월 기쿠치와 나가사키(長崎)를 여행하고, 그 다음해에는 기쿠치 등과 교토와 오사카 지역에서 강연여행을 하게 되며, 1921년에는 오사카 마이니치 신문의 해외 시찰원으로 약 4개월 간 중국의 상하이(上海), 베이징(北京) 등을 방문하고 한국을 거쳐 귀국했다. 그 다음해 1922년에는 남만(南蛮) 취미에 끌려·재차 나가사키(長崎) 등을 여행했다. 1924년 10월 이후 건강이 악화되어 그 다음해 4~5월에 시즈오카겐(静岡県) 이즈시(伊豆市)에 있는 슈젠지(修善寺)의 온천에서, 그해 8~9월에는 나가노켄(長野県) 가루이자와(軽井沢)에서 체재했다. 1925년 1월부터는 위장병, 신경쇠약, 치질 등의 요양을 위해 가나가와켄(神奈川県) 유가와라(湯河原)에 체재하고, 4월부터 연말까지 부인과 함께 같은 겐(同県)의 구게누마(鵠沼)에 있는 부인의 친정에 체재했다. 그 다음 1927년 1월에 도쿄의 다바타(田端)로 돌아와, 4월 이후 신경쇠약이 악화되었다. 7월에 약을 먹고 자살했다.[8]

현재 그의 초기 대표작으로 취급되는 『라쇼몬』(羅生門, 1915.11)은 아쿠타가와가 도쿄대 영문학과 2학년 때 쓴 단편소설로 2년 전에 발표한 처녀작 『노년(老年)』에 이어 그의 두 번째 작품이다. 작품의 내용은 다음과 같다.

작품의 무대는 헤이안(平安)시대 말기 교토(京都)이다. 당시 지진 등으로 인해 사람들이 기아상태에 처해 있었다. 교토의 남북을 관통하는 중앙로의 남단에 라쇼몬(羅生門)이라 부르는 문이 있었다. 그 문의 누각에는 굶어죽은 자들의 시체가 널려 있었다. 어느 비오는 날, 한 거지가 비를 피해 그 문 밑에 있다가 날이 저물었다. 그는 잠잘 곳을 찾으려 누각으로 올라갔다. 시체들 속에서 한 노파가 무언가를 하고 있었다. 거지가 자세히 보니까 시체들의 머리칼을 뽑고 있는 것이었다. 그것들을 팔아서 기아사(飢餓死)를 모면해 보려는 것이었다. 거지는 노파의 그러한 행동을 질책한 나머지, 그러면 너도 한번 당해봐라 라는 식으로 그 노파의 옷을 벗겨내 그것을 가지고 어둠속으로 사라져 버렸다. 작품은 "거지의 행방은 누구도 모른다"라는 문장으로 끝난다.[9] 이 작품에서 인물들의 공간이동은 설정된 공간 내에서 행해진다. 그런데 그 공간 속에서 행해진 주된 공간이동은 고정된 공간의 밖으로부터 이동해 들어와 그 공간으로부터 빠져나간 인물에 의해 행해졌다고 하는 것이다.

『코』(鼻, 1916.2)는 그의 문단 데뷔작이다. 작품의 무대는 헤이안(平安)시대 교토(京都) 근방의 우지(宇治)라고 하는 지역이고, 중심인물은 그곳에 사는 젠치(禅智)라고 하는 한 승려이다. 그는 천황의 건강기원의 독경(讀經)을 행하는 지위에 있는 자로 당시 일본에서는 최고의 고승(高僧)으로 알려져 있던 자였다. 게다가 그는 아주 진기한 코를 갖은 자였기 때문에 장안에서 모르는 자가 없었다.

그의 코는 가늘고 긴 소시지와 같은 모양이었다. 그는 남들에게는 자신의 그러한 코에 대해 아무렇지 않다는 입장을 보이지만 사실은 많은 고민을 하고 있었다. 그래서 그는 자신의 코를 고쳐보려고 하늘타리를 삶아 그 물을 마셔 보기도 하고, 쥐 오줌을 코에 발라보기도 하는 등 이리저리 여러 방책을 시도해 보았다. 그러던 어느 날 교토 시내에 다녀온 한 제자가 그곳의 한 의사로부터 뜨거운 물에 그 코를 담가 푹 익혀 발로 짓이겨 뜯어내면 된다는 이야기를 듣고 돌아와 그 이야기를 스승에게 들려주었다. 젠치는 그 제자의 도움을 받아 그런 식으로 자기의 코를 짧게 만들었다. 그러자 그는 자기의 짧아진 코를 본 주위 사람들이 모두 자기를 비웃는다는 사실을 알게 되었다. 그때야 그는 불행에 처해 있던 자가 행복해지면 그것을 못 보는 것이 인간의 속성이라는 사실을 깨닫게 된다. 그런 사실을 깨닫고 난 어느 날 아침, 그는 자신의 코를 만져보는 순간 자신의 짧았던 코가 예전과 같이 길어져 있다는 것을 알게 된다. 그때 그는 자신의 길었던 코가 짧아졌을 때 느꼈던 그와 비슷한 기쁨을 다시 느끼게 된다. 왜냐하면 그는 자기의 짧아진 코로 인해 남들이 더 이상 기쁨을 느끼지 못할 것이라고 생각했었기 때문이었다. 이 작품에서의 공간이동은 고정된 공간 내에서 행해졌다.

『희작삼매(戲作三昧)』(1917. 11)의 무대는 1831년 9월 에도(江戸)의 간다(神田)이고, 중심인물은 희작자 교쿠테이 바킨(曲亭馬琴)이다. 중신사건은 다음과 같다. 어느 날 그는 목욕탕에서 다른 손님들과 함께 목욕을 하고 있었다. 바킨의 애독자 한 사람이 그의 작품에 대해 칭찬의 말을 마구 퍼부었다. 그는 그 말을 듣고 모르는 척 그곳을 떠나 욕탕 속으로 몸을 처넣었다. 그때 애꾸눈을 한 한 남자가 그의 『핫켄덴』(八犬伝)도 『수호전』(水滸傳)의 모조품에 불과하다면서 바킨의 작품을 모두 끓어 모아 불태워버려야 한다는 소리가 들려왔다. 그는 그러한 악평을 듣고 힘없이 집으로 돌아왔다. 그는 집으로 돌아오면서 그래도 어떠한 식으로든지 『핫켄덴』을 완성시켜야 한다고 생각한 나머지 가까스로 자신을 회복시켰다.

집에 도착해보니 출판사 사람이 그에게 신작(新作)을 의뢰하기 위해 그를 기다리고 있었다. 그는 자신을 출판사 직원 취급을 하는 것에 대해 불쾌감을 느낀다. 출판사 사람이 돌아가자 그는 희작자로서의 도덕과 예술이라고 하는 과제를 어떻게 정리할 것인가의 문제에 몰두한다. 그러던 중 와타나베 가잔(渡辺華山)가 찾아와 그에게 일본화(日本畵)를 그릴 때 사용되는 견직물을 보여주었다. 그리고 나서 그는 바킨에게 자기는 예술과 싸우다가 죽겠다는 각오를 했다고 토로하고 돌아갔다. 그러나 바킨은 『핫켄덴』의 원고를 지속시켜 갈 수 있을지 도무지 자신이 서지 않았다. 그때 밖에 나갔던 손자가 문을 열고 뛰어 들어왔다. 그는 관음보살의 말이라면서 짜증을 내지 말고 더 참고 더 열심히 공부하라고 말한다. 그러나 응접실에서는 부인이 바킨을 욕하고, 서재에서는 귀뚜라미 소리가 가을을 알린다.

이 작품에서의 공간이동은 한 주인공이 지정된 두 장소를 방문해 그곳에서의 사람들과의 접촉의 형태로 행해진다.

『지옥변(地獄変)』(1918.5)은 헤이안(平安)시대 전기(前期) 교토(京都)의 호리카와(堀川)지역의 한 저택에서 일어났던 일을 중심사건으로 하고 있다. 그 저택의 대감은 인생을 위한 예술을 주장했던 자였고 그 저택의 전속 화가 요시히데(吉秀)는 예술적 삶을 추구했던 화가였다. 작품의 중심사건은 그들의 그러한 삶의 대립적 태도들이 요시히데의 외동딸을 희생물로 몰아가는 사건이다. 이 작품에서의 중심인물들의 공간이동은 고정된 장소 내에서 대립축을 형성하고 있는 요시히데와 대감이 서로 간 접촉해 가고, 또 그들이 그들의 주의사람들과 접촉해 가는 형식을 취해 행해져 나갔다.

『덤불 속』(藪の中, 1922. 1)의 중심무대는 헤이안(平安)시대 교토(京都)의 검찰청의 한 취조실과 교토 인근의 히가시야마(東山)의 한 덤불 속이다. 이 작품의 현재 진행 사건은 교토 인근의 히가시야마의 한 덤불 속에서 발견된 한 남자의 시체를 두고 그 살인사건과 관련된 7인이 검찰관 앞에 출두해 그 사건에 관해 자신들이 알고 있는 바의 진술이 행해져 가는 사건을 주축으로 해서 성립 전개되어 나갔다. 그 첫 진술자는 산골의 숲속에서 시체를 발견한 나무꾼이다. 두 번째 진술자는 시체로 발견된 남자가 한 여자와 함께 숲길을 걸어가는 것을 목격한 스님이다. 세 번째는 살해혐의자로 지목되는 자에 대해 알고 있는 자이고, 네 번째는 살해된 자와 동행했던 여자였다. 동행했던 여자는 피살자의 부인이었다.

검찰관은 그녀를 기요미즈데라(清水寺)에서 찾아내 검찰청에 출두시켜 그녀의 진술을 듣는다. 그녀는 자신이 그를 살해했다고 말한다. 그녀는 자신이 자살을 결심하고 남의 남자로부터 치욕을 당하는 것을 목격한 남편을 살해했다고 진술한다. 끝으로 피살자의 영혼이 무당의 입을 빌어 다시 상황을 진술한다. 그의 진술에 의하면 자신의 죽음은 자살이었다는 것이다. 그가 자살한 이유는 도둑이 부인을 윽박지르며 자기 부인이 되어달라고 하자 자기부인이 자기 앞에서 "그러면 자기를 어디라도 데려다 달라"고 했기 때문이었다는 것이다. 여기에서의 공간이동은 고정된 두 장소 내에서 행해졌고, 각 장소 내에서의 이동은 한 장소에서는 살해된 자를 주축으로 해서 다른 장소에서는 검찰을 주축으로 해서 행해졌다.

그의 유고작 『톱니바퀴』(歯車, 1927. 10)는 그의 자살로부터 3개월 후에 발표된 유고 작품이다. 이 작품의 중심사건은 신경쇠약에 걸린 주인공 '내'가 어느 겨울 도카이도(東海道) 인근에 위치해 있는 자기 집으로부터 도쿄의 한 호텔에 가서 그 곳에서 얼마간 머물며 작품을 쓰다 다시 집으로 돌아와 신경이 날카로워져서 더 이상 작품을 쓸 수 없게 된 일로 되어있다.

이 작품에서의 그러한 중심사건의 진행은 신경쇠약에 걸린 '내'가 도카이도 인근에 있는 한 휴양지의 정류장에서 도쿄로 나가다가 헛것을 보게 된 것으로부터 출발된다. 그래서 그것은 그가 도쿄시내의 한 호텔에서 열린 지인의 한 결혼식에 참석하고 그 호텔에서 작품을 써가면서 죽음과 죄의식에 대한 강박관념에 시달려가는 것으로 전개되어 간다. 그래서 그것은 그가 호텔에서 사람들을 만나고 호텔의 인근을 방황하고, 또 호텔에서 작품을 쓰는 사이에 그동안 자신이 살아오면서 저지른 것들에 대한 죄책감, 죽음에 대한 강박관념 등에 시달리다가 자기의 부인이 있는 도카이도 인근의 한 휴양지로 돌아와 더 이상 작품을 쓸 수 없는 상황에 이르게 되는 것으로 되어있다. 이 작품에서의 공간이동은 주인공 자신이 잠시 머물고 있는 장소에서 출발해 어떤 한곳에 가서 일을 끝내고 다시 자신이 머물고 있는 곳으로 되돌아가는 형태를 취하고 있다.

4) 시가 나오야(志賀直哉, 1883~1971)와 그의 대표작

시가 나오야는 1883년 미야기겐(宮城県) 이시노마키시(石巻市)에서 소마한(相馬蕃)의 무사가문 출신의 실업가 나오하루(直温)의 차남으로 태어났다. 형이 그가 태어나기 전년 세 살에 요절했다. 그의 아버지는 그가 세살 때 은행을 퇴직하고 도쿄로 전거해 실업계로 진출했고 그 후 그는 조부모 밑에서 성장했으며 열두 살 때 어머니가 사망하였다. 초·중·고등학교를 거쳐 1906년 도쿄제국대학 영문학과에 입학해 1908년에 국문학과로 전과했다가 1910년에 퇴학하였다.

그는 1912년에 그의 출세작으로 일컬어지는 『오쓰 쥰키치』(大津順吉)를 발표한다. 그는 아버지와의 불화로 그해 10월, 30세의 나이에 도쿄를 떠나 히로시마겐(広島県) 오노미치(尾道)로 내려간다. 그는 그곳에서 자취생활을 하면서 1년을 보내고, 다시 도쿄로 올라와 오모리(大森)에서 1914년의 전반을 보낸다. 그해 6월에는 시마네겐(島根県) 마쓰에시(松江市)로 내려가 살다가 9월에는 교토(京都)로 옮겨 그해 12월에 결혼한다. 그 후 그는 교토에서 가마쿠라(鎌倉), 군마켄(群馬県)의 아카기야마(赤城山) 등을 전거했고 1915년 10월에는 지바겐

(千葉県) 아비코(我孫子)로 옮긴다. 그는 그곳에서 8년을 살았다. 1923년 3월 교토로 내려갔고, 1925년 4월에는 그곳에서 다시 나라(奈良)로 옮겨, 그곳에서 1938년 도쿄로 돌아가기까지 13년간 살게 된다. 그는 나라에 살면서 1929년에 만주(滿洲) 여행을 하게 되고, 1937년 4월에는 아비코에서 살던 1922년 7월에 발표했던 전편(前篇)『암야행로』(暗夜行路)에 이어 후편(後篇)을 완결시켜 발표한다. 그는 그 동안의 그의 전 생애가 모두 담긴『암야행로』를 완성시킨 다음에 도쿄로 돌아가게 되는 것이다.[10]

그의 초창기 대표작『기노사키에서』(城の崎にて, 1917)는 그가 아비코에서 살고 있을 때 발표되었다. 이 작품의 중심무대는 효고켄(兵庫県)의 다지마(但島)에 있는 기노사키(城崎)온천이다. 주인공 나는 야마노테센(山の手線)의 전차에 치여 병원에서 치료를 받은 후 정양(靜養)이 필요하다는 의사의 말을 듣고 혼자 효고켄 다지마에 내려가 기노사키 온천에 머물게 된다.

그는 그곳에서 이야기할 상대도 없고 해서 혼자 주위를 산책하게 된다. 어느 날은 현관 지붕에 왕벌 한 마리가 죽어있는 것을 발견한다. 또 어느 날은 머리에 낚시 바늘이 낀 쥐가 돌담으로 기어 올라가자 그것을 본 사람들이 그 쥐에게 돌을 던지는 것을 발견하기도 한다. 그는 얼마 있으면 죽게 될 쥐는 그래도 살려고 안간힘을 다해 이리저리 도망쳐보려고 하는 것을 보게 된다. 그로부터 며칠 후 그는 강둑을 산책하다가 붉은배지빠귀(蠑螈)가 바위에 앉아있어 무심코 그것에 돌을 던져봤는데 공교롭게도 그 새가 그 돌에 맞아 허우적거리다가 죽어버리는 것을 보게 된다. 그 때 자신이 전철에 치여 그 정도 다친 것이나 왕벌이 죽은 것이나 쥐가 낚시 바늘에 머리를 끼어 죽게 된 것이나 그 새가 죽게 된 것이나 다 우연이었다는 생각을 하게 된다. 그는 그곳에서 그러한 경험을 하고 그곳을 떠나 건강을 회복하게 된다.

이 경우에서의 중심인물의 공간이동은 중심인물이 자기의 생활공간을 떠나 어느 지정된 장소를 방문해 그 장소 내를 이동해 다니다가 자기의 생활공간으로 되돌아가는 형태를 취하고 있다.

『암야행로(暗夜行路)』(1921~1937)는 그의 대표작이다. 이 작품의 전편은 아비코 시기에 발표되었고 후편은 나라(奈良) 시기에 발표되었다. 이 작품에는 그가 그때까지 쓴 모든 작품들의 내용들이 압축되어 모두 들어있다. 이 작품의 중심사건은 다음과 같다.

주인공 도키토 겐사쿠(時任謙作)는 여섯 살에 어머니와 사별하고 조부 밑에서 자랐다. 그에게는 어머니가 자기를 사랑했으나 아버지는 자기를 미워했다는 기억밖에 없다. 조부가 사망하자 그는 사촌여동생을 좋아해 그녀와의 결혼을 결심한다. 그러나 집안의 반대로 뜻을 이루지 못해 방탕생활을 지속해갔다. 그러다가 그는 자신의 그러한 생활을 고쳐보기 위해 히로시마겐(広島県)의 오노미치(尾道)로 내려가 자전소설 집필에 전념해본다. 그러나 그는 그 일에도 결코 만족하지 못하고, 자기 자신이 유일하게 믿어볼 수 있는 인간이라 생각되는 조부의 첩이었던 오에이(お栄)와의 결혼을 결심하고 그것을 형에게 편지로 알린다. 그러나 그는 형으로부터 그의 그러한 결심에 대해 형이 절대 반대한다는 이야기를 듣는다. 그 이유는 겐사쿠가 조부와 모친과의 과실(過失)로부터 태어난 아이였기 때문이었다고 하는 것이다. 그는 자신의 그러한 출생의 비밀을 알게 됨에 따라 한층 더 방탕한 생활을 해가게 된다.

그는 그런 생활도 질려서 교토로 내려가 고사(古寺), 고미술품(古美術品) 등을 접하게 된다. 그러는 과정에서 고풍스럽고 우아한 나오코(直子)라는 여성을 만난다. 그는 그녀와 결혼해 교토에서 살겠다는 생각을 한다. 그때 그는 오모리(大森)에 있는 오에이(お栄)가 자기 사촌과 함께 중국의 천진(天津)에 가서 음식점을 열 계획으로 중국으로 떠난다는 말을 듣는다. 그는 오모리로 가서 그녀를 만나고 다시 교토로 돌아온다. 그녀가 오사카에서 시모노세키를 통해 천진으로 떠나는 길에 교토에 들리자, 그는 그녀에게 교토·오사카 등 명소를 구경시킨 후 천진으로 보낸다. 그 후 그는 다시 2, 3박 일정으로 도쿄를 다녀온 후 나오코와 결혼식을 올리고, 기누가사무라(衣笠村)에서 신혼생활을 시작한다. 첫 아기가 태어나서 1개월 만에 사망한다. 그 충격으로 나오코는 몸이 허약해져 병원에 다니게 되었고, 그는 창작에 전념해 보려 했지만 불가능했다. 게다가 중국으로 떠난 오에이로부터는 통 연락이 없었다. 그러다가 그는 그녀가 조선에 와있다고 하는 말을 듣고 오에이에게로 가서 그녀를 만나보고 여의치 않으면 그녀를 데려오려고 조선에 가게 된다.

그가 조선에 가서 그녀를 데려온다. 그 사이에 나오코가 사촌오빠 가나메 (要)에게 겁탈 당한다. 그는 그 사실을 숨기려는 나오코를 추궁해 그 사실을 알게 됨에 따라 또 다시 불행한 상황에 빠지게 된다. 그러한 상황에서 그의 신경은 날카로워졌고 그로 인해 나오코가 부상을 입게 된다. 그래서 그는 어떠한 형태로든지 그것을 초극해 보려고 교토의 서쪽에 있는 돗도리켄(鳥取県)의 다이센(大山)에 가서 죽음을 각오한 나머지 자연 속에 자신의 모든 심신(心身)을 내맡긴다. 그 과정에서 그는 건강상태가 악화되었는데 그 소식을 듣고 나오코가 찾아와 그를 간호하게 된다.

이 작품에서의 공간이동은 중심인물이 자신의 생활공간을 떠나 어떤 한 지정된 장소로 나가 그곳에서 어떤 일들을 체험하고 다시 자신의 생활본거지로 되돌아오는 양상의 반복적 형태들을 취하고 있다.

5) 가와바타 야스나리(川端康成, 1899~1972)와 그의 대표작

가와바타 야스나리는 1899년 오사카시(大阪市) 기타쿠(北区) 덴마(天満)에서 태어났다. 1917년 3월 18세에 중학교를 졸업하고, 동월에 오카에서 도쿄(東京)로 상경해 아사쿠사(浅草)에서 거주하게 된다. 동년 7월에 일고(一高)에 입학하여 3년간 기숙사 생활을 한다. 1920년 9월에 도쿄제국대학에 입학하게 되고, 아사쿠사 고지마초(小島町)를 비롯하여 도쿄도(東京都) 내의 여러 지역을 옮겨 다니며 살았다. 1924년 3월에 대학을 졸업했다. 그 후 한 동안 1925년 이즈(伊豆) 유가시마(湯ケ島)와 도쿄시(東京市)를 오가면서 거주하였고, 1926년 4월부터는 도쿄도 신주쿠구(新宿区)에서 부인과 동거를 시작하였다. 1928년 5월 도쿄도 오타쿠(大田区)로 이사하고, 그 다음해 9월에는 시타야구(下谷区)의 우에노 사쿠라기초(上野桜木町)로 이사한다. 그 후 1937년 5월 가마쿠라시(鎌倉市)로 이사해서는 그곳에서 73세에 생을 마감한다. 1941년 4월부터 6월 사이에 『만주일일신문』의 초청으로 만주에 갔었고, 그해 9월에는 관동군의 초빙으로 재차 만주를 방문해 11월 길림(吉林)을 거쳐 고베로 돌아갔다.[11]

그의 문단 출세작은 『이즈의 무희』이다. 이 작품의 스토리는 주인공인 고등학생 '내'가 어느 가을에 '내'가 거주하고 있는 도쿄로부터 서남쪽에 위치해 있는 이즈(伊豆)반도의 지역으로 여행을 떠나, 여행지에서 한 가족으로 구성된 광대 일행을 만나 그들과 동행해 이즈지역을 떠돌다가 그들과 헤어져 '나'의 거주지 도쿄로 돌아간다는 것으로 되어있다. 이렇게 봤을 때, 이 작품의 중심 무대는 주인공의 여행지 이즈이다. 그는 여행지인 이즈 지역을 이동해 다니다가 그의 거주지 도쿄로 귀경한다. 이 작품에서의 공간이동은 주인공이 자신의 생활현장을 떠나 어느 지역에 가서 그 곳의 인물들을 접한 후 새로운 각오를 가지고 거주지로 돌아오는 형태를 취하고 있다.

그의 대표작 『설국(雪国)』의 스토리는 도쿄의 시타마치(下町) 출신인 시마무라(島村)가 3회에 걸쳐 설국 지역을 방문해 그곳에서 반 달 정도씩 머물면서 그곳의 게이샤 고마코(駒子)라는 여자와 정을 나누다 도쿄로 돌아오는 이야기로 되어있다. 설국지역은 도쿄의 서쪽지역이다. 작품의 주된 서술은 중심인물 시마무라가 설국지역에 들어서서 그 지역을 기차, 자동차, 도보 등을 통해 그 구역 내를 이동해 다니면서 그가 보고 듣고 생각한 것들에 대한 것들로 되어 있다. 시마무라가 그곳을 방문하는 시기는 5월 하순, 12월 중순, 9월 하순으로 환절기였다. 그가 그 지역을 여행하는 주된 이유는 처음에는 도시생활에 지쳐 가정이나 자기 부인으로부터는 어떠한 사랑도 느끼지 못해 삶의 의미를 상실한 나머지 도시생활의 원기를 회복해 보기 위해서였다. 두 번째는 첫 방문 때 만난 고마코라는 아가씨를 만나기 위해서였고, 세 번째는 두 번째 방문길에 조우했던 요코라는 아가씨를 만나기 위해서였다. 시마무라는 세 번째로 설국지역을 방문한 후 다시는 그곳에 오지 않겠다는 각오로 동쪽에 위치해 있는 도쿄지역으로 향할 마음을 굳힌다. 이 작품의 경우도 『이즈의 무희』가 취한 공간이동 양상의 3회 반복이라는 형태를 취하고 있다.

『천우학(千羽鶴)』의 스토리는 미타니 기쿠지(三谷菊治)가 망부(亡父)의 애인이었던 오타 미망인(太田未亡人)과 그녀의 딸 후미코(文子)와 남녀관계를 맺어가는 이야기로 되어있다. 작품의 첫머리에서 기쿠지는 어느 여름날 가마쿠라(鎌倉)의 엔가쿠지(円覚寺)에서 열린 다화회(茶話會)에 참가해 그 다화회를 주최한, 망부의 옛 여자였던 지카코의 주선 하에서 그녀의 제자 이네무라 유키코와 맞선을 보게 된다. 그는 그 자리에서 역시 망부의 애인 오타(太田)부인과 그녀의 딸 후미코를 만난다. 그는 그날 밤 북가마쿠라에서 오타부인과 남녀관계를 갖는다. 기쿠지와 오타부인의 거주지는 도쿄로 되어있다. 그 후 오타부인이 죄의식에 사로잡혀 자살하자, 기쿠지는 그녀의 딸 후미코와 만나가며 남녀관계를 갖게 된다. 작품의 끝에 가서 후미코는 가을날 자살을 상상케 하는 여행을 도쿄 밖 먼 곳으로 떠나게 된다. 이 작품에서의 공간이동은 중심인물들이 자신들의 생활공간 내를 이동해 다니다가 그 생활공간으로부터의 탈출이라는 형태를 취하고 있다.

그의 최고의 역작은 『산소리』(山の音, 1954)이다. 이 작품의 스토리는 일년 전에 환갑을 지낸 오가타 신고(尾形信吾)가 아침에 가마쿠라(鎌倉)의 자기 집에서 도쿄의 회사로 출근할 때 가정부의 이름이 떠오르지 않아 자신에게 건망증이 찾아왔다는 것을 느끼게 된다. 여름 밤 빨랫줄에 널려있는 며느리의 원피스를 보고, 산으로부터 들려오는 어떤 이상한 소리를 듣게 되는 것으로 시작된다.

신고의 그러한 느낌들과 생각들은 자식 슈이치(修一)의 잦은 외도로 부부관계가 원만치 못한 며느리 기쿠코(菊子)를 이성(異性)적 상대로 바라보려는 입장을 세워나간다. 그 결과 작품의 중반부에 가서는 신고와 기쿠코는 도쿄의 신주쿠교엔(新宿御苑)에서 만나게 되는 상황까지 이른다. 작품의 끝에 가서 작품의 스토리는 진행사건이 발단된 그 해 여름으로부터 1년 반 후인 그 다음해 가을에 끝난다. 신고가 가을날 자기와 아내의 고향인 신슈(信州)로 가족나들이를 떠날 것을 가족들에게 제안하는 것으로 끝난다. 이 경우의 공간이동형태 또한 『산소리』와 동일한 형태를 취하고 있다.

마지막 역작『고도(古都)』(1962)의 스토리는 다음과 같다. 교토의 한 직물도매상의 양녀(養女) 지에코(千惠子)가 자신이 만나오던 대학생인 남자친구 신이치(真一)를 버리고 양아버지가 권유하는 같은 직물계의 무네스케(宗助)라고 하는 사람의 아들 히데오(秀男)를 만난다. 그러다가 지에코는 교토의 교외에 위치해있는 북산의 삼나무마을에 삼나무를 구경하러 간다. 그 곳에서 지에코는 자기의 쌍둥이 자매 나에코(苗子)를 만나게 된다. 그 후 히데오는 지에코로 착각하여 나에코를 만나게 되는데, 작품 끝에 와서 나에코는 초겨울 어느 날 교토의 지에코 집에서 하룻밤을 지내고 자기가 살고 있는 북산(北山)의 삼나무 마을로 돌아간다. 이 작품의 경우는『이즈의 무희』의 공간이동 형태와『산소리』의 그것과의 중복형태를 취하고 있다.

이상과 같이 고찰해볼 때 그의 작품에 내재된 공간이동양상은 다음과 같이 정리될 수 있다. 우선 첫째로 거주지와 여행지의 대립적 구조의 형태를 취하고 있다. 예컨데 가와바타의 대표작들의 작중 공간은 주인공이 거주하는 도회지 도쿄와 이것에 대립되는 여행지라고 하는 두 공간으로 구성되어 있다. 거주지 도쿄에서 행해지는 삶이 힘겨워지면 주인공은 거주지 도쿄로부터 외지로 여행을 떠난다. 그 곳에서 얼마간 머물다가 다시 도쿄로 돌아온다. 또 작중 세계에서의 주인공의 주된 활동 공간은 초기의『이즈의 무희』와『설국』까지는 여행지로 되어있고, 그 다음 중기 이후의『천우학』부터는 거주지가 주인공의 주된 활동공간으로 되어있다. 초기작과 중기작 사이의 다리역할을 하는『천우학』의 경우, 주거지에 해당되는 주인공의 공간이 여행지의 성격을 띤 가마쿠라와 거주지의 성격을 띤 도쿄로 양분되어있다.

둘째로 그의 작중공간에서의 여행지는 사랑과 죽음을 암시하는 공간이다.『이즈의 무희』에서 주인공 '나'는 이즈반도의 여행길에서 '사랑'의 대상 무희를 발견하고 그녀의 동생의 '죽음'을 비롯하여 적잖은 사람들의 죽음에 대한 이야기들을 접하게 된다. 그것을 계기로 주인공 '나'는 여행지로부터 현실세계로 귀경한다.『설국』의 경우도 마찬가지이다. 시마무라는 설국의 온천장에서 사랑의 대상 고마코 및 요코와 같이 있다가 요코의 자살소동을 계기로 도쿄로 귀환한다.

셋째, 그의 작품공간은 주인공의 이동공간이다. 주인공은 작중세계에서 거주지로부터 여행지로 이동해가고 또 거주지나 여행지 내에서 이동해 다닌다. 『천우학』에서의 사랑은 첫 번째는 거주지와 여행지와의 중간 성격을 띤 가마쿠라에서 행해지고 두 번째는 거주지 도쿄에서 행해진다. 후미코가 떠나는 여행지는 후미코의 자살을 암시해주는 공간이다. 『산소리』에서의 여행지는 작품의 끝부분에 출현되는데, 그 공간은 신고부부의 고향으로서 그들의 사랑과 신고의 처형에 대한 짝사랑이 행해졌던 곳이고, 또 『고도』에서의 「여행지」에 해당되는 공간은 나에코가 교토의 지에코의 집에서 나와 자기의 영원한 은신처 북산의 삼나무 마을로 되어있다. 작품에서의 그 공간은 지카코와 나에코 자매의 생부의 죽음이 행해졌던 공간이고 나에코의 영원한 은신처로 그려져 있다.

넷째, 가와바타 야스나리 작품의 주인공들의 주된 관심들은 변화하는 자연물들, 여자들, 그들과의 「만남」 등이다. 그의 작중공간은 그것들로 채워진 공간이다.

2. 근대 일본문학에서의 공간이동 양식의 성립논거

1) 근대 일본문학의 성립 경위와 제국주의

논자는 지금까지 후타바테이 시메이(二葉亭四迷), 나쓰메 소세키(夏目漱石), 아쿠타가와 류노스케(芥川龍之介), 시가 나오야(志賀直哉), 가와바타 야스나리(川端康成) 5인의 작품들에서의 공간이동 양상을 고찰하였다.

이들은 근대 일본의 문학을 대표하는 소설문학 장르의 대표적 작가들임에 틀림없다. 또 근대 일본문학은 근대 서구문학을 받아들여 그것을 기초로 해서 일본의 전통 문학을 계승시켜 나간 문학이라 할 수 있다. 그런데, 이러한 성격을 지닌 근대일본문학의 기초가 이루어졌던 것은 다름 아닌 바로 후타바테이 시메이를 통해서였고, 또 그것은 나쓰메 소세키, 아쿠타가와 류노스케 등을 통해 확립되었다고 말해볼 수 있다. 그 뿐만 아니라 근대 일본문학을 확립시킨 작가들은 이들 나쓰메 소세키, 아쿠타가와 류노스케, 시가 나오야 등과 같이 주로 도쿄 제국대학 출신자들로서 그 대학의 영문학과 출신이거나 혹은 영문학과에 입학했다가 소설 창작을 위해 국문학과로 전과한 시가 나오야와 가와바타 야스나리 등과 같이 도쿄제국대학의 영문학 전공 관련자들을 통해 이루어졌다고 할 수 있다. 한마디로 말해 근대일본문학은 도쿄제국대학의 영문학을 통해 확립되었다고 말할 수 있다는 것이다.

그렇다면 도쿄 외국어학교의 노어학부 출신의 후타바테이의 경우는 어떻게 설명될 수 있을 것인가? 1877(메이지 10년)에 설립된 도쿄대학이 도쿄제국대학으로 이름을 바꾼 것은 1886년(메이지 19년)의 일이다. 그런데 후타바테이의 경우는 원래 군인(軍人)이 되겠다는 뜻을 품고 도쿄대학이 설립된 그 다음해인 1878년부터 3년간이나 육군사관학교 입학을 준비했었다. 그러나 입학에 실패하자 그는 그 꿈을 접고 외교관 지원했다. 그 결과 1881년(메이지 14년), 그러니까 도쿄대학이 제국대학으로 전환해 나오기 5년 전에 이미 도쿄 외국어대학에 입학하게 되었던 것이다.

그렇다면 근대 일본 문학자들에게서의 영문학이란 어떠한 것이었던가? 일본은 1854년 개항(開港) 이전까지 만해도 네덜란드어를 통해 근대 서구문물을 받아들였다. 그러나 미국의 주도로 일본의 개항이 이루어짐에 따라 근대 서구문물은 네덜란드 이외에 안세이 5개국조약(安政五カ国条約, 1858)에 참여한 나라들의 언어 즉 영어, 러시아어, 프랑스어 등을 통해서도 받아들여지게 되었다. 그 다음해 후쿠자와 유키치(福沢諭吉, 1834~1901)는 네덜란드어 학습에서 영어 학습으로 전환해 영어를 통해 서구문명을 도입해 『학문의 권장』(学問のすすめ, 1872~1876) 등과 같은 베스트셀러를 내게 되었고, 그와 동시에 일치감치 영학(英學)을 배워 영국유학의 감독관으로 1866~1868년에 런던에 머물러 있었던 나카무라 게이우(中村敬宇, 1832~1891)에 의해 번역되었던 사무엘 스

마일즈(Samuel Smiles)의 『자조론(*Self Help, 自助論*)』(1871)도 베스트셀러가 됨으로써 영어가 이전의 네덜란드어를 대신해 근대서구문명의 수용을 위한 대표적 수단으로 부상하게 되었다. 그러한 과정에서 나고야켄 영어학교에서 영어를 배운 쓰보우치 쇼요(坪內逍遙, 1959~1935)가 1877년에 도쿄대학(東京大學)이 된 가이세이학교(開成学校)에 그 전년에 입학해 셰익스피어 등을 통해 영국문학에 흥미를 갖게 됨으로써 이루어졌던 그의 영문학 이해를 배경으로 근대일본 최초의 문학이론서 『소설신수(小說神髓)』(1885~1886)가 출현하게 되었고, 그것에 기초해 쇼요의 동향인(同鄕人)인 후타바테이 시메이 등과 같은 인재가 출현하게 되었던 것이다. 그 후 영일동맹(英日同盟)의 체결(1902.1) 이후부터는 일본국민과 일본정부의 영국과 영어 및 영문학에 대한 관심이 한층 더 고조되어 그 때 이후 일본인들에게는 서구사회의 문화에 대한 이해가 영·미를 통해 가능하다는 분위기가 일반화되어 나오게 되었던 것이다. 일본제국은 영일동맹의 체결을 계기로 동아시아에서의 러시아세력을 몰아낼 수 있는 협력세력을 확보해 동아시아의 일본화를 확실히 추진해 갈 수 있었던 것이다.

일본문학에 영문학을 끌어들여 근대 일본문학의 초석을 구축한 자는 나쓰메 소세키였고, 그의 그러한 역할은 영일동맹의 분위기를 타고 이루어졌다고 말할 수 있다. 영일동맹이 체결된 시점에 그는 영국 유학 3년째를 맞고 있었다. 그는 그 체결이 이루어진 1년만인 1903년 1월에 귀국해 도쿄제국대학 영문학과에서 「문학론」 등을 강의해 갔다. 그러다가 1907년부터는 『아사히신문(朝日新聞)』에 입사해 그로부터 10년간 신문연재소설을 발표했던 것이다. 그의 신문연재소설들은 기본적으로 그가 일제의 대륙침략에 동조한 영국에서 뼈대를 세운 문학론에 입각해 쓰인 것들이었고, 또 그의 그러한 소설들은 일제의 대륙점령을 염원했던 일본의 독자들에 의해 탐독되었던 것이다.

그렇다면 제국대학 출신의 문학자들에게서 제국주의 교육은 과연 어떠한 것이었다고 말할 수 있을 것인가? 일본 메이지 정부는 19세기 독일의 학부구성 신학부(神学部), 법학부, 의학부, 철학부를 모델로 해서 1870년(메이지 3년) '대학규칙'을 발표했다. 이 대학규칙에서의 학부구성은 교과(敎科), 법과(法科),

이과(理科), 의과(醫科), 문과(文科)로 되어있었다. 그런데 여기에서의 특이한 점은 교과(敎科)가 서구대학의 신학부를 모델로 해서 이루어졌다고 하는 것이다. 이 교과에서의 교과내용은 국학(國學)과 유학(儒學)으로 채워졌고, 국학 분야에서의 필독서는 일본 근세의 국학자들에 의해 연구되어 나왔던『고사기』(古事記),『일본서기』(日本書紀),『만요슈』(万葉集) 등과 같은 것들이었다.[12]

그런데 1877년(메이지 10년) 도쿄대학이 발족되자, 교과가 누락되고, 학부가 법(法), 이(理), 의(醫), 문(文)의 4학부로 재편되어 나왔다. 이 경우 문학부의 학과 편성은 제1과와 제2과로 양분되어, 제1과가 사학(史學), 철학, 정치학으로, 제2과가 화한문학과(和漢文学科)로 이루어졌다. 이렇게 봤을 때, 우리는 제1과를 서양문학부, 제2과를 동양문학부로도 볼 수 있었기 때문에, 당시 누락되었던 교과의 교과내용들이란 우선 전체적으로는 전(全)학부의 기초교양과목으로 전환되고, 부분적으로는 제2과의 화한문학과로 편입되어 나갔다.

그 다음 1889년(메이지 22년) '대일본제국헌법'이 발포되고 그 다음해 그 제국헌법에 의거해 '교육칙어(敎育勅語)'가 반포되었다. 제국헌법에서의 일본의 천황은 만세일계(万世一系)의 신성한 존재이고, 천황에 의해 통치되는 나라로 되어 있고, 또 일본의 국민은 천황의 신민(臣民)으로 규정되어 있다. 교육칙어는 "항상 나라의 헌법을 중히 여겨 국법을 준수해야하며 나라가 위급할 때는 의로움과 용기로 봉사함으로써 하늘과 땅처럼 무궁한 황실의 안위를 이루어 나가야한다"는 것으로 되어 있다.

이와 같이 제국헌법과 교육칙어는 일본인들을『고사기』(古事記),『일본서기』(日本書紀)가 제시하는 신화의 세계로 일본인들을 끌어들여 그 세계를 그들 자신들의 현실세계로 인식하게 하는 역할을 행했던 것이다.

일본의 제국주의 사상은 바로 이러한 일본인들의 현실세계에 대한 신화세계적 인식에 기초해 확립되어 나온 것이라 할 수 있다. 그런데 논자가 여기에서 강조하고자 하는 것은 우선 바로 그러한 허구적 인식에 기초해 확립된 제국주의사상이 제국대학 출신자들로 하여금 허구의 세계를 자신들의 존재로 인식하는 문학자들로 손쉽게 전환해 나오게 했다는 하는 것이다.

또 논자의 이러한 시각에 입각해 근대 일본문학의 특징을 논해 볼 때, 우리는 근대 일본 소설이 '사소설(私小說)'적 특징을 지니게 된 것도 다름 아닌 바로 근대 일본인들이 제국헌법과 교육칙어에 입각해 자신들의 삶을 실현시켜 나가는 과정에서 형성시킨 현실세계의 허구적 인식에 의거했던 것이 아닌가 하는 입장이 취해진다. 근대 일본소설이 사소설적 특징을 지닌 것이라는 증거들 중의 하나는 작자의 현실세계가 바로 작중세계 라고 하는 점이다. 다시 말해 작자자신이 작품의 주인공이 되어있는 작품이라고 하는 점이다. 이렇게 봤을 때, 작자가 자신의 현실세계에서 행한 공간이동이나 그 이동양식이 그대로 작중세계에서의 주인공의 공간이동이나 그 이동양식이 된다고 하는 것이다. 다시 말해서 근대일본소설에서의 중심인물들의 공간이동양식이 작자의 현실세계에서의 작자자신을 중심으로 한 인간들의 공간이동양상에 의거해 기술되어졌다고 하는 것이다. 그렇다면 근대일본인들에게서의 그들의 현실세계 속에서의 공간이동은 무엇에 준거해 이루어 졌던 것인가?

2) 근대일본문학자와 『고사기』(古事記)

그러면 근대일본문학자들이 『고사기』(古事記)를 어떤 식으로 인식했었는 지를 우선 아쿠타가와 류노스케의 『스사노오노미코토』(素盞嗚尊, 1920.5)와 『늙은 스사노오노미코토』(老いたる素盞嗚尊, 1920)를 통해서 고찰해 보기로 한다.[13]

상기의 두 작품은 일본의 『고사기』(古事記), 『일본서기』(日本書紀)의 신화에 나오는 신 스사노오노미코토를 주인공으로 한 작품들로 전편(前篇)과 후편(後篇)의 성격을 지닌 작품들이라 할 수 있다. 이 작품들은 그가 1919년 3월 열 몇 편 정도의 소설을 써준다는 조건으로 '오사카 마이니치 신문사'에 입사한 지 일 년 만에 쓴 것들이다. 일본의 기기(記紀) 신화에서의 이자나기노가미(伊耶那岐神), 이자나미노가미(伊耶那美神)는 천신(天神) 일동의 명령을 받아 일본의 국토를 만들어 내고 그 위에 여러 자연신들과 문화신들을 탄생시킨 신들로 되어 있다. 스사노오노미코토는 이자나미노가미의 사후 요모쓰쿠니(黃泉国)를 방문한 이자나기노가미가 그곳에서 도망쳐 나와 그곳에서 더럽혀진 몸을 씻을 때 그의 코로부터 태어난 신이다. 그가 코를 씻기 전 좌우의 두 눈을 씻었을 때 아마테라스오미카미(天照大御神)와 쓰쿠요미노미코토(月読尊)의 두 신들이 태어났었기 때문에 그가 아마테라스오미카미의 남동생이 되었던 것이다.

이 작품의 중심사건은 바로 그러한 스사노미코토 청년이 다카아마하라(高天原)의 나라에 출현해 그곳의 동네 청년들과 어울려 놀기 시작하는 것으로부터 시작된다. 그래서 그것은 스사노오노미코토가 그곳에서 문제를 일으켜 그 다카아마노구니(高天國)으로부터 추방되어 내려온 사건으로 전개되어 나왔고, 또 그것은 그가 지상세계로 내려와 여러 나라를 떠돌아다니다가 여자를 잡아먹으려는 큰 뱀을 퇴치하고 그녀의 부친으로부터 그 나라의 통치권을 위임받아 그 나라를 통치하게 되고, 말년에는 서쪽의 바다 너머에 있는 네노쿠니(根国)로 건너가 자기의 딸과 살아가던 중 딸과 연인관계를 맺게 된 한 남자 오쿠니누시노가미(大国主神)에게 나라를 넘겨주는 것으로 결말에 이르게 된다.

작자는 이들 두 작품들의 이러한 중심사건을 통해 스사노오노미코토이래 인간들의 불행이란 경쟁심과 질투심에 기인되고, 그러한 것들의 근원이 다름 아닌 남녀 간의 성적(性的) 사랑이라는 것을 말하고 있다. 그런데 작자는 이러한 관념을 제시하기 위한 한 방안으로 작중에서의 주인공의 공간이동을 다음과 같이 설정했다.

다른 청년들보다 월등하고 힘이 센 주인공 스사노오노미코토기가 키 큰 미모의 청년 멧돼지머리의 사내 등을 비롯한 젊은이들과 활쏘기, 넓이 뛰기, 바위 들어 던지기 등을 행했던 곳이 다카아마하라(高天原)에 있는 아마노야스카와(天の安河原)라고 하는 마을이다. 그는 그곳에서 마을 청년들과 장난을 치며 놀던 중 마을의 한 처녀에게 연심을 품게 된다. 그것이 실마리가 되어 결국 마을 청년들과 싸움이 일어났고, 그 와중에 화재가 발생해 결국 그는 다카아마하라의 나라 밖으로 추방된다. 그 다카아마하라의 나라는 여러 산봉

우리들로 둘러싸여 있다. 그는 그 산봉우리들을 넘어 산 아래로 내려온다. 그는 다카아마하라 나라 밖의 아래 세상에 있는 삼림 속을 누비다가 동굴을 발견해 그 속에서 살고 있는 여인들과 얼마 동안 생활하게 된다. 그러다가 그는 다시 그곳을 벗어나 여러 지역을 떠돌다가 바다를 건너고 산을 넘어 여러 지역들을 7년간이나 표박한다. 그러던 어느 날 나룻배를 타고 이즈모(出 雲) 지역의 히노카와(簸川)를 거슬러 올라가다가, 강가의 바위에 앉아있는 한 여인을 발견하고, 큰 뱀에 물려죽을 운명에 처해 있는 구시나다히메(櫛名田姬) 라는 여인을 구출한다. 그는 큰 뱀을 퇴치하고 결국 자기가 구출한 여인과 결혼해 나중에 그 부락의 장이 된다. 그들은 스세리비메(須勢理毘賣)라는 딸을 낳아 길렀는데, 그 후 그는 부인이 죽자 아들에게 나라를 맡기고 그 딸과 함께 먼 바다 저편의 지하에 있는 네노카타스쿠니(根の堅洲国)로 나가 살게 된다. 여기에서의 네노카타스쿠니란 죽은 자들이 가는 네노쿠니(根国)내지 요미노 쿠니(黄泉の国)라고도 말할 수 있는 곳인데, 이 작품은 이 황천국에서의 스사 노오노미코토가 자기의 딸이 한 남자와 그 섬을 탈출하는 것을 목격하는 것으 로 끝난다.

이 작품에서의 주인공의 공간이동은 다음과 같이 3가지 측면에서 그 특징이 파악된다. 우선 하나는 주인공의 주된 활동무대가 일본인들에게 하늘 위에 존재한다고 생각되어 온 천상세계였다고 하는 점이다. 두 번째는 주인공의 공간이동이 우선 첫 단계에서 천상(天上)에서 지상(地上)으로 행해졌고, 두 번째 단계로 지상의 한 지역에서 지상의 다른 여러 지역으로 행해진 다음 세 번째 단계에 가서 지상에서 서쪽의 먼 바다너머 지저(地底)로 행해졌다고 하는 것이다. 여기에서 세 번째 단계의 지상(地上)에서 지저로의 하강 이동에 는 지상세계가 이즈모(出雲) 지역이고 그곳으로부터의 '먼 바다' 쪽이란 동방 에서 서방으로의 의미도 내포되어 있는 것으로 고찰된다. 세 번째는 서방 지저 의의 황천국으로부터 동방의 이즈모지역으로의 이동가능성이 제시되어 있다 고 하는 점이다.

(1) 가와바타 야스나리의 『다마유라』(玉響, 1965.9~1966.3)

가와바타 야스나리도 만년에 『고사기』를 자료로 해서 『다마유라』라는 작품을 썼다. 이 작품은 가와바타가 『고사기』 신화를 자료로 해서, 40여 년간의 직장생활로 심신이 지친 한 인간이 새로운 삶의 의미를 찾아보려는 모습을 그려낸 것이다. 이 작품은 내레이터가 65세의 나오키(直木) 노인이 접해가는 현실과 그의 회상들을 서술하는 형식을 취하고 있다. 가마쿠라(鎌倉)에서 살고 있는 나오키 노인은 40여 년 이상 다니던 직장을 그만두고 소형 문고본의 『고사기』(古事記) 한 권을 가방에 넣고 일본의 남단 규슈지역에 있는 미야기겐의 미야기(宮崎)로 여행을 떠났다. 미야기는 도쿄 등으로부터 수많은 신혼여행자들이 모여드는 곳이다. 미야기가 그토록 일본의 젊은이들에게 신혼여행지로 인기가 높은 것은 우선 일차적으로 그곳이 『고사기』 신화에서 황천에서 도망쳐 나온 이자나기노미코토(伊邪那岐命)가 미소기(禊)를 행했던 곳으로서 제2의 새로운 삶을 위해 부정(不淨)한 심신을 말끔히 씻어내는 곳으로 알려져 있기 때문이다. 그 뿐만이 아니다. 『고사기』에서 그곳은 일본을 다스리기 위해 니니기노미코토가 천상세계로부터 내려온 다카치호의 산봉우리(高千穂の峰)가 있는 곳이고, 초대천황 진무텐노(神武天皇)의 야마토(大和) 지역으로의 동정(東征)이 시작된 곳이기도 하기 때문이다.

65세의 나오키 노인이 그곳을 찾은 것도 신혼여행자들의 경우처럼 일본의 민족이 시작된 그곳에 있는 여러 자연물과 문화물의 접촉을 통해 새로운 삶을 실현시켜 가보기 위해서였던 것이다. 나오키 노인은 그곳에서 가마쿠라로 돌아와 다시 교토로 시집간 장녀의 초대로 둘째 딸을 데리고 교토를 방문해 그곳에서 해바라기 축제에 참석한다. 그는 그곳에서 미야기 여행을 회상해본다. 이와 같이 이 작품에서의 공간이동은 도쿄 근방의 가마쿠라(鎌倉)에서 남서쪽의 규슈(九州)의 미야기로 이동했고, 다시 가마쿠라에서 남쪽의 교토로 이동했다.[14]

3) 근대 일본 소설에서의 공간이동 양상

근대 일본 소설에서의 중심인물들의 공간이동양상은 다음과 같이 정리될 수 있다. 첫째, 근대 일본 소설들의 대부분은 기본적으로 세 유형의 인물들을 주인공으로 취하고 있다. 우선 제1의 유형은 후타바테이의『부운』의 주인공 우쓰미 분조, 소세키의『나는 고양이로소이다』의 중심인물 구샤미(苦沙弥) 및 『그 다음』의 주인공 다이스케, 아쿠다가와의『코』의 주인공 젠치(禅智) 및『지옥변』의 중심인물 요시히데 등의 경우처럼 어떤 한 고정된 장소에 줄곧 머물러 있으면서 외부로부터 그를 방문하는 객들을 만나가는 인물유형이다. 이러한 제1유형의 인물들은 외부로부터 자신을 방문해온 인간들과의 접촉을 통해 자기 자신의 생각들과 입장을 변화시켜 나가는 인물로서 결국은 작품의 결말 부분에 가서는 그동안 자신이 처해 있는 장소를 떠나 다른 장소로의 이동을 감행할 수 있는 인물이다. 제2의 유형은 제1의 유형과 정반대되는 유형이다. 제1의 유형이 정(靜)적 유형이라면 제2의 유형은 동(動)적 인간이다. 이 유형의 인간은 어떤 장소들을 끊임없이 방문해 다니며 자신의 생각과 입장을 변화시켜 나가는 인물이다. 한마디로 말하면 유랑인 내지 여행자 타입의 인물형이다. 소세키의『산시로』의 주인공 산시로 및『마음』의 주인공 '나', 아쿠타가와의 『톱니바퀴』의 주인공 '나', 가와바타의『무녀』의 주인공 '나',『설국』의 주인공 시마무라 등이 바로 그러한 유형들이라 할 수 있다. 제3의 유형은 제1유형과 제2유형의 혼합형이다. 즉 이 제3의 유형은 어떤 장소의 인간이 제3의 장소를 방문해 그곳에서 어떤 새로운 세계를 경험하고 다시 자기의 장소로 돌아온다던가 아니면 또 다른 제3의 장소로 떠나는 타입의 인물이다. 후타바테이의 『그 기억』의 중심인물 오노 데쓰야, 소세키의『철부지 도련님』의 주인공 '나' 및『개양귀비』의 중심인물 무네치카, 아쿠타의『라쇼몬』,『스사노오노미코토』, 『희작삼매』의 주인공, 시가 나오야의『기노사키에서』및『암야행로』의 주인공, 가와바타의『천우학』,『산소리』,『다마유라』등의 주인공들 등이 바로 이러한 타입의 인물들이다. 예컨대, 아쿠타가와의『스사노오노미코토』의 경우,

그는 다카아마하라에서 태어나 그곳에서 성장한 자가 아니다. 그는 어떠한 경유로 그곳에 출현해 그곳의 청년들과 같이 생활해 가게 된다. 그러나 그는 그곳에서 문제를 일으켜 결국 그곳으로부터 추방당해 다카아마하라 밖의 아래 세상으로 내려와 그곳에서 한 동안 여인들과 함께 생활해 가게 된다. 그는 그곳에서도 적응하지 못하고 여러 지역들을 떠돌아다니다가 이즈모 지역에 도착해 큰 뱀을 퇴치하고 자기가 구한 여자와 살게 된다. 그러다가 다시 그는 그곳을 떠나 바다 건너의 황천국에 가서 노년을 보내게 된 인물이었던 것이다.

이렇게 스사노오노미코토는 A지역에서의 어떤 것을 체험하고 그것을 자산으로 해서 B지역으로 이동해 나갔다. 또 그곳에서 새로운 체험을 자산으로 해서 C지역으로 진출해 가는 생활타입의 존재였던 것이다. 가와바타의 『다마유라』의 주인공 나오키 노인도 스사노오노미코토와 동일한 생활타입의 인간이라 할 수 있다. 그는 도쿄·가마쿠라 지역에서 65세까지 생활해 오다가 그러한 생활을 청산하고 출가해 일본의 남쪽지방 미야기로 내려와 그곳의 여러 풍물들을 접한다. 그는 그곳에서 그것들과 접촉을 계기로 제2의 새로운 삶을 결심하고 다시 올라와 가족과 함께 교토로 내려가 자신의 새로운 결심을 실천해 간다. 이 경우 근대 일본소설에서의 중심인물들의 가장 전형적인 공간이동은 제3의 유형, 정착과 이동과의 혼합형이라 할 수 있다. 그렇다면 근대일본소설의 주인공들의 그러한 공간이동 패턴이나, 혹은 그러한 공간이동 양상들의 자료들이었던 작자 자신들의 현실 생활 속에서의 공간이동 양상들은 무엇을 그것들의 프로토 타입으로 해서 취해진 것인가?

둘째는 작중세계에서의 중심인물들을 비롯한 작중인물들의 이동방향이 패턴화 되어있다고 하는 것이다.

우선 작중인물들이나 그것들을 창작해낸 작가들이 자신들의 삶속에서 어떤 희망을 찾아내 그것들을 실현시키고자 할 경우 그들은 반드시 태양이 떠오르는 방향인 동쪽으로 향한다. 서쪽의 시마네겐의 마쓰에시(松江市)에서 동쪽의 도쿄로 이동해 도쿄에서 생활하게 된 후타바테이 시메이가 그랬고, 또 그의 소설 『부운』 속에서 서쪽의 시즈오카(静岡)에서 동쪽의 도쿄로 이동해 자신의 미래를 설계해 갔던 주인공 우츠미 분조(内海文三)가 그랬다. 『산시로』에서 규슈(九州) 구마모토(熊本)에서 고동학교를 졸업하고 도쿄로 상경해 대학을 다니게 된다. 산시로의 경우도 그러했다. 아쿠타가와도 대학 졸업 후 가마쿠라에서 교원생활을 행해가다가 결혼하게 됐는데, 가마쿠라에서의 결혼생활 1년만에 오사카 마이니치신문사에 취직이 되어 가무쿠라의 동쪽에 위치해있는 도쿄의 다바타(田端)로 이사해 신문사 전속 작가로서의 새로운 삶을 영위해 가게 된다. 시가 나오야(志賀直哉)도 1914년 12월에 교토에서 결혼을 하고 이전과는 다른 새로운 삶을 살아보기 위해 그 이듬해 교토에서 동쪽의 가마쿠라(鎌倉)・아카기야마(赤城山)로 이동해 그해 10월 지바겐의 아비코(我孫子)에 정착하고, 그 다음 1916년 6월에 장녀를 보게 된다.

가와바타의 경우도 마찬가지이다. 그는 1924년 3월 대학을 졸업한다. 그해 10월 요코미쓰 리이치(橫光利一) 등과 『분게지다이』(文芸時代)를 창간하고 그 이듬해 1925년부터는 이즈(伊豆)의 유가시마(湯ケ島)에서 머물게 된다. 그 다음 1926년 4월부터 유가시마에서 동쪽으로 진출해 그전에 도쿄의 스가 다다오(菅忠雄)집에서 만났던 마쓰바야시 히데코(松林香子)와 함께 도쿄 이치가야(市谷)의 사나이초(左內町)에서 동거생활을 시작한다.

가와바타의 작품들 속의 주인공들의 경우도 마찬가지이다. 예컨대 그의 출세작 『이즈의 무희』에서의 '나'라든가 『설국』에서의 시마무라 등의 경우가 그렇다. 『이즈의 무희』의 주인공 '나'는 삶이 고단해 무언가 새로운 삶의 방식을 찾아보기 위해 자신의 생활근거지인 도쿄로부터 남서쪽에 위치해 있는 이즈반도로 여행을 떠난다. 그는 그곳에서 일본의 전통적인 삶의 방식들을 접촉 실현시켜 나가는 사람들을 접한다. 그는 그러한 접촉들을 계기로 자신의 고단한 삶을 극복해가기 위해 새로운 각오로 도쿄로 동진해 들어간다.

그 다음은 중심인물들과 그들을 창출해낸 작가들이 자신의 삶 자체에 문제가 있어 자기들로서는 삶의 희망을 결코 창출해 낼 수 없다고 생각될 때 자신의 현실을 포기하고 남쪽으로 내려간다고 하는 것이다. 우선 소세키의 『철부지 도련님』에서의 주인공 '나'와 소세키 자신이 그러했다. 사망한 양친의 유산으로 대학을 졸업한 주인공 '나'에게는 교사가 되는 것 이외에는 어떠한 희망도 없었다. 형으로부터 유산으로 넘겨받은 돈도 다 써버렸다. 그러던 어느 날 교장으로부터 시코쿠(四國)에 교사자리가 났는데 가보지 않겠느냐는 제안이 있어 그냥 그것을 받아들여 남쪽으로 내려갔던 것이다. 소세키 자신도 대학 졸업 후 시코쿠의 에히메겐 마쓰야마(松山)중학교로 내려갔다. 당시 그로서는 영어교사로서 살아갈 수 있다는 자신감도 없었고 또 당시 각혈증세가 있어 결핵을 의심하게 되었고 신경쇠약에도 걸려 있었던 상태였다. 『철부지 도련님』의 한 인물은 에히메겐의 마쓰야마 중학교에서 교장에게 밉보여 결국은 그보다 더 서남쪽지방에 있는 규슈(九州)의 미야기겐(宮崎縣) 휴가(日向)로 전근된다. 이 인물의 모델은 바로 현실세계에서의 작자 자신이었다. 그는 마쓰야마 중학교에서 1년간 봉직하다가 그곳에서 다시 규슈의 구마모토(熊本)에 있는 제5고등학교로 전임했다.

그런데 문제는 휴가로 내려간 교사의 모델이었던 소세키가 자신의 현실세계에서는 마쓰야마에서 규슈의 구마모토로 전임했는데도 불구하고 소설 속에서는 왜 마쓰야마에서 미야기겐의 휴가(日向)에 있는 학교로 전임했다고 기술했는가는 하는 것이다. 그것은 우리로 하여금 작자 소세키에게서의 미야기겐의 휴가가 특별한 의미를 지닌 지역으로 파악되지 않을 수 없다는 입장을 취하게 한다.

아쿠타가와(芥川)는 1919년 3월에 유행성 독감에 의한 실부(實父)의 사망을 접한다. 4월에는 근무 의무가 없는 오사카 마아니치 신문사 사원에 취직해, 가마쿠라에서 도쿄의 다바타(田端) 자택으로 이사해 양부모(養父母)와 같이 생활하게 된다. 그러고 나서 그는 자신의 삶과 작품에 대한 새로운 접근을 시도해 보기 위해 기쿠치 간(菊池寬)과 나가사키(長崎) 여행을 행한다. 그는 그로부터 3년 만에 신경쇠약, 위경련 등 건강이 악화되자 4월에서 5월에 걸쳐 나가사키를 여행한다.

시가 나오야(志賀直哉)의 작품들의 주인공들과 그들의 창출자 시가 나오야 자신의 경우도 마찬가지이다. 시가 나오야는 1910년 대학 중퇴 후 부친과 불화가 생기자 도쿄에서의 자신의 모든 것을 다 포기하고 히로시마겐 오노미치(尾道)로 내려가 그곳에서 생활해 가게 된다. 그는 그곳에서 부친과의 화해를 위한 유일한 수단으로 부친과의 불화를 소재로 한 소설을 창작해 간다. 그의 대표작『암야행로』에서의 주인공 겐사쿠는 자기의 아내 나오코(直子)가 자기의 부재중 자기의 사촌 오빠에게 겁탈당한 사실을 알게 된다. 그는 그것을 극복해 보기 위한 방안으로 교토의 서쪽에 위치해 있는 돗토리켄(鳥取県)의 다이센(大山) 행을 감행한다.

가와바타 야스나리의 작품『이즈의 무희』의 주인공 '나'도 자신의 '고아근성(孤兒根性)'에 대해 처음부터 재검토해 보기 위해 남쪽지역으로 여행을 나온 것으로 되어 있다. 가와바타 자신의 경우도 그의 작품의 주인공의 경우와 마찬가지로 도쿄에서 고아로서의 자신의 삶을 실현시켜 나가다가 문제에 부딪히면 자주 도쿄의 남쪽에 위치한 아타미(熱海)로 여행을 나와 그곳에서 체류해 있곤 했었다. 그가 65세에 쓴『다마유라』의 주인공 나오키 노인의 경우는 40년 이상 다니던 직장까지 그만두고 이전과는 다른 새로운 삶을 모색해 보고자 일본의 최남단 미야자키로 내려가 당분간 그곳에서 체류해 있게 되는데 바로 그러한 경우가 가장 전형적인 예가 될 수 있다.

끝으로 작중의 인물들이나 작가들이 실연(失戀)이나 상(喪)을 당했을 때 향하는 지역이 있다. 일본의 북쪽에 위치해 있는 지역, 예컨대 일본의 홋카이도(北海道)라든가, 혹은 서북쪽에 위치해 있는 지역, 예컨대 한반도(韓半島), 중국대륙 등과 같은 곳들이 바로 그러한 지역들이다. 후타바테이 시메이(二葉亭四迷)의『그 기억』의 중심인물 오노 데쓰야(小野哲也)가 그 경우에 해당된다. 그는 제1고등학교 재학 중에 가정 파탄을 직면하게 되어 학자금 충당이 어렵게 되었다. 그러자 그는 아버지와 형의 반대에도 불구하고 한 고급관료의 양자(養子)로 들어가 무사히 대학까지 졸업하게 된다. 그의 꿈은 실업계로 진출하는 것이었는데 갑자기 양부(養父)의 타계(他界)로 생활이 곤란해 어쩔 수 없이 사립대학의 교수가 되어 박봉으로 양가(兩家)의 생활을 꾸려나가지 않을 수 없게 되었다. 그러한 상황에서의 부인과 장모의 헤픈 씀씀이는 그를 더욱 고통스러운 상태로 몰아갔다. 따라서 그와 아내 사이에는 사랑 같은 것이란 결코 존재 할 수 없었다. 그러한 가정에 시집 간 이복처제(異腹妻弟) 사요코가 남편과 사별하고 친정으로 돌아와 같이 생활해 가게 되었다. 그는 사요코와 같이 걸어서는 안되는 사랑의 길로 들어서게 된다. 그러나 그의 사랑은 사요코의 실종으로 끝나고 만다. 그러자 그는 사요코에 대한 사랑을 잊어보기 위해 중국 대륙 진출을 감행한다. 그러나 그는 중국에 가서도 그녀에 대한 사랑을 잊지 못해 현실생활에 적응하지 못하고 중국의 북경근방에서 다시 만주로 떠난다.

이 작품의 작자 후타바테이 시메이의 경우도 1893년에 후쿠이(福井) 쓰네와 결혼 해 두 아이를 가졌지만, 1896년에 이혼한 후 다시 1902년 재혼한다. 그는 재혼한 그해 5월 처와 노모를 일본에 남겨두고 하얼빈으로 떠나 북경을 들려 다음해 7월에 귀국한다. 그의 그러한 중국 대륙행은 우리가 『그 기억』의 주인공의 대륙행과 연관시켜 생각해 볼 때 그의 재혼이 그의 삶에 가져다 준 부담으로부터의 탈출의 일환으로 행해졌을 것으로 고찰된다.

시가 나오야의 『암야행로』에도 홋카이도(北海道)행과 중국대륙행이 다루어졌다. 겐사쿠는 자신이 조부와 어머니 사이에서 태어난 아이라는 사실을 형 노부유키(信行)로부터 전해듣고, 도쿄로 올라와 오모리(大森)에 살면서 게이샤집을 드나들며 방탕생활을 해가게 된다. 그 때 그는 게이샤들로부터 자기가 어렸을 때 게이샤촌에서 본적이 있는 깜찍하게 생긴 에이하나(榮花)라는 아이가 게이샤가 되었다는 이야기를 듣는다. 그런데 그 게이샤가 어떻게 하다가 임신을 하게 되었는데, 또 그녀에게 새로운 남자가 생기자, 그에게 모든 것을 던진 나머지 갓 태어난 아기를 엎어 살해했다는 것이고 그것을 알고 있는 그 남자가 그녀를 서북지역의 니가타(新潟)로 끌고 간 바람에 그곳에서도 얼마간 게이샤 생활을 하다가 다시 그 남자에 끌려 홋카이도로 옮겼다고 하는 것이다.

또 이 작품에는 조부이면서 그의 실부(實父)가 데리고 살던 여자로 겐사쿠로 말할 것 같으면 그의 할머니이면서 어머니이기도 했던 오에이(お栄)라고 하는 여자가 나온다. 겐사쿠는 그녀와의 결혼을 결심했었으나 자기가 조부의 자식

이라는 사실을 알게 되어 그 결혼을 포기했다. 그러자 바로 그녀가 사촌 동생과 함께 천진(天津)행을 감행했던 것이다. 그녀는 자기의 남편과의 사별과 겐사쿠와의 비련(悲戀)의 슬픔을 맛 본 자이다. 이 작품에서 겐사쿠도 천진으로 갔다가 조선에 머물러 있는 그녀를 데리러 대륙행을 감행한다. 그가 그러한 여행을 감행하게 됐던 것은 태어난 지 1개월 밖에 안 된 갓난아이의 사망으로 인한 충격 때문이었다. 그는 갓난아이의 자기의 아이의 죽음에 대한 슬픔을 초극해 보기 위한 한 방법으로 그것을 감행했던 것이다. 시가 나오야 자신도 1929년 부친이 사망하자 그해 만주 여행을 감행한 바 있었다.

가와바타의 작품들에는 그 자신이 2회에 걸쳐 대륙행을 감행했었는데도 불구하고 그의 작품 속에는 대륙행을 감행한 인물들이 거의 나오지 않는다. 『금수(禽獸)』(1933)라는 작품 한 곳에서 그 예를 발견할 수 있는데, 그 작품의 주인공 '그'의 옛 애인 지카코(千花子)가 그 한 예이다. 그녀는 그녀가 16살이 었을 때 '그'와 동반자살을 감행했다가 실패한 여자였다. 그러한 일이 있은 후 그녀는 만주로 건너간다. 그곳에서 러시아인으로부터 무용을 배워 귀국해 악사(樂師)와 결혼했다가 사별했다.

3. 근대 일본문학의 공간이동 양상의 원형과 『고사기』

근대 일본 작가들에게서의 그러한 공간이동 양상들의 프로토 타입은 과연 무엇인가? 그것은 근대 일본문학자들과 근대 일본 독자들의 의식형성에 절대적 영향을 끼쳤던 것으로 고찰되는 『고사기』에 기술된 신들과 인간들의 공간이동양상이 아닐까한다. 다시 말해 근대 일본 소설에 기술된 주인공들과 그들을 창작해낸 작가들의 공간이동양식이 『고사기』의 그것을 프로토 타입(prototype)으로 해서 이루어졌다고 하는 것이다. 그러면 여기에서 『고사기』에 기술된 신들과 인간들의 공간이동양상을 간단히 정리해 보기로 한다.

1)『고사기』의「상권」에서의 신들의 공간이동 양상

『고사기』는 상권, 중권, 하권으로 되어있다. 상권은 야마토(大和) 지역을 중심으로 한 일본국토의 초대 통치자 진무천황(神武天皇) 이전, 일본의 국토를 만든 신들의 이야기가 기술된 부분이다. 일본의 국토를 생성시킨 신들의 활동 공간은 인간이 살고 있는 현 세계, 즉 '아시하라'(葦原)의 나카쓰쿠니(中国)이라고도 하는 세계에 대립되는 천상세계이다.

신들이 살고 있는 이 천상세계는 보다 구체적으로 말하자면 가장 높은 곳에 위치해 있는 다카아마하라(高天原), 중간에 위치해 있는 나카쓰소라(中空)의 공간, 가장 아래쪽에 위치해 있는 지상(地上) 공중의 공간으로 삼분되어 있다.[15]

이에 대해 인간이 처해 있는 현 세계는 이즈모노구니(出雲国)라든가 쓰쿠시노구니(筑紫国) 등과 같은 지역의 지상세계를 가리킨다. 그런데 이 현실 세계에 있는 쓰쿠시노구니가 지상세계로 파악될 때, 이즈모노구니는 이 지상세계보다는 더 아래에 있거나 혹은 지하에 있는 세계, 즉 사자(死者)들이 간다고 하는 황천국(黃泉國)내지 네노쿠니(根の国)로 인식되는 경우가 있다. 이렇게 봤을 때, 『고사기』의 세계는 우선 죽지 않는 신들이 활동하는 다카아마하라(高天原), 나카쓰소라(中空), 지상(地上) 공중의 공간으로 이루어진 천상세계, 그 다음 죽어야 할 인간이 활동하는 지상에 있는 아시하라노나카쓰쿠니(葦原中国), 그 다음 죽은 자들이 활동하는 지하(地下)에 있는 황천국 내지 네노쿠니, 끝으로 죽어야할 인간이 죽지 않고 영생하는, 저 바다 너머의 수중에 있는 도코요노구니(常世国) 등으로 구성되어 있는 것으로 고찰된다.

다시 원 논제로 돌아와 『고사기』의 천상세계의 신들을 말할 것 같으면, 우선 다카아마하라에는 아마노미나카 누시노가미(天之御中主神), 다카미무스히노가미(高御産巣日神), 가무무스히노가미(神産巣日神)의 3신이 존재하고, 나카쓰소라(中空)에는 우마시 아시카비 히코지노 가미(宇摩志阿斯訶備比古遅神)와 아마노도코다치노가미(天之常立神)의 2신이 존재한다. 그리고 지상(地上)의 공중 공간에는 구니노도코다치노가미(国之常立神) 이하의 10신들과 이자나기

노가미(伊耶那岐神) 및 이자나미노가미(伊耶那美神)를 합친 12신들이 각각 활동하고 있다.[16]

이자나기와 이자나미의 두 남녀 신은 다카아마하라와 나카쓰소라의 고토아마쓰(別天)의 다섯 신들로부터 국토 수리고성(修理固成)을 위임받는다. 그들은 그들로부터 하사받은 창으로 만든 섬 오노고로시마(能碁呂嶋)로 내려와 결혼을 하고, 그곳에서 오야시마(大八洲)의 섬들과 바다, 강, 산, 들, 나무, 돌 등의 신들을 낳는다.[17] 그러고 나서 마지막으로 불신(火神)을 낳다가, 여신 이자나미가 화상을 입어 병석에 눕게 되는데, 그녀가 병석에 있는 중에도 흙, 물, 곡식 등의 신들이 태어났다.

결국 여신은 이즈모(出雲)와 인접해 있는 산에 있다고 하는 황천국(죽음의 나라)으로 퇴거한다. 그런데 남신이 그녀를 그리워한 나머지 황천국을 방문해 그녀를 데리고 나가려고 했으나 그녀를 '보지마'라는 금기를 어기는 바람에 결국 뜻을 이루지 못한다. 그는 쓰쿠시의 히무카(日向)로 도망쳐 그곳에서 미소기(禊, 몸씻기)를 행한다.

그 미소기의 덕분으로 여러 신들이 태어났고, 끝으로 이자나기의 왼쪽 눈으로부터 아마테라스오미카미(天照大御神), 쓰쿠요미노미코토(月読尊), 코로부터 스사노오노미코토(須佐之男命)가 태어난다. 이자나기는 그들에게 각자의 영지(領地)를 부여하여 그곳들을 통치케 했다. 그러나 스사노오노미코토는 그에게 부여된 해원(海原)을 통치하지 않고 망모가 있는 네노쿠니(根の国)에만 가고 싶다고 하며 우는 바람에 이자나기는 그를 추방시킨다. 그러자 스사노는 하늘로 올라가 다카아마하라의 통치자가 된 그의 누나 아마테라스오미카미를 만난다. 그는 그곳에서 난동을 부렸고, 그 결과 그곳으로부터 추방되어 이즈모노쿠니의 도리카미(鳥髪)산에 내려온다. 그는 그곳에서 구시나다히메(櫛名田比賣)를 위해 큰 뱀을 퇴치하고 검을 얻어 아마테라스오미카미에게 헌상한다. 스사노는 구시나다히메와 결혼해 만신(万神)을 낳는데 6대 후에는 오쿠니누시노가미(大国主神)가 태어난다.

오쿠니누시노가미는 다방면에 재주가 있어 이모형(異母兄)에 의해 질투의 대상이 된다. 그래서 그는 두 차례에 걸쳐 살해당해 스사노미코토가 주관해가는 네노쿠니(根の国)로 들어가게 되는데, 그는 그곳에서 갖은 시련을 다 겪어가면서 스사노미코토의 딸을 처로 받아들여 그곳을 탈출해 지상으로 나오게 된다. 그는 스사노미코토로부터 인정받아 국토(國土)의 경영자가 된다. 그러나 다카아마하라의 신들은 회의를 열어 아시하라(葦原)의 나카쓰쿠니(中國)의 통치자는 아마테라스오미카미(天照大御神)의 자손이 되어야 한다는 결정을 내린다. 그 후 3차례에 걸쳐 그들은 오쿠니누시노가미에게 전갈을 보내 그와 국토양보를 교섭케 한다. 결국은 오쿠니누시노가미는 자기 아들로 하여금 이즈모쿠니의 이나사(伊那佐)지역의 오바마(小浜)에 내려온 두 신들과 교섭케 했는데, 그 교섭은 오쿠니누시노가미의 국토양보로 결론지어진다.

국토양보 문제가 결론지어지자, 아마테라스오미카미는 그의 손자 니니기노미코토(瓊瓊杵命)를 강림시킨다. 그는 3종의 신기(神器), 곡옥(曲玉)·거울(鏡)·검(劍)을 가지고 쓰쿠시(筑紫)에 있는 히무카(日向)의 다카치호(高千穂)로 내려와 그곳에 궁전을 짓고 히무카 3대(日向三代)를 개시한다.

니니기노미코토는 행차 중 만난 산신(山神)의 딸 고노하나노사쿠야히메(木花之佐久夜毘命)와 결혼한다. 그래서 호데리노미코토(火照命), 호오리노 미코토(火遠理命) 등의 아들들을 갖는다. 큰 아들은 바다의 물고기를 잡고, 작은 아들은 산짐승을 잡는 역할을 했다. 동생은 형에게서 빌린 낚시 바늘을 잃어버려 그것을 찾기 위해 조류를 타고 바다로 나가 해궁으로 들어간다. 그는 그곳에서 해신의 딸 도요타 마노히메(豊玉姬)와 결혼해 낚시 바늘을 찾아 그녀를 그곳에 두고 지상으로 돌아와 히무카의 제2대 왕이 된다.

도요타마노히메는 아기를 임신하자 호오리노 미코토(火遠理命)가 있는 지상으로 나와 아기를 낳고, 해궁으로 돌아가 버린다. 그 아이가 히무카의 제3대 우카야후키 아에즈노 미코토(鵜葺草葺不合命)이다. 그는 어머니의 동생 다마요리히메(玉依姬)와 결혼해 4명의 자식을 낳았는데 제4자가 바로 일본의 초대 군주 진무천황(神武天皇)이다. 이상과 같이 상권에서의 공간이동은 신들에 의해 이루어졌고, 그 방향은 천상·지상·지하를 오르내리는 수직이동이다.

2)『고사기』의 중, 하권에서의 인간들의 공간이동 양상

『고사기』의 중권(中卷)에는 일본의 초대 군주 진무기(神武記)에서부터 15대 오진천황(応神天皇)까지가 기술되어있다. 히무카의 제3대이고 야마토(大和)의 초대인 진무천황은 쓰쿠시(筑紫)의 다카치호노미야(高千穂宮)로부터 야마토 (大和) 지역으로의 동정(東征)을 시작한다. 그는 구마노(熊野)로 우회해 그곳에서 야마토의 요시노(吉野)에 도착한다. 그의 요시노 입행 순로는 나라겐의 고조시(五條市) 동부에 있는 아다(阿陀)로부터 우다군(宇陀郡)의 우카시(宇賀市)에 이르는 길로 고찰되고 있다.[18] 그는 우다 지역을 평정하고 그곳에서 여러 지역으로 진출해 야마토 전지역을 평정한 다음, 나라겐(奈良縣) 가시하라시(橿原市: '橿'은 '檀'와 동일한 의미의 글자로 '박달나무'를 의미)의 우네비(畝傍) 지역에 가시하라궁을 짓고 야마토의 제1대 천황에 즉위한다. 그러고 그는 그 지역에서 신(神)의 딸이라 불리는 이스케요리(伊須気余理)를 정처(正妻)로 받아들인다. 그 다음 제2대부터 9대까지의 기술에는 계보만이 기술되어 있고 역사적 사건들은 기술되어 있지 않다.

그 다음 천황들의 행적은 제11대 스진천황(崇神天皇)부터 기술되어 있는데, 그가 처해 있던 곳은 나라분지의 서남쪽에 위치해 있던 가시하라궁으로부터 좀 더 북쪽에 위치한 지역, 즉 나라분지의 동남쪽에 위치한 미와야마(三輪山)의 산기슭에 있는 미즈가키노미야(水垣宮)이다. 제12대 게이코 천황기(景行天皇記)에는 게이코 천황의 태자 야마토 다케루(倭建)의 서정(西征)·동정(東征)에 관한 사항이 기술되어있다. 처음에 그는 천황으로부터 서진(西進)해 규슈 (九州)의 구마소 다게루(熊曾建) 소탕을 명령받아 그것을 수행한다. 그 공적으로 그는 야마토 다케루(倭建)라는 칭호를 받게 됐던 것이다. 다케루(建)란 용자 (勇者)라는 뜻이다. 이어서 그는 이즈모 다케루(出雲建)를 정벌하고 야마토로 개선한다. 그러자 그는 곧바로 동국정벌(東国征伐)을 명령받는다. 그는 동국 (東国)의 입구라 할 수 있는 아이치겐(愛知県)의 서부 오와리(尾張)에서 그곳의 한 호적의 딸을 만나 결혼을 약속하고 동국정벌을 끝내고 나서 그녀와 결혼한다. 그러나 그 후 그는 이부키야마(伊吹山)의 신을 토벌하러 갔다가, 기력이 빠져 일생을 마치게 된다. 그의 혼은 백조가 되어 하늘로 날아간다. 제14대 주아이천황(仲哀天皇)은 그가 쓰쿠시(筑紫)에 가 있을 때 구마소노 구니(熊曾国)를 토벌했는데, 그때, 황후에게 "서방에 나라가 있으니 그것을 정벌하라"는 신탁이 내려져, 황후가 그 신탁을 천황에게 전했으나 그는 그것을 받아들이지 않았다. 그로 인해 그는 신의 노여움을 사서 급사하고 만다. 진구황후(神功皇后)는 신탁을 믿고 서방으로 나가 신라국을 항복시키고 개선한다. 그녀는 그 개선 도중 쓰쿠시(筑紫)에서 제15대 오진천황(応神天皇)을 출생한다. 그는 니라켄의 가시하라시(橿原市)에 왕궁을 짓고 치정했다.[19]

하권은 제16대 닌토쿠천황(仁德天皇)에 대한 기록에서부터 시작되어, 제33대 스이코천황(推古天皇)에서 끝난다.[20] 이 하권은 상·중권에서 평정된 천하가 천황들에 의해 통치되어 가는 실상들이 기술되어 있다. 그것들에 대한 주된 기술은 두 가지로 분류된다. 하나는 황위계승과 관련해 일어나는 투쟁에 관한 것이고, 다른 하나는 천황의 연애담이다. 그것들과 관련된 사건들은 황궁에 정착해 있는 천황을 주축으로 해서 일어난 것들이다. 그것들은 황궁이라는 고정된 장소에 처해 있는 천황이 황궁을 드나드는 자들과의 만남을 통해 행해지든가 아니면 어떤 지역으로의 천황 자신의 행차를 통해 행해진다. 이상과 같이 중·하권에서의 공간이동은 그 이동주체가 신들이 아닌 인간들이며 그들의 이동방향은 동(東)과 서(西)라고 하는 수평(水平)이동이다.

3)『고사기』에 기술된 공간이동 양상과 그 의미

이상과 같이『고사기』에서의 공간이동의 주체들이란 상권의 경우에는 일본의 국토조신(國土造神)들을 가리킨다. 우선 그들은 다카아마하라(高天原)에서 쓰쿠시노구니(筑紫国)로 강림한다. 그곳에서 이즈모노구니(出雲国)에 있는 지하의 황천국(黃泉国), 즉 네노쿠니(根の国)라든가 쓰쿠시노구니(筑紫国)에 있는 바다 건너의 수중에 있는 도코요노구니(常世国)까지 이동 한다.

이렇게 국토조신들은 천상(天上)-지상(地上)-지하(地下)로 수직 이동이라고 하는 이동 형태를 취했다. 그러나 중권에서의 공간이동 주체들은 신들이 아닌 인간들이었다. 그들의 이동형태는 수평적 이동(水平的移動)이었다. 그런데 그들의 수평이동은 우선 쓰쿠시(筑紫)의 히무카(日向)에서 동쪽의 야마토(大和)로의 이동이었다. 그 다음 그들은 야마토에 정착해 그곳을 주축으로 해서 다시 서정(西征)과 동정(東征)의 형태를 취해 그들의 중심의 세계를 확장시켜 나갔다. 이 경우 서정으로서의 공간이동은 옛 자신들의 공간을 되찾는다는 의미였고, 또 동정으로서의 그것은 새로운 공간을 확장시킨다는 의미였다. 이 경우 동정은 앞에서도 언급한 바와 같이 지금으로부터 말할 것 같으면, 야마토(大和) 지역으로부터 봤을 때 당시 동국(東国)의 입구로 인식되었던 아이치겐(愛知県)의 서부 오와리(尾張)지역의 이동(以東)을 정벌해 나가는 것이었고 그러한 정벌은 제12대 게이코 천황의 태자 야마토 다케루(倭建) 등을 통해 행해졌던 것이다.

그렇다면 그러한 동정의 결과는 어떠한 식으로 구체화되어 나타났던 것인가? 앞에서도 언급했듯이 『고사기』(712)에 기술된 마지막 천황은 제33대 스이코천황(推古天皇, 554~628)이었다. 스이코천황이 거처해 있던 궁은 나라분지의 최남단에 위치해있는 다카이치군(高市郡)의 아스카무라(明日香村)이었다. 그러나 나라시대(710~794)를 연 제43대 겐메이천황(元明天皇)에 와서는 천황의 거처지가 나라분지의 남단이고 아스카무라 보다 더 북쪽에 위치해 있던 후지와라궁(藤原宮)으로부터 나라분지의 북쪽에 위치한 현재의 나라시(奈良市)에 있는 헤이조쿄(平城京)로 이동되었다. 그 후 헤이안(平安)시대를 연 간무(桓武)천황에 와서는 수도가 헤이조쿄로부터 그 북쪽에 위치한 나가오카쿄(長岡京)를 거쳐 794년에 동쪽의 헤이안쿄(平安京)으로 이동되었던 것이다. 그 시점으로부터 정치적 권력이 가마쿠라(鎌倉) 시대(1185~1333)가 시작되는 시점에 가서는 긴키(近畿)지방에서 간토(関東)지방으로 이동하기 시작했다. 그러다가 메이지 유신(明治維新, 1868)에 와서는 천황의 도쿄이주가 행해짐으로써 간사이(関西)지역의 모든 정치적 권력이 간토지역으로 이동하게 되었던 것이다. 이와 같은 점을 고려해 봤을 때 일본의 역사는 일본의 서남단 규슈(九州)지역의 미야기(宮崎)지방에서 출현한 정치적 세력이 동북방향의 긴키지역으로 이동해 일단 그곳을 중심으로 성장해 나와 그다음 다시 동북방형의 간토지역으로 이동해 나온 역사였다고 할 수 있다. 이렇게 봤을 때 일본민족의 역사는 동정(東征)의 역사였다고 말할 수 있는 것이다. 따라서 일본민족에게서의 동쪽은 특별한 의미를 지닌 것이라 말할 수 있다.

이와 같이 『고사기』에서의 인간의 탄생과 죽음을 주관해 가는 신들의 공간이동 행태는 지상의 한 지점을 중심으로 해서 상하로 이동했고, 인간인 천황들의 경우는 지상의 어느 한 지점을 중심으로 해서 동서로 이동했다고 하는 것이다.

『고사기』에서의 주된 이동형태는 네 가지로 분류된다. 우선 하나는 어떤 주체들이 상·중·하권에서의 경우처럼 어떤 지역에서 어떤 다른 지역으로 내려가거나 또는 올라가거나 혹은 진출해나가 그곳에서 정착하게 되는 이동형태이다. 다른 하나는 어떤 주체들이 어떤 다른 지역으로 진출해나가 그곳에서 얼마간 머물다가 또 다시 제3의 장소로 진출해나가는 것을 반복해가는 이동형태이다. 세 번째는 어떤 주체가 어떤 고정된 지점에 정착해 그곳을 드나드는 자들과 반복해 접촉해간다고 하는 이동형태이다. 나머지 하나는 그가 자신이 거처해가는 지역에서 밖의 어떤 다른 지역으로 나갔다가 그곳에서 일을 보고 다시 원래의 장소로 되돌아간다든가 혹은 그러한 이동형태를 반복해가는 형태이다.

지금까지 논자는 근대일본문학의 대표 작품들 속에서의 중심인물들의 공간 이동양상과 그 작품들의 작자들의 현실세계 속에서의 그들 자신들의 그것들을 검토하였다. 그 결과 우리는 그것을 다음과 같이 정리해 볼 수 있다.

첫째, 기본적으로 작품들에 기술된 작중인물들의 공간이동양상은 그 작품의 창작자들이 자기 자신들의 현실세계에서 행했던 공간이동양상을 기초로 했다고 말할 수 있다. 이러한 현상은 근대일본문학이 지닌 보편적 특징으로 지적되는 사소설(私小說)적 성격과 밀접히 관련되어 있다. 근대일본문학에서의 사소설적 성격은 작자에 의해 자신의 현실세계 자체가 허구세계의 일종으로 인식된 나머지, 작자 자신의 현실세계가 그대로 작중세계로 받아들여지고 또 작자자신이 작중세계의 중심인물로 인식됨으로써 생기게 된 현상이라 할 수 있다.

근대일본문학의 작자들에게서의 그들의 현실세계가 허구세계의 일종으로 인식되어 나올 수 있었다고 하는 것은 다음과 같이 두 가지 측면에서 논해질 수 있다. 우선 하나는 근대 이전에 성립된 불교문화를 배경으로 해서 형성된 '겐세(現世)', '우키요(浮世)' 등과 같은 단어들이 말해주고 있듯이 일본의 전통문화에서는 현실세계가 단 하나밖에 없는 절대적 세계로 인식되지 않고 많은 세계들 중의 하나 정도로 인식되어 왔었기 때문에, 근대일본인들에게는 당시 동서 문화의 충돌로 야기된 가치관의 혼란에 직면했던 자신들의 현실세계가 허구적 세계의 일종으로 인식될 수 있는 여지가 있었다고 하는 것이다. 보다 구체적으로 말하자면, 근대일본인들에게는 일본의 전통적 의미체계와 근대서구의 그것과의 충돌로 인해 자신들의 현실세계가 마치 '부운(浮雲)'의 세계와도 같은 그야말로 종잡을 수 없는 세계로 인식되어 졌었기 때문이었다는 것이다. 다른 하나는 일본의 메이지 정부가 근대일본국민들로 하여금 제국헌법과 교육칙어에 대한 정신교육을 통해 '기기신화(記紀神話)'를 역사적 사실로 받아들이게 함으로써 그들로 하여금 그들 자신들의 현실세계를 신화(神話)적 허구세계로 인식케 했었기 때문이었다고 하는 것이다.

둘째, 그것들의 공간이동양상은 패턴화된 형태로 나타나 있고, 그 패턴화는 다음과 같은 세 가지 측면에서 지적될 수 있다. 하나는 주인공의 활동무대가 고정된 장소가 되어 있느냐 아니면 이동이라는 형태를 취하고 있느냐의 것이다. 다른 하나는 이동의 형태를 취하고 있을 경우 이동이 어느 방향으로 행해지느냐의 것이다. 그 이동방향은 주로 동, 남, 서, 라고 하는 세 방향으로 되어 있고 경우에 따라서 서북 또는 북으로 되어 있다. 나머지 하나는 그것이 고정과 이동의 혼합이라는 형태를 취하고 있느냐 아니냐의 것이다.

보다 구체적으로 말하자면 우선 삶에 대한 어떤 희망을 지니고 있는 자로서 무언가를 달성해 내기위한 확고한 목적의식을 지닌 자들은 아침 해가 떠오르는 동쪽으로 향한다는 패턴을 취하고 있다는 것이다. 어떤 지역에서 도쿄(東京)로 향하는 자들이 바로 그러한 자들이다. 근대일본사회에서의 동쪽으로 향하는 자들의 출현은 '농촌에서 도시로', '지방에서 도쿄로'라는 사회적 현상과 밀접하게 관련되어 있다. 또 지금까지의 자신의 삶이 잘못된 것이라 생각하고 모든 것을 처음부터 다시 생각해보기를 원하는 인간들은 낮에 태양이 떠있는 남쪽 지방으로 향하는 자들이다. 반면 실연이나 혹은 육친의 죽음을 경험한 인간들은 서쪽으로 향하는 자들이다. 삶을 완전히 포기한 자들의 경우는 서북이나 북으로 향하는 자들로 고찰된다.

셋째, 근대일본 문학자들에게서의 이러한 공간설정과 공간이동의 패턴은 자신들이 어릴 때부터 접해온 『고사기』 신화와 결코 무관치 않은 것으로 고찰된다. 『고사기』에서의 일본국토를 조성한 이자나기(伊邪那岐), 이자나미(伊邪那美)의 신들의 이동, 이자나기의 왼쪽 눈과 그의 코로부터 출현한 아마테라스오미카미(天照大御神), 스사노오노미코토(須佐之男命) 등과 같은 신들의 이동, 스사노오노미코토의 후손 오쿠니누시노가미(大国主神)로부터 지상의 나라를 양도 받도록 천상으로부터 지상에 파견한 니니기노미코토(瓊瓊杵命) 등의 이동 등과 같은 일련의 이동들은 '천(天)으로부터 지상(地上)으로', 또 '지상으로부터 천상으로 또는 지하(地下) 내지 해저로'라고 하는 수직이동의 형태를 취하고 있다. 반면 히무카(日向)에서의 신대(神代)에서 인대(人代)로의 전환 이후 초대천황 진무천황(神武天皇)의 그것은 '동으로부터 서(西)로', 또는 '서(西)로부터 동으로'라고 하는 수평이동의 형태를 취하고 있다. 특히 초대진무 천황의 히무카에서 야마토(大和) 지역으로의 동정(東征)과 야마토 다케루노미코토(倭建命)의 야마토에서 규슈와 이즈모지역의 서정(西征)과 오와리(尾張) 이동(以東)으로의 동정(東征)은 이 작품에서의 동진과 서진의 구체적 이미지들을 제시하고 있다.

넷째, 근대 일본문학에서의 인간들의 북에서 남쪽으로의 이동의 의미는 신들이 다카아마하라(高天原)라고 하는 천상(天上)에서 지상으로의 강림(降臨)을 원형으로 해서 형성되었다고 말해볼 수 있다. 동북아시아지역에서 출현한 한민족의 '단군신화', 일본민족의 기기(記紀)신화 등의 경우에서 공통적으로 나타나 있는'천손강림신화'에서의 천손강림이라고 하는 의미는 하늘에서 땅으로 천손이 내려왔다는 의미가 아니고 어떤 강력한 세력이 문명이 더 발단된 서쪽지방에서 그것이 덜 발달된 동쪽 지역으로 이동해 갔다는 의미로 해석될 수 있었다.

다섯째, 천상에서 지상으로 강림한 천손으로 알려진 천왕과 같은 존재는 지상의 인간들에게는 설혹 그가 인간과 같이 지상에 있다 하더라도 자신들보다 더 신성한 천상적 존재로 인식될 수 있다. 그래서 천황을 받들어온 일본인들에게는 그가 처해있는 황궁이 있는 지역을 이 지상에서 최고로 높은 지역으로 인식하게 된 나머지, 일본인들은 황국이 위치해 있는 지역으로부터 다른 지역으로 이동하는 것을 하행(下行)이라 했고 다른 지역에서 황궁이 있는 지역으로 이동하는 것을 상행(上行)이라 했다. 이것은 고대중국의 천제(天帝) 사상의 영향 하에서 형성되어 나온 『고사기』신화에 기초해 인식된 공간의식의 결과라 할 수 있을 것이다.

또 메이지시대 이후 천황은 교토에서 도쿄(東京)로 이주해 왔다. 일본에서의 도쿄는 가장 동쪽에 위치해 있는 지역들 중의 하나이다. 그러한 의미에서 근대 일본인들에게서의 도쿄행(東京行)이라고 하는 것은 우선 태양이 떠오르는 동쪽을 향해간다는 의미였고, 또 그러한 행위는 신분적으로 한 단계 더 상승하려는 행위를 의미하기도 했던 것으로 고찰된다.

여섯째, 『고사기』에서의 신들과 인간들의 이러한 이동패턴은 일본민족의 공간이동 양상을 원형으로 해서 형성되어 나왔고, 또 일본민족은 서아시아지역으로부터 출발해 북·중·남·중앙아시아 등을 통해 아시아의 동단 일본열도에 도달한 인간집단들 중의 하나라고 하는 사실을 말해주고 있다. 그들은 일본열도에 도달할 때까지 정착과 이동을 반복했다고 할 수 있다. 어느 한 곳에 정착된 삶의 형태가 농경민족의 삶의 형태라면, 이동이라는 삶의 형태는 유목민족의 그것이다. 『고사기』에 기술된 삶의 형태가 정착과 이동이 혼합된 것이라면 일본민족의 기원은 농경민족과 유목민족과의 혼합적 형태를 기초로 해서 형성된 것으로 파악해 볼 수 있다. 『고사기』와 근대 일본문학에서의 공간이동 패턴이 구심점을 주축으로 한 이동보다는 구심점으로부터의 일탈과 회귀라고 하는 이동을 통한 구심점 자체의 이동의 형태를 취하고 있다. 전자가 농경민족들의 이동형태이고 후자가 유목민족들의 그것이라는 점을 감안해 본다면 일본민족이 농경민족이라고 하는 현재 우리의 생각은 잘못된 것이라 할 수 있다.

일곱째, 이러한 측면에서 고찰해 볼 때, 우리는 일본민족이 일본열도에 들어가기 이전에는 기마유목민족이었으나 일본열도에 들어가 농경민족으로 전환해 나왔다는 입장을 취해볼 수 있다. 이러한 점들을 감안해 볼 때, 우리는 일본민족에게는 방랑적 기질이 내재되어 있음을 예측해볼 수 있을 뿐만 아니라, 또 근대 초에 확립된 황국사관(皇国史観)이 해체되고 전후 민주주의 시대의 도래와 함께 출현한 에가미 나미오(江上波夫)의 기마민족국가설(騎馬民族国家説)라든가 미즈노 유(水野祐)의 삼왕조교체설(三王朝交替説) 등이 정설로 정착될 수 있는 가능성이 더욱 짙어질 수 있다는 입장도 취해진다. 또 우리는 현대 일본인들의 발달된 외유(外遊), 빈번한 이사라든가 잦은 술자리이동 등과 같은 것들에 대한 이해들이 가능해졌다는 입장을 취해볼 수 있다.

제 4 장

기마민족의 일본 정복설과 그 출현 배경

고고학자이자 동양사학자인 에가미 나미오(江上波夫, 1906~2002) 등이 1949년 2월 협회 기관지『민족학연구』에 '기마민족 일본정복 설(騎馬民族日本征服 說)'을 발표했다. 그것은 전년 5월에 일본민족학 협회가 주최한 좌담회의 형식을 취해 공표되었다. 일본은 2차 세계대전에서 패망해 1945년에서 1951년까지의 7년간 연합군에 의해 간접 통치를 받았다. 바로 그 기간에 그 발표가 행해졌던 것이다.

당시 일본의 역사학계는 만세일계(万世一系)사상을 기초로 해서 확립된 황국사관(皇国史観)에 묶여 있었고. 또 당시 점령군의 패전국 일본에 대한 첫 번째 조처가 천황제 파시즘체제를 완전 해제시키는 것이었다. 따라서 그러한 조처가 행해지는 과정에서 당시 점령군의 천황제 해체에 대한 일본국민들의 심리적 저항이란 한마디로 대단했었다고 밖에는 표현할 길이 없다. 당시의 사회적 분위기는 전쟁에 대한 책임을 묻는 분위기와는 또 다른 차원에서 만세일계라고 하는 사상을 중핵으로 확립된 황국사관에 입각해 천황을 중심으로 한 암묵적 차원에서의 일본국민의 정신적 단합이 요구되었던 것이다. 황국사관이란 한마디로 태양신의 후손이 일본열도에 내려와 나라를 세우고 그의 후손인 천황가가 그것을 이어 받아 줄곧 통치해왔던 나라가 바로 일본이라고 하는 역사관을 말한다.

바로 그러한 정치적 사회적 상황에서 일본 고고학자 에가미 나미오 등에 의해 일본의 천황가가 동북아시아로부터 일본에 건너갔던 소위 도일인 집단 출신이라는 학설을 발표했던 것이다. 당시 그들의 그러한 행동이 대단히 충격적인 것이었다고 밖에는 받아들여지지 않을 수 없다. 그 이유는 앞에서 이미 언급한 바와 같이 당시 일본열도에서의 만세일계해 왔다고 하는 천황가를 중심으로 일본국민의 정신적 단합이 다른 어느 때 보다도 강하게 요구되었던 바로 그러한 정치적 상황 속에서 그가 스트레이트로 천황가의 원향(原鄉)이 일본열도가 아니고 대륙이라고 문자로 직접 공표해 버렸기 때문이다. 보다 구체적으로 말해, 그들에 의해 일본의 천황가가 대륙에서 한반도를 통해 일본에 건너간 가문이라고 말로 공표되어져 버렸기 때문이었던 것이다. 또 이 말은 만일 천황가가 한반도에서 건너간 가문이었다면, 그동안 일본이 지배해온 우리 한국민족의 조상이 일본국민을 지배해 왔다는 생각을 가능케 했기 때문이다. 게다가 에가미 나미오는 일제가 전쟁 중에 타민족 침략을 위한 논거 구축 사업을 행해갔던 문부성(文部省) 직속의 민족 연구소의 연구원이었기 때문이기도 했던 것이다.

그렇다면 에가미 나미오 등이 그러한 학설을 그 시점에서 공표했던 이유는 과연 무엇이었을까? 이 학술적 논의는 일차적으로 이 문제를 규명해내는 것을 목적으로 한다. 에가미 나미오 등이 그 학설을 공표한 지 3년 만에 일본은 중국대륙과 한반도 북부의 공산화 덕택으로 미군정으로부터 해방된다. 그러한 정치적 전환기에 일본의 고대사학과 미즈노 유(水野祐, 1918~2000)가 에가미 나미오의 기마민족 정복설의 입장에 기초해 1953년『일본고대왕조사론서설』을 통해 삼왕조교체설(三王朝交替說)을 발표했다. 그의 그러한 학설은 황국사관의 초석을 이루는 만세일계 사상을 정면으로 부정하는 입장의 것이었다. 당시 그의 학설은 주목을 받기는 했지만 찬동자는 극히 소수를 제외하고는 거의 없었다. 그러나 근년에 와서 그의 그러한 시각은 고대 일본국가의 기원이 연구되어 가는 과정에서 일반적으로 인정되는 추세라 할 수 있고, 그러한 추세를 타고 스즈키 야스다미(鈴木靖民)와 같은 학자는 삼왕조교체설을 고대사 연구에서 전후 최대의 학설로 평가하고 있다.

그런데 에가미 나미오 등의 경우는 그들이 그 시점에서 그러한 발표를 해 놓고는 정치적 상황이 바뀌었음에도 불구하고 20여 년 동안 그것과 관련된 어떠한 입장도 제시하지 않았다. 그들은 학계와 세간의 어떠한 비판에도 일체 무대응의 자세를 취해갔던 것이다. 그러다가 에가미 나미오가 1967년 11월에 기마민족 정복설에 관한 단행본 『기마민족국가(騎馬民族國家)』(中央文庫)를 출판한다. 그 결과 20년 전에 공표되어 세간에 오르내렸던 기마민족 정복설은 에가미 나미오 설이 되고 말았다. 수정작업을 통해 다시 세상에 출현했는데도 불구하고 그의 기마민족 정복설은 예전과 같이 좀처럼 받아들여지지 않았다. 그러나 그것의 절대적 영향 하에서 출현한 미즈노 유의 삼왕조교체설의 평가는 적잖은 역사가들에 의해 높이 평가되었다. 그 이유는 그의 삼왕조교체설 연구가 바로 황국사관의 초석을 이루는 만세일계라고 하는 관념을 해체시켜 나가는 작업이었기 때문이었던 것이다.

논자는 본 연구의 고찰 수순으로 우선 에가미 나미오의 기마민족 정복설의 기초를 제시한 오카 마사오(岡正雄, 1898~1982)의 민족연구소와 그의 일본 민족관을 고찰한다. 그 다음 그것을 기초한 에가미 나미오의 기마민족 정복설과 미즈노 유의 삼왕조교체설을 고찰한다. 끝으로 현대일본인의 인식의 틀을 지배하고 있는 황국사관의 해소방안과 관련해서 점령군의 '설제'정책, 오구마 에이지(小熊英二, 1962년생)의 기마민족 정복설에 대한 입장 등을 고찰한다. 따라서 이 학술적 논의는 에가미 나미오의 기마민족 정복설의 출현 배경과 그 의미 등의 고찰을 통해 황국사관의 해체를 고찰한 여러 시각들을 찾아내기 위한 작업의 일환으로 규정될 수 있다.

1. 에가미 나미오의 기마민족 정복설

1) 점령국의 대(對) 천황제 정책

에가미 나미오의 그 가설이 출현했던 시점에서의 미국의 대일본점령 및 통치방식은 대소(對蘇)전략이 고려된 상태에서 이루어졌다.[1] 당시 미국의 기본적 대소전략은 국가인 일본을 완전한 민주주의 국가로 전환시켜 미국이 주도해 가는 자본주의 진영에 편입시키는 것이었다. 사실상 점령군은 자신들이 그러한 일본점령 정책의 목표를 차질 없이 효율적으로 실현시켜 가기위해서는 일본국민을 수중에 넣고 있는 일본천황과의 적당한 타협이 불가피하다는 생각을 하고 있었다. 1945년 8월15일 일본은 포츠담 선언을 수락하고 연합군 측에 무조건 항복하였다. 그러나 일본의 그러한 항복은 다음과 같은 일련의 과정을 통해 이루어졌었다. 연합국은 1945년 7월 독일의 포츠담에 모여 일본에 대해 무조건 항복을 권고했고, 일본이 이를 받아들이면 일본의 비군사화·민주화를 요구하고 그것이 달성될 때까지 연합군이 일본을 점령한다는 포츠담 선언을 발표했다.

이에 대해 일본은 그것을 묵살하는 태도를 취했다가 8월 6일 히로시마, 9일 나가사키에 원자탄이 투하되고 이어 8일에 소련이 대일(對日) 선전포고를 행하게 되자, 10일 일본은 연합국에 대해 "천황의 국가통치 대권에 대한 변경 요구를 포함하지 않는다는 양해 하에 포츠담 선언을 수락한다"는 의사를 표명했다. 그러나 연합국측은 일본의 그러한 표명을 완전 묵살해버리고, "천황 및 일본국 정부의 국가통치 권한은 연합국 최고사령관의 제한 하에 둔다"는 회답을 보냈다. 이러한 상황에서 일본은 어쩔 수 없이 항복을 하게 되었던 것이다.[2]

연합국의 일본점령 통치는 당초 군정에 의한 직접통치로 한다는 방침이었으나 일본정부의 강력한 반대로 군정에 의한 간접통치로 전환되었다. 대신 포츠담 선언에서의 원래 방침대로 일본의 모든 국가기구를 점령기구의 구성부분으로 편입되어 사실상 일본의 국가권력은 종국적으로는 점령권력의 지배하에 있었다. 점령국 당국의 점령정치에 관한 여러 가지 지령은 일본정부를 통해 하달되는 형태가 취해졌다. 초기의 이러한 대일점령정책의 목표는 일본의 군사력을 철저히 분쇄하고 군국주의 체제를 완전히 씻어내며 그것들의 사상적 기초 강력을 이루는 천황제 파시즘을 근절시키는 것이었다. 그러나 점령군의 그러한 점령정책은 1948년부터 일본의 비군사화에서 일본의 재군비 쪽으로 방향전환을 예고했다. 그러한 방향전환의 이유는 앞에서 지적한 바와 같이 중국에서의 국공대결에서 공산당 세력의 우세가 표면화되어 나왔기 때문이었다.

중국이 소련의 지지 하에 움직이는 공산당세력이 수중에 떨어질 경우 남한의 공산화는 불을 보듯 뻔하고 한반도가 공산화 될 경우 일본의 공산화도 가능하다는 생각 하에서 미 점령군은 그러한 상황이 전개될 경우 일본을 재무장시켜 그 군사력으로 소련과 중국에 대적해 간다는 입장을 취하게 되었던 것이다. 1948년 1월 샌프란시스코에서 로이얄 미육군장관이 행한 연설에서 "일본은 전체주의의 위협에 대한 방벽을 다하는 동시에 극동의 병기공장으로서 경제적으로 자립한다"는 내용의 말이 들어있었는데 그의 그러한 말도 점령정책이 일본의 비군사화 방향에서 군사적 재건으로의 전환을 예고해주는 것들 중의 하나였다고 할 수 있다.[3]

점령군의 그러한 정책전환의 효율적 실천은 천황에 대한 정치적 배려를 통해 행해질 수 있다는 입장이 세워진다. 그 결과 점령정책 전환 이후 점령군의 대(對)천황정책은 강경에서 유화로 전환되어 나갔던 것이다. 1946년 1월 1일 점령군은 우선 천황으로 하여금 천황인간선언(天皇人間宣言)을 행하게 했다. 그 다음 4일에는 극단적 국가주의 단체의 해산지령과 함께 '바람직스럽지 않은 인물의 공직으로부터의 제거에 관한 각서', 소위 공직추방령이 발표되었다. 그 '바람직스럽지 않은 인물'에 대한 판단 기준에는 '군국주의자, 극단적 국가주의자'도 포함되어 있었다.[4] 그 다음으로 그해 11월 3일에 점령군은 일본정부와 타협하여 구헌법의 천황주권을 부정하고 국민주권을 세워, 일본국민의 상징적 존재로서의 천황만을 인정하는 헌법을 일본국회로 하여 공포케 했다. 그러한 정치적 상황 하에서 연합국 총사령관은 헌법 개정과정에서 천황을 통치권의 총괄자로 인정하려는 정부의 헌법초안을 거부하고 주권재민과 상징천황을 골자로 하는 GHQ초안을 밀어 넣었다. 그 결과 일본헌법 제1장 1조가 "천황은 일본국의 상징이고 일본국가 총합의 상징이며, 그 지위는 주권이 있는 일본국민의 총의에 근거한다"로 이루어지게 되었던 것이다.

에가미 나미오의 기마민족 정복설은 이상과 같은 정치적 문화적 상황 하에서 출현해 나왔다. 특히, 그는 대륙침략의 첨병 역할을 수행해 갔던 민족연구소의 연구원이었고, 또 그 연구의 정치적 문제와 직결된 민족이라고 하는 문제를 연구하는 기관이었다고 하는 것이다. 따라서 우리는 이상과 같은 사실들을 감안하여 그 가설의 의미를 파악하지 않으면 안 된다.

2) 기마민족 정복설과 그 공표 경위

에가미 나미오의 기마민족 정복설은 대륙북방계의 기마민족이 4세기 전반 경에 한반도를 통해 일본열도로 침입해 들어가 당시 일본의 정치적 중심지였던 야마토를 정복하고 그 곳에서 나라를 세웠는데 그것이 다름 아닌 현재의 일본 천황가가 일으켰던 야마토조정(大和朝廷)이었다고 하는 학설이다. 천황족에 의해 그렇게 세워진 야마토조정이 한반도의 남부에 진출해 백제·신라·가야를 제압하고, 특히 가야에는 일본부(日本府)라는 기관을 두어 가야가 신라에 의해 멸망한 562년까지 그곳을 직접 지배했다는 임나일본부설(任那日本府說)이 그 학설에 내포되어 있었다.

그의 이러한 학설은 1948년 5월 일본민족학 협회의 주최로 일본민족 및 문화의 원류와 일본국가의 형성이란 주제 하에 행해진 좌담회의 내용이 1949년 2월 기관지『민족학연구』에 게재됨으로써 공표(公表)되었다. 그 좌담회의 참석자들은 민족학의 오카 마사오(岡正雄)와 이시다 에이이치로(石田英一郎), 고고학의 야와타 이치로(八幡一郎), 동양사의 에가미 나미오(江上波夫) 4인이었다. 그들의 전공분야를 들여다보면 일본사를 고고학, 문화인류학, 동양사 등의 입장에서 비교적 자유로이 바라볼 수 있는 학자들이었다고 말할 수 있다. 당시 원래 이 좌담회의 주지(主旨)는 1934년 빈에서 독일어로 공간(公刊)한 논문 고일본의 문화층에 관한 이야기였었다. 그의 논문 고일본의 문화층의 논지는 오카 마사오가 고대 일본의 문화층을 고고학적으로 분석해 본 결과 기원 전후의 시점에서 남만주의 유목·농경의 혼합문화를 소유했던 부계중심의 민족이 한반도를 통해 일본열도에 도래해 농경문화를 발전시켰고 그곳의 모계중심의 선주민과 혼합해 새로운 문화를 산출했는데, 그 문화를 기반으로 해서 출현한 종족이 바로 천황족이라는 학설이었다. 예의 좌담회에서 사회를 맡은 민족학자 이시다 에이이치로는 좌담회 첫머리에서 "일본고대사의 구명 (究明)…일본열도에 몇 만 년 전부터 일본민족이 그대로 정착해 있었다는 것을 전제로 한 논의로 밖에는 해석될 수 없는 연구가 되어 왔지 않았는가라고 생각한다. 그래서 일본의 역사가 한결 같이 진행되어 왔다면 별 문제가 없겠지 만, 그렇지 않고 만약 다른 계통, 다른 종류, 다른 이질의 민족이라든가 종족 내지는 문화와 같은 것이 이 일본열도 위에서 서로 혼용해서 지금의 일본민족 과 그 문화가 형성되었다고 한다면, 그것의 출처, 계통, 혼합이라든가 중합과 같은 것들의 구체적 과정을 인식해 일본역사의 기원을 생각하는 것과, 그러한 인식을 전혀 갖지 않고 생각하는 것과는 일본고대사의 관점에 근본적 차이가 생기는 것이 아닌가라고 생각한다"는 언조로 좌담회 개최의 취지를 말하고 있다.[5]

오카 마사오의 일본민족과 일본문화의 연구는 후자의 관점에서 행해진 것 이었는데 그것이 토론되는 과정에서 에가미의 기마민족 정복설이 성립되어 나왔다고 말할 수 있다. 즉 에가미의 기마민족 정복설이란 한마디로 말해 오카 마사오의 고일본의 문화층론을 기반으로 해서 당시의 정치적 이데올로기를 염두에 두고, 또 당시의 동양사 연구의 바람직한 방향과 관련시켜 야마토조정 의 주체를 보다 구체화 시킨 것이라 할 수 있다. 당시의 정치적 상황이란 에가 미 나미오가 그 학설을 구상했던 시기와 그것을 발표했던 시기로 양분될 수 있다. 그가 그것을 구상했던 시기는 일제가 중일전쟁 중 대동아 신질서 건설의 논리적 근거가 요망되었던 시점이었고, 그것의 공표시점은 일제의 대륙침략의 정당화 논거가 요구되었던 시기였었다.

그렇다면 그는 오카 마사오의 학설을 어떠한 식으로 구체화시켰던 것인가? 우선 그는 일본의 천황 씨족을 대륙 북방의 퉁구스계의 기마민족으로 구체화 시켰고, 또 그는 그 천황 씨족이 4세기 후반 경에 한반도를 통해 일본열도로 들어갔으며, 그곳에 도착해서 야마토 지역을 점령해 야마토조정을 건설하기까 지의 과정으로 구체화시켰다. 즉 그는 천황 씨족이 당시 왜인의 식민지였던 한반도 남부를 디딤돌로 해서 일본에 진입해 들어갔었는데, 당시 북규슈(北九

州)와 이즈모(出雲)지역에는 야요이(弥生, BC 3~AD 3세기) 이래의 대 세력들이 군림해 있었기 때문에 상륙하기 곤란하여 북규슈를 동으로 돌아 히무카(日向)에 상륙한 다음 이즈모 지역의 세력과 타협한 후에 세토나이(瀬戸内)를 거쳐 왜의 중심지였던 야마토(大和)를 정복했다고 구체화시켰던 것이다.[6]

이와 같이 에가미의 학설은 오카 마사오와 비교해 보다 명확하게 제시하고 있다. 천황 족의 원향(原鄕)이 중국동북지역이고 그 천황족이 완전한 기마민족이었으며, 시기적으로 늦은 4세기 후반에 도일했고, 또 그 천황족이 야마토 지역의 왜를 정벌한 후에 야마토조정을 건설했다고 하는 점들이 강조되었는데, 당시의 역사학계에서는 그의 그러한 주장들이 내포된 학설을 기마민족 정복설로 명명해 갔다. 이렇게 에가미의 기마민족 정복설은 오카 마사오의 고일본의 문화층에 대한 토론을 통해 공표되었던 것이다. 그렇다면 여기에서 오카 마사오의 고일본의 문화층에 대한 토론은 어떻게 행해지게 되었던 것인가? 우리는 이 문제를 보다 구체적으로 고찰해 봄으로써 기마민족 정복설의 본질에 한층 더 깊이 접근해보기로 하자.

3) 「좌담회」의 성립 경위

에가미의 기마민족 정복설은 사실은 앞에서 언급한 바와 같이 그의 8년 연배이자 도쿄제대의 선배, 오카 마사오가 1933년 오스트리아의 빈 대학에 그의 박사학위 논문 "Kulturschichichten in Alt-Japan(古日本の文化層)"에서 다루어진 내용에 기초해 이루어진 것이라 할 수 있다.[7] 그러한 의미에서 에가미의 기마민족 정복설의 발표 경위에 대한 고찰은 오카 마사오와 그의 민족학에 대한 고찰을 전제로 한다. 그런데 논자가 여기에서 우선 논하고자 하는 것은 에가미설로 세상에 알려지게 된 기마민족 정복설이 공표되는 과정에서 점령군의 대 천황제 정책이 개입되어 있었다고 하는 것이다. 우선 이 문제에 초점을 맞추어 기마민족 정복설이 공표되는 경위를 추적해 본다.

오카 마사오는 패전 직전 1945년 8월 전시에 자신이 근무했던 민족연구소

총무부장을 사임하고, 그 해 10월에 그 연구소가 폐지됨에 따라 민족연구소원(民族硏究所員)이 해임된다. 그는 '전쟁협력의 죄가 물어질 가능성을 두려워했던지' 가족을 데리고 고향 나가노겐의 스미요시(住吉)에서 땅을 빌려 농사일을 시작했다.[8] 그 다음해 8월에는 공직에서 추방된 시부사와 게이조(渋沢敬三, 1896~1963)가 그를 찾아와 그와 함께 가미 다카이(上高井)지역 등을 유람했다. 도쿄제대 출신이었던 그는 제일은행 총재, 재무장관 등을 지낸 실업가로서 많은 민속학자들을 길러냈던 자였고, 또 오카 마사오가 빈 유학을 떠날 때 경제적 도움을 주었던 자였기도 했다.

그는 점령군의 점령정책이 전환되기 시작되었던 1948년 1월에 점령군 사령부의 민간정보문화국(CIE)으로부터 출두해 달라는 연락을 받았다. 그가 출두하자 국장인 뉴젠트(Nugent) 중령은 그가 빈 대학의 연구실에 놓고 왔던『고일본의 문화층』 6권을 그에게 내놓았다. 그는 당일 CIE로부터 수여식의 형태로 전달받았다. 그러한 식으로 그것을 전달해준 CIE국장 뉴젠트 중령은 멀지 않은 장래에 영어로 출판하고 싶다는 이야기를 건넸다.[9] 그는 점령군 측의 그러한 행위에 대해 "미군의 의도가 무엇이었는지 알 수 없으나, 그 호의에 대해 나는 솔직히 감사했다"라고 말하고 있다.[10]

그렇다면 GHQ의 CIE는 어떻게 그의 독일어 논문 고일본의 문화층에 대한 존재를 알게 되었으며, 미국 측이 그의 논문에 대해 관심을 갖게 된 이유는 과연 무엇이었던가? 점령정책이 추진되는 과정에서 전쟁협력과 관련된 모든 단체들의 조직적 기반이 붕괴되었다. 민족연구의 단체들도 예외일 수 없었다. 그래서 당시 민족학자의 해외조사는 불가능했었다. 그런데 유일하게 남겨져 있었던 것은 「일본민족학 협회」였었다. 그 덕택으로 그 협회의 기관지『민족학연구』가 1946년 9월에 복간되었다. 그렇다면 GHQ의 CIE가 전쟁협력에 깊숙이 관여했던 민족학 연구자들의 단체인 일본민족학 협회를 해체시키지 않았던 이유는 무엇이었던가? 그것은 한마디로 일본의 민족적 특성에 대해서 문외한(門外漢)이었던 GHQ의 CIE로서는 일본민족을 통치해 가는데 필요한 지식을 민족연구자들로부터 얻어내야 한다는 속셈이 있었기 때문이었던 것으로 판단된다. 논자의 그러한 판단은 다음과 같은 사실이 방증해 준다.

오카 마사오에 의하면, '당시, CIE에는 일본의 사회학자와 민족학자 중에서 쟁쟁한 사람들이 큰 세력을 형성해 일하고 있었다'는 것이다. 에가미의 기마민족 정복설의 출현에 GHQ의 CIE의 개입 정황이 감지되는 곳은 바로 이 대목이다. 오카 마사오는 "그 쟁쟁한 민족학자들 속에 세키 게이고(関敬語, 1899~1990), 이시다 에이이치로(石田英一郎, 1903~1968)도 끼어있었는데, 아마도 이 논문과의 재회는 이 사람들이 CIE의 미국인 인류학들에게 이야기해 준 결과였다"고 말하고 있다. GHQ의 점령정책은 대륙의 공산화가 확연해진 1949년을 기해 전환해 나왔다. 그렇다면 GHQ는 점령정책의 전환 이후 일본민족을 어떤 식으로 통치해가려 했던 것인가?

GHQ의 CIE는 오카 마사오의 논문을 영어로 번역해 그 내용을 널리 알려나갔고, 또 CIE에 근무하는 이시다 에이이치로 등을 통해 오카 마사오로 하여금 그의 논문을 일본어로 번역해 『일본민족연구』지에 게재하도록 권유해 간다는 입장을 취했다. 그렇다면 오카 마사오의 논문은 어떠한 내용의 것이었던가? 우리는 이 문제를 규명해 냄으로써 당시 GHQ가 일본민족을 어떻게 통치하려 했는지에 대한 해답을 찾아낼 수 있다고 본다. 그러면 우선 오카 마사오는 CIE국장으로부터 논문을 전달받고 어떠한 일을 하게 되었는지 그의 이야기를 들어보기로 하자.[11]

나는 이 논문과의 재회가 기뻤지만, 한편 옛 인연이 되살아나는 것을 생각하니, 또 다소 마음에 부담이 느껴져 왔다. 당시 이시다(石田)군은 내가 농민생활을 즐기고 있는 것에 불만이 있어, 학문 쪽으로의 복귀를 촉발시켜 주었는데, 이 논문이 되돌아 오고서부터는 그 내용의 요지와 그 일부를 『민족학 연구』에 발표하도록 집요하게 권유했고, 잡지 쪽에서는 나의 나태를 질책했다. 마침 그 무렵이었다. 「민족연구소」로부터 만주에 조사를 나가 있던 야와타(八幡)군이라든가 에가미(江上)군 등이 장기간의 억류 생활에서 풀려나 돌아왔다. 에가미군과 오랜만에 도쿄에서 만났을 때, 만나자마자 그는 천성적 어조로 "자네의 의견과 대체로 같은 결론이 되었다"

라고 말하고, 그 좌담회에서 그가 서술한 천황 종족의 일본 도래에 관해서 새로운 설을 숨도 쉬지 않고 큰소리로 떠들어대며 들려주었다. 그래서 나 혼자 듣는 것이 아까웠고, 또 한편 나의 논문 발표 건으로 이시다군으로부터 질책을 받고 있던 터이기도 했었기 때문에, 그러한 좌담회를 만들어 서로의 생각을 자유롭게 이야기하자라고 했던 것이다.

이미 앞에서 언급한대로, 오카 마사오는 그 해 5월 간다(神田)의 한 카페에서 민속학자 이시다 에이이치로, 고고학자 야와타 이치로(八幡一郎, 1903~1968), 동양학자 에가미 나미오, 세 사람과 함께 '일본민족 및 일본문화의 원류와 일본국가의 형성'에 관한 문제를 가지고 3일에 걸쳐 좌담회를 가졌다. 그래서 그들은 1949년 2월 이시다 에이이치로가 편집책임자로 있는 일본민족학 협회의 기관지 『민족학연구』(복간 1948년 3월)에 그것을 게재했던 것이다. 이 좌담회의 주지(主旨)는 미즈노 유가 파악한 대로 '오카 마사오가 1934년 빈에서 공간(公刊)한 「고일본의 문화층」이라는 논문을 주제로 해서 앞에서 열거한 세 사람이 그 논지에 대해 각각의 전문적 입장으로부터의 토의를 통해 일본의 문화·국가의 기원과 그 형성에 관한 그들의 공통된 입장을 제시해 간 것'[12]으로 정리될 수 있다. 일본민족학 협회의 논문의 요지는 남만주 동변의 유목·농경의 혼합문화의 소유자가 1세기를 전후에 한반도를 통과해 일본열도에 이르렀는데, 이것이 바로 천황족이다는 것이다. 그렇다면 오카 마사오의 이러한 입장은 어떻게 형성되어 나왔던 것인가? 이 문제에 대한 규명은 그의 민족연구의 도정에 대한 고찰이 요구된다.

2. 일제의 대동아공영권 구상 성립과 오카 마사오의 민족학

1) 오카 마사오의 민족학 성립과 민족연구소 설립

오카 마사오가 민족학에 관심을 갖게 된 것은 그가 1919년 제2고등학교 3학년 때 프랑스의 고고학자 모르강(J.J.M. Morgan, 1857~1924)의 『고대사회』를 탐독한 것을 계기로 대학에 들어가서 민족학을 전공하기로 마음먹었다. 그는 그 다음해 도쿄제국대학 문학부 사회학과에 입학한다. 1학년 때 이학부의 고고학·인류학 교수 도리이 류조(鳥居龍藏, 1870~1953)의 수업에 흥미를 갖는다.

도리이 류조는 러일전쟁(1904~1905) 종료 이후 조차권이 일본에 넘어온 내몽골·남만주 일대의 유적을 2년간에 걸쳐 조사해 그 곳의 적봉(赤峰)지역에서 다량의 신석기문화를 발견했다. 오카 마사오는 1924년 동대 사회학과를 졸업하고, 문부성 일본학술회의에서 근무하게 된다. 그해 슈밋트와 콧파스의 공저 『모든 시대의 민족과 문화』를 입수해 민족학의 연구 쪽으로 방향을 잡는다. 그 다음해 그는 문부성 일본학술회의를 사임하고, 인류학·민족학·고고학을 전공한 친구들과 사귀며 야와타 이치로, 에가미 나미오 등과 AEE라는 모임을 만든다. 1929년 4월 실업가 시부사와 게이조의 도움으로 민족학을 기본부터 공부하기 위해 육로로 오스트리아 빈 대학의 슈밋트 교수 밑으로 유학을 떠나, 10월에 동대학 철학부 민족학과에 입학한다. 1932년 학위논문 집필에 열중해, 그 다음 1933년 7월 학위논문 「고일본의 문화층」이 통과되어 철학박사학위를 수여받는다. 그가 그 논문을 집필하는 시점에서 일본군은 동년 9월 만주사변을 일으켜 동북 4성을 점령했다. 1932년 3월에는 적봉과 승덕(承德) 등을 점령했다. 그 다음 1933년 7월에는 일본의 민족학 단체가 제1차 만몽학술조사단을 구성해 2개월에 걸쳐, 조양(朝陽), 능원(陵源), 흥륭(興隆), 승덕(承德), 적봉(赤峰) 등지를 조사해 그곳에서 발굴한 석기, 토기, 청동기 등을 일본으로 가지고 갔다.

그는 8월 발칸지역을 여행하면서 그 지역에 혼재해 있는 여러 민족들의 현실에 대한 고찰을 계기로 문화·역사·과학으로서의 민족학의 일면성에 대한 의문을 갖게 된 나머지 서서히 '에쓰노스(ethnos, 種族·民族)'를 대상으로 하는 과학으로서의 구상을 탐구한다는 입장을 세웠다. 그는 그해 9월 빈 체류를 연장해 고일본의 문화층의 작업을 계속했다. 1935년 4월 귀국하였고 동월 말 지도교수 슈밋트 교수도 일본으로 왔다. 6월에 슈밋트와 함께 만주·조선을 견학하였고, 외무성 실업가 미쓰이 다카하루(三井高陽, 1900~1983)로부터 빈 대학에 일본학연구소의 개설 추진을 의뢰받는다. 1937년 7월 중일전쟁이 발발해, 그해 11월 독이일의 방공(防共)협정이 성립되고 남경대학살사건이 자행되었다. 그는 그러한 상황에서 1938년 1월 빈 대학의 객원교수로 초빙되어 빈으로 떠난다. 그해 3월 독·오 합병이 이루어져 10월 독일정부로부터 빈 대학 객원교수로 임명되고, 동시에 미쓰이 다카하루의 기증으로 이루어진 일본학연구소의 소장에 취임한다.

1940년 11월 1학기 간 휴가를 얻어 귀국하였고, 12월부터 야와타 이치로, 에가미 나오미 등과 국립민족연구소 설립운동을 전개한다. 1941년 6월 연구소가 문부성 직할로 설립되는 일이 각의(閣議)에서 결정됐는데, 독소전쟁의 발발로 설립이 무기한 연장되었다. 또 독소전쟁으로 빈 귀국이 불가능해, 결국 10월 빈 대학의 객원교수직을 사임한다. 동월 만주국으로부터 초대되어 조선·만주를 방문하고 12월에는 태평양전쟁의 발발을 목격한다. 그는 1942년 5월 참모본부의 위탁으로 필리핀, 타이, 미얀마, 수마트라, 자바, 보르네오 등 그곳의 민족을 시찰한다. 7월 민족연구소가 문부성 직할 연구소로 개설되는 것이 결정되어 준비위원회가 설치되고, 또 11월에는 일본민족학회가 재단법인 일본민족학협회로 개조되어 곧 개설된 민족연구소의 협력외곽기관으로서의 성격이 구비된다.

1943년 1월 민족연구소의 관제가 공포되어, 그가 연구소의 총무부장에 임명된다. 소장에는 인간결합의 연구를 대상으로 하는 사회학의 체계화를 기획해 가던 교토대학 사회학 교수 다카타 야스마(高田保馬, 1883~1972)가 임명된다.

그것은 5부로 구성되었는데, 각부의 장은 에가미 나오미, 이와무라 시노부(岩村忍, 1905~1988), 도쿄고사(東京高師)의 중국사 교수 마키노 다쓰미(牧野巽, 1905~1974), 규슈대 종교사회학자 후루노 기요토(古野淸人, 1899~1979) 등이 임명되었고, 연구원으로 야와타 이치로 등이 들어갔다. 그해 9월에는 1939년 내몽고에 세워진 일본의 괴뢰정부인 몽강(蒙疆)정부로부터 서북연구소의 진용(陣容) 조직을 의뢰받아, 소장에 생물학자 이마니시 긴지(今西錦司, 1902~1992), 부소장에 이시다 에이이치로를 추천한다. 1944년 1월과 3월, 두 차례에 걸쳐 만주, 중국, 몽강(蒙疆) 등의 지역으로 답사를 떠난다.

그는 그 무렵 '민족연구소'에서 다음과 같은 일들이 있었다고 말하고 있다.

"전쟁이 드디어 패전으로 돌아서고, 매일 밤 B29의 공습이 행해질 무렵, 우리들은 아카사카의 민족연구소에서 방화(防火)를 위해 숙박을 하지 않으면 안 되는 밤이 많아졌다. 연구소의 불들을 끄고 한방에 모여 지루하기도 해서 우리들은 젊은이들과 섞여서 밤을 새면서 하고 싶은 논의라든가 아이디어를 주고받음으로 꽃을 피웠던 일이 자주 있었다. 이것은 우울한 전시 하에서 우리들에게 허락된 자유로운 토론의 유쾌한 시간이었는데, 그때의 화제의 하나가 일본민족의 원류, 일본민족의 종족적 형성사의 문제였다. 야와타 군과 에가미 군은 그 무렵 전쟁을 피해 가족을 고향으로 보내놓고 연구소에서 자취생활을 하고 있었기 때문에 특히 그 토론석에 낄 때가 많았고, 또 그 전문분야 상에서도 이 문제에 관해서는 중심적 발언자이기도 했다."[13]

오카 마사오는 1945년 3월 미군의 공습이 빈번해져 가족은 마쓰모토 시(松本市)로 민족연구소는 시가겐(滋賀県)의 하코네시(箱根市)로 각각 소개(疎開)시켰다. 8월 패전 직전에는 민족연구소 총무부장을 사임했고, 10월에는 연구소가 폐지되어 연구소 연구원의 사임이 이루어졌다.

2) 대동아공영권의 구상 성립과 오카 마사오의 민족학

1939년 9월 1일에 독일이 폴란드를 침범하자, 영·불이 폴란드를 도와 독일에 선전포고를 행하게 됨으로써 제2차 세계대전이 시작되었다. 1940년 6월 독일군이 파리를 점령, 프랑스로부터 항복을 받아냈다. 그러자 일본정계에서는 독일과 동맹관계를 맺어 동아신질서를 확대시켜 나가자는 주장이 제기되었다. 그러한 주장을 배경으로 해서 독일·이탈리아와의 3국군사동맹 체결, 소련과의 불가침조약 체결, 동남아시아에 대한 적극적 진출과 이에 대한 미국의 간섭 배제 등을 추진해 갈 수 있는 제2차 고노에 내각(近衛內閣, 1940.7.22.~1941.7.18)이 출범하였다. 그 결과 고노에 내각은 1940년 9월 27일 일·독·이의 3국 동맹에 조인한다. 일본의 '동아 신질서 운동'은 독일과의 동맹을 통해 독일에 항복한 프랑스 소유의 동남아 지역 일부를 자신들의 것으로 만들려했던 일제의 남진확장정책이 추진되는 과정에서 나온 정치운동이었다. 그런데 이 정치운동은 제1차 고노에 내각(1937.6.4~1939.1.5)이 일으킨 중일전쟁(1937년 7월)을 계기로 일어난 '국민정신총동원 운동'을 기반으로 일어난 것이었고, 또 그것은 1941년 12월 태평양전쟁이 발발해 그것에 행해지는 과정에서는 대동아공영권 구축의 운동으로 전개되어 나갔다.

그런데 논자가 여기에서 말하고자 하는 것은 오카 마사오의 민족연구소의 설립운동이 일·독·이의 3동맹이 조인되어 동아 신질서 운동이 전개되어 가는 분위기를 타고 행해졌다고 하는 것이다. 이 경우의 운동은 동아 신질서를 한·중·일이라는 기존의 질서에 동남아시아가 포함된 상태의 새로운 동아시아의 질서를 가리키는 것이었다. 그의 민족연구소의 설립은 제2차 고노에 내각에 의해 즉시 인가되었다. 그러나 제2차 고노에 내각의 사직으로 인해 그것의 설립추진이 중단되었는데, 제3차 고노에 내각(1941.7.18~10.18)의 출범으로 재차 개설이 결정되어 태평양전쟁이 행해지는 과정에서 민족연구소의 업무가 개시되었던 것이다. 태평양 전쟁 중에 행해졌던 민족연구소의 주된 업무는 참모본부의 위탁 등에 의해 동남아국가 민족들의 민족사정을 시찰하는 것이었다. 그렇다면 그러한 작업이 전시에 그에게 맡겨졌던 이유는 그의 민족학 이론과는 어떻게 관련되어 있었던 것인가?

일제가 대동아공영권(大東亞共榮圈)이란 말을 공식적으로 쓰기 시작한 것은 1940년 8월 1일 외상의 기본국책요강(基本国策綱)에 대한 담화에서부터였다. 당시 외상의 담화에 표현된 일본 외교의 기본 방침은 황도(皇道)의 대정신에 의거해 일만지(日滿支)을 주축으로 하는 대동아공영권 확립의 기도였고, 그 범위는 동남아가 포함된 대동아였다. 그런데 논자의 지적은 이 대동아공영권이란 말이 민족학에서의 문화권설을 기초로 해서 성립된 말이라고 하는 것이다. 그런데 민족학에서의 '문화권설'은 오카 마사오의 지도교수 슈미트(W.Schmidt, 1868~1954) 등이 주축이 되어 이루어진 빈 학파의 문화권설(Kulturkeislehre)로부터 출현된 말이다. 오카 마사오가 빈 대학에 도착한 것은 1929년 7월이었고 슈미트 교수 밑에서 박사학위를 받은 것은 그로부터 4년만인 1933년 7월이었다. 그가 빈 대학에 재학해 있던 때가 슈미트의 문화권설의 절정기였다고 한다. 빈 학파의 문화권설이 일본에 전래된 것은 오카 마사오가 4월 말 빈 대학으로부터 귀국하고 뒤이어 그의 지도교수 슈미트가 그해 6월 일본에 왔던 1935년 경에서부터였다. 오카 마사오는 1936년의 『민족학연구』(2권 1호)에 「슈미트 『신관의 기원(神観の起源)』의 서평」을 게재한다. 그는 그곳에서 '원문화권(原文化圈) 등과 같은 문화권이란 용어를 처음 사용한다.[14] 이처럼 슈미트의 내일(來日)과 그의 그 글을 계기로 일본민족학계에 문화권설이 정착되기 시작되었던 것이다.

3) 오카 마사오의 논문 「동아민족학의 하나의 존재방식」의 내용

그는 태평양전쟁이 진행 중인 1944년에 『민족연구소』 휘보 1호에 「동아민족학의 하나의 존재방식」이란 글을 발표했다.[15] 이글의 요지는 다음과 같다.

민족학이란 '민족·국가의 확장발전에 수반해 성장해왔기도 했고, 또 민족의 자각에 촉발되어 발흥해 온' 학문이다. 민족학은 이민족(異民族) 또는 다민족(多

民族)에 대한 연구와, 자민족(自民族) 또는 단민족(單民族)에 대한 연구로 대별된다. 우리는 통칭 전자를 민족학(Ethnolgie, Volkerkunde)이라 부르고 후자를 민속학(Volkskunde, Folklore)이라 한다. 유럽에서는 15세기 이래 유럽이 팽창해 나오는 과정에서 이민족의 발견과 이것과의 접촉이 행해져 전자의 이민족 연구가 행해지기 시작했고, 또 그것은 영·불 중심의 서구민족이 일으킨 계몽기의 세계주의적·합리주의적 풍조 내에서 성장되어 나와, 근자에 이르러 구미강대국의 제국주의적 식민지 경영에 촉진되어 발전되어 나왔다. 이에 반해 후자의 경우는 영·불 중심의 서구민족국가에 비해 민족국가의 형성이 늦었던 중구(中歐)·동구(東歐)의 민족들, 예컨대 게르만계의 민족들의 민족의식의 발흥에 따른 자민족의 역사전통이 주장되는 과정에서 발전되어 나왔다.

일본에서 민족학이라 말하는 학문은 원래는 영어계 포크로아(Folklore)와 독일어계의 보르크스쿤데(Völkerkunde)의 역어인데, 사실상 영어계와 독일어계의 그것에는 상당한 차이가 있다. 영국의 포크로아는 단일민족·자민족적 성격이 결여돼있는 반면, 독일의 보르크스쿤데는 18세기 말에 시작되는 정치적 민족감정의 발흥, 19세기 초의 역사주의 등을 모태로 해서 제국주의적 강대성을 뽐내는 영·불의 서구민족국가에 대항해 그들과 싸워 나가기 위해서는 분립해있는 독일계 여러 종족들을 정치적으로 통일시켜 강력한 민족국가를 형성시켜 나가는 것이 필수적 관건이었다. 이 민족통일을 추구해 나갔던 독일민족주의는 나폴레옹 전쟁의 고난과 굴욕으로부터 급속히 성장해 로만티시즘의 사상적 정치운동으로 전개되어 나갔다. 그러한 민족통일에 대한 동경으로 구체화되어 나와, 독일민족의 정치적·종교적 분립에도 불구하고 독일의 각 종족을 통해서 근대 서구문화에 물들지 않은 농민층의 현실 속에 내재되어 있는 사실들을 발견, 인식해가게 되어 결국 그 곳에서 독일민족 고유의 공동체 문화의 현실적 연구가 탄생되었다. 독일민족통일의 기반으로서 독일민족 문화 공통체의 발견과 인식의 현양(顯揚), 바로 이것이야말로 독일민족주의 달성의 기본적 조건이었던 것이다. 독일의 민속학은 그러한 현양작업을 행해갔다. 이에 반해 영·불의 민족국가는 그러한 민족주의를 필요로 하지 않았다. 그 이유는 영·불의 민족국가에는 이에 강력한 중앙정부가 존재해 있고, 문화적·사회적·정치적 통일화가 달성되어 있어 제국주의적 민족주의로 발전해 나갈 수 있었기 때문이었다.

이처럼 독일의 민속학은 역사주의 및 종족계보학적 경향을 띠고 있어 결국 동질연구로 확대되어 나갔다. 그래서 예컨대 마쟐민족의 민속학은 우랄어계 여러 민족의 종족문화와의 관계를 추구해갔고, 슬라브제민족의 그것은 전(全) 슬라브민족에 걸쳐 종족문화적 친근관계의 규명, 종족계보학적 연구로 발전되어 나갔다. 즉 그것은 '자' 민족이 '이' 민족으로 확대, 발전했고, '이' 민족을 포섭하는 고차원의 단일민족의 성립 등을 규명해내는 쪽으로 진전해 나갔던 것이다.

이와 같이 민속학은 단일민족학으로서의 민족학을 고차원의 단일민족학으로 발전시켜 범민족주의로의 전환을 가능케 할 수 있는 학문이다. 대동아에서 이들 두 개의 민족학의 발달, 흥융을 약속하는 객관적 현실조건이 이에 충분히 준비되어 있다는 것은 언급할 필요가 없을 것이다. 현재 일본의 민족학도 독자적 발달을 이룩해온 결과, 일본민족의 민족의식이 순화되고 심화됨에 따라서, 일본민족의 기초공동체 문화의 현실적 실증연구로서의 민속학이 소위 자민족학적 성격을 명확히 했다고 생각된다. 한편 현재 우리는 대동아공영권 제민족 간에는 민족의식이 팽배해 민족주의 사조 내지 운동이 치열한 현실에 처해있다. 이 시점에서 일본은 독일류의 민속학의 성장발달이 기대된다.

일본의 민족주의가 구미의 지배민족으로부터의 이탈과 그것으로 독립하려는 의욕, 혹은 구미민족국가의 침략에 대한 자기주장 등으로 특징지어져 있다는 점에서 동구·동동구의 민족주의와 일맥상통하는 점이 있다는 것을 인정하지 않을 수 없다. 동남구의 민속학이 선진독일의 민속학을 모방해 그 영향 하에서 발전했던 사정은 일본과 대동아 제민족의 민족학의 관계에도 생각해 볼 수 있다. 따라서 일본의 민속학이 갖는 선진적 사명이 대단히 크다고 말하지 않을 수 없다. 또 우리는 동구·남동구의 민속학이 자민족학이었는데, 그 후 그것의 동질적 연구가 동종동계의 이민족문화로 확대, 진전해 범민족주의의 대두, 발달로 전개되어 나간 사실을 확인할 수 있다. 대동아공영권내 여러 민족 간의 자민족학이 자민족과의 동질동계민족들의 이민족연구, 그것과의 종족적, 문화적 친근 관계의 규명까지 진전해 나가 이 민족학을 포섭하는 고차의 자민족 학으로 발전해 나갈 것으로 상상된다. 이것은 공영권내의 제민족의 민족주의가 개개민족의 일민족주의임과 동시에 범민족주의 내지 대동아민족주의 일면도 갖추고 있다는 사실로부터 생각해 볼 때, 그 발전이야말로 일민족의 민속학이 '이' 민족학을 내포하는 고차의 민속학으로 발전해 나갈 가능성이 크다는 사실을 말해주고 있는 것이다.

이상과 같이 오카 마사오의 민족학은 동아시아지역의 여러 민족들로부터 동질성을 찾아내서 그것으로 구미에 대항해 갈 수 있는 「대동아공영권」의 문화적, 민족적 토대를 구축해보려는 입장을 취했던 것이다.

4) 대동아공영권의 구축방안과 오카 마사오의 기마민족 정복설

앞에서 고찰한 바와 같이, 그의 민족학의 목표는 동아시아 지역에 존재하는 각 민족들의 종족(種族)적 기원들과 그 동질성을 밝혀내서 그것들을 통해 '동아시아 일본'이라고 하는 개념을 만들어내서 아시아 민족주의 내지 대동아민족주의를 창출해 내려했던 것이라 생각할 수 있다. 그런데 이러한 작업을 행해가는 과정에서 가장 걸림돌이 되는 것은 일본의 천황족(天皇族)을 어떻게 처리해 가느냐의 것이었음에 틀림없었을 것이다. 앞에서 이미 언급한 바와 같이, 오카 마사오는 그의 박사학위 논문 「고일본 문화층」을 통해 천황족에 대해서는 그의 입장이 정리되어 있는 상태였다. 천황족에 대한 그의 기본적 입장은 남만주 동편의 목민적·농민적 혼합문화의 소유자가 기원전후에 이동을 개시해 한반도를 조족(비교적 단시기)에 일본열도에 도착해 그곳의 원주민과 혼혈하여 출현한 자가 바로 천황족이라는 입장이다.[16] 독일어로 작성된 그 박사논문에는 바로 그의 이러한 입장이 밝혀져 있다.

그러나 전전(戰前)에는 천황에 대한 그의 그러한 입장이 일본사회에 공개될 수 없었다. 만일 공개된다면 불경죄로 큰 화를 입게 될 것임에 틀림없었다. 그는 자신의 그러한 입장에 대한 공개와 관련해 전후 다음과 같이 말하고 있다. "내가 나의 '논문'을 독일어의 상태로 해둔 얼마간의 이유도 일본어로의 발표는 도저히 허용될 수도 없었기 때문이었다. 세상은 정말로 변했다고 생각되는 것이다"[17] 그러나 그의 일본천황족의 남만주 지역으로부터의 일본열도 도래설은 지나와 만주 사이에 위치한 남만주 지역출신인 천황족 중심의 동아시아 세계의 구축논리를 제시해 준다. 다시 말해서 일본천황족의 남만주지역으로부터의 일본열도 도래설은 우선 무엇보다도 중국, 몽골, 한국, 일본 등에 거주하고 있는 각 민족들로부터의 종족적 동질성을 찾아낼 수 있는 근거를 제시한다는 점에서 동아시아 공영권 구축에 기여할 수 있는 이론이 될 수 있다. 또 그뿐만 아니라 그것은 천황족을 동아시아의 제민족의 중심에 둘 수 있는 이론으로도 전환될 수 있는 것이기도 하다. 이러한 점들을 고려해 볼 때, 만일 일본이 단시일 내에 태평양전쟁에서 패망하지 않았다고 한다면 아마도 일본의 대동아공영권 이론적 구축은 그의 기마민족 정복설을 기초로 해서 행해졌을 것으로 생각 된다.

3. 기마민족 정복설과 황국사관

1) 삼왕조교체설(三王朝交替說)과 수정기마 민족설

그는 제1대 진무(神武)천황에서부터 제33대 스이코(推古)천황까지의 33명의 천황들 중에 『고사기』(古事記)에 생몰연대가 기재되어 있는 천황이 15명에 불과하다는 사실에 주목해, 그 15명을 주축으로 해서 천황의 계보를 새롭게 작성해 본 결과, 제10대 스진천황, 제16대 닌토쿠(仁德)천황, 26대 게이타이(繼體)천황을 초대로 해서 3왕조의 흥폐가 있었다는 것이었다. 예컨대, "나는 스이코천황에 이르는 33대 천황을 만세일계적으로 배열하고 있는 기기(記紀)의 천황 계보가 만들어지기 이전의 천황의 계보는 결코 만세일계가 아니고 적어도 스진천황(10대)부터 주아이(仲愛, 14대)천황에 이르는 스진왕조, 닌토쿠(仁德, 16대)천황부터 부레츠(武烈, 25대)천황에 이르는 닌토쿠왕조, 그 다음 게이타이(継体, 26대)천황 이후의 신왕조(新王朝)라고 하는 삼왕조의 경질이 행해졌다는 사실을 졸저『일본 고대왕조사론서설』에서 논증했다"라고 말하고 있다.[18] 이렇게 봤을 때, 미즈노의 삼왕조교체설에 의하면 현 천황가는 게이타이왕조의 후예인 셈이다. 미즈노가 삼왕조교체설에서 한반도의 남부로부터 건너간 기마민족계의 후예들에 의해 세워진 구나노쿠니(狗如国)의 수장 닌토쿠천황이 혼슈(本州)를 통일하고 야마토 지역에서 중왕조, 즉 가와치(河內)왕조를 세웠다고 한다면 미와(三輪)왕조라 불리는 고왕조(古王朝)는 어떻게 세워졌다고 보고 있는가?

닌토쿠천황이 나니와(難波)를 거쳐 야마토 지역으로 들어갔는데 그 곳에는 그 야마토 지역의 분지(盆地)를 통일하여 그곳을 지배하고 있었던 왕조가 있었다. 그 왕조가 바로 주술사(呪術師)적 재능으로 야마토 분지를 지배해 가고 있던 사제(司祭)적 왕으로서의 천황이었던 스진 천황에 의해 야마토의 미와야마(三輪山) 기슭에 건립된 스진왕조였다고 하는 것이다. 일본의 고대국가의 형성이라는 시점에서 고찰해 볼 때 이 미와정권은 3세기 중엽에서 4세기 전반에 형성된 것으로서 초기 야마토 정권으로 보고 있다. 그 미와야마 기슭에는 3세기 중엽에서 4세기 초에 형성된 것으로 무덤의 전장(全長) 길이가 200~300m 되는 대형고분들이 널려져 있어 당시 그곳에 미와 왕조가 존재했던 사실을 증명해 주고 있다.

한편 오사카(大阪) 평야에 있는 가와치(河內)지역에는 5세기 전반의 오진천황능(応神天皇陵, 全長 415m, 15대)과 닌토쿠천황(仁德天皇, 전장 486m, 일본 최대, 16대) 등과 같은 거대한 전방후원분(前方後圓墳)이 널려있다. 미즈노는 이 고분들의 존재를 증거로 해서 중왕조(가와치 왕조)의 존재를 말하고 있다. 또 미즈노는 26대의 게이타이 천황은 오미(近江) 아니면 에치젠(越前)지역의 호족이었는데 황위를 찬탈해 게이타이 왕조를 출발시킨 자라고 말하고 있다. 이와 같이 미즈노는 그의 삼왕조교체설에서 에가미의 기마민족 정복설의 경우와는 달리, 야마토의 미야산 기슭에서 출발한 10대 스진천황을 야마토국의 건립자로 파악함으로써 천황 족의 원향을 대륙으로 하지 않고, 야마토 지역으로 설정하였다. 그의 그러한 학설에 대해 비판자들도 많았지만 찬동자도 적지 않았다. 그래서 그 학설은 그 후 학계에서 지속적으로 논의되어 비판적 발전을 거듭해 오면서 미와왕조(三輪王朝), 가와치 왕조(河內王朝), 오미왕조(近江王朝) 등의 설립설로 발전되어 나갔다. 또 미즈노의 삼왕조교체설이 발표되어 그것이 지속적으로 화젯거리가 되어 나가던 과정에서 에가미 나미오가 기마민족 정복설의 가설을 제시한 지 20년 만에 수정기마 민족설을 제시했다. 그 골자는 다음과 같았다.

수정기마 민족설에서 중국대륙의 남쪽 연안지역에서 벼농사를 짓던 비지나 인들이 북상해 한반도·일본으로 건너와 그곳의 원주민과 혼합해 벼 문화를 주축으로 한 야요이(弥生)문화를 산출했다. 그 문화가 3세기경부터 고분문화와 접촉하게 되는데, 4세기 전반까지로 볼 수 있는 전기고분문화는 주술적, 제사(祭祀)적, 평화적 성격이 짙은 동남아시아 계열의 농경민족적 문화라고 하는 성격을 띤 것이었다. 이에 반해 4세기 후반부터의 후기고분은 동북아시아의 기마민족과 같은 것으로 파악되고 또 그 부장품들로부터 도출되는 문화가 '현실적, 전투적, 왕후(王侯)적, 귀족적, 북방 아시아의 기마 민족적 문화의 성격을 띤 것으로 파악 된다'는 입장을 취했다.[19] 또 그는 북방민족의 열도침입 코스에 대해서 이전 설에서는 '일거에 도래했다'는 입장을 취했는데, 그것에 대한 연구가 구체화되어, 기마민족의 건국 시기를 이기(二期)로 나누어, 제1기는 동만주 →조선북부(부여, 고구려)→한반도(가야, 임나)→북규슈로 이동해 와서 임나(미마나) 의 왕성에 있던 스진천황이 규슈로 건너와 건국한 시기, 제2기는 연이어 스진천황이 규슈로부터 기내(畿內)로 동정(東征)해 간 시기로 파악했다. 즉, 제1기는 4세기 전반에 제2기는 4세기 말에서 5세기 초에 행해졌다라고 하는 입장을 취했던 것이다.

1949년 2월에 좌담회의 형식으로 공표된 에가미 나미오의 기마민족 정복설이 여러 방면에서 비판되어 가는 과정에서 1953년 미즈노 유(水野祐, 1918~2000)의 네오기마민족설로 불리어지는 삼왕조교체설(三王朝交替說)이 단행본 『증정 일본고대 왕조사론서설(增訂日本古代王朝史論序說)』의 공간(公刊)을 통해 공표되었다.

2) 수정기마 민족설의 정체와 만세일계의 황실관

기마민족 정복설이 발표되자, 각 방면에서의 그것에 대한 여러 비판들이 쏟아져 나왔다. 그러나 에가미 나미오는 20년간 침묵을 지키고 있었다. 이 기마민족 정복설에 대해서 가장 강한 비판적 입장을 취한 자들이 만세일계의 황실관을 가진 자였다. 그들은 일본민족이 남방으로부터 도래한 벼농사 문화 계통을 기반으로 해서 출현했다는 야나기다 구니오(柳田国男)설, 소국들로 분립해있던 야마타이국(邪馬台国)이 3세기 초에 야마토 지역을 중심으로 야마토(大和)국으로 통일되어 나왔다는 야마타이국 야마토설 등에 의거해 그러한 황실관을 받아들였던 자들이다. 미즈노 유도 지적하고 있듯이, 그들은 「천황」을 아마테라스오미카미(天照大御神)의 자손임을 부정하려는 입장을 취할 생각을 갖고 있지 않은 자들이었고, 또 그들은 천황을 일본 고유의 야마토(大和)민족의 대표자로 생각해왔던 자였다. 따라서 우선 무엇보다도 천황이 일본열도에 침입해 들어온 외민족의 수장(首長)이었다는 주장은 그들에게 충격적이지 않을 수 없었다.

둘째로 그들은 당시 황기 2600년을 봉축(奉祝)한 바 있는데 천황이 4세기 전반에 일본열도에 들어왔다니 이것 또한 쉽게 받아들일 수 있는 것이 아니었다. 셋째로 그들은 에가미 나미오가 남퉁구스계의 기마민족의 대표자인 10대 스진(崇神)천황이 일거(一擧)에 한반도 남부(가야)로부터 바다를 건너 규슈(九州)의 히무카(日向)를 거쳐 야마토(大和) 지역으로 들어가 그곳을 정복해 야마토조정을 건립했다고 하는 주장이 제1대 진무(神武)천황을 비롯한 일본천황들이 일본열도에서 태어나 일본열도에서 살아왔다고 믿어왔던 그들에게는 결코 받아들여질 수 있는 것이 아니었던 것이다. 만일 그들이 그의 설을 받아들인다는 것은 1~10대까지의 천황들이 한반도 내지 대륙 출신의 인간들이라는 것을 인정해야하기 때문이었다.

이 경우 만세일계의 황실관을 주장하는 인간들이 에가미 나미오의 기마민족 정복설을 인정하기 가장 힘든 부분이란 10대 스진 천황까지의 일본천황들이 일본열도에 살지 않았었기 때문에 당시 일본민족을 대표했던 자들이 아니었다고 하는 것이다. 만일 그들이 일본열도 밖의 인간들이었다고 하는 것이 사실이라 한다면, 만세일계가 황실 그 자체에는 해당될 수 있을지 모르지만 그것이 일본민족에게는 해당되지 않는다는 말이 되는 셈이다. 일본민족에 해당되지 않는다는 말은 일본열도의 일본민족이 포함된 한반도, 동북아시아, 중국, 동남아시아 등의 모든 민족들에게 해당될 수 있는 말이기도 하다. 일본인들은 일본민족의 특수성인 민족적 단일성을 표명하기 위한 한 방안으로 자신들을 대표해온 천황가의 영속성을 만세일계로 표현해 왔었던 것이다. 따라서 그 에가미의 논리는 황가의 영속성 그 자체는 인정될 수 있지만 천황가가 일본민족을 대표한다는 입장의 논거는 될 수 없다는 것이다. 따라서 그들로서는 나미오의 그것을 받아들이는데 거북했던 것이다.

그러나 일본의 천황가와 일본민족을 분리시켜, 천황가를 동아시아 제민족의 수장(首長)으로 받들어 올려보려 했던 에가미 나미오의 이러한 학설은 당시 GHQ가 천황과 일본국민을 분리시켜내려는 정책의 이론적 근거가 될 수 있는 것이었고, 또 에가미 나미오의 개인적 차원에서 말할 것 같으면 일제의 침략전쟁에 대한 자신의 협력을 합리화시켜 낼 수 있는 것이기도 했다. 그러나 사실 그의 그 학설은 침략전쟁 중에 만들어진 것으로서 대동아공영권 구축에 필요한 이론으로 구상되었던 가설이었다. 다시 말해 그는 만세일계의 천황가가 일본민족만을 대표할 수 있는 것이 아니라 사실은 동아시아의 전 민족을 대표해 갈 수 있었던 가문이라는 학설을 세우려 했던 것이다. 이렇게 봤을 때, 사실상 그의 기마민족 정복설이 GHQ의 천황과 일본국민과의 분리 정책에 기여해 갈 수 있는 학설이기는 했지만, 만세일계의 이데올로기를 주축으로 한 황국사관의 와해에 기여해 갈 수 있는 학설은 아니었던 것이다.

단행본의 내용의 일부를 이루는 삼왕조교체설을 네오기마민족설이라 명명한 자는 일본사학자 이노우에 미쓰사다(井上光貞, 1917~1983)였다. 그가 미즈노 유의 삼왕조교체설을 그렇게 부른 것은 다음과 같은 이유 때문이었다. 미즈노 유는 기마민족계의 지배자들이 북규슈에 나노쿠니(奴国)라고 하는 소국(小國)들을 세웠는데 그들 중의 일부가 남규슈로 내려가 구나노쿠니(狗如国)를 세웠고 그것이 3세기 후반에 그곳의 히미코(卑弥呼)라고 하는 여왕이 다스리던 야마타이국(邪馬台国)을 무너트리고 규슈를 손에 넣은 다음 5세기 초두에 규슈로부터 나니와(難波)로 천도(遷都)해 그곳에서 4세기 중반 야마토 정권과 싸워가다가 결국 그것을 무너트리고 통일왕국을 세워 서일본을 지배하게 되었다고 하는 입장을 취했다.[20]

이와 같이 기마민족계의 지배자가 규슈, 야마토 지역에 있던 나라들을 차례로 정복해 갔다는 것이 고려되어 그러한 명칭이 붙여졌던 것으로 파악된다. 그러나 우리는 에가미의 기마민족 정복설과 미즈노의 삼왕조교체설을 면밀히 검토해 보면, 기마민족계의 지배자가 일본열도에 건너가 그곳의 나라들을 정복했다는 점에서 공통점은 인정되지만 그 두 설들의 지향점이 전혀 다르다는 것을 지적하지 않을 수 없다. 미즈노 유의 삼왕조교체설은 전전에 일제가 구축시켜 나갔던 만세일계의 이데올로기에 기여할 수 있는 학설이 아니었다. 그에 의하면, 천황이 사망한 해의 간지(干支)라든가 일본식 시호(諡號)를 분석해 보니, 10대 스진(崇神)천황으로부터 33대 스이코(推古)천황에 이르기까지의 천황들이 제각각 혈통이 다른 왕조들, 즉 고·중·신이라 명명될 수 있는 세 왕조가 교체해 갔었다는 설이 제기된다는 것이었다.

3) 오구마 에이지의 기마민족 정복설과 황국사관

오구마 에이지(小熊英二, 1962년생)는 『단일민족 신화의 기원』(新曜社, 초판 1995년)의 「결론」에서 에가미의 기마민족 정복설에 대해 다음과 같이 말하고 있다. 에가미 나미오는 1979년 우메하라(梅原)와의 대담에서 일본에는 선주민이었던 장두(長頭)형 농경민족과 정복자인 단두(短頭)형 목축민족 계통이 있어 "장사를 한다든가 전쟁을 한다든가 남의 나라를 빼앗는 일은 대개 이 목축민족 계통으로서, 현대에도 이코노믹애니멀이라는 말을 들으면서도 세계의 경제전쟁에서 발군의 성적을 올리고 있다"라고 술하고 있다. '에가미의 의도가 어떻든 간에' 그는 기마민족 도래설을 이렇게 내셔널리즘과 관련시켜 파악하고 있는 것이다. 에가미는 1991년에 문화훈장을 수상했다. 이것은 기마민족도래설이 국가에 긍정적으로 인지되었다는 표시로 봐도 좋을 것이다. 상기의 문장 속에서 오구마 에이지가 '에가미의 의도가 어떻든 간에'라고 말하고 있는 것으로 봐서 그도 1949년 패전이란 당시의 분위기 속에서 에가미의 기마민족 정복설의 공표의도가 무엇을 의미하는지에 대해 확실한 입장이 취해지지 않았던 것 같다.

그러나 오구마 에이치로는 그것이 공표된 시점으로부터 30년 만에 기마민족 정복설과 관련된 우에하라와의 대화 내용을 접하고, 비로소 그 공표의도가 그의 기마민족 정복설이 일본의 내셔널리즘을 불러일으키는 데 있었다는 것으로 이해하게 됐다는 입장을 취하고 있다. 그가 그러한 입장을 취하게 된 것은 에가미가 서구민족에 패망해 실의에 빠져 있는 일본민족에게 기마민족 정복설을 제시하여 "일본민족은 원래 정복민족이다. 그렇기 때문에 언젠가는 반드시 미국을 정복할 수 있다. 희망을 갖자"라고 하는 메시지를 전달하려 했다고 해석했던 것으로 이해된다. 그뿐만 아니라 그는 대륙으로부터 도래한 기마민족이 고대에 일본열도를 정복해 일본열도에서 통일국가를 세웠듯이 이번에는 일본민족도 대륙을 정복해 동아시아세계에서 통일국가를 세우려했던 것이었다는 입장을 취해 자신들의 대륙침략을 정당화하려 했다는 의도도 내재되어 있다는 것으로 파악될 수 있다.

오구마 에이지는 글로벌 시대로 들어와서 『단일민족신화의 기원』(1995)을 저술했다. 그는 「서장」에서 "메이지 이래 단일민족신화가 국가의 이데올로기로서 정착해 있었다고 하는 것이 증명되지도 않은 암묵적 전제로 되어있었다. 그렇지만 이 전제는 정확한 것일까? 다민족 제국이었던 대일본제국은 정말로 자국이 단일 순수의 기원을 갖은 일본민족만으로 구성되어 있다고 하는 논조로 가득 차있었던 것일까? 만일 그렇다면, 그들은 조선이라든가 대만을 비롯한 비일본계신민(非日本系臣民)은 어떻게 자리매김 되어진 것인가? 본서의 주제는 여기로부터 설정된다"라고 서술하고 있다.[21]

그는 우선 제1장 「일본민족론의 발생」에서 "일본민족론은 1880년대까지 두 개의 조류를 형성했다. 하나는 일본민족은 종래의 일본열도 정복자와 선주민족, 그 외의 혼합이라고 하는 혼합민족론, 그리고 또 하나는 일본에는 태고부터 일본민족이 살아서 그 혈통이 지속되어 왔다고 하는 단일민족론설이다"[22] 라고 말하면서, 그 조류는 1880년대에도 그러했었고 사실상 그때부터 현재까지 이르기까지[23] 나오고 있다는 입장을 취하고 있다. 그러다가 1890년의 교육칙어의 발표로 시작되는 1890년대에[24] 와서, 에도시대의 국체론이 제기되어 그것에 의거해 단일민족 신화가 형성되기 시작했다고 말하고 있다. 그는 국체론에 대해 대일본제국을 천황가를 총본가로 하는 일대가족국가로[25] 만들어 보려는 사상으로 파악하고 있는데, 그에 의하면 천황제국가에서의 국민도덕의 존재방식을 일관되게 논해 갔던 이노우에 데쓰지로(井上哲次郎, 1855~1944)가 교육칙어의 해제인 『칙어연의(勅語衍義)』(1891)에 이어 동서의 증정판(增訂版, 1899)을 냈다. 그는 그 책에서 "일본은 천황을 부모, 국민을 자식으로 하는 한 집안(一家)이다"[26] 라고 하는 가족국가관을 제시하고 있고, 또 그는 러일전쟁이 끝난 후 그가 그 전쟁에 관한 강연 등에서 "일본의 승리의 이유로서 선조숭배라든가 천황의 만세일계, 그리고 민족의 '순결'과 통일을 들고 있다"[27]고 말하고 있다. 한마디로 말해, 오구마 에이지는 일제 1890년대로 들어가 가족국가론에 입각해 작성된 교육칙어를 통해 일본국민들에게 단일신화를 주입시켜 나갔다는 입장을 취하고 있다.

이와 같이 교육칙어의 발표를 계기로 일본의 국민들 사이에 단일민족 신화가 심화되어 나가는 과정에서 1890년 전후에 제국대 문과대학의 임시편년사 편찬국의 초대교수들이었던 호시노 히사시(星野恒, 1839~1917), 구메 구니타케(久米邦武, 1839~1931) 등에 의해 기기신화(記紀神話)가 분석되어 조일동조론(朝日同祖論)이 제기되었다. 호시노에 의하면 천황가의 선조 즉 황조(皇祖)는 원래 신라의 왕이고, 그들은 조선반도로부터 혼슈(本州)를 발견해 도래하고, 일본열도의 선주민을 정복해 태양의 신으로 견주된 아마테라스의 아래서 평화로운 왕국을 세웠다는 것이다.[28] 이와 같이 단일민족 신화는 조선동조론까지 출현시켰다. 그러나 일제가 1931년 만주사변을 일으키고, 이어서 중일·태평양전쟁을 일으켜 소위 대동아공영권을 건설해가는 과정에서 단일민족론이 사그라지고, 혼합민족론이 출현했다. 그러다가 패전을 기해 점령군에 의해 천황제가 해체되자, 다시 일본국민들에게는 천황을 중심으로 한 새로운 차원의 전국민적, 정신적 단합이 요구되었다.

그러한 정치적 상황이 전개되자 일본국민들은 혼합민족론을 버리고 재차 단일민족신화를 제기시켜 나갔다고 하는 것이다. 오구마 에이지는 전후 일본이 다민족 국가에서 단일민족 국가로 전환해 나온 것은 일본이 패전으로 인해 '조선·대만을 상실했기'[29]때문이기도 하고, 또 '전전의 군사적인 다민족 제국에 대신해 단일민족의 평화국가를 주장하는 논자들이 대두했기'[30]때문이라는 것이다. 그러한 역사적 상황에서 미시마 유키오(三島由紀夫)의 「문화방위론」(1968)의 경우에서와 같이 국가와 천황과의 일체성이 주장되어 단일민족신화가 확립화 되어 나왔다. 그는 이 단일민족신화가 강조된 시점이었던 1952년에 샌프란시스코 강화조약이 발표되었는데, 그때 '일본정부는 전전에 일본에 강제 연행되어 왔던 조선인이 일본국적을 일방적으로 박탈해' 버렸기 때문에 현재까지도 일본정부가 부여한 특별영주권만을 가지고 지방참정권 하나 갖지 못한 채 지금까지 살아가고 있다고 말하고 있다.

이와 같이 패전 후 단일민족론이 강조되어 가는 정치적·문화적 분위기속에서 에가미 나미오의 혼합민족론 위에 세워진 기마민족 일본정복설이 받아들여질리 없었고, 신기마민족설이라 이름 붙여졌던 미즈노 유의 삼왕조교체설도 마찬가지였다. 그러나 1970년대로 들어와 일본이 미국에 이어 세계 제2의 경제대국으로 부상해 나왔고, 또 중일국교가 정상화(1972)되어 나옴에 따라 다시 보수 지식인들이 단일민족론 쪽에서 혼합민족론으로 전환하게 되었다는 것이다.

오구마 에이지는 일본인의 단일민족신화의 기원에 대한 이상과 같은 고찰을 통해 다음과 같은 결론을 도출해낸다. "본서의 결론은 단순하다. 신화에 대항하는 것은 어떤 신화를 소멸시키고 다른 신화로 바꾸어 넣는 것, 예컨대 단일민족신화를 비판하기 위해 혼합민족 신화를 들어내는 것이 아니다. 요구되는 것은 신화로부터의 탈각이다…타자와 공존하는 것에 신화는 필요 없다. 필요한 것은 얼마간의 힘과 예지이다"라고.[31]

논자는 오구마 에이지의 『단일민족신화의 기원』에 대한 고찰로부터 많은 지식을 얻었다. 그러나 그러한 고찰을 통해 내린 상기의 결론에 대해서는 입장을 달리한다. 일본민족은 분명 혼합민족이다. 일본민족이 엄연히 혼합민족임에도 불구하고 그것이 단일민족이라고 주장되는 것은 오구마 에이지 자신이 지적한대로 일본이 약해졌을 때의 경우이다. 일본인들은 자민족이 위태롭다고 생각되면 그때 그들은 하나로 뭉쳐야 한다고 생각하고 그렇게 뭉치기 위한 방법의 하나로 항상 천황제를 끌어내는 것이다. 일본에서 고대천황제가 성립되어 나오게 됐던 것은 수·당이 중국을 통일하고, 한반도에서 신라가 삼국을 통일했던 시기였었다. 통일된 강력한 국가가 일본을 공격해 올 경우 일본은 자멸하지 않을 수 없다고 하는 위기의식 때문에 그 당시의 그들에게는 일치단결해 갈 수 있는 정치체제가 성립되어 나왔었던 것이다. 근대의 경우도 마찬가지이다. 일본이 외세부터 침입당할 가능성에 대비해 고대천황제를 복고 시켰던 것이고, 패전 시에도 다른 것들은 다 잃더라도 천황제만은 없앨 수 없다는 입장을 고수해 상징천황제의 형태를 취해 그 제도를 유지시켜 나갔던 것이다.

이렇게 봤을 때 오구마 에이지가 제시한 '신화로부터의 탈각'방법은 '얼마간의 힘'만으로 안 된다고 하는 것이다. 논자로 말할 것 같으면 일본열도에서 천황제를 완전히 없애버려야 한다는 것이다. 일본인에게는 그것만이 신화로부터의 탈각할 수 있는 유일한 방법이라고 하는 것이다.

논자는 본론을 통해 에가미 나미오의 기마민족 정복설의 내용과 그 공표 경위, 일제의 대동아공영권구상과 오카 마사오, 기마민족 정복설과 황국사관, 오구마 에이지와 에가미 나미오 기마민족정복설 등을 고찰 했다. 우리는 이 시점에서 이상과 같은 사항들에 대한 고찰 결과를 토대로 하여 현시점에서 에가미 나미오의 그 기마민족 정복설이 어떤 의미로 해석될 수 있을 것인가에 대한 물음이 제기된다.

그 기마민족 정복설의 요지는 두 가지로 요약된다. 우선 하나는 일본민족의 주축을 이루어 온 천황 족은 대륙의 동북지방에서 출현한 기마민족 출신으로서 그 원향이 일본열도의 야마토 지역이 아니고 대륙의 동북지역이라고 하는 것이다. 다른 하나는 그 기마민족 출신인 일본의 천황족이 한반도를 거쳐 어느한 시기에 일본열도에 쳐들어가 야마토 지역의 선주민을 정복하고 그곳을 중심으로 야마토 정부를 세웠다고 하는 것이다.

그런데 이 기마민족 정복설이 공표 당시 주목을 받게 됐던 것은 그 내용이 당시의 일본정부의 입장이나 사회적 분위기와는 정면으로 대치되는 것이었기 때문이었다. 당시 일본정부의 입장이나 사회적 분위기는 일본민족이 이민족에 패망해 피점령 상태에 처해 있기 때문에 우선 무엇보다도 일본민족을 대표해 온 만세일계의 천황가를 중심으로 해서 다른 어느 때 보다도 정신적으로 일치 단결해야한다는 것이었다. 연합군하에 처해 있던 나라의 전체 분위기가 그러했었기 때문에 천손의 야마토 지역 강림과 일본민족의 단일성이 강조되어 나갔던 시기였다. 그런데 그러한 시기에 그 기마민족 정복설이 공표되었던 것이다.

기마민족 정복설의 공표 주체는 전전기(戰前期) 일제의 대동아공영권구상에 협력했던 에가미 나미오 등과 천황제를 근간으로 한 기존의 사회적 구조의 해체를 주도해 나가고 있던 점령군이었다. 에가미 나미오 등은 일제가 동이시아 전 지역을 점령해나가는 시기에 민족문제연구소를 만들어, 메이지시대 이래 단일민족임을 강조해오던 일제가 다민족으로 구성된 동아시아지역을 어떻게 지배해 나갈 수 있을 것인가의 문제를 연구했던 자들이었다. 그들의 연구 결과는 첫째 현대 일본민족은 말할 것도 없고 일본민족을 다스려온 천황가까지도 대륙계와 야마토계와의 혼혈족이고, 둘째 천황족의 원향은 동북지역이며, 셋째 천황족은 대륙으로부터 일본정복을 위해 일본에 건너간 민족이었기 때문에 대륙의 다른 민족들도 정복해 천황족의 지배하에 둘 수 있다고 하는 것이었다.

점령군이 구상한 천황제를 근간으로 한 기존의 사회적 구조의 해체정책이란 바로 전쟁 시기에 에가미 나미오 등에 의해 만들어진 혼혈민족론을 순혈민족론이 강조되고 있는 일본사회에 널리 퍼트려나가는 것이었다. 그렇다면 전시 중에 자발적으로 민족문제연구소까지 설립해 일제의 대륙침략에 적극 협조했던 그들이 점령군의 그러한 천황제 해체정책에 가담했던 이유는 무엇이었을까? 그것은 두 가지로 파악된다. 하나는 그들 자신들이 일본민족과 그것을 다스려온 천황족이 순혈족이 아니고 혼혈족이라고 하는 자신들의 연구 결과에 착실하고 싶었기 때문이었고, 다른 하나는 일제의 침략전쟁에 협조했던 것에 대한 속죄 행위의 일종이었다고 하는 것이다.

제 5 장

일제의 대륙침략의 양상과 그 요인

지금까지 한국에서의 일제의 대륙침략에 대한 고찰은 내셔널리즘의 시각에 입각해 행해져 왔다. 그러나 이 학술적 논의는 글로벌적 시각에 입각해서 일제의 대륙침략이 어떻게 시작되어 어떠한 형태로 전개되어 나갔으며 그 사상적 배경이 어떠했는지를 고찰하고, 그것을 통해 일제의 대륙침략의 새로운 면모를 밝혀내는 것을 목적으로 한다.

일본은 600년 가깝게 막번제(幕藩制) 봉건주의 국가형태를 취해 나왔다. 그래왔던 일본이 근대 서구의 세력이 동침해오자, 그 대응방안의 일환으로 메이지 유신(1868)을 일으켜 근대 천황제 국민주의 국가의 형태로 전환해 나와, 대륙진출을 감행했다. 그것의 첫 시발이 대만 출병(台湾出兵, 1874)과 강화도 사건(1875)이었다. 그러나 일본의 그러한 대륙진출은 곧 침략의 형태를 취해 그 후 70년간에 걸쳐 줄기차게 행해져 나갔다. 그러나 결국 그것은 망국으로 끝나게 됐다.

그런데 문제는 첫째, 일본의 그러한 대륙침략이 한국과 중국을 비롯한 동아시아 각국들에 가져다준 부정적 결과가 제대로 파악되지 않았다는 것이고, 둘째는 그러한 부정적 결과들에 대해 침략국 일본과 피침략국 한국·중국 등의 확실한 입장이 취해지지 않았다는 것이다. 이제 일제의 대륙침략의 결과로서 일본이 패망한 지도 67년이 지났다. 그뿐만 아니라 이제 우리는 전 지구적 시각에서 동아시아의 여러 현안들에 접근해 가야할 글로벌시대에 진입한지도 어언 20년이 지난 시점에 처해 있다. 따라서 이제 우리는 일제의 대륙침략과 그 결과로서의 일제의 패망이 몰고 온 정치적, 사회적 여건들을 한층 더 객관적 입장에서 바라다 볼 수 있는 시점에 처해 있게 되었다. 따라서 우리는 새로운 시대의 시대적 이념에 입각해 일제의 대륙침략과 그 결과를 고찰하여 동아시아의 공동체 구축을 위한 지적 분위기를 조성해 가야할 처지에 놓여 있게 된 것이다. 그러나 사실상 이제까지의 일제의 대륙침략에 대한 연구는 일본인 학자들에 의해서는 어디까지나 침략자의 시각에서, 한국인·중국인 학자들에 의해서는 피침략자의 시각에서 행해져 왔다고 말할 수 있다.

이러한 점들을 감안하여 논자는 본 연구를 통해 우선 글로벌적 시각에서 일제의 대륙침략이 어떻게 시작되어 그것이 어떠한 형태로 전개되어 나갔는지를 고찰한다. 그 다음으로 일제의 대륙침략의 사상적 배경에 대한 고찰을 통해 일제가 대륙침략을 자행한 일차적, 이차적 이유가 무엇이었는지를 규명해낸다. 끝으로 새로운 시대적 이념으로 부상한 글로벌리즘에 입각해 침략국의 입장과 피침략국의 입장에서 일제의 대륙침략의 의미를 파악해내려 한다.[1]

1. 일제의 대륙침략 시발과 그 기본적 성격

유럽이 제국주의 시대로 들어선 것은 1871년의 독일 통일을 계기로 해서였다. 보다 구체적으로 말해 독일은 1860년대까지만 해도 여러 소국들로 분립되어 있었다. 그래서 독일은 영국·프랑스·러시아 등의 국가들의 경우처럼 해외에서의 식민지 개척 정책을 취하지 못했다. 그러나 1870년대로 들어와 보불(普佛)전쟁(1870~1871)의 승리를 계기로 그 동안의 연방국 상태로 분립되어 있던 독일이 북방의 프로이센 왕국을 중심으로 통일되어 유럽 국가들이 해외에서 일으킨 식민지 쟁탈전에 끼어들게 됨에 따라 전 유럽이 제국주의시대로 들어서게 되었다. 당시 영국, 프랑스 등의 국가들은 정부와 자본가들의 저임금 정책에 반발하는 사회주의세력들의 강력한 저항에 부딪혀 값싼 노동력과 원료(原料)를 얻기 쉬운 해외 쪽으로 관심을 쏟아가는 한편 정치의 반동화(反動化)와 군국주의화를 추진해가고 있었다.[2]

메이지 유신을 통해 근대국가로 전환해 나온 일본이 유럽의 국가들과의 직접적인 접촉을 갖게 된 것은 유럽이 제국주의 시대로 들어선 지 1년 후인

1872년 이와쿠라(岩倉) 구미시찰단(1871. 10~1873. 9)의 유럽 순방을 통해서 였다. 이와쿠라 시찰단의 만 2년간의 유럽순방은 영국·프랑스·벨기에·네덜란드·독일·러시아·덴마크·스웨덴·이탈리아·오스트리아·스위스 등으로 행해졌다. 그런데 그들이 가장 큰 관심을 가졌던 나라는 군국주의 정책을 취해 국가를 통일시켜 식민지 쟁탈전에 갓 뛰어든 독일제국이었다. 그들에게서는 정부가 군국주의 정책을 취해 해외식민지를 개척해감으로써 강대국들에 대항해가면서 또 정부 정책에 대항하는 사회주의세력의 불만을 해소시켜가는 것이 이상적인 국가정책으로 파악되었던 것이다.

일본의 대륙침략 시발은 근대 서구의 제국주의국가들을 접한 이와쿠라 구미시찰단의 귀국과 함께 시작되었다. 근대 일본의 대륙침략은 구미사절단이 부강한 유럽 국가들을 목격하고 돌아와 취한 '탈아입구(脫亞入歐)' 정책 실현의 일환으로 시발된 것이다. 탈아입구 정책이란 약한 아시아 국가들로부터 탈피하여 부강한 유럽국가들 속으로 들어가야 한다는 것이다. 당시의 약한 아시아 국가들이란 인도, 동남아 제국가들, 중국, 한국 등과 같이 식민지 내지 반(半)식민지 상태에 처해있는 나라들이었고, 부강한 유럽 국가들은 해외 식민지를 개척해 가고 있는 제국주의 국가들이었다.

그러한 정책을 추진시켜 나갔던 첫 정권은 오쿠보 도시미치(大久保利通)의 독재정권이었다. 오쿠보는 이와쿠라 시찰단의 일원이었다가 국내사정이 염려되어 1873년 5월에 다른 시찰단원들보다 일찍 귀국한 자였다. 그는 귀국한 그 해 11월, 외유 중이던 1871년(메이지 4년) 국내잔류파들이 사족들의 불만을 해외침략으로 전환시켜나가기 위해 추진시킨 정한론자(征韓論者)들을 몰아내고 그 이듬해인 1874년 5월에 3년 전에 일어났던 대만인의 류큐(琉球, 현재의 오키나와로 메이지 유신 전에는 일본의 사쓰마번(薩摩藩)과 중국 양쪽에 속했던 지역) 어민 살해사건을 구실로 우선 대만 침략을 감행했다. 그 결과 일본의 메이지 정부는 청국 정부로부터 류큐가 일본 영토임을 인정받고, 살해사건의 보상금으로 50만 냥을 받아낸 후 일본의 대만 정벌을 완강히 버티던 대만으로부터 철수했다.

일본의 오쿠보 도시미치는 1874년 대만 침략의 처리를 위해 북경을 방문하게 된다. 그때 그는 청국 주재 영국 공사 웨이드(T. F. Wade)를 만나게 되는데, 오쿠보는 웨이드로부터 "일본이 대만으로 향하지 않고 조선으로 간다면 영국은 일본을 원조하겠다"라는 말을 듣게 된다.[3] 1871년 신미양요(辛未洋擾)를 통해 조선의 문호를 무력으로 개방시키려 했다가 실패한 미국은 단독으로는 한국의 문호개방이 불가능하다는 생각을 했던 나머지 조선침략을 위해서는 일본과 협조해야 한다는 입장을 취하고 있었다. 당시 일본에서의 정한론은 바로 그러한 국제적 정세 하에서 제기되었으며, 그 결과는 그로부터 5년 후인 1876년에 일어난 일본정부와 조선의 민씨 일파와의 사이에 맺어진 강화도조약 체결로 일단락되었던 것이다. 그런데 논자가 여기에서 강조하고자 하는 것은 일본의 그러한 강화도조약 체결 성사의 배후에는 우선 미국의 일본에 대한 군사적, 재정적 원조가 있었고, 영국, 프랑스, 러시아 등의 주일공사가 외무경 데라시마 무네노리(寺島宗則)와의 회담을 통해 일본의 조선침략 계획에 동의가 있었다는 것이다.[4] 결국 조선은 근대 선진국들 간의 협조와 견제를 통한 식민지 쟁탈전이 행해지는 국제적 상황 속에서 일본과의 그러한 강화도조약 체결(1876. 2)을 맺게 됨으로써 일본의 조선침략의 첫 발판을 허락해주게 되었던 것이다.

이상과 같이 일제의 대륙침략은 유럽 국가들이 1871년 독일 통일을 계기로 제국주의시대로 접어들게 된 시점에서 시발되었다. 일제의 대륙침략 시발은 구미제국, 특히 미국과 영국의 협조, 프랑스와 러시아의 묵인 하에서 행해졌다.

일제의 대륙침략의 요인은 국내적 정치 상황과 국제적 정치 상황이라는 두 측면으로부터 찾아질 수 있다. 우선 하나는 사이고 다카모리(西鄕隆盛)를 비롯한 국내 잔류파들이 실직한 무사 출신들의 국내 정치에 대한 불만을 대륙침략을 통해 해소시켜야한다는 주장 속에서 찾을 수 있다. 그 다음은 서구의 제국주의 국가들과의 공조체제의 구축이라는 구미시찰파의 입장으로부터 찾아질 수 있다. 일제의 대륙침략 시발은 이상과 같은 쌍두마차의 추진력에 의해 행해졌던 것이다.

2. 일제의 대륙침략의 전개양상

1) 제1단계-청일전쟁(1894~1895)을 통한 대만 획득

1890년대는 제국주의 세계체제가 확립된 시기였다. 이 세계체제와 맞물려 동아시아도 돌아가게 되었다. 그러한 제국주의 세계체제는 1881년 영국이 아프가니스탄을 보호국으로 만들고 프랑스가 튀니지를 점령하자, 1882년 독일이 이에 대응해 오스트리아 · 이탈리아와 3국 동맹(1882~1915)을 맺어 식민지 쟁탈전에 대한 공동 전략을 세워나가게 된다. 그해 영국의 이집트 점령, 1883년 프랑스가 베트남 보호국화, 1884년 영 · 독이 뉴기니 분할, 1885년 프랑스의 인도차이나 점령, 동년 독일의 마셜 군도 획득 등으로 구체화되어 나왔다. 이리하여 19세기 말까지 서구의 제국주의 국가들 사이에서는 아프가니스탄과 인도는 영국이, 동남아시아는 프랑스가, 중국의 남부는 영국이, 그 북부는 러시아가, 조선은 일본이라는 제국주의국가들의 식민지 분할통치 체제가 확립되었던 것이다.

이러한 제국주의 국가들 간의 분할통치체제 확립은 피식민지국가들에 대해서는 제국주의간의 연합을 통해 식민지 통치 국가들 간에는 경쟁을 통해 행해졌었다. 그러나 과거 영국의 식민지였던 미국은 그러한 식민지쟁탈전에 대해 적극적 입장을 취하지 않았다. 단지, 그것은 자국의 자본진출 정도의 소극적 입장을 취했다. 그래서 미국의 갑신정변에 대한 태도는 일본의 조선침략을 줄곧 지지하는 입장이었다. 그 이유는 일본의 군사력 증강을 통해 미국자본진출의 길을 열기 위해서였던 것이다. 그 단적 예가 갑신정변으로 인해 입은 일본의 피해에 대한 책임을 조선정부에 전가시켜 사죄와 배상을 받아낸 한성조약(漢城條約, 1885. 1)의 입안에 관여한 자가 일본정부의 고문인 미국인 스티븐스였다는 것이다.

영국의 경우는 러시아가 1891년 5월부터 시베리아 철도건설을 시작했고, 또 아프가니스탄에서 러시아와 대결해가지 않을 수 없는 상황이 전개되자 일본열도와 러시아를 제압해 간다는 입장을 취해 일제의 조선침략을 지지해갔던 것이다. 이러한 입장은 미국도 마찬가지였다. 논자가 여기에서 말하고자 하는 것은 일본이 일으킨 청일전쟁은 영·미의 지원 하에 행해졌다고 하는 것이다.

일본사회에서의 청일전쟁은 민권운동세력이 갑신정변을 계기로 국권운동으로 전환해 나와 조선을 청국으로부터 독립시키고 조선인민을 봉건주의사회로부터 구제해내야 한다는 근대 시민운동 세력들의 열렬한 지지 하에서 시작되었다. 그러한 운동이 행해지는 과정에서 소위 아시아주의라는 이념에 입각해 우익운동세력이 형성되어 나왔다. 예컨대 일본 최초의 우익단체 '현양사(玄洋社)'가 형성된 시점은 일본에서 자유민권운동이 절정에 달했던 1879년이었다. 그것은 처음에 자유민권 운동세력으로 출발했는데 갑신정변을 계기로 하여 우익단체로 전환해 나와 청일전쟁 직전에서 '천우협(天佑俠)'과 같은 비밀단체를 만들어 조선에서의 청일전쟁 분위기를 조성시켜 나갔다.

이와 같이 청일전쟁은 그러한 국권운동단체들 및 우익단체들이 주축이 된 대외(對外) 강경운동의 물결을 타고 야기되었던 것이다.

청일전쟁은 동아시아세계에서의 전근대 봉건주의사상에 기초해 있는 전근대 청국과 근대 시민사회의 길로 들어선 근대 일본과의 신과 구의 사상적 대립이라는 성격을 지닌 전쟁이었다고 말할 수 있다. 일본의 지식인들도 청일전쟁을 야만에 대한 문명의 '의전(義戰)'으로 생각하고 전쟁에 대해 적극적인 협력 자세를 취해나갔다. 일제는 청일전쟁에서의 승리로 우선 조선을 청국으로부터 독립시켜 일본 자신의 편으로 만들어 놓았고 대만을 자신들의 식민지로 만들어 놓았다.

청일전쟁은 일본이 제국주의로 전환하여 동아시아의 맹주를 상대로 해서 일으킨 첫 제국주의 전쟁이었다. 일제는 청일전쟁(1894~1895)에서 승리해 1895년 4월에 일본과 시모노세키(下關)조약을 맺게 된다. 그 조약에서 일제는 청으로부터 당시 청의 세입 총액의 2.5배분에 해당되는 2억 냥을 배상 받는다. 또 일제는 청으로 하여금 조선의 독립을 인정케 하고, 청으로부터 대만, 팽호도(대만 서쪽에 있는 섬)와 함께 요동반도도 할양(割讓) 받는다. 그러나 일제는 동월 러시아·프랑스·독일의 간섭으로 인해 청으로부터 3천만 냥을 더 받아 내고 그 다음 5월에 요동반도를 반환한다.

당시 러시아는 시베리아철도(1891-1905 건설: 첼랴빈스크-블라디보스토크)를 연장해 만주 남북철도를 건설하여 만주와 조선에 진출한다는 계획을 가지고 있었다.5 마침 러시아는 삼국간섭을 계기로 청으로부터 시베리아철도의 한 역인 치타에서 흑룡강·길림의 두 성(省)을 횡단하여 블라디보스토크에 이르는 동청(東淸)철도(1901년 개통)의 부설권뿐만 아니라 산둥반도를 동서로 관통하는 교제선(膠濟線)의 부설권까지를 획득한다. 1897년에 와서는 독일함대가 산둥반도의 교주만(膠州灣)을 점령해 그 다음해에 독일이 청도(靑島)와 교주만의 조차권을 획득한다. 그러자 러시아함대는 여순 항을 침입하여 러시아가 여순·대련항의 조차권을 획득한 다음, 동청철도의 한 역인 하얼빈에서 대련에 이르는 남만주철도의 부설권까지를 획득한다. 영국과 프랑스도 그냥 있지 않았다. 영국은 구룡반도와 산둥반도의 위해위(威海衛)를 프랑스는 광주만(廣州灣)을 조차했다. 이렇게 러시아는 동북 삼성(滿洲)·몽고, 독일은 산둥반도, 영국은 양자강 유역과 광동 동남부, 프랑스는 베트남과 광서·광동서부·운남 남부 등을 차지했다.

그러자 1899년에 부청멸양(扶淸滅洋)의 슬로건을 내건 의화단(義和團)의 난이 일어나 그들에 의해 북경 거리에서 독일 공사와 일본 공사관원이 살해되고, 공사관 지역이 포위되었다. 그러자 독일·일본·러시아 등의 8개국 연합군이 공동 출병했다. 중국 본토에서 이익을 취해 오지 못했던 일본은 이때라 생각하고 군대를 대거 출병시켜 조선과 만주 남부를 에워쌌다.

중국 정부가 그 해 6월 연합군에 선전포고를 함에 따라, 연합군은 북경을 점령함으로써 1901년 9월에 청로와 열강 간에 '북경의정서(北京議政書)'가 체결된다. 그 과정에서 러시아는 치치하르·하얼빈·길림·봉천(심양) 등의 동북 삼성의 요지를 점령해버리는 바람에 러시아에 대한 영·미·일의 적개심이 격양되어 당시 일본 내에서의 러·일 협상론자 사이에서는 러·일간의 협상을 통해 러시아의 만주지배를 인정하는 대신 일본의 조선지배도 러시아로 하여금 인정케 하자는 이른바 '만한교환론'이 주창되었다. 다른 한편에서는 영·일이 동맹해야한다는 주장들도 나왔다. 그들은 "러시아의 만주지배를 그대로 두고서는 일본의 조선지배는 실현될 수 없다"라는 것이었다.[6] 그러한 가운데 영국과 동맹하는 것만이 러시아에 대항해 갈 수 있다는 주장들이 대세가 되어 드디어 1902년 1월 영일동맹이 조인되었다. 이것은 영국이 일제의 한국 강점을 승인한다는 의미였던 것이다.

2) 제2단계-러일전쟁(1904~1905)을 통한 조선획득

(1) 러일전쟁

러일전쟁은 동서간의 첫 제국주의 전쟁이다. 러일전쟁(1904. 3~1905. 9)은 러시아와 일제가 한국과 중국 동북부의 지배를 둘러싸고 일어난 전쟁이다. 러시아는 만주를, 일제는 한국을 자신들의 식민지로 만드는 데에 목적이 있었다. 이 전쟁이 한국과 중국에서 일어났는데도 불구하고 두 나라는 이 전쟁에 대해 중립을 지켰다. 그러나 당시 러시아의 배후에는 프랑스가 있었고, 일제의 뒤에는 영·미가 있었다. 전쟁비용을 충당하기 위해 러시아는 프랑스에서, 일본은 영·미에서 외채를 끌어왔다. 또 당시 독일은 프랑스와 영국의 공동의 적으로 인식되어 있었고, 러시아와는 협조적 관계였다. 러일전쟁은 1905년 1월 1일 일제의 여순(旅順)함락으로 전세는 일제 쪽으로 기울어, 일제 승전의 분위기가 고조되었다. 동년 1월 22일 러시아에서는 페테르스부르크의 노동자들이 황제에게 생활난을 호소하기 위해 궁전으로 향하다가 군대의 무차별 사격으로 많은 희생자들이 나와 '피의 일요일'이 야기되었다. 결국 이 사건이 도화선이 되어 러시아에서 '러시아 제1 혁명'이 일어났고, 또 그것이 계기가 되어 서아시아에서의 아시아 민족들의 민족적 각성이 고취되었다. 한편 한국의 곳곳에서도 일제의 인천불법 상륙, 경인지역 일대의 불법 점령 등을 비롯한 침략행위에 항의해 전국에서 의병 활동이 전개되었다.

일제가 조선 획득을 두고 러시아와 치른 러일전쟁은 영·미와의 협조체제를 취해 치러진 전쟁이다.7 러시아는 일제를 견제하기 위한 한 방책으로 1896년 6월에 러·청 비밀조약을 맺고, 시베리아로부터 만주를 경유해 블라디보스토크에 이르는 동청철도(東淸鐵道) 부설권을 확보하고 삼국간섭으로 일본으로부터 반환된 요동반도의 조차(租借)도 1898년에는 성공시켰다. 러시아는 1900년 7월 의화단운동으로 동청철도가 만주에서 파괴되자 15만 대군을 파견해 만주를 점령해 버렸다. 그러자 영·미·일은 공동보조를 취해 러시아의 그러한 행위를 저지해간다는 입장을 취하지 않을 수 없었던 것이다. 일제는 만주와 한국은 불가분한 관계라 생각해 왔었고, 또 일본 단독으로는 중국에서나 조선에서의 침략을 불가능하다는 사실을 깨닫고 있었다. 그래서 일제는 1901년 1월에 러시아가 조선을 열강의 공동 보장 하에 중립화시키자는 제안이 있었으나 러시아군의 만주 철군이 선결문제라는 입장을 취해 그 제안을 거절한다는 입장을 취했다. 그러나 러일협상론자들은 러시아는 만주를, 일본은 조선을 지배한다는 교환론을 주창하기도 했다. 그러한 입장에 반기를 든 자들이 있었는데, 그들이 바로 영일동맹론자 들이었다. 영일동맹론자들의 의견이 우세해 결국 1902년 1월 영일동맹에 조인했다. 영국으로 말할 것 같으면 영일동맹의 체결이란 일제의 한국강점을 승인했다는 의미이다. 일제의 한국 점령 승인에 대한 영국의 계산에서 영국의 일본에 대한 무기판매 의도도 숨겨져 있었다. 영국은 1899년 일본이 군사목적으로 사용할 1천만 파운드의 차관을 일본에 제공했고 또 일본이 그때까지 만들지 못했던 전함과 순양함을 판매했다.

미국의 경우도 일본이 전쟁준비를 할 수 있도록 막대한 외채를 제공했다. 일본의 전쟁 비용 17억 엔 중 8억 엔이 영·미에서 모집된 것이었다.8 또 일제를 러일전쟁 과정에서 '가쓰라·태프트 밀약'(1905. 7. 29)을 통해 미국의 필리핀 지배를 승인하는 대신 일본의 한국 단독 지배를 승인받았다.

일제는 1905년 5월까지 육·해전에서 큰 전승을 거두고 나서, 동월에 미국 대통령 T. 루즈벨트에게 강화조약 체결 성립을 의뢰했다. 결국 그의 중개로 포츠머스조약(1905. 8~9)이 조인되었다. 그 조약 내용은 다음과 같았다.

(1) 일본은 한국에서의 정치상 군사상 경제상 탁월한 이익을 취할 수 있고, 러시아는 일본의 대 한국정책을 간섭하지 않는다는 것을 인정한다. (2) 러시아가 조차하던 요동반도와 남만주철도(장춘·여순)를 일본에 넘긴다. (3) 러시아 영토인 사할린 남반부를 일본에 할양한다. (4) 러시아가 일본의 대한(對韓)정책에 절대 간섭하지 않는다고 약속을 한다. 이렇게 해서 일제는 러일전쟁에서의 승리를 계기로 한국을 자신들의 식민지로 만들고 남만주를 지배해 가게 된다.

청일전쟁이 신구의 대립, 보다 구체적으로 말해 전근대와 근대적 가치체계와의 대립이라고 하는 국내외적 분위기 속에서 야기된 것이라고 한다면, 러일전쟁은 자본주의 정치체제의 주도권을 장악한 세력과 사회주의 세력의 대립이 고조된 국내외적 분위기 속에서 행해졌다. 자본주의 정치체제의 주도권을 장악한 세력은 호전이라는 입장을 취했고, 이에 대항해온 사회주의 세력들은 반전(反戰)이라는 입장을 취했다.

3) 제3단계 - 제1차 세계대전 참가(1914년 8월 23일)와 산둥반도 침략

(1) 제1차 대전과 21개조 요구

1914년 7월 영국이 독일에 선전포고를 함에 따라 제1차 대전이 발발했다. 6년 전 오스트리아에 합병된 슬라브계의 보스니아에서 오스트리아-헝가리 제국의 황태자 부처가 암살당한 사라예보 사건이 계기가 되어, 영국과 독일의 제국주의적 대립을 기본성격으로 해서 제1차 대전이 일어났다. 그러자 일본도 영일동맹에 입각해 8월 독일에 선전포고를 하였다. 일제의 속셈은 중국의 청도를 독일로부터 뺏어내는 것이었다. 일제는 9월 일본군을 청도에 상륙시켜 그곳에 주둔하고 있던 독일군을 항복시켰다. 10월에는 적도 이북의 독일령의 남양군을 모조리 점령했고, 또 중국 본토의 산둥성 일대도 점령하였다. 그리고 나서 일본 정부는 1915년 1월 대총통 원세개에게 5강으로 된 '21개조 요구'를 제시했다. 그것은 다음과 같았다.

(1) 산둥성에서의 독일 이권과 산둥성의 철도부설권을 일본에 넘길 것.
(2) 대련·여순의 조차권과 남만주 철도의 권리를 99년간 더 연장할 것과 동부 내몽고를 일본의 세력권으로 할 것.
(3) 한야평공사(漢冶萍公社, 철광석과 석탄생산 회사)를 일본이 독점하는 것을 인정할 것.
(4) 중국의 연안 도서를 외국에 할양하지 않을 것을 선언할 것.
(5) 중국 정부의 군사재정 기관에 일본인 고문을 두는 것은 물론이고 지방 경찰권을 중국과 일본이 공동으로 장악하든가 아니면 일본 경찰관을 고용할 것.

등이었다. 이 '21개조 요구'는 만몽지역을 사실상의 일본 영토로 만들고 또 전국을 장차 일본의 지배 아래 두려는 제국주의의 침략정책의 노골적 표현이었다. 이러한 요구에 대해 원세개는 1915년 5월 제 5항을 제외하고 나머지 4항은 모두 받아들인다는 협정에 조인하였다. 이와 때를 같이 하여 일제 군부는 만몽독립운동의 음모를 꾸며나갔다.

그러한 과정에서 1918년 11월 독일혁명으로 인해 독일 황제가 퇴위되고 공화국이 세워져 제1차 대전에서 독일이 항복했다. 그 결과, 1919년 1월부터 파리 베르사유 궁전에서 강화조약이 행해졌다. 뒤늦게 전쟁에 참여한 중국이 강화조약에서 일본의 21개조 요구에 들어있는 산둥문제를 제기했다. 그러나 윌슨은 국제연맹을 성립시키기 위한 방안으로 그 문제에 대해 일본 편을 들어주었다. 그러나 미국은 그것으로 그 산둥문제를 끝내지 않았다. 미국은 현안을 워싱턴회의(1912. 11~1922. 2)를 열어 그곳에서 산둥 현안을 끌어내 해결했다. 워싱턴 회의는 일본군이 시베리아에 계속된 주둔으로 인한 미국과의 대립 초래, 영일동맹의 폐기 하에서 이루어졌다. 워싱턴회의의 주된 의제는 해군군축조약이었는데, 그 회의에서의 주력함 보유비율이 미 5, 영 5, 일 3으로 결정되었다. 또 그 조약과 더불어 미·영·불·일의 4개국 협조 조약이 맺어짐으로써 영일 조약이 종료되었고, 러시아와의 협력관계도 끝나게 되었다. 또 그 워싱턴회의에서는 미국이 북경 이남의 중국에 자신들의 자본을 투입해 자신들의 상품시장으로 만들어가려는 속셈에서 문호개방을 원칙으로 하는 9개국 조약이 맺어졌다. 그런데 그 조약에 중국의 주권존중, 영토보존 등의 조항이 들어있어, 그것에 입각하여 일본은 영·미·불의 삼국으로부터 제 5항을 제외한 21개조 요구가 유효한 것임을 인정받았지만 산동의 구 독일조차지를 중국에 반환해야 했다. 이것은 미국이 만주·몽고에 대한 일본의 특수이익을 인정해 준다는 의미이기도 했다. 이렇게 해서 일본은 1931년까지 워싱턴체제에 입각해 10년간 일본의 대륙정책이 유지되어 나갔다.

(2) 러시아 혁명과 일제의 시베리아 출병

그러한 과정에서 러시아에서 1917년 11월 러시아혁명이 일어나 세계 최초의 사회주의 혁명이 성공을 거두게 되어 소비에트 정권이 세워졌다. 혁명정부는 무병합(無倂合)·무배상(無賠償)·민족자결의 평화원칙을 내걸고 전쟁 중지를 선언했다. 러시아혁명은 민중의 희생을 가지고 전쟁을 강요해가는 모든 교전국 정부들에 타격을 주는 것이었다. 그러자 일제를 비롯한 제국주의 연합군은 시베리아에 공동 출병시켜 사회주의 혁명세력의 타도를 시도했다. 그러나 그 시도는 결국 실패로 끝났다. 이 공동 출병에 일본은 사회주의 혁명세력의 타도에서 주도권을 장악하려 했던 미국보다 더 빨리, 1918년 1월 '거류민 보호'를 이유로 우선 두 척의 군함을 블라디보스토크 만에 침투시켜 시베리아 지역으로 침공해 들어갔다.

그런데 사실상 일제의 시베리아 출병의 속셈은 다른 곳에 있었다. 그것은 시베리아에 침공해 우선 러시아혁명을 실패시키고 "바이칼 호 이동(以東)지역을 일본의 영토로 만들든가, 아니면 그곳에 괴뢰국가를 세워 북만주와 내몽고를 일본의 사실상의 영토로 만든다." 라는 것이었다.[9] 그러한 속셈이 있어 일본이 재빨리 단독 출병하자, 미국을 비롯한 각국들도 뒤질세라 연합군으로 참전해 소련에 대해 대대적인 간섭전쟁을 개시했던 것이다. 러시아 혁명이 일본의 노동자와 농민들에게 전해졌다. 그러자 그들은 사회주의자들과 연계해 노동쟁의와 소작쟁의를 일으켜갔다. 그동안 일제는 제 4차에 걸친 러일협약을 통해 제정러시아와의 중국분할을 획책해왔다. 그러나 일제는 러시아혁명으로 인해 그러한 획책이 저지되자 시베리아까지를 자신들의 세력권 내에 포함시켜 보기 위해 간섭전쟁에 착수하게 되었던 것이다.

일제는 1918년 1월 극동의 블라디보스토크로 침입해 들어갔다. 일제는 그해 7월에 시베리아 출병을 블라디보스토크에 한정시키자는 제국주의 연합군의 공동출병안에 서명했음에도 불구하고 그로부터 3개월 후에 그러한 공동출병안을 백지화시키고 북만주에 주둔해있던 병력을 이동시켜 7만 3천이란 대병력으로 바이칼 호 동쪽의 전 지역을 점령해 버렸다.

사태가 그렇게 돌아가자 그 다음 1919년 1월 이후 시베리아 지역의 소비에트 지지 세력들이 일본군에 대해 유격전을 전개했다. 그 중에서도 가장 용감히 싸운 집단의 하나가 북만주, 시베리아, 연해주 등에 살고 있던 한국인들이었다.[10] 그들은 일제의 한국침략으로 인해 해외로 유랑하지 않을 수 없었던 자들이었다. 시베리아에 거주하는 소비에트 정권의 지지 세력들의 줄기찬 유격전으로 인해 간섭군이 세운 괴뢰정권은 무너졌고, 간섭전쟁도 간섭군의 사기저하로 결국 실패로 돌아갔다. 그래서 미국이 1920년 1월 철수를 선언했고 다른 나라들도 6월까지 완전 철수했다. 그러나 일제만은 본래의 목적달성을 위해 '거류민 보호', '동양 평화 유지', '한국과 만주에 대한 혁명 파급 방지' 등의 구호를 내걸고 사할린 북부지역에서 1922년 6월까지 계속 철수하지 않다가 소련·만주의 격렬한 반일투쟁으로 결국 철수하게 됐다.

(3) 중국 공산당 결성과 일제의 산동침략

한편 중국의 북경대학 학생들은 베르사유 강화회의에서의 일본의 요구를 전면적으로 수용한 미국의 산동문제 해결에 불만을 품고 천안문 광장에서 '21개조를 취소하라', '청도를 반환하라', '매국노를 처벌하라' 등의 슬로건을 들고 1919년 '5·4운동'을 일으켰다.

그러한 과정에서 중국에 공산당이 결성된 것은 1921년 7월 상해에서였다. 그것은 파리에서 베르사유 강화회의(1919. 1~6)가 진행되는 과정에서 그 해 3월 모스크바에서 소련을 비롯한 유럽의 30개국 공산당 대표들이 참석한 코민테른(제 3인터내셔널)이 결성됐었다. 그 해 7월 소비에트 정부는 '중국인민 및 남북의 두 중국정부'에 대해 제정(帝政)러시아가 중국으로부터 뺏은 이권을 무상으로 반환하고 비밀조약을 전부 파기한다고 선언한 바 있다. 이것이 중국에 전해지자 중국 국민들 사이에서는 중·소 국교수립의 요구의 소리가 나왔다. 그러한 분위기 속에서 1921년 6월에 코민테른 극동제국담당 집행위원 대표 마링이 상해에 도착해 공산당 결성을 성공시키고 국민당 정부의 손문과 공산당과의 민주연합전선 결성을 제기했다. 그 다음 1923년 1월 손문과 소비에트 정부에서 파견된 요폐는 "중국에게 가장 긴급한 과제는 민족의 통일과 완전한 독립이므로, 소련은 이 사업에 대해 열렬한 공감을 갖고 원조한다." 라는 공동선언을 발표했다.[11] 이리하여 1924년 1월 광주에서 국공합작이 정식으로 이루어져 그 결과 1926년 7월, 1925년 손문 사후 광둥정부를 장악하고 있던 국민혁명군 총사령관 장개석에 의해 북벌전쟁이 전개되었다. 그 북벌과정에서 1927년 7월 3년 7개월 만에 제1차 국공합작은 붕괴되고, 일제의 장개석 북벌 방해의 일환으로 1928년 4월 산둥침략(지난사건)이 자행되었으며, 6월에는 만주의 실권을 장악하고 있던 장작림 폭발사건이 행해졌다. 그러나 다행히도 1928년 12월 장작림의 아들 봉천군벌 총수 장학량(張學良)이 국민정부로 돌아섬으로써 북벌이 완성되어 결국 전국 통일이 실현되었다. 그렇게 되자 우선 무엇보다도 일제의 만주지배가 흔들리게 되었다. 이렇게 해서 제국주의 국가들 간에 모순이 야기되어 일제는 제1차(1927. 5), 제2차(1928. 4)에 걸친 산둥침략을 통해 만주 점령의 돌파구를 찾으려 했으나 미·영·불·독의 중국 지지로 외톨이가 되어 만몽 점령이 좌절되었다.

4) 제4단계-만주사변(1931년 9월 발발)과 만주국 건설

1930년 1월에 런던에서 영·미·불·이·일의 군축회의가 열렸다. 일제는 잠수함은 미국과 동수로 하지만 순양함을 미국의 60%, 보조함을 70%로 한다는 결정이 이뤄졌다. 국제적 상황이 이렇게 일제에 불리하게 돌아가자, 일본 내의 우익세력들이 '만몽문제 무력해결'을 요구해 갔다. 일제의 관동군은 우익세력들의 그러한 움직임을 타고 1931년 9월 18일 만주사변을 일으켰다. 일제는 이 사건을 시작으로 15년 전쟁의 첫 발을 내딛었다. 일제는 1932년 3월 1일 '만주국' 성립을 선언하고 청조 최후의 황제 부의(溥儀)를 천진에서 만주국의 수도 장춘으로 데려와 그 해 9월에 만주국 황제에 취임시켜 만주국을 건설했다. 일제는 그 다음해 열하성을 침공해 만주국에 편입시키는 등 화북 5성을 점령해 내몽고 독립공작 등을 통해 화북분리 공작을 획책해 갔다. 그러자 만주를 자신들의 상품판매시장으로 개척해가고 있는 미국이 일제의 그러한 만주점령에 대해 인정할 수 없다는 입장을 제시했고, 또 영국인 리튼(Lytton)을 단장으로 하는 조사단도 국제연맹으로부터 1932년 2월에 파견되었다. 그러자 일제는 그 해 3월 말에 국제연맹을 탈퇴해 버리고 말았다.

5) 제5단계-중일전쟁(1937년 7월)과 남경을 비롯한 남부 중국점령

1937년 7월에 가서 일제는 북경부근의 노구교(盧溝橋)사건을 계기로 중국과의 중일전쟁을 일으켜 가게 된다. 그해 12월까지는 국민정부의 수도 남경과 화북 5성의 주요도시들이 점령되고 동월에 남경대학살 사건이 행해졌다. 그 다음해 1938년 10월에는 전시(戰時) 수도였던 무한(武漢)이 함락됨에 따라 전쟁은 일제의 승리로 기울게 된다. 그러자 1938년 11월 3일 고노에(近衛)내각이 '동아신질서 건설'을 발표한다. 주시해 보고 있는 미국은 1939년 7월 중국에서의 일본이 미국의 통상권익을 방해할 것이라고 판단해 미일통상조약의 파기를 통보하였다.

그러자 전략물자의 대부분을 미국에 의존하고 있던 일본은 자원을 찾아 남방으로 손을 뻗치지 않으면 안 되었다. 그래서 일제는 1938년 11월 남방까지 진출해 동남아가 포함된 '대동아신질서'를 구상해 발표했다. 그 후 1939년 5월 11일 만몽 국경지대 노몽한에서 소련군과 충돌사건이 발생한다. 그 해 8월 23일에는 독소불가침 조약이 체결된다.

6) 제6단계-대동아전쟁(1941. 12. 8~1945. 8. 15)과 동남아 점령

영 · 불 대 독 · 이 간의 제국주의 전쟁 제2차 세계대전(1939. 9. 1~1945. 8. 15)이 발발했다. 제2차 세계대전이 발발하기 직전인 1939년 7월 26일 일제는 미국으로부터의 미일 통상조약 파기 통보를 받게 된다. 그 전쟁 직후인 9월 15일에는 소련과 정전협정을 체결한다.

1940년 4월 독일군이 파리를 점령하는 대승리를 거두자, 6월 24일 일본의 군부 고노에 내각은 독일을 모방해 '신체제' 수립을 선포하고, 독일식의 일당 독재체제 구축을 통해 동남아 점령을 시작으로 인도를 포함한 아시아 전체를 점령한다는 계획을 세웠다.[12] '대동아신질서'구상이 구체화 되었다. 1940년 여름 독일에 의해 네덜란드와 프랑스가 패하고 9월에 독 · 이 · 일의 3국군사 동맹이 성립됨에 따라 일본군은 드디어 프랑스령 인도차이나로 진군해 들어갔다. 그러자 미국이 고철(古鐵)과 석유의 대일수출 금지, 일본의 재미(在美) 자산동결 등으로 대응해 감에 따라 결국 1941년 12월에 일본군이 진주만을 공격해 태평양전쟁을 일으키게 되었던 것이다.

동년 9월 23일부터는 베트남에 대한 무력침공을 자행한 후 동월 27일 일본은 일 · 독 · 이의 삼국동맹에 조인한다. 그 다음 1941년 12월 8일에는 진주만 공격을 시작으로 대동아전쟁을 개시하게 된다.

3. 일제의 대륙침략의 사상적 배경

1) 제국주의사상의 출현과 진화론

(1) 제국주의 사상의 출현

일본은 1889년 '일본국'(日本國)으로부터 '대일본제국'(大日本帝国)으로 국명을 바꾸고 입헌군주국으로의 정치형태를 취했다. 이렇게 해서 일본은 제국주의국가로 전환해 나와 대륙침략을 감행해나가게 된다. 그 첫 시도가 청일전쟁(1904~1905)이다. 일제는 청일전쟁을 승리로 이끌어냄으로써 요동반도 등을 손에 넣게 된다. 그러나 일제는 삼국간섭으로 요동반도를 잃게 되자, 러일전쟁(1904~1905)으로 한반도를 손에 넣는다. 일제는 제1차 세계대전(1914~18)의 참전과 승리를 통해 중국과 21개조 비밀조약을 체결해 중국대륙을 직간접적으로 지배해 가려 했다. 그러나 영미의 간섭으로 그 뜻을 이루지 못하고 만다. 그러자 일제는 1931년 만주사변을 일으켜 만주를 지배해 가게 되고, 1937년에는 중일전쟁을 일으켰고, 1939년에는 동남아시아를 침략한다.

일제가 이렇게 대륙 침략을 강행해갔던 그 주된 이유는 우선 일차적으로 서구의 제국주의국가들의 동침으로 파악된다. 서구의 열강들은 근대화를 통해 국민국가로 전환해 나왔다. 그래서 그들은 19세기 전반까지는 내셔널리즘으로 그 후반부터는 제국주의로 무장해서 19세기 중반까지 아직 봉건주의 국가상태에 머물러 있던 동아시아의 여러 국가들을 식민지상태로 몰고 나갔다. 그러한 과정에서 중국은 그들로부터 반식민지상태로 전락되었다. 그것을 목격하고 서구의 문물을 적극적으로 받아들일 준비를 하던 일본은 그들로부터 일방적으로 문호를 개방당한 후 그들과의 불평등조약이 맺어짐으로써 일본의 국민경제가 개방 10년 만에 파산일로에 직면하게 되었다.

그렇게 되자 일본에서는 서구의 열강들을 상대로 한 내셔널리즘사상이 형성되어 나왔다. 이렇게 서구의 열강들을 상대로 형성되어온 일본의 내셔널리즘은 적극적으로 일본의 전통문화로부터는 천황제사상을 받아들이고 서구의 열강들로부터는 제국주의사상을 받아들여 그것들은 기초하여 확립되었다. 보다 구체적으로 말해, 서구의 열강을 상대로 한 일본의 내셔널리즘은 천황제사상과 제국주의사상을 주축으로 해서 대륙침략 사상으로 구체화되어 나왔다고 하는 것이다.

그러면 일본의 천황제사상과 서구의 제국주의사상은 어떻게 대륙침략의 사상적 기반이 될 수 있었던 것인가? 여기서는 바로 이 문제에 대한 체계적인 고찰을 해보기로 한다. 지금까지 일제의 대륙침략에 대한 사상적 측면에서의 원인규명에 대한 연구가 여러 각도에서 행해져 왔다. 그러나 글로벌적 시각에서 그것이 체계적으로 행해진 것은 필자가 아는 한 아직 없다고 말할 수 있다. 그래서 필자는 글로벌적 시각을 취해 일본의 천황제사상과 서구의 제국주의사상이 대륙침략의 사상적 기반이 될 수 있었는지를 고찰하고자 한다.[13]

필자는 우선 서구에서 제국주의사상이 어떻게 형성되어 나왔는가를 검토한다. 필자는 그것을 통해 제국주의사상의 본질이 무엇인가를 규명해낸다. 다음으로 서구의 그러한 제국주의사상이 언제 어떤 식으로 동아시아에 전파되어 나왔으며, 또 그것이 어떤 식으로 동아시아에 수용되었는지를 검토한다. 끝으로 일본에서 제국주의사상이 어떤 식으로 천황제사상과 융합되어 대륙침략의 사상적 기초가 되었는지에 관해 고찰한다.

일본은 메이지유신(1868)을 단행하고 그로부터 3년째 되던 해에, 1871년에 서구열강들과 맺은 불평등조약을 개정할 목적으로 구미에 이와쿠라 사절단(岩倉使節團, 1871. 10~1873. 9)을 파견한다. 이와쿠라 사절단일행이 유럽에 도착한 것은 1872년으로 유럽이 제국주의시대로 접어들게 된 시점이었다. 프로이센은 보불전쟁(普佛戰爭, 1870. 7~1871. 3)에서의 승리를 계기로 독일 통일이 실현되었다. 1871년에 독일제국이 성립됨에 따라 유럽은 그것을 계기로 제국주의시대로 접어들게 되었다.

유럽에서 제국주의(Imperialism)라는 말이 일반화된 것은 보불전쟁에서의 나폴레옹 3세가 패배한 직후에서부터였다. 그가 몰락의 길로 들어서게 되자 영국의 일간지 데일리 뉴스(1870. 6. 8)는 나폴레옹 3세의 프랑스 제2제정이 행했던 정치를 '제국주의'로 평가했다. 이 때의 '제국주의'는 전제정치라고 하는 의미로 쓰였었다. 그러나 그것이 자본주의정책 추진의 일환으로 해외 진출과 식민지개척이란 현대적 의미를 함유하게 된 것은 1880~1890년대로 들어서면서부터였다. 영국을 비롯한 프랑스, 독일 등에서 '제국주의'가 해외의 영토 확장과 상품시장 개척이란 의미를 함유하게 된 것은 바로 이 시점에서였다. 일본이 1889년 '대일본제국'이란 명칭을 취해 제국주의 국가로 전환해 나온 것도 바로 이 시기였던 것이다. 일제는 제국주의 국가로 전환해 나온 지 5년 만에 청일전쟁을 일으켜 대만을 식민지로 취하게 됨으로써 동아시아에서 제일 먼저 명실공히 제국주의 국가로 부상하게 되는 것이다.

2) 제국주의의 윤리적 기초

(1) 자본주의

서구에서의 자본주의는 산업혁명(18세기 후반)을 통해 형성되어 나왔고 그 이론적 근거는 아담 스미스(Adam Smith, 1723~1790)의 『국부론』(*An Inquiry into the Nature and Causes of the Wealth of Nations*, 1776)을 통해 이루어졌다. 아담 스미스가 이 책을 통해 말하고자 하는 요지는 바로 이것이다. 정부가 국가를 부국으로 만들려면 우선 정부는 개개인의 경제적 활동을 제약해서는 안 된다. 정부는 개개인들의 부에 대한 욕망을 최대한 인정해주고, 또 그들로 하여금 그들의 부에 대한 욕망을 최대한 실현시켜갈 수 있는 여건을 조성시켜 주어야 한다. 그래야만 국민 개개인들이 지니고 있는 노동력이 상품들로 전환되어 나오게 됨으로써 그것이 바로 국력이 될 수 있다고 하는 것이다. 다시 말해서 "자본가든 노동자든 그들 각자가 자신들의 이익을 추구해간다면 바로 그것들이 모여서 거대한 '보이지 않는 손'(an invisible hand)이 되어 사회를 부와 번영으로 이끌어간다."라는 것이다.[14] 이와 같이 서구인들에서의 자본주의 활동의 목표는 다름 아닌 바로 부국에 있었던 것이다.

막스 베버는 그의 저서『프로테스탄티즘의 윤리와 자본주의정신』에서 자본주의정신의 기초를 구축한 자들 중의 한사람으로 미국을 건설한 자들 중의 한사람으로 손꼽히는 벤자민 프랭클린(Benjamin Franklin, 1706~1790)을 뽑고 있다. 막스 베버는 프랭클린이 당시 미국인들에게 제시한 윤리의 최고선은 "돈을 벌고 더욱더 많은 돈을 버는 것" 이었다고 지적하고 있다.[15] 그 결과 막스 베버는 이제 자본주의 사회에서의 "인간은 돈벌이를 자신의 물질적 생활욕구를 만족시키기 위한 수단으로 여기는 것이 아니라 삶의 목적 자체로 여기게"되었다고 말하고 있다.[16]

서구열강들이 해외진출과 식민지개척을 행했던 것은 우선 일차적으로 국내에서 대량으로 생산한 제품들을 판매할 수 있는 시장들을 확보해 그것들을 확장해가기 위해서이고 두 번째는 값싼 노동력과 원료를 손에 넣기 위해서였다.

이와쿠라 사절단이 미국에 도착했던 시점은 미국에서 최초의 횡단 철도가 완성된 지 2년째 되던 때였고, 또 그들이 유럽에 도착했던 1872년에는 수에즈 운하가 개통된 지 3년째 되던 때였다. 당시 그러한 교통로들은 값싼 해외노동자들에 의해 건설되었고, 또 그것들은 서구열강들이 해외시장 개척 등을 통해 자신들의 자본주의 정책을 적극적으로 추진해 가는데 유용한 수단들로 사용되었던 것들이었다.

(2) 기독교

자본주의정신은 프로테스탄티즘의 윤리에 기초해서 성립되어 나왔다는 입장으로, 막스 베버에 의해 1905년에 제기되어 큰 호응을 얻은 바 있다. 그에 의하면 근대 서구의 자본주의 정신이란 프로테스탄티즘의 금욕주의적 윤리관에 입각해 성립되어 나왔다는 것이다. 막스 베버는 "칼뱅주의의 예정설은 여러가지 가능성 중의 하나에 불과하다. 그렇지만 우리는 물론 칼뱅주의의 예정설이 매우 특출한 결과를 낳은 것일 뿐 아니라 매우 탁월한 심리적 효과를 가진 것이었음을 확신한다."[17] 예정설(the doctrine of predestination)이란 이 세계와 인간생활의 모든 것들이 신에 의해 이미 규정되었고 신의 의지에 완전히 지배되어 가기 때문에 전능한 신으로의 완전한 귀의와 신 앞에서의 철저한 금욕적 태도가 요구되며, 인간이 바로 그러한 입장을 취할 때만이 비로소 신으로부터 구제될 수 있다고 하는 사상으로 설명될 수 있다.

프로테스탄트의 그러한 금욕주의적 태도는 자신들보다 '더 가난한 이웃'을 위해서 반드시 자본이 만들어져야 한다는 목적의식 하에서 취해진 것이었다. 다시 말해 근검절약해서 하나의 자본을 만들어 그것을 어딘가에 투자해 그것으로부터 나온 이윤의 일부를 이웃을 위해 사용한다는 입장인 것이다. 프로테스탄트들의 그러한 금욕주의적 정신은 개인적으로나 집단적으로 인간이 부를 축적했을 때만이 우선 이웃에 좋은 일을 할 수 있고 사회를 발전시켜갈 수가 있고, 또 그로 인해 개개인들이 영생까지 얻을 수 있다는 사상으로 구체화되어 나왔다. 다름 아닌 이것이 바로 자본주의사상이었던 것이다. 이렇게 봤을 때 한마디로 자본주의는 가난한 이웃을 위해 자기자본을 증대시켜 그것으로 더 큰 이윤을 추구해간다는 사상이다.

서구가 제국주의시대로 접어들었을 때 사절단들이 해외에서 행해갔던 문명화작업이나 공장설립은 바로 그러한 정신에 입각해 행해졌던 것으로 고찰된다. 그래서 그들은 자기 이웃을 위해 더 나아가서 자국민들을 위해 더 큰 자본을 만들려고 식민지 개척에 나선 자국 자본가들의 선봉대 역할을 행해갔던 것이다. 이와쿠라 사절단이 유럽에 도착했을 때 데이비드 리빙스턴(David Livingstone, 1813~1873)은 아프리카에서 선교활동을 하고 있었다. 아프리카를 최초로 횡단한 선교사 리빙스턴도 아프리카를 영국의 식민지로 만들어 선교사, 상인, 군대가 쉽게 드나들도록 하겠다는 목표를 갖고 있었다.

(3) 진화론

『제국주의 : 이상과 현실』(1983)의 저자 빈프리트 바움가르트(Winfried Baumgart)는 제국주의를 사회진화론과 관련시켜 "사회적 진화론은 제국주의 추진력과 변명, 양자를 제공하였다고 볼 수 있다."라고 말하고 있다.[18]

찰스 다윈(Charle R. Darwin, 1809~1882)이 『종의 기원』을 발표한 것은 1859년이다. 그는 그것을 통해 적자생존(適者生存)·자연도태(自然淘汰)를 주창했고, "인간과 원숭이는 공동조상을 갖는다."라는 인수동조론(人獸同祖論)을 주장했다. 그때까지만 해도 종(種, species)은 신에 의해 창조된 것들이기 때문에 변할 수 없는 것으로 생각되어왔다. 그러나 그는 종들이 진화해 왔고, 그 진화는 자연도태의 법칙에 의해 이루어졌다는 입장을 제시했다.

그의 그러한 주장은 헐버트 스펜서(herbert Spencer, 1820~1903)의 사회진화론을 출현시켰다. 그 사회진화론은 다윈의 『종의 기원』(1859)이 출판된 그 다음해에 집필된 『첫 번째 원리』부터 『사회학의 원리』(1896)까지의 '종합철학'이라 이름 붙여진 방대한 양의 저술들을 통해 나타나 있다. 그것은 다윈의 진화론을 자의적으로 해석해, 사회는 약육강식과 적자생존 원칙에 입각해 발전해간다고 주장한 학설이다. 그의 사회진화론에 따르면 강자가 약자를 지배해 가는 것은 생물계의 생존법칙이기 때문에, 생물체의 생존윤리는 바로 적자생존과 약육강식에서 찾아야 하는 입장이었다. 그런데 필자가 여기에서 역설하고자 하는 것은 바로 이 사회진화론이 1871년 독일제국의 성립을 계기로 유럽이 제국주의시대로 접어들어 가던 시점에서 일반화되어 나와 제국주의사상의 윤리적 기초로 받아들여졌던 것이다.

다윈시대에 다윈의 전도사로 알려졌던 독일의 생물학자 에른스트 헤켈(Ernst Haeckel, 1834~1919)은 『창조의 자연사』(1868) 등을 통해 인종의 발전이 개개인의 발전만큼이나 필요하며 미개한 종족은 보다 발달한 종족의 관리와 보호를 받아야 한다는 입장을 취했고, 그러한 입장에 의거해 정치, 경제, 도덕은 생물학에 기초해 이루어져야 한다는 입장을 제시했다. 그의 그러한 학설은 나치스트들에 의해 응용되었다.

3) 일본의 제국주의사상

(1) 서구제국주의의 일본 도래경위

일본은 1858년 안세이(安政) 5개국 수호통상조약을 계기로 서구의 근대 산업혁명을 통해 확립된 서구 자본주의 세계시장과 맞물리게 된다. 일본의 그것과의 첫 접촉은 불평등조약으로 출발하였다. 그렇지만 당시 서구의 제국주의는 서구의 근대 자본주의정신으로 무장한 상태이기는 했지만 진화론으로까지 무장한 상태는 아니었다.

(2) 진화론

다윈의 진화론이 일본에 최초로 소개된 것은 『종의 기원』(1859)에 이어 두 번째로 출판된 『The Descent of Man, and Selection in Relation to Sex』(1871)가 고즈 손사부로(神津尊三郎)에 의해 『인조론』(人祖論, 1874)으로 번역됨으로써였다.[19] 그의 첫 출판물 『종의 기원』이 번역 출판된 것은 다치바나 센사부로(立花銑三郎)에 의해 1896년에 이루어졌다.

일본에 헐버트 스펜서의 사회진화론을 소개한 사람은 미국인 생물학자 에드워드 S. 모스(Edward Sylvester Morse, 1838~1925)였다. 그는 하버드대학에서 생물학을 배우면서 헐버트 스펜서의 사상에 영향을 받았다. 하버드에서 공부를 마친 그는 일본으로 건너와 1877년에 도쿄대학에서 동물학을 강의하기 시작하였다. 그의 강의내용은 그가 일본을 떠날 무렵 이시카와 지요마쓰(石川千代松)가 『동물진화론』(1883)으로 간행했다.

이와 같이 다윈의 생물진화론과 스펜서의 사회진화론은 1870년대 중반 이후부터 그 후 30년간, 일본의 제국주의국가가 확립되어 나온 시기에 가장 강하게 지식인들의 관심을 사로잡았던 문제들이었다. 예컨대, 1889년 종합잡지 『국민의 벗』(國民之友, 民友社)이 지식인 69명에게 「서명십종」(書名十種)이라는 애독서 조사를 행한 적이 있다. 그 조사에서 4명이 생물진화론과 관련된 서명을 적어냈다. 그 후 1902년 마루젠(丸善)의 광보지(廣報誌)『학등』(學燈)이 실시한 「19세기 서구의 대저술」의 추천 앙케이트의 결과에 의하면 78명 중 32명이『종의 기원』을 추천했다. 2위는 괴테의『파우스트』, 3위는 헐버트 스펜서의『종합철학대계』였었다. 1909년『시사신보』(時事新報, 時事新報社)가 지식인들로부터 추천을 받아 발표한 「백서」(百書)에는 추천자의 23%가『종의 기원』으로 나타났던 것으로 되어 있다.[20]

다윈의 생물진화론은 인수동조론(人獸同祖論)에 대한 담론을 불러일으켰다. 인수동조론(人獸同祖論)이란 다윈의 생물진화론에 입각해 성립된 이론이다. 따라서 짐승들과는 달리 인간은 신에 의해 창조된 존재라고 믿어온 서구의 기독교인들이나, 혹은 일본의 천황은 천신의 후손으로서 현인신(現人神)이라고 믿어온 신도가(神道家)와 국학자(國學者)들에게는 인수동조론이라는 것이 결코 받아들여질 수 없는 것이었다. 한편 스펜서의 사회진화론은 '생존경쟁'과 '약육강식'에 대한 담론을 불러일으켰다.

(3) 황국사관

일제의 대륙침략은 황국사상의 기초를 이루는 근대 일본의 천황제 사상과 깊게 관련되어 있다. 다년간 일본민족의 기원을 연구해온 세키네 히데유기(關根英行)는 사카노 도오루(坂野徹)의 의견을 참고로 해서 "일본민족의 기원론이 인종적 유연성(類緣性)을 근거로 해서 해외진출이나 식민지지배의 정당화와 결합되기 쉬운 구조에 유래 된다."라는 입장을 제시하고 있다.[21] 여기에서 그가 말하고 있는 일본민족의 기원론의 구조는 기본적으로 북방계와 남방계라고 하는 이중구조를 의미한다. 그런데 필자의 견해로는 그 이중구조의 문제가 일본의 천황가가 북방으로부터 유래된 것이냐 남방으로부터 유래된 것이냐의 문제뿐만 아니라 지배층 천황가와 피지배층 일반서민이 각각 어디로부터 유래된 것이냐 등의 문제와도 관련된 문제이기에 간단히 이해될 수 있는 문제가 아니라는 입장이 취해진다. 또 그는 "에가미 나미오는 '기마민족설'에서 고대

일본국가가 북방계아시아의 정복에 의해 수립되었다고 주장하는 한편 기마민족에게 지배당한 고대일본민족을 남방계 아시아인으로 파악하고 있다."라는 지적도 하고 있다.[22] 이러한 문제는 황국사관의 기초를 제시한 신화·역사집 『고사기』·『일본서기』의 내용에 근거에 제기된 문제들이다.

황국사관이란 『고사기』·『일본서기』에 내재된 신화를 역사적 사실로 받아들여 일본역사를 보려는 역사관을 말한다. 그러한 황국사관에 입각해보면 천황은 천신의 후예로 '인간신'이다. 그런데 서구로부터 일본에 진화론이 소개되자 '신'으로서의 천황은 인간으로서의 천황으로 전락되지 않을 수 없게 되었다. 그러자 일제는 '제국헌법'과 '교육칙어'를 제정, 공포해 천황을 신격화시켜 나갔다. 그 과정에서 일제의 제국주의사상은 한층 더 고조되어 나가지 않을 수 없었던 것이다.

메이지 정부는 황국사관에 입각해 인간 천황을 신적 존재로 높여가기 위한 방법으로 천황가를 자신들의 종교적 대상으로 받들어가는 신도(神道)를 국민적 종교로 받아들인다. 메이지정부가 메이지 초기에 불교와 신도를 분리시켰던 것은 바로 그러한 의도 하에서였던 것이다.[23]

황국사관은 배외주의적이고, 자국중심주의적 역사관이다. 황국사관에 의하면 천황은 태양신의 직계손이다. 천황가는 종가(宗家)이고 국민은 분가(分家)이다. 일본민족은 바로 그러한 존재를 중심으로 이루어진 민족이다. 이러한 의미에서 일본민족은 다른 민족들 보다 더 우수한 민족이다. 따라서 우수한 일본민족이 인접한 타민족들을 지배하는 것은 윤리적으로 지극히 정당한 처사라고 하는 것이다.

글로벌적 시각에서 파악된 일제의 대륙 침략 양상과 그 요인은 다음과 같이 고찰된다.

일제의 대륙 침략은 1871년 독일 통일을 계기로 유럽 국가들이 제국주의 시대로 접어든 시점과 맞물려 시발되었다. 따라서 일제의 대륙 침략의 시발은 근대 서구 제국주의 국가들과 접촉을 계기로 1874년 일본의 대만 출병, 1876년 강화조약을 통해 행해졌던 것으로 고찰된다.

일본의 대륙 침략은 국내적 요인과 국제적 요인에 의해 행해졌다. 국내적 요인은 사족(士族)출신들의 정부 정책에 대한 불만을 해외 침략을 통해 해소시키려는 정치가들의 정치적 발상에 있었다. 국제적 요인은 유럽 열강들의 아프리카와 아시아 지역에서의 식민지 쟁탈로부터의 자극이었다. 이러한 두 차원의 요인은 국내에서의 국민들의 요구가 강력해지고, 해외에서의 식민지 쟁탈전이 격화되어 나감에 따라 일본의 대륙 침략을 새로운 단계로 추진시켜 나갔다. 일본 국내에서의 대륙 침략의 추진 세력은 불만 사족 출신, 자유민권 운동 세력, 국권 및 우익 운동 세력, 군부세력으로 전개되어 나왔다. 해외에서 일본의 대륙 침략에 공조해 갔던 세력은 전반기에서는 영미의 반(反) 봉건주의 세력과 자본주의 세력이었고, 후반기에서는 독이의 군국주의 세력이었다.

일본의 대륙침략은 6단계를 통해 전개되어 나갔다. 그러한 단계는 청일전쟁(1894년 시발), 러일전쟁(1904년 시발), 제1차 세계대전(1914년 시발), 만주사변(1931년), 중일전쟁(1937년 시발), 대동아전쟁(1941년 시발)을 통해 전개되어 나갔다.

일본의 대륙침략은 전반기의 제 3단계까지는 영·미와의 공조체제를 취해 행해졌다. 그러나 후반기의 제 3단계는 영·미와의 대립 하에서 행해졌다.

일제의 대륙침략의 전반기는 북방 육로의 러시아와의 대립 하에서 행해졌었고, 후반기는 남방 해로의 영미와의 대립 하에서 행해졌었다. 그러나 일본의 대륙 침략은 결국에 가서 북방의 러시아와 남방의 영미가 공조해 일제의 대륙 침략에 대립적 입장을 취하게 됨으로써 결국 좌절되고 말았던 것이다. 일제가 대륙침략을 자행했던 사상적 이유는 자국기업들의 자본 확대, 판매시장 확대, 노동력 착취, 영토 확장 및 문화영토 확장 등이었다.

일본의 국내외에서의 일본의 대륙 침략을 추진시켜 나갔던 세력들과 그 정치적 체제는 글로벌 시대로 접어든 현재까지도 해소되지 않은 상태로 건재해 있다. 우리는 일제의 대륙침략의 원인을 규명해 낼 때 그 원인을 일제로부터만 찾을 것이 아니라 당시 일제와 대립 및 협조해갔던 서구의 제국주의국가들로부터 찾아야 한다는 입장이 취해진다.

제 6 장
일제의 대륙침략과 알타이민족의식

일제는 그들이 대륙침략을 감행해 나가는 과정에서 그때그때마다 그들이 직면한 상황에 적합한 그들 나름의 침략논리를 세워나갔다. 그들에게서의 그러한 침략논리에 근거해 세워진 전략 중에는 알타이민족의식의 고취라고 하는 것이 있다. 이 학술적 논의는 일제가 대륙침략을 감행해 나가는 과정에서 세운 그러한 알타이민족의식의 고취전략이란 과연 어떠한 것이었으며, 또 그 의식이 일제의 대륙침략에 과연 어떠한 역할을 어느 정도 행할 수 있었는지 등에 대한 문제의 고찰을 목적으로 한다.

일제가 대륙침략을 감행함에 있어서 자신들이 취한 일차적 논리는 일제 자신이 동아시아의 맹주로서 서구 제국주의세력의 동아시아 침략으로부터 직접 동아시아세계를 지킨다고 하는 것이었다. 그래서 일제는 서구의 제국주의세력들이 식민지 쟁탈전을 수행하는 과정에서 창출해낸 게르만민족주의라든가 슬라브민족주의 등과 같은 이데올로기에 대항해 대아시아주의 등과 같은 이데올로기를 창출해냈다. 그러나 중국이나 한국 등과 같은 나라에게 그러한 논리는 결코 먹혀들 수 있는 것이 아니었다. 그러한 이데올로기가 한국, 중국 등에 먹혀들지 않자, 일제는 일본의 자유민권운동의 정치적 분위기를 이용해 동서(東西)의 대립구도를 신구(新舊)의 대립구도로 전환시켜 간다는 입장을 취해나갔고, 한 발자국 더 나가 청이나 조선 등과 같은 구의 봉건주의 국가와 서구열강이나 일제 자신 등과 같은 신의 국민주의 국가와의 대립을 조장시켜 나갔던 것이다.

일제의 그러한 전략은 근대시민혁명을 통해 국민주의국가로 전환한 서구제국주의국가들의 호응을 얻어낼 수 있었다. 그 결과 일제는 특히 영미와의 협조체제를 취해 조선을 자신의 식민지로 만들기에 이른다. 일제는 그 단계에서 머물지 않고 그것을 발판으로 만몽지역을 침략해 그곳을 자신의 영토로 만들어 갔다. 그뿐만 아니라 일제는 그러한 국세를 몰아 중일전쟁을 일으켜, 당시의 수도 남경 등을 점령해 중국을 자신들의 손아귀에 넣었다.

그렇게 해서 일제는 동아시아의 전 대륙을 거의 다 점령한 후 그것을 통치해 갈 전략을 개발하게 되는데, 그 통치전략들 중의 하나가 다름 아닌 바로 알타이민족의식의 고취라고 하는 것이다. 그렇다면 점령지역의 통치전략의 하나로써 일제가 동아시아지역의 민족들에게 행한 알타이민족의 고취란 어떤 식으로 이루어졌으며, 또 일제는 그러한 민족의식을 어떤 식으로 형성시켜나갔던 것인가? 필자는 대전시 군부에 협조해 점령지역의 민족 정책을 수립해 나갔던 오카 마사오의 동아민족학, 그의 동아민족과 알타이민족의식, 그의 알타이민족 중심의 동아민족정책 등에 대한 고찰을 통해 본 연구의 목적을 달성해보고자 한다.

1. 일본에서의 민족의식과 민족연구의 성립경위

1) 근대 서구의 동아시아 침략과 아시아주의의 형성경위

서론에서 언급한 바와 같이, 동아시아의 근대화 과정에서 일제로 하여금 무자비한 대륙침략을 행할 수 있도록 그 일차적 원인을 제공한 자들은 다름 아닌 바로 동아시아를 식민지화 시켜나갔던 근대 서구의 제국주의 세력들이었다. 일본은 근대 서구의 동아 침략에 대항해 나가기 위한 방안의 하나로 일찍이 막번제(幕藩制) 정치체제를 해체시키고 천황제 국민주의 국가체제로 전환하였다. 그래서 일제는 과거의 중국 중심의 동아시아 세계로부터 벗어나 자신들을 맹주로 한 동아시아 세계를 구축해, 동진해 오는 근대 서구 세력에 대항해 간다는 입장을 취했고, 그 과정에서 동아시아지역 국가들의 지식인들에게 아시아주의라는 깃발을 들어 올렸던 것이다.

당시의 아시아주의란 종교적으로는 크리스트교, 인종적으로는 백인종을 주축으로 해서 형성된 서구중심주의에 대립된 형태의 사상이었다. 그런데 일본인들에게서의 이 아시아주의는 그 개념 형성의 측면에서 말할 것 같으면 범아시아주의를 뜻하는 "PanAsianism"의 일본어 번역어로부터 취해진 말로서, 이 범아시아주의란 서구에서 1840~50년대에 슬라브 민족국가들 사이에서 형성된 "PanSlavism", 1880년대에 게르만민족국가들 사이에서 형성된 "PanGermanism" 등에 대응해 성립되어 나온 용어이다. 일본에서 이 용어가 사상화되기 시작된 것은 메이지 10년대(1878~1887)에 행해졌던 민권·국권 신장 운동을 통해서였다. 1889년의 대일본제국헌법(大日本帝国憲法)의 공포에 이어 1890년의 교육칙어(敎育勅語)의 발포를 계기로 해서 아시아주의는 종교적 차원의 논리적 기초를 확보하게 되고, 또 그것은 청일전쟁(1894~1895)과 러일전쟁(1904~1905)을 통해 우익들과 같은 국가주의 단체들의 사상으로 받아들여진다.

이렇게 크리스트교문화를 배경으로 형성된 서구중심주의에 대항해 아시아주의가 추구되는 과정에서 서구의 크리스트교에 대응될 수 있고, 또 동아시아인들에 의해서도 큰 무리 없이 받아들여질 수 있는 종교적 이념이 일본인들에게 출현했다. 그것은 중국에서 출현한 유교도 아니고, 인도에서 출현한 불교도 아니었다. 그것은 일본인, 한국인, 만주, 몽골인, 중앙 아시아인들의 심성에 내재된 자연숭배 신앙을 기초로 해서 형성되어 나온 것으로 일본에서는 신도(神道)로 한국·만·몽에서는 샤머니즘으로 중국에서는 도교(道敎)로 표현될 수 있는 것이었다.

이와 같이 서구의 크리스트교문화가 창출해 낸 근대서구문명을 가장 먼저 적극적으로 받아들였던 일본의 경우는 메이지 유신을 통해 고대천황제 국가의 근간을 이루었던 제정일치(祭政一致)의 정치체제를 재구축하여 그것을 주축으로 해서 국정을 운영한다는 입장을 취했던 것이다. 이 경우 제정(祭政)의 '제(祭)'는 천황가의 종교인 신도(神道)를 가리킨다. 서구의 크리스트교가 창출한 근대서구문명에 대해 문호개방을 단행한 메이지유신의 주역들은 우선 메이지 1년에 신불분리령(神佛分離令)을 내려 신도를 불교로부터 분리시킨다. 그리고 그것을 크리스트교에 대항해 갈수 있는 종교로 만들어간다는 정책을 취했다. 그들은 서구제국(西欧諸国)의 환심을 사기 위한 방안으로 완전한 종교 자유정책을 취했고, 1889년 공포된 제국헌법 속에 그것을 명문화시키기까지 했다. 그러나 그들이 겉으로는 그러한 입장을 취하였지만, 다른 한편으로는 국가의 원수인 천황을 신격화시켜 국민들로 하여금 그를 자신들의 신앙적 대상으로 섬기도록 하였다. 한마디로 말해 메이지유신 주역들의 그러한 종교 정책은 종래 천황가의 종교였던 신도를 서구의 크리스트교에 대응될 수 있는 종교를 만들어가기 위한 정책이었던 것이다. 신도는 일본의 천황가가 일본의 『고사기(古事記)』(712)에 기술된 천손강림신화(天孫降臨神話)를 기초로 해서 대대로 믿어온 토속종교이다.

일본에서 국가의 원수를 신격화시킨 제국헌법이 공포되자, 그 동안 인종학 분야에서는 말할 것도 없고 역사학, 언어학 등의 여러 학문분야에서 제기되어 왔던 일본인종의 기원에 대한 문제가 더 이상 거론되지 않았다. 그 대신 사상 연구 분야의 측면에서 다른 나라의 국민들과 구분되어 인식될 수 있는 '민족' 이라고 하는 개념이 형성되어 나왔다. 그때까지만 해도 생물학적 차원에서 접근되는 '인종(人種)'이라는 개념과 문화적·역사적 차원에서 접근되는 민족 이라는 개념에 대한 명확한 구분이 이루어지지 않았었다. 그러나 그 후 일본인 의 조상이 천손(天孫)의 후예로 명기된 제국헌법의 공포(1889)와 교육칙어의 발포(1890) 등이 행해지고, 또 그것들과 거의 같은 시기에 발행된 미야케 세쓰 레이(三宅雪嶺) 주재의 평론잡지 『일본인』(1888.4~1906.12), 평론가 구가 가쓰 난(陸羯南)의 신문 『일본』(1889.2.11~1914.12.31)을 통해 전통을 지속시키고 역사를 짊어진 주체로서의 '민족'이라고 하는 개념이 서서히 형성되었던 것이 다. 또 그 시기에 이르러는 1884년에 쓰보이 쇼고로(坪井正五郎, 1863~1913) 등에 의해 창립되었던 '인류학회'가 정착되어 그것을 기초로 해서 인류학 (Anthropology)과 구분되는 민족학(Ethnology)이라고 하는 학문분야가 성립되 었다. 당시 영어 'Ethnology'란 말은 인종학(人種學)으로 번역되었다.[1] 그러나 당시 인류학자 쓰보이 쇼고로와 그의 제자 도리이 류조(鳥居龍藏) 등에서의 'Anthropology'란 기본적으로 인류와 다른 형태를 취하고 있는 동물들과의 비교를 통한 인류 그 자체에 대한 연구였다. 이에 대해 'Ethnology'란 인류를 구성하는 여러 인종들의 차이를 조사하고 또 여러 인종군(人種群)들의 기원과 연혁을 고찰, 규명해내는 학문으로 규정되었다. 그들은 이러한 개념들에 입각해 구라파인종(歐羅巴人種)에 대응시켜 일본인종(日本人種)이란 말을 자주 사용하였다. 다시 말해 청일전쟁 전까지만 해도 일본인종에 대한 문제는 우선 생물학적 차원에 입각해 백인종과의 관련 속에서 행해졌었고, 두 번째로 문화적 차원에서는 서구인들의 종교 크리스트교와 관련시켜 연구되었던 것이다.

2) 도쿄제국대학을 중심으로 한 도리이 류조의 일본민족기원론과 F. 그레브나의 문화권설

그러나 청일전쟁(1894~1895) 직후부터는 일본인종 내지 일본민족의 기원에 대한 문제에 대한 입장정리를 위해 도리이 류조(鳥居龍臟) 등과 같은 그 학문분야의 학자들이 청일전쟁의 승리로 점령한 요동지역, 만주, 대만지역 등에 대한 고고학적 조사를 실시하게 된 이후부터는 일본인종의 연구가 '일본인의 기원 규명'이라는 목표 아래 일본인종과 아시아대륙의 여러 인종들과의 관련성 파악이라는 관점에서 행해지게 되었다.

20세기로 들어와 도리이 류조 등의 그러한 고고학적 조사 결과는 일본인종의 기원의 문제를 제기하였고, 또 그러한 조사의 궁극적 목표는 제국헌법에 명기된 천손인 일본인종이 여타의 아시아인종들과 어떻게 다른가를 규명해내는 것이었다. 이와 같이 20세기로 들어와 일본인종의 기원과 일본인종의 우수성 등이 추구되는 과정에서 일본인종학이 일본민족학으로 전환되어 나왔다. 인종학이란 기본적으로 생물학적 차원에서 인간집단을 이해하려는 태도이고 민족학이란 문화와 역사적 시각에서 그것을 이해하려는 입장이다. 따라서 일본의 민족학자들이 일본민족의 우수성을 강조해가기 위해서는 그들의 문화와 역사의 우수성을 강조해가야만 했다. 그러기 위해서는 제국헌법과 교육칙어에 명기된 대로 일본민족이 신적 존재로 추앙하는 천황가가 만세일계(万世一系)

이고 그들의 조상이 천신(天神)라고 하는 논리를 확립시켜나가지 않을 수 없었던 것이다. 일제는 그러한 논리를 베이스에 깔아야만 일본민족이 아시아의 타민족들 위에 군림해 갈 수 있다고 생각했었기 때문이다.

우리는 1884년 서울에서의 갑신정변 이후 아시아주의가 일본에서 강조되어는 정치적 분위기 속에서 자연숭배사상을 배경으로 하는 제국헌법과 교육칙어의 사상적 기조가 형성되어 나왔다는 시각도 취해볼 수 있다. 앞에서도 언급한 바 있듯이 제국헌법과 교육칙어의 사상적 기조는 자연신들 중에서 최상에 군림하는 천신을 주축으로 형성된 신도(神道) 사상이라 할 수 있다. 일제는 아시아인들에게의 신앙적 대상으로 인식되어온 '자연'에 대한 인식을 사상적 기조로 해서 아시아주의의 논리적 근거를 구축하려했던 것이다.

일제는 동서의 첫 충돌로 기록된 러일전쟁(1904~1905)에서의 승리를 통해 획득한 한국을 1910년 일본에 합병시킨 후에, 이어서 만몽지역을 자신의 영토로 만들어간다는 치밀한 계획을 세워나갔다. 그러한 계획 하에서 각 문화방면에서는 일제를 주축으로 한 아시아주의사상운동이 성립되어 나왔고, 천신사상을 기조로 한 아시아주의의 구축 운동 등이 전개되었다. 일제의 그러한 사상운동은 인류학, 민족학 방면 등에서의 일본 민족의 기원 탐구를 주축으로 해서 행해져 나갔다. 일제가 제1차 대전에 참전한 후 1915년 중국에 '21개조'를 요구했던 것도 사실은 자연숭배사상이 통용되는 만몽지역을 자신들의 영토로 편입시키기 위해서였던 것이 주된 목적이었던 것이다.

일제의 그러한 자연숭배사상에 대한 민족학적 접근이 행해지게 된 것은 일본의 문화인류학계에 '문화권설(Kulturkreislehre)'이 알려지게 된 것이 그 계기가 되었던 것으로 보인다. 문화권설이 일본의 민족학계에 알려지게 된 것은 서구에서 문화권설의 제창자로 알려진 독일의 민족학자 F. 그레브너(Graebner, 1877~1934)의 『오세아니아에서의 문화권과 문화층』(1904)과 『민족학의 방법』(1911) 등이 일본의 민족학자들에게 소개되면서였다. 제2차 대전 때 군부에 밀착해 점령지의 민족정책에 관여했던 자로 알려진 오카 마사오(岡正雄, 1898~1982)가 그의 그러한 저서들을 접한 것은 그가 1920년 도쿄제대에 입학했던 바로 그 해였다.[2] 또 그것이 일본의 문화인류학계에 널리 알려진 것은 독일 출신의 슈미트(Wilhelm Schmidt, 1868~1954)와 그의 제자 코파스(P. W. Koppers)의『민족과 문화』(1924)를 통해서였다. 서구에서의 문화권설은 언어학자로 출발해 민속학자로 전환해 나온 W. 슈미트 등의『민족과 문화』에 이르러 완성되었다. 서구의 각국에서는 미국의 인류학자 L. H. 모간의『고대사회(1877)』등이 보여주는 공상적 사변을 극복하기 위해, 민족지(民族誌)적 사실의 분포 상태 등의 객관적 근거에 기초해 문화라든가 민족의 역사를 재구성하려는 움직임이 20세기 초에 일어났었다. 바로 그러한 구체적 방법론의 하나가 바로 문화권설이었던 것이다.

W. 슈미트는 1895년 베를린 대학을 졸업하고 빈으로 옮겨 그곳의 한 수도원에 들어갔다. 신부의 몸으로 1906년 Anthropos(인류학)연구소를 세워 인류학 잡지『Anthropos』를 출판하면서 인류학 · 민족학 · 언어학 관계의 도서를 수집해 교수생활을 시작했다. 그는 F. 그레브나 등에 의해 확립된 역사민족학의 방법론을 계승해 동남아시아와 오세아니아 지역의 언어들을 분류해냈고, 그러한 언어권의 분포에 의거해 전 세계에 걸친 문화권 체계를 설정해 그의 제자와 함께 그 책을 저술해 냈던 것이다. 그 책이 일본에 수입된 것은 그것이 출판된 1924년 바로 그 해였는데, 그 해 그 책이 도쿄 요쓰야(四谷)의 한 양서점(洋書店)에서 오카 마사오에게 발견됨에 따라 그 자신의 민족학 연구와 일본의 민족학연구가 새로운 전기를 맞게 된다.[3]

이상과 같이 일본의 민족학 분야에서는 일본민족의 기원문제가 중심적 과제로 떠올랐고, 그러한 과정에서 일본민족학계에는 서구의 문화권설이 전파되어, 조선에서는『조선 및 조선민족』등과 같은 잡지가 발행되어 최남선과 같은 민족문화 평론가들에 의해는「불함문화론(不咸文化論)」(1925.12 탈고) 등과 같은 문화론이 나오게 되었다. 그는 이 문화론을 통해서 일본의 신도(神道)와 조선의 단군신화의 기저를 이루는 천신(天神)사상을 주축으로 한 아시아주의를 주창해갔던 것이다.[4]

3) 오카 마사오의 빈 대학에서의 민족학 연구와 히틀러의 게르만 주의

오카 마사오(岡正雄, 1898~1982)는 『민족과 문화』(1924)를 숙독한지 5년 만인 1929년(31세)에 시베리아의 육로를 통해 W. 슈미트가 교수로 있는 오스트리아 빈 대학으로 향했다. 1933년 7월에 그가 제출한 박사 학위 논문 「고일본의 문화층(Kulturschichten in Alt-Japan)」이 통과 되었다. 그 논문은 '일본민족·문화의 기원 문제를 처음으로 민족학적 입장에서 종합적 연구 레벨로 끌어올린 획기적 대저작'으로 평가되었다.[5] 그의 귀국은 1935년이었고, 일제가 중일전쟁을 일으킨 지 4 개월만인 1937년 11월에는 '독·일·이 삼국반공협정'이 체결 되었다. 오카 마사오는 독일과 일본 간의 그러한 국제적 협력관계의 분위기를 타고 1938년 1월부터 오스트리아의 빈 대학의 객원 교수직을 수행하게 된다.

그가 그러한 직을 수행해 가게 된 경위는 다음과 같았다. 그가 귀국한 그해 그의 지도교수가 북경을 방문하게 되어 그가 그곳에 가서 지도교수를 만나 일본으로 데리고 왔다. 그러자 일본의 외무성 관계자와 미쓰이(三井) 선박 초대회장 미쓰이 다카하루(三井高陽)가 그의 지도교수를 만나 기금을 내는 조건으로 빈 대학에 일본민족연구소를 개설해줄 것을 제안해 그 연구소의 개설이 이루어져 그가 그 연구소를 주재하게 되었던 것이다.

그가 객원교수에 임명된 지 3개월만인 1938년 3월 히틀러가 오스트리아로 진입해 독오(独墺)합병이 이루어지고 오스트리아정부가 소멸되었다. 그러자 1927년까지 보수당서기관으로 정권을 장악하고 있었던 싸이펠(Seipel) 총리와 같은 신분으로 친분관계가 두터웠던 W.슈미트는 한 동안의 연금 상태를 거쳐 국외로 망명해 가지 않을 수 없었다. 오카 마사오는 그해 10월에 독일정부로부터 빈 대학 객원교수로 임명되어 다시 일본민족연구소를 주재하게 되었다. 1939년 3월에는 독일군이 체코를 점령했고, 그해 9월 1일에는 폴란드를 침입함에 따라 동월 3일에 폴란드와 동맹관계를 맺고 있던 영·불 양국이 독일에 대해 선전포고를 하게 되어 결국 제2차 세계 대전이 발발했다. 그는 그러한 상황 속에서 그해 4월에는 항가리의 부다페스트대학의 객원교수로 초청되어 격주로 빈으로부터 부다페스트로까지의 출강 경험을 갖게 된다.

오카 마사오는 빈 대학 유학 중 나치당에 가담한 적잖은 민족학자들과 친밀한 관계를 맺어갔다. 멩힌(Menghin) 교수도 그러한 학자들 중의 한 사람이었다. 그는 『석기시대의 세계사』로 유명한 학자였는데, 선사학 방면에서의 오카 마사오의 지도를 담당했었던 자였다. 그는 나치당의 일원으로 1938년 독오합병의 혼란 속에서 3월 11일 밤에 편성되어 그 다음날에 해산된 자이스 인크아르트(Seys Inquart) 총리내각의 문교부장관에 임명되었던 자였다. 그가 주재했던 민족문화연구소의 조수 플로르(Flor) 씨도 나치스 당원이었다.[6] 또 빈 대학에서 오카 마사오와 가장 친했던 히르쉬베르크(Hirschberg)와 슬라빅(Slawik) 두 학자들도 나치 당원들이 주창해갔던 대독일주의자의 일원이었던 것이다. 그는 6년간의 빈 대학 유학시절과 3년간의 객원교수 기간 중 매일 그들과 구체적 접촉을 가졌던 것이다.

오카 마사오는 1940년 11월 1학기 간의 휴가를 얻어 일시 귀국해, 12월에 에가미 나미오(江上波夫) 등 5명과 국립민족연구소 설립운동을 개시했다. 그후 6월에 문부성(文部省) 직할의 연구소 설립이 각의(閣議)에서 결정되어 빈으로 돌아갈 예정이었는데, 독소전쟁이 동월에 발발해 빈 귀임(歸任)이 불가능하게 되었다. 그래서 그는 그해 10월 빈 대학과 부다페스트대의 객원교수를 사임하고, 동월에 참모본부에 들어가 민족문제와 관계된 일들을 해가게 되었다.

그러다가 1943년 1월에 관제민족연구소가 설립되고 그 연구소의 임원으로서의 역할을 수행하게 된다. 그곳에서의 그의 주된 연구는 그의 논문 「동아민족학의 한 존재 방식」(民族硏究所彙報 一号, 1944)이 말해주고 있듯이 대동아공영권 내의 전 민족들이 대동아 민족으로서의 자기 인식을 확립시켜 갈 수 있는 이론적 근거를 구축하는 작업이었다. 그렇다면 그에게서의 그러한 이론적 근거는 어떤 식으로 구축되었던 것인가?

2. 히틀러의 게르만주의와 제2차 세계대전

1) 히틀러의 빈 체험과 게르만주의

오카 마사오가 빈 대학에서 행했던 민족학 연구 기간은 1929년에서 1940년까지 장장 12년간이었다고 할 수 있다. 빈(Wien)은 히틀러(1889~1945)가 1908년에서 1912년까지 5년간 거주했던 곳이다. 그는 『나의 투쟁』(1924)의 제1부 제3장에서 그가 19세에서 24세까지 지냈던 빈을 '내 인생의 학교'라고 표현하고 있다.[7] 그는 당시의 빈에 대해 다음과 같이 말했다.

> 빈은 내게 가장 철저하긴 했지만 가장 괴로운 인생의 학교였으며 지금도 그렇다. 나는 이 도시에 어린 시절에 처음 발을 들여 놓았다. 그리고 냉정하고 진지한 인간이 되어 이 도시를 떠났다. 나는 이 도시에서 크게는 세계관의 기초를, 작게는 정치적 관점을 배웠다. 나는 그 후 다만 개개의 문제에 보충을 가할 필요가 있었을 뿐 결코 이것을 버린 적은 없었다. 그러나 나는 당시 수업시대의 진짜 가치를 오늘날 비로소 충분히 평가할 수 있었다.

히틀러는 1921년, 사실상 그 전 해에 자신이 창립한 국민사회주의 독일노동당(나치스)의 당수로 선출되었다. 그는 반대당원을 습격할 목적으로 당시 돌격대로 알려진 기동대를 조직했다. 그는 그들에게 군사훈련을 시켜 결국 1923년 11월에 뮌헨에서 쿠데타를 일으켰다. 그러나 군부의 일부와 보수파의 반대로 실패해 그 다음해 12월까지 감옥에 금고생활을 했다. 상기의 인용문은 1924년 10월 금고생활을 할 때 쓴 것이었다.

히틀러는 위의 문장에서와 같이 "빈은 내게…인생의 학교였으며 지금도 그렇다"고 말하고 있다. 그는 이 문장의 한 페이지 앞에서 빈에 대해서 다음과 같이 말하고 있다.

이 나라의 수도에서 볼 수 있는 인종집단은 나에겐 불유쾌했으며 체코
인, 폴란드인, 헝가리인, 루테니아인, 세르비아인이나 크로아티아인 등의
여러 민족의 혼효(混淆)는 욕지기나는 것이었다. 그러나 그보다도 인류의
영원한 박테리아가 더욱 불쾌했다. 유태인, 또 유태인이었다. 나에게는 이
거대한 도시가 인종적 신성모독의 구현인 것처럼 생각되었다.

상기의 문장은 히틀러가 그 도시에서 무엇을 배웠는지를 명확히 말해주고
있다. 그 도시가 그에게 가르쳐주었던 것은 민족과 국가에 관한 것이었다.
그는 오스트리아의 수도 빈을 '여러 민족이 혼효되어 인종적 신성모독이 구현
된' 곳으로 파악하고 있다. 또 그는 "나의 심장은 결코 오스트리아왕국을 위해
서가 아니고 언제나 오직 독일제국을 위해서 고동치고 있었음으로 나로선
이 국가의 붕괴시기가 독일민족의 구제가 시작될 때라고 밖에 생각되지 않았
다"라고 말하고 있다.[8]

제1부 제8장에서 히틀러는 자신의 유일한 신조는 민족과 국가라고 말하고
있다. 그는 그것들과 관련해 "우리들이 투쟁해야할 목적은 우리 인종, 우리민
족의 존립과 증식의 확보, 민족의 아들들의 부양, 피의 순결의 유지, 조국의
자유와 독립이며, 그리하여 우리민족이 만물의 창조주로부터 위탁받은 사명을
달성할 때까지 생육(生育)할 수 있도록 하는 것이다"라고 말하고 있다. 그런데
필자가 여기에서 말하고자 하는 것은 오카 마사오가 히틀러를 키운 바로 그러
한 도시 빈에서 있었던 시기가 히틀러의 정치적 활약이 최고조에 달했던 1929
년부터 1940년 사이의 기간이었다고 하는 것이다.

독일이 제1차 대전에서 패망한 것은 1918년 11월의 일이다. 독일은 패망과
함께 제정(帝政)이 무너지고 공화제가 들어섰다. 영·미·프의 전승국들이 패
전국 독일에 대한 기본적 전략은 패전국 독일의 재건(再建)을 철저히 차단하는
것이었다. 그래서 그들은 우선 독일로부터 해외의 모든 식민지를 몰수했고,
독일의 경제가 회복될 수 없도록 막중한 배상금을 지불케 했고, 다시는 전쟁을
일으키지 못하도록 극도로 군사력을 제한시켰다. 독일에서의 나치스는 바로
그러한 패전 정국(政局)에서 성립되었다. 히틀러는 그러한 패전정국을 돌파해

나갈 수 있는 방안이란 민족주의를 제창하는 길 밖에 없다는 생각을 하게 된다. 그 경우 그는 최대의 방해물이 국가나 민족보다 자신들의 가족이나 재산을 더 중요하게 생각하는 유태인들이라는 생각을 하게 된다. 유태인은 비 게르만 인이다. 따라서 그가 염원했던 국가는 순수한 게르만민족이 주축이 되어 설립한 국가였다.

그가 그러한 게르만민족주의 국가를 실현시켜 나가기 위한 방안으로 그가 설립한 나치스는 오카 마사오가 오스트리아에 도착한 1929년에 가서 독일국민당과의 야합을 통해 비약적으로 세력화되었고, 그의 박사학위 논문이 통과된 1933년의 시점에 가서는 나치스가 그해 1월 보수제정파(保守諸政派)와 연합해 나치스의 당수 히틀러가 내각수반의 자리를 획득하게 됨으로써 그의 정권장악이 달성된 것이다. 정권이 그의 손아귀에 들어오자 히틀러는 돌격대와 친위대를 동원한 폭행과 살인을 통해 나치스당 이외의 모든 정당들을 해산시켜버렸다. 그 결과 그해 7월 이후에는 독일에 나치당 이외에는 어떠한 정당도 존재하지 않았다. 게다가 그 다음해에 힌델부르크 대통령이 사망하자 그는 국가의 모든 권력을 장악해 제3제국의 독재자로 부상해, 나치당과 독일국가를 동질화시켜나가는 작업에 착수해 감으로써 나치스의 지도체제 확립과 그것에 의거한 국가통치상의 획일화주의 정책을 일사천리로 추진시켜 나갔던 것이다.

오스트리아인 히틀러가 빈에서 생활했을 당시 오스트리아는 합스부르크왕제였었다. 그러나 대전을 기해 오스트리아왕국은 오스트리아, 항가리, 체코스로바키아의 세 공화국으로 분리되어 나왔다. 대전 이전 그가 빈에 있었을 당시 그의 생각은 같은 게르만민족인 오스트리아와 독일이 합병만 한다면 경제적 문제를 비롯한 모든 문제가 다 해결될 수 있다는 것이었다. 필자로 말할 것 같으면 그의 그러한 생각이 그를 당시 극단적 범게르만주의자로 몰아갔다는 것이다.

2) 나치스의 사상적 기반 — 인종주의

오카 마사오는 빈에서의 연구를 마치고 1935년 4월에 일단 귀국했었다. 그 전해의 7월에 히틀러는 오스트리아의 나치스를 동원해 오스트리아의 수상 E.돌푸스 암살을 성공시켰고 오스트리아합병을 추진시키려했었다. 그러나 그 것은 게르만민족과는 다른 라틴민족 계열의 이탈리아의 방해로 중단되고 말았다. 히틀러의 독일과 오스트리아와의 합병추진에 대한 이탈리아의 그러한 부정적 태도는 게르만민족과 라틴민족간의 민족적 대립의식이 작용했었기 때문이었던 것으로 판단된다. 이탈리아가 그렇게 나오자 히틀러는 우선 그 병합추진을 중단시켜 놓고 그 다음해 독일에서 친위대와 보안대를 동원해 모든 공직으로부터 유태인을 추방시키는 등 유태인 박해를 공적 차원에서 조직적으로 진행시키기 시작하였다. 히틀러가 그러한 입장을 취하게 된 주된 이유는 게르만 인들의 민족적 단합에 가장 저해되는 요소는 게르만인들 사이에 끼어 사는 유태인들이라 생각했기 때문이다.

앞에서 언급했듯이 그는 여러 민족들이 모여 사는 빈에서의 생활 체험을 근거로 유태인을 '인류의 영원한 박테리아'라고 말하고 있다. 히틀러는 오카 마사오가 귀국 1개월 전인 1935년 3월 구(舊)연합군이 베르사유조약을 충실히 지키지 않는다는 이유로 재군비를 선언했다. 이렇게 봤을 때, 히틀러의 유태인 박해는 그의 게르만민족주의를 조장(助長)해 그것을 토대로 해서 독일민족이 베르사유 체제로부터 벗어나야한다는 생각과 깊게 관련되어 있었다고 말할 수 있다.

앞에서 언급한 바와 같이 히틀러의 반(反)유태인주의사상은 그의 빈 체험을 통해 시작되었다. 그는 그의 출생지 브라우나우라고 하는 지방으로부터 19세에 오스트리아왕국의 수도 빈으로 나왔다. 그는 빈으로 나가기 이전 그의 말을 빌리자면, "난 15세 때 왕당적 '애국주의'와 민족주의적 '국가주의'의 구별을 이해하게 되었다"고 말하고 있고9, 자신은 후자에 경도되어 있었다고 말하고 있다. 10세기 후반 이후 독일은 제권(帝權)과 교권(敎權)을 통일시켜 신성로마

제국으로 전환해 갔다. 18세기 이후에 와서는 그 제국에 오스트리아와 프로이센이라고 하는 각각의 단일 강국이 존재했었는데 19세기 초 나폴레옹의 세력 하에서 라인연방 16개 왕국이 제국(帝國)으로부터 탈퇴하고, 합스부르크가의 황제가 퇴위하게 됨으로써 신성로마제국으로서의 독일은 소멸되고 말았다. 그 후 18세기까지 당시 오스트리아왕국은 다민족국가였다. 그 후 오스트리아는 합스부르크가의 황제가 지배하는 왕국으로 존속하였고, 프로이센 왕을 중심으로 해서는 1871년 독일제국으로 전환했다. 그런데 독일제국의 독일인들은 오스트리아를 독일제국의 일부로 생각하였지만 오스트리아왕국의 국민들은 독일계 오스트리아인들을 제외하고는 그렇게 생각하고 있지 않았다.

빈으로 나오기 이전까지만 해도 그는 유태인을 '완전한 독일인'으로 생각했었고 또 그들이 '이교도(異敎徒)라는 것만이 유일한 구별의 징표'로 생각했었다. 그래서 그는 일반인들이 유태인들에 대해 불리한 발언을 하는 것에 대해 반감을 느꼈고 또 그 반감이 곧잘 혐오에까지 도달한 적이 있었다.[10] 그러나 그의 유태인에 대한 감정은 빈에서의 생활 이후부터 바뀌었던 것이다.

오스트리아왕국은 앞에서 언급한 바와 같이 다민족국가였다. 또 당시 빈의 총인구는 2백만 명이었고 그 중 유태인이 20만 명이었다. 히틀러는 독일계 오스트리아인이었다. 그래서 그의 정치적 지향은 빈으로 나가기 이전에 이미 경도되어 있었던 '민족주의적 국가주의자'가 한층 더 명확히 게르만민족주의에 기초한 국가주의자로 향하게 되었다. 그는 독일민족이 베르사유체제로부터 벗어나기 위해서는 우선 오스트리아와 독일제국과의 합병이 절실하다는 입장을 갖고 있었다. 그런데 그 합병을 저해한 세력들이 다름 아닌 바로 당시의 대표적 정당이었던 사회민주당이었다는 것이다.

그렇다면 당시 오스트리아에 존재했던 사회민주당이란 어떤 정당이었는가? 히틀러에게는 그 정당이 노동자들의 생활조건을 향상시키는 것을 목표로 한 정당으로 인식되기는 했지만, 사회당 당원들은 분명히 게르만주의를 유지하려는 투쟁에 대해서는 적대적인 태도를 취했고, 오스트리아에 있는 독일적 요소를 서서히 슬라브화시켜 가는 존재로 인식되었던 것이다.[11] 그는 그 정당에 대해 세심한 관심을 기울였다. 그 결과 그는 그 사회민주당의 비밀을 푸는 열쇠가 다름 아닌 바로 유태인이라고 생각하게 됐다. 그의 그러한 생각은 사회민주당의 정치적 사상이 유태인 출신인 칼 마르크스(Karl H. Marx, 1818~1883)에 의해 정립된 것이고, 또 그 정당의 주요당원들이 유태인들이었다는 점들에 의거해 행해진 것이라 할 수 있는데, 그의 말을 빌려 말하자면 "유태민족에 대한 지식만이 사회민주당의 내면적, 현실적 의도를 파악할 수 있는 열쇠를 제시하고 있다"고 하는 것이다.[12] 그는 그러한 생각 끝에 관심이 유태민족에 집중되어 갔다. 그 결과 그는 "어떠한 형식의 것이라도 우선 문화생활의 형식에 있어서 부정이나 몰염치한 일이 발생했다면 적어도 그 일에 유태인이 반드시 관련되어 있다"는 것을 알게 되었다.[13] 또 그는 "사회민주당의 신문들이 압도적으로 유태인에 의해 지도되고 있음을 알게 되었고," 또 마르크스주의의 신문들이 발행인들을 비롯하여 한결같이 유태인들에 의해 행해진다는 것을 알게 되었다. 히틀러가 결코 이해할 수 없었던 것은 사회민주당의 지도자로서의 유태인들이 "자기의 민족성을 증오하고 그 위대함을 경멸하며 그 역사를 더럽히고, 그리고 위대한 사람들을 개천에 처넣는 무한한 증오의 일념"에 찬 인간들이라고 하는 것이다.[14] 유태인들에게는 "자기민족, 자기마을, 자기고향에 대한 투쟁은 무의미하고 불가사의한 것"이라는 것이다. "그들을 이러한 악덕에서 일시적으로는 회복시킬 수 있지만, 그것은 불과 며칠, 고작해야 몇 주일 정도이다. 그 후 전향했다고 생각되는 자를 만나보면 그는 원상태로 돌아가 있다." 히틀러에 의하면, "유태인은 결코 그들의 의견을 바꾸려하지 않는다"라고 하는 것이다.[15] 히틀러는 유태인에 대해 보다 구체적으로 이렇게 말하고 있다.[16]

그들과 토론을 하면 할수록 더욱더 그들의 궤변을 알게 된다. 처음에 그들은 상대의 우둔함을 고려해 넣는다. 그러나 이미 달아날 길이 없게 되면 간단히 자신이 바보로 보이도록 한다. 무슨 짓을 해도 소용이 없게 되면 그들은 확실히 이해를 못했다는 입장을 취하거나 혹은 즉시 다른 주제로 바꾸든가 뻔한 이야기를 한다. 그 말이 받아들여지면 즉시 본질적으로 다른 주제를 끌어들인다. 또 다시 꼬리가 잡히면 회피하며 확실한 것은 아무것도 모른다고 한다. 그러한 사도(使徒)를 아무리 공격해봤댔자 언제나 우무와 같은 점액을 손에 움켜쥐고 있는 격이다. 그것이 손가락 사이로 빠져나가면 다음 순간에는 다시 합류하여 결합하는 것과 마찬가지이다.…
유태인은 어제 일은 아무것도 모르고, 마치 아무 일도 일어나지 않았고, 또 하지 않았던 것처럼 그들의 오랜 터무니없는 것에 대하여 이야기를 계속한다.

히틀러는 빈에서의 그러한 유태인들과의 접촉을 계기로 자신이 마음속에서 일찍이 경험하지 못한 가장 커다란 전회(轉回)의 시기를 맞게 된다. 그는 그 전회와 관련해서 "나는 연약한 세계시민이길 그만 두고 열광적인 반(反)유태주의자가 되었다"라고 말하고 있다.[17]

이렇게 봤을 때 그의 반(反)유태주의사상은 제1차 대전에서의 패배가 몰고 왔던 베르사유 체제에 묶여 경제적 군사적 제약 상태에 처해 있던 독일민족과 독일 국가에 대한 민족주의와 국가주의의 발로로부터 싹트기 시작했다는 입장이 취해진다. 다시 말해 그는 어떠한 형태로든지 간에 독일민족과 독일국가가 베르사유 체제로부터 해방되어 예전의 독일민족과 독일제국의 영광을 되찾아야 된다는 독일민족주의와 독일국가주의가 팽배해있는 사회적 분위기 속에서 성장했다. 그의 독일민족과 독일국가에 대한 사상은 빈 체험을 계기로 반(反)유태주의로 구체화되어 나왔고, 또 그것은 제2차 대전을 통해 전 유럽 세계의 정벌 야욕으로 전환되어 나오게 됨으로써 한층 더 사상화되고 조직화되어 유태인학살, 게르만순혈주의 정책 등으로 구체화되었던 것이다.

그렇게 해서 형성된 그의 반(反)유태주의사상은 영국 태생의 독일작가 체임벌린(H. S. Chamberlain, 1855~1927), 미국인 그랜트(M. Grant) 등의 인종주의사상 등을 통해 한층 더 사상화되었다. 체임벌린은 프랑스의 작가 고비노(J. A. Gobineau, 1816~1882)의 아리아인종의 우월성을 골자로 한 『인종불평등론』(1853~1855) 등에 의거해 『19세기의 기반들』(1899)을 저술해 아리아족이야말로 유럽의 미래를 이끌고 나갈 참된 문화 창작력을 지닌 인종이라 주장하였다. 특히 그는 "인종의 순수성이야말로 가장 고귀한 가치라는 신념 하에서 어떤 수단을 써서라도 아리아인의 순수성을 지켜가야 한다"라고 주장했다.[18] 또 그는 그 책을 통해 다음과 같은 견해를 제시했다. 다른 인종들은 아리아족에 비해 열등한 인종이다. 그러나 유태민족은 그렇지 않다. 따라서 유태민족이야 말로 아리아족의 최대의 적이다. 독일이 이 이국적 혈통을 관용하게 되면 독일의 정부, 법, 예술 등은 자발적으로 유태인의 노예가 되어버릴 것이다.[19] 우리는 여기에서 비로소 나치정부가 유태인을 집단학살하게 된 이유가 무엇인지에 대한 설명이 가능해진다. 우리는 그들의 유태인 학살이 단순히 히틀러의 유태인들에 대한 개인적 증오로부터 시작된 것이 결코 아니라는 것에 대한 이해도 가능해진다. 나치정부의 반(反)유태주의사상은 우열 인종론에 입각한 사상이고, 또 그 사상은 19세기 중반의 진화론에 의거해 확립된 사상이라는 입장도 세워진다.

나치정부의 이러한 작업들은 (1) '개인에 우선한 공동체' 원리에 입각한 국민총화를 위한 호소를 담은 민족공동체(Volksgemeinschaft), (2) 인종의 순수성에 대한 필요, (3) 점차적으로 유태인과 볼셰비키로 집중되는 적들에 대한 증오, (4) 카리스마적 지도원리(Führerprinzip) 등과 같은 관념들에 대한 선전을 통해 이루어졌던 것이다.[20]

나치정부는 "국민들에게 사익(私益)에 우선한 공익을 내세워, '한 민족, 한 제국, 한 지도자'와 같은 구호에 대해 믿음을 갖도록 끊임없이 촉구했다." 나치정부가 유태인들에 대해 그러한 테러를 가한 것은 '한 민족 ,한 제국, 한 지도자'와 같은 구호에 위배 되는 공익에 우선한 사익을 내세우는 인종이라는 인식에서였다. 나치정부가 주장하는 '인종의 순수성'에 대한 문제는 독일 내부에 존재하는 유태인과 폴란드·러시아의 슬라브민족에 관한 것이었다. 나치정부의 "교육체계 내에서 행해진 인종주의 학습과 선전이란 일반적으로 유태인과 슬라브인을 증오하고 게르만민족의 선조인 아리안 인종의 우월성을 주창하는 것이었다."[21]

나치정부의 핵심적 조직은 친위대이다. 그 조직 내에는 '인종(人種) 및 이주본부(移住本部)'라는 기구가 있었다. 이 기구는 북방민족적·게르만적 요소의 강화라는 일에 특별한 관심을 갖고 있었는데, 전후(戰後)의 계획으로 일부일처제(一夫一妻制)를 타파하고 순수한 게르만민족의 번식을 꾀하는 것까지 예정되어 있었다. 이러한 독일민족의 순수성을 보존해보려는 행위가 강제수용소에서의 '열등민족'의 무자비한 절멸정책(絶滅政策)으로 나타났던 것이다.[22]

나치의 인종주의정책은 인종적으로 열등하다고 선언된 이민족에게만 적용되었던 것이 아니었다. 그것은 새로운 사회질서를 위한 사회정책의 하나로도 취해졌던 것이다. 이 경우 새로운 사회란 "반항적인 청소년, 작업장에서 빈둥거리는 노동자, 반(反)사회적 인간, 창녀, 동성애자, 직업적으로 무능하여 업적을 내지 못하는 인간, 장애자 등 규범에 어긋나는 모든 인간들이 인종주의에 입각해 제거된 사회"를 의미한다.[23] 나치의 이러한 인종주의의 기준은 소위 '나치유전학'이라고 하는 것에 근거해 이루어졌던 것으로 알려져 있다. 나치유전학은 "정상적인 인간으로 간주된 인민들의 업무능력과 태도를 규범화하고 또 그것을 분류하기 위한 평가기준을 제공했는데, 나치유전학이 목표로 했던 것은 독일의 피를 지닌 북방인종, 육체와 영혼 모두가 직각으로 행동하고 사고하는 인간, 사회적 순응형의 인간, 독일적 근면성" 등과 같은 것들이었다.[24]

나치정부는 그러한 나치 유전학에 입각해 유태인의 배척과 학살, 반사회적 집시들의 수용 추방과 학살을 자행했다. 또 나치정부는 유태인과 아리아인과의 결혼을 금지했고, 나중에 가서는 집시, 흑인 등과의 결혼까지도 금지했다. 또 나치 유전학에 의거해 강제불임 수술도 공공연히 자행해갔다. 예컨대, 제1차 대전 후 라인란트에 점령군의 일원으로 와 있었던 유색인 병사들과 독일인 여성 사이에 태어난 소위 라인란트 사생아라 불리는 어린이들은 강제로 불임수술을 받아야했다. 그러한 불임수술은 혼혈적 차원에서만 이루어 졌던 것이 아니라 일반적인 윤리적 관점의 차원에서도 이루어졌다. 다시 말해 "불임의 기준은 결국 일반적인 사회적 유용성이었고, 또 그것은 다시금 근면, 순응, 질서, 성취동기 등의 일반적 규범 여부"였던 것이다.[25]

3) 나치스가 제2차 세계대전을 일으킨 경위

히틀러는 정권 획득 직후인 1933년 2월에 쥬네브의 군축회의에서 군비평등권(軍備平等權)을 주장했다. 그러나 그의 그러한 주장은 영·미·프 3국에 받아들여지지 않았다. 그러자 독일은 그해 3월 일제가 국제연맹의 결정에 반발해 연맹으로부터 탈퇴했던 것과 뜻을 같이하여 그해 10월에 연맹을 탈퇴했다. 그 다음 독일은 1935년 3월에 구(舊) 연합군이 군축 등과 같은 베르사유조약을 충실히 이행하지 않는다는 이유로 재군비를 선언했다. 그 후 히틀러는 예컨대 1936년 12월 법령을 발포해 독일의 모든 소년(10~18세)·소녀(10~21세)를 히틀러 유겐트(Hitler Jugend)에 편입시켰다. 이와 같이 히틀러의 전쟁준비는 전 국민의 나치화를 통해 이루어졌고, 또 그것은 독일국가와 나치당의 모든 기관을 지배해가는 친위대를 통해 이루어졌던 것이다.

한편 가장 일찍 파시스트 정권이 수립된 이탈리아는 1936년 5월 에티오피아를 침략해 합병을 선언했다. 그러자 국제연맹이 이탈리아를 침략자로 규정해 경제적 제재를 가했다. 그러자 이탈리아도 그 다음해 연맹탈퇴를 선언했다. 그러자 독일은 전국민의 나치화 등과 같은 정책추진을 통해 획일화주의정책을 일단락 지은 다음 1936년 11월에 극동의 일제와 방공협정(防共協定)을 체결했고, 다음 해 11월에는 이탈리아가 그 협정에 첨가해 소위 파시즘 3국의 추축(樞軸)이 형성되었다. 그러자 히틀러는 즉시 1937년 3월 숙원의 독오합병을 완성시켰고, 1939년 3월에는 체코를 점령했다. 이어서 그해 9월에는 폴란드를 침공하게 되는데, 폴란드와 동맹관계에 있던 영·불 양국이 독일에 대해 선전포고를 하게 됨에 따라 독일의 폴란드 침공은 결국 제2차 세계대전으로 확대되었던 것이다. 독일군은 그로부터 약 9개월만인 1940년 6월에 파리를 점령해 프랑스와의 휴전협정을 체결한다. 이렇게 해서 독일은 유럽대륙을 제패한 다음 고압적 태도로 영국에 대해 화의(和議)를 제의했다. 그러나 당시 대독강경노선을 견지했던 처칠이 거국내각을 수립해 독일에 대한 총력전 체제를 취했다. 이에 대해 독일은 그해 8월 영국본토에 대해 대규모의 공습을 개시하였다.

그러나 영국은 레이더 장치와 항공술이 우수해 독일의 뜻대로 되지 않았고, 또 영국의 강력한 해군력은 상대적으로 약한 독일 해군의 영국본토 상륙을 허용하지 않았다. 그러자 독일은 대소(對蘇) 공격 쪽으로 방향을 바꾸어 1941년 6월 독소불가침 조약을 깨고 소련 영내로의 진격을 개시하였다. 그러자 이탈리아·루마니아·핀란드 등도 잇따라 대소 선전(宣戰)했다. 독일군은 소련의 레닌그라드와 수도 모스코바까지 진격했다. 그러나 전세는 1942년 3월 이후 독일군에게 불리해졌다. 한편 1941년 8월에 영·미가 전쟁에서 서로 협조한다는 대서양헌장을 발표하였고, 그 해 9월에 소련이 이에 서명함으로써 미·영·소의 제휴가 이루어졌다.

이상과 같은 측면에서 제2차 세계대전을 고찰해 봤을 때 그 대전의 발발과 확대의 배경에는 영미제국이 깊게 관여되어 있음을 알 수 있다. 영미제국은 제1차 대전에서 패배한 독일제국이 자신들의 군사적 경제적 제국주의적 경쟁 상대가 더 이상 될 수 없도록 패전국 독일을 상대로 한 베르사유강화조약 체결을 통해 완전히 벌거벗은 독일을 기둥에 꽁꽁 묶어 두는 식으로 전개되었다. 또 그들은 베르사유강화 체결 후 일제의 극동제패의 위험성을 예방하기 위한 목적으로 워싱턴 회담(1921.11~1922.2)을 통해 일제의 해군력을 제한해 두었다. 유럽에서의 제2차 대전은 그러한 영미에 대한 독일의 반발로부터 야기된 것이고 동아시아에서의 그것 또한 같은 맥락에서 파악될 수 있다. 이 경우 독일은 민족주의를 고취시켜 그것을 사상적 기반으로 해서 베르사유체제를 돌파해나가려 했던 것이다. 베르사유체제, 그리고 제2차 대전 중 독일인들에게 고취된 민족주의는 두 종류로 분류된다. 우선 하나는 히틀러가 빈 생활 때에 직면했던 것이었는데, 범슬라브주의와 맞물려 오스트리아를 중심으로 해서 형성된 '전독일주의(Alldeutschtum)'라고 이름 붙여진 독일민족주의였다. 이것은 1880년대 이후 합스부르크제국(오스트리아와 헝가리로 구성된 제국)에서 슬라브계민족의 대두, 유태민족의 사회적 진출, 범슬라브주의를 취해가는 합스부르크제국 등에 대항해 독일계 주민을 기반으로 해서 게오르그 본 쉐네라(Georg von Schönerer, 1842~1921) 등을 지도자로 해서 형성된 민족

운동이다. 이 운동의 기본적 방향은 독일민족의 우위성 주장, 합스부르크제국의 해체를 통한 독일과의 병합 등을 실행하는 것이었다. 다른 하나는 1890년대에 형성된 '독일연맹(全独逸聯盟, Alldeutscher Verband)'이다. 이것은 반영제국(英帝国)에 대립해 독일민족의 인종적 우수성 주장을 전제로 해서 중구(中歐) 통합을 통한 독일민족의 유럽제패를 목표로 한 운동이었다. 히틀러는 제1차 대전 후 베르사유체제에서 '전독일주의'와 같은 이데올로기와 '독일연맹'과 같은 우익단체 등을 이용해 '제3제국'이라 불린 독재체제를 구축한 뒤 1939년 나치스에 의한 전유럽 제패를 구상한 시점에 와서는 '전독일주의'와 같은 이데올로기와 '독일연맹'과 같은 단체 등을 해체시켜 나치스체제 속에 편재시켜 버렸다.

이러한 측면에서 고찰해볼 때 히틀러가 그처럼 인접 국가들의 침공행위를 지속했던 주된 이유는 다음과 같은 두 가지였다고 할 수 있다. 우선 하나는 독일로 말할 것 같으면 영미제국이 주도해 이루어진 불합리한 베르사유조약 개정을 위해서라 할 수 있고, 다른 하나는 히틀러의 전유럽 제패의 망상 때문이었다 할 수 있다.[26] 히틀러는 1934년 힐덴부르크 대통령의 사망을 계기로 정권이 장악되자 전통적인 연방적 국가조직을 폐지시키고 나치당과 독일국가를 동질화·획일화시켜 나갔다. 히틀러의 그러한 획일화주의정책의 추진 배경에는 우선 전쟁을 통해 독일 민족을 베르사유 체제로부터 해방시켜야 한다는 것이고, 해방된 독일을 주축으로 한 게르만민족의 세계 지배가 이루어져야 한다는 사상이 숨겨져 있었다고 하는 것이다.

필자가 이상과 같이 본장을 통해 히틀러의 부상과 그의 인종주의정책을 지나칠 정도로 길게 다루었다. 그 이유는 히틀러의 그러한 무모한 독재 정치와 인종주의 정책이 만주사변 이후 일제의 대륙침략 정책에 지대한 영향을 끼쳤기 때문이었다. 그러면 그의 그러한 독재정치와 인종주의 정책이 어떠한 식으로 일본의 대륙침략에 영향을 끼치게 되었는지에 관해 고찰하기로 한다.

3. 대전시 일제의 인종정책

1) 극동에서의 제2차 대전의 발발과 전개 경위

일제는 유럽에서 1939년 9월 제2차 대전이 일어나자, 당시 중일 전쟁이 장기전으로 빠져들고 있었기 때문에 처음에는 중립적 입장을 취했다. 그러다가 1940년 6월에 프랑스가 독일에 항복해 추축측(樞軸側)의 우세가 드러나게 되자, 일본의 군부 내에서는 추축측과의 군사적 동맹의 필요성이 제기 되었다. 그러한 상황에서 군부가 지지하는 귀족정치가 고노에 후미마로(近衛文麿, 1891~1945)가 7월에 추밀원(樞密院) 의장을 사임하고 '신체제운동'을 전개시켜 나갔다.

그에게서의 신체제운동이란 무엇이었던가? 앞에서 언급한 바와 같이 독일의 히틀러가 자신이 창립한 나치스 정당으로 일당 독재체재를 구축한 것은 물론 자신의 개인적 정치적 야망이 있었겠지만 베르사유 체제로 꽁꽁 묶인 독일의 정치적 현실을 타파해 나가기 위해서였다는 입장을 취해볼 수 있다. 당시 히틀러는 독일이 직면해 있던 암울한 현실을 타개해가기 위한 유일한 방법이란 전 독일국민들에게 독일민족의 우월성을 주입시켜 그들을 나치스 당원들로 만든 후 그들로 하여금 전 유럽을 제패하는 길 밖에 없다고 생각했다. 독일이 그러한 전략을 취해 외세에 묶인 자신들의 정치적 현실을 타개해가려 했듯이 중일전쟁을 일으켰던 일제의 고노에 후미마로에게도 중국이 일제의 손아귀로 들어오자 중국을 비롯한 동아시아 전체를 지배해갈 수 있는 새로운 정치적 조직의 구성에 대한 필요성이 제기되지 않을 수 없었다. 그래서 그는 그러한 기초 작업의 하나로 시작한 것이 다름 아닌 바로 독일의 나치스당에 해당되는 새로운 정당 창립운동이었다. 당시 그의 정치적 배경은 군부와 천황가였다. 그래서 그는 그들의 의견을 받아들여 군부와 정치 단체를 통제해갈 수 있는 일국일당(一國一党)의 정치체제를 구상했었다.

그러한 창당운동의 성과는 우선 동년 7월 기존의 각 정당들의 자발적 해체로 나타났다. 그러한 정치적 분위기 속에서 동월(同月)에 친영미 측의 해군출신 요나이 내각(米內內閣, 1940. 1~7)이 독이일(独伊日) 삼국동맹 강화를 주장하는 육군 측에 의해 타도됨에 따라, 이어서 제2차 고노에 내각이 성립되었다. 그로부터 2개월 후인 1940년 9월 고노에 내각은 독이일 삼국 군사동맹을 맺게 되고, 즉시 대동아공영권(大東亞共栄圏)의 건설을 외치면서 대외적으로는 남진정책을 추진해 프랑스령 인도차이나 북부를 점령했고, 대내적으로는 그 다음 달에 우선 일차적으로 대정익찬회(大政翼贊会)를 발족시켜 그 속으로 우선적으로 자발적 해체를 단행한 기존의 정당들을 몰아넣었다. 그러나 그의 그러한 신체제운동은 일제가 그다음 해인 1941년 12월 8일 진주만 공격을 시발로 제2차 대전에 참가하게 됨에 따라 그들의 지배예상지역이 동아시아지역으로부터 동남아시아, 인도, 태평양 등의 지역까지로 확장되어 나감에 따라 그 이념성이 변질되어 결국 대전 말에 해산되고 말았다.

일제는 독이와의 동맹체결을 계기로 해서 소위 대동아공영권(大東亞共栄圏) 건설이라고 하는 것을 주창했고, 또 프랑스 본토가 추축국의 손아귀에 들어갔음을 감안하여 프랑스령(領) 인도차이나 북부지역에 대한 불법 점령을 시작으로 남진(南進)정책을 추진시켜나갔다. 그러자 동남아시아 국가들을 자신들의 식민지로 관리해온 영국, 미국, 화란 등의 국가들은 일제에 대해 적대적 입장을 취하지 않을 수 없게 되었다. 그 결과 영미 양국은 일본 자산 동결을, 화란은 대일(對日) 통상을 각각 단행하였고, 한걸음 더 나가 미국은 대일 전략물자(戰略物資) 수출 제안을 취해 나갔다. 그러한 과정에서 1941년 4월 일제는 독소불가침조약을 본떠 일소 중립조약을 체결했는데 그해 6월에 독소전(独蘇戰)이 일어나자 일본의 일각에서 독소전 즉시참전이라는 주장들이 제기됨에 따라 당시 일본에서는 남진론과 북진론이 양존해 가게 되었다. 그러다가 그해 7월에 가서 일제는 독소전에서의 독일의 승리가 확실시 될 때 북진하고 그 전까지는 남방으로의 적극적 진출이 필요하다는 입장을 취한 나머지, 프랑스령 인도차이나에 진주했다.[27] 그러자 미국은 8월에 와서 일본에 대한 석유수출금지를 단행했다. 이렇게 미일관계가 악화되자 동년 9월 어전회의(御前会議 : 메이지

시기부터 태평양전쟁 종결까지 국가의 중요한 사건을 접했을 때 천황 출석 하에 행해진 최고회의)에서 대미전쟁준비가 결정되었다. 그러나 미국의 대한 고노에 내각의 입장의 통일되지 않아 결국 고노에 내각은 퇴진하고 대신, 미국 에 대해 강경한 입장을 취했던 육상(陸相) 도조 히데키(東條英機)가 수상이 되어 동년 10월에 가서 도조 히데키(東條英機) 내각(1941.10~1944·7)이 성립 되어 나왔다. 도조 히데키(1884~1848)는 육군대장 출신으로 1937년 관동군 참모장을 지낸 사람이기도 했다. 11월 말에 미국이 중국과 프랑스령 인도차이 나로부터의 일본군의 철수와 3국 동맹 폐기 등을 요구해 오자 당시 육상(국 방부장관)과 내상(內相: 행정자치부)을 겸임하고 있었던 수상 도조 히데키가 12월 1일 대 영미 개전을 결정하고 동월 8일에 진주만공격을 실행에 옮겼 다. 일제는 그것을 계기로 해서 그 이듬해 1942년 6월까지 동남아시아 전 지역을 점령하였다. 그러나 그동안 전비(戰備)가 제대로 갖추어지지 않아 수세 에 몰렸던 미영 중심의 연합군이 6월부터 뉴기니아의 과달카날 섬 탈환을 계기로 해서 반격에 나서게 되었다. 한편 1942년 6월에 시작된 독소전에서도 그해 8월까지 독일이 스탈린그라드를 포위하는데 성공하는 등 전쟁의 주도권 을 잡아가다가 그 후 전세가 소련 쪽으로 기울게 되었고, 그로부터 2년 후인 1944년 1월에는 소련군은 스탈린그라드를 회복한 후 독일군을 소련 영토 로부터 축출해 동유럽으로 진격해 나갔던 것이다. 1940년 6월에 독일 쪽에 가담해 참전한 이탈리아의 경우는 1943년 9월 연합군에 대한 무조건 항복과 독일군에 대한 선전(宣戰)이라는 입장을 취했다. 독일의 패배는 1945년 2월에 가서 확실해 졌고, 항복은 5월에 이루어졌다. 유럽에서의 전쟁은 이렇게 해서 끝나게 됐지만 동아시아에서는 일제의 항복이 이루어진 8월까지 지속되었던 것이다.

2) 대전시 민족학자 오카 마사오의 행적과 그의 알타이 민족의식

일제는 중일전쟁 이후 두 차례에 걸쳐 히틀러 나치정부와 정치적, 군사적 협정을 맺었다. 첫 번째는 1937년 11월 일제가 나치정부와 독이일 방공협정(独伊日防共協定)을 체결한 바 있다. 당시 독일은 국가의 모든 권력이 히틀러 한 사람에게 몰려 있었고 나치당의 일당독재의 정치체제를 취하고 있었다. 게다가 국가통치 상의 획일주의와 유태인 배척운동이 전개되어 나갔으며, '베르사유의 치욕'을 말끔히 씻어내야 한다고 하는 독일민족의 유럽제패를 목표로 하는 전쟁의 분위기가 형성되어나가고 있었던 시기였었다. 두 번째는 1940년 9월 일제가 그 전년 9월에 유럽지역에서 제2차 대전을 일으킨 독·이와 군사동맹을 체결했던 것이다. 유럽지역에서의 이 전쟁은 독일민족 우월주의사상으로 무장된 나치당원에 의해 완전 장악된 독일이 유럽제패를 목표로 일으킨 전쟁이다. 독일인들은 게르만민족인 자신들이 유럽인종들 중에서 가장 우수한 인종이고, 또 게르만민족들 중에서도 가장 순종에 해당 되는 민족이라는 의식을 지니고 있었다.

대전 중의 일제는 바로 이러한 인종정책을 중핵으로 한 정책을 취해가는 나치 독일과 정치적 군사적 협정을 체결했기 때문에 나치독일이 대전 중에 취했던 그러한 인종정책에 대해 관심을 갖지 않았다고는 결코 말할 수 없다. 그렇다면 일제는 어떠한 경로를 통해 나치독일의 인종정책에 대해 관심을 가지기 시작한 것인가? 앞에서도 언급한 바와 같이 오카 마사오가 빈 대학에서 민족학을 연구하고 귀국한 것은 1935년 4월이었다. 그는 귀국한 그해 10월부터 외무성(外務省)과 일독(日独)협회의 회장을 지낸 실업인 미쓰이 다카하루(三井高陽, 1900~1983)의 간청으로 일오(日墺)협회 전무이사직을 맡게 되고, 중일전쟁이 발발한 그 다음해인 1938년 1월부터는 오스트리아 빈 대학의 객원교수가 되었다. 그해 3월 독오합병이 이루어져 그해 10월부터는 미쓰이 씨가 빈 대학에 기증한 일본학연구소를 주재하게 된다. 그는 빈에서 그러한 일을 하면서 나치스의 민족정책에 관한 정보를 입수 한다. 당시 빈에는 일본정부로부터 파견되어 현지에 주재해 있던 무관(武官)이 있었다. 그는 그와 절친한 관계였고, 또 오카 마사오가 한 학기간의 휴가를 얻어 빈으로부터 귀국한 것은 제2차 고노에 내각이 성립되고 2개월 후인 1940년 11월의 일이었다. 그는 그때 시베리아철도를 이용해 귀국했는데, 그 기차 속에서 '쇼와(昭和)통상'이라는 이름을 한 군사국책회사의 조사부장 직에 있던 사지마 게이아이(佐島敬愛)라는 인물을 만났다. 그는 그의 육군 인맥을 통해 군부와의 두터운 관계를 만들어간다.[28] 우선 그 다음 달부터 군부인맥을 이용해 1935년 귀국 직후 APE(Anthropology · Prehistory · Ethnology)연구회를 만들 때 뜻을 같이했던 종교사회학의 후루노 기요토(古野淸人, 1899~1979), 동양사의 에가미 나미오(江上波夫) 등과 국립민족연구소의 설립운동을 시작해 그 이듬해 6월 결실을 보게 되었다. 그는 1941년 6월에 빈으로 돌아가려했었다. 그러나 동월에 독소전쟁이 발발해 돌아가지 못하고 대신 동년 10월, 그러니까 태평양전쟁이 발발하기 2개월 전에 참모본부 촉탁에 위촉되어 근무하게 된다. 그 때부터 그는 천황 직할의 군령기관(軍令機關)인 참모본부가 기획한 점령지역의 민족정책에 관여하게 되어, 일제의 지배하에 있는 동아시아의 만주국, 조선 등과 같은 지역을 방문한다. 1941년 12월 태평양전쟁 발발 이후부터는 동남아시아의 필리핀, 프랑스령 인도차이나, 타이, 미얀마, 스마트라, 보르네오 등의 민족들의 사정들을 시찰하였다. 그가 그러한 일을 해가는 과정에서 그 전해 6월 각의(閣議)에서 결정된 국립민족연구소 설립이 1942년 7월에 민족연구소를 문부성 직할연구소로 개설하기로 결정되고, 또 그 해 11월에 가서는 1934년에 설립된 일본민족학회를 재단법인 일본민족학협회로 개칭해 개설 예정된 민족연구소의 협력외곽기관으로의 성격도 구비시켜졌다. 1943년 1월 민족연구소 설립이 공포되고 그가 그 연구소의 총무부장으로 임명되었다. 그는 그간의 여러 점령지역들의 방문과 시찰들을 통해 얻은 지식을 기초로 해서 민족연구소 발행의 『민족연구소 휘보 1호』(1944)를 통해 「동아민족학의 한 존재방식」이란 논문을 발표했다. 이 논문에 '동아민족학'이란 용어가 처음으로 등장했다.[29]

그에게서의 동아민족이란 거대한 동아시아 지역에서 살고 있는 모든 민족들을 의미하는 말이었고, 동아민족학이란 한 마디로 동아민족들을 연구하는 학문이란 뜻인데, 그는 그 학문이 추구해나가는 목표를 다음과 같이 제시하였다. 유럽에서의 경우 "'단(單)'민족학 내지 '자(自)' 민족학은 동질동계(同質同系)의 '다(多)' 민족학 내지 '이(異)' 민족학으로 확대 발전해 나왔다." 유럽에서 슬라브민족들 사이에서 일어난 범슬라브주의나 게르만민족들 사이에 일어난 범게르만주의는 슬라브민족학이나 게르만민족학이 성립시킨 관념들이라 할 수 있다. 이러한 점들을 고려해봤을 때, 그에게서의 동아민족학은 동아시아 민족들 사이에 존재하는 동질동계의 것들을 찾아내서 그들을 하나로 묶을 수 있는 게르만민족주의라든가 슬라브민족주의 등과 같은 관념을 확립시켜나가는 학문으로 정립되었다.

그런데 근대로 들어와 일본에서도 유럽에서 성립된 범슬라브주의나 범게르만주의에 대응해 범아시아주의라고 하는 관념이 형성되어 나왔다. 그러나 이 범아시아주의는 지역을 기반으로 성립된 말이지 범슬라브주의나 범게르만주의의 경우처럼 동일어족을 기반으로 해서 형성된 관념이 아니다. 오카 마사오는 바로 이 점을 고려하여 범아시아민족주의를 대신해, '일본어가 그 문법적 구조라든가 모음조화 등과 같은 점에서 알타이어의 특징과 거의 일치해 있다는 것이 거의 모든 언어학자들의 인정하는 점'이 감안되어 알타이민족이란 용어를 주축으로 해서 일본민족을 중핵으로 한 동아민족들을 하나로 일관시킬 수 있는 관념을 창출해보려 했던 것으로 고찰된다.[30]

알타이민족이란 유라시아 대륙의 중앙부에 위치하는 알타이 지역을 중심으로 해서 동서로는 캄차카반도 서단으로부터 발칸반도까지, 남북으로는 시베리아 북부로부터 중국의 서남부까지 분포되어 투르크족, 몽골족, 퉁구스족 등의 경우처럼 언어학적으로 친족관계를 형성하고 있는 여러 민족들을 가리킨다.

일본의 민족학 분야에 우랄·알타이민족에 관한 것이 서구의 인류학, 민족학 분야로부터 알려지기 시작한 것은 제1차 세계대전이 발발했던 시기로 고찰되고 있다. 언어·민족학자 이마오카 쥬이치로(今岡十一郎)는 독일의 언어·민족학자 하인리히 빈크렐르(Heinrich Winkler, 1848~1930)의『우랄알타이민족의 인류학적 고찰(Die Uralaltaische Völker und Sprachen)』(1884)을 1970년에 병상에서 번역했는데, 그는 "우랄·알타이민족이라고 하는 말을 내가 처음으로 알게 된 것은 1914년 봄, 도쿄 외국어대를 졸업할 시점"이었다고 말하고 있다.[31] 그는 그 책의 '역자의 말'에서 당시 독일어과의 주임교수의 위촉으로 헝가리의 한 민속학자의 지시마(千島)·홋카이도(北海道) 연구 여행에 독일어 통역으로 자신이 동행하게 되었는데, 그때 그 민속학자로부터 유럽에서의 우랄·알타이어족에 대한 연구에 대한 이야기를 듣게 되었을 때였다는 것이다.

그런데 유럽에서의 알타이어족·민족에 대한 연구는 1730년 스웨덴에서 스트라렌베르크(Johan von Stralenberg, 1676~1747)에 의해 출판된『유럽 및 아시아 북부와 동부』를 통해 처음으로 제안된 것으로 고찰되고 있다. 유럽에서는 20세기로 들어와서 그때 이래 꾸준히 축적되어 온 알타이어족에 대한 연구의 성과를 배경으로 본격적 연구가 행해지게 되었다. 그러한 본격적 연구에 뛰어들었던 자들 중의 한 사람이 핀란드의 동양어학자로 알타이 비교언어학의 권위자 구스타프 존 람스테트(Gustaf John Ramstedt, 1873~1950)이었다. 그의 주된 학문적 업적은 '알타이 제어(諸語)의 계통론'이었다. 그는 1898~1901년에는 몽골의 우란바르트 등에서 몽골어를 연구했고, 1919~1930년에는 초대 일본 공사로 근무하면서 조선어 문법도 연구했다.

논자가 여기에서 말하고자 하는 것은 1920년대 후반 오카 마사오의 알타이 민족 연구에 대한 출발은 서구의 람스테트 등의 알타이 어족 연구 성과를 배경으로 해서 행해졌다고 하는 것이다. 보다 구체적으로 말하자면 유럽의 우랄·알타이어족 연구자들의 연구 성과들이 제1차 세계대전 이후에 일본에 소개되어 그것들이 일본의 민족학계에 알려지고 또 알타이어가 민족학자들에 의해 연구되는 과정에서 일본의 학계를 통해 알타이민족의식이 형성되어 나왔다고 하는 것이다. 오카 마사오가 빈 대학에서의 3년간의 연구 결과로서 그

대학에 제출한 그의 박사학위 논문은 「고일본의 문화층(Kulturschichten in Alt-Japan)」이었는데, 그의 그러한 연구도 그가 빈 대학에서 습득한 문화인류학의 한 방법론으로서 성립된 '문화권설(Kulturkeislehre)'에 입각해 이루어진 것이다. 그의 지도교수인 W. 슈미트가 확립시킨 문화권설에서의 문화권의 성립지표들 중의 하나는 동일언어권이다. 오카 마사오는 그의 지도교수의 그러한 문화권론에 입각해 '고일본'이 소속된 문화권을 알타이어계의 언어들이 행해진 알타이문화권으로 상정했던 것으로 고찰 된다.

오카 마사오가 빈 대학에서 민족연구소를 주재해갔을 당시 오스트리아를 장악하고 있었던 세력은 나치스였고, 또 그 나치스를 장악하고 있었던 세력은 친위대(親衛隊, SS)였는데, 그들은 나치스당의 핵심사상이라 할 수 있는 인종주의사상에 입각해 독일 게르만민족의 순결성 보존정책, 열등민족 절멸 정책 등과 같은 인종정책을 추진해 나갔다.[32]

일제는 독일의 그러한 인종정책을 모델로 해서 독일의 게르만 민족의식에 대응될 수 있는 알타이민족의식이라고 하는 것을 자각시켜 그것을 주축으로 한 대동아민족에 대한 의식을 형성시켜 나간다는 입장을 세운다. 그러한 민족정책의 수립은 중일·태평양 전쟁 등과 같은 전시 하에서 민족학자들에 의해 행해졌었다. 그 대표적인 인물들이 전후에 '기마민족 일본정복설'(1949. 2)을 발표한 에가미 나미오(江上波夫, 1906~2002) 등과 같은 자들이었다.

우리가 전후 에가미 나미오의 기마민족 일본정복설의 출현 배경을 세심히 고찰해 보면 일본 민족 기원론의 대표적 학자 오카 마사오(岡正雄)의 학술적 행적이 파악된다. 그는 천황가가 3~4세기경에 일본에 침입해 들어와 일본국을 세운 기마민족으로부터 출현했다고 말하고 있다.[33] 또 그는 그 기마민족이 알타이계의 민족이라는 입장을 취했다. 여기에서 우리는 왜 그가 중국의 한족을 비롯한 대동아민족이 알타이민족을 주축으로 해서 형성되어야한다는 입장에 대한 이론적 배경에 대한 이해가 가능해지게 되는 것이다.

3) 전시 일제의 민족정책과 에가미 나미오의 기마민족의 일본정복설의 구축 배경

이상과 같이 고찰해볼 때 중일전쟁에서 태평양전쟁 기간의 일제의 민족정책은 군부에 의해 그 기본방향이 제시되었고, 또 그 군부의 민족정책은 일본군국주의 정부와 정치적, 군사적 협력관계에 있었던 독일의 나치정부의 민족정책을 모델로 해서 입안되었다는 입장이 취해진다. 일본의 군부가 나치정부를 모델로 민족정책을 취하게 된 것은 히틀러를 반(反)유태민족주의자로 성장시킨 빈에서 일본민족을 연구한 오카 마사오와 같은 인물이 있었기 때문이라 할 수 있다.

일제는 1937년 7월 중일전쟁이 북경의 외곽지역에서 시작되어 그로부터 5개월만인 동년 12월에 남경을 점령하고, 이어서 광주(廣州)와 무한(武漢)을 점령하였다. 전쟁이 발발해 2개월 만에 일본군이 당시 수도(首都)였던 남경쪽의 항주만(抗州灣)에 상륙하자, 중국 국방최고위원회는 남경과 무한에 군사위원회만을 남기고 정부를 내륙 깊숙한 곳에 위치해 있는 중경(重慶)으로 옮겼다. 그로부터 일본군은 20여일만인 동년 12월 13일에 남경을 함락시켰고, 그로부터 11개월만인 1938년 10월 중국 국방최고위원회의 군사위원회가 주둔해 있는 무한까지를 점령하게 되었던 것이다. 그렇게 해서 전세(戰勢)는 일본군쪽으로 기울게 되었다. 전쟁 초부터 중국 측은 지구전(持久戰) 전술을 취했고 일본의 경우는 전세가 자신들에게 기운 시점에서 장기전(長期戰)이라고 하는 전략을 모색하게 되었던 것이다.[34]

일제는 무한을 함락시킨 시점, 보다 정확히 말하자면 고노에 내각(近衛內閣)이 일명 '동아신질서성명(東亞新秩序聲明)'이라고 하는 제2차 고노에성명(1938년 11월 3일)을 발표했다. 이 제2차 성명의 내용은 남경을 점령하고 남경학살을 자행한 직후 발표한 제1차 고노에성명(1938.1.16)과는 대치되는 것이었다. 제1차 성명 때는 '국민정부를 상대로 하지 않는다'라는 것이었다. 그러나 제2차 성명 때는 태도를 바꾸어 일본의 전쟁 목적은 '동아 신질서의 건설에 있기 때문에 중국이 참가하기를 바란다'라는 내용이었고, 이어서 1개월 반 만에 나온 제3차 성명은 '선린우호(善隣友好), 공동방공(共同防共), 경제제휴(経済提携)'가 전쟁의 목적이라는 것을 골자로 하였다. 이렇게 일제의 중국점령정책은 1938년 10월 무한 점령을 기점으로 전환해 나왔던 것이다. 우선 정치적 측면에서 고찰해볼 때 일제의 이러한 태도 변화 이면에는 분명히 일본 나름의 정치적 전략이 숨겨져 있었다. 첫 번째로 말해볼 수 있는 것은 다음과 같은 것이다. 일제는 남경을 점령하고 1938년 3월에 중화민국 유신정부라고 하는 괴뢰정부를 세웠고, 또 일제는 중경의 중국국민당 정부에서 총재 장개석과는 달리 일제와 평화협정을 체결해가기를 희망하는 입장을 취하고 있던 부총재 왕정위(汪精衛)를 끌어내서 그로 하여금 남경에서 국민정부를 세우게 하였다.[35] 그래서 그러한 친일 괴뢰 정치단체들을 세워 중국을 지배해간다는 점령정책을 실현해갔던 것이다. 또 하나는 일본군의 중국침략을 저지하려는 저항세력, 즉 국공합작을 통해 이루어진 항일민족통일전선의 분열을 유도하였다는 것이다. 일제의 그러한 정책전환은 일본군이 전쟁 초기에 택했던 속전속결의 전략으로는 결코 승리할 수 없다는 사실을 깨닫고 장기전이라는 전략을 취하게 됨으로써 이루어진 것이었다고 할 수 있다. 이 시점을 기해 일본 국내의 역사학계와 민족학계 등에서도 그때까지와는 다른 시각이 형성되어 나왔다. 예컨대 1938년에 출판된 쓰다 소키치(津田左右吉, 1873~1961)의 『지나(支那)사상과 일본』(岩波新書)이 '대동아 단결에 반(反)하는 「東亞抹殺論」'이라 하여 한 민간우익단체의 비판 대상에 올라 결국 법정문제로 비화되어 판금 처분된 사건이 있었다.[36] 그 법정사건에 대해 오구마 에이지(小熊英二)는 한마디로 말해 "쓰다 재판은 단일민족론이 동양부정론이 되어 침략에 도움이 되지 않기 때문에 탄압당한 사건이었다"라고 말하고 있다. 무한 점령 이전까지만 해도 중국의 유교사상이 일본문화에 끼친 영향이란 지극히 파상적이었다는 입장은 일본의 학계나 사상계에서 높이 평가될 수 있는 것이었다. 그러나 무한점령 이후 일분의 군부는 그러한 중국문화 폄하 등과 같은 입장은 중국인들을 회유해 가고 분열시켜 가는데 결코 도움이 되지 않는다는 쪽으로 나가게 되었던 것이다. 바로 이러한 사건은 그 후 일본의 군부가 자신들의 점령지에 대해 어떠한 민족정책을 취해갈 것인지에 대해 명확히 예견해주는 것이었다.

무한점령 이후 일본의 민족학계에서는 일본민족이 단일민족이라는 단일민족론과 일본민족이 혼합민족이라는 혼합민족론, 이 두 종류의 민족론이 대두되어 일제의 침략전쟁에 그 나름의 역할들을 행해가고 있었다. 우선 단일민족론은 도쿄제국대의 이학부에 최초로 인류학과를 창설한 하세베 고톤도(長谷部言人, 1882~1969), 교토제대에서 절도사건으로 퇴직한 후 국책단체에 가담해 대동아공영권의 이데올로기 선전에 힘써갔던 기요노 겐지(淸野謙次, 1885~1955) 등이 그 대표적 인물들이다. 이들에서의 단일민족론이란 일본민족의 원향(原鄉)이 어디냐에 대한 문제가 추구되는 과정에서 취해진 입장이다. 두 인물들 모두 일본민족의 원향이 일본열도라는 입장을 취한다. 그들의 단일민족론은 그러한 시각에 의거한 것이라 할 수 있는데, 그렇다고 해서 그들의 단일민족론이 동일했던 것은 아니었다. 하세베 고톤도에 의하면 '인류 초발 후 어느 시점에서 일본인은 이 일본의 땅을 점거했기 때문에 초발의 지역을 제외하면 일본 이외에 일본의 향토는 없다. 이렇게 생각해볼 때 석기시대인이 일본인이 되는 것은 지극히 당연한 것이다'라는 입장을 취했다.[37] 그의 그러한 입장은 그가 1942년 4월 태평양전쟁 중 기획원에 제출한 「대동아건설에 관해 인류학 연구자로서의 견해」라고 하는 글의 내용을 뒷받침하고 있다.[38] 이에 대해 기요노 겐지는 중일전쟁의 열기가 최고조에 달했던 1938년에 발표한 「고분시대 일본인의 인류학적 연구」를 통해 설혹 일본석기시대의 체질은 혼혈에 의해, 또 환경과 생활상태의 변화로 현대일본인이 되었지만, 새 인종을 통한 교대와 같은 인종의 체질적 변화는 없었다는 입장이었다.[39]

그렇다면 그들의 단일민족론은 대동아공영권 설립에 어떤 식으로 기여해가려 했던 것인가? 그들의 단일민족론은 우선 일차적으로 전시에서의 일본인의 통일성을 강조해가기 위한 논리적 근거를 제시해 갔다. 두 번째로 그것은 하세베 고톤도 등에 의해서는 유전학에서의 순혈 우종론적 측면에서의 일본민족의 인종적 우수성을 강조해 가기 위한 이론적 근거로 이용되었고, 기요노 겐지 등에 의해서는, "황실은 신대(神代)부터 일본국의 황실이었고, 일본국 이외의 다른 지역에는 없다"라는 입장을 취해 단일민족으로서의 문화적 우수성을 강조해 가기 위한 논거로 사용되었던 것이다. 그런데 논자가 여기에서 강조하고자 하는 것은 일제의 무한점령 이후 그들의 그러한 단일민족론이 나치독일의 인종주의정책을 모델로 해서 일본민족을 알타이민족의 순종으로, 한국민족을 유태민족 등으로 대응시켜 나가려는 입장을 성립시켰다는 것이다. 그 일제는 그 전까지 만해도 한반도의 한국인, 만몽지역인 등의 알타이계의 제민족을 일본민족과 같은 동일 인종 집단으로 보려는 인종정책을 취한 것이다. 그러나 무한점령 이후 일제의 단일민족론자들과 군부의 일부는 일본민족을 아시아에 존재하는 여타의 다른 민족들과 구분시켜 일본민족을 주축으로 해서 아시아의 제민족을 지배해간다는 논리적 근거를 세워나갔던 것이다. 가쿠슈인(学習院) 대학 교수 시라도리 구라키치(白鳥庫吉, 1865~1942)는 1938년의 문부성 교학국(文部省教学局)을 통해 출판한 「日本諸学振興委員会研究報告」에서 『일조동조론(日朝同祖論)』의 저자 가나자와 쇼자부로(金沢庄三郎, 1872~1967)를 비롯해 도리이 류조(鳥居龍蔵, 1870~1953) 등을 비판하였다. 그 주된 이유는 그들의 혼합민족론이 일본민족의 일체화를 통해 점령지역을 황국화시켜 나가기에 절대 불리하다는 생각을 했었기 때문이다. 또 오카 마사오 등이 세운 민족연구소의 제1부장이었던 고야마 에이조(小山 榮三)도 『남방건설과 민족인구문제』(南方建設と民族人口問題, 1944)를 통해 대동아공영권의 통치대책에 대해 "대동아건설은 일본을 정점으로 하는 민족 질서의 수직적 구조에 의해 세워져야만 한다"라는 입장을 취하고 있다. 단일민족론은 바로 이러한 입장의 논거를 제시했던 것이다. 무한정벌 이후 이러한 단일민족론에 맞서 혼합민족론이 대두했다. 그 이유는 '침략을 찬미하고 동화정책을 추진시키고 징병이라든가 동원 등을 행해가기에는 동조론이라든가 혼합민족론이 편리하기 때문이었다.'[40] 교토제국대의 사회학과 교수였고 민족연구소장이기도 했던 다카다 야스마(高田保馬, 1883~1972)도 『민족연구소기요』(1944) 등을 통해 혼합민족론의 입장에서 민족정책의 기조를 제시했다.[41]

전시에 국립민족연구소 설립에 절대적 역할을 했던 오카 마사오의 경우도 혼합민족론의 입장을 취했다. 패전 후 3년만인 1948년 5월 도쿄 간다(新田)의 한 찻집에서 3일간 '일본의 민족・문화의 원류와 일본국가의 형성'에 대한 좌담회가 이시다 에이이치로(石田英一郎, 1903~1968)의 사회로 오카 마사오, 고고학자 에가미 나미오(江上波夫, 1906~2002) 등에 의해 개최된 바 있었다. 그 좌담회의 내용은 일본민족학협회의 기관지『민족학연구』(1949. 2)에 공표 되어, 에가미 나미오의 '기마민족정복설(騎馬民族征服說)'로 귀착되어 나왔다. 그런데 논자가 여기에서 논하고자 하는 것은 에가미 나미오의 배후에 민족학 자 오카 마사오(1898~1982)가 있었다는 것이다. 보다 구체적으로 말하자면, 에가미의 그 학설은 전시 중 문부성직할연구소의 총무기획부장이었고 에가미 보다 8세 연상의 도쿄대학 대선배였을 뿐만 아니라 빈대학에서의 다년간의 독일을 주축으로 한 유럽의 민족연구에 종사해 왔었던 오카 마사오의 견해를 기초로 해서 성립해 나왔다는 것이다.[42] 에가미 나미오의 '기마민족정복설'은 한 마디로 말해 알타이민족으로부터 출현한 대륙 북방의 기마민족이 한반도를 거쳐 일본 규슈지역, 야마토 지역 등으로 쳐들어가서 이미 그 곳을 선점해 살고 있던 아이누인 등을 정복하여 세운 국가가 다름 아닌 바로 천황가주축의 고대일본국 야마토국(大和国)이라고 하는 것이다. 에가미 나미오와 오카 마사 오 등이 세운 기마민족일본정복설의 핵심은 기마민족(일타이민족)이었던 일 본의 천황족이 대륙으로부터 도일해 일본을 선점해 살고 있던 이민족 아이누 족 등을 정벌했다고 하는 것이다. 다시 말해 이 학설의 요체는 첫째 천황족의 원향(原鄕)이 일본의 규슈나 야마토 지역이 아니라 아시아대륙의 알타이어족 의 언어가 쓰이는 지역이라는 것이고, 두 번째는 천황가를 지탱시켜온 일본민 족이 결코 단일민족이 아니라는 것이다. 바로 이러한 입장이 오카의 견해를 바탕으로 해서 성립되었다는 것이다.

그렇다면 오카의 일본민족에 대한 그러한 입장에 대한 기초는 어떻게 형성 되어 나왔던 것인가? 그가 빈대학으로 유학을 떠나기 전에 그가 그의 민족학연 구의 주제, '일본민족과 일본문화의 기원'에 관한 문제를 설정하는데 절대적 영향을 끼쳤던 자는 도리이 류조였던 것으로 고찰된다. 앞에서도 언급한 바와 같이 오카가 도쿄제국대학 문학부 사회학과에 들어갔던 것은 1920년의 일이 었고 그가 이학부에 가서 도리이의 민족학 수업을 듣고 민족학에 흥미를 느꼈 던 것도 바로 그해였었다. 당시 강사였던 도리이는 도쿄제국대학 이학부 인류 학 교실의 주임 쓰보이 쇼고로(坪井正五郎, 1863~1913)의 갑작스런 사망으로 1922년 조교수에 임명되어 인류학교실의 주임이 되었다. 그러나 그는 오카가 사회인류학을 주제로 해서 1923년 졸업논문을 완성시키고 그 다음해에 졸업 하게 됐는데 바로 그해 도쿄제국대학을 사임하고 고쿠가쿠인다이가쿠(国学院 大学)로 옮기게 된다. 도리이는 다음 해 「고대의 일본민족」등의 논문들이 수록 된『有史以前의 日本』(1925)을 출판한다. 빈대학에서의 오카의 박사학위 논문 은 「고일본의 문화층」이었다. 이러한 점들을 고려해봤을 때 빈대학에서의 오 카의 민족학 주제는 도리이의 민족학 주제, '유사이전의 일본의 민족과 문화' 에 관한 문제를 빈대학에서의 그의 지도 교수의 민족학 방법론 문화층론의 입장에서 접근한 것이라 할 수 있다. 오카의 도쿄제국대학 재학 당시의 도리이 의 민족학 주제는 '일본인 기원론'이었다. 그것에 대한 그의 기본적 입장은 이러했다. 일본열도에 최초로 들어온 인류는 아이누족이었고 그를 북쪽으로 각축시킨 인류는 고유일본인이었다. 현대일본인의 선조는 한반도를 통해 도일 한 고유일본인·인도네시아인·인도차이나인의 세 인종으로 된 혼혈 인종이 었다. 그에 의하면 고유일본인이란 일본민족의 주요부를 형성하는 인간들로서 인수도 많고 게다가 분포의 구역도 비교적 넓게 퍼져 있는 인종이라는 것이다. 또 그는 일본 고대사에서의 구니쓰카미(国津神)가 그 종족에 해당되고 그 종족 이 야요이(弥生)토기를 남겼다. 현대일본인의 선조 일부가 일본 열도에 토착하 게 된 시점에서 고유일본인과 동일한 종족이 대륙에서 금속기문화를 가지고 도일해 현대일본인의 주요부분이 형성되어 나왔다고 하는 것이다.[43] 또 그는 오카의 대학졸업 시점에도 현대일본인의 선조는 원래 잡종민족이었지만 제실 (帝室)만은 고유일본인의 중심에서 일관 되게 동일계통을 지속시켜왔다는 입 장을 취하고 있었던 것이다.[44]

앞에서도 언급한 바와 같이 오카 마사오는 '동아민족'이란 말을 사용했다. 그는 일제가 동남아지역을 점령하게 되면 일본민족이 한(漢)민족도 포함된 동아민족들 위에 군림해 가야하는데, 그러기 위해서는 우선 천황족의 원향을 일본열도로 하는 것보다는 한(漢)민족과 알타이족의 경계지역이라 할 수 있는 요하 지역으로 파악하는 것이 더 유리하다는 입장을 취했던 것으로 고찰된다. 그뿐만 아니라 그의 그러한 입장은 만일 일제가 태평양전쟁에서 승리해 동아시아대륙은 물론 동남아시아와 인도까지 통치할 경우, 일본민족이 단일민족이라고 하는 입장보다는 혼합민족이라고 하는 것이 더 유리한 민족정책일 수 있다고 하는 것이다. 사실상 그의 그러한 혼합민족론은 현대일본인에 대한 도리이 류조의 입장에 기초해 성립되어 나와 히틀러의 게르만인종주의정책 연구를 통해 한 층 더 이론화 된 것으로 고찰된다. 이러한 측면에서 고찰해 볼 때, 만일 미국이 원자폭탄을 개발해내지 못해 태평양전쟁이 장기화되었을 경우 오카 마사오 등은 아마도 일본의 황실을 일본의 도쿄에서 요하지역으로 옮겨야 한다는 주장을 전개했을 것으로 추정된다.

이렇게 봤을 때 대전시의 민족정책은 단일민족론과 혼합민족론에 의거해 추진되고 있었고, 또 그것은 천황족이 출현한 알타이계 민족들을 주축으로 한 동아시아 세계를 구축한다는 목표 하에 행해졌던 것이다. 이와 같이 오카 마사오는 일제가 중일전쟁, 태평양전쟁 등을 일으켜 나가는 과정에 독일 나치스의 게르만민족 중심의 인종정책을 받아들여, 그것에 의거해 알타이민족을 중심으로 한 대동아시아 민족정책을 수립해 나갔던 것이다.

　일제가 대륙을 침략한 그 일차적 이유는 서구의 백인종들이 인도, 동남아시아, 중국, 한국 등을 점령한 다음 그것을 발판으로 해서 일본의 안보를 위협해 갈 가능성이 있었기 때문이다. 그래서 서구의 백인종들 보다 먼저 대륙을 점령하여 그것을 발판으로 해서 서구의 백인종들을 물리쳐가기 위해서였던 것이라 할 수 있다.

　이렇게 봤을 때 근대 이후 일본의 적대적 상대는 우선 일차적으로는 일본이 물리쳐야 할 서구의 백인종이었고. 이차적으로는 일본이 점령해야 할 한국, 만몽, 중국 지역의 동양인들이었던 것이다. 그래서 우선 일차적으로 일본은 청일전쟁을 일으켜 한국과 중국 북부의 만몽지역을 공략하기 시작하였다. 그 이유는 한반도와 중국 북부의 만몽지역이 서구 백인종들의 동아시아 침입로였기 때문에 그들의 동아시아 침입을 차단하기 위한 한 방안으로 일본이 이들 지역을 선점하기 위해서였기도 했지만, 다른 한편으로는 한반도와 중국 북부의 만몽지역의 주민들이 일본인과 마찬가지로 같은 알타이어족의 언어를ㄹ 사용하는 자들이었기 때문이기도 했다. 그러나 이들 지역이 일본의 손아귀로 쉽게 들어 갈 수 있는 지역은 아니었다. 서구 백인들의 방해로 인해 일본은 그 지역을 점령할 수 없게 되었다. 그러자 일제는 이들 지역을 자신의 영유지로 만들어가기 위한 목적으로 아시아대륙의 북방로를 통해 동아시아로 침입해 들어오는 러시아와 러일전쟁(1904~1905)을 치루지 않으면 안 되었다. 그 전쟁은 일제의 승리로 끝났다. 그 결과 일제는 알타이어족의 언어가 사용되는 한반도와 중국 북부의 만몽지역에 큰 방해 세력 없이 손길을 뻗히게 되었다. 그래서 일본은 중일전쟁 발발의 시점(1937)에 이르러서는 한일합병(1910)과 만주사변(1931)을 통해서 알타이어족의 언어가 사용되는 한반도와 중국 북부의 만몽지역을 자신의 영유지로 만들었던 것이다.

일본민족으로 말할 것 같으면 일본민족 자신과 같은, 알타이어족의 언어를 사용하는 민족들이란 그들 자신과 동조동족(同祖同族)일 수 있다는 인식을 가능케 할 수 있었다. 그래서 일본은 이들 지역을 점령해 이들 지역의 주민들에게 일본인과의 동조, 동족의식을 인식시켜 이들 지역을 일본의 국유지로 만들어 갔다. 또 일본은 이 지역들의 인적, 물적 자산을 자원으로 이용해서 비알타이어족의 언어를 사용하는 한족(漢族)이 거주하는 중국의 중남부 지역을 주축으로 국가적 형태를 지탱해 있는 중국을 멸망시키고 일본 자신들이 동아시아를 지배해간다는 입장을 취하고 있었던 것이다. 일본이 한족이 지배하는 중남부의 중국을 무너트리기 위해서는 일본·한국·만몽지역의 주민들을 일관하는 일타이민족의식을 개발할 필요가 있다는 전략이 일본의 정치가들과 인류학자들에게 있었다는 것이다. 보다 구체적으로 말하자면, 일제는 자신과 동일한 알타이어족의 언어가 사용되는 지역들을 일본의 국토로 만들어 그것을 국력으로 해서 한족의 중국을 점령하고, 또 그것을 발판으로 해서 백인종의 서구세력과 대결해 간다는 입장을 취해 왔던 것이다.

그러한 과정에서 중일전쟁이 1941년 12월 유럽의 제2차 대전과 맞물려 미국을 상대로 한 태평양전쟁으로 확대되었다. 그러자 그 동안의 그러한 민족정책은 또 다시 새로운 양상으로 전환해 나왔다. 우선 군부에 장악된 일본정부는 군사적 동맹국인 독일의 나치정부가 개발한 민족정책을 모델로 하였다. 빈 대학에서 일본민족을 연구한 오카 마사오 등을 통해 그것을 받아들이고 민족정책을 취해 갔던 것이다. 나치독일의 민족 정책은 게르만어족의 언어를 사용하는 민족중심주의, 인종주의, 우생학 순혈주의 등에 기초한 민족정책이었다. 특히 그것은 우선 일차적으로 유태민족, 슬라브민족 등 다른 민족보다 게르만민족을 우선시하는 민족정책이었고, 또 게르만민족들 중에서도 독일민족 중심의 민족정책이었다. 일본 군부정부의 민족정책은 바로 이러한 민족정책을 모델로 해서 알타이어족의 언어를 사용하는 민족을 유럽의 게르만민족에 대응시켜 알타이어족의 언어를 사용하는 민족 중심의 동아시아세계를 구축하고, 그 경우 알타이민족들 중에서도 일본민족을 정점으로 동아시아세계를 구축한다는 것이었다. 그 이유는 혼합민족인 일본민족을 지배해온 천황족이 일본 열도를 원향으로 하지 않고 아시아대륙의 중앙을 원향으로 하는 알타이민족으로부터 출현한 족속이기 때문이라는 것이다.

일제의 아시아대륙 침략시의 민족정책은 기본적으로 도리이 류조(鳥居龍臧, 1870~1953)의 인류학과 오카 마사오의 민족학 이론이 제시하는 패러다임에 의거해 이루어졌다고 말할 수 있다. 도리이 류조는 초등학교 중퇴자였지만, 독학으로 도쿄제국대학 인류학교실의 표본계, 조수, 강사를 거쳐 1922년 동대학 조교수가 되어 인류학교실의 주임이 되었다. 그러나 그로부터 2년 후 동대학을 사임하고 고쿠가쿠인대학(国学院)대학 등의 교수를 역임하면서 사설인 도리이 인류학연구소를 개설해 일제가 점령한 동아시아 각 지역들의 조사연구를 계속해 갔다. 그의 그러한 조사연구 목적은 일본민족의 기원을 규명해내는 것이었다. 오카 마사오의 민족학은 도리이의 바로 그러한 인류학으로부터 출발했다. 그는 도쿄제국대학 문학부 사회학과에 입학한 1920년 이학부 강사 도리이의 수업을 접하고 사회학과에서 느낄 수 없었던 흥미를 느꼈다. 그것이 계기가 되어 1923년 졸업논문으로 인류학, 민속학 관계의 논문을 작성하게 되었고 그로 인해 결국 민족학의 길을 걷게 됐던 것이다.

세키네 히데유키도 자신의 오카 마사오론에서 지적하고 있듯이,[45] 그는 당시 도리이의 민속·민족학이 흥미롭기는 했지만 이론적 측면이 부족하다는 느낌을 받았다는 이야기를 하고 있다.[46] 그의 민족학도 도리이의 경우와 마찬가지로 일본민족의 기원을 추구하는 것이었다. 그는 그의 빈 대학의 지도교수, W. 슈미트가 확립시킨 '문화권설(Kulturkeislehre)'을 받아들여 그것에 입각해 일본민족의 기원을 규명해보려 하였다. 그 점에서 그의 민족학은 도리이의 그것과 달랐다고 말할 수 있다. 그러나 빈 대학에 제출한 그의 박사학위논문 「고일본의 문화층」에 관한 대부분의 자료들은 도리이 류조의 인류학·고고학의 성과물이었다는 것이 지적될 수 있다. 논자가 여기에서 말하고자 하는 것은 오카 마사오가 '일본민족의 기원'을 규명해 그것에 대한 지식을 기초로 해서 일제가 점령한 동아시아 지역의 민족들에 대한 정책을 취해 가려고 했었다는 것이다.

오카 마사오가 일본의 천황족을 알타이어족계의 민족출신으로 파악한 자신의 입장을 공적으로 표명한 것은 도리이가 사망한 1953년 이후의 일이다. 그 주된 이유란 천황족이 알타이어족계의 민족출신이라는 입장이 자신의 학설이 아니라 도리이 류조의 학설이었기 때문이었을 것으로 고찰 된다.

종 장 단군조선과 일본고대국가

본고는 단군조선의 멸망과 그 유민이 한반도와 일본열도에서의 고대국가들의 성립에 어떤 영향을 끼쳤는지에 대한 고찰을 목적으로 한다. 본 연구의 제목과 본 연구의 퍼스펙티브를 취해 행해진 연구는 지금까지 없는 것으로 고찰된다. 그것은 아마도 다음과 같은 몇 가지 이유 때문일 것이다.

우선 첫째는 단군조선의 멸망이 어떻게 이루어졌는지에 대한 입장이 아직 명확히 정리 되어 있지 않았기 때문이다. 그것에 대한 정설이 성립되지 못하는 주된 이유는 예컨대 그들 중의 한 분 김정배 등의 경우처럼 단군조선의 멸망을 기원전 12세기 주(周)의 성립시기 이전으로 보려는 견해들이 존재하는가 하면 이기백의 경우처럼 기원전 194년 위만조선의 건립에 의한 것으로 보려는 입장들이 있기도 하기 때문이다.[1] 또 이전에 필자의 경우처럼 한무제의 현도군 설치시점으로 보았던 시각도 있었고,[2] 또 윤내현 등의 경우처럼 「고조선의 붕괴 시기는 정확히 알 수 없다」는 입장도 존재하기 때문이다. 이러한 입장들에 대해 필자는 이전의 입장을 수정해서 본고에서는 고조선을 단군조선으로 파악하고 그의 멸망시점을 흉노제국에 의한 동호족의 와해시점으로 파악한다는 입장을 취한다. 그 논거에 대해서는 후술하기로 한다.

두 번째는 일본열도에서의 고대국가의 성립경위 내지 그 성립 시점에 대해서도 학계에서 정설로 제시된 것이 없기 때문이다. 예컨대 전전(戰前)의 황국사관으로부터 아직까지도 벗어나지 못한 학자들은 「기기(記紀)신화」에 입각해 일본 열도에서의 고대국가의 성립시기를 제1대 진무천왕기(神武天皇期)로 본다는 입장을 취하고 있는가 하면, 전후의 사학자들의 대부분은 제10대의 스진천황기(崇神天皇期: 300년대 전반) 혹은 제15대 오진천황기(応神天皇期: 400년대 전반 전기)로 보고 있다. 그런가 하면 또 어떤 학자들은 제26대 게이타이천황기(継体天皇記: 500년대 전반 전기)로 파악하고 있다.

세 번째는 지금까지 한국에서의 이 분야의 연구가 다음과 같은 세 분야에서 각각 서로 독립적으로 행해져 왔던 탓으로 세 분야를 하나로 일관해 볼 수 있는 시각이 성립되어 나오지 못했기 때문이다. 세 분야란 '고대요하지역'과 '고대한반도지역'과 '고대일본열도'를 말한다. 그러나 일본에서는 지금으로부터 65년 전 패전이 몰고 온 민족주의에 대한 초극이 행해지는 분위기 속에서 이 연구테마와 관련해서 이 세 지역을 일관하는 하나의 시각이 에가미 나미오(江上波夫)의『기마민족국가(騎馬民族國家)』(1967)의 원형이 형성되는 과정에서 제기된 바 있다. 그가 그러한 시각을 최초로 제시한 것은 1948년 5월 민족학의 오카 마사오(岡正雄)를 비롯한 다른 세 학자들과 함께 '일본민족=문화의 원류와 일본국가의 형성'이라는 타이틀 하의 좌담회를 통해서였고, 그는 그 내용을 그 다음 해 2월 '민족학회' 기관지『민족학연구』에 공표했다. 그 후 그는 그의 '기마민족정복설'을 일부 수정해 1967년 10월 단행본『기마민족국가』를 통해 정리 발표했다.

이것은 고대 유라시아에서 기마민족이 어떻게 형성되어 나와 그것이 일본열도에서 어떻게 기마민족 국가를 형성시켜 나왔는지를 고찰한 연구이다. 이 연구는 유라시아대륙에서 형성된 기마민족이 한반도를 통해 일본열도로 들어가서 그곳에서 어떻게 고대국가를 형성시켜냈는지를 고찰해냄에 있어서 고대에 요하지역·한반도·일본열도의 세 지역에 행해졌던 정치적 현상을 하나로 일관해 내려는 시각을 취했다는 것이 높이 평가된다. 그러나 문제는 그의 그러한 시각에서 파악된, 고조선을 비롯한 요하지역의 고대국가들, 한반도의 고대국가들, 그리고 일본열도의 고대국가들 등에 대한 관련성에 대한 고찰에 적잖은 오류들이 내포되어 있다고 하는 것이다. 필자는 본고를 통해 그러한 오류를 지적하면서 고대요하지역에서 활동하던 고조선의 유민들이 어떤 식으로 한반도로 들어갔으며 또 그들이 어떻게 일본열도에 들어가 어떤 식으로 고대국가를 형성시켜 냈는지의 문제를 규명해낸다는 입장을 취한다. 우선 첫 번째로 이 학술적 논의는 고조선의 멸망을 흉노제국에 의한 동호의 멸망으로 파악하고 일본열도에서의 고대국가의 성립을 오진(応神)천황으로 파악하여, 동호족의 와해를 계기로 각지로 분산된 고조선의 유민들이 한반도의 백제와 가야를 통해 일본열도로 건너가 오진천황기의 고대국가성립에 어떤 영향을 끼쳤는지를 검토하는 것으로 행해진다. 이러한 검토는 다음과 같이 행해진다. 우선 흉노제국에 의한 동호족의 와해로 각지로 분산된 고조선의 유민들이 어떤 식으로 한반도로 들어갔고, 또 그들이 한반도에서 고대국가가 형성되어 나가는 데에 어떤 식으로 개입되었는지를 파악한다. 다음으로 한반도에서 자리를 잡은 고조선의 유민들이 언제 어떤 식으로 일본에 건너가게 되었는지를 고찰한다. 끝으로 일본열도에 들어간 그들이 그곳에서 어떤 식으로 고대국가를 형성시켜나갔는지를 고찰하겠다.

1. 단군조선과 동호족

1) 단군조선의 천도와 동호족의 성립

한국의 학계에서의 고조선에 대한 개념은 『삼국유사』에 등장하는 고조선과 그것을 세운 단군왕검의 후손들이 세운 나라로 일반화되어 있다. 그렇기는 하지만, 그것이 언제 어디에서 세워졌으며, 또 그것이 어떻게 발전되어 나가다가 어떤 식으로 소멸되었는지에 대해서는 여러 설들이 분분하다. 이러한 문제와 관련해, 김정배는 이기백의 "단군조선을 고조선이라고 부르는 것이 적절하다"는 입장[3]에 대해, "고조선과 단군조선이 같은 의미가 될 수 없다"는 입장을 제시한다.[4] 그의 그러한 입장은 "고조선이란 이름 속에는 단군조선 1천 5백년과 함께 기자조선 1천년이라는 시간과 각기 다른 시기가 아울러 함축되어 있다"는 생각에 근거한다.[5] 여기에서 그가 언급하는 기자조선의 존재에 대해서는 인정하지 않는 입장이다. 그 대신 그는 그것이 존속했었다고 하는 기간에 예맥조선이 존재했었다는 입장을 취한다. 그렇다면 그는 단군조선의 멸망을 비롯하여 그것과 예맥조선과의 관계에 대해 보다 구체적 입장을 제시해야 한다. 그러나 그는 이에 대해 다음과 같은 입장을 취하고 있을 뿐이다.

필자가 고조선에 대해서 큰 관심을 갖는 이유는 명확한 개념규정을 하지 않을 경우 장구한 세월의 역사가 사라지는 현상이 나타나기 때문이다. 고조선이 단군조선만을 의미한다고 한다면, 소위 기자가 존속하였을 1천년의 역사가 없어지게 된다. 만약에 『삼국유사』 고조선조의 내용대로 단군조선과 기자조선의 역사를 아우르는 개념이라고 하면 이에 대한 실체가 미급하나마 성실하게 연구되어야 한다.

그가 이러한 입장을 취하게 된 이유는 아마도 단군조선의 멸망과 그것의 예맥조선과의 관계를 파악할 수 있는 자료들의 부족 때문일 것으로 생각된다. 필자가 여기에서 취하는 고조선의 개념은 앞 인용문에서 김정배가 말하는 '『삼국유사』 고조선조의 내용대로 단군조선과 기자조선의 역사를 아우르는 개념'이다. 그렇다면 우리는 고조선의 실체를 어떻게 파악할 수 있을 것인가? 『삼국유사』의 「고조선 단군왕검」조에 다음과 같은 말이 기술되어 있다.

주무왕(周武王)이 즉위한 기묘년(己卯年, BC 1122)에 기자(箕子)를 조선에 봉하니 단군이 이에 장당 경으로 옮겼다.

이 문구를 보면 우리는 주무왕이 단군조선을 멸망시키고 그 지역에 기자를 봉한 것이 결코 아니라는 입장이 취해진다. 우리에게는 그 지역에 기자가 봉해지자 그 지역에 있던 단군조선이 다른 지역으로 천도해갔다는 것으로 이해되는 것이다. 우리가 이러한 사실에 입각해 생각해볼 때 기자의 동래이후의 역사는 그 지역에는 분명 단군일파와 기자일파가 한동안 공존해 있었다는 시각을 취하지 않을 수 없는 것이다. 그렇다면 그 지역이란 구체적으로 어떤 지역인가?

필자는 이전의 「요하문명과 고조선의 실체」에서 고조선이 설립된 지역을 요서의 대릉하(大凌河)의 서쪽 중류지역에 위치해 있는 조양(朝陽)지역으로 또 그 시점을 기원전 2333년으로 파악하였다.6 필자의 이러한 입장은 대동강 평양지역 일대에서 그 지역에 청동기 문화가 들어온 시점에 설립되었다는 대다수의 한국사학자들의 견해와는 대치된다. 필자의 이러한 입장에 대한 논거는「고조선 단군왕검」조의 첫머리 문장, "『위서』(魏書)가 말하고 있다. '이천 년 전에 단군왕검(檀君王儉)이 있었는데 그가 아사달(阿斯達)에 도읍하여 나라를 세우고 조선(朝鮮: '아침의 小山'이란 의미로 필자에게는 파악된다)이라 이름 붙였다. 중국의 요(堯)임금과 같은 시기이다.'" 필자가 그것의 건립 지역을 조양 일대로 파악한 것은 다음과 같은 두 가지 이유에 의해서이다.

우선 하나는 "아사달에 도읍했다"고 했기 때문에 그 지역이 아사달의 의미가 내포된 조양(朝陽: '아침 해'의 의미)지역 일대로 추산되었기 때문이고, 다른 하나는 조양으로부터 100km 이내에 단군신화에 나오는 신시(神市)로 상정되어질 수 있는 해발 670여 m의 산등성이에 우하량(牛河梁) 유적지가 있기 때문이다. 우하량 유적지의 대표적 유적들은 기원전 3500년경 이후에 이루어진 것들로 홍산문화권 내에서 가장 원시적인 대형제단(大型祭壇), 여신묘(女神廟), 적석총군(積石塚群), 곰의 형상을 한 각종 유물들 등이다. 또 필자가 단군조선의 설립시점을 기원전 2333년으로 파악한 것은 그 시점이 "요임금과 같은 시기"로 되어 있기 때문에『제왕운기(帝王韻紀)』(1287)의 저자 이승휴(李承休)의 경우처럼 요임금의 즉위 원년 무진년(戊辰年, BC 2333)으로 파악한 것이다.

또「고조선 단군왕검」조에는 첫머리 부분의 문장, "이천 년 전에 단군왕검이 있었는데 그가 아사달에 도읍하여 나라를 세우고 조선이라 이름 붙였다"와 앞의 인용문 "주무왕(周武王)이 즉위한 기묘년(己卯年, BC 1122)에 기자(箕子)를 조선에 봉하니 단군이 이에 장당경으로 옮겼다"와의 사이에 다음과 같은 문장이 끼어 있다. "요임금 즉위 50년인 경인년(庚寅年)에 평양성(平壤城)에 도읍해 비로소 나라이름을 조선(朝鮮)이라 했다." 필자로 말할 것 같으면 이 문장은 후대에 누군가에 의해 끼워 넣어진 것이 아닌가 한다. 그 이유는 우선 문장의 내용이 이미 앞에 이미 기술되어 있다는 것이고, 다음은 요임금 즉위 원년이 무진년이라면 50년은 경인년이 아니고 정사년(丁巳年)인데, 경인년으로 잘못 기술되어 있다 는 것이다. 또 요임금 즉위 원년이 아니고 왜 50년이며 또 다른 지역이 아니고 어째서 평양성이여야 하며 또 "비로소 나라이름을 조선이라 했다"는 말은 과연 무슨 말인가 라는 것이다. 이러한 점들을 고려해 받을 때, 필자로서는 일연 이후 평양 출신의 사대주의자들 중의 한사람에 의해 이 문장이 삽입되어졌을 것이라는 의구심이 드는 것이다. 이 문장의 뒤에는 다음과 같은 문장이 나온다.

> 뒤에 또 백악산(白岳山) 아사달로 도읍을 옮겼는데 그곳을 궁홀산(弓忽山) 또는 금미산(今彌山)이라고도 했다.

이러한 문장들을 근거로 해봤을 때, 우리는 단군조선의 천도를 다음과 같이 정리해볼 수 있다. 그것은 단군왕검 혹은 그의 후예들은 최초로 조선이 설립된 지역, 즉 조선을 의미하는 아사달이란 지역으로부터 백악산 아사달이란 지역으로 천도해가 살고 있었는데, 그 후 중원지역에서 기자가 그 지역으로 망명해가자 주무왕이 그를 그 지역의 관리자로 봉하게 됨에 따라 단군왕검의 후예는 그 백악산 아사달에서 장당경(藏唐京)이란 지역으로 다시 천도해 그 지역에서 얼마간을 지내다가 후에 최초의 아사달로 돌아가 은거하게 되었다고 하는 것이다.

우리가 여기에서 최초의 단군조선의 건립지역을 요서의 조양으로 파악한다면 그 두 번째의 천도지역은 기자가 망명해 자리 잡았다고 하는 난하(灤河) 하류 일대에 위치해 있는 백악산 아사달이란 지역으로 추정된다. 바로 이 지역 일대에 은대·주초 고죽국(孤竹國)이 있었고, 현재에는 조선현(朝鮮縣) 등이 위치해 있다. 필자가 여기에서 말하고자 하는 것은 단군조선이 바로 이 난하 하류 지역으로 천도해 내려와서 이 지역에 조선이란 이름을 남기고 이 지역을 떠난 조선이 다름 아닌 바로 단군조선이고 이 지역을 중심으로 해서 발전해 나온 조선이 기자조선이라고 하는 것이다.

2) 동호(東胡)와 예맥

그렇다면 기자의 동래를 계기로 난하 하류 지역을 떠난 단군조선의 정치적 무대는 어디로 옮겨진 것인가? 일연은 그의 저서에서 장당경(藏唐京)으로 천도했다고 말하고 있다. 현재 장당경은 대릉하 중류의 동쪽 지류에 위치한 부신(阜新)지역 일대로 추정되고 있다.7 단군조선이 난하 하류지역에서 부신지역 일대로 천도한 주된 이유는 두말할 필요도 없이 북진해오는 중원(中原) 세력권 안에 포섭되고 싶지 않았기 때문이었을 것으로 판단된다. 그러한 이유로 인해 단군조선은 주초에 북진해왔던 중원세력권의 밖에 존재하게 되었기 때문에 중원세계의 역사에는 한낱 동이(東夷)의 일종으로밖에는 기록되어 질 수 밖에 없었다. 그렇다면 부신지역 일대를 정치적 무대로 삼게 되었던 단군조선은 어떤 동이족으로 기술되어졌던 것인가?

주대(周代, 1122~481, BC)에 쓰인 것으로 알려진 『일주서(逸周書)』가 있다. 이 책의 「왕회편(王會篇)」에 「동호(東胡)」라는 명칭이 나와 있다. 이것은 『동북민족원류』의 저자 손진기가 말하고 있듯이, "『일주서』에 의하면 동호의 명칭이 주초에 보인다"고 하는 것이다.8 또 손진기는 그것이 그 책에서 도하(屠何)·고죽(孤竹) 등의 민족 명칭과 함께 나오고 있다고도 말하고 있다.9 이것은 동호가 이미 주대에 중원세력들에게 알려져 있었다는 뜻이다. 그런데 동호는 요서의 북방을 흐르는 강, 다시 말해 요하의 상류를 이루는 사르몬(西拉木倫, Xar Moron) 강의 유역에서 출현해 요하지역의 동남쪽으로 퍼져 나온 민족으로 알려져 있다.

그런데 사르몬강 유역은 요하지역의 서북쪽에 위치해 있는 대흥안령(大興安嶺)산맥의 남단에 위치해 있어 서쪽 몽골고원과 동쪽의 요하평원의 접촉지역이다. 따라서 이 지역은 서북쪽의 몽골의 유목민족과 동북쪽의 수렵민족이 접합되는 지역이라 할 수 있다. 즉 그 지역은 서북쪽의 몽고어족과 동북쪽의 퉁구스어족과의 접합이 이루어지는 지역이라 말할 수 있는 지역인 것이다. 바로 이 지역에서 동호족이 출현했다고 하는 것이다.

우리 중 한민족(韓民族)의 원류를 예맥족(濊貊族)으로 파악하는 자들이 많다. 김정배는 논문 「한민족의 기원과 형성」에서 예맥족에 대해 다음과 같이 말하고 있다.[10] "우리나라 민족의 기원과 형성을 논하면서 가장 주목받는 주민 집단은 단연 신석기시대의 '고아시아족'과 청동기시대의 예맥족이라 할 수 있다"고. 또 그는 이 논문에서 우리민족의 기원을 퉁구스족으로부터 찾으려는 전장석의 입장과 그것을 알타이족으로부터 찾으려는 김정학의 견해에 반기를 든 나머지 그것을 예맥족으로 봐야한다는 입장을 제시하고 있는 것이다. 김정배의 그러한 입장이라는 원래 예맥인은 수렵·목축을 주로 행해갔던 맥인과 어로·수렵을 주로 행해갔던 두 민족이 결합된 것으로 본 일본인 미카미 쓰기오(三上次男)의 견해에 기초한 것이라 할 수 있는데, 특히 김정배의 입장은 「원초적으로 맥은 고구려를 포함해서 서쪽에, 그리고 예는 부여의 경우처럼 동쪽에 분포되어 있었다」고 하는 것이다.[11]

그런데 필자가 여기에서 말하고자 하는 것은 우선 첫 번째는 일차적으로 바로 이 서쪽의 맥족과 동쪽의 예족의 선조들이 주대(周代) 훨씬 이전에 사르몬강 유역에서 결합해 그 일대에서 거주해왔었는데, 주대에 와서 그들이 중원 세력들에 알려져 동호로 불리게 되었다고 하는 것이다. 당시 중원의 세력들에게 동호(東胡)의 경우처럼 무슨 무슨 '호(胡)'로 불리던 민족은 기마(騎馬)민족들이었던 것으로 고찰된다. 그 결과 주초의 중원 세력들에게는 예족과 맥족의 선조들의 결합으로 이루어진 동호족 이외에도 예족과 맥족 등도 인식되어져 있었던 것이다. 그러한 사실은 『관자』의 「소광편(小匡篇)」 등에 그들의 존재가 나타나 있기 때문이다.[12] 이것과 관련해서 손진기는 그의 저서에서 "동호, 산융, 그리고 예맥은 같은 민족은 아니지만 최고로 올라가면 원류상 관련성은 있을 수 있다"는 입장을 취하고 있다.[13] 두 번째는 665년에 제환공(齊桓公)이 연 장공(燕莊公)을 도와 연을 침공한 산적(山狄)을 정벌했었는데 당시 제 환공의 재상이던 관중(管仲)에 의해 쓰이기 시작된 『관자』에서부터 비로소 예맥이란 명칭이 중원문화권에서 출현하기 시작되었다고 하는 것이다. 이렇게 봤을 때 기원전 7세기 이후에 중원세력에 알려진 예맥은 사실은 주대 이후에 사르몬강 이남지역에서 예족과 맥족이 결합된 민족집단이었던 것으로 파악될 수 있는 것이다.

『관자』의 「소광편(小匡篇)」에 환공이 "진공을 구하면서 적의 왕을 사로잡고 호맥을 퇴패시켰다"는 말이 나온다.[14] 손진기는 이 문장 속의 호맥(胡貊)은 동호를 지칭한다고 말하고 있다.[15] 호맥은 문자의 뜻 그대로 맥족의 일파이다. 이렇게 봤을 때, 우리는 예맥이 바로 동호의 일파라는 것을 짐작할 수 있고, 그것과 더불어 예맥이 기마민족이라는 사실도 짐작해볼 수 있는 것이다.

손진기의 다음과 같은 언급은 예맥족의 전신으로 파악되는 동호족의 역사와 문화에 대해 더 많은 것을 이야기해주고 있다.[16]

고고학적 입장으로 보면, 동호라는 민족은 지금의 사르몬강 유역에 자리잡은 지 유구한 역사를 가지고 있다. 동호족의 고고문화에 대해 일반학자들은 모두 하가점상층문화(夏家店上層文化)임을 인정하고 있다. 하가점상층문화의 분포는 사르몬강 유역 및 그 이남이며, 한때는 더욱 서남지역까지 확대되어 동호족의 활동범위와 일치하고 있다. 하가점상층문화가 존재했던 시기는 주초 (周初)부터 전국(戰國)까지로 역시 동호족의 활동범위와 일치한다.

하가점상층문화의 분포지에 대해 복기대는 좀 더 구체적으로 "동으로는 노노아호산(努魯兒虎山) 산록(山麓)에 이르고 서로는 극십극등기(克什克藤旗) 지역에 이르며, 남으로는 하북성 동북부지역에 이르는 연산산맥(燕山山脈)과 접하며, 북으로는 시라무렌강(西拉木倫河)의 유역에 이른다"라고 말하고 있다.[17] 우리가 그의 견해를 받아들여본다면 이 문화의 분포지내에는 단군왕검의 신시(神市) 지역으로 추정되는 우하량(牛河梁) 유적지나, 단군왕검이 조선 (朝鮮)을 건설했다는 아사달(朝陽지역) 등이 포함되어 있지 않다고 하는 것이다. 그러나 곽대순(郭大順) 등은 하가점상층문화의 동쪽과 남쪽의 경계를 대릉하 유역까지로 잡고 있다.[18] 우리가 곽대순 등의 입장에 의거해본다면, 우하량 (牛河梁) 유적지 · 조양(朝陽) 지역, 심지어는 단군조선이 난하하류를 떠나 천도한 부신일대까지도 하가점상층문화권 지역에 포함될 수 있는 것이다. 복기대는 하가점상층문화의 시기를 기원전 14세기~기원전 7세기로 보고 있고,[19]

그 문화의 형성에 절대적 영향을 끼친 하가점하층문화의 시기를 기원전 2400년~기원전 1300년경으로 보고 있다.[20] 이 하가점하층문화의 분포지는 하가점상층문화의 분포지에다가, 앞에서 언급한 단군왕검의 신시·아사달 지역 등이 위치해 있는, 요서의 노노아호산맥과 의무려산맥(醫巫閭山脈) 사이의 지역이 첨가된 지역이다. 다시 말해 하가점하층문화의 분포지는 기본적으로 요하유역을 제외한 전요서지역이고, 하가점상층문화의 그것은 요서지역를 동서로 양분시키는 노노아호산맥의 이서지역이라 말할 수 있는 것이다. 이러한 점을 고려해봤을 때 하가점하층문화는 맥족과 예족의 결합으로 형성된 기원전 1300년대 이전의 동호족의 선조가 형성시킨 것이고, 하가점상층문화는 기원전 1300년대 이후의 동호족이 형성시킨 것으로 고찰되는 것이다.

그런데 요서의 서쪽을 중심으로 하가점상층문화가 형성되어 나왔던 시기에, 요하지역에서 비파형 청동검이 출현했다. 김정배를 비롯한 대부분의 한국 측 학자들은 그것이 기원전 10세기를 전후해 요동지역을 중심으로 해서 활동했던 예맥족들이 남긴 유물이라는 것이라는 입장을 제시하고 있다. 그러나 중국 측 학자들은 요서의 서편에 거주하던 동호족이 출현시킨 하가점상층문화의 한 유물로 파악하고 있다. 이처럼 한국 측 학자들과 중국 측 학자들 간에는 이 비파형 청동검의 기원을 놓고도 요서기원설이니 요동기원설이니 하여 비생산적인 논쟁을 벌이고 있다.

그들의 그러한 입장들에 대해 한국 측의 김정배는 요동지역의 예맥인이 출현시킨 비파형 동검의 기원이 "중앙아시아의 카자흐스탄 카라칸다 지역 북부와 남부러시아의 일원에서 있었던 훼도롭 문화의 청동검에서 유래한다"는 입장을 제시하고 있다.[21] 그렇다면 그 훼드롭문화의 청동검은 어떤 경로를 통해 요하지역에 유입된 것인가? 바로 이것이 문제이다. 여기에서 필자가 말하고자 하는 것은 요하지역에서의 북방초원문화의 유입로가 적어도 청동기시대로 들어와서는 요하지역의 서북방에 위치한 사르몬강 유역 일대였을 것이라고 하는 것이다. 그 이유는 신석기시대의 말기에 출현한 요서의 홍산문화가 사르몬강 유역에서 시작해 그 이남으로 퍼져 나왔기 때문인 것이다. 이러한 점을 고려해볼 때, 김정배가 말하는 훼드롭문화의 청동검은 사르몬강유역 일대를 통해 요하지역의 동쪽으로 전파되어 나갔을 가능성이 크다는 입장이 성립되는 것이다. 따라서 필자의 이러한 입장이 인정된다면, 비파형 청동검의 기원은 요동설보다는 요서설이 더 합당하고, 그 유물이 예맥족의 것이라기보다는 동호족의 것이라고 보는 것이 더 합당하다는 입장이 취해지는 것이다. 그러나 필자의 기본적 생각은 요하지역에서의 동호족과 예맥족의 실체는 같다는 것이고, 다만 그것들이 시기적으로 달리 불려 왔다는 것이다. 따라서 이러한 점이 감안될 때 상기와 같은 그러한 논쟁거리는 무의미하다는 입장이 취해지는 것이다.

3) 동호의 와해와 단군조선의 멸망

'동호'라고 하는 명칭에는 동호족의 활동무대가 비교적 명확했었기 때문에 민족집단의 이미지뿐만 아니라 정치적 집단으로서의 이미지도 내포되어 있다. 그러나 예맥이라는 말에는 어떠한 정치적 집단으로서의 이미지가 내포되어 있지 않다. 김정배의 경우 기자조선에 대응시켜 예맥조선이란 말을 쓰고 있다. 그런데 그가 쓴 그 예맥조선이 정치적 집단을 가리키는 것인지, 아니면 민족집단을 가리키는 것인지 명확 않다. 그 주된 이유는 그것이 언제 어디에 어떤 식으로 존속했었는지에 대한 견해가 제시되어 있지 않기 때문이다. 그의 예맥조선과 관련된 언급에는 다음과 같은 것이 있다.[22] "…요녕(遼寧)지역의 비파형동검문화는 예맥족(濊貊族)의 문화유산임이 분명하다. 따라서 기원전 11세기~기원전 10세기 무렵부터 요녕지역을 중심으로 특징적 유물인 비파형 동검을 제작·사용했던 예맥족(濊貊族)이 중심이 되어 세운 정치체는 예맥조선(濊貊朝鮮)이라고 이해하는 것이 온당하다." 김정배는 여기에서 "기원전 11세기~기원전 10세기 무렵부터 요녕지역을 중심으로"라고 말하고 있지만 실제 그가 파악하고 있는 요녕지역이란 요하이동의 요동지역을 가리킨다. 그렇다면 기원전 11세기~기원전 10세기 무렵 이후 요동지역에는 어떠한 정치체들이 존재해

왔던 것인가? 보다 구체적으로 말하자면, 기원전 11세기 이후 요동지역에서 예맥족이 설립한 정치체는 과연 어떤 것들이 존재했었는가의 질문이다.

앞에서 언급한 바와 같이 예맥(穢貊)이란 말이 처음으로 쓰이게 된 것은 『관자(管子)』의 「소광편(小匡篇)」으로 파악되고 있다. 여기에서 예맥(穢貊)은 고죽·산적(孤竹·山戎)과 함께 연(燕)의 북쪽 지역으로만 기술되어 있다. 손진기는 "예맥에 관계된 전체적인 사료를 고증해보면 예맥은 시종 하나의 통일된 민족을 형성한 적이 없었다. 그는 계속해서 여러 민족으로 형성되어 통칭(通稱)으로 불렸을 뿐 이었다"[23]고 말하고 있다. 다시 말해 "선진(先秦)시기의 예맥은 결코 하나의 통일된 민족이 아니었"으며, "한대(漢代)에 이르러서야 '예맥'이란 통칭 속에 고구려·옥저(沃沮)·동예(東穢) 등의 허다한 민족들이 포괄되어 있음을 밝혀주고"있는 것이다.[24] 이러한 입장에서 고찰해볼 때, 손진기의 말대로 예맥(穢貊)은 어디까지나 어떤 공통된 문화들을 공유해갔던 여러 민족들의 통칭(通稱)이지 김정배의 말대로 어떤 '정치체'를 가리키는 명칭은 아니라고 하는 것이다. 이렇게 생각해볼 때, 필자로서는 예맥조선이란 말의 실체, 즉 예맥족들이 공동으로 설립한 조선이라고 하는 어떤 정치적 실체는 존재하지 않았다고 하는 입장이 취해지는 것이다.

만일 우리가 대릉하 상류지역에서 단군왕검에 의해 건설된 단군조선이 예맥족을 배경으로 해서 설립된 것이라고 한다면, 우리는 그것을 예맥조선에 의해 건설된 정치적 실체로 파악해볼 수 있다. 그렇다면 기자의 동래를 계기로 난하 하류지역에서 요하지역의 중심의 부신(阜新)지역 일대로 천도한 단군조선이라고 하는 정치적 실체는 어떻게 된 것인가? 우리는 그 지역으로 천도한 단군조선이 그 후 어떻게 되었는지에 대한 정보를 얻어 낼만한 확실한 자료들을 발견할 수는 없다. 그러나 하나 확실한 것은 그 후 그 지역 일대에서 동호족이 활동하게 되었다고 하는 것이다. 이러한 사실은 단군조선이 부신지역 일대로 천도해 그들이 가지고 갔던 한층 더 앞선 선진문물을 기반으로 해서 그 지역의 주민들을 피지배층으로 만들어 동호라고 하는 정치적 단체를 형성시켰을 가능성을 상상케 해주고 있는 것이다.

복기대는 앞에서 언급한 바와 같이 하가점상층문화의 시기를 기원전 1300년대~기원전 600년경으로 보고 있고, 손진기는 주초의 기원전 1100~전국시대(403~221, BC)로 보고 있다.[25] 또 근풍의(靳楓毅)는 기원전 1100년~기원전 500년경으로 보고 있고,[26] 곽대순 등은 기원전 8세기 전후, 즉 서주 후기에서 춘추시대(722~481, BC)로 파악하고 있다.[27] 여기에서 복기대의 입장을 제외시켜 본다면, 우선 하가점상층문화의 성립기는 단군조선이 난하하류 지역에서 대릉하상류 지역으로 천도해 올라갔던 시기와 일치한다. 이러한 사실은 무엇을 의미하는가? 난하하류 지역으로부터 단군조선의 수도가 대릉하 상류로 이동해감으로써 대릉하 상류를 중심으로 동호족이 정치적 세력으로 성립내지 형성되어 나왔다고 하는 주장을 가능케 한다고 하는 것이다.

당시 동호의 정치적 집단으로서의 형성은 보다 구체적으로 다음과 같이 논해질 수 있다. 앞에서 논한 바와 같이 당시 대릉하 상류로 천도했던 단군조선족의 선조 원예맥족(사르몬강 유역에서 서의 맥족과 동의 예족이 최초로 결합해 이루어진 민족)의 원향도 현재 동호족의 출현지라 파악되는 사르몬강 유역이었던 것으로 고찰된다.[28] 그 원예맥족이었던 단군조선족이 대릉하의 서쪽 상류로 내려와 단군조선이라는 정치적 단체를 건립했고 그 후 난하 하류로 내려가 그 지역에서 주초까지 머물러 있다가 다시 대릉하 북동쪽 상류지역으로 천도하게 되었는데, 당시 그 지역에는 또 다른 원예맥족의 일파였던 산융(山戎)이 거주해 있었던 것으로 고찰된다. 그런데 필자가 여기에서 말하고자 하는 것은 그 지역으로 천도해 올라온 단군조선족이 자신을 상부구조로 하고 그 지역의 산융족을 하부구조로 하여 동호라고 하는 정치적 집단으로 전환해 나왔을 가능성이 농후하다고 하는 것이다.

그렇다면 그렇게 형성해 나온 동호는 어떻게 와해되었던 것인가? 그것은 기원전 221년 두만선우(頭曼單于, 221~209, BC)가 요서지역의 서쪽 현재의 내몽고 지역을 중심으로 해서 건설한 흉노제국의 제2대 선우, 묵돌선우(209~174, BC)에 의해 기원전 206년 멸망되었다. 그해가 바로 항우에 의해 진이 멸망된 해였다. 멸망 이후 동호의 유민들은 삼분되었다. 우선 하나는 요서

서쪽의 흉노제국에 흡수되었다. 다른 하나는 동호의 정치적 중심지를 지켜갔고, 나머지 하나는 요동의 동북쪽 변방으로 이동해 나갔다. 동호의 정치적 중심지를 지켰던 전자는 오환(烏桓)이라 불렸고, 후자는 선비(鮮卑)라 불렸는데, 후자 중의 일부는 동북방면의 부여국으로도 흡수되었다.

2. 한반도에서의 삼한과 삼국의 성립

1) 진국(辰國)과 한(韓)

왕침(王沈)의 『위서(魏書)』, 범엽(范曄)의 『후한서(後漢書)』의 「오환선비전(烏桓鮮卑傳)」 등에 의하면, 오환의 기원지는 '요동 서북 수천리의 적산(赤山)'으로 되어 있다. 여기에서 요동(遼東)이란 손진기에 의하면 요양(遼陽) 지역 일대로 파악되었다.[29] 그렇다고 한다면, 현재의 요양지역 일대로부터 서북쪽으로 수천 리 떨어진 적산지역이란 주초에 단군조선이 천도해갔던 부신지대 일대이다. 『사기(史記)』의 「화식열전(貨殖列傳)」에도 "연나라는 북쪽으로 오환·부여와 이웃해 있었다"[30]는 문장이 있는데, 바로 이 문장도 오환이 연과 부여 사이의 부신일대에 위치해 있었다는 하나의 증거일 수 있다.

또 『후한서(後漢書)』의 「오환선비전(烏桓鮮卑傳)」에 의하면, "한말(漢末) 영제(靈帝) 때에 오환대인(烏桓大人)으로서 상곡(上谷)에 있던 난루(難樓)라는 자는 9천여 부락을 옹위하고 있었고, 요서의 구력거(丘力居)는 5천여 부락을 거느리며 모두가 왕(王)을 자칭하고 있었다"[31]고 한다. 전한(前漢)의 유안(劉安)이 편찬한 『회남자(淮南子)』의 「시칙훈(時則訓)」에 "갈석산(碣石山)으로부터 조선(朝鮮)을 지나 대인(大人)의 나라를 통과하면 동쪽 해 뜨는 곳에 이른다"[32]라는 문장이 있다. 윤내현은 그의 저서에서 이 문장에 나오는 '대인(大人)의 나라'를 진국(辰國)으로 파악하고 있다.[33] 그는 그 논거로 진국(辰國)의 진(辰)이 대(大)의 의미와 동일한 의미를 지닌 글자이기 때문이라는 것이다. 그는 진국을 대국(大國)을 의미하는 말로 파악했던 것이다. 우리가 그의 그러한 입장을 받아들여 보고, 또 필자가 앞에서 지적한, 『회남자(淮南子)』의 「시칙훈(時則訓)」에 나와 있는 '오환대인(烏桓大人)'의 경우를 결합시켜본다면, 오환이 바로 진국이라는 입장이 취해진다.

그렇다면 이 진국(辰國)은 어떤 나라인가? 진국(辰國)이라는 말이 가장 빨리 나오는 문헌은 『사기』의 「조선전」으로 고찰되고 있다. 그 문헌에 "진번(眞番) 옆의 진국(辰國)이 천자에게 글을 올리려했으나 중간에서 가로막고 통과시켜 주지 않았다"[34]는 문장이 있다. 우리는 이 문장에서 두 가지 정보를 얻어낼 수 있다. 우선 하나는 지리적으로 진국이 진번의 서쪽 옆에 위치해 있다는 것이고, 다른 하나는 진국이 위만조선을 통해야 한의 천자를 만나러 갈 수 있다는 것이다. 그렇다면 우리는 여기에서 요하의 서쪽에서부터 동쪽으로 위만조선·진국·진번의 순으로 나열되어 있었다는 상상이 가능하다. 또 『삼국지(三國志)』의 「오환선비동이전」(烏丸鮮卑東夷傳) 속의 「한전(韓傳)」 주석에 실린 『위략(魏略)』에는 다음과 같은 내용의 문장이 나온다. "처음 우거(右渠)가 깨지기 시작하자 조선상(朝鮮相) 역계경(歷谿卿)이 그에게 간언(諫言)했으나 그의 말을 받아들이지 않아, 결국 진국(辰國)으로 떠났다. 그때 그를 따라간 백성이 2천 호나 되었다. 그들 역시 위만조선에게 조공을 하는 번(蕃)들과는 내왕하지 않았다." 우리는 상기의 문장을 통해 진국(辰國)이 한족(漢族)에 의해 지배되는 위만조선과는 달리 한족(韓族)에 의해 지배되는 국가였다는 것을 말해주고 있다.

위만조선은 중원세력이 지배해가는 기자조선을 배경으로 해서 나온 정치단체이다. 이에 대해 진국(辰國)은 단군조선을 배경으로 해서 나온 정치적 단체로 고찰된다. 모로하시(諸橋)의 『대한화사전(大漢和辞典)』에 진국(辰國)의 진(辰)에는 대(大)의 의미가 없다. 그 대신 그것에는 진시(辰時: 오전 8시경)에 의거해 아침의 의미가 내재되어 있는 것으로 되어 있다.[35] 그런데 필자가 여기에서 말하고자 하는 것은 이 아침의 의미가 단군조선에서의 조선(朝鮮)의 원의미인 아침(아사달)에 의거해 취해진 것이라고 하는 것이다. 그렇다면 이 진국

(辰國)과 단군조선과는 어떻게 관련되어 있는 것인가? 이 진국(辰國)은 앞에서 고찰된 바와 같이 오환족에 의해 설립된 정치단체이고 그 오환은 동호(東胡)가 흉노제국에 의해 격파되는 과정에서 성립된 것이었고, 또 그 동호는 주초에 난하류에서 대릉하의 동측 상류지역으로 천도한 단군조선을 주축으로 해서 성립된 국가였다는 사실들이 감안될 때, 필자로서는 아침의 나라라고 하는 진국의 의미가 사실은 단군조선의 조선(아사달: 아침의 小山)의 의미에 의거해 취해진 것이라고 하는 것이다. 필자의 이러한 입장은 다음과 같은 진국(辰國)과 한(韓)과의 관계를 통해서도 한층 더 확립될 수 있다. 이 분야의 전문가 박대재는 진국(辰國)과 관련해 문헌상에서 최초로 발견된 한(韓)은 2세기 말에 후한의 복건(服虔)이 남긴 『한서(漢書)』 「무제기」(武帝紀)의 주(注)에서 확인된 진한(辰韓)이라고 말하고 있다.[36] 마한(馬韓)·진한(辰韓)·변한(弁韓)의 삼한(三韓)에 관한 가장 오래된 기초자료는 3세기 후반에 중국 진(晉)나라의 진수(陳壽)가 편찬한 『삼국지』(285)의 「위지동이전(魏志東夷傳)」이고, 그 다음의 자료는 5세기 전반에 편찬한 『후한서』라 할 수 있다. 『후한서』의 「동이열전(東夷列傳)」 속의 「한전(韓傳)」에 다음과 같은 문장이 들어 있다. "처음부터 조선왕 준(朝鮮王準)이 위만(衛滿)에게 패하자 그는 그의 남은 수천 명을 이끌고 바다로 도망쳐 마한(馬韓)을 공격해 쳐부수고 스스로 한왕(韓王)이 되었는데, 그 후 준의 후손이 절멸되어 마한인이 다시 자립해 진왕(辰王)이 되었다."[37] 이 문장에 근거해본다면, 기원전 194년 당시 기자조선의 준왕이 위만의 공격을 피해 바다를 통해 한반도로 남하해 마한지역에 도착했을 때 그곳에는 그 지역을 지키는 자들이 있었던 것으로 상상된다. 그래서 준왕은 그들을 쳐부수고 그곳에 스스로 한왕(韓王)이란 이름을 가지고 그곳을 지배해가게 되었다는 것인데, 그렇다면 당시 그 지역의 거주자는 어떤 자들이었을까의 문제가 제기된다. 재차 요약해보면, 준의 후손들이 절멸되고 당시 그곳에서 거주해왔던 자들이 자립하게 되자 그 토착세력은 이전의 형태로 다시 진왕을 섬기게 되었다. 이렇게 봤을 때 준왕이 남하했던 당시 그 지역은 동쪽으로 기자조선과 인접해 있었던 진국(辰國)의 사람들이 거주했었던 것으로 고찰된다. 이렇게

볼 때, 우리는 기자조선의 왕 준이 한반도로 남하하기 이전에는 요동일대와 그 동쪽의 한반도 서해안 일대가 진국(辰國)의 영역이었다는 입장을 취해볼 수 있다.

그렇다면 기자조선의 준왕은 진국(辰國)의 백성들이 거주하고 있던 그 지역에서 어째서 자신을 한왕(韓王)으로 칭해지도록 했던 것인가? 그것은 다음과 같은 이유 때문이었을 것이다. 즉, 자신이 도착한 지역의 나라가 진국, 즉 아침의 나라의 의미를 가진 나라였다. 그래서 그는 자신이 거주해가야 할 지역민들의 국명의 본뜻을 살려주고, 또 과거 기자조선의 경우처럼 그 지역을 중원세력의 한 봉국으로 만들어가기 위한 방책의 하나로, 전국(戰國) 시대에 중원지역에 존재했었고, 진(辰)의 경우처럼 아침의 의미를 취하는 한(韓)이라는 단어를 끌어내 진(辰)에 대응시켜 사용해 가게 되었을 가능성이 농후했다고 하는 것이다. 한(韓)이란 글자에는 분명 진(辰)이 가진 아침의 의미가 내포되어 있다.[38] 그런데, 앞에서 언급한 바와 같이, 한반도에서의 한왕(韓王) 지배체제 하에서의 한(韓)은 한왕의 후손의 전멸로 인해 사실상 그 전의 진국 속으로 소멸되어 버렸다. 그러자, 앞에서 필자가 언급한 바와 같이, 당시 그 지역의 주민들은 준왕의 남하이전 자신들이 받들어왔던 진국, 즉 요동지역에 정치적 무대를 두고 있던 나라의 진왕을 받들어가게 되었었던 것이다.

2) 위만조선의 멸망과 한반도에서의 삼한의 성립

앞에서 고찰한 바와 같이, 한반도에서의 한(韓)이라고 하는 명칭을 취한 정치적 단체의 출현은 우선 일차적으로 중국의 중원세력을 배경으로 해서 성립되어 발전해 나온 기자조선이 위만조선에 의한 멸망을 계기로 해서 이루어졌다. 그런데 그것은 위만조선이 한무제에 의해 멸망되기 이전에 소멸되고 말았다. 그러나 역시 중국의 중원세력을 배경으로 해서 요하지역에서 활약해 나왔던 위만조선이 멸망하자, 그것을 계기로 한반도에서 한(韓)이라고 하는 명칭을 취한 정치적 단체가 재차 출현하게 되었다. 그것은 중국의 중원세력과 관련된 위만조선의 유민들에 의해 이루어졌던 것이다. 예컨대 마한·진한·변한과 같은 삼한이 바로 그 일례라 할 수 있다. 위만조선의 멸망과 삼한의 출현과 관련해, 박대재는 이 현혜의 견해를 빌어 다음과 같은 견해를 제시하고 있다. 기원전 2세기말 위만조선의 멸망과 한사군의 설치라는 정치적 파동 이후 진국이 사라지자, "그 대신 중부 이남 지역의 정치집단들이 새로이 한이라 불리게 되었다"라고. 우리가 그의 그러한 견해를 받아들여볼 경우, 역시 그의 지적대로 "기원전 2세기 초 준왕의 망명기록에 등장하는 한을 어떻게 이해할 것인가"의 문제가 과제로 남게 되는데,[39] 우리는 이 과제에 대해서 이미 앞에서 필자에 의해서 설명되었다.

박대재와 이현혜의 입장을 받아들여 여기에서 위만조선의 멸망과 삼한의 출현에 관해 재차 정리해본다고 한다면, 다음과 같은 것이 정리될 수 있을 것이다. 기원전 2세기말에 와서 요하지역에서 한무제에 의해 위만조선이 멸망되었다. 한무제는 위만조선지역과 그것과 인접해 있던 진국 지역 등에 한사군(漢四郡)을 설치했다. 그 과정에서 위만조선의 유민들은 한반도의 옛 진국지역 등으로 남하하여 마한·진한·변한 등의 삼한을 형성시켜 나갔고, 그 동쪽에 위치해 있던 진국의 유민들의 일부는 요하지역으로 북상해 올라가 북쪽의 부여국으로 유입되었다. 또 진국의 또 다른 일부는 동쪽으로 이동해 요하지역에서의 요하와 압록강 사이의 지역에서 자리를 잡게 되었다. 그 후 그 요하지역의 요하와 압록강 사이의 지역을 중심으로 해서 성립해 나왔던 고대국가가 다름 아닌 바로 고구려였다고 볼 수 있다.

현재 한국학계에서는 위만조선 혹은 한사군이 요하지역의 어디에 위치해 있었는지에 대한 정설이 없다. 예컨대 이병도, 이기백, 김정배 등은 일제 강점기 일본학자들의 입장을 이어받아 대동강유역으로 파악하고 있고, 윤내현 등은 요서의 난하유역에서 대릉하 유역의 사이로 파악하고 있는 실정이다. 필자의 경우는 윤내현 등의 입장을 취한다. 그렇다면 우선 발해만에 인접한 요서의 남부에 위만조선이 위치해 있었다면, 진국은 대릉하 이동에서 요동반도지역, 한반도의 서해안 일대에 위치해 있었던 것으로 고찰된다. 그런데, 중원세력의 한무제에 의해 위만조선이 멸망하고, 이어서 그 위만지역과 인접해 있던 단군 조선족, 즉 동호족의 한 분파로 이해될 수 있는 예맥족에 의해 설립된 진국이 와해되자, 그 요하지역의 남부 해변지역에 거주해 오던 주민들이 해변지역 일대를 따라 동쪽으로 이동해 한반도 지역으로 남하해 내려가게 되었다고 하는 것이다.

이 경우 한족(漢族)계열의 위만조선 유민들은 기자조선의 패망시의 경우처럼 난하유역과 대릉하 유역 사이의 지역으로부터 발해만을 건너 한반도의 서해안 지역으로 이동해 나와, 서해안의 충남과 전북일대에 정착하게 되었다. 박대재 등이 주장하고 있는 바와 같이, 이 지역 일대를 중심으로 마한(馬韓)이 형성되어 나왔다.[40] 기원전 2세기 초에 쓰인 『사기(史記)』의 「조선열전」에 의하면, 위만조선시대(194~108, BC)에 요서지역의 난하유역과 대릉하 사이에 위만조선이 있었고, 대릉하와 요하유역 사이에 진국(辰國)이 각각 위치해 있었던 것으로 고찰된다.[41] 한편 요동반도지역에는 진번(眞番)이 있었다. 그런데 천관우는 그의 저서에서 삼한(三韓)의 성립과정을 논하는 과정에서, 한반도 중부 이남에 삼한이 존재하기 이전에, 한반도의 북쪽과 요하지역에 북삼한(北三韓)이 존재했었을 가능성이 있다는 입장을 제시하였다.[42] 이것과 관련해 그가 북삼한(北三韓)의 존재를 인정해보려는 입장을 취했던 것은 우리가 "북진한·북변한의 존재를 인정하는 입장에 설 때에 비로소 종래 미궁에 빠져 있던 '진번'·'진국' 등의 문제들이 훨씬 합리적으로 파악되기" 때문이라고 말하고 있다.[43] 그는 그러한 입장에서 위만조선을 '북마한'으로, 진번을 '북진·변한' 으로 각각 파악하고 있다. 그런데 아쉽게도 그가 진국을 '북진한'으로 파악해 내지 않았던 것은 진국이 요동지역에 위치해 있었던 것이 아니고 경상도 지역에 위치해 있다는 입장을 취하고 있었기 때문이다.

천관우의 이러한 입장을 참고해서 삼한의 성립과정에 대한 필자가 취한 입장은 다음과 같다. 즉 위만조선의 멸망과 함께 한사군이 설치되어 진국이 중원의 한족(漢族)의 손아귀에 들어가 현도군으로 전환되자, 진국의 북부지역의 유민들은 그 지역에 그대로 남아 있다가 후에 고구려 성립의 기틀이 되지만,

바다에 인접해 있던 진국의 남부의 유민들의 경우는 뱃길로 한반도의 서해를 통해 한반도 남으로 내려와 낙동강유역 일대에서 자리를 잡았다. 그래서 그들은 변한(弁韓)을 형성해 나갔다. 또 그러한 정치적 변화 과정에서 요동에서 진국의 동쪽에 위치해 있던 진번이 위기 상태에 처하게 됨에 따라 그들도 동쪽의 한반도북부지역을 통해 육로로 한반도의 남서쪽으로 남하해 경주지역 일대에서 진한(辰韓)을 형성해 가게 되었던 것이다. 그 후 요하의 한사군지역에서는 왕망의 신왕조(新王朝, 8~23)의 출현과 멸망을 통한 전한(前漢, BC 206~AD 8)와 후한(後漢, 8~222)의 교체가 행해지게 되었는데, 그 과정에서 야기된 사회적 불안정으로 인해 요하지역에서 한반도로의 상당한 인구이동이 행해졌다. 한무제 때의 경우처럼 요하지역에서 중원문화를 흡입한 요하인들이 육로를 통해 한반도로 남하해 진번(眞番)인들이 형성시킨 진한(辰韓)의 세계로 들어가 생활터전을 마련하게 되었던 것이다.

그렇다면 경주 일대까지 남하해 진한(辰韓)이란 정치적 단체를 형성시킨 자들은 어떤 사람들이었던가? 우선 그 명칭이 말해주고 있듯이, 그들은 위만조선이 한무제에 의해 멸망될 당시 대릉하에서 압록강 사이의 진국지역에서 거주했던 중국계 요하인들이었다. 그들의 선조는 중원지역의 화하어(華夏語)를 구사했었던 자들이었다. 그러나 그들의 대부분은 중원지역에서의 전국시대(戰國時代, 403~221, BC)의 말기에 진(秦)에 의해 전국(全國)이 일국(一國)으로 통일되어나가는 과정에서의 정치적 불안상태와 진대(秦代, 221~206, BC)의 폭정과 노역(勞役)을 피해 중원문화권에서 요하지역으로 이주해 나온 인간들이다. 그들은 중원지역으로부터 자신들에게 가하는 정치적 부담을 피해 중원정치권으로부터 탈출해 나왔던 자들이었다. 따라서 그들에게는 중원정치권의 꼭두각시 노릇을 행해가는 기자조선이나 혹은 그 기자조선을 배경으로 해서 나온 위만조선의 정치적 사회적 분위기보다는 오히려 그들과 대립적 입장을 취해갔던 단군조선의 후예들에 의해 설립된 진국과 같은 정치체가 만드는 사회가 더 적합했었다. 그러한 이유로 인해 그들은 그 진국지역에서 생존해 가게 되었던 것이다.

이것과 관련해서 박대재는 다음과 같은 입장을 제시하고 있다. "기원전 3세기말 이래 중국 동북지역의 유민들이 조선으로 많이 망명했다는 사실은 위만의 망명 기록을 통해서도 쉽게 확인할 수 있다. 위만조선의 주민가운데는 위만과 함께 망명해온 중국계유민들이 다수 포함되어 있었을 것이다. 따라서 위만조선의 멸망이후에 남하해 진한을 세운 유민들 속에는, 본래 중국에서 조선으로 망명했던 사람들도 다수 포함되어 있었을 것이다. 따라서 위만조선의 멸망이후에 남하해 진한을 세운 유민들 속에는, 본래 중국에서 조선으로 망명했던 사람들도 다수 포함되어 있었을 것이다."[44] 박대재가 여기에서 말하는 진한을 세웠다고 하는 중국계 유민은 중국에서 위만과 함께 위만조선지역으로 넘어와 위만조선에서 거주하다가 위만조선의 멸망을 계기로 한반도 내려온 자들을 가리킨다. 그러나 필자는 그들이 위만조선에서 거주했던 중국계 유민이 아니고 위만조선의 옆에 위치한 진국에서 거주했던 중국계 유민이라고 한 것이다. 중국계 유민이 위만조선의 멸망 시 위만조선에서 한반도로 내려와 세운 정치체는 앞에서 이미 논한 바와 같이 마한이었다. 한편, 진국지역에서 거주해 오다가 진국이 한사군의 일부가 되자 그 지역을 떠나 한반도로 남하해온 중국 유민들은 서해 바다를 통해 남하해 마한이나 변한을 세운 자들과는 달리 육로를 통해 경주일대에 도달해 진한을 세운 자들이다.

이상과 같이 삼한은 그 성립연대는 제각기 다르다 하더라도 그것들의 형성과정에서의 하나의 공통점은 천관우도 그의 저서에서 지적하고 있듯이, 북방 주민의 남하에 의해 이루었다고 하는 것이다.[45] 우리가 이러한 사실에 입각해 삼한의 성립을 고찰해볼 경우 우리는 다음과 입장을 제시해볼 수 있다. 우선 한반도에서의 삼한의 성립은 빨리는 기원전 194년 기자조선의 멸망과 기원전 위만조선의 설립을 계기로 한 요하인의 한반도로의 남하기로 볼 수 있고, 늦게는 기원전 108년 위만조선의 멸망과 한사군의 설치를 계기로 요하인의 한반도로의 남하기로 파악된다. 그것의 문화적 배경은 기자조선의 멸망을 기점으로 해봤을 때는 한반도로 전파된 요하 청동기문화를 통해서 형성되어 나왔다. 또 위만조선의 멸망을 그 기점으로 해봤을 때는 중원지역에서 전국이 통일되는 과정에서 보편화된 철기문화와 그 후 한제국(漢帝國)에 의해 성립된 유교문화가 중원세력의 요하지역으로의 동진을 통해 형성되어 나왔던 것으로 파악된다. 송호정 등이 지적하고 있듯이『후한서』에는 삼한 모두가 옛 진한(辰國)이었다고 말하고 있고, 그 전거 사서『삼국지』「동이전」에는 진한(辰韓)이 진국에서 발전되어 나왔다고 기록되어 있다.46 그런데 필자가 앞에서 언급한 바와 같이, 진국은 동호를 통해 단군조선의 맥을 이어온 정치체임과 동시에 중원의 정치체제에 반발해 주원정치권으로 탈출해 나온 한족(漢族)계열의 인간들의 망명지였기도 했던 것이다. 윤내현은 다시 언급하건대, "진국(辰國)이란 명칭은 큰 나라, 즉 중심이 되는 나라라는 의미를 지닌 나라로서 단군(檀君)의 직할지였을 것이다"라고 말하고 있다.47

3) 삼국의 성립

삼국(三國)이란 신라 · 고구려 · 백제를 말한다. 김부식(金富軾)에 의해 편찬된『삼국사기(三國史記)』(1145)는 그것들의 성립연도를 기원전 57년, 기원전 37년, 기원전 18년으로 각각 파악하고 있다.『삼국사기』의 역자인 이강래는 「『삼국사기』의 정당한 이해를 위하여」에서 "『삼국사기』는 누가 보아도 질과 양에서 신라 위주인 것을 부정하기 힘들다"라고 지적하고 있다.48 우리는 이러한 지적을 고려한 위에서 상기의 삼국의 성립연도의 의미를 파악해야 한다는 입장이 취해진다. 우리가 앞에서 고찰한 바와 같이 동아시아지역의 동단에 위치해 있는 한반도에서의 어떤 정치체의 성립은 설혹 그것이 부족연맹체이던 고대국가이던 간에 동아시아지역의 태반을 이루는 중원지역을 중심으로 해서 형성되어 나왔던 중원중심의 정치적 세력과 그 세력을 통해 형성된 유교문화권의 동아시아 동단으로의 전파과정과 연결시켜 고찰될 필요가 있다는 입장이 취해진다. 앞에서 언급한 삼한의 경우도 그러한 정치적 세력의 한반도로의 전파과정에서 형성되어 나왔던 것이다.

삼한 중에서 마한이 제일 먼저 형성되어 나왔고, 또 그것이 제일 강했던 것은 그것이 삼한 중에서 중원세력권에서 제일 가까운 지역에 위치해 있었기 때문이었다. 이러한 점을 고려해 볼 때, 우리는 중원문화권으로부터 제일 가까운 지역에 위치해 있는 고구려가 삼국 중에서 제일 먼저 건국된 고대국가였을 가능성이 높을 수 있다는 입장이 취해진다. 엄기환은「고구려의 발상지를 찾아서」란 글에서 다음과 같이 말하고 있다. "『삼국사기』「고구려본기」에 전하는 건국신화에 따르면 기원전 37년 주몽에 의해 건국되었다고 한다. 하지만 고구려란 나라 이름이 이때 처음 등장하는 것은 아니다. 중국 한나라가 고조선을 침공해 멸망시키고 이 지역에 4개의 군을 설치할 때 고구려지역에는 현도군을 설치했는데, 거기에 소속된 3개의 현 중에 '고구려현'이란 이름이 보인다. 이때가 기원전 107년이니까 이미 상당히 오래전부터 고구려라는 집단이나 종족이 이 지역에 자리 잡고 있었음을 알 수 있다."[49]

그러면 현도군은 어느 지역에 설치되었는가? 윤내현의 경우는 요하지역의 동과 서의 경계를 이루는 의무려산맥(醫巫閭山脈) 지역에서 요하 유역에 이르는 지역으로 파악하고 있다.[50] 그러나 윤용구 등은 요하중류지역에서 압록강 중류지역에 이르는 지역으로 파악하고 있고,[51] 또 다나카 요시아키(田中俊明)는 고구려현의 현소재지가 동해안의 함흥지역에서 압록강 중류지역으로, 또 그곳에서 요서의 의무려산맥지역을 이동해갔다는 입장을 제시하고 있다.[52] 이와 같이 현도군이 어느 지역에 설치되었는지에 대한 문제가 합의된 상태는 아니지만, 그러나 하나 확실한 것은 현도군이 한사군 중에서 제일 동쪽에 위치해 있었다는 것이고, 또 현도군을 배경으로 해서 고구려가 건설되어 나왔다고 하는 것이다.

그렇다면 고구려는 언제 어떻게 건설되어 나온 것인가? 고구려가 현도군의 지배로부터 벗어난 시점은 윤용구에 의하면 전한 말 소제기(昭帝期, 82~75, BC)로 파악하고 있다.[53] 『삼국사기』에 의하면 고구려는 동부여 출신의 고 주몽이 동부여로부터 탈출해 나와 졸본천(卒本川)이라는 지역에서 기원전 37년에 건설한 나라로 되어있다. 동부여(東夫餘)란 나라는 앞에서 언급한 바와 같이 청동기문화가 전파되는 과정에서 요하의 북쪽 송화강 유역에서 기원전

6세기 이전에 설립되었던 북부여가 요서지역에서의 한무제에 의한 한사군설치를 계기로 요동지역의 인간들, 보다 구체적으로 말하자면 현도군 자리에 거주해왔던 진국의 주민들의 일부가 동쪽으로 이주해옴에 따라 요하의 북쪽 중앙에 위치하는 송하강유역의 북부여가 그들을 데리고 동쪽으로 천도해 성립시킨 국가이다.

『삼국사기』에 의하면 주몽이 부여 국내의 졸본천이란 지역에 도착했는데, 그 지역의 "왕이 주몽을 보고 보통 사람이 아닌 것을 알아 자기 딸을 아내로 삼게 했던 바, 그 왕이 죽자 주몽이 왕위를 이었다고도 한다"라고 되어 있다.[54] 그러면 여기에서 우리는 주몽이 그 지역의 왕위를 계승해 그것을 기반으로 해서 그곳에서 고구려라고 하는 나라를 건설한 것으로 이해할 수 있다는 입장이 취해진다. 또 우리는 그가 고구려라는 나라를 건설한 그 지역이 다름 아닌 바로 현도군의 고구려현이라는 지역으로 이해해 볼 수 있는 것이다. 우리가 이러한 시각에서 고구려의 성립에 접근해볼 때 우리는 그것에 대해 다음과 같은 입장을 취해볼 수 있다. 고구려는 단군조선의 맥을 이어온 예맥족에 의해 설립된 진국을 기반으로 해서 성립된 나라라고 하는 것이다.

그렇다면 백제는 어떻게 성립되어 나온 것인가? 『삼국사기』의 「백제본기」에 백제의 성립에 관해 다음과 같이 설명되어 있다. 졸본부여에서 왕위에 오른 주몽은 그곳에서 결혼한 여자와의 사이에서 큰 아들 비류(沸流)와 작은 아들 온조 두 아들을 가졌다. 그러나 주몽이 동부여에 있을 때 낳은 아들이 찾아와 태자가 되었다. 그러자 비류와 온조는 자신들이 거느리던 10여 명의 신하들과 자신들을 따르는 많은 백성들을 거느리고 남쪽의 한강유역 하남에 도착했다. 형 비류는 그곳이 마음에 들지 않아 지금의 인천지역 미추홀(彌鄒忽)로 떠났고, 온조는 그곳에서 위례성(慰禮城)을 쌓아 백제(佰濟)라는 나라는 세웠다는 것으로 되어 있다. 이렇게 봤을 때 고구려와 백제는 단군조선 계열의 인간들에 의해 세워진 국가들이라 할 수 있다. 그렇다면 신라의 경우는 어떠한가? 『삼국사기』의 「신라본기 제1」에 의하면 신라는 진한(辰韓)의 6부 촌장들이 알에서 나온 박혁거세(朴赫居世)를 왕으로 옹립함으로써 국호를 '서나벌'(徐那伐, 斯

盧國)로 해서 성립해 나왔던 것으로 되어 있다. 또 박혁거세를 왕으로 옹립한 진한의 6부 촌장들은 '진(秦)의 난리를 견디지 못해 동쪽으로 도주해온 중국인들'의 후예들로 기술되어 있다.[55] 그런데, 한반도의 북부와 한반도내에서의 이들 삼국의 성립은 요하지역으로부터 한반도로 전파된 철기문화를 배경으로 해서 행해져 나왔다. 이것은 요하지역에서 위만조선의 멸망을 기해 요하지역으로부터 한반도로 청동기문화가 전파되어 나가는 과정에서 삼한이 성립되었던 것과 대응될 수 있는 현상이다.

삼국은 바로 이상과 같은 철기문화의 전파라고 하는 역사적 맥락 속에서 성립되어 나왔다. 그 후 중원지역에서는 한제국(BC 206~AD 222)이 멸망하고 그것에 이어 위진(魏晉, 222~317)과 남북조(南北朝, 317~589) 시대가 도래하게 된다. 요하문명권과 한반도는 중원지역에서 전개되는 그러한 새로운 정치적 상황과 맞물려 새로운 변화를 맞게 된다. 특히 남북조시대로 들어와 북중국에서의 비한족인 북방기마민족들의 활약이 두드러짐에 따라 요하지역과 한반도 지역에서도 단군조선계열의 북방민족 출신의 활약이 두드러졌다.

우선 후한은 220년 화북지역에 정치적 기반을 두고 있던 위(魏, 220~265)의 문제(文帝)에게 제위가 선양됨으로써 한제국은 끝나고 중국은 삼국으로 분열되었다. 그 후 삼국 중에서 가장 강국이었던 위는 요동의 공손씨를 토벌하고, 또 요하의 낙랑과 대방을 접수했고 주변의 여러 북방민족들을 복속시켰다. 그뿐만 아니라 고구려도 정벌했다. 또 위는 244년에 관구검(毌丘儉)이란 장군을 보내 강원도 지역의 예족까지를 토벌하는 동방정벌을 꾀했다. 요동지역과 한반도 북방에서의 그러한 정치적 변란으로 인해 그 지역의 북방 주민들의 남하가 이루어졌다. 그 결과 예컨대 서나벌에서는 요하지역으로부터 남하한 북방 알타이계의 후예인 제13대 미추가 262년에 서나벌의 왕으로 등극하게 된다. 서나벌에서 김씨가 왕이 된 것은 그것이 처음이고 제17대 내물왕(356~402) 때부터는 김씨만이 왕이 될 수 있다는 제도가 확립된다.

중국 대륙에서는 남북조(南北朝, 317~589) 시대로 들어와 중원중심의 세계는 남북으로 분열되었다. 보다 구체적으로 말하자면 위진시대가 남북조시대로 넘어오는 과정에서 중국대륙에서는 302~439년 사이 정확히 136년간 5호 16국(五胡十六國)의 난이 일어났다. 중국은 그 난을 계기로 남북으로 분리되었다. 남조가 중원지역 출신 중심의 세계였다면, 북조는 화북지역을 주축으로 한 북방계민족 중심의 세계였다. 이렇게 300년대로 들어와 중국대륙이 남북으로 양분되어 나오자, 중국의 중원세력과의 맞물려 있던 요동과 한반도 내의 정치적 세력들도 재편되지 않을 수 없었다. 위만조선의 멸망이후에 한제국의 영향하에서 요동과 한반도지역에서 형성되어 나왔던 삼한과 같은 정치체들은 한제국(BC 206~AD 222)의 멸망 시점까지 자신들의 정치적 세력을 유지해나갔다. 그러나 한제국의 멸망 후 중국에서의 정치적 세력이 분열되자 그것들은 침체상태로 빠지게 되었고 요하지역 출신의 북방민족들의 세력이 강해짐에 따라, 중원세력을 배후에 두고 있던 세력들이 대립해 기원전 1세기에 출현해 나왔던 북방민족 세력의 일파인 단군조선의 후예들, 보다 구체적으로 말해 고구려와 백제가 중원세력을 배경으로 하고 있던 삼한을 누르고 이전보다 한층 더 강력한 정치체들로 발전해 나왔다. 더욱이 중국이 남북조 시대로 들어와 북방민족들에 의해 북조가 화북과 요하의 요서지역을 중심을 강력한 정치체들을 형성시켜 나감에 따라, 그러한 세력들과 맞물려 요하의 요동지역과 한반도를 주축으로 발전해 나온 단군조선의 후예들에 의해 세워진 삼국은 강력한 고대국가들로서 확립되어 나왔다. 그러한 작업은 요동지역과 한반도북부를 차지했던 고구려가 한제국에 의해 세워졌던 낙랑군을 313년에 한반도 지역으로부터 축출해냈고, 백제가 그동안 충청·전라지역의 태반에 정치적 영향권을 행사하던 마한을 369년에 멸망시킴으로써 이루어졌다. 그뿐만 아니라 서나벌지역에서는 17대 내물왕(奈勿王, 356~402)이 왕위에 올라 북방유목민족의 일파흉노족계 출신을 원조로 하는 김씨 가문만으로 하여금 왕위를 세습케 했던 것이다.[56]

3. 한반도에서의 백제와 일본열도에서의 고대국가의 성립

1) 백제와 가야

앞에서 언급한 바와 같이 백제는 요하 북방 부여국 출신의 고주몽이 단군조선의 정통을 계승한 진국을 기반으로 해서 고구려의 일파에 의해서 설립된 고대국가이다. 이렇게 볼 때 백제는 분명히 중국의 중원세력을 배경으로 정치력을 유지한 기자조선 및 위만조선과는 대립적 입장을 취하였던 단군조선의 후예라 할 수 있다. 삼한이 성립된 한반도 중부지역 이남의 서해안 일대는 요하지역에서 위만조선이 건설(BC 194)되기 이전부터 요서의 기자조선 동쪽에 인접한 진국(辰國)의 지배하에 있었던 것으로 파악된다.[57] 그러한 연유로 한무제에 의해 위만조선이 멸망하고, 그 인접지역에 한사군이 설치됨에 따라 요하지역에서 위만조선의 동쪽에 있던 진국도 와해되고 말았다. 그러자 위만조선의 왕은 한반도로 남하해 진국의 관할지였던 한반도 중부지역에 마한을 세웠다. 진국의 왕도 이전부터 자신의 정치적 영향권 내에 있었던 한반도 중부의 서해안 일대로 천도하여 목지(目支)라는 지역에 목지국을 세워 관할지내의 부족국가들의 수장 역할을 하였다. 그 결과 그 지역에 설립된 마한도 진왕의 정치적 영향권에 들어가게 되었다.

그러나 목지국은 백제의 고이왕대(古尒王代, 234~286)에 가서 백제에 병합되었고, 마한은 근초고왕대(近肖古王代, 346~375)에 백제에게 멸망당했다. 한편 백제는 고구려가 낙랑군을 한반도로부터 축출한 그 다음해인 313년 한반도에서 대방군을 멸망시켰다. 이렇게 백제는 근초고왕대에 이르러 고대국가로 확립해 나왔던 것이다. 고대국가로 확립된 백제의 국력은 진왕의 정치적 영향권 밖인 낙동강 유역으로 확장되어 나갔다. 김현구는 일본이 369년의 근초고왕대에 가야 7국을 평정했다고 주장하고 있지만, 그것은 사실이 아니고 가야 7국을 평정한 것은 백제였다는 입장을 제시하고 있다.[58] 구체적으로 말하자면, 김현구는『일본서기』369년의 기록을 근거로 "목라근자가 근초고왕과 합동작전을 펴서 가야7국을 평정"했다고 주장하는 것이다. 필자는 이 문제에 대한 보다 포괄적 이해 방안의 하나로 다음과 같은 사실을 끌어내 언급하지 않을 수 없다.

이미 앞에서 언급한 바와 같이, 원래 낙동강 유역에는 진국의 동쪽에 인접해 있었던 진번의 유민들이 요하지역에서의 한무제의 한사군설치를 계기로 하여 요하지역으로부터 뱃길을 이용해 낙동강 유역으로 내려가 정착하였다. 그들에 의해 변한(弁韓)이라는 부족 연합체가 형성되었는데, 그것을 구성하였던 12성읍 (城邑)국들이 어느 시기에 이르러 고대국가로 전환해나갔다. 박대재는 12성읍국 으로 이루어졌던 변한연맹체 중 가장 세가 컸던 구야국(狗耶國)이 가야국(伽倻 國)의 전신이라 할 수 있는 단계로 전환해 나온 시기는 300년대였다는 입장을 제시하고 있다.[59] 이러한 입장은 백제의 근초고왕과 왜와의 연합작전에 의해 가야 7국이 평정되었던 시기에는 부족연맹체였던 변한이 이미 가야국이라고 하는 고대국가로 전환해 나와 있었을 때였다는 사실을 여실히 말해주고 있다.

이기백은 300년대의 가야·백제·신라·고구려·왜 등과의 관계에 대해 다음과 같이 말하고 있다. "백제가 왜병을 끌어들여 가야를 거쳐 신라를 공격 하자 신라와 가야의 관계는 날카로운 대립을 이루게 되었고, 드디어 신라를 후원하는 고구려 광개토왕의 출병을 가져오게 하였다."[60] 이기백의 이러한 언급은 김현구의 주장이 한층 더 폭넓게 파악된 것이라 말할 수 있는데, 필자 의 관심은 당시 백제가 어떻게 왜병을 한반도로 끌어들일 수 있었던 것인가에 있다. 앞에서 이미 언급한 바와 같이 백제는 왜와의 합동작전을 통해 가야 7국을 평정하고, 그것을 발판으로 신라와는 달리 왜와 독특한 우호관계를 구 축해 갔었던 것으로 파악된다. 그들의 그러한 우호관계는 혼인을 통한 인척관 계로 발전되어 나갔다.

그렇다면 백제는 어떻게 왜를 끌어들여 가야 7국을 평정하였고, 또한 어떤 연유로 왜와의 우호관계가 형성되어 나갔던 것인가? 필자의 관심은 바로 여기 에 있는 것이다. 『삼국사기』의 「백제본기 제3」에 아신왕(阿莘王) 6년(397)에 "여름 5월에 왕이 왜국과 더불어 우호를 맺고, 태자 전지(腆支)를 볼모로 보냈다"라는 기록이 있다. 이것이 『삼국사기』에서 찾아볼 수 있는 백제와 왜의 최초의 통교기사이기는 하지만, 그 이전에 백제와 왜의 통교가 없었다고는 말할 수 없다. 신라와의 관계에 대해서는 「신라본기 제2」에 아달라 이사금(阿達羅 尼師金) 20년(174)에 "왜의 여왕 히미코(卑彌乎)가 신라에 사신을 보내 방문했다"라는 기록이 있다. 이 기록에 의하면 신라와 왜의 관계는 이미 220여 년 전에 있었다는 말이 된다. 이러한 점들을 감안해 볼 때, 백제와 왜의 관계는 태자 진지를 왜에 볼모로 보냈던 시점보다 훨씬 전에 이루어졌을 것으로 추측된다. 『일본서기(日本書紀)』(720)에 제10대 오진(応神)천황 8년(일본에서는 서기 277년으로 계산해 왔으나, 사실은 그보다 120년이 늦은 397년이다) 진구(神功)황후 47년(367)에는 백제와 신라가 조공을 했고, 51년(371)에는 백제왕이 구저(久氐) 등을 왜에 보냈다는 기사들이 보인다. 3세기 말 4세기 초의 스진(崇神)천황 대에는 임나국(任那國, 가야국)이 일본에 조공을 바쳤다는 기사들이 보인다. 이러한 것들은 가야, 신라, 백제 등이 이미 3세기부터 일본과 통교해왔다는 사실을 말해주고 있다.

그런데 『일본서기』에 의하면, 오진천황 14~16년(403~405)에 백제가 옷 짓는 여인을 헌상하고, 아직기(阿直岐), 왕인(王仁) 등을 파견했다고 한다. 또 오진천황 39년(428)에는 백제의 20대 비유왕(毗有王)이 여동생 신제도원(新齊都媛)을 일본 오진천황에게 보내 그를 섬기게 했던 것으로 기록되어 있다. 이것과 관련해 『삼국사기』의 「백제 본기 제3」에는 비유왕 2년(428)에 "왜국의 사신이 왔는데 수행원이 50명이었다"는 기록이 있다. 이 기록은 비유왕이 자신의 여동생을 그 수행원의 귀국길에 딸려 보냈다는 것을 말해준다. 이러한 기록들을 근거로 당시 백제와 왜의 관계를 고찰해볼 때, 백제의 경우는 고구려나 신라와는 달리 지배층의 중핵을 이루는 왕실과 왜의 지배세력, 특히 천황가의 사이에 혼인을 통한 인척관계가 형성되어 있었다는 이해가 가능해진다. 그렇다면 백제가 마한을 멸망시키고 왜와의 합동작전을 취해 가야 7국을 평정시키는 국력 신장 사업들을 통해 고대국가를 확립시킨 근초고왕대(近肖古王代, 346~375)에서의 일본에서의 정치적 상황은 어떠했던 것인가?

2) 가야국과 일본의 야마토정권

앞에서 언급한 바와 같이 백제가 일본과의 합동작전을 통해 가야 7국을 평정한 것은 369년이다. 『일본서기(日本書紀)』에는 이 시기에 있었던 일이 기록되어 있다. 당시 일본은 14대 쥬아이(仲哀)천황이 급사(急死)하고 그의 황후인 진구황후(神功皇后)가 국정을 수행하던 시기였다. 『일본서기』에 의하면 그녀는 321년부터 389년까지 69년간 천황을 세우지 않고 손수 국정을 수행하였다. 그녀가 389년에 사망하자, 그 다음해인 390년에 그의 아들 오진(応神)천황이 황위에 올라 430년까지 40년간 국정을 이끌었다.[61] 그러나 에가미 나미오(江上波夫)는 '기마민족일본정복설(騎馬民族日本征服說)'을 통해 북규슈지역을 지배하고 있던 오진천황이 북규슈(北九州) 아니면 혼슈(本州) 서단을 통해 야마토(大和) 지역으로 쳐들어가서 그곳에서 일본 통일국가의 정부 야마토조정(大和朝廷)을 건설했다는 입장을 제시했다.[62] 우리가 그의 입장을 받아들여 볼 경우, 오진천황이 야마토 지역을 쳐들어갔을 때 그 지역에 어떤 정치적 집단이 존재했는가에 대한 물음이 제기된다. 에가미 나미오는 일본국을 창건했다고 이야기되는 스진(崇神)천황의 후예들이 그 지역을 다스리고 있었다고 말하고 있다. 또 그는 야마토 지역에서 일본국을 창건한 스진천황이 변한지역으로부터 북규슈지역으로 진출하여 그 지역에서 야마토 지역으로부터 진출한 집단의 우두머리였고, 또 그 집단은 천신(天神)을 조상으로 믿었던 무리였다는 것이다.[63]

그의 이러한 입장과 관련해 미즈노 유(水野祐)는 '3왕조 교체설'을 제시했는데, 그에 의하면 일본의 천황가는 삼왕조의 교체를 통해 '만세일계(万世一系)적 황통관념(皇統觀念)'을 실현시켜 나왔다는 입장을 제시했다.[64] 그런데 필자로서는 미즈노 유의 이러한 입장이 에가미 나미오의 '기마민족일본정복설'로 붕괴위기에 처한 만세일계의 황국사관의 재구축을 목표로 한 주장으로 이해된다. 그의 기본적 입장은 기마민족의 일본정복으로 인해 일본의 황가가 완전 단절되었던 것이 아니라, 사실은 새로 건설된 왕조들이 이전 왕조들의 혈연적 결합을 통해 교체되어 나왔다는 것이다.[65] 그는 10대 스진(崇神)천황(4세기 전반)을 시조로 스진왕조가 세워졌고, 그 다음 16대 닌토쿠(仁德)천황(5세기 전반)을 시조로 닌토쿠왕조가 설립되었으며, 끝으로 제26대 게이타이(継体)천황(6세기 전반)을 시조로 게이타이 천황조가 건설되었다는 입장을 제시하고 있다. 그런데 필자가 여기에서 말하고자 하는 것은 그의 이러한 주장이 에가미 나미오의 '기마민족일본정복설'을 인정하는 하나의 구체적 사례로 이해될 수 있다는 것이다.

앞에서 언급한 바와 같이 에가미 나미오는 제15대 오진천황(4세기 말~5세기 초)이 북규슈 아니면 혼슈 서쪽 끝에서 야마토 지역으로 쳐들어가서 그곳에서 일본의 통일국가 정부를 세웠다고 입장을 제시한 것에 대해, 미즈노 유는 제16대 닌토쿠천황이 규슈로부터 나니와(難波)를 거쳐 야마토로 침입해 들어가 새로운 왕조를 건설했다는 입장을 취했다. 보다 구체적으로 말하자면, 미즈노 유는 "기마민족계열의 지배자가(북규슈에서) 세운 노국(奴國)의 일부가 남규슈로 이동해 그곳에서 구노국(狗奴國)을 세웠고 그 나라가 3세기 후반에 여왕국을 무너뜨리고 규슈를 지배한 후, 4세기 중엽에 야마토(大和) 지역의 세력을 쳐부수고 서일본을 지배하게 된 후, 5세기 초반에 나니와(難波)로 천도했는데 그것이 바로 '닌토쿠천황'이었다"라는 것이다.[66] 이처럼 두 학자들 사이에 근소한 차이가 있기는 하지만 그들 사이에 존재하는 공통점은 규슈 일대의 정치적 세력이 400년대 중반을 전후해 야마토 지역으로 쳐들어가 그곳을 점령해 새로운 왕조를 건설했다고 하는 점이다.

그렇다면 우리는 400년대 전반에는 규슈 지역이 일본의 정치적 중심지였을 것이라는 상상이 가능해진다. 그러나 그 상상이 반드시 사실일 수는 없다. 그 주된 이유는 야마토를 정복했던 규슈 세력이 어떤 지역을 삽시간에 정복해 버리는 기동력을 보유하고 있던 기마민족이었기 때문이다. 그렇다면 그 기마민족은 어디로부터 건너가 규슈 지역에 거주하게 됐던 것인가? 앞에서 언급한 바와 같이 에가미 나미오에 의하면, 오진천황 이전에 일본에서 최초의 왕조를 건설했었던 스진천황(300년대 전반)은 한반도 남단의 가야지역에서 출현한 자라는 것이다. 그의 그러한 논거는 스진천황의 원래 명칭이 일본어로 가야지역을 의미하는 미마키(御間城)천황이었다고 하는 것이다.[67] 이 말은 가야지역에서 출현한 스진천황이 일본의 규슈 지역으로 건너가 그곳에서 일본에서 최초로 국가를 건설했던가, 그것이 아니면, 규슈 지역을 거쳐 야마토 지역으로 들어가 그곳에서 최초로 국가를 건설했던가를 의미한다. 에가미 나미오는 일본국을 창건한 스진천황이 천신(天神)을 믿었던 부여(夫餘)·고구려계(高句麗系)의 민족, 즉 천손계(天孫系) 민족으로 파악하고 있다.[68] 그의 그러한 입장은 일본의 건국신화로 취급되는 천손강림을 주축으로 이루어진 기기(記紀)신화가 부여·고구려계의 민족전설을 기초로 이루어졌다는 사실에 근거한 것이다.

그러면 여기에서 우리는 다음과 같은 물음을 제기해볼 수 있다. 우리가 에가미 나미오의 말대로 북규슈를 지배했던 오진천황이 400년대 초를 전후해 그곳에서 야마토 지역으로 쳐들어갔다고 한다면, 그 직전 북규슈에는 어떠한 일이 일어났던 것인가의 문제를 생각해볼 필요가 있다. 앞에서 언급한 바와 같이, 백제의 근초고왕은 마한을 멸망시키고 369년에 왜의 세력을 한반도에 끌어들여 가야 7국을 평정하였다. 그렇다면 당시 백제가 끌어들인 왜는 어떤 세력이었던가? 『일본서기』에 의하면 369년 당시 일본은 앞에서 언급한 바와 같이 진구(神功)황후가 그의 남편 14대 쥬아이(仲哀)천황이 급사한 후 새 천황을 세우지 않고 자신이 정권을 잡아가고 있었던 시기로 되어있다. 미즈노 유의 삼왕조 교체설에 의하면, 그 시기가 첫 번째 왕조, 즉 나라(奈良)의 미와야마(三輪山) 기슭에서 출현했다하여 스진천황(300년대 전반)을 시조로 성립됐던 미와왕조였다. 그렇다면 우리는 백제가 나라의 미와야마 기슭을 정치적 무대로 하고 있었던 미와왕조대의 마지막 국정책임자였던 진구황후와의 외교를 통해 왜병을 끌어들였다고 생각할 수 없다.

그 이유는 우리가 다음과 같이 생각해볼 수 있기 때문이다. 앞에서 에가미 나미오는 정치적 기반이 북규슈 지역이었던 오진천황(4세기 말~5세기 초)이 야마토 지역으로 쳐들어가 그 지역을 정치적 기반으로 삼았던 진구황후의 정권을 무너트리고 일본에서 야마토조정(大和朝廷)이라고 하는 최초로 통일

정부를 건설했다는 입장을 우리에게 제시하였다. 우리가 그의 그러한 입장을 받아들여 본다면, 백제가 가야지역으로 끌어들인 왜병은 미와왕조의 진구황후의 병력이 아니고, 다름 아닌 바로 가야지역의 건너편에 위치한 북규슈 지역의 오진천황의 부친 병력이었을 가능성이 농후하다는 입장이 취해지는 것이다. 오진천황이 북규슈에 있는 자기의 병력을 가지고 나라의 야마토 지역을 공격해 들어가 그 지역을 점령했다면, 그는 북규슈에서 그러한 병력을 어떻게 손에 넣게 되었던 것인가? 그것은 그가 백제와 함께 가야 7국을 평정할 때 동원했던 병력이었을 것으로 추정된다. 우리가 이렇게 생각해 볼 때, 북규슈 시대의 오진천황이 한반도에서 마한을 멸망시키고, 대방군을 몰아내고, 가야 7국을 평정한 근초고왕(近肖古王, 346~375)의 군사력과의 접촉을 계기로 자신의 병력을 강화시켜, 그 병력을 이끌고 야마토 지역으로 쳐들어가 북규슈 지역과 야마토 지역을 통일시켜 일본 최초의 통일국가를 건설할 수 있었다는 입장이 취해지는 것이다.

3) 일본에서의 고대국가의 성립경위와 임나일본부

에가미 나미오는 그의 저서 『기마민족국가』에서 일본에서의 고대국가의 성립을 두 단계로 나누어 파악하고 있다. 첫 단계는 호족(胡族), 즉 동북아시아의 기마민족이 동 만주로부터 한반도 북부의 부여·고구려를 거쳐 한반도 남부의 가야지역으로 내려와 그곳에서 북규슈로 이동해 고대국가를 성립시켰던 단계이다. 에가미 나미오는 규슈 지역에서 고대국가를 성립시킨 자가 바로 가야 지역에서 규슈 지역으로 건너갔다는 스진(崇神)천황이었다는 입장을 취했다. 그는 스진천황이 규슈 지역에서 고대국가를 성립시킨 시기를 4세기 전반으로 고찰하였다. 두 번째 단계는 오진(応神)천황이 규슈에서 기내(畿內)로 동정(東征)해 들어가 그곳에서 고대국가를 건설했는데, 시기적으로는 4세기 말에서 5세기 초였다는 것이다. 첫 번째 단계의 고대국가가 일본 열도에서 세워진 최초의 고대국가라고 한다면, 두 번째 단계의 고대국가는 일본열도에서 세워진 최초의 통일국가였던 것으로 고찰되고 있다.

그렇다면 『일본서기(日本書紀)』(720)에 일본국을 창건했다는 제1대 진무(神武)천황은 어떻게 이해되어야 할 존재인가? 이 물음에 대해 에가미 나미오는 다음과 같은 입장을 제시하고 있다. 우선 천신(天神)을 자신들의 조상으로 믿는 "외래민족, 특히 천손계(천황계)에 부여·고구려계의 건국전설이 전승되어 있었던 한편, 부여·고구려계의 민족이 쓰쿠시(筑紫 : 북규슈)로부터 세토나이카이(瀨戸内海) 지역으로 진출해 일본의 건국을 성취한 역사적 사실(史實)이 있어, 바로 그 역사적 사실에 보다 오랜 건국설화가 적용되었던 것이라고 해석될 수 있"을 것이라는 입장이 바로 그것이다.[69] 여기에서 에가미 나오미가 말하는 '보다 오랜 건국설화'란 하늘로부터 규슈의 히무카(日向)에 있는 '다카치호노 타케'(高天穂峰)로 내려온 천신의 아들 제1대 진무천황이 쓰쿠시 지역에서 야마토 지역으로 동정(東征)해 들어가 일본국을 창건했다고 『일본서기』에 기술된 건국신화를 가리킨다. 이렇게 봤을 때 에가미 나미오가 말하고자하는 것은 북규슈의 쓰쿠시로부터 세토나이카이 지역으로 진출해 일본의 통일국가를 건설한 오진(応神)천황(재위 390~430)이 『일본서기』에 제1대 진무천황으로 기술되어 있다고 하는 것이다. 에가미 나미오의 이러한 입장은 자신들을 천신의 후예들로 생각했던 동북아시아의 기마민족이 가야 지역을 통해서 일본 열도로 들어와 기마대(騎馬隊)의 기동력을 가지고 북규슈 지역과 야마토 지역을 점령해 두 지역을 통일시켰다는 입장을 기초로 하고 있다.

이에 대해 미즈노 유는 일본에는 고래로 기마대 같은 것은 존재하지 않았고, 보병부대만이 존재했기 때문에 기마민족에 의한 일본정복 같은 것은 없었다는 입장을 취했다. 그는 진무천황과 스진천황과의 관계를 다음과 같이 설명하고 있다. "나는 『고사기』에 '이른바 최초국 미마키의 천황'(所知初國之御眞木天皇)으로 기술된 것처럼 스진천황 쪽이 옛부터 전해졌고, 진무천황은 후에 이 스진천황 이야기의 전반부(前半部)를 분리시켜 그것을 이 진무천황의 이야기처럼 개작해 새롭게 창작해낸 천황이라고 이해한다."[70] 이렇게 미즈노 유는 스진천황이 행한 역사적 사실(史實)이 『고사기』와 『일본서기』에 진무천황의 일본국

창건으로 기술되었다는 것이다. 그런데 미즈노 유는 스진천황을 야마토(大和) 분지를 기반으로 성장해 나와 야마토 지역을 최초로 통일시킨 자로 파악하고 있다.[71] 그러나 에가미 나미오의 경우는 앞에서 언급한 바와 같이 스진천황이 천황의 직할지였던 가야를 본거지로 출현해 북규슈로 건너가 그 지역을 중심으로 해서 제1차 일본국을 창건한 천황으로 파악했다고 하는 것이다.

그렇다면 미즈노 유는 야마토 지역과 규슈 지역을 통일해서 최초의 통일국가를 건설한 천황이 누구였다고 보고 있는 것인가? 그는 『일본서기』에 오진천황의 아들로 기술되어 있는 천황으로서 규슈 지역에서 야마토 지역으로 천도해 들어가 그곳에서 상기의 두 지역을 통일시켜 닌토쿠왕조를 세웠다고 하는 닌토쿠천황(仁德天皇, 5세기 전반)으로 파악하고 있다. 이렇게 봤을 때 4세기 말에서 5세기 전반기에 야마토 지역과 규슈 지역을 최초로 통일시켜 일본에서 최초의 통일국가를 건설했던 정치적 세력은 규슈 지역을 기반으로 출현한 세력이었다는 점에서는 에가미와 미즈노의 의견이 일치하는 것으로 고찰된다. 그렇다면 5세기 전반을 전후해 일본의 기내(畿內)를 주축으로 건설된 통일국가의 왕조는 그 후 어떻게 전개되어 나갔는가? 미즈노 유는 이것과 관련시켜 3왕조 교체설을 주장했는데, 그의 설에 의하면 닌토쿠천황을 시조로 해서 출현한 닌토쿠왕조는 오사카(大阪) 일대의 가와치(河內) 지역을 중심으로 전개되어 나갔다. 그러다가 그것은 부레츠(武烈)천황으로 끝나고, 제26대 게이타이천황(継体天皇, 507~531)을 시조로 새로운 게이타이왕조가 건설되었는데, 이것이 바로 현재의 천황가가 세운 왕조였다고 하는 것이다. 그런데 미즈노 유에 의하면 그 게이타이 왕조는 그 시조가 오우미(近江) 지역, 현재의 교토 동쪽 근방의 시가겐(滋賀県)을 발판으로 성장한 세력이었다고 하여 오우미왕조라 부를 수 있다는 것이다.

이상과 같이 기내와 규슈 지역의 정치적 세력들을 통일시켜 통일국가를 설립한 것은 천황이라고 하는 존재를 정점으로 형성되어 나온 정치적 세력이다. 오진천황 혹은 닌토쿠천황이 야마토 지역을 정치적 기반으로 기내와 규슈 등의 지역을 통일시켜 최초의 통일국가를 건설했는데, 바로 그 천황을 정점으로 형성된 정치적 집단의 정부를 우리는 '야마토조정'이라 한다. 그러면 그러한 야마토정권의 성립 이후 일본의 정치적 상황은 어떠했는가? 에가미 나미오가 그의 책에서 지적하고 있듯이 21대 유라쿠(雄略)천황이 남북조시대의 남조 송(宋, 422~479)에 보낸 상표문(上表文)에 의하면 그간 야마토조정은 '동쪽 지역에 있던 모인(毛人)의 55개국을 정벌했고, 서쪽 지역의 중이(衆夷)가 세운 66개국을 복속시켰고, 또 바다를 건너 바다 북쪽 지역에 99개국을 평정해왔다'라는 것이다. 그렇다고 기내와 규슈 지역의 정세가 완전히 야마토조정의 지배하에 있었던 것은 아니었다. 이와 관련해 에가미 나미오는 다음과 같이 말하고 있다. 야마토조정과 각 지역 호족세력 간의 끊임없는 분쟁은 '당의 조선반도 진출에 의해 일본이 남부조선 보유를 최종적으로 단념할 때까지 지속되었는데, 그때까지는 일본의 천황은 한왜연합왕국의 왜왕이었고, 그 것이 진정한 의미의 일본의 천황이 된 것은 야마토조정이 조선반도로부터 완전히 절연해 일본의 섬 지역만의 주권자로 끝난 덴지천황(天智天皇, 626~671) 이후일 것이다.'[72]

우리는 에가미 나미오의 이와 같은 발언을 통해 다음과 같은 입장을 세워볼 수 있다. 그의 언급대로 당이 한반도에 진출한 것은 660년 백제의 멸망 이후이다. 에가미 나미오가 말하는 '한왜연합왕국(韓倭聯合王國)'에서의 한(韓)은 백제를 의미한다. 따라서 그의 "일본의 천황은 한왜연합왕국의 왜왕이었"다고 하는 말은 백제가 멸망하기 전까지의 일본의 천황은 어디까지나 한왜연합국에서의 왜왕에 지나지 않았고, 백제의 왕이 한왜연합국의 왕이었다고 하는 것이다. 그렇다면 백제는 가야국이 562년 신라에 의해 멸망되기 이전까지 가야의 임나일본부(任那日本府)를 통해 야마토에 있는 야마토조정에 정치적 영향력을 행사해왔다는 입장을 취해볼 수 있는 것이다. 이러한 입장에서 생각해본다면, 가야에 있던 임나일본부는 일본학자들이 주장해온 것처럼 야마토조정이 한반도를 경략해가기 위해 가야에 설치한 행정기관이 아니라 백제가 일본의 야마토조정을 조절하기 위해 세운 행정기관이었던 것으로 이해되는 것이다. 김현구도 임나일본부를 '백제의 직할령' 내지 '백제의 기구'로 파악하고 있다.[73]

그러나 그것의 성립경위에 대한 입장은 에가미 나미오와는 다르다. 김현구는 백제가 대(對)고구려정책에서의 신라와의 마찰을 피하기 위한 한 방안으로 신라와 백제의 인접지역에 제삼자인 왜인들을 끌어들여 거주케 했는데,『일본서기』(720)의 편찬자들이 그 사실을 잘 모르고 백제와 신라의 국경지역에 거주해갔던 왜인들의 활동영역과 활동기관을 임나일본부로 이름 붙여 생긴 것으로 파악하고 있다.[74] 그러나 에가미 나미오는 임나일본부가 스진천황의 북규슈 진공(進攻) 이전 그가 가야지역에 있었을 때 그가 직접 관리한 직할지였기 때문에, "임나야말로 일본의 출발지"라고 말하고 있는 것이다.[75]

우리가 『삼국유사』의 첫머리에 나오는 고조선의 건국신화를 분석해보면, 우리 민족이 천신을 자신들의 조상으로 믿었던 천손족(天孫族)의 후예임을 알 수 있다. 일본의 건국신화인 「기기신화(記紀神話)」를 읽어볼 경우에도 일본민족도 우리와 마찬가지로 천손족의 후예임을 알 수 있다. 그렇다면 같은 천손족의 후예들인 한민족과 일본민족은 어떻게 관련되어 있던 민족들인가? 이러한 물음에 대해 필자는 에가미 나미오의 기마민족일본정복설 등을 자료로 해서 다음과 같은 입장을 제시하고자 한다.

우선 무엇보다도 먼저 기원전 2300년경에 요서지역에서 단군조선을 건립했던 단군왕검의 후손들이 상말 주초에 가장 강력했던 기마민족이었던 동호족으로 성장해 나와 요하지역을 지배해갔다는 입장을 제시하고자 한다. 그러나 그것은 내몽골지역에서 건설된 흉노제국의 제2대 선우 묵돌에게 기원전 206년 멸망된다. 필자는 이 동호족의 와해를 단군조선의 멸망으로 파악했다. 그 결과 이 동호, 즉 단군조선의 후예는 삼분되었다. 일파는 서쪽의 흉노제국으로, 다른 일파는 동북쪽의 부여지역으로, 나머지 일파는 동호족의 근거지에 남아 있음으로써 삼분되었던 것이다. 이 동호족의 근거지를 지켰던 세력은 기원전 194년 기자조선이 위만조선으로 전환해 나오는 정치적 변화와 맞물려 단군조선의 건국정신이 내재된 아사달에 의거해 아침의 나라를 의미하는 진국(辰國)이라고 하는 나라로 전환해 나와, 요동과 한반도의 서쪽 해안지역을 지배해 갔다. 그 후 진국의 서쪽에 인접해 있던 위만조선이 한 제국에 의해 멸망되어, 위만조선지역과 그 동쪽 일대의 진국지역에 한사군이 설치되었다. 그러자 위만조선의 유민들은 바다를 통해 한반도로 내려가 마한지역 일대에서 터전을 잡았다. 한편 위만조선이 멸망된 그 이듬해인 107년에 진국지역 일대에 현도군이 설치되자, 진국의 북방지역의 유민들은 그 지역에서 그대로 남아 있다가 그 후 고구려성립의 기초가 되었지만, 해안에 인접해있던 남부진국의 유민들은 뱃길을 이용해 한반도 남쪽의 낙동강유역으로 이주해, 변한을 성립시켰다.

전한이 후한으로 전환해 나오는 기원전 1세기로 들어와서는 동호족의 와해 과정에서 동북쪽으로 이주해 부여국에 흡수되었던 동호족의 유민과 진국의 유민들이 합세해 고구려라고 하는 고대국가를 건설했고, 그 일파는 한반도의 마한지역으로 남하해 백제라고 하는 고대국가를 건설했다. 한편, 변한지역에서는 동호족의 와해과정에서 흉노제국으로 끌려갔던 동호족의 유민이 흉노제국, 한제국, 한반도 경주지역의 사노국(斯盧国) 등을 거쳐 변한지역으로 들어와 구진국의 유민들과 합세해 42년에 구야국(狗那国, 42~532)을 세웠다. 그가 곧 김수로왕이다.

그 후 3세기후반 구야국의 수장(首長)이었던 스진천황이 북규슈로 건너가 그곳을 점령하고 규슈지역을 중심으로 왜국(倭國)을 세웠다. 그 후 300년대로 들어와 중국이 삼국시대 말에 화북지역을 중심으로 행해졌던 북방민족의 활약을 계기로 남북조시대(317~589)로 전환해 나오는 과정에서 다시 한번 요하지역의 북방기마민족이 요동지역과 한반도로의 이동이 행해졌다. 그 과정에서 야기된 그 정치적 변화에 삼국이 각자 대응해 나가는 과정에서 그것들은 강력한 고대국가들로 확립되어 나왔다. 그러한 상황에서 백제가 가야에서 건너간 왜국의 세력을 끌어들여 가야7국을 평정했고, 또 북규슈의 왜국 왕 제15대 오진천황은 백제·가야의 병력을 북규슈에 끌어내 연합군을 조직해서 기내(畿內)로 쳐들어가 야마토 지역에서 북규슈지역과 기내를 최초로 통일시켜 일본최초의 통일국가의 정부인 야마토조정(大和朝廷)을 건설하게 되었던 것이다.

이렇게 봤을 때, 우리는 그 야마토조정이 다름 아닌 단군조선의 후예가 세운 정부라는 입장을 취해볼 수 있다. 또 그동안 일본의 역사학자들이 가야지역에 있었다고 하는 임나일본부(任那日本府)를, 야마토조정이 한반도지배를 위해 설치한 조선총부와 같은 식민지지배기관으로 파악해왔던 입장에 대해, 우리는 그것이 그러한 기관이 아니고 그것과는 정반대로 백제가 북규슈의 스진천황정부과 기내의 오진천황에 의해 최초로 건립된 통일정부였던 야마토조정을 다스려갔던 기관이었다고 말할 수 있다는 입장이 취해지는 것이다.

글로벌 시각으로 접근한 우리민족의 기원론 제기

글로벌 시대로 들어와 알타이문명론에 대한 논의가 제기된 것은 우선 무엇보다도 우리 민족의 기원에 대한 문제가 제대로 규명되지 않은 채 그대로 방치되어 있었기 때문이라 할 수 있다. 글로벌시대란 하나의 민족적 시각이나 혹은 동일문화권적 시각을 지양하고 전 지구적 시각에서 사물을 바라보게 된 시대를 말한다. 그동안에는 이러한 글로벌적 시각을 취한 우리 민족의 기원 문제가 논의 되지 못했다. 우리 민족이 언제 어디서 어떻게 형성되어 나와 그것이 어떻게 전개되었는가에 대한 문제가 그동안 이렇다 할 논의 없이 그대로 사장되어 왔기 때문에 이제서야 제기되었다고 하는 것이다.

본 알타이문명론은 이러한 점을 감안해 우선 우리민족의 기원과 그것의 전개양상의 규명에 대한 문제를 추축으로 해서 논의되었고, 이어서 고대에 우리민족으로부터 분리되어 나갔던 알타이족인 일본민족이 근대로 들어와 그들의 원향이라 할 수 있는 아시아대륙과 그들의 선조라 할 수 있는 우리민족에 대해 어떠한 입장을 취했는지에 대한 논의도 이루어졌다. 우리는 여기에서 이러한 논제들을 추축으로 본 연구 주제에 대한 지금까지의 논의를 다음과 같이 정리해볼 수 있다.

한민족(韓民族)의 기원과 요서지역의 청동기문명

현재의 우리 민족, 즉 한민족(韓民族)이라고 하는 집단이 형성된 시점은 한반도와 그 인접지역인 요하지역에 청동기문명이 형성되어 나왔던 시점으로 파악된다. 한반도의 서북부지역인 요동지역에 청동기시대가 도래한 것은 기원전 12세기경이다. 한편 그 지역의 인접지역인 요서지역의 경우는 기원전 26세기경으로 예상되고 있다. 요하지역과 한반도의 북부지역이 유라시아의 초원로라고 하는 북방교통로 연결된 지역들이기 때문에 그들 지역 간의 문화적·인적 교류가 구석기시대 이래 끊임없이 이루어져왔다는 사실이 감안된다면, 한반도서북부지역의 청동기문명이 그 지역보다 무려 14세기나 더 빠른 요서지역의 청동기문명의 영향 하에 이루어졌고 또 한반도의 서북부지역의 민족 또한 요서지역의 청동기문명을 일으킨 민족의 일파일 수 있다는 입장이 자연스레 성립된다.

현재 우리는, 우리가 단군조선을 세운 단군왕검의 후손이라 생각하고 있다. 또 그 단군조선은 기원전 2300여년 경에 단군왕검에 의해 설립된 나라로 알려져 있다. 기존의 한국고대사학자들의 주류는 그 설립지역을 한반도북부의 대동강 유역이라 생각해 왔으나, 필자의 경우는 이 알타이문명론의 한 결과로 그 지역이 요서지역 ,즉 내몽골 지역일 것으로 파악하고 있다. 보다 구체적으로 말하자면, 단군왕검이 기원전 2300여년에 고조선을 건설한 지역이 요서의 북부지역을 흐르는 시라무렌 강(西拉木倫河)의 유역과 요서의 남부지역을 흐르는 대릉하(大凌河)의 유역과의 사이에 위치하는 지역으로 고찰된다. 그렇다면 이 요서지역에서의 청동기문명은 어떻게 형성되어 나왔는가에 대한 물음이 제기된다. 이 물음은 우리 한민족의 기원을 규명해 내는데 필연적으로 제기되지 않을 수 없다. 우리는 단군신화가 말해주고 있는 것처럼, 단군왕검이 웅녀와 하늘에서 내려온 환웅과의 사이에서 태어난 자로는 결코 받아들일 수 없다.

■ 요하문명의 형성경위와 알타이문명

신석기시대를 맞이했던 그 지역에 청동기문명이 전래된 것은 그 지역의 서북쪽에 위치해 있는 알타이지역으로부터였다. 알타이 지역에 청동기시대가 도래한 것은 요서지역보다 5,6백년이 앞선 3200년경이었다. 이러한 점을 감안해볼 때, 단군신화에서 말하는 단군왕검의 부친 환웅은 하늘에서 내려온 자가 결코 아니고 알타이지역에서 청동기문물을 지니고 요하의 요서지역으로 도래한 자로 추정할 수 있는 것이다. 그렇다면 우리는 천상에서 환웅을 지상세계에 내려 보낸 환인이란 자가 있는 곳이란 다름 아닌 바로 알타이지역이라고 생각하지 않을 수 없는 것이다. 그렇다면 알타이 지역에 있던 환인이라는 자의 원향은 과연 어디인가? 그것은 그 알타이지역의 청동기문명이 어디로부터 도래된 것인가에 대한 물음을 통해 해결할 수 있다. 알타이지역은 유라시아대륙의 북방 초원로가 통과하는 중간거점 지역이다. 선고대에서부터 유럽의 북방지역의 문물은 흑해와 카스피해의 북쪽연안의 초원을 통해 알타이지역으로 동진해 그 지역에서 다시 유라시아대륙의 동단 요하지역에 전파되어 나왔다. 이러한 점을 고려해본다면, 알타이지역의 청동기문명이란 기원전 4천년 경에 메소포타미아의 북부지역, 흑해와 카스피해의 연안지역들에서 형성되어 나온 청동기문명이 북방 초원로를 통해 알타이지역으로 전파되어 나가 그 영향 아래 이루어진 것으로 고찰된다. 우리가 이러한 시각에서 요서지역에서 형성된 청동기문명의 기원을 고찰해볼 때, 우리의 민족적 기원이 청동기문물을 매개로 저 메소포타미아 북부지역과 연결되어 있다는 입장을 갖게 되는 것이다.

■ 알타이족의 원조와 메소포타미아의 수메르인

메소포타미아지역에서 청동기문명을 일으킨 민족은 기원전 3500년경에 그 지역으로 침입해 들어가 정착한 수메르인이었다. 그들은 알타이어의 특징인 SOV의 문형을 취하는 언어를 사용하고 있었다. 기원전 3000년경이 되면 그 지역에 수메르어의 문형과는 다른 문형을 취하는 언어를 사용하는 셈족이 서남쪽으로부터 그 지역의 북쪽 지역으로 침입해 들어가 수메르인과 투쟁해가면서 생존해가게 된다. 그 지역의 북부지역에서는 기원전 2600년 이전에 그 이방인과 그 지역의 수메르인과의 혼혈인으로 생각되는 앗슈르인이 출현한다.

앗시리아어로 '앗슈르'(Assure)에서의 '앗슈'(Assu)란 일출(日出)을 의미하고, '태양이 뜨는 지역', 즉 'Asia'(아시아)의 어원도 바로 이 '앗슈'(Assu)로부터 유래된 것으로 알려져 있다. 그렇게 출현한 이 'Asia'란 말은 유럽의 최동단 그리스지역에서 봤을 때 에게해의 건너편에 있는 '해가 돋는 동쪽'지역을 가리 켰던 말로 쓰여 왔다. 이것과 관련해 라틴어 '오리엔트'(the Orient)란 말도 '해가 돋는 동쪽'이라는 말인데, 이 말은 지중해에 있는 로마지역에서 '해가 돋는' 지중해의 동쪽지역을 가리켰던 말이다.

■ 조선(朝鮮)의 어원과 "아슈르의 산"(Mountain of Ashur)

『삼국유사』에 나오는 고조선(古朝鮮)에서의 조선(朝鮮)이란 말은 원래는 '아침의 소산(小山)'을 뜻했던 말이었던 것으로 고찰된다. 그런데 그 말이 '아 침 산', '아침 벌판', '아침나라' 등의 의미를 지닌 퉁구스어 '아사달'의 번역어 로 전환해 나왔다. 필자는 본서에서, 이 '아사달'이란 말은 아시리아인들이 자신들의 원향(原鄕)이라 생각했고 또 자신들의 선조와 그들의 최고신 아슈르 (Ashur)가 출현했다고 하는 "아슈르의 산"(Mountain of Ashur)으로 불러온 지역 명에서 유래되었을 가능성을 결코 배제할 수 없다는 입장을 취하고 있다. 아시리아 민족의 선조는 메소포타미아의 북부 지역에 위치한 아슈르(Ashur) 지역으로 이동해 그곳에서 기원전 2600년경이전에 아슈르라는 도시국가를 세우고 자신들의 최고신으로 아슈르(Ashur)를 받들어 갔다. 그런데 그들이 그 곳에서 그 도시국가를 세우게 된 시점이 『삼국유사』에서 단군이 단군조선 을 세웠다는 시점보다 약 2세기 이전이었다고 하는 것이다.

그러면 '아슈르의 산'(Mountain of Ashur)란 말이 어떤 경로를 통해 언제쯤 요하지역으로 전파되어 아사달이란 말로 쓰이게 되었던 것인가? 그것은 다음 과 같이 생각해 볼 수 있다. 그 지역에 도시국가가 세워진 기원전 2600경 이후 그 지역에서 민족적 분쟁이 야기되어 아슈르민족의 일부가 그 지역을 떠나 동쪽으로 이동하게 된다. 즉 아시리아 민족의 선조들의 일부가 메소포타미아 북쪽의 아슈르로부터 그 북쪽에 위치해 있는 흑해와 카스피해의 북안에 펼쳐진 초원지대로 나와, 그곳에서 아파나세보 초기 청동기문화를 가지고 그 초원지대의 동북쪽 끝에 위치한 알타이 지역으로 동진해 나왔다. 즉 그들은 태양이 뜨는 지역을 향해 동진해 나가, 아침 태양이 뜨면 산들이 황금 빛으로 빛나는 알타이산 지역에 이르게 된다. 그러나 그들은 그 지역에서 영주해 버리지 않았다. 그들 중의 일부는 알타이지역에서 청동기문물을 가지고 아시아의 동단에 위치한 요하지역까지 동진해나갔던 것이다. 그 이유는 그들이 끊임없이 태양이 트는 동쪽을 이동했던 민족이었던 것으로 고찰되기 때문이다.

그들이 청동기문물을 가지고 기원전 26~25세기경에 알타이지역에서 요하지역의 서쪽에 도착해 그로부터 1~2세기 후에 자신들의 선조들에 의해 세워진, 메소포타미아지역의 북부의 도시국가 아슈르를 모델로 요서의 아사달이라는 지역, 즉 '아침 해가 돋는 빛나는 산(山)'에서 나라를 세웠다. 그들은 다시 알타이지역에서 알타이 산맥의 남쪽자락을 타고 고비사막 북측의 몽골고원을 통해 동남쪽의 요하(遼河)지역으로 유입되었던 것으로 추정되는 것이다. 우리는 그 증거 중의 하나로 알타이지역 서쪽으로 펼쳐진 초원지대에 현재 카자흐스탄의 수도명이 아사달과 발음이 유사한 '아스타나(Astana)'라고 하는 사실에 주목해 볼 수 있다.

■ 요하문명을 일으킨 주역 예맥인의 단군조선 건국

현재 우리는 요하유역에서 형성된 전기청동기 시대의 대표적 청동기유물로 비파형청동검(琵琶型靑銅劍)을 들고 있다. 그런데 요하지역과 한반도에 퍼져 있는 비파형청동검이 한민족의 원류로 고찰되는 예맥인(穢貊人)에 의해 만들어졌다고 하는 것은 한국 고대사 연구자들에 의해 일반적으로 받아들여지는 견해이다. 이 경우 김정배는 그 비파형청동기의 원형이 아스타나의 인접지역인 카라간다 등과 같은 지역에서 출토된 청동검으로부터 시작된다는 입장도 제시하고 있다.

. 요서의 전기 청동기문화로 알려진 하가점하층문화(夏家店下層文化, 2400~1300, BC)는 산융(山戎)이 일으켰고, 그것을 배경으로 출현한 하가점상층 청동기문화는 동호(東胡)가 일으킨 문화로 파악하는 견해가 있다. 이 분야의 일부 중국고고학자들은 산융의 후예들이 현재 고구려의 선조로 알려진 고죽국(孤竹國)을 세웠다는 입장을 취하고 있다. 일부의 중국 고고학자들은 현재 한국의 고고학자들이 한국 고유의 대표적 청동 유물로 파악하고 있는 비파형청동검을 하가점상층문화의 대표적 유물로 파악하면서 그 비파형청동검이 요서에서 출현해 요동으로 전파되어 나갔다는 입장을 제시하고 있다.

이러한 점들을 고려해 볼 때, 한국민족의 원류로 받아들여지고 예맥조선의 선조로 추정되는 맥족이 요서의 전기 청동기문화를 기반으로 형성된 요서의 하가점하층문화와 또 그것을 기초로 해서 형성되어 나온 하가점상층문화의 주역이었던 것으로 생각된다. 이러한 입장은 다음과 같은 논거에 의거한 것이다. 한편 동호는 춘추전국시대에는 산융이었는데, 전국시대(403~221, BC)에 이르러 그것이 동호로 불리게 되었다는 주장이 있다.

예맥인들에 의해 세워진 단군조선의 후예들은 그 요서지역의 중부에서 요서의 남부 난하(灤河) 유역으로 남하해 기원전 18세기경에 중원지역에서 건설된 은(殷)왕조와 대치해 갔었다. 그러다가 중원지역에서 기원전 12세기 말경에 중앙의 오아시스로를 통해 중원지역에 도래한 철기문명을 배경으로 주(周)가 출현해 은을 멸망시켰다. 그러자 중원지역에서 일어난 민족적 차원의 정치적 변란은 난하유역의 단군왕조에까지도 영향을 미치게 되어, 결국 중원지역의 기자(箕子) 집단의 난하지역으로의 동래를 계기로 단군왕조의 정치적 무대는 난하 하류에서 요하 중류로 옮겨지게 된다. 기자 집단의 요서남부지역의 도래가 계기가 되어 한자가 갑골문자의 형태로 요하지역에서 사용됨에 따라 단군왕조의 정치적 무대였던 요서남단의 아사달 지역이 중원의 정치적 세력에 의해 '조선(朝鮮)'으로 표기되기 시작했다.

철기시대이후 요하지역과 한반도에서의 알타이족의 전개-조선(朝鮮)· 진(辰)·한(韓)

기자집단의 요서남단 지역의 도래 이후 그들은 요서남부를 중심으로 중원의 정치집단과 연계되어 정치적 집단으로 성장해나갔고, 그 지역에서 요하 중부로 천도한 단군왕조는 기원전 8세기경에 가서 재차 요하중류지역에서 그 지역의 예(穢)족 계열 등과 결합해 비파형청동검 등을 대표로 하는 하가점 상층문화를 일으켜 동호(東胡), 예맥 등과 같은 강력한 정치적 집단들로 전환해 나왔다. 동호란 '동쪽의 기마민족'이란 뜻이다. 그 후 기원전 3세기 후반으로 들어와 중원지역이 진(秦, 221~206, BC)으로 통일 되고 또 그것이 한(漢, BC 204~AD 202)으로 전환되어 나오는 과정에서 요하의 중부지역에서는 단군왕조를 계승한 동호와 예맥 등이 흉노제국에 멸망해, 오환, 선비, 진국(辰國), 부여, 한(韓) 등으로 전환해 나왔다. 한편, 요서남부의 기자조선 집단은 기원전 195년에 위만조선(衛滿朝鮮, 195~108, BC)으로 전환해 나왔다. 그 과정에서 기자조선의 마지막 왕 준(準)이 한반도 중부의 서부해안가로 남하해 그 지역의 한(韓)을 정복해 한왕이 되었다.

보다 구체적으로 말하자면, 요하중류의 단군왕조는 흉노제국에 의한 동호 등의 멸망으로 인해 결국 요하의 동쪽 진국과 한반도 중부의 한 등으로 전환해 나왔다. 한편 그 직후 요하의 서남부를 차지하고 있던 기자조선은 위만에 멸망되어 위만조선으로 전환해 나왔고, 그 일파는 한반도 중부로 남하해 한(韓)을 차지하게 되었다. 이 경우 단군조선의 후예로부터 나온 진국의 진(辰)은 '해'(日), 또는 '해가 돋는 아침시간'(오전8경), 즉 진시(辰時)에서 나온 말로 '해 돋는 아침의 나라'를 의미하는 한자어이다. 기자조선의 일파가 정복한 한(韓)도 원래는 요하중류의 단군조선 계열로부터 출현한 것으로서 '아침 햇살이 빛나는 상태를 표출한 깃발'을 의미하는 한자어이다.

끊임없이 '아침 해가 돋아나는 산'을 찾아가 그 지역을 정치적 무대로 삼아 인접 지역을 다스려갔던 민족 집단의 동진은 한반도 중부지역 정도에서 멈추지 않았다. 알타이족이라 명명해 볼 수 있는 이 민족 집단은 한반도의 최남단 경주지역에서 요하중류의 진(辰)과 한반도 중부의 한(韓)과의 결합 형태인 진한(辰韓)으로 정착되어 그 후 삼한이 삼국으로 전환해 나오고, 또 그 후에 삼국이 통일되는 과정에서 주체적 역할을 했던 신라의 토대를 이루게 된다. 다시 말해 신라의 기초가 되었던 진한은 요하문명을 배경으로 형성된 단군조선의 후예와 한반도의 중부를 배경으로 형성된 단군조선의 결합 형태를 취한 정치적 집단이었다고 하는 것이다. 우리가 여기에서 단군조선의 일파가 일찍이 요서의 남단을 통해 황하하류로 내려가 중국의 중원지역에서 하왕조를 무너뜨리고 은왕조를 세웠을 가능성이 끊임없이 논의되어 왔다는 사실을 감안해 본다면, 우리는 은왕조의 관료였던 기자(箕子)도 단군조선의 후예로 볼 수 있다는 입장이 성립된다. 우리가 이 문제와 관련해 한 걸음 더 나가서 황하문명의 기원까지를 생각해 본다면, 동북공정론자들이 주장하는 바와 같이 황하문명은 요하문명의 영향 아래 형성되어 나온 것이다. 그런데 필자가 여기에서 주장하고자 하는 것은 그 요하문명을 일으킨 자들이 다름 아닌 바로 알타이계의 인간들이라는 것이고, 또 그 요하문명을 일으킨 그 민족집단의 적자격의 후예가 다름 아닌 바로 우리 한(韓)민족이라고 하는 것이다.

일본열도에 인류가 들어가 현대일본인이 형성되어 나온 것도 기원전 3세기 중엽에서 기원전 2세기말에 걸쳐 요하지역에서 한반도 남쪽으로 행해졌던 알타이족의 이주 여파에 의해서였다. 보다 엄격히 말해 요하지역과 한반도로부터 일본열도로의 알타이족 이동은 크게 두 차례에 걸쳐 행해졌다. 제1차는 기원전 2세기 초·말을 전후로 진국인과 삼한인이 청동기문물을 가지고 일본열도에 진출해 일본열도에 야요이 시대가 열리게 된 시기였다. 제2차는 기원후 3~4세기에 요하지역에서 단군조선의 후예들, 즉 진국, 부여, 고구려인 등 일부가 철기문물을 가지고 이 한반도로 내려와 삼한을 삼국으로 전환시키고 가야지역에서 북규슈 지역을 거쳐 야마토(大和) 지역으로 들어가 고분시대를 열고 또 천황가를 형성한 시기였다.

■ 고대 유라시아대륙에서의 알타이인의 동진과 알타이문명의 전파경위

이렇게 유라시아 대륙에는 메소포타미아지역에서 출현한 신석기문화와 청동기문명, 그리고 그 인근 북쪽의 아나톨리아지역에서 출현한 철기문명이 그 서아시아지역을 중심으로 해서 각각 시차를 두고 동서로 전파해 나갔다. 그 서아시아지역에서 청동기문명은 기원전 3200년경에 북방의 초원로를 통해, 철기문명은 기원전 1200년경에 중앙의 오아시스로를 통해 동아시아의 요하지역과 중원지역에 각각 전파되어나갔다. 그런데 필자가 강조하고자하는 것은 유라시아대륙에는 태양이 돋는 동쪽지역을 향해 끊임없이 전진해 가면서 생존해갔던 민족이 있었는데, 바로 그 민족이 동아시아의 요하지역에 청동기문명을 최초로 전파시켰고, 동아시아의 중원지역에 전파된 철기문명을 동쪽의 한반도와 일본에 전했다는 것이다.

동아시아의 요하지역에 최초로 청동기문물을 전파한 인간집단은 알타이지역에서 해 돋는 동쪽지역을 향해 요하지역으로 이주해온 자들이었다. 그들의 선조들은 알타이지역의 서쪽 메소포타미아지역의 북부로부터 청동기문물을 가지고 해 돋는 동쪽지역의 알타이지역으로 이주해나갔던 자들로 추정된다. 또 그들과 그들의 후예들은 그 알타이지역에서의 영주를 거부하고 그 지역의 청동기문물을 가지고 그 지역을 떠나 동쪽의 요하지역에 도착했고, 또 그들과 그들의 후예들은 요하지역에서 청동기문물과 철기문물을 지니고 아침 해가 돋는 한반도, 일본열도 등의 지역을 향해 끊임없이 전진해 나갔던 민족이었다.

■ 알타이족의 특성

알타이족은 자신들의 선조가 하늘에서 강림한 자들이라 믿고 자신들을 천손족(天孫族)이라 생각했다. 자신들이 천손족이라는 사상은 메소포타미아지역에서 최초로 청동기문명을 일으켰고, 또 이 지구상에서 최초로 문자활동을 시작한 수메르인들로부터 시작되었고 알타이족은 유라시아대륙의 각 지역,

예컨대 우선 알타이지역 일대, 그 서쪽의 카자스탄지역, 카스피해 북안과 그 동안, 흑해 남안의 아나톨리아지역과 그 북안지역 일대, 또 알타이 지역 동부의 투바지역, 몽골지역, 요하지역, 한반도남부의 경주지역, 일본의 오사카와 나라지역 등에서 대형고분문화를 일으켰다.

또 그들은 황금 숭배사상을 확립했고, 자신들의 천손강림신화에 기초해 인신(人神)사상 내지 샤마니즘 신앙을 일으켰다. 그들은 어느 지역에서나 지배층을 형성했다. 철기시대이후에는 알타이지역의 서부에서는 마차문화를 그 동부에서는 기마(騎馬)문화를 확립했다. 그들은 해 돋는 아침이 상징 하는 항상 새로운 변화를 추구해나가는 생활 태도를 취한 민족이었다. 현재 유라시아대륙에서 알타이민족의 대표적 후예들은 한국과 일본민족의 근간을 이루어온 자들이다.

아메리카대륙의 원주민이라 불리는 아메리칸 인디언도 알타이 지역을 원향으로 한 종족이라는 학설이 있다. 원래 알타이 지역에서 살다가 해 뜨는 지역 쪽으로 이동해 가다가 시베리아의 베링해협을 건너 북미대륙으로 넘어갔다는 설이 있다. 그 근거로는 그들에게는 몽고반점이 있다는 것과, 또 그들은 태양신을 숭배하며 그들의 언어가 기본적으로 알타이어의 기본구조를 취한다는 점이 있다. 그들의 추장들이 쓰는 모자의 형태는 욱일(旭日:아침해)의 햇살을 상징하는 것들이다. 이것 또한 그들의 선조들이 아침 해가 돋는 지역을 향해 이동한 민족이라는 것을 단적으로 말해주고 있다.

■ 욱일기(旭日旗)는 「韓」의 모조품

근래 한일 축구경기장에서 문제가 되고 있는 욱일기(旭日旗)는 현재 일본의 우익을 상징하는 깃발로 알려져 있다. 그것이 일본의 우익을 상징하는 깃발로 알려지게 된 것은 우선 일차적으로 일본 군대가 그것을 전시에 사기진작(士氣振作)의 수단으로 사용했던 깃발이기 때문이었다. 전후에는 우익단체들이 그 깃발을 사용해 전시 태세를 취해 갔기 때문에 이 욱일기가 우익을 상징하는 깃발이 되었다. 그런데 이러한 이유들보다 더 근본적인 것은 일본 군대는 천황의 군대였고 일본에서의 천황은 이 자연계의 태양에 해당하는 존재로 인식되어 있었기 때문이다. 태양은 일본인들에게 자연계를 주관해가는 신과 같은 존재로 인식되어, 고대 이래 천황가(天皇家)의 토템신으로 숭배되어온 대상이었다. 그런데 필자가 여기에서 말하고자 하는 것은 '아침의 힘찬 햇살'을 상징하는 욱일기는 사실은 '아침 햇살이 찬란히 빛남'을 표현한 '깃발'을 의미하는 「韓」(한)을 바탕으로 해서 만들어졌다는 사실이다. 이렇게 봤을 때 현재 일본의 우익이 사용하는 욱일기는 「韓」(한)을 원형으로 한 것이라고 하는 사실을 감안해 보고, 또 일본의 천황가가 단군 조선의 후예라는 사실을 감안해 본다고 한다면, 일본인들의 욱일기 사용은 「韓」의 계양행위이기도 하다는 의미에서 사실은 한국인들이 일본인들에게 고마워하지 않을 수 없다.

현재 우리 인류에게는 인류의 문명을 계승해나갈 의무가 주어져 있다. 이 시점에서 우리 한국인들은 글로벌적 견지에서 알타이문명과 그것의 한계성을 더욱 계발하고 또 그것을 일으킨 알타이인의 생활 자세를 계승해나갈 의무가 있다는 사실을 더욱 자각해 나가야한다.

■ 근대일본민족의 대륙침략과 그들의 원향회기의식

일본민족은 고대 삼한인들의 도일에 의해 민족적 기초가 이루어졌고, 앞에서도 언급한 바와 같이, 3~4세기에 한반도에서 삼한을 삼국으로 전환시킨 정치적 세력들의 도일에 의해 천황가(天皇家)를 주축으로 한 정치적 체제가 구축되어 나왔다. 그렇게 형성된 일본민족은 근대서구열강 세력들의 동진과정에서 고대의 천손족 의식에 기초로 확립되었던 고대천황제를 재건해 그것을 토대로 대륙침략을 자행했다. 중일전쟁(1937.7~1941.12)을 치러가던 일제는 미국을 비롯한 서구세력을 상대로 일본민족을 정점으로 한 동아시아민족을 형성시켜 대동아전쟁(1941.12.8.~1945.8.15.)까지 일으켜 갔다. 그 과정에서 일제는 중일전쟁직전인 1936년에 출범한 히로타 고키(廣田弘毅) 내각부터 일본민족의 만몽지역으로의 대대적 이주를 실행해갔다. 20년간 100만호 이주라는 목표를 세워 그 정책을 적극 적으로 실천해갔던 결과 패전 직전까지 27만호까지 실행되었다. 또 당시 군부가 주도세력이었던 일제는 오카 마사오(岡正雄) 등과 같은 일부의 어용민족학자들이 제시한 「동아시아민족학」에 의거해 일제의 수도가 도쿄에서 요서지역, 현재의 내몽골지역으로 옮겨져야 한다는 여론이 형성될 수 있는 지적, 정치적 분위기를 조성해갔다.

근대 일본민족의 이러한 논거에는 유라시아대륙의 서단 유럽지역에 대응되는 그 동단의 동아시아지역을, 서단을 점유한 게르만민족에 대응해 알타이민족이 점유해야 하고, 또 독일민족이 제 게르만민족들의 우위를 차지하고 있었듯이 일본민족이 일타이민족의 정점에 놓여야 한다는 사상이 내재되어 있었던 것으로 고찰된다. 그 뿐만 아니라 그러한 논거에는, 가와바타 야스나리(川端康成)와 같은 문학자들이 그러했었듯이, 일본민족의 원향 회귀의식과 같은 것도 작용했었던 것으로 파악된다. 이러한 것들을 고려해 봤을 때, 이 알타이문명론을 통해 우리는 근대일본민족의 대륙침략행위를 비롯해 천황을 정치적 우두머리로 생각하는 일본우익들의 각종의 정치적 몸짓들 등에 대해 과연 어떠한 입장을 취해가야 할지를 다시 한 번 더 생각해볼 필요성을 느끼게 된다.

■ 알타이인의 원향과 알타이문명의 기원유래

앞에서도 언급한 바와 같이, 알타이문명을 일으킨 청동기문명이 최초로 발생한 지역은 서아시아의 메소포타미아지역이다. 구석기시대를 신석기시대로 전환시킨 것은 이 지구상에서의 해빙 현상이었는데, 바로 이 지역에 신석기시대가 지구상에서 제일 먼저 도래하였다. 그 이유는 메소포타미아지역을 흐르는 두 강 상류의 북부지역이 이 지구상에서 빙하가 제일 발달된 지역이었기 때문이었다. 메소포타미아의 북부 산악지역은 멀리는 서쪽에 대서양이 있고 가까이는 흑해가 있고 서남쪽에는 지중해가 북쪽에는 카스피 해가 있는 지역이다. 대서양 등의 바다로부터 대륙 안쪽으로 부는 수증기의 함유량이 많은 서풍이 온도가 낮은 높은 산들과 부딪혀 그 지역에 눈이 많이 쌓여 빙하가 발달된 것이다. 지구에 해빙기가 도래하자 그 산지에 발달된 빙하들이 녹아 강으로 흘러내려 하류지역에 충적지대가 형성되어 그 지역에서 물고기, 조류, 짐승 등이 모여들게 되고, 또 인류도 그 지역에 모여들어 식물 재배와 목축과 같은 것들이 행해짐에 따라 그 지역에 인류의 정착생활이 가능해져 신석기시대가 도래하게 되었다. 그러나 그 지역의 인간들은 그 지역에서 자주 대홍수들을 겪게 되었고 그러한 대홍수들을 막아 내야했다. 그 과정에서 그곳에 거주해 있던 수메르인들은 그 지역에서 세계 최초로 청동기문명을 일으키게 되었고, 또 문자도 만들어냈다. 그들은 알타이어족의 통사구조 SOV를 취하는 언어를 사용했던 인간들이었다. 수메르신화에 의하면, 수메르인의 선조는 태양계를 구성하는 천상의 별들로부터 지구로 강림한 자들로 되어 있다. 한국의 단군신화, 그 영향 하에서 형성된 고대일본의 기기신화(記紀神話) 등과 같은 알타이어족 계열의 민족들의 개국신화들의 공통된 특징은 이른 바로 천손강림(天孫降臨)이다.

이러한 사실을 감안해 볼 때, 알타이어와 그 언어계열의 민족들은 현재 이 지구상에서 최초로 문자를 사용했던 자들로 알려진 바로 그 수메르인의 후예들, 혹은 그들과 깊은 문화적 유대 관계를 맺어온 자들로 파악된다. 보다 구체적으로 말하자면, 알타이어계의 민족들에게는 자신들이 흉노족의 경우처럼 천손족의 후예들이라는 인식이 있었다. 그러한 인식들로 인해 그들의 왕들의 무덤들이 일본의 나라지역, 한국의 경주에 있는 것들의 경우처럼 대형고분들의 형태를 취했다. 알타이민족들은 '알타이'라는 말 자체의 의미가 말해주고 있듯이 황금이나 그러한 빛으로 빛나는 태양을 자신들의 민족적 상징물들로 인식해 갔다. 이러한 점들을 감안해 봤을 때, 우리의 민족적 특징은 다름 아닌 알타이민족으로부터 나왔고, 또 우리의 문화적 특징은 알타이문명을 통해 형성되어 나왔다는 입장을 취할 수 있다.

■ 「알타이문명론」의 의미

사실상 본 『알타이문명론』은 엄연 알타이문명에 대한 최초의 단행본임에 틀림없다. 설혹 본서가 「알타이문명론」에 대한 기본적 구도를 제시하고 있다고는 말할 수 있지만, 그렇다고 이것이 개론서 수준을 넘어서 있다고까지는 결코 말할 수 없다. '알타이문명'에 대한 연구는 앞으로 전 지구적 시각에서 우리의 민족적 문화적 특성을 찾아내고, 또 한·중·일 삼국의 민족적·문화적 공통점과 차이점을 규명해 낼 수 있을 뿐만 아니라, 고대 동서 문화의 교류 양상, 그것들의 공통점과 차이점들을 논의해 가는데 필수불가분한 작업이 아닐 수 없다는 입장을 제시한다.

본서가 알타이문명에 대한 체계적 연구가 행해지는 하나의 계기가 될 수 있다면, 필자로서는 더 이상 바랄 것이 없다.

주

서장 ▶ 알타이문명론

1 Denis Sinor(2002), Forty-five years of PIAC(History and Reminiscences), *PIAC Newsletter No.27*

2 새뮤얼 헌팅턴/이희재역(1997)『문명의 충돌』, 김영사, 46면

3 우메사오 다다오(梅棹忠夫)의『문명의 생태사관』은「비교를 통해 역사에서의 평행전파를 발견해 낸다」고 하는 생태학 이론에 기초해서 쓰여진 것이다. 보다 구체적으로 말해, 그는「색션이론」이라고 하는 생태학 이론을 받아들여「동물·식물의 자연공동체의 역사를 어느 정도 법칙적으로 파악하는 일에 성공했듯이, 인간공동체의 역사도 색션이론을 모델로 한다면 어느 정도 그것을 법칙적으로 설명해 낼 수 있지 않을까」라는 생각에서 그 생태이론에 기초해 그것을 쓰게 되었다는 것이다. [梅棹忠夫(1967)『文明の生態史観』, 中央公論新社, 91頁]

4 梅棹忠夫編(2001)『文明の生態史観はいま』, 中央公論新社, 59頁.

5 上同書, 上同面.

6 새뮤얼 헌팅턴은『문명의 충돌』에서 금후「문명세계의 새로운 역학구도」를 제시하고 있는데, 그 역학구도를 이루는 문명권 내지 핵심국가들을「아프리카」,「일본」,「서구」,「라틴아메리카」,「정교」(러시아),「이슬람」,「중국」,「힌두」(인도)의 8개로 파악하고 있다.(同書, 330면)

7 앞의 책,『문명의 충돌』, 142면

8 『문명의 생태사관』의 저자 우메사오 다다오와『문명의 해양사관』의 저자 가와카쓰 헤이타는「일본은 아시아가 아니」기 때문에「아시아로부터 일본을 보려는 시각을 취해서는 안」되며,「탈아(脱亞) 또는 탈미(脱美)해 입아(入亞)한다」는 사고는 잘못된 것이라는 입장을 취하고 있는 자들이다.[前揭書,『文明の生態史観はいま』, 34~35頁] 우메사오 다다오는「일본에는 메이지시대에 유럽문명을 도입해 근대문명이 만들어졌다고 배웠는데, 그러한 것은 완전 거짓말이다. 일본 국민은 모두 속아있다」라고 말하고 있고, 가와카쓰 헤이타도「그렇다」라고 동의하고 있다.[同書, 53~54頁]

9 이 말은 앨 고어가 2005년 5월 서울 신라호텔에서 열린「서울 디지털포럼 2005」에서 한국의 정보기술 발전에 대한 놀라움의 한 표현으로 행한 말이다(연합뉴스 2005년 5월 19일자).

10 A.P. 데레비안코(1995)「알타이지역개관」,『알타이문명전』, 국립중앙박물관, 21면

11 西谷正(2005)「アルタイの至宝展に寄せて」『ロシア科学アカデミー所蔵アルタイ至宝展』, 163頁.

12 강인욱(2005)「시베리아의 초원문화와 한국·중국의 고대문화」『시베리아 고대문화 특별전 초원의 지배자』, 서울대학교박물관, 107면

13 앞의 책,『알타이문명전』, 국립중앙박물관, 41면

14 그것은 그 직경이 120m, 높이가 3~4m에 이르는 대형 고분으로 우리는 그것이 그로부터 5세기

후에 중원지역에서의 진시황릉의 병마용(兵馬俑) 출현에 절대적 영향을 끼쳤을 것으로 추측해 볼 수 있다. 4세기 말 기마민족(騎馬民族)의 일본 정복설과 관련시켜 고찰해 볼 때, 5세기 전반기에 생긴 일본 오사카시(大阪市)의 후루이치(古市) 고분군(古墳群)에 있는 오진능(応神陵, 길이 415m, 일본 제2의 능), 오사카시의 다이센마치(大仙町)에 있는 닌토쿠능(仁徳徳陵, 길이 486m, 일본 최대의 능) 등의 출현에도 영향을 끼쳤을 것임에 틀림없다.

15 허진웅/홍희역(1998) 『중국고대사회』, 동문선, 157면

16 김경일(1999) 『갑골문이야기』, 바다출판사, 35면

17 「알타이어족」이란 말은 핀란드 학자 카스트렌(M.A. Castrén) 등에 의해 「우랄-알타이어족설」이 제시되는 과정에서 쓰여지기 시작했다. [이기문(1981) 『한국어형성사』, 삼성문화재단, 16면]

18 앞의 책, 『알타이문명전』, 21면

19 A.P. 데레비안코(2005) 「남부시베리아의 구석기시대」, 『시베리아 고대문화 특별전 초원의 지배자』, 서울대학교박물관, 16면

20 나가자와 가즈토(長沢和俊)/민병훈역(1990), 『東西文化의 交流』, 민족문화사, 23면

21 로저 레빈/박선주역(1992) 『인류의 기원과 진화』, 교보문고, 262면

22 이춘식(1986) 『중국고대사의 전개』, 예문출판사, 16면

23 C.V.I. 몰로딘/강인욱역(2005) 「서 · 남부 시베리아의 고대주민」 『시베리아 고대문화 특별전 초원의 지배자』, 서울대학교박물관, 100면

24 앞의 책, 『알타이문명전』, 35면

25 *Archaeological Study in Mongolia (Collection of research articles and reports: БОТЬ- II, 2003 ОН),* УЛААНБААТАР ХОТ, p.229

26 정수일(2005) 『고대문명 교류사』, 사계절, 254면

27 위의 책, 257면

28 Esther Jacobson(1997), Burial Ritual, Gender and Status in early Nomadic Society of South Siberia Northern Mongolia, *Uralic and Altaic Series:Volume 145*, Curzon Press Ltd, p.59

29 에드윈 O. 라이샤워 외/전해종외역(1964) 『동양문화사 (上)』, 을유문화사, 337면

30 Sechin Jagchid(1997), Traditional Mongolian Attitudes and Values as Seen in the *Secret History of the Mongols* and the *Altan Tobči, Uralic and Altaic Series:Volume 134*, Curzon Press Ltd, pp.89~91

31 「기마민족설」(騎馬民族說)이란 에가미 나미오(江上波夫)가 1948년 이후 체계화시킨 것으로 북동아시아계의 기마민족이 한반도 남쪽에서 북규슈(北九州)를 거쳐 긴키(近畿)지방으로 침입해 들어가 일본국의 기원을 이루는 정복왕조를 세웠다고 하는 학설이다. 에가미는 미즈노 유(水野祐)의 「삼왕조교체론」(三王朝交替論)에서의 「중왕조」(中王朝), 즉 오진천황(応神天皇)을 시조로 하는 「가와치 왕조」(河内王朝)가 시작되는 4세기 말에서 6세기 초두에 그 정복왕조가 세워졌다는 입장을 취하고 있다. [高瀬広居(2005) 『天皇家の歴史』, 河出書房, 42~431頁 參考]

32 『사기』(史記)에 기마유목민족의 일파인 흉노인들 에게는 「글이나 서적이 없었으므로 말로 약속을 하였다」고 기술되어 있다. 그것은 다른 사람들과의 약속에서 「말」이 「글」보다 더 편리하고 확실한 것이라는 생각이 그들의 생각을 지배해 왔었기 때문에 「글」을 만들지 않았던 것으로 볼 수 있다. 이렇게 봤을 때 유목민들은 글 중심의 언어관 보다는 말 중심의 언어관을 소유했던 것으로 고찰된다. [司馬遷/정범진외 역(1995) 『史記 6 -史記列傳 (中)』, 까치, 795면.]

제1부 메소포타미아문명과 알타이문명

제1장 실크로드와 고원

1 '실크로드'(Silkroad)라는 말이 학술용어로 쓰이기 시작한 것은 독일의 지리학자 뢰히트호펜 (Ferdinand von Richthohen, 1833~1905)에 의해서였다. 그는 그의 저서 China I(Berlin, 1877)에서 투르키스탄과 차이나의 비단구역을 매개하던 중앙아시아의 교통로를 가리켜 자이덴쉬트라센 (Seidenstrassen: 실크로드 Silkroad는 英譯名)이라 했다. (나가사와 가즈토시『東西文化의 交流』(민 병훈 역, 민족문화사, 1991), p.14 참고)

2 나가사와 가즈토시(1991) p.14

3 정수일(2001)『고대문명교류사』, 사계절출판사. p.63

4 나가사와 가즈토시『東西文化의 交流』(민병훈 역, 민족문화사, 1991). p.27

5 SCIENCE, 11 Dec.2009, VOL 326, pp.1541~1545

6 琼那・诺布旺典(2007)『唐卡中的西藏史』唐卡中的西藏史』, 陕西师范大学出版社. p.18

7 Zhang Xiaoming, *Tibetan Stories*, China intercontinental Press, 2004. p.16

8 霍巍・李永宪(2004)『西藏考古与艺术』, 四川人民出版社. p.12

9 『唐卡中的西藏史』p.30

10 巴且日火「论三星堆文明与彝族先民的渊源关系」,《中华文化论坛》 2005年第1期)

11 戈阿干(2006)『丝路文明与东巴文化』, 中国文史出版社. p.12-13

12 『丝路文明与东巴文化』, pp.8~9

13 이춘식(1987),『중국고대사의 전개』, 문예출판사, p.25

14 정수일(2001),『고대문명교류사』, 사계절출판사, p.130

15 상동서, p.104

16 이춘식(1987)『중국고대사의 전개』, 문예출판사, p.22

17 정수일(2001)『고대문명교류사』, 사계절출판사, p.114

18 사마천『사기7- 열전 하』, 정범진 역, 1995. p.1064

19 이춘식『중국고대사의 전개』, 예문출판사,1987. p.19

제2장 알타이어의 성립과 전개양상

1 변광수 편(1993),『세계주요언어』, 한국외국어대학교출판부, p.1146.

2 Norman, Jerry(1988)Chinese, Cambridge University Press, pp.10-11 : Word order has come to be considered an important index of typological classification. The relative positions of subject(S), verb(V) and object(O) are a primary feature of any language; in the East Asian area, it neatly divides all language into two types- those in which the object precedes the verb, and those in which it follows. The Altaic languages and most of the Tibeto Burman languages have SOV order; Chinese, Tai, Miao Yao, Viet Muong, and Mon Khmer all have SVO order. In geographic terms the languages to the north, west, and southwest of China are almost all SOV languages, while those to the south and southeast are virtually all SVO languages. It is tempting to think that Chinese, genetically related to the SOV languages of the Tibeto Burman group, developed its

present word order under the influence of some SVO language in prehistoric times.

3 de Lacouperie(1966) Western Origin of the Early Chinese Civilisation, Osnabruck Otto Zeller, p.4
: It is through the N.W. of China proper that they have gradually invaded the country, and that
their present greatness began from very small beginnings some forty centuries ago. This alone
would be sufficient, but there are a few traditions pointing to the same fact further west. Nakhunte
(modern: Nai Hwang ti), the first leader of the Bak tribles who reached China, had led his people
into Chinese Turkestan, and then along the Kashgar or Tarym river, reaching after a time eastward
of the Kuenlun, "the Flowery land", a name which its great fertility had long merited to the lands
of future China.

4 상동서, p.376.

5 제카리아 시친 저·이근영 역(2007)『수메르,혹은 신들의 고향』이른아침, p.85.

6 조철수(1966)「수메르어·국어고어 문법범주 대조분석」『언어학 제19호』한국언어학회, p.360.

7 de Lacouperie(1966)Western Origin of the Early Chinese Civilisation, Osnabruck Otto Zeller, p.14.

8 상동서, p.9

9 市河三喜 他 主幹(1981)『世界言語學槪說下』研究社, p.1198

10 風間喜代三(1999)『印歐語の故鄕を探る』岩波書店, p.194

11 Adrados, Francisco R.(1982)The Archaic Structure of Hittite: The Crux of the Problem, Washington
Institute for the Study of Man, pp.11-20

12 이춘식(1987),『중국고대사의 전개』, 예문출판사, p.59

13 de Lacouperie(1966) Western Origin of the Early Chinese Civilisation, Osnabruck Otto Zeller, p.14

14 市河三喜 他 主幹(1981),『世界言語學槪說下』, 研究社、p.1171

15 H.H.램 저·김종규 역(2004),『기후와 역사』, 한울 아카데미, p.153

16 상동서, p.157

17 상동서, p.158

18 전계주(田繼周)(1987)「商代民族和 民族關係」中國社會科學院 民族研究所主編『中國民族史硏究』,
p.324

19 궈다순(郭大順)·장싱더(張星德)(2008)『동북문화와 유연문명』동북아역사재단, p.235. 우실하
(2007)『동북공정너머 요하문명론』소나무, p.265

20 水野裕(1975),『日本古代の民族と 國家』, 大和書房, p.40

제3장 알타이어의 성립과 전개양상

1 우윤식(1998)『현대통사론의 이해』, PUFS, p.57

2 工藤進(2005)『日本語はどこから生まれたか』, 東京 : KKベストセラーズ、p.5

3 로널드 피어슨 저·김준민 역(1990)『기후와 진화』, 민음사, p.113

4 지오프리 파커 편·김성환 역(2004)『아틀라스세계사』, 사계절

5 존 H.릴리스포드 저·이경식 역(2003)『유전자인류학』, Human & Book, p.92

6 M. 퀘정 저·이병훈 역(1985)『동물의 행동』, 전파과학사, p.93

7 상동서

8 키릴 알드레드 저·신복순 역(1996)『이집트문명과 예술』, 대원사, p.103

9 상동서, p.139

10 요시무라 사쿠지 저·김이경 역(2002)『(고고학자와 함께하는) 이집트 역사기행』, 서해문집, p.28

11 앤드류 로빈슨 저·박재욱 역(2003)『문자 이야기』, p.93

12 風間喜代三(1993)『岩波親書269 印歐語の故郷と探る』岩波書店, p.188

13 Richard S. Kayne(1994) The antisymmetry of syntax, Cambridge, Mass. : MIT Press, p.35

제4장 고대 메소포타미아문명과 고조선

1 동북아역사재단, 2008 : 원서, 2005

2 궈다순(郭大順)·장싱더(張星德)저·김정열역『동북문화와 유연문명 상』, 동북아역사재단, 2008, p.419

3 상동서, pp.345~348, p.602 등 참고.

4 정석배『북방유라시아대륙의 청동기문화』, 학연문화사, 2004, pp.43~51.

5 청동야금술이 발명된 것은 유프라테스 강 상류 지역에 있는 현재 터키령의 타우루스(Taurus)산맥과 티그리스 강 동부의 자그로스(Zagros)산맥 사이의 고원(高原)지대, 보다 구체적으로 말하자면 흑해의 동안(東岸)과 카스피 해 서남안의 동·주석 원료가 풍부한 터키·아르메니아·코카서스·이란 서단의 산악고원(高原)지역으로 고찰되고 있다. 청동의 야금술은 기원전 4000년경 바로 그 지역으로부터 출현해 사방으로 퍼져 나갔던 것으로 고찰되고 있다는 것이다.[정수일,『고대문명교류사』(사계절, 2001, pp.123~152 :정석배,『북방유라시아대륙의 청동기문화』(학연문화사, 2004, pp.19~35.)]

6 알타이지역의 미누신스크(Minusinsk) 분지와 투바(Tuva)공화국 변경에 있는 투라-다쉬(Tooradash) 유적이 그 일례이다. 그 초기 청동기 문화의 담당자는 유럽인종이었던 것으로 고찰되고 있다. 그런데 그 후 기원전 2000년경에 와서는 동유럽, 카자스탄 및 동 트란스-우랄(東 Trans-Ural) 지역에 머물러 있던 인도-유럽어족의 문화공동체였던 안드로노보(Andronovo)족이 안드로노보 청동기문화를 가지고 알타이지역으로 동진해나갔다. 한편 기원전 2000년 당시 산지 알타이지역에서는 유럽인종의 피가 섞인 몽골인종이 아파나세보 초기 청동기문화를 기초로 해서 카라콜(Karakol)문화를 형성시켜 나갔다. 그 후 알타이지역에서는 기원전 15세기경에 카라수크(Karasuk) 청동기문화가 형성되어 나왔다. [몰로딘(I.V. Molodin),「청동기시대」,『알타이 문명전』, 국립중앙박물관, 1995, pp.41~44] 이 카라수크 청동기문화의 기원에 대해 여러 설이 제기되었는데, 그것 중의 대표적인 것이 중국학 전문가인 바실리에프의 설이다. 그는「카라수크문화와 은나라의 문화가 발생학적으로 아직 알려지지 않은 제3의 청동기문화에 기원을 두고 있다」고 여겼다. [E.A.노브고로도바 저·이재정 역,『동북아시아와 카라수크문화』, 고구려연구재단, 2005, p.5] 바실리에프가 그러한 견해를 제시했던 시기는 1964년였다. 그러했었기 때문에 당시까지만 해도 요하문명의 실체가 아직 확연히 드러나지 않았을 때였다. 필자는 그의 견해를 빌어 이 카라수크문화가 요하문명을 기원으로 할 수 있다는 입장을 취해볼 수 있다는 것이다.

7 현재까지 측정된 전기 청동기문화「하가점(夏家店)하층문화」의 연대에 관한 수치 가운데 가장 빠른 것은 츠펑시 즈주산(蜘蛛山)의 것이며, 수륜교정연대는 기원전 2466~2114년이다. [궈다순(郭大順)·장싱더(張星德) 저·김정열 역『동북문화와 유연문명 상』, 동북아역사재단, 2008, p.546.]

8 전기(前期) 청동기시대란 초기 청동기시대의 다음 단계로서 초기 청동기시대가 부족연맹체 형태의 정치체제를 출현시킨 시대였다 라면, 전기 청동기시대는 도시국가나 성읍국가 혹은 초기 왕조국가 등을 출현시킨 시대였다 할 수 있다.

9 I.V. 몰로딘(Molodin), 「청동기시대」, 『알타이문명전』, 국립중앙박물관, 1995, p.40

10 궈다순(郭大順)·장싱더(張星德) 저·김정열 역 『동북문화와 유연문명 상』, 동북아역사재단, 2008, p.347

11 杜乃松 主講 『中国青銅器』, 中央编译出版社, 2008, p.6

12 상동서, pp.6~7

13 궈다순(郭大順)·장싱더(張星德) 저·김정열 역 『동북문화와 유연문명 상』, 동북아역사재단, 2008, p.361

14 상동서, p.551

15 상동서, p.367

16 상동서, p.415

17 상동서, p.414

18 『삼국유사』에는 고조선의 설립연도가 「요임금 즉위 50년」(기원전 2283)으로 되어 있으나, 『제왕운기』에는 요임금 즉위 원년(기원전 2333)으로 되어 있다.

19 董守义·马天东 「辽河文化与中原文化,中华文化关系论」 『黑龙江社会科学 第1期』,2002, p.50

20 조원진 「기자조선연구의 성과와 과제」, 『단군학 연구 제20회』, 2005, 단군학회, p.417

21 상동서, p.426

22 김정배, 『고조선에 대한 새로운 해석』, 고려대 민족문화연구원, 2010, p.67

23 상동서, p.79

24 상동서, p.76

25 상동서, p.76

26 궈다순(郭大順)·장싱더(張星德) 저·김정열 역 『동북문화와 유연문명 상』, 동북아역사재단, 2008, p.895

27 김정배 편저 『한국고대사 입문』, 신서원, 2006, pp.32~35. / 김정배 『고조선에 대한 새로운 해석』,고려대 민족문화연구원, 2010, p.219

28 상동서, p.82

29 이종호·이형석 『고조선, 신화에서 역사로』, 우리책, 2009, p.242

30 마다정 외 저·서길수 옮김 『동북공정 고려사』, 사계절, 2003, p.617

31 상동서, p.622

32 『사기』「백이열전」(伯夷列傳)

33 손진기 『동북민족원류』, 동문선, 1992, p.85

34 조원진 「기자조선연구의 성과와 과제」, 『단군학연구 제20호』, 2005, pp.398~400

35 史馬遷 著·丁範鎭 外譯 『史記:世家 3』, 까치, 1994, p.97

36 이종호·이형석 『고조선, 신화에서 역사로』, 우리책, 2009. p.235

37 김육불(金毓黻)저·동북아역사재단 역 『東北通史 上』, 동북아역사재단, 2007, p.149

38 이종호·이형석 『고조선, 신화에서 역사로』, 우리책, 2009, p.253

39 이춘식『中國古代史의 展開』, 예문출판사, 1987, p.208

40 이병도「檀君說話의 解釋」, 이기백 편『檀君神話論集』, 새문社, 1990, p.55~56

41 「高句麗者, 出於夫餘, 自言先祖朱蒙. 朱蒙母河伯女, 爲夫餘王 閉於室中, 爲日所照, 引身避之, 日影 又逐. 旣而有孕, 生一卵, 大如五升, 夫餘王棄之與見, 犬不食」[『魏書』卷100, 列傳 第88]

42 内田吟風「魏書の成立に就いて」,「東洋史研究」第 2 輯, 東洋史研究會, 1982, p.6~13

43 李正奮「魏書原流考」,「國學季刊」2-2, 北京大學, 1918, p.380

44 内田吟風「魏書の成立に就いて」,「東洋史研究」第 2 輯, 東洋史研究會, 1982, p.6~13

45 김필수 외『관자』, 소나무, 2006, p.925~926

46 김필수 외『관자』, 소나무, 2005, p.925

47 諸橋轍次『大漢和辭典 卷 七』, 大修館書店, 1985,「發」- 28

48 諸橋轍次『大漢和辭典 卷 十二』, 大修館書店, 1986,「鮮」(2-7)

49 신용하「고조선국가의 형성」『사회와 역사 제 80집』, 2007, 한국사회사학회, p.41.

50 方壯猷「鮮卑語言考」, 燕京學報 第8~10期, 1983, 上海書店, p.1432.

51 下中邦彦『アジア 歷史事典 第5卷』, 平凡社, 1985,「鮮卑」

52 김언종『한자의 뿌리2』, 문학동네, 2007, p.827.「朝鮮」

53 신용하,「고조선국가의 형성」,『사회와 역사 제 80집』, 2007, 한국사회사학회, p.41.

54 Sidney Smith, Early History of Assyria to 1000 B.C., London, 1928, pp.50~56.

55 이「아사달」의 문제는 김채수「일본의『고사기』신화와 메소포타미아의 수메르신화」(『일본문화연구40집』, 2011.10)의 제2장 제3절「요하문명과 단군신화」부분에서도 다루어졌음

56 김정배,『고조선에 대한 새로운 해석』, 고려대 민족문화연구원, 2010, p.513

제5장 메소포타미아의 수메르 신화와 일본의 고사기(古事記) 신화

1 岡正雄(1979)「日本民族の 種族史的(ethno historica) 形成」,『異人の他』, 言叢社, p.44~46

2 神野志隆光(1999)『古事記と 日本書記』, 講談社, p.56

3 近藤春雄(1987)「三五曆紀」,『中國學藝大事典』, 大修館書店, p.273

4 井上辰雄(2006)『天皇家の誕生---帝と女帝の系譜』, 遊子館, p.208

5 김채수(2008)『日本右翼의 활동과 사상 연구』, 고려대학교출판부, p.551

6 권오엽 · 권정역(2008)『고사기』(古事記), 고즈윈, p.31

7 상동서, p.48

8 상동서, p.44

9 權五燁 外 飜譯(2007)『고사기 상』, p.48

10 위 앵커 저 · 전인초 김선자 역(1999)『중국신화전설 1』, 민음사, pp.157~158

11 유안(劉安)저 · 이석명역(2010)『회남자 1』, 소명출판, pp.173~174

12 Edwin O.Reischauer · John K. Fairbank(1958), East Asia: The Great Tradition, Houghton Mifflin Company · Boston, p.37

13 de Lacouperie, 1894:14

14 韓建業『新疆的靑銅器時代和早期鐵器時代文化』, 文物出版社, 2007, p.8

15 상동서, pp.7~8

16 H. G. 크릴 저·이성규역(1994) 『孔子-인간과 신화』, 지식산업사, p.132

17 궈다순(郭大順)·장싱더(張星德) 저·김정열 역(2008) 『동북문화와 유연문명上』, 동북아역사재단, p.673

18 정수일(2001) 『고대문명교류사』, 사계절, p.125

19 小松久男 編(2005) 『中央ユラーシア史』, 山川出版社, p.21

20 상동서, pp.89~90

21 제카리아 시친 저·이근영 역(2007) 『수메르, 혹은 신들의 고향 1』, 이른아침, p.128

22 ヴェロニカ·イオンズ著·酒井伝六訳(2003) 『インド神話』, 青土社, p.30

23 상동서, p.34

24 제카리아 시친 저·이근영 역(2007) 『수메르, 혹은 신들의 고향 1』, 이른아침, pp.100~101

25 상동서, pp.17~19

제2부 알타이문명과 요하문명

제1장 서의 피타고라스와 동의 관자(管子)

1 "魏詩, 門戸也, 漢詩, 堂奥也, 八戸升堂, 固其機也" [명(明)의 서정경(徐禎卿)이 편찬한 『담예록』(談藝錄)의 「논시」(論詩)]

2 김학주(1992), 『중국문학개론』, 신아사, p.77

3 왕력(王力)(2005) 『중국시율학(中國詩律學) I』송용준 역, 소명출판, 2005, p.38

4 김학주, 앞의 책, p.43

5 김학주, 같은 책, p.59

6 왕력(王力), 앞의 책, pp.38~39

7 상동서, p.63

8 상동서

9 원형갑, 『시경의 수수께기』한림원, 1994, p.10, p.389

10 상동서, p.13

11 김학주, 앞의 책, p.62

12 원형갑, 앞의 책, p.14

13 관자(2006) 『관자』김필수 외역, 소나무, pp.700~701

14 상동서, p.701

15 양 인리우(1999) 『중국고대음악사』이창숙 역, 솔, p.80

16 상동서, pp.15~16

17 중국·티베트어족에서의 중국어란 한민족(漢民族)의 언어를 가리킨다. 한족이란 몽골로이드(황색인종)로 중국내에 장신(長身)·장두(長頭)의 화북인(華北人)을 중심으로 결집된 민족을 가리킨다. 한족은 서북으로부터의 영향 하에서 기원전 1500년경 황하 유역에서 황하문명을 개화시킨 민족으로 원래는 화북일대 내에 분포되어 있었던 민족이었다. 한족이 서아시아로부터 중부아시아를 거쳐 황하유역으로 이동했다는 설이 있으나 확실치 않다는 것이 학계의 기

본적 입장이다.

기록된 한어로는 은대(殷代, 1766~1122, BC)의 갑골문자가 가장 오래된 것이다. 그러나 기록으로 나타나기 이전의 중국어는 중국민족의 기원처럼 확실히 밝혀진 것이 없다. 영어 등과 같은 인구어가 굴절어(어간과 어미의 구분이 불분명하 언어)이고 한국어·일본어가 교착어(어간과 어미가 분명한 언어)인데 반해, 한어는 티베트어와 함께 단음절어(單音節語) 또는 고립어(孤立語)에 속한다. [두산백과사전, '한어' 참고]

18 도날드 J. 그라우트 외(2007)『그라우트의 서양음악사 (상)』민은기 외 역, 이앤비플러스, p.29

19 양 인리우, 앞의 책, p.17

20 정영효 역(1992)『呂氏春秋; 12紀』자유문고, pp.160~161

21 中邦彦編(1985)『アジア歴史事典』平凡社,「大夏」

22 "伶倫自大夏之西及之阮隃之陰"(『呂氏春秋』제5권 5장)

23 나가사와 가즈토시(長沢和俊)(1990)『동서문화의 교류』민병훈 역, 민족문화사, p.23

24 송방송, 앞의 책, p.258

25 상동서, p.23

26 『목천자전』(穆天子傳): 전6권. 선자불상(選者不詳). 중국에서 소설서 중 가장 오래된 것. 서진(西晉)의 무제(武帝)의 함녕(咸寧) 5년(279)에 급군(級郡: 河南省 汲縣)에 있는 전국시대(戰國時代) 위(魏)의 양왕(襄王) 묘로부터 발견된 죽서(竹書)의 하나였는데, 당시의 고문으로 쓰여 있던 것이 당시 화교(和嶠) 등에 의해 금체문(今體文)으로 바꾸어 놓은 것으로 알려져 있다.(近藤春雄(1978)『中國學藝大事典』東京: 大修館書店, p.732)

27 양 인리우, 앞의 책, pp.75~76

28 김정호(2000)『서양음악사』공주대학출판부, p.5

29 상동서, p.3

30 박소현(2005)『몽골의 토올』민속원, p.222

31 아놀드 J.토인비(1983)『세계사-인류와 어머니 되는 지구』강기철 역, 일념, p.110

32 상동서, p.112

33 김윤한(1988)『印歐語 비교언어학』민음사, pp.72~73면

34 인구어가 최초로 분출된 것은 유라시아 초원지대이고, 그것이 최초로 보급된 것은 유라시아 초원지대에서 가장 가까운 소아시아지역이다. 인구어를 사용했던 아리안인도 소아시아지역에서 이란지역을 거쳐 인도 지역으로 침입해 들어갔던 것이다.(아놀드 J.토인비, 앞의 책, p.100, p.102)

35 아리안인은 오늘날 서양인의 선조이다. 게르만, 앵글로색슨, 슬라브에 이르기까지 유럽을 지배한 서양인의 선조가 바로 이 아리아 인이었다. 아리안 인이 서양인의 선조라는 가설을 세웠던 자는 비교 종교 학자였던 막스 뮐러(Max Müller, 1823~1900)였다. 그는 독일태생으로 영국에 귀화해 옥스퍼드 대학의 교수였었다. 영어가 고대인도의 언어였던 산스크리트를 기원으로 한다는 사실을 밝혀냈다. 종래의 그리스어, 라틴어 등의 어원에 대한 기원을 밝힌 샘이다. 이것에 근거해 인도 유럽피언 어족이라는 말이 성립 되어 나왔다. 우리는 고대인도의 최고신인 천신을 드야우스(Dyaus)라고 한다. 그것은 그리스 제일신인 제우스(Jeus)와 동의어인 것이다. 이러한 사실은 바로 그리스민족과 아리안족이 동일 민족이었다는 것을 의미한다. (정병조(1992)『인도史』대한교과서주식회사, 25면)

36 인도 유럽 언어들의 발자취를 더듬어 가면 갈수록 그것들이 산스크리트를 닮았다는 것을 알 수 있게 된다. 인도 유럽어들은 독일어, 슬라브어, 켈트어, 그리스어, 라틴어 등 대부분의 언어

를 가지고 있다. 고대 산스크리트에는 어머니인 마타르(matar), 아버지인 피타르(pitar), 딸인 두히타르(dubitar), 아들인 수부(subu), 자매인 스바사르(svasar), 형제인 브라타르(bhratar), 소인 가우(gau)같은 단어들이 있다. 그와 같은 단어들은 삶의 가장 기초적인 내용들과 관련이 있는 것들이다. (데이비드 프롤리(2004)『베다 입문』김병채 옮김, 슈리 크리슈나다스 아쉬람, p.21)

37 데이비드 프롤리, 같은 책, p.122

38 존 스트로마이어 · 피터 웨스트브룩(2005)『피타고라스를 말하다.』류영훈 역, 퉁크, pp.105~106

39 이광연(2006)『피타고라스가 보여주는 조화로운 세계』프로네시스, p.115면

40 나가사와 가즈토시(長沢和俊) 앞의 책, p.28

41 송방송, 앞의 책, p.164

42 산스크리트를 기록하는 문자는 '거룩한 신의 거처'라는 뜻의 '데바나가리'(Devanāgarī)라 불린다.(이재숙(2007)『인도의 경전들』살림, p.17)

43 송방송, 앞의 책, p.27

44 상동서, p.44

45 에드윈 D, 라이샤워 외(1984)『동양문화사 上』전해종 · 고병익 역, 을유문화사, p.183

46 "고고학에 의하면 북아시아의 알타이산맥과 남부시베리아의 바이칼 호 주변에는 이미 2만 5천~4만 5천 년 전부터 신생인류의 문명이 시작되었던 것으로 나타나 있다." 신석기시대로 들어와서는 그 문명을 일으켰던 인류가 서부 에벤키(예니세이 강과 레나 강 사이 저지대)로 전파해 나가 그곳을 시원지로 하는 에벤키 족(퉁구스족)이 형성되었다 (정재승(2003)『바이칼, 한민족의 시원을 찾아서』, 정신세계사, p.254)

47 관자, 앞의 책, p.158

48 상동서, p.556

49 정영효 편역, 앞의 책, p.145

50 상동서, p.146~148

51 상동서, p.151

52 김연(2006)『음악이론의 역사』심설당, p.41

53 존 스트로마이어 외, 앞의 책, p.106

54 상동서, p.90

55 관자, 앞의 책, p.701

56 존 스트로마이어 외, 앞의 책, p.38.

57 오행(五行)에 관한 최초의 기술은『서경』(書經, 기원전 12~3세기)의 「홍범」(洪範)으로부터 찾을 수 있다. 「홍범」의 제2장, 즉 주(周)의 무왕(武王)이 무왕 13년(BC 1109)에 행했었던 말들의 기록 속에 나타나 있다. 그러나 사실상『서경』의 「홍범」이 언제 쓰여 졌는지에 대한 문제가 미해결 상태로 남아있다.

58 오행설에는 오행상승설(五行相勝說)과 오행상생설(五行相生說)이 있다. 전자는 추연 등에 의해 제기된 설이다. 이것은 뒤의 것이 앞의 것을 타도하고 앞으로 나온다고 하는 상극(相克)적 사상으로서 그 순서는 토목금화수이다. 후자는 한 대(漢代)에 발생한 것으로 오행에는 서로 생겨나게 하는 관계가 있다고 보는 생성적 사상이다. 그 순서는 목화토금수이다.

1 범슬라브주의는 1840년대에서 1880년대 사이에 행해졌던, 슬라브어를 사용하는 모든 민족들의 연대와 통일을 목표로 했던 사상운동. 모스코바 대학의 미하일 p.포고진(Mikhail p. Pogodin, 1800~1875), 『러시아와 유럽』(1869)의 저자 리콜라이 야 다니레브스키(Nikolai Ya. Danilevskii, 1822~85) 등이 그 대표적 존재들이다. 범게르만주의는 독일계민족의 통합을 기도한 사상운동. 게오르그 본 쉐네라(Georg von Schönerer, 1842~1921)가 그 대표적 존재이다.

2 고대그리스어로 '해가 뜨는 곳'을 의미하는 아나톨리코스(Anatolikos)로부터 나온 말

3 궈다순(郭大順) 외저 · 김정열 역(2008) 『동북문화와 유연문명 -상』, 동북아역사재단, p.534

4 덩인커(鄧蔭柯) 저 · 조일신 역(2008) 『고대발명』, 대가, p.41

5 베이징대학교 중국전통문화연구중심 편 · 장연 외역(2007) 『中華文明大視野』, 김영사, p.63

6 쉬진슝(許進雄) 저 · 홍희 역(1998) 『중국고대사회』, 동문선, p.20

7 상동서

8 중국 최초의 정사(正史), 本紀(年代記)와 列傳(個人의 傳記)으로 구성되는 紀傳体를 출현시킨 역사산문.

9 진(晉)의 혜제대(惠帝代, 290~306)사람 최표(崔豹)가 편한 『고금주』(古今注)에 수록: 낙랑군(樂浪郡)시대(BC 108~AD 313)의 것으로 추정.

10 기원전 17년 고구려 2대왕 유리왕(琉璃王)의 작으로 알려져 있음, 『삼국사기』(三國史記, 1145)에 수록.

11 가락국(駕洛國)시조인 수로왕(首露王)의 강림신화(降臨神話)속에 곁들여 전하는 사구체(四句體) 가요(歌謠)의 한역가(漢譯歌)형태를 취한다. AD 42년 작으로 알려져 있으며, 『삼국유사』(三國遺事, 1285)의 「가락국기」(駕洛國記)에 삽입되어 있음.

12 夕礼로 표기한 최초의 고대가요, 579~632, 『삼국유사』에 수록

13 『三國志』의 일부를 이루는 『魏書』의 「東夷伝倭人」참고

14 스티븐 로저 피셔 저 · 박수철(2010), 『문자의 역사』, 21세기북스, p.46

15 기원전 11~6세기 간의 주를 비롯한 제, 진 등의 8개국의 언론을 기록한 것.

16 기원전 772~기원전 468 사이 주 왕조와 각제후국의 중요한 역사적 사실들을 기록한 책

17 주(周, 1122~255, BC)는 기원전 770년에 서융의 침입로 호경(鎬京)에서 동쪽의 낙양(洛陽, 洛邑)으로 천도했다.

18 예서(隸書)는 원래는 진대(秦代)에 형성된 것이지만 그것이 일반화되어 나온 것은 한 대(漢代)였다. 진시황은 전국 통일 직후 승상(丞相) 이사(李斯)의 청을 받아들여 자신들이 쓰던 대전을 소전으로 바꾸어 그것으로 문자를 통일시켜 나갔다. 그러나 그 후 다시 진시황은 한 하급관리가 옥살이 중에 소전을 더욱 간략화 해서 만든 에서체로 문자 통일을 행하도록 하였다. 그 결과 한대에 와서 그것이 일반화되어 나왔던 것이다. 현재 우리는 도장이나 비문 등을 통해 예서를 접할 수 있다. 에서는 한 대에 고문에 대해 금문(今文)으로 알려졌던 것으로서 진시황의 분서 이전의 고문에 대한 근대문의 기초가 된 문자체이다. 현재 우리에게 알려진 한자체는 해서체(楷書體)인데, 그것은 예서를 기초로 해서 한 대말에 형성되어 나와 6조를 통해 확립되어 나온 것이다. [김태완 · 양회석(2008) 『한자, 한문, 그리고 중국문화』, 전남대학교 출판부, p.76]

19 중국에서 필묵(筆墨)이 사용된 것은 전국시대(戰國時代, 403~221, BC)부터였는데, 그것이 사용되기 이전에는 나무나 대 꼬챙이 끝에 옻을 발라 썼기 때문에 글자의 점획(點畫) 머리가 두껍고 끝이 가늘어, 글자 모양이 과두(蝌蚪: 올챙이) 상태를 이루고 있기 때문에 그것을 과두

문(蝌蚪文)이라 불렀다고 한다.[孔安國『尚書』「序」]

20 諸橋轍次『大漢和辭典』「科斗文」參考

21 C.J.Ball(1913) *Chinese and Sumerian* , Lodon, pp.13-14

22 I.J. Gelb(1963) *A Study of Writing*, Chicago, p.24

23 M.A.Powell(1981) "Three Problems in the History of Cuneiform Writing: Origin,Direction of Script,Literacy," *Visible language*, XV, p.431

24 Terrien de Lacouperie(1996) *Western Origin of the Early Chinese Civilisation*, Osnabruck Otto Zeller, p.4

25 元亨甲(1944),『詩経の謎』, 翰林院, p.34

26 동아시아국가들의 언어구조는 알타이어의 SOV형과 중국어의 SVO형로 양분되어 있다. 중국의 서북쪽의 티베트어, 북쪽의 몽골어, 북동쪽의 만주어, 동쪽의 한국어·일본어 ,남쪽의 버마어 등이 SOV형에 속하고, 남쪽의 월남·타이·말레이시아어 등이 중국어와 동일한 SVO에 속한다. 우리가 여기에서 중국인들이 남하해서 월남·타이·말레이시아인들이 되었다든가, 또 알타이어의 SOV형이 이 지구상에 중국어의 SVO형보다 먼저 출현했다는 점 등을 감안해본다면, 우리는 SVO형을 취하는 중국어가 동아시아의 외지로부터 동아시아에 유입해들어 왔다는 입장을 취하지 않을 수 없다. 다시 말해서 우리는 여기에서 언어학자들에 의하면 언어의 통사구조가 공통 셈어가 취하는 SO(명사문)혹은 VSO(동사문)형으로부터 출발해서 우랄어·알타이어·아리안어·인도어·티베트어 등이 취하는 SOV형을 거쳐 유럽어·중국어가 취하는 SVO형으로 발전해 나온 것으로 되어있다는 입장이 있음을 염두에 둘 필요가 있는 것이다.

27 de Lacouperie(1966) *Western Origin of the Early Chinese Civilization*, Osnaruck Zeller, Otto p.4

28 주나라의 대점술가 태복(太卜)은 이들 세『역경』을 모두 가지고 있었다. [전게서,『중국고대철학사』, p.57 참고]

29 『서경』(書經)은 기원전 20세기경부터 기원전 8세기까지의 하·상·주 등에 관한 역사를 기록한 것이다. 하·상·주의 처음 세 왕조에서는 왕실에 공식적인 사관(史官)이 존재했었다. 그들은 점술가였었다. 『여씨춘추』에는 하 왕조의 연대기편찬자 종고(終古)의 이름이 기록되어 있다. 『사기』는 공자가 동주의 수도 낙양(洛陽)에 있는 왕립도서관에서『서경』을 발견해 그것을 새로 출간했다고 말해주고 있으며, 공안국(孔安國)은 기원전 90년 공자의 종가(宗家)에서 공자가 출간한 그것을 발견했다고 말하고 있다. 『서경』에 있는 요(堯)·순(舜)·우(禹) 등에 대한 기록부분은 그들의 시대에 기록된 것들이 아니고 하대나 상대에 그들 시대의 기록들을 모아서 편집해낸 것으로 파악해 볼 수 있다.[상동서, p.37~44 참고]

30 『역경』에 의하면 그는 기원전 2852년에 정권을 잡은 자로 되어 있다.[상동서, p.57 참고]

31 『서경』(書經), 「상서」, 高宗肜日: "惟天監下民, 典厥義, 降年有永有不永"

32 燕燕于飛, 差池基羽 /之子于歸, 遠送于野/

33 日居月諸, 照臨下土 / 乃如之人兮,逝不古處/ 胡能有定, 寧不我顧

34 「국풍」(國風)에서의 「국」(國)은 「제후국(諸侯國)」의 「국」(國)을 의미하고, 「국풍」(國風)의 「풍」(風)은 풍요(風謠) 다시 말해 가요(歌謠)를 의미한다. 「아」(雅)는 「하」(夏)와 발음이 비슷하여 「중하」(中夏)를 의미한다. 「송」(頌)은 제사(祭祀)지낼 때 노래와 춤을 겸하여 신(神)을 송양(頌揚)하거나 조상의 은덕을 찬송(讚頌)하는 것을 의미한다.[김학주 역저『시경』(詩經), 명문당, 2007, pp. 28~29]

35 Edwin O. Reischauer·John K. Fairbank(1960) *East Asia : The Great Tradition,* Houghton Mifflin Company: Boston, pp.146~147

36 Henry C. Boren 저·이석우 역 (1983)『西洋古代史』, 探求堂, p.131

37 그 거점도시들은 소아시아의 트로아데, 시리아의 이소스, 이집트의 나일강 하구, 메소포타미아의 카락스, 페르시아, 인더스강의 중류, 현재의 아프카니스탄, 투르크메니스탄, 천산산맥 입구지역 등에 세워졌던 것이다.

38 아리스토텔레스(384~322, BC)가 아테네에 설립한「루케이온」(Lukeion)이란 학원을 모델로 해서 만든 것

39 『일본서기』(日本書紀, 720)에서의「천지개벽」에 대한 기술은『회남자』(淮南子)와『삼오역기』(三五歷記)의 그것들에 의거해 이루어졌다고 볼 수 있다. [神野志隆光『古事記와 日本書紀』(講談社,1999), pp.117~178] 현재『삼오역기』(三五歷記)는 소실되었다. 그러나 그 내용의 일부가 『태평어람』(太平御覽)『예문류취』(藝文類聚) 등에 남겨져 있다. 우리는『삼오역기』(三五歷記)의 천지개벽신화를 반고(盤古)의 천지개벽신화라 말하고 있다. 반고의 천지개벽신화에는「천지가 달걀처럼 혼돈된 상태일 때 그 속에서 반고가 태어났는데 그로부터 1만 8천년이 지났다. 그 시점에서 하늘과 땅이 열렸는데 밝고 맑은 것은 하늘이 되고 어둡고 탁한 것은 땅이 되었다. 반고는 그 가운데 존재하며 하루에 아홉 번 변화했는데 하늘보다 신비하고 땅보다 성스러웠다.」등과 같은 내용의 내용이 들어 있다. 그런데『일본서기』(日本書紀, 720)의 모두(冒頭)에도 천지개벽의 상태를『삼오역기』(三五歷記)의 경우에서와 같이 "천지가 달걀처럼 혼돈 상태"(混沌如鷄子)라는 표현을 쓰고 있다.

40 배화교의 창시자는 조로아스터(Zoroaster, 630~553경, BC)였는데, 그는 유일신 사상에 입각해 우주적 이원주의를 주장했다. 배화교는 다음과 같은 원리에 입각해 이루어진 종교이다. 유일신 아후라 마즈다(Ahura Mazda)는 빛과 질서와 정의의 신으로 선(善)을 지향한다. 이에 대립되는 아흐리만(Ahriman)은 어둠과 혼란과 불의의 신으로 악(惡)을 지향한다. 이 배화교의 원리는 서아시아의 시리아지방에서의 유다교의 원리 형성에도 영향을 끼쳤다. 기원전 5세기경부터 이루어지기 시작되었다고 하는 유다교의 성서『구약성서』의 창세기는 "태초에 하나님이 천지를 창조하셨느니라. 땅이 혼돈하고 공허하며 암흑이 깊음 위에 있고 하나님의 신은 수면에 운행하시니라. 하나님이 가라사대 빛이 있으라 하심에 빛이 있었고 그 빛이 하나님이 보시기에 좋았더라. 하나님이 빛과 어둠을 나누시사 빛을 낮이라 칭하시고 어둠을 밤이라 칭하시니라. 저녁이 되며 아침이 되니 이는 첫날이니라." (제1장 1~5)로 시작된다. 배화교의 원리는 동아시아 서부인들의 세계관 형성에 영향을 끼쳤다. 그 결과 서아시아지역에서는 기원전 5세기에서 기원 1세기 사이에 유대민족을 중심으로『구약성서』의 창세신화가 출현해 나왔고, 동아시아의 서부지역에서는『회남자』의 천지개벽신화가 출현하게 되었다고 말 할 수 있다. 유안의『회남자』는 그가 수많은 문장가들을 모아 그들로 하여금 글을 쓰게 해서 그들이 쓴 글들을 엮어 편찬해낸 책이었다.[김덕영 외(1990)『중국문학사상』, 청년사, p.133]

41 유안(劉安, 179~122경, BC)의『회남자』(淮南子)에는「여와 하늘을 깁다」(女媧補天)의 신화가 있다. 여기에서 여와(女媧)는 혼돈된 세계를 바로 잡아 그것을 다스리려던 자로 기술되어 있다. 또 다른 기록에서는 그가 천지개벽의 위업을 완수한 자이고 인류를 비롯하여 우주만물을 창조해낸 자로 위대한 신으로 기술되어 있다. 후한(後漢) 때 응소(應劭)가 지은『풍속통의』(風俗通義)에는 여와가 천지개벽의 초기에 사람이 없어 황토를 빚어 사람을 만들었다는 이야기가 있다. 이 경우의 여왜는『구약성서』의 '여호와'로부터 취해졌을 가능성을 배제할 수 없다.

42 전게서,『중국고대철학사』, p.46

43 이 책이 나오기 전에「구삼국사」(旧三国史)라고 하는 책이 있었다고 한다. 이 책은 그것을 포함해 기본적으로 고구려 1세기 무렵에 쓰여진『유기』(留記)(100권), 600년에 쓰여진 이문진(李文真)의『신서』(新書)(5권), 백제에서 375년에 쓰여진 고흥(高興)의『서기』(書記), 신라에서 545년에 쓰여진 거칠부(居漆夫)의『국사』(國史) 등을 기초로 해서 완성된 것이다. 그러나 이

저본이라고 할 수 있는 이러한 책들은 전부 유실 되었다. 이 책의 자료로써 사용된 것은 한반도의 『삼한고기(三韓古記)』, 8세기 초 김대문(金大門)의 『고승전(高僧伝)』, 『화랑세기(花郎世紀)』, 최치원(崔致遠)의 『제국연대력(帝國年代曆)』 등이 있고, 중국의 『삼국지(三國志)』, 『후한서(後漢書)』, 『진서(晋書)』, 『송서(宋書)』, 『양서(梁書)』, 『남북사(南北史)』, 『수서(隋書)』, 『당서(唐書)』, 『신당서(新唐書)』, 『통전(通典)』, 『책부원통(冊府元通)』, 『자치통감(資治通鑑)』, 『고금군국지(古今郡国志)』, 『신라국기(新羅國記)』(9세기 중반 당나라 영호징(令狐澄)의 작)(김부식 저·신호열 역 『삼국사기』, 동서문화사, 2007, p, 11) 등이 있다.

44 승려 일연(一然)이 중국 양(梁)나라 혜교(慧皎)(496~594)의 『고승전(高僧伝)』, 『당고승전(唐高僧伝)』, 『송고승전(宋高僧傳)』 등을 참고로 해서 신화·전설로 편찬되어진 것이다. 당시 고려는 몽골군의 무력에 완전히 유린당하였다. 고려 정부가 무신권력을 유지해 가기 위해 아무런 대안도 없이 정부를 강화도(江華島)에 옮겨 가는 탓에 국민들의 생명이 몽골군의 칼날에 잃어버렸다. 이러한 현실을 목격한 일연은 참선(參禅) 같은 것으로는 그 문제를 해결할 수 없다고 생각해, 우리 민족의 주체에 대해 고뇌했다. 우리 민족이 영원히 살아갈 수 있게 하는 방법에 대해 깊게 생각한 것이다. 그 결과 이 책을 쓰게 되었던 것이다. (일연(一然) 저·박성규 역 『삼국유사(三國遺事)』서정시학, 2009, pp.19~23)

45 「13경」(十三經)은 『시경』(詩經)·『서경』(書經)·『주역』(周易)·『춘추』(春秋)·『춘추고양전』(春秋公羊傳)·『춘추곡량전』(春秋公羊傳)·『춘추좌전』(春秋左傳)·『예기』(禮記)·『의예』(儀禮)·『주례』(周禮)·『논어』(論語)·『맹자』(孟子)·『효경』(孝經)·『이아』(爾雅)이다.

46 『전국책』(戰國策)은 유향(劉向, 79~8경, BC)의 작으로 알려져 있는데, 그것의 저자에 대한 논쟁도 만만치 않다. 무명씨설, 유향을 중심으로 여러 사람의 참여설, 종횡가를 배운 사람의 저작설, 유향(劉向) 일가의 학문설 등으로 아직도 그 논쟁이 끊이지 않는다.

47 이춘식(1986) 『中國古代史의 展開』, 藝文出版社, p.96

48 라이오넬 카슨(Lionel Casson) 저·김양진 외 역(2003) 『고대도서관의 역사』, 르네상스, p.70

49 인도·유럽어족의 언어를 사용하던 이오나아계의 그리스인들이 발칸반도에 들어간 것은 메소포타미아와 소아시아지역으로부터의 청동기문명의 서진이라는 분위기를 타고 기원전 2000기(紀) 초였던 것으로 파악된다. 그들은 발칸반도의 남단에 위치한 펠로포네소스 반도까지 남하하였다. 그들은 그곳에서 소아시아지역으로부터 전래된 크래타섬의 청동기문명을 받아들여 기원전 15세기경에 미케네 청동기 문화를 꽃피웠다. 그러나 기원전 12세기경부터 북쪽으로부터 철기문화를 지닌 도리아인이 남하해옴에 따라 미케네청동기문화의 이오이아 인들의 일부는 미케네지역에서 에게해를 건너 소아시아지역으로 이주해갔다. 그러한 상황 속에서 트로이전쟁이 일어났던 것으로 추정되고 있다. 그 후 그리스 본토에서는 기원전 9~8세기부터 이오니아인들이 아테네를 중심으로 해서 , 또 발칸반도로 남하한 도리아인들의 경우는 미케네지역 근처의 스파르타를 중심으로 해서 도시국가들을 형성시켜나갔던 것이다.[헨리·C·보런저 저·이석우역, 『서양고대사』, 탐구당, 1983, pp.139~158]

50 그 근본 사상은 만유의 근본원리를 탐구하여 대우주의 본체인 브라만(Brahman: 梵)과 개인의 본질인 아트만(Atman: 我)이 일체라고 하는 범아일여(梵我一如)의 사상으로 관념론적 일원철학이라고 할 수 있다 그것은 기원후 3세기에 와서 완성되어, 당시 성립되어 나왔던 힌두교의 사상적 기반으로 자리 잡게 된다.

51 메소포타미아지역에서는 기원전 8500년경부터 천수(天水)로 밀과 보리가 재배되기 시작되었고, 기원전 6000년경에 와서는 남부의 우바이드 등에서 관개(灌漑)농경이 시작되었다. 수메르인이 그 지역에 북쪽과 동쪽으로부터 메소포타지역에 침입해 들어간 것은 기원전 4000년경으로 파악되고 있다. 그들은 기원전 3800년경에 와서 현재 발견된 최고(最古)의 신전이 세워졌다. 3400년경부터 도시들이 세워지기 시작되었고, 기원전 3300년경부터 그 지역의 남부 우르

크에서 그림문자를 사용하기 시작했다. 그러한 과정에서 서남쪽으로부터 기원전 3200년경에 셈족계의 아카드인이 메소포타미아지역으로 침입해 들어가 기원전 2800년경에 가서 그 지역의 주도적 세력으로 군림해 가게 된다. 기원전 2600년경에 와서는 우르 제1왕조가 성립되었고, 기원전 2360년경에 와서는 수메르인의 도시 움마의 루갈자기시가 메소포타미아지역을 통일했다. 그로부터 약 25년 후인 기원전 2325에는 아카드인의 사라곤이 아카드왕조를 건설해 바빌로니아지방을 제압해 갔었는데, 그로부터 2세기 후인 2150년경에 가서는 수메르 계의 우르왕 우르남무가 우르 제3왕조를 건설했다. 이러한 과정에서 기원전 3000년경에 일어났던 사건이 아카드어로 기록되어 나왔던 것이다.[N.K. 샌다즈, 「『길가메시 서사시』의 영웅서사시적 가치」, N.K. 샌다즈 편 · 이 현주 역『길가메시 서사시』, 범우사, 2009, pp.117~179]

52 서구인들은 성서의 대홍수 이야기가 구약성경을 편집한 헤브라이인들의 독창물이라 생각해 왔다. 그러나 영국 박물관의 조지 스미스가 1872년 11월에 새로 조직된 성서고고학협회에서 『칼데아의 홍수 설화』를 발표함으로써 성서의 대홍수 설화가 바빌로니아의 설화에서 나왔다고 알려졌는데, 그것에 이어 1889년 존 퍼넷 피터즈(John Punnet Peters)의 인솔하에 펜실베니아대학 의 고고학 발굴 팀에 의해 니푸르 등에서 수메르어로 쓰인 가장 오래된 『길가메시 서사시』의 원형이 발견되어 대홍수의 설화가 수메르에 기원을 두고 있다는 사실이 드러나게 되었다.[[N.K. 샌다즈, 「『길가메시 서사시』의 영웅서사시적 가치」, N.K. 샌다즈 편 · 이 현주 역『길가메시 서사시』, 범우사, 2009. p.124]

53 메소포타미아의 『길가메시 서사시』가 소아시아의 히타이트인들에게 알려진 것은 소아시아와 메소포타미아의 사이 있는 미타니왕국(아리안으로도 읽혀질 가능성이 있다고하는 후르리 왕국의 별칭)을 통해서였다.[제카리아 시친 저 · 이 근영 역『수메르, 혹은 신들의 고향 1』, 이른 아침 2007, p.116]

54 타국으로 끌려간 전쟁포로들은 자신들의 언어와 다른 언어를 쓰는 자기들의 관리자들에게 자신들의 감정이나 생각들을 언어로는 전달할 수가 없다. 그래서 전승국 백성들의 노예들이 된 그들은 타악기나 관악기 혹은 자신들의 목소리를 전달할 수밖에 없었다. 노예들이 자기들의 관리자들에게 각종의 소리들로 자신들의 감정과 생각들을 표현해가는 과정에서 음악예술이 탄생하게 되었고, 가사가 동반된 노래가 불리는 과정에서 시 내지 서사시 등과 같은 문학예술이 성립되어 나오게 되었던 것이다. 이와 같이 고대문학의 성립은 노예제도의 출현과 깊게 관련되어 있는 것이다. 고대에서의 서정시들이 노예들이나 피지배자들의 입장에서 읊어진 것들이라고 말해볼 수 있다면 서사시의 경우는 노예주와 지배자 계급의 입장에서 읊어진 것이라 말해볼 수 있다. 역사가 지배계급을 말하는 것이라고 한다면 우화는 피지배계급의 입장에서 말하는 것이라고 할 수 있다.

제3장 요하문명과 고조선의 실체

1 나카 미치요시는 그의 유고집(遺稿集) 『那珂 道世遺書』(1915)속의 「第八章朝鮮 樂浪帶方考」에서 "檀君의 이름을 王儉이라 한 것은 평양의 舊名인 王險의 險字를 人爲로 고친 것"이라는 지적을 통해 단군신화의 인위성을 지적해냄으로써 단군신화의 역사적 사실에 대한 부정적 입장을 처음으로 제시하기 시작했던 것이다.[육당 최남선 전집 5 권, 영락, 2003, p.35] 그의 그러한 입장은 1904년 도쿄제대에 동양사학과를 신설한 그의 제자 시라토리 구라키치(白鳥庫吉, 1865~1942)에게로 이어졌다.

2 최남선, 1926, 2, 11~12, 동아일보

3 조법종(2010) 「단군과 고조선」, 김정배 편저 [증보]『한국고대사입문』, 신서원, p.221

4 우실하(2007) 『동북공정 너머 요하문명론』, 소나무, pp.266~267

5 이종호・이형석(2009)『고조선, 신화에서 역사로』, 우리책, p.57

6 상동서, p.80

7 정수일(2001)『고대문명교류사』, 사계절, p. 50

8 이종호・이형석(2009)『고조선, 신화에서 역사로』, 우리책, p.60

9 우실하(2007)『동북공정 너머 요하문명론』, 소나무, p.125

10 궈다순・장싱더(2008)『동북문화와 유연문명 상』, 동북문화재단, p.546

11 소병기는 고대국가의 성립과 전개를「고국(古國)-방국(方國)-제국(帝國)」을 파악하고, 고국은 홍산문화의 제단・여신묘・적석총 등이 형성된 기원전 4000~3000년경, 방국은 하가점하층 청동문화가 형성된 기원전 2000년경, 진시황이 갈석궁(碣石宮) 등이 축조된 기원전 200년경으로 규정했다.[궈다순・장싱더(2008)『동북문화와 유연문명 상』, 동북문화재단, p.367]

12 몰로딘(I.V. Molodin)(1995)「청동기시대」,『알타이문명전』, 국립중앙박물관, p.40

13 복기대(2002)『요서지역의 청동기시대 문화연구』, 백산자료원, p.67

14 遼寧省博物館編(2009)『遼河文明』,遼寧人民出版社, pp.36~37

15 복기대(2002)『요서지역의 청동기시대 문화연구』,백산자료원, p.67

16 정범진 외 역(2005)『사마천시기 1:史記本紀』,까치, p.19

17 이춘식(1996)『중국고대사의 전개』, 예문출판사, pp.27~28

18 韓建業(2007)『新疆の青銅器時代和早期鐵器時代文化』, 文物出版社, pp.7~8

19 이「아사달」의 문제는 졸고「일본의『고사기』신화와 메소포타미아의 수메르신화」(『일본문화연구40집』, 2011.10)의 제2장 제3절「요하문명과 단군신화」부분에서도 다루어져 있음.

20 김정배(2010)『고조선에 대한 새로운 해석』, 고려대 민족문화연구원, p.513

21 김정배 편저(2010)『[증보]한국고대사 입문』, 신서원, p.35

22 김정배(2010)『고조선에 대한 새로운 해석』, 고려대 민족문화연구원, p.324

23 궈다순・장싱더(2008)『동북문화와 유연문명 상』, 동북문화재단, p.546 / 복기대(2002)『요서지역의 청동기시대 문화연구』, 백산자료원, p.68

24 佐原眞(1980)「農業の 開始と 階級社會の 形成」,『岩波講座 日本歷史 1』, 岩波書店、p.119

25 손진기 저・임동석 역(1992)『동북민족원류』, 동문선, p.222

26 靳楓毅(1982)「論中國東北地區含曲刃青銅短劍の文化遺存」,『考古學報』

27 손진기 저・임동석 역(1992)『동북민족원류』, 동문선, p.235

28 상동서, p.235

29 상동서, pp.86~87

30 近藤春雄(1997)『中國學藝大事典』、大修館書店、p.131

31 손진기 저・임동석 역(1992)『동북민족원류』, 동문선, p.87

32 상동서, p.227・p.236

33 박대재(2010)「箕子 관련 商周青銅器 銘文과 箕子東來說」,『先史와 古代 32』, 한국고대학회, p.143

34 손진기 저・임동석 역(1992)『동북민족원류』, 동문선, p.87

35 李鮮馥 外『韓民族의 起源과 形成(上)』,小花,1997, p.79

36 오노 야스마로(太安万呂) 저・권오엽 외 역(2007)『고사기 상』(古事記 上), 고즈윈, pp.308~309

37 岡正雄(1979)『異人その他』, 三陽社, p.43

38 궈다순 · 장싱더(2008),『동북문화와 유연문명 상』, 동북문화재단, p.381

39 상동서, p.410

40 상동서, p.378

41 상동서, p.416

42 손진기 저 · 임동석 역(1992)『동북민족원류』, 동문선, p.222

43 정범진외 역(1995)『사마천 사기 6 : 史記列傳 中』, 까치, p.801

44 후한 반고(반고 : 32~92)의『한서지리지』(漢書地理志)에 의하면, 현도군은 고구려현(高句麗縣) · 상은태현(上殷台縣) · 서개마현(西蓋馬縣)으로 되어 있다. 고구려이다. 왕망 때는 하구려(下句麗)라 했다. 유주에 속해 있었다. 응소는 옛날의 진번(眞番)이고 조선호국(朝鮮胡國)이라했다.

45 흉노제국의 최대의 판도는 묵돌선우대(209~174, BC)였다. 당시 그 판도는 동으로는 만주지역(熱河 : 灤河) 북으로는 바이칼 호 · 예니세이강, 서로는 아랄해(동 투르키스탄), 남으로는 위수(渭水) · 오르도스 · 티벳 고원까지였다. 『사기』의「흉노열전」에는 묵돌시대에 "모든 좌방(左方)의 왕과 장(將)들은 동쪽에 살며 상곡군에서부터 동쪽을 맡아 예맥(濊貊)과 조선(朝鮮)에 접해 있었다."라는 기록이 있다 [정범진외 역『사마천 사기 6 : 史記列傳 中』, 까치, 1995, p.805]. 이어서 그「흉노열전」의「오유선우 대」(114~105, BC)에 대한 기술부분에는 "한나라는 양신(楊信)을 흉노에 사신으로 보냈다. 당시 한나라는 동쪽으로는 예맥(濊貊), 조선(朝鮮)을 정복하고 이를 몇 개의 군으로 만들었고, 서쪽으로는 주천군(酒泉郡)을 두어 흉노와 강(羌)과의 통로를 끊고 있었다"[상동서, p.827]라는 문장도 발견된다.

46 김언종,『한자의 뿌리 2』, 문학동네, 2001, pp.986-987.「韓國」

47 윤내현(1999)『고조선-우리의 미래가 보인다』, 민음사, p.306

48 천관우(1991)『古朝鮮史 · 三韓史 研究』, 일조각, p.134

49 윤내현(1998)『고조선-우리의 미래가 보인다』, 민음사, p.312

제4장 고대 알타이문명과 일본 천황가

1 한 · 중 · 일 삼국의 어떤 학계에서도 사실상 고대 알타이문명과 고대 천황가와의 관련성 고찰과 같은 연구는 아직 행해져 오지 않았다. 그 이유는 우선 고고학 · 언어학 · 역사학 · 지리학 · 민속 · 민족학 · 신화학 등과 같은 여러 학문분야가 동원되어야 하고, 또 고대 유라시아대륙의 알타이지역 · 중국의 동북지역 · 한반도 · 일본 등과 같은 각 지역의 문화적 교류양상들에 대한 폭넓은 전문적 지식과 그러한 상이한 문화권들을 하나의 차원에서 바라볼 수 있는 퍼스펙티브가 요구되기 때문이다. 따라서 지금까지의 이러한 주제의 연구는 사실상 연구 주제가 한층 더 세분되어 각 연구 분야와 각 연구대상의 전문가들에 의해 독자적으로 행해진 후에 그것들의 결과가 종합될 수밖에 없었다. 한마디로 말해, 본 주제와 같은 연구는 공동연구의 형태를 취해 행해질 수밖에 없었다. 그런데 문제는 그것이 공동연구의 형태를 취할 경우 누가 그것의 각 연구대상에 대한 연구 성과를 종합해 내느냐의 것이다. 왜냐하면 그 연구 주제와 연구 대상에 대해 어떠한 견해를 가지고 있느냐에 따라서 그 연구 성과가 달리 엮일 수 있고 또 달리 정리될 수 있기 때문이다. 본 연구에서 필자는 본 연구 주제와 이것과 관련된 각 연구대상들에 대한 하나의 일관된 입장을 가지고 본 연구를 구성하는 각 연구대상들에 대한 연구 성과물을 종합해 낸다는 역할을 맡는다는 입장을 취한다. 이 경우 나의 일관된 입장이란 중앙아시아의 고대 알타이문명이 어떤 경로를 통해 어떤 식으로 일본열도에 전파되어나가 어떠한 식으로 천황가

를 형성시켜냈는가에 대한 문제를 규명해 내기 위해 취한 입장으로 규정될 수 있다.

2 람스테트(G.J.Ramstedt, 1873~1950) 스웨덴어를 사용하는 핀란드 언어학자. 알타이어 전공. 몽고에서 몽고어 전공. 일본에서 핀란드 공사로 1920~1929년 사이에 체류. 도교제국대학에서 알타이어 강의. 민속학자 야나기타 구니오(柳田国男, 1875~1962) 언어학자 오구라 심페이(小倉進平、1882~1944) 등에 영향을 끼침

3 포페(N.Poppe, 1897~1991) 러시아 의 몽골 알타이어학자. 1920년부터 현대동방연구소, 레닌그라드 대학 등에서 몽골어 알타이어 등을 가르침

4 工藤進(2005)『日本語はどこから生まれたか―「日本語」・「インド＝ヨーロッパ語」同一起源説』ＫＫＫベストセラ

5 아바에브 N. Abaev N. Viacheslavovich(2004)『고구려발해연구』제18집, 고구려발해학회, pp.796~807

6 牛汝极(2003)『阿尔泰文明与人文西域』新疆大学出版社, p.7

7 현재 언어학계에서 말하는 알타이어족은 투르크 제어(turk 諸語)・몽골어・퉁구스어로 3분된다. 이렇게 3분화되는 것은 당시 돌궐제국의 판도가 흑해와 카스피 해 북안의 초원지대, 몽골고원, 알타이지역, 바이칼지역 등에 이르렀기 때문이었다. 한국어와 일본어가 알타이어의 특성을 지니고 있음에도 불구하고 알타이어족에 포함되지 않는 것은 설혹 그것들이 몽골지역, 알타이지역, 바이칼지역의 종족들의 언어와의 관계 속에서 형성되었는데도 불구하고 한국민족과 일본민족이 돌궐제국의 성립이전에 성립되어 있었다는 입장에 기초한 것이다.

8 톰센(Christan J.Thomsen, 1788~1865)의 석기・청동기・철기시대라고 하는 삼분법에 기초해 청동기시대를 동기시대와 청동기시대로 양분해 파악한다는 입장에서 취해진 것이다.

9 정석배(2004)『북방유라시아대륙의 청동기문화』학연문화사, p.41

10 小松久男(2005)『中央ユーラシア史』山川出版社, pp.16~17

11 상동서, p.17

12 몰로딘(V.I. Molodin)(1995)「청동기시대」『우리의 뿌리를 찾아서－알타이문명전』국립중앙박물관, pp.400~404

13 E. A. 노브고로도바 저・이재정 역 (2005)『동북아시아와 카라수크문화』고구려연구재단, p.38

14 田中裕子(2007)「中央ユーラシア東部における初期の鉄器受容と展開」『史観』(156) 早稲田大学史学会, p.51

15 加藤晋平監修(1989)『アルタイ・シベリア歴史民族資料集成』p.79

16 臼杵勲(2004)『鉄器時代の東北アジア』同成社, p.34

17 손진기(孫進己)저 임동석 역(1992)『東北民族源流』동문선, p.87 p.223

18 김정배(2010)『고조선에 대한 새로운 해석』고려대학교 민족문화연구원, p.75

19 小松久男(2005)『中央ユーラシア史』山川出版社, pp.28~29

20 상동서, p.35

21 田中裕子(2010)「南シベリアにおける初期の鉄器受容と展開」早稲田大学大学院研究科紀要　第4分冊, 早稲田大学大学院文学研究科, pp.87~92

22 예(穢)와 맥(貊)은 서주시대의 사서(史書)에 나타나 있고(『逸周書』의「王會篇」,『詩經』의「韓奕」등), 예맥은『管子』의「小匡篇」등에 처음으로 나타난다.[孫進己著・林東錫譯『東北民族源流』東文選, 1992, p.218] 숙신은『山海經』등에 나타나 있다.[동서,313]

23 김정배(2010)『고조선에 대한 새로운 해석』고려대학교 민족문화연구원, p.75

24 궈다순(郭大順)·장싱더(張星德)지음·김정열 옮김(2008)『동북문화와유연문명 하』동북아역사재단, p.893

25 손진기(孫進己)저 임동석 역(1992)『東北民族源流』동문선, p.87

26 김정배(2010)『고조선에 대한 새로운 해석』고려대학교 민족문화연구원, p.305

27 상동서, p.448

28 護雅夫(1967)『古代 トルコ民族史硏究(第一編)』山川出版社, p.14

29 상동서, p.305

30 『三國志』「魏志東夷傳 馬韓 條」

31 『史記』, 『漢書』 등

32 이기문(1988)(1988), 「安自山의 國語 硏究」, 『周時經學報 2.』, p.30

33 「김당의 어머니는 남인데, 그가 곧 망의 어머니이다(當母南卽莽母)」라는 기록을 봐서 당시 투후 벼슬을 가지고 있던 김당과 왕망은 동복형제로 추정된다.(『漢書』의 「金日磾傳」)

34 김옥(2004)『흉노 그 잊혀진 이야기』교우사, pp.305~314

35 상동서, p.265

36 김일제는 한무제에게 넘겨져 기마를 사육하는 일에 종사했는데, 그의 행동거지가 남달라 한무제의 눈에 들어 한무제는 그가 알타이(金)지역 출신이라는 점이 고려되어 금(金)이란 성을 하사했다(『漢書』의 「金日磾傳」).

37 고고학자이자 동양사학자 에가미 나미오(江上波夫, 1906~2002)의 「기마민족일본정복설」은 고대일본국가의 최초의 정부, 야마토조정(大和朝廷)이 북방계 기마민족이 왜인(倭人)을 정복하고 확립시킨 정부를 기원으로 해서 설립되었다고 것이다. 이 학설의 요지는 일본의 천황가가 북방계의 기마민족의 출신이었다고 하는 것이다. 이 학설은 에가미 나미오가 1948년 5월 관련 분야의 연구자들과 행한 좌담회에서 행한 내용을 그 다음해 2월 「일본민족 = 문화의 원류와 일본 국가의 형성 특집호」이라는 제목으로 협회 기관지『민족학연구』(13권 제3호)에 게재함으로써 발표되었다. 그 후 이 학설은 수정, 보완되어『기마민족국가』라는 제목으로 1967년에 단행본으로 출판 발표되었다. 그는 그 후에도 줄기차게 자신의 학설의 논거들을 찾아나갔다. 도도메 가즈미(留目 和美, 1929~1995)는 에가미 나미오의 서문이 첨부된 그의 유고집에서 「기마민족 일본정복설」을 다음과 같이 요약하고 있다. 「4세기 전반 일종의 반렵반농(半獵半農)적 기마민족이 조선반도로 남하해 조선 남부를 일시에 지배했다. 그 후 가야의 왜인 지역에 근거를 만들고, 그 다음 규슈(九州)로 건너가 왜인을 정복하고 채 1세기가 되지 않는 시점에서 당시 일본의 중심지였던 야마토(大和) 지역에 왕조를 수립했다. 그 기마민족의 중심세력이 천황가(天皇家)이다. 전기 고분의 거울·그릇이라든가 검(劍)·옥(玉) 등의 주술적 부장품은 그대로 야요이(弥生)시대의 연장이고, 후기는 일본 국가형성시기로서 무기라든가 마구(馬具) 식기 등의 실용품이 부장되어 있는 것은 대륙 북방계의 기마민족문화일 수밖에 없는 것이다.」〔留目 和美『騎馬民族のきた道』, 刀水書房、1996,p.14〕

38 이종선은 『고신라왕릉연구』(학연문화사, 2000, p.118)에서 황남대총남분(皇南大塚南墳)의 건립시기를 402년으로 파악하고 그 고분을 내물마립간의 것으로 보았다. 또 그는 천마총의 건립시기를 500년으로 보았고 그 고본을 조지(照知) 마립간의 것으로 보았다. 이들 고분들로부터 출토된 금관을 비롯한 부장품들이 북방기마민족들의 고분에서 나온 것들과 2여러 면에서 동일하다는 입장을 제시하고 있다.

39 최광식, 『실크로드와 한국문화』, 나남, 2013.p.10

40 가야 7개국은 369년 백제 장군 목라근자(木羅斤資)에 의해 평정되어 그 후 그와 그의 아들

목만치(木滿致) 일파에 의해 관리되었던 것으로 이야기되고 있다.[김현구『임나일본부설은 허구인가』(창비, 2010), p.96]

41 김현구(2010)『임나일본부설은 허구인가』창비, p.130

42 江上波夫(1994)『騎馬民族国家』中公文庫, p.227

43 禰津正志(1973)『天皇家の歴史(上)』三陽社, p.35

44 江上波夫(1994)『騎馬民族国家』中公文庫, p.226

제3부 요하문명과 황하문명

제1장 요하문명과 황하문명과의 관련 양상

1 김채수(2012a)「고대 메소포타미아문명과 고조선」『동북아문화연구(제11집)』동북아시아문화학회, pp.149~151

2 김채수(2010b)「고대 동아시아 삼국의 서역과의 관련성에 관한 고찰」『동북아문화연구(제24집)』동북아시아문화학회, pp.432~433

3 나가사와 가즈토시(長沢和俊) 저·민병훈 역(1990)『東西文化의 交流』民族文化社, p.27

4 Samuel Noah Kramer(1963) The Sumerians, Chicago & London, the University of Chicago press, pp.70~79

5 de Lacouperie(1966) Western Origin of the Early Chinese Civilisation, Osnabruck Otto Zeller, p.14

6 유라시아 초원지대에서의 기마 전술을 지닌 유목민족의 기동력은 철기 문화의 전파를 촉진시켰다. 중국으로의 철기 문화의 전파는 서주시대(西周時代, 1122~770, BC)였던 것으로 고찰되는데, 그 흔적은 큰 도끼의 날로 사용되었던 단철(鍛鐵)의 예가 2~3곳에서 발견되고 있다. 그러나 그것의 본격적 사용은 춘추시대(771~403, BC)였던 것으로 고찰된다. 그 때에 가서야 주철(무쇠)로 농기구라던가 공구(工具)를 만들게 되었던 것이다.

7 김채수(2012b)「고대 알타이문명과 일본천황가」『일본문화연구(42집)』동아시아일본학회 pp.111~112

8 김정배(2010)「내몽고 극심극등기 각노여자(閣老營子) 암각화」『'고조선'에 대한 새로운 해석』고려대 민족문화연구원, p.284

9 복기대(2010)『요서의 청동기시대문화연구』백산자료원, p.87

10 궈다순(郭大順)·장싱더(張星德) 저·김정열 역(2008)『동북문명과 유연문명 상』동북아역사재단, p.347

11 상동서, p.545

12 상동서, p.602

13 상동서, p.229

14 이춘식(1987)『中國古代史의 展開』예문출판사, p.25

15 궈다순(郭大順)·장싱더(張星德) 저·김정열 역(2008)『동북문명과 유연문명 상』동북아역사재단, p.525

16 상동서, p.417

17 상동서, p.229

18 司馬遷『史記本紀』「五帝本紀 第1」

19 『山海經』「大荒北經」

20 권다순 주편 · 동북아역사재단 번역(2007)『紅山文化』동북아역사재단, p.240

21 遼寧省博物館 編(2009)『走進遼河文明』遼寧人民出版社, p.37

22 『山海經』, 「大荒西經」, "黃帝之孫曰始均,始均生白狄"

23 권다순 주편 · 동북아역사재단 번역(2007)『紅山文化』동북아역사재단, p.230

24 司馬遷, 『史記本紀』「夏本紀」第2.

25 궈다순(郭大順) · 장싱더(張星德) 저 · 김정열 역(2008)『동북문명과 유연문명 상』동북아역사재단, p.416

26 de Lacouperie(1966) *Western Origin of the Early Chinese Civilisation*, Osnabruck Otto Zeller, p.14

27 상동서

28 한족의 기원이 아파나세보 청동기문화의 주역으로부터 유래되었다는 설도 있다. 흑해와 카스피 해 북부에 펼쳐진 초원지대로부터 동쪽으로 나가면 산악지대가 나오는데 그 첫 번째 산악지대가 바로 알타이 산악지대이다. 두 번째 산악지대는 그것보다 북쪽에 위치한 사얀산악지대이다. 흑 해동안과 카스피해 서안 사이에 위치한 코카서스 지역 일대의 청동기문화가 흑해 북안과 카스피해 북안 · 동안 등의 초원 지대를 통해 동북쪽의 알타이지역으로 전파되어 이 지역의 입구에서 기원전 3500년경에 아파나세보(Afanasevo)문화가 형성되어 나왔다. 아파나세보문화(초기 청동기문화)가 전파된 지역은 흑해 북쪽과 코카서스산맥 북쪽지역, 파미르고원 지역, 오비강 상류의 알타이 산악지역, 에니세이강 상류의 사얀산악지대 북쪽 입구에 위치한 미누신스크 지역 등이다. 이 문화를 일으킨 주역들은 유럽어를 구사했던 민족으로 고찰되고 있는데, 이 문화를 일으킨 민족의 일파가 중앙아시아로 남하하여 한(漢)족의 원류를 이루게 되었다는 설도 제기되고 있다. 그 증거 중의 하나가 9세기 중앙아시아의 타림분지에서 행해졌던 토카리아어, 현재 SVO를 구사하는 투르판인(Turfanian), 위구르인 등이 될 수 있다.

29 김채수(2010a)「알타이어 · 인구어 · 중국어의 관련성 고찰」『일본어교육(제53집)』한국일본어교육학회, pp.175~176

30 김채수(2011)「일본의『고사기』(古事記)신화와 메소포타미아의 수메르신화」『일본문화연구(제40집)』동아시아일본학회, p.161

31 김정배(2006)『한국고대사 입문』신서원, pp.344~394

32 복기대(2002)『요서의 청동기시대문화연구』백산자료원, p.90

33 상동서, p.69

34 상동서, p.98

35 상동서, p.87

36 孫進己 著 · 林東錫 譯(1992)『東北民族源流』東文選, 1992, p.84

37 상동서, p.86

38 상동서, p.222

39 궈다순(郭大順) · 장싱더(張星德) 저 · 김정열 역(2008)『동북문명과 유연문명 상』동북아역사재단, p.408

40 복기대(2002)『요서의 청동기시대문화연구』백산자료원, p.180

41 김정배(2010)「내몽고 극심극등기 각노여자(閣老營子) 암각화」『'고조선'에 대한 새로운 해석』고려대 민족문화연구원, pp.501~502

1 예컨대, 「일본 요코하마(橫浜)시는 올해 4월 정부 검정을 통과한 역사 왜곡 중학교 교과서를 채택했다. 교도(共同)통신 등 일본 언론에 따르면 가나가와(神奈川)현 요코하마시 교육위원회는 4일 일제 침략 역사 왜곡에 앞장서 온 '새로운 역사 교과서를 만드는 모임'(새역모)이 주도해 지유샤(自由社)가 발행한 중학교 역사교과서를 시내 18개구 가운데 8개구 시립중학교에서 내년부터 2년간 사용하기로 결정했다. 일본의 지방 교육위원회가 지유샤(自由社)의 역사교과서 사용을 결정한 것은 처음이다. 이에 따라 요코하마의 145개 시립 중학교 가운데 71곳의 약 3만 9000명이 이 교과서를 배우게 된다.」(「중앙일보」 8월5일 23면)

2 徐興慶 編(2009) 『東亞知識人對近代性的思考』 臺大出版中心 p. xxii.

3 新しい歷史教科書をつくる會 編(1998) 『新しい歷史教科書を「作る会」という運動がある』 扶桑社 pp.6~9

4 藤岡信勝(1996) 『汚辱の近現代史』 德間書店, pp.266~267

5 상동서, p.4

6 상동서, p.4

7 상동서, p.78

8 상동서, p.51

9 상동서, p.51

10 상동서, p.57

11 상동서, p.55

12 상동서, p.57

13 상동서, p.4

14 상동서, p.60

15 司馬遼太郎(1982) 『日本の朝鮮文化』 座談集, 中央公論社, p.10

16 NHK [街道をゆく] プロジェクト(1998) 『司馬遼太郎の風景』 日本放送出版協會, p.205

17 상동서

18 상동서

19 상동서

20 범 슬라브주의를 불러 일으킨 대표적 지식인들은 모스크와 대학 교수 마크하일 P. 포고진 (Mikhail P.Pogodin, 1800~75), 『러시아와 유럽』(1869)의 저자 니콜라이 야 다니레비스키 (Nikolai Ya. Danileviskii, 1822~85) 등이다. 포고진은 러시아 지도하의 제슬라브민족의 통일이 야말로 러시아의 사명이라 주장했고, 다니레비스키의 책은 당시 범 슬라브주의의 바이블이 되었다. 이 범 슬라브주의는 러·터전쟁(러시아·터키 전쟁, 1877~1878) 때, 러시아정부에 의해 전쟁을 정당화시키기 위한 이론적 근거로 이용되었다.[下中弘 編 (1995) 『世界大百科事典 23』, 平凡社, p.248]

21 NHK [街道をゆく] プロジェクト(1998) 『司馬遼太郎の風景』 日本放送出版協會, p.205

22 「自由党」 機關誌, 自由新聞(1884年9月30日~10月4日), 「国權擴張論」

23 竹內好 編集·解說(1971) 『アジア主義』 筑摩書房, p.56.

24 중국의 고고학자이자 역사학자 윤달(尹達, 1906~1983)은 그의 저서『중국신석기 시대』(1955)에서 적봉지역에 출토된 신석기 시대 문화를 황허강 유역의 앙소문화에 대응시켜 홍산(紅山)문

화라 이름 붙였다. 그런데, 홍산문화는 2002년 이후 행해진 소위 중국의 동북공정을 통해 요하 문명(療河文明)으로 부상해 나왔다. 중국인들과 한국인들은 요하문명을 자신들의 민족문화의 시원으로 생각하고 있다. [이종호 · 이형석(2009)『고조선, 신화에서 역사로』우리책, pp.86~88]

25 우실하(2007)『동북공정 너머 요하문명론』소나무, p.165

26 左久間象山.(1971)「海防に関する藩主宛上書」『日本思想大系』岩波書店, p.269

27 호사카 유지(2007)「요시다 쇼인(吉田松陰)과 메이지 정부의 대한(對韓)정책」『일본우익사상의 기저 연구』보고사, p.192

28 司馬遼太郎(1990)『対談集東と西』朝日新聞社, p.27

29 吉田松陰(1971)「兄衫梅太郎宛書簡」『日本思想大』系,55, 岩波書店, p.171

30 상동서, p.171

31 고대 중국에서의 지식인 집단이라 할 수 있는 사인(士人)계층의 출현은 춘추시대(770~453, BC) 의 초기에 주철(鑄鐵)로 농업기구라든가 공구(工具)가 제작되기 시작되었던 시점에서였던 것 으로 고찰된다. 철기의 사용을 계기로 농업과 상공업 혁명이 일어나게 되었고, 그러한 사회적 변화로 인해 상인계층과 공인계층이 형성되어 나왔다. 상공업에 종사하는 사람들은 기존의 씨족이나 부족 사회 혹은 그러한 사회를 기초로 해서 형성된 봉건 사회의 혈연적 관계를 무시 하고 이해(利害)관계나 능력 내지 능률 중심적 사고를 행해가는 자들이다. 이러한 상공업계층 의 인간들 중에는 농업, 수공업, 상업 등의 단순한 생산업에 종사해 가는 것에 만족하지 않고 개인의 노력과 교육을 통해 학식과 학벌을 연마하여 관리로서 임관(任官) 출세해 보겠다는 인간들이 있었다. 바로 그러한 부류의 인간들이 고대 사회에서의 교육과 학문을 담당해 갔던 사인계층을 형성해 갔던 것이다. [이춘식(1992)『중국사서설』교보문고, p. 85 참고]

32 춘추시대에는 "존왕"과 "양이"가 직결되어 쓰이지는 않았다. 그것들이 직결된 것은 송(宋)대의 학자들에 의해서였다, 그 당시 직결된 상태의 "존왕양이"에서의 "존왕"의 의미는 "제후(諸侯) 또는 패자(覇者)를 배척해야 된다는 의미이고,"양이"의 의미는 "중화를 존중해야 한다"는 말이 었다. 이 성어는 에도시대 일본에 들어와 바쿠후 말 일본의 존왕양이 사상의 형성에 절대적 영향을 끼쳤다.[下中弘, 編(1985)『アジア歴史事典 5』, 平凡社, p.410]

33 일본에서 「존왕양이」가 최초로 쓰인 것은 후지타 도코(藤田東湖)가 초고(草稿)하고 미토번(水 戸藩)의 제9대 번(藩)주 도쿠가와 나리아키(德川斉昭)가 찬한, 한교(藩校) 홍도관(弘道館, 1841 년 개관)의 건학취지를 나타낸 「홍도관기」(弘道館記, 1938)와 그것에 대한 후지타 도코(藤田東 湖)의 주석서인『弘道館記述義』(1847)이다.[下中弘, 編(1995)『日本史大事典 第3巻』平凡社, p.133]

34 NHK出版編(1998)『司馬遼太郎について』日本放送出版協會, p.15

35 이언 F.맥닐리 · 리사울버튼(2009)『지식의 재탄생』채세진 역, 살림, p.8

36 일본은 지난 8월 30일(2009년) 중의원 선거에서 압승한 민주당 대표 하토야마 유키오(旭山由紀 夫)를 제 93대 수상으로 지명해 지난 9월 하토야마 정부를 출범시켰다. 하토야마 정부는 민주 당의 실권을 장악하고 있는 오자와 이치로(小沢一郎)의 정치적 기반 위에 세워진 정부라해도 과언이 아니다. 일본국민들에게 글로벌시대의 도래를 실감케 했던 걸프전과 소련소멸 직후 오자와 이치로는 "강한 일본"을 만들어야 한다는 정치적 신조를 가지고 1993년 4월에 자민당 을 탈당했다. 그 후 10년이 지난 2003년에 가서는 자신이 대표직을 맡고 있던 자유당과 하토야 마의 민주당을 합당시켜 현재의 새로운 민주당을 출범시켰다. 그 결과 10년 만에 지난 8월 총선에서 압승이라는 결실을 맺게 됐던 것이다. 오자와의 일본정치에 대한 기본적 입장은 우선 일본이 다른 나라들의 다. 그 국방력을 보유하는 "보통국가"가 되어야 한다는 입장이다. 또 그는 유일한 국제평화기구인 유엔을 중심으로 일본의 국제적 평화활동이월에 자민겨저 한다는 입장을 주장해 왔다. 그는 다른 진보주의 정치가들 본 정치 다른 또 하나의 정치적

입장을 취해 왔다. 그것은 천황에 대한 입장이다. 현재 일본의 헌법 제1장 제1조는 "천황은 일본국의 상징이고, 일본국민 총합의 상징이며, 그 지위는 주권을 갖은 일본국민의 총의에 근거대표직"로 되어있다. 그는 이 말의 내용에 대해 적극적 입장을 취해 그의 「헌법개정론」에서 "일본의 국가원수가 천황이라는 것은 의심할 의지가 없다"고 말하는 입장이다. 일본같이 그의 천황에 대한 기본적 입장은 보통 일본의 정치가들과 다르다. 말의 내바로 여기에 있다고 하는 것이다. 과거 메이지시대의 이토 히로부미같은 일본 정치가들이로운 군부독재시대의 도조 히테키 일본같은 털야정치들이 천황을 앞세워 침략정치를 행해갔듯이 그도 그들 그 천황을 이용해 그러한 정치를 행해갈 수 있는 소지를 지닌 정치가 그의 천황에 대다. 그는 지난 8월 한국기자들본 만난 자리에서 "독도영유권은 일본에 있다"고 분명히 말하 입장듯이 그의 일본영토에 대한 기본적 입장은 일본우뉵 소지입장본 동일하다. 또 그도영단내외적 정치적 입장 또한 현재 「새역모」의 지식인들의 역사인식입장이거해 있다는 것도 또 하나의 문제거리가 될 수 있다. 이러한 점들을 고려해볼 때, 한국인의 반일 감정을 야기 시켜가는 독도문제라든가 역사교육문제는 하토야마 정권하에서는 쉽사리 해결될 수 있지 않을 것으로 예상된다.[「황국사관」과 관련해 논자 보충설명]

제3장 근대 일본 문학자들의 공간 의식과 그 원형 고찰

1 小田切秀雄(1970)『二葉亭四迷』, 岩波新書756, pp.200~202

2 二葉亭四迷(1982)『浮雲』, 岩波書店, p.221

3 夏目漱石(1976)『それから』, 溝談社文庫, pp.314~324

4 夏目漱石(1941)『吾輩は猫である』, 岩波書店, pp.201~202

5 夏目漱石(1976)『坊っちゃん』, 新潮文庫, p.132

6 夏目漱石(1976)『それから』, 溝談社文庫, pp.286

7 日本近代文學館編(1977)『日本近代文學大事典』, 講談社, 「芥川竜之介」項目

8 芥川竜之介(1977)『舞踏会・蜜柑』, 角川文庫, p.256~263

9 芥川竜之介(1978)『羅生門・鼻』, 新潮文庫, p.16

10 久松潛一他編(1995)『現代日本文學大事典』, 明治書院, 「志賀直哉」項目

11 가와바타 야스나리 저・김채수 역(2009)『설국』(雪國), pp.288~309

12 스즈키 사다미(鈴木貞美) 저・김채수 역(2001)『일본의 문학개념』, 보고사, p.256

13 芥川竜之介(1982)『素盞鳴尊』・『老いたる素盞鳴尊』, 『芥川竜之介全集 2』, 筑摩書房, pp.180~233

14 川端康成(1982)『たまゆら』『川端康成全集17卷』, 新潮社, p.590

15 權五燁・權靜은 「『古事記 上』 고즈원, 2007」에서 「神野志隆光・山口佳紀『古事記』(新編日本古典文學全集, 小學館, 1997)를 저본으로 해서 「하늘에 고토아미츠카미(別天神)가, 땅에 나나요(7代)의 신이・・・」(p.47)의 입장을 취해 「나카쓰소라」(中空)를 「다카아마하라」(高天原)에 포함시키고 있다. 『古事記』에서의 「나나요(7代)의 신들이란」란 「다카아마하라」(高天原)의 3신과 「나카쓰소라」(中空)의 2신 도합 5신(別天五神)을 빼고 「지상」(地上) 공간의 12 신들을 가리킨다. [權五燁・權靜 번역(2007)『古事記 上』고즈원, p.47 참고]

16 本書編輯委員會(1984)『日本古典文學大辭典 第2卷』, 岩波書店, 「古事記」項目

17 倉野憲司校註(1962)『古事記』, 岩波書店, p.21參照

18 權五燁・權靜 번역(2007)『古事記 中』, 고즈원, p.42

19 에카미 나미오(江上波夫)는 기마(騎馬)민족이 4세기초두의 제10대 스진천황(崇神天皇)부터 4세기말의 제16대 닌도쿠 천황(仁德 天皇)에 이르는 사이에 조선의 남부로부터 도일해 규슈(九州)로부터 야마토(大和)로 동정(東征)해 갔다는 입장을 제시했다.[水野裕(1975)『日本古代の民族と国家』, 大和書房, p.43]

20 미즈노 유(水野裕)는 제10대 스진천황(崇神天皇), 제16대 닌도쿠 천황(仁德 天皇), 26대 게이타이천황(繼體天皇), 이렇게 세 번에 걸쳐 왕조가 교체되었다는 소위 '삼왕조교 체설'을 제시하였다.[水野裕(1975)『日本古代の民族と国家』, 大和書房, p.212]

제4장 기마민족의 일본 정복설의 출현 배경

1 차기벽외 편(1983)『일본현대사의 구조』한길사, p.327

2 상동서, p.326

3 상동서, pp.330~331

4 松尾尊兊(1977), 「旧支配体制の解体」, 『岩波講座 日本歴史22』, 岩波書店, p.101

5 岡正雄・八幡一郎・江上波夫 他(1948)「日本民族文化の源流と日本国家の形成(座談会)」『民族學研究』, 13巻-3, 日本民族学会, p.12

6 水野祐(1975)『日本古代の民族と國家』大和書房, p.36

7 상동서, p.36

8 坂野徹(2005)『帝國日本と人類學者』勁草書房, p.422

9 岡正雄(1979)『異人その他』言叢社, p.309

10 상동서, p.309

11 상동서, p.310

12 전게서『日本古代の民族と國家』pp.35~36

13 전게서『異人その他』p.310

14 상동서, p.215

15 상동서, pp.108~113

16 전게서『日本古代の民族と國家』p.36

17 전게서『異人その他』p.313

18 전게서, 『日本古代の民族と國家』p.119

19 상동서, p.41

20 전게서『日本古代の民族と國家』pp.38~39

21 小熊英二(1995)『單一民族 神話の 起源』新曜社, p.5

22 상동서, p.31

23 상동서

24 상동서

25 상동서, p.49

26 井上哲次郎(1899)『勅語衍義』成美堂, p.52

27

28 전게서『單一民族 神話の 起源』p.89

29 상동서, p.339

30 상동서

31 전게서『單一民族 神話の 起源』p.404

제5장 일제의 대륙침략의 양상과 그 요인

1 김채수(2012)「글로벌시대란 어떤 시대인가 - 문명사적 측면을 통해 -」『일본근대학연구』제 36집, 한국일본근대학회, pp.243~245

2 김성근 외(1964), 『세계문화사 Ⅴ』, 학원사, p.358

3 강동진(1985), 『일본근대사』, 한길사, p.71

4 상동서, p.72

5 김채수(2009)「근현대 일본 지식인들의 동아시아 의식 - 시바 료타로(司馬遼太郎)와 그 주변 인사들을 주축으로 해서-」『일어일문학』제 44집, 대한일어일문학회, pp.310~311

6 강동진(1985)『일본근대사』한길사, p.200

7 宇野俊一(1980)「日露戰爭」『岩波講座 日本歷史17』岩波書店, pp.12~13

8 상동서, p.207

9 강동진(1985), p.278

10 상동서, p.280

11 고지마 신지 외(1988)『중국근현대사』지식산업사, p.98

12 由井正臣(1980)「太平洋戰爭」『岩波講座 日本歷史21』岩波書店, p.67

13 김채수(2011)「일제의 대륙침략과 알타이 민족의식」『일본근대학연구』제 33집, 한국일본근 대학회, pp.300~301

14 아담 스미스 저·최임환 역(1970)『국부론(상)』을유문화사, p.6

15 막스 베버 저·박성수 역(1996)『프로테스탄티즘의 윤리와 자본주의정신』문예출판사, p.101

16 상동서, p.38

17

18 빈프리트 바움가르트 저 이우영 역『제국주의 : 이상과 현실』, 법문사,1987, p.132

19 이 두 번째 책에서 다윈은 'evolution'(진화)이란 말을 비로소 사용했다. 『종의 기원』에서는 'evolution' 대신에 'transmutation'(변이)라는 말을 사용했다. 'evolution'(진화)이란 말은 헐버트 스펜서의 사회진화론(social evolution)으로부터 나온 말이다. 그의 사회진화론이란 말은 다윈 의『종의 기원』이 출판된 그 다음해에 출판된 스펜서의『첫 번째 원리』(First Principles, 1860) 에서부터 사용되기 시작되었다.

20 右田裕規(2009)『天皇制と進化論』靑弓社, pp.28~29

21 세키네 히데유키(2011)「도리이 류조(鳥居龍藏) 일본민족 기원론에서의 남방계민족-민족이동 의 관점에서-」『일본문화연구』제40호, 동아시아일본학회, p.258

22 세키네 히데유키(2011)「에가미 나미오(江上波夫) 일본민족기원론에서의 왜인과 한인」『동아 시아고대학』제24집, 동아시아고대학회, p.410

23 김채수(2009)「에가미 나미오(江上波夫)의 기마민족 정복설의 출현배경에 관한 고찰」『동북아

문화연구』 제21집, 동북아시아문화학회, pp.579~581

제6장 일제의 대륙침략과 알타이민족의식

1 坂野徹 (2005)『帝国日本と人類学者』, 勁草書房, p.105
2 岡正雄(1979)『異人その他』, 三陽社 p.482
3 상동서, p.482
4 최남선 저・이주현 정재승 역(2008)『불함문화론』제18장
5 상동서, p.468
6 상동서, p.459
7 아돌프 히틀러(1991)『나의 투쟁』, 범우사, p.138
8 상동서, p.137
9 상동서, p. 29
10 상동서, p.67
11 상동서, p.54
12 상동서, p.66
13 상동서, p.73
14 상동서, p.76
15 상동서, p.77
16 상동서, p.77~78
17 상동서, p.79
18 한국서양사학회편(2002)『서양문명과 인종주의』, 지식산업사, pp.29~30
19 상동서, p.30
20 데이비드 웰시 저・최용찬 역(2003)『독일 제3제국의 선전정책』, 혜안, pp.86~87
21 상동서 p.107
22 김익달 편(1964)『세계문화사 Ⅴ』, 학원사, p.562
23 데틀레트 포이케트 저・김학이 역(2003)『나치시대의 일상사』, 개마고원, p.319
24 상동서, p.320
25 상동서 p.334
26 김익달 편(1964)『세계문화사 Ⅴ』, 학원사, p.598
27 상동서, pp.604~605
28 坂野徹 (2005)『帝国日本と人類学者』, 勁草書房, p.114
29 岡正雄(1979)『異人その他』, 三陽社, p.108
30 상동서, p.45
31 今岡十一郎, p.9
32 원철(2002)「나치즘과 인종주의」, 한국서양사학회 엮음『서양문명과 인종주의』, 지식산업사,
   p.222

33 岡正雄(1979)『異人その他』, 三陽社, p.43

34 申勝夏(1992)『中國現代史』, 大明出版社, p.377

35 상동서, p.382

36 小熊英二(1998)『單一民族神話の起源』, 新曜社, pp.332~334

37 坂野徹 (2005)『帝国日本と人類学者』, 勁草書房, p.142

38 상동서, p.142

39 상동서, p.146

40 小熊英二(1998)『單一民族神話の起源』, 新曜社, p.331

41 坂野徹(2005)『帝国日本と人類学者』, 勁草書房, p.420

42 岡正雄(1979)『異人その他』, 三陽社, p.310

43 坂野徹(2005)『帝国日本と人類学者』, 勁草書房, p.111

44 鳥居龍蔵『有史以前の 日本』, 「全集第1卷」, 朝日新聞社, 1975, p.390

45 세키네 히데유키 「오카 마사오(岡正雄) 일본민족문화 기원의 성립과 그 특징」, 『일본문화연구 제37집』 「동아시아일본학회」, 2011, 1, p.270

46 岡正雄(1979)『異人その他』, 三陽社, p.396

종장 ▶ 단군조선과 일본고대국가

1 김정배(2010), 『고조선에 대한 새로운 해석』, 고려대 민족문화연구소, p.68

2 김채수(2012), 「요하문명과 고조선의 실체」, 『고려대 일본연구센터』, p.325

3 이기백(1988), 「고조선의 국가형성」, 『한국사시민강좌』, 일조각, 1988, p.2

4 김정배(2010), 『고조선에 대한 새로운 해석』, 고려대 민족문화연구소, p.78

5 상동서, p.68

6 김채수(2012), 「요하문명과 고조선의 실체」, 『고려대 일본연구센터』, p.330

7 우실하(2007), 지도 「고조선의 강역과 요하문명」, ㈜동아지도 발행

8 孫進己 著·林東錫 譯(1992), 『東北民族源流』, 東文選, p.84

9 상동서, p.87

10 김정배(2010), 「한민족의 기원과 형성」, 『한국고대사입문』, 신서원, p.35

11 상동서, p.38

12 孫進己 著·林東錫 譯(1992), 『東北民族源流』, 東文選, p.218

13 상동서, p.222

14 「中救晉公,擒狄王,敗胡貊」

15 孫進己 著·林東錫 譯(1992), 『東北民族源流』, 東文選, p.85

16 상동서, p.87

17 복기대(2002), 『요서지대의 청동기문화연구』, 백산자료원, p.107

18 곽대순·장성덕 저·김정열역(2008), 『동북문화와유연문명·하』, 동북아역사재단, p.867

19 복기대(2002), 『요서지대의 청동기문화연구』, 백산자료원, p.145

20 상동서, p.69

21 김정배(2010), 『고조선에 대한 새로운 해석』, 고려대 민족문화연구소, p.536

22 상동서, p.449

23 孫進己 著・林東錫 譯(1992), 『東北民族源流』, 東文選, p.219

24 상동서, p.220

25 상동서, p.87

26 靳楓毅(1982), 「論中國東北地區含曲刃靑銅短劍的文化遺尊(上)」, 『考古學報』(第4期), p.52

27 곽대순・장성덕 저・김정열역(2008), 『동북문화와유연문명・하』, 동북아역사재단, p.867

28 김채수(2012), 「요하문명과 고조선의 실체」, 『고려대 일본연구센터』, p.331

29 孫進己 著・林東錫 譯(1992), 『東北民族源流』, 東文選, p.93

30 「燕北隣烏桓・夫餘」

31 孫進己 著・林東錫 譯(1992), 『東北民族源流』, 東文選, p.94

32 「碣石山過朝鮮,貫大人之國,東之日出之次」

33 윤내현(1994), 『고조선연구』, 일지사, p.469

34 「眞番旁辰國欲上書見天子,又擁閼不通」

35 諸橋轍次(1985), 『大漢和辭典卷十』, 大修館書店, p.1094

36 박대재(2010), 「삼한의 기원과 국가형성」, 『한국고대사입문』, 신서원, p.273

37 「初, 朝鮮王準爲衛滿所破, 乃將其餘衆數千人走入海, 攻馬韓破之, 自立爲韓王, 準後滅絶, 馬韓人複自立爲辰王」

38 김언종(2005), 『한자의 뿌리』, 문학동네, p.987

39 박대재(2010), 「삼한의 기원과 국가형성」, 『한국고대사입문』, 신서원, p.285

40 상동서, p.287

41 윤내현(1994), 『고조선연구』, 일지사, p,467

42 千寬宇(1991), 『古朝鮮史・三韓史硏究』, 一潮閣, p.138

43 千寬宇(1991), 『古朝鮮史・三韓史硏究』, 一潮閣, p.148

44 박대재(2010), 「삼한의 기원과 국가형성」, 『한국고대사입문』, 신서원, pp.288~289

45 千寬宇(1991), 『古朝鮮史・三韓史硏究』, 一潮閣, p.138

46 송호정(2007), 「고조선・부여・ 삼한」, 『한국고대사연구의 새동향』, 서경문화사, p.22

47 윤내현(1994), 『고조선연구』, 일지사, p.468

48 이강래(1998), 「『삼국사기』의 정당한 이해를 위해」, 『삼국사기 1』, 한길사, p.43

49 김기영(2005), 「고구려의 발상지를 찾아서」, 『고구려 문명기행』, 고구려연구재단, p.10

50 윤내현(1994), 『고조선연구』, 일지사, p.394

51 윤용구(2008), 「현도군의 군현지배와 고구려」, 서영수 외 『요동군과 현도군 연구』, 동북아역사재단, p.113

52 상동서, p.209

53 상동서, p.113

54 이강래(1998), 「『삼국사기』의 정당한 이해를 위해」, 『삼국사기 1』, 한길사, p.307

55 김부식 저 · 이강래 역(1998), 『삼국사기 1』, 한길사, p.65

56 김채수(2012), 「고대 알타이문명과 일본 천황가」, 『일본문화연구 제42호』, 동아시아일본학회, p.125

57 이기백(1988), 『개정판 한국사신론』, 일조각, p.39

58 김현구(2002), 『백제는 일본의 기원인가』, 창비, p.60

59 박대재(2006), 『고대왕국 초기국가의 왕과 전쟁』, 경인문화사, p.205

60 이기백(1988), 『개정판 한국사신론』, 일조각, p.39, p.57

61 小島憲之 その他(2002), 『日本書紀1』, 小學館, 2002, pp.564~570

62 江上波夫(1994), 『騎馬民族國家』, 中央公論社, p.190

63 상동서, p.199

64 水野祐(1976), 『日本古代の民族と國家』, 大和書房, p.211

65 상동서, pp.211~212

66 상동서, pp.38~39

67 江上波夫(1994), 『騎馬民族國家』, 中央公論社, p.199

68 상동서, p.199

69 상동서, p.197

70 水野祐(1976), 『日本古代の民族と國家』, 大和書房, p.192

71 상동서, p.211

72 江上波夫(1994), 『騎馬民族國家』, 中央公論社, p.215

73 김현구(2002), 『백제는 일본의 기원인가』, 창비, p.74

74 상동서, p.74

75 江上波夫(1994), 『騎馬民族國家』, 中央公論社, p.201

찾아보기

(ㄷ)

(ㅅ)